日本的自然観の研究 I
形成と定着

斎藤正二著作選集 1

八坂書房

斎藤正二著作選集　第一巻

日本的自然観の研究 I　形成と定着

斎藤正二著作選集　第一巻

目次

日本的自然観の研究 Ⅰ　形成と定着

第二部　日本的自然観の形成と定着……………………………三六九

日本的自然観の研究　I

形成と定着

著者緒言

昔から、日本人は自然を尊《たっと》び草木虫魚を酷愛する国民性に恵まれている、と説かれてきた。しかるに、事実問題として、現代の日本列島住民は、世界の他のいずれの場所の住民にも真似が出来ないくらいの深刻な度合いで、自然環境をかたっぱしから破壊してのけ、汚染公害の問題をつぎつぎにひき起こし、これでは、お世辞にも自然を愛する国民性を有するなどとは言えなくなった。わたくしたちの眼前に繰りひろげられている自然軽視＝自然破壊の元兇が近代西欧科学文明であり、また、この近代科学技術を手玉にとって飽くなき利潤追求を押し進める資本主義経済体制である、ということは、いまでは、だれの眼にも明らかになっている。しかし、大資本＝企業の利益を代表する保守党が支配を続ける日本の政治状況は、当分は変化しそうにない。加えて、当の元兇である大資本の指導者のほうで、日本人はもっと自然を大事にしなければならぬ、自然とともに生きてきた日本人の伝統的心性を取戻さねばならぬ、現代の日本人はものの価値よりもこころの価値を重んじなければならぬ、などと平然と言い放っている事実がある。これに、多くの宗教団体指導層が加担しているという事実もある。現実の事態はひどくこんがらかって見える。

しかし、冷静になって観察してみると、この混乱錯綜の事態も、案外に合理的（筋道にかなっているさま）な成り行きを辿っていることがわかる。ただし、合理的と言えるのは、経済支配者・政治支配者・宗教支配者のがわから見てそう言えるというだけである。そして、かなり昔から言い古《ふ》るされてきた「日本的自然観」なる術語《ターム》も、まさしく〝支配の象徴体系〟にほかならなかった。この術語が疑念なしに被支配層人民によって使用せられ再生産されていくかぎりは、〝支配の論理〟は筋道にかなって全力《フル》回転《かいてん》できるはずである。

わたくしたちは、近代ヨーロッパ科学の発達にさきだって、オリエントの、そして特に中国の古代科学文明が高度の発達を遂げた、という事実を知っている。しかるに、中国の科学文明が緩慢で長たらしい歩みをつづけているうちに、近代西欧科学は、あっという間《ま》に先を追い越してしまった。この原因は、中国が強力な政治理念＝支配体系のもとに科学技術をおさえ込み、天文学にしても博物学にしても、その研究を一群の国家官僚の手にしか委ねなかったところに在る。中国科学史を中国社会全体の歴史のなかで構造的に把えなければならない所以《ゆえん》である。中国科学文明を直輸入した日本の場合も、全く等同《とうどう》の停滞的歩みを示した。「日本的自然観」というものも、この視点から把え直されなければならない。本書は、そのためのほんの試論の役割を荷《にな》えば足りる。

本書に収録した個々の文章は、いずれも、雑誌・新聞・継続出版物の編集担当者からの需《もと》めに応じて起草したものである。その点からすれば、これら文章は、最初から〝体系的構想〟など何ひとつ用意せずに行き当たりばったりに書き散らかした雑文の集積に過ぎない。もし、八坂書房主の親切な勧めが無かったとしたら、一回こっきりの役目を果たし、二度と陽《ひ》の目《め》を見る機会に恵まれずに終わった紙反古《かみほご》に過ぎないとも思う。しかるに、いざ一冊の単行著作として纏める機会を得てみると、自分にも意外なくらい、意識下に〝日本的自然観研究〟に立ち向かうためのプログラムが用意されてあったことに気付いた。初稿執筆時には漠然としていた〝体系〟の意識も、だんだんと明確なものになってきた。すると、こんどは、自分なりの体系構想に対するに既発表文章の占める配分がいかにも薄弱であることに気付かされた。具体的には、〝日本的自然観の研究〟というテーゼを掲げながら、いかにも天文・歳時関係、動物関係、近世社会関係の分量が少ないのである。そこで、さまざまに思い悩んだすえ、今回は、植物関係の文章のみを以て一巻を編成し、爾余の領域に関する纏めとそれのための探索の努力とを他日に期することにした。

一九七七年十月一日

斎藤正二

序論　自然観と文学的象徴

伝統的自然観のイデオロギー性

「日本の自然は美しい」と教え込むことは正しくない

もうここまで来てしまったのだから、みんなが本当のことを言うべきではないかと思う。社会体制がおこなっている人間性抑圧や、経済体制がおおっぴらにおこなっている環境破壊については、誰しも本当のことに気付いて、これではいけないという声をあげている。しかし、こと文化体制に関するかぎり、いまだ本当のことが明らかにされているとは言い切れない。単純な上部構造理論で割り切ってしまえば、政治や経済が変わらないうちは文化なんか変わりっこない、という帰結になるが、文化それ自体が〃生きもの〃として下部構造に働きかけていく側面も強いことを見落としては、問題は片付かない。

自然破壊の問題も、こんにちでは、大企業の野放図な利潤追求の営為がこういうところに一つの大きな忌まわしい結果をあらわした、という、疑い得ない明白な答えが出ている。無力な一般民衆に、どうして公害などつくりだせる能力があろう。これも本当のことである。

しかし、自然破壊の元兇を高度資本主義に見いだす認識の一方で、日本人みずからが（ということは、兇悪なる経済支配者のみならず、従順な被支配者をも含めて、の意だが）自然をすこしも愛していない、という重要事実をも認識することがこんにち必要である。文化レベルでの真実暴露が未だなされていない、と冒頭に記したのは、このことに関してであった。

はっきり言ってしまおう。日本の民衆は、未だかつて、日本の自然がどのようなものであり、また、自然を愛するとはどのようなことであるか、という命題に立ち向かわされたためしがなかった。第一の命題に関して、明治近代このかたの民衆に教え込まれたことといえば、日本の自然は世界で最も美しく、そのために日本人はすばらしい芸術的才稟に恵まれた、という官製模範答案のみであった。第二の命題に関しては、日本人は草木を愛する国民性を有し、そのために山野跋渉から鉢植え・盆栽までの自然観賞法を身に付けている、という答案のみであった。なにしろ、正邪是非の弁えもない小学生の時分から、このような結構ずくめの〝日本の自然美礼賛論〟を叩き込まれるのであるから、それこそ「三つ子の魂百まで」の諺どおり、大抵の日本人は、そう思い込んでしまったのである。

第二次世界大戦の敗北の結果、いわゆる「超国家主義」の教育の誤りが片っぱしから正されることになったが、どうしたことか、この〝日本の自然美礼賛論〟のみは訂正されずに終わった。マッカーサー司令部は、自然論なんかは放置しておいても今に本当のことがわかるに決まっている、と考えたのであろうか。それとも、天皇制を存続させたように、日本人の伝統的自然観を温存させたほうが自分らの占領政策に好都合である、と判断したのであろうか。ともかくも、戦前戦中に幅をきかせた〝日本の自然美礼賛論〟は、戦後まで生き延びることとなった。

今になって考えてみると、この〝日本の自然美礼賛論〟の延命が、かずかずの公害や、環境破壊や、自然生態系の圧殺といった、飛んでもない事態を生みだすことになった。科学技術の革新、高度工業社会の拡大が自然破壊の元兇であることには間違いないけれど、日本社会に限って言えば、このような、あまりにも古びて役立たぬ（というよりは、生き延びたならかえって有害な結果を及ぼすほかない）自然観が、いつまでも日本人の心底深く蔓延《はびこ》って根を張っているために、やすやすと、緑地を切り崩し、河川に有毒物を流し、海洋を〝死の海〟に化せしめる計画のほうに与《くみ》したのである。

日本人は、口を開けば、ああ花が奇麗だ、山が美しい、草の匂いがいい、虫の音がたまらなくさびしい、などと言う。そして、そんなことを言った舌の根が未だ乾かぬうちに、当の本人は、ぴしぴしっと花の枝を折り、どさっと山路に塵芥を捨て、野草を足でびしびし踏みつけ、ぴゅーっと小石を虫に投げつける。どんなに自然を痛め付けようと、口で「わたしは自然を愛しています」と唱えれば、それで、自他ともに自然愛を成立させたことになった。歌人や俳人は自然を諷詠する〝わざ〟に長じた風流の徒ということになっているが、事実の問題として、この風流の徒が植樹に努力したとか野鳥保護に尽力したとかの実例は皆無である。歌・俳人が自然愛に生きるなどの通説は、誕妄も甚しい。

珍しい高山植物・野生植物だと聞かされると、必ず採って持ち帰り、そのくせ、自分の家の庭園に根づかせるだけの手間や心遣いを惜しんで、挙句のはては野菜屑とともに塵芥バケツにぶち込んでしまう、といった日本人一般の行動パターンは、そのまま、現代日本人の抱懐する〝生活原理〟や〝価値観〟をあらわしていることに間違いない。たしかに、政治状況＝経済状況の劣悪さが変わらないうちは、このような心なき行為は矯正できないのかも知れぬ。だが、かりに社会革命がおこなわれたとして、その翌日から、日本人が、高山での花盗みをやめるか、ということになると、現状のままでは、すこぶる覚束ない。

どうしても、自然観そのものの変革が必要である。戦前から、いや、遠く古代律令制時代から受け継がれてきた〝日本の自然美礼賛論〟を、どこかでいちど切断しておく必要がある。いちど切断したうえで、しかも繋がるというのならば残すのがよい。いちど切断したために二度と繋がらなくなったというならば、惜しがることはない、未練なくおさらばすればよいのである。

そこで、まず、日本の自然景観は世界一美しいと鼓吹してきた従来の教説《ドクトリン》を疑ってみる必要があろうと思う。つぎには、日本人は草木を愛する国民性を有するという教説を疑う必要があろうと思う。

世界ランキングC級からの出直しこそ急務

日本の自然は、世界各国のそれと比較して、どのくらいのクラスに位置すると見ればよいのだろうか。――わたくしなどあまり外国の自然を知らないから、知ったかぶりをするのは慎むべきだとは思うが、それでも、十数か国を旅行して回った見聞経験の範囲から帰納できる一般論を提示すること（むろん遠慮がちに、である）ぐらいは差し支えないのではないかとも考えられる。間違っていたらいつでも訂正するつもりで提示するその一般論とは、日本列島の自然や風景はけっして自慢できるほど美しいものではない、少なくとも日本の自然より美しくない自然はヨーロッパにもアメリカにもそう多くない、むしろ日本の自然美は等級を付ければCクラス以下のランキングにしか入れない、ということである。

じつを言うと、日本の自然は日本人みずからが思い込んでいるほどには美しくない、と知ったときの、わたくし自身の驚きといったら、ひと通りでなかった。なにしろ、幼少期から日本は美しい自然に恵まれているとばかり教え込まれてきたのだから。それが、四十歳過ぎてよりの "innocent abroad"（赤毛布《あかげっと》外遊）によって無残に打ち破られたのだから。エーゲ海の島々、イタリアの岡々、スイスの嶺々、ドイツの森々、フランスの野々、南地中海に面する港々、スペインの砂々、イギリスの庭々、オランダの花々……。数えあげていったら、きりもない。自然景観においても日本は三等国でしかなかったかと、すっかり白け切った気持で旅舎に項垂《うなだ》れていたときの自分が忘れられない。

愛する日本の悪口を申しては済まないと思うけれど、あのときは、日本人であることに無性《むしょう》に腹が立ってならなかったことを、包み隠さず告げねばならない。なにか最後の頼みの綱が切れてしまったような感じだった。政治もだめ、社会もだめ、芸術もだめ、しかし自然だけは世界のどこの国にも負けないのだと、たった一つ残しておいた〝自負〟の拠りどころを奪われてしまった感じだった。羽田に着いて人混みに揉まれたとき、自分のご面相のことは棚に置いて、まわりじゅうにいる日本人の顔が薄汚く見えて仕方なかったものである。(ただし、この一番あとの印象経験だけは、多くのひとが持っておられると思うが。)

だが、今は、あのときの腹立たしさや白け切った気持はもう無くなった。日本の自然が美しくないからといって、そのことのために自己嫌悪に陥るなど、はじめから莫迦げていたのである。生まれつきの顔のまずいこと、頭の悪いこと、骨格のカッコわるいこと、などなどに、いちいち腹を立てたり白けていたりしたら、滑稽至極というものである。頭の悪いところは知的努力で幾分か埋め合わせが付くし、胴長肥満のカッコわるさは身体運動や節食で幾分か矯正できる。それと同じように、日本の自然が世界に冠たるものでないとわかったならば、わたくしたち自身の努力や運動や節食をとおして、それを、すこしでも美しいものに変え、すこしでもカッコイイものに鍛え直していくべきである。生命体とはそういうものだ。わたくしたちは、運命論者になってはならない。

そう思い決めたと同時に、こんどは、あらためて、日本の自然美礼賛論者に対する腹立ちが燃え上がってきた。だが、待て。腹を立てても、なんの解決も得られぬ。まず問題の所在を検《たしか》めることだ。わたくしは頭を冷やした。

問題は、正しくは、こういうことだったのである。——

日本の自然景観はこよなく美しいものであり、そのこよなく美しい自然に恵まれた日本人は仕合わせであり、そのために、日本人はそのこよなき自然を酷愛し季節の移りかわりに鋭敏である国民性を持っているのだ、という常識を、わたくしたち日本人が疑わなかったからこそ、今日のごとき最悪事態を呼び込んでしまったのではないか。

人間の本性は弱いものである。理知の働きだって、曇らされ、鈍らされることは大いにあり得る。水がふんだんにあると聞かされれば(実際、ヨーロッパやアメリカに比べると、水だけは、日本は恵まれている)、どうしたって、水の無駄遣いはしたくなる。少なくとも、水を大事にしようとして気を使うエネルギーは減少する。これは仕方ないことである。自然が美しいと聞かされれば、ついつい、自然のこの一部分ぐらいを害《そこ》ねても、大勢《たいせい》には影響無いだろう、といった横着な料簡《りょうけん》がのさばるのを自制できなくなる。こうして、一億人が、さほど良心の痛みを感ずることなく、自然破壊に加担する結果を産んでしまったのである。

初めに、みんなが本当のことを言うべきだと記したのは、もちろん、文化レベルでの真実暴露を洗いざらいやるべきだとの意味からであったが、差し当たっては、日本の自然景観が世界ランキングC級だということをはっきりさせ、A級に突入しようにも国民全体が協力し合わなければ殆ど絶望的だということをはっきりさせる必要がある。そうなれば、負けず嫌いの日本人のことゆえ、懸命になって美しくしようと心掛けるようになるのではないか。

もちろん、何を規準に自然の美しさに等級を付けるのか、という点の穿鑿《せんさく》になれば、主観的好みの混入する度合は極めて大きい。それに、手付かずの自然（第一の自然）のみを対象とする考え方が、こんにち〝自然論〟の範疇にも入らなくなっている条件も、考慮しなくてはなるまい。〝風土〟という概念も、かつての地理的決定論に見られたような、人間のがわからの働きかけを無視した考えは、今日ではナンセンスになってきている。（名著を謳われた和辻哲郎『風土』などは、今日的視点から評価をくだす場合、まず落第点を付けられても仕方ない。）つまり、自然の美しさを論点に据えるとき、昔ながらの価値尺度ではもはや役に立たなくなってしまっているのである。それやこれやを視野のうちに含み入れて、わたくしたちは、日本の自然景観が現状ではCクラス以下だということを、はっきり認識し、そこから再出発するほかないのだと思う。

それにしても、わたくしたちは、随分長いあいだ、迷妄の夢を抱かされたものである。自国礼賛は、ヨーロッパでも、近代国家が建設途上にあった十八、九世紀には軒並みに見られたことであるが、日本近代国家の場合には、ちょっと度が過ぎた。迷妄の夢がこんにちなお常識として通用しているところに、一切の混乱および不幸の原因がある。

志賀重昂『日本風景論』および芳賀矢一『国民性十論』

この常識がつくりあげられたのは、日清戦争たけなわの明治二十七年（一八九四）刊行の志賀重昂著『日本風景論』においてであり、それが不動の地位を築いたのは、日露戦争後の明治四十年（一九〇七）刊行の芳賀矢一著『国民性十論』においてである。

志賀重昂は、明治二十年代のナショナリズム台頭の思潮を背景に、三宅雪嶺・杉浦重剛・井上円了などとともに国粋主義文化団体政教社を創立し、機関雑誌「日本人」に政治的時事論評を載せていた。札幌農学校出身者として、もともとは地理学の著述家として知られていただけあって、『日本風景論』は、予想されるような文学的＝芸術論的作物ではなくして、構成からみても「㈠緒論。㈡日本には気候、海流の多変多様なる事。㈢日本には水蒸気の多量なる事。㈣日本には火山岩の多々なる事。㈤日本には流水の浸蝕激烈なる事。㈥日本の文人、詞客、画師、彫刻家、風懐の高士に寄語す。㈦日本風景の保護。㈧亜細亜大陸地質の研鑽、日本の地学家に寄語す。㈨雑感」というふうに、当時の学問概念でいえば地文地理と人文地理とを合体したというに近い体裁をとっており、むきだしの国粋主義プロパガンダと見做すことはできない。しかし、この本に加えられた地質学者小川琢治の批評言にあるごとく、「或は恐る一種の美文として、一種の進化せる名所図絵として更に進歩を促すことなくして畢らんも亦未た《ママ》知る可らざるを、吾人の此言をなすは独り矧川先生に希望するに止まらず、并せて此篇の読者に向つて大に留意を促さんと欲するものなり」という重大欠陥――すなわち、美文として読まれたらさいご、地理学上の思想や科学的知識の進歩にストップがかかってしまうという重大欠陥――を包蔵していたことに、疑念を入れる余地はない。じっさいに、『日本風景論』の功罪を計衡器にかけると、特に今日的視点からは、罪過のほうが大きいのである。

志賀は、『日本風景論』の冒頭において、つぎのように宣言する。

「脆《もろ》きは人の情なり、誰か吾郷の洵美《じゅんび》を謂はざらん、是れ一種の観念なり。然れども日本人が日本江山の洵美を謂ふは、何ぞ啻《ただ》に其の吾郷に在るを以てならんや、実に絶対上、日本江山の洵美なるもの在るを以てのみ。外邦

の客、皆な日本を以て宛然現世界に於ける極楽土となし、彽徊措く能はず」(一緒論)

と。つまり、どんな民族であっても、自分の住んでいる本国を美しいと思うのは脆き(現代語でいえば、纎細な、鈍重ならざる、ぐらいの意か)人情であり、それは人間に与えられた観念(この場合の観念とは、精神活動とか心理作用とかの意味内容を持っていると解される)の一つと見ることができるけれども、日本人が日本の江山の美(江山美とは山水美に同じ)を讃美するのは、そのような生まれ国いとしやの観念によるのではなくして、じつに、絶対上(現代語でいえば絶対価値として、客観的事実として、ぐらいの意味か)日本の山水が美しいからであると、そう志賀は言っているのである。ただし、絶対上などという虚仮《こけ》おどし文句とはうらはらに、志賀の外国旅行経験は、明治十九年(一八八六)の南洋諸島・オーストラリア巡遊しかなかったのだった。ヨーロッパもアメリカも見たこともなくて、日本の山水美が最高だなどと断言するのは、さすがに気が引けると見えて、「外邦の客」うんぬんという殺し文句を突き付けて物差尺《ものさし》をそこに求めている。欧化主義の批判をスローガンにした政教社の指導者にしては、ずいぶんな矛盾を犯したことになるが、当時の読者にはその点は看破できなかったようである。

ところが、念入りなことには、『日本風景論』の大掉尾は「外邦の客」の言説からの引用でイリュミネートされているのである。

「◉(第十六)日本人は自然の美を愛す　基督教長老エス、エー、バーネット、貧民問題に関する一篇の論文を『二週日評論』に寄せて曰く、

印度にて貧民を救済せんとするは絶望と云ふべく、支那の貧民は業既に猥穢に陥り、米国にては幾回か之れが救済を試みたるも、其効なきのみならず、……独り日本のみは、貧民個々希望を懐抱し、社会的生活の真味を領するものは、抑ゝ何の理ぞ、一は土地分配法の適宜にして、個々若干の土地を所有し、各々力作して以て自己の衣食を供給する事是れにして、一は国民を挙げて山野の美を絶愛する事是れなり、即ち相侶伴を作して花を賞し、

単に自然の美を探らんとて巡礼行脚するの盛んなるは、世界中復た日本人の如き国民あるを看ず、既に国民自然の美を絶愛す、故に居常熙々快暢、復た都門に入りて煽惑挑発を求むるなく、渾然融化して自ら貧を忘るるに到る、云々」（雑感　花鳥、風月、山川、湖海の詞画に就て）

――外国人が日本人の自然愛に感心しているのだから、こんな確かなことはない、というのが志賀重昂の論法であった。どうも、劣等感の逆立ちという感じがして、志賀の日本主義運動には危なっかしい要素が強いのだが、日清戦争のさ中だったというタイミングが幸いして、この『日本風景論』は目茶《めちゃう》売れの結果を生んだ。そして、志賀が明治四十年（一九〇七）以降三たび世界漫遊の旅にのぼって、すこしずつ自説の訂正を試みるころには、〝日本の自然美礼賛論〟は〝常識〟として定着化してしまい、誰も志賀自身の訂正には耳を傾けずに終わってしまった。

つぎに、日本人が草木愛・自然愛の国民性を有すると主張したのは、芳賀矢一の『国民性十論』である。この書物は、ドイツ留学から帰朝した芳賀が、東京高等師範学校でおこなった連続講演を一本にしたものだという。芳賀は、のちに東大教授、国学院大学学長となり、ドイツ文献学的考証の立場を日本文学研究の領域に移植し、国文学の大先輩と仰がれている。

その『国民性十論』の「四　草木を愛し、自然を喜ぶ」の章において、芳賀はこう述べるのである。

「気候は温和である。山川は秀麗である。花紅葉四季折々の風景は誠にうつくしい。かういふ国土の住民が現生活に執着するのは自然である。四囲の風光客観的に我等の前に横はるのはすべて笑つて居る中に、住民が独り笑はずには居られぬ。Vice Versa 現世を愛し人生生活を楽しむ国民が天地山川を愛し自然にあこがれるのも当然である。この点に於ては東洋諸国の民は北方欧人種などに比べれば天の福徳を得て居るといつてよろしい。殊に我日本人が花鳥風月に親しむことは吾人の生活いづれの方面に於ても見られる。」

「風流といふこと、詩的といふことの意味は自然に向つての憧憬が其大半を形作つて居るのである。日本人の武士道は西洋の騎士道の如く婦人を崇拝せぬ代りに、自然の花を愛し、物のあはれを解したのである。英雄豪傑ばかりでは無い。日本人程国民全体が詩人的なのは恐くは世界中にあるまい。歌心は誰にでもある。今日日本で歌を作る人はどの位の数であらう。宮内省の毎年の詠進は何万といふ数である。歌を作らぬでも俳句を作る。どんな片田舎にも俳句の宗匠は居る。八百屋、魚屋は愚なこと。質屋でも、金貸でも、下手の横好きは到る処に多い。神社奉納の額面は到る処に小詩人の名を列ねて居る。短くつて作り易い短詩形であるから、上手でこそなけれ、何人も作つて、花見遊山の時にも一興とするのである。この花見といひ、雪見といひ、月見といひ、春は花、秋は紅葉。小詩人はまことに忙しいのである。悪事をはたらいて死刑に処せられる大悪人でも死に臨んでは一首を口吟むといふ様なのは恐くは他国にはない事であらう。我国民は全国民を挙げて叙情詩人である、叙景詩人であるといつてもよろしい。

それ故我国民は隠居すれば盆栽いぢりをする。歌や、挿花に、慰安を求める。むかしは罪なくして配所の月を見たいといふ人もあつたが、日本人が世の中を厭ふといへば、風流三昧に日を送る。西洋でいふ厭世は本当にこの世の中が厭になるのである。自殺するより外に方法が無い。日本人の厭世は人事社会がうるさいのである。人事社会から遠ざかつて花鳥風月に近づけばそれでいやな思はなくなるのである。」

――またしても、結構ずくめの〝日本の自然美礼賛論〟が示され、その上に、日本人悉皆《しっかい》叙景詩人の説が加わるのである。日本人ほどに草木を愛し自然を喜ぶ国民は世界じゅうにない、という芳賀説は、日露戦争後のナショナリズムと合体し、ついに〝公理〟の地位を不動のものとするに至るのである。そして、この〝作られた常識〟が〝忠君愛国〟の思想と固く結びついて、小学生の魂に注入されたのであった。

〝伝統的自然観〟は、それ自身、一個のイデオロギーである

以上のようにして、〝日本の自然美礼賛論〟や〝日本人草木酷愛説〟が明治近代以後に〝常識〟の座を獲得したのであった。しかし、志賀重昂や芳賀矢一の所説がいかに日清・日露両戦争を背景にしていたとはいえ、いかにナショナリズム思潮の圧倒的支持を受けていたとはいえ、両学者個人のオリジナル・セオリーにとどまるとしたならば、このように徹底的な定着＝普及ぶりを示すことはなかったであろう。その点、ほぼ伊藤博文の個人的創作にかかる皇室崇拝教（この成立過程に関しては、チェンバレン『日本事物誌』に客観的叙述がある）や、ほぼ元田永孚いちにんの創作にかかる教育勅語（これの公布に対しては、伊藤博文は全く消極的だったし、真っ向から反対意見を陳べた榎本武揚は文部大臣を罷免された）と較べた場合、いくぶん異なるところもある。

それならば、日本自然美を礼賛したり日本人草木酷愛説を唱えたりした「最初の人」は誰だったのだろう。前者に関しては、やはり『古事記』『日本書紀』作者を擬せねばならぬし、後者については特に『古今和歌集』両序（真名序・仮名序）を挙げねばならぬ。いや、正しくは、個人的に誰々と指名すべきではなく、日本古代律令制の文化指導者たちと呼ぶべきであろう。古代律令国家の支配者にとって、人民が日本をうまし国として愛するように仕向けること、人民がみずから日本の山川草木を愛しているという自覚を持つよう仕向けること、そのように仕向ける（書紀の用語でいえば「教化《おもむける》」である）ことこそ、まさに根本課題だった。それよりも以前に、先進大国たる唐の文化に追い付かねばならぬという、どえらい宿題が残されていた。

当面の問題に対する答えを要約しておくと、こういうことになる。

すなわち――

日本人が久しく民族固有のものと思い込まされてきた〝自然観〟とは、日本古代律令国家の建設者たちが、中国の政治機構（専制支配体制である）および文教イデオロギー（儒教イデオロギーである）をみずから必死に学習する一方、これの受容を農民大衆にむりむり押し付けた、世界認識の枠組《わくぐみ》に過ぎなかった。

日本人は、松といえば、すぐに、めでたい木、長寿の木、というイメージを抱くであろう。貞節、忍耐、というイメージを抱く人もあるであろう。ところが、これらのイメージは、日本人独特のものではなくて、すべて古代中国からの輸入品なのである。『古事記』景行天皇の条に出てくる、ヤマトタケルが食事をとった時に置き忘れた大刀が失われずにあったのを賞めて「一つ松／人にありせば／大刀はけましを／衣きせましを」と詠んだ長歌も、『万葉集』巻第六の「一つ松幾代か経ぬる吹く風の音の清きは年深みかも」（市原王）も、『懐風藻』の中臣朝臣大島の五言詩「詠孤松」も、先進文化国の中国詩を下敷きにしてこそ得られた作品であって、日本古代貴族インテリの懸命なる学習成果である。万葉的発想などというものも、その詩的源泉は、かれら律令文人貴族の必携虎之巻たる『芸文類聚《げいもんるいじゅ》』に求められるし、平安期の『古今和歌集』の類題＝季節意識に至っては百パーセント、中国詩文の受け売りでしかない。

総じて、日本の〝伝統的自然観〟の特質は、けっして、自分のなまの眼（直接的＝肉体的な感性）を窓にして対象にアプローチすることがなく、必ずいったん中国詩文というフィルターをとおしてから実在感（リアリティ）に到達する、という仕組みをとっていた点である。あまりにも懸隔の甚しい先進国文化に対する劣等感が、そうさせたに違いないけれども、かれらなりの律気忠実の度合には十分納得がいく。そして、そうすることによって、古代律令体制をば「泰山の安き」に置くことができたのであった。

お手本となった古代中国社会では、その世界の頂点には天（皇帝）があり、底辺には人（衆庶）があり、両者の中間に地（農地）があり、ここにアジア的生産様式（総体的奴隷制）を基礎とする専制支配が永遠の法則としてうち立てられていた。当然、学問は政治に規制され、天文観測・占星術・暦法・薬学などの古代科学技術も、すべて専制支配の完全補強に用いられ、人民大衆の幸福に役立たせるチャンスさえ全く奪われてしまっていた。古代農業技術指導書の一つに〝歳時記〟があるが、『礼記』月令第六をみれば明瞭なとおり、モモが咲いたらこうしろ、ツバメが来たらこうしろ、春雷が鳴ったらこうしろと、要するに季節の変化に応じて継次的に農民をこき使う手順が明示されているだけのことである。これが古代中国デスポティズムの世界認識の枠組であった。

そうなると、日本律令文人貴族が中国詩文を下敷きにして〝自然観〟（自然の見方）を学習したという歴史的客観事実は、たんに学問・芸術・宗教の次元でだけ捕捉したのでは何も摑めないことになる。かれら律令知識人は、宮廷儀礼や農政指導のレベルで、律気なまでに儒教的プログラムを踏襲し、歳時記的思考の直接導入をはかり、宮廷芸術集団の諸活動（和歌における「類題」の構造化、倭絵における「四季絵」「月次絵」の定式化、などなど）をとおして〝日本的自然観〟の祖型を鋳造するが、それら一連のプロセスを詩歌人や文化専門家のみの仕事として捕捉してはならない。正しくは、中国伝来の〝自然観〟は、古代中国デスポティズムの世界認識の枠組に位置づけられた一構成部分だった、ということを看破したうえで、日本律令支配者がどんなにか〝自然観〟の受容咀嚼とその普及弘布に意を用いたかに注意する必要がある。

けっきょく、日本律令支配者は、文化らしい文化を持たぬ日本列島に対し、自然観（自然の見方）から啓蒙していったのだった。「いいか、自然に注意していろよ。それによって、種を蒔く時期を見失わないようにしろ。とりわけおかみに年貢を上納たてまつる時期を間違えないようにしろ」と教え込んだのである。無権利でもあり無力でもある人民大衆のほうは、専制支配者が一方交通的に送って寄越す天文・動植物の象徴的システムに身丈《みたけ》を合わす反応方式をもって、自然愛と勘違いしてしまった。そして、つねに〝歳時記〟を気にして生きる行動や思考のパターンを身に着けてしまった。

——これが、いわゆる〝日本的自然観〟の成立経緯であり、また、その本質である。このような自然の見方が一種のパラダイムとして定立したとなると、ちょっとやそっとでは崩壊しない。だいいち、修正の手を加えることさえ容易ではない。かくして、伝統的な〝日本的自然観〟が存続するかぎり、日本の政治支配形態はいつまでも旧套を脱することが不可能であろうし、被支配者階級はいやでも従順であるほかなくなるであろう。

（前節で、志賀重昂『日本風景論』の掉尾をイリュミネートした「外邦の客」の言説を見てきた。S・A・バーネットというアメリカ人宣教師の文章であった。日本の貧民が個々希望を持っている理由の第一は「個々若干の土地を所有し」ていること、第二は「国民を挙げて山野の美を絶愛する事是れなり、即ち相侶伴を作して花を賞し、単に自然の美を探らんとて巡礼行脚するの盛んなる」ことである、とバーネット師は言う。そして、国民が自然の美を絶愛するからこそ「復た都門に入りて煽惑挑発を求むるなく、渾然融化して、自ら貧を忘るるに到る」のだ、と説明されている。つまり、人民大衆が花見などに夢中になっているから、圧政にも抗議ひとつせずに済む、という意味のことを、この牧師は言ったのである。こんな印象文でも、読み方によっては、大変な真実暴露の契機を含んでいる。）

日本人は、現在でも、歳時記などのフィルターをとおしてしか自然を見ていない。のみならず、そのような伝統的自然観のフィルターの使い方に習熟した特定人物が「風雅の誠」を極めた高尚な教養文化人の遇され方をしている。だが、これでよいか。――

〝花のシンボル〟は、はたして固定したものであるか

実際例をあげて、すこしく討究してみよう。

固有名詞を出して例に引くのは気の毒だが、ここに今井徹郎著『植物歳時記』（昭和三十九年二月、河出書房新社刊）という本がある。永らく山役人をした人の書き溜めた随筆集だが、それでは著者個人の植物形態学的教養が文章に活かされているかというと、そちらのほうは徹底的に〈不在〉で、隅から隅まで伝統的自然観＝俳句的自然観賞法でもって植物にべた惚れしている。植物が好きで好きで堪らないという老人の文章と見れば、まことに愛すべきであるし、伝統的価値尺度を絶対と考えるひとびとからすれば何ひとつ可怪《おか》しな叙述はないだろうが、わたくしたち理性を尊重しようと心がける立場の人間が読むと、驚くような個処ばかりが眼に入ってくる。原著者には気の毒であるが、

他意はない。日本人の自然に対する常識を集約した典型例として引かせてもらったばかりである。——

その「蓼と蓼喰う虫」という一編の冒頭を見よう。——

お前は歌ふな
お前は赤ままの花や　とんぼの羽根を歌ふな
風のささやき　女の髪の毛の匂ひを歌ふな

中野重治氏の作品にみる、肌の色もなめらかな秋の風物詩である。

ところで、この胸にしみる女の髪の毛の匂いは、齢を重ね、やがて、忘れ去る日はあろうと、陽の光も少し薄らぐ秋の半ば、薄紅の花をひそかに飾るタデの花の姿は、群れとぶ赤トンボの羽の美しさとともに、なかなか忘れ得るものでない。

日本趣味の侘びた庭のうちに、己の生命を見出そうとする人の中には、このタデの類を我家にとり入れ、しげしげと眺めるものが少なくない。これというのも、たとえ、蓼は野の草であるとはいえ、そうした人達の心を充すに足る、さわやかにすんで、おちつきのある魅惑的なものを宿しているからだ。

……………………

この秋蓼は、深々とした想いに通う詩の風韻を、野芒の穂波の乱れとともに、地のそこかしこにもってきてくれる。

この季節咲く蓼には、アカノマンマ（イヌタデのこと）、ヤナギタデ、ミズヒキ、ハナタデなどがある。そして、そのどれもが、路傍の湿地や草叢の間で、淡紅色や朱色の花を粟粒くらいの大きさで長い花穂の先に飾り、みのりの秋に一脈の風情をそえてくれる。

蓼は、『喰べている牛の口より蓼の花（素十）』のそれで、野に多くみられる植物であることには、いささかの相違もない。それでいて、たとえば、アカノマンマ、サクラタデ、ミズヒキなどの二、三株を蹲踞《つくばい》の傍ら近くなどに植えてみる。すると、侘びしさの姿をもつ故か、弱々しさのうちにも清爽の趣きを伝えるの故か、あるじの心根にぴたりと当てはまり、雲の静かに流れる空の下、想いを野辺のそれにと走らせてくれる。

この「蓼と蓼喰う虫」という文章のなかで今井老人の述べたかった主旨は、日本趣味の侘びた庭にはタデの類を植えるのがふさわしいということ、特にアカノマンマ、ミズヒキなどの二、三株を蹲踞《つくばい》近く植えてみると「侘びしさ」「弱々しさ」「清爽の趣き」が伝わって野の想いがするということ、これに尽きるであろう。そのかぎりでは、いわゆる〝日本伝統美〟の凝固体をタデ科の草木に見いだしているのであるから、常識ちゅうの常識ということになる。当たり前過ぎることを一所懸命になって論じ立てているところが、今井老人の筆の良い味わいを作り上げているのだろう。ところで、固定観念のフィルターをとおして外界自然や人間の内部世界をのぞくと、何をみても同じにしか写らない。中野重治の「「お前は歌ふな」の詩は、強い精神を持つためにはアカノママの花やトンボの羽根なんかに抒情してはいけない、民衆を愛そうとするためには風のささやき声だとか女性の髪の毛の匂いだとかに心を牽かれてはいけない、という主題を提示した作品である。日本的侘びしさや、文学青年的弱々しさや、反社会的抒情主義《リリシズム》に対する否定=拒絶を主題にした作品である。そのような作品であることは、こんにちの中学生でも高校生でもちゃんと知っている。しかるに、今井老人は、この詩をもって、「肌の色もなめらかな秋の風物詩」だというふうに読解鑑賞し、しきりと感に堪えてみせている。この詩にこんな受け取り方もあったのかと、正直いって、惘《あき》れ驚くばかりである。だが、冷静に観察してみるとき、アカノマンマやミズヒキといえばただもう「侘び」のシンボルと決めてかかっている伝統美学の信奉者たちならば、今井老人にかぎらず、だれもみなこういうやり方をするし、また、そうでなくては自分が安心できないのである。なるほど、茶室の庭に据えられてある低い手洗鉢や、その手洗鉢を中心にして前石・湯桶石・手燭石などを組み合わせた蹲踞の、どこか近くに、タデ科の野草であるアカノマンマとかミズヒキとかのか細い花軸がすいとのび、そこに疎らな穂状をなして赤い小花が付いているのを見れば、野辺の思い、侘び（閑居閑寂）の風情、清爽の趣にぴたり適合するような感じがする。はじめから泣きに行く目的で母子物の大衆映画を観劇する田舎のおばあさんみたいなものであり、古い俳諧宗匠などはみな同じ心理的志向《インテンション》に従って四季自然に接しているはずである。どうも、一概に批判してしまっては気の毒のような気がする。

しかし、これは他人事《ひとごと》ではない。わたくしたちも、そうとは気付かずに（モリエールの『町人貴族』で頻繁に用いられる科白である）同じような錯《あやま》ちを犯していることが多いのではなかろうか。これでは、結局、花の形姿や生態を何ひとつ見ていないことになってしまう。

アカノマンマやミズヒキを「侘び」のシンボルと見做しつづけてきたのは、中世から近世にかけての知識階級を生みだした現実社会の価値体系が、そのまま戦前まで受け継がれたからに他ならない。日本近代は、そのような価値体系を温存させることによって強大国にのし上がったのであった。

「侘び」そのものの精神的意義は今日《こんにち》でも通用するし、目覚めたヒッピーのなかにはその意義を把握している者が無いとは限らない。わたくしとて、このような日本趣味ないし伝統美学がつまらないものだとは考えない。中世から近世初めにかけて、このような〝日本美〟が形成された理由にはじゅうぶん納得がゆくし、最初にこれを発見した芸術家＝思想家はたいした男だと敬服もする。しかし、問題は、「侘び」のシンボルが三百年も四百年も固定してしまって〝通時的性質〟を帯びたら、「侘び」でさえなくなる、ということである。こんにち、日本式庭園を構え蹲踞《つくばい》を置くとなると、莫大《ばくだい》な経費がかかる。よほどの金持でなければ、こんな贅沢はやれない。一方に住宅問題が深刻だというのに、自分だけが茶庭なんか作ることが、どうして「侘び」なんて言えるのか。どう考えても、現代生活のなかで、昔ながらのシンボルを通用させようというほうが無理である。シンボルは、当然、〝共時的法則〟に従わねばならない。「侘び」のシンボルが変わらなくてはならないように、花のシンボル、花のイメージも、どんどん変わっていくのが本当である。どう変わっていくか、どう変わっていくのが望ましいか。

その点を論じたら、いやでも生産関係の問題に踏み込まざるを得なくなるはずだから、ここでは差し控える。それよりも、アカノマンマなり、ミズヒキなりが持っていると考えられてきた〃花のシンボル（象徴的意味）〃を、永遠に固定化された鋳像と見做してよいか、という問いについて考えてみたい。明らかに、伝統的自然観の体系のなかでは、ミズヒキといえば、「侘び」のシンボルであり、「弱々しさ」のシンボルであり、「清爽」のシンボルであった。和歌一首にミズヒキを詠ずれば、ああ作者（歌人）はしきりに侘びしがっているんだな、自分の境遇や心理状態の弱々しさを喞《かこ》っているんだな、とすぐにわかったものである。懐紙にミズヒキの花軸を包んで人に送れば、受け取ったほうでは、そうか彼女は侘びしい気持でいるんか、心理的に参っちまっていますと訴えたいんか、とすぐにわかった。和歌に限らず、伝統文芸に用いられる植物は必ず固定した〃シンボル〃を持っていた。そして、そのおかげで、コミュニケーションの道具ないし役割の機能をも、かつては立派に果たしてきたのであった。だが、そのような〃花のシンボル〃は、いつの時代でも通用するものなのかどうか。むずかしい術語でいえば、〃通時的法則〃を持ち得るものなのかどうか。この問題は、みんなで真面目に討究するだけの値打ちがある。

自然に接するには、人間の直接経験から出発すべきである

ミズヒキの花が臨床例にあがっているから、それに即して筆路を進めよう。

ここに、滝井孝作の名短編『結婚まで』がある。滝井孝作といえば、昨年、長編小説『俳人仲間』が完成して、日本文学大賞を受けたから、ご存知の向きは多かろうと思う。大正十三年（一九二四）完成の長編小説『無限抱擁』は夙《つと》に名作と謳われ、戦前から岩波文庫に収録されているゆえ、オールド文学青年なら必ず一度は読了しているはずである。『結婚まで』は、その『無限抱擁』のあとを承けて、大正十五年（一九二六）作者三十歳の作である。

私小説であるこの『結婚まで』の成立事情は、作者みずから、「大正十二年の春志賀さんと橋本（基）君と京都に移居、ぼくもすすめられてあとから一人で行つて、橋本君と共にくらした。……九月一日関東大震災、この九月、ぼくは篠崎リンと結婚した。――小説『結婚まで』の素材。――京都でこの夫婦生活がはじまつた」（「文学的自叙伝」）と記していることによって明白である。話筋《プロット》は、菅さん（志賀直哉）の家に看護婦として来ている笹島さん（現夫人）を恋した竹内信一（作者）の結婚までに漕ぎつけるプロセスを綴っただけだが、中年に達しかかった年齢の男女の野暮ったいが清新な恋情をリアルに描いた魅力溢るる傑作短編である。

竹内信一は、自分と笹島さんとのことを菅さんに言いそびれて日を経てしまい、やっと菅さんに告げることができた。このあたりの主人公の初々《ういうい》しさ、素直さは、作中の最も美しい部分である。

事柄の関係上、菅さんに第一番に話したかつた。信一にこんな堅くるしさがあつた。

次の日それで出向いたら丁度、菅さん一人だつた。差向ひに坐つたが信一は、太い庭の松など眺め、未だもぢ〳〵して居た。

「少しあるきませうか」

「うん。出よう、今日は中中いい天気だ」

信一と菅さんと二人歩くと、二人共に足早やになるくせがあつた。近所のいつもの広い石畳の坂路を上つて真直ぐに向いた。

「このあひだ中から話したかつたけれど、いつもお客さんがあつて、工合悪かつたりしました」

「うん、うん」

「僕、笹島さんが好きになつて……。これはずつと前からですが、ずつと前に自分の気持に心づきはつきり心持は極つたんですが、皆んなに、こちらの気持丈日つて仕舞《しま》ふことはどうかしらと思つて黙つて居たんです。今月の初めになつて両方同じだつたことが知れたんです」

「うん、うん」

「それで一昨日の晩に、このあたり二人して歩き廻つたりしたわけです。段段に話あつたら、笹島さんは僕の所にくるやうなことを言つた次第です」

信一は急ぎ勝に要点を思ひ、細々《こまごま》よう話さずに、足りない気もされ大体これだけだと思つたりした。菅さんは、聴きとつた。

「うん、てい子は、何か二人がそんな様子らしいと、いつて居たやうだ。てい子は昨日の昼笹島さんにたづねたら、向うも白状したさうだよ……二人がさうなつたら、てい子の此の夏の理由の分らぬ病気に漸と意味《やつ》が出てくるわけだね」

と、軽く笑つて菅さんは、さらに聴き直した。

「結婚の話まで運んだのか」

「ええさう」

「そりやあ、いいだらう、賛成だ。……君と笹島さんなら、鬼に金棒だらう」

「ええありがたう」

——このようにして、竹内信一は、菅さんに向かい、自分と笹島さんとの恋愛が結婚まで熟したことを告げ、菅さんから祝福を受けるのである。竹内のもじもじした気持は一挙に晴れ、高みにのぼったようになる。

真葛ケ原がつきて、突当りの崖は、人の踏禿《ふみは》げた路跡を附けてゐた。「茲《ここ》を登らうか」と菅さんは人の踏禿げの小径に近づいて、登つて行き、直ぐ後ろに信一は従つた。上に登ると漸平らで、二人は、高く持上げられた気持がされた。高台寺の屋根が下に見えた。椎松杉其他の蘚著《こけつけ》た木立の中に入りずつと足許《あしもと》は平らになつた。

菅さんは、夫婦生活について心付いた事を信一に振向いていつた。

「僕の祖母は中中気性の強いたちだつたが、家庭の事は一切自分で取仕切《とりしき》つてやつて居て、家事以外祖父のやる方面には、又決して一切口だし仕《し》ない方針だつた、それが極めて工合よくいつた。君の所も左《さ》ういくといいと思ふね。笹島さんは中中勝気だから」

信一は聴いて菅さんの作に描かれたお祖母《ばあ》さんを思ひ出し、前から親し味を抱いて居たが、今お祖母さんを例に持出されて有難いと思つた。自分たちも左《さ》う行《ゆ》きたいと思つた。

森の中から出て、ずつと下り坂路で足許は下つて居た。岨路《そばみち》に日が射した。稚児ケ淵《ちごがふち》と言ふ猪水池《ちよすいち》二ツの傍通《そばとほ》つた。信一は、水引の花を一ト筋摘取《つみと》つた。信一は花など持ち今日はふさはしい気持がされ、却《かへ》つて気になり、暫時《ざんじ》して捨てた。又路傍に咲いてゐたから手翫《てあそ》びに摘取つた。

「君の長篇は未だ完成しなかつたね。続きをかくといいが笹島さんから文句が出ると工合が悪いから、最初に言つて納得さすんだね」

信一は以前の女のことをかいたラヴストリーのことをいはれた。

「僕の小説は大方読んだやうです。あれは事実だと曰《い》つたら、亡くなつた女と言ふ点で納得したんです。小説を作る場合は何も曰はないでせう」

「うん、それならいいがね。……これから笹島さんは君が浮気をしたらきつとこはいだらうよ。浮気、できないね」

二人共笑つた。すぐ路は広い往来に合はさつた。「花山洞」のトンネルを出た往来だつた。駄菓子置いた茶店、牛車行商人など急に鄙びた風物だつた。往来から手の下には山科の村里が点点と指さされた。

「すつかり好い秋だね。どこもかしこも、実に好い気持だ」

——竹内信一は、恋がみのり、菅さんからも祝福と賛成を得て、今や「高く持上げられた気持」になって、京都の町を見下ろす岡を歩いている。充実し切った、そして力強い〝生の讃歌〟に囲まれたこの主人公は、ミズヒキの花をいっぽん摘み取って、手に持つ。今日《きょう》という日に「ふさはしい気持」がして、暫時、そのミズヒキの花を指の間で躍らせていた。ところが、あまりにふさわしい気持がしたことで、かえって、それが気になり、ぽいと捨ててしまう。だが、心底から込み上げてくる喜びを抑えることができなくなって、ふたたび、路傍に咲いているミズヒキを摘み取って手に持つ。摘まずにはいられないのである。家に戻るまで、もう捨てないであろう。

——ここで用いられるミズヒキの〝花のシンボル〟は、明らかに「喜び」と「生命謳歌」と「若さ」とである。私小説の大家として知られ、長篇『無限抱擁』に関して自《みずか》ら「著者が自身の直接経験を正直に一分一厘も歪めずこしらへずに写生したもので、つまり筆者自身がモデルなのであります」（岩波文庫版同書、あとがき）と言い切る作者であるから、この場合も、実際にあったそのままを書いていると考えられる。けっして、ミズヒキを何かの象徴体系のなかに組み入れて効果を狙《ねら》おうなどという意図は無かったはずである。それにもかかわらず、主人公竹内信一の手の中で翫《あそ》ばされているミズヒキの花のひと筋は、なんと恋の心情、恋の成就、若い精神、若い肉体とぴったりした相関関係を成り立たせていることか。最初から、何かの〝花のシンボル〟を舞台効果のために使用しようなどといった心組みは無かったがために、ミズヒキの素朴でもあり野趣横溢でもある花軸や総状小花が、えも言えぬ〝エピタラム〟（祝婚歌）を構成する装飾要素となり得たのである。

もはや、わたくしの言わんとするところは、あまりに明白であろう。ミズヒキの〝花のシンボル〟をもって、はじめから「侘び」だとか「弱々しさ」だとか決めてかかる伝統的美学の公理は、永遠の真理でもなければ、日本民族生得の感覚的傾向でもない、ということ、したがって、わたくしたちは銘々が自分の感性や理知の働きをとおして新しいシンボルを発見し創造していくのが本当の自然認識である、ということ、このことである。

もしも、『植物歳時記』の著者今井徹郎が「日本趣味」の名のもとにあらかじめ決めてかかっているように、ミズヒキの花が「侘び」や「弱々しさ」のシンボル以外に意味を持てないとしたら、滝井孝作の「今日はふさはしい気持がされ」は、きょうの侘びしくて心細く弱々しい気持にミズヒキの花がぴったりして、としか解釈できないことになり、おそろしく滑稽な文章という帰結が生まれる。その反対に、ミズヒキの花そのものにはけっして固定化した象徴的意味はない、という立場を採れば、伝統的日本美の体系（すなわち「日本趣味」）のほうが、おそろしく滑稽だという帰結になる。ついでに注記すると、滝井は明治二十七年（一八九四）生まれで、今井は明治三十四年（一九〇一）生まれ、ずっと後から生まれた人間のほうがずっと旧式美学体系の虜《とりこ》になっている。滝井の『結婚まで』の書かれたのは大正十五年（一九二六）で、今井の『植物歳時記』の書かれたのは昭和三十九年（一九六四）である。時代思潮の抗《あらが》いがたい力を、あらためて考えさせられる。高度経済成長政策の時代では、〝花のシンボル〟ひとつでも、復古調や「日本趣味」のほうが優勢を占めざるを得なかった。

しかし、固定観念や、専制支配的パラダイムが通用し、大手を振って罷りとおっているかぎりは、「人間の復興」とか「自然の回復」とか口々に唱えても、本当のルネッサンスはやって来はしないであろう。まず、わたくしたち自身の感覚や思考をたよりに世界認識をやり直すことが必要である。そのための卑近な手段として、植物観察からやり直すことが必要である。伝統的自然観は、ただ無批判に墨守していれば永続するのではなくして、わたくしたちの修正＝改訂の努力をとおしてのみ永持ちが期待できる。わたくし自身は、むしろ「日本趣味」の反対者だから、どしどし、伝統美や伝統的自然観の誤謬に向かって弾丸を撃ち込むつもりである。いろいろ立場の違うひとがいて、お互いに発言していくことが〝人類進歩〟をもたらす最小必須要件であり、お互いに相手に耳を傾けるうちに自己変革が生まれる。民主主義社会のみが、そのことを保証してくれるはずである。

花と文学的象徴

（I）

ある花が何を象徴しているか、ある花が何の記号として用いられているか、ある花が何のイマージュによって支配されているか、こういった問題を釈《と》きほぐすことは容易ではない。しかし、それよりも前に、およそ特定の花が特定のシンボルと結合されて特定の機能をはたすとしたら、そのメカニズムは何によって可能とされるか、ということを疑ってみる必要がある。

この疑いから出発して、精神分析学は、神経症患者や未開人の心のなかに表象されるものを調べあげながら、シンボル化の作用を科学的に与えられる記号に還元する作業を押し進める。フロイトの理論は、㈠心理的＝生理的事象にも、物質的世界と同じく因果関係が支配すること、㈡人間の精神には無意識の領域があって、これが個人のあらゆる生活史の具体的な貯蔵庫になっていること、㈢記憶の消去である忘却の原因になっている検閲は、社会的もしくは親によって反対され禁止されている事がらを、無意識のなかに抑圧する、㈣ところが、この検閲によって抑制はされるが征服されはしない、打ち克ちがたい衝動——性的欲求、すなわちリビドー——は、思春期になって生じるのではなく、性的なものに先だつ段階で、あらかじめ存在している、㈤性的衝動は、冷酷な禁止と外傷に関係する事件とによって無意識のなかに抑圧されるが、べつに、転移という方法で満足させられ、この満足の直接的充足はイメージへの変化によって自己疎外する、——以上の五つの原理によって成り立っている。このフロイト理論に拠って、シンボルを解釈していくと、たしかに古代神話にあらわれる花々、中世キリスト教をいろどる花々、中世からルネッサンスへの橋渡しをした各種の秘密結社のなかで隠れて咲いた花々、これら花々がなぜあれほどに酷愛されたかという理由にも、ほぼ説明が届く。あらゆるシンボルが《性的な徴候》へと還元される貧困化に腹を立てながらも、わたくしたちは、この説明に納得してしまうのである。

ところが、新しい文化人類学的報告をデータにして観察し直してみると、精神分析学でいうところの《性的な潜在性》は、カトリック的な教育とブルジョワ的な教育とに密接に関連した一つの神話的な存在にすぎない、ということがわかってくる。フロイトの考えでは、夢であれ芸術であれ、シンボルを生むことになるすべての要因は近親相姦の衝動を抑圧するエディプス的モデルに還元されるのだが、未開部族の或るものにおいては、性的な禁止や準備態勢には両親のタッチする局面が少ないために（したがって、親のイメージがいちじるしく縮小されているために）、シンボルを生む構成要素の大半が両親以外のあらゆる段階に依拠している。けっきょく、イオカステーやエディプスは、けっして《自然的な》原型などであるのではなくして、さまざまな社会に存在する〝家族の体系〟に密接に依存しているにすぎないのである。

そこで、新しい立場に立つ象徴理論の研究者たちは、フロイトのいう《無意識》を、個人的生活史の貯蔵場所にだけ限って考えることをやめて、社会集団そのものの《構造》を貯蔵するものとして考えるようになっている。フロイトの批判的後継者であるユングはもとよりのこと、デュメジル、レヴィ＝ストロースなどが言語的意味論の一領域としてシンボルを解釈しているのも、この方向においてである。

話がむつかしくなってしまったが、ここで言いたかったことは、花のシンボルとか、花にまつわるイメージとか、花に仮託されている儀式的意味とか、そういったものを知るためには、それら花々をも含めた社会全体のありさまを構造的に把えなければならない、という簡単明瞭な一事である。ある特定の花が、ある特定のシンボルをつたえるために、神によってつくられた（正しくは、植物進化の跡をたどった）などということは、けっしてないのである。

よく「花言葉」というものが使われる。女学生が「ヤグルマソウの思いの谷間のユリ」などと手紙に書いたりするたぐいである。これは、順序が逆である。花そのものには意味や概念は本来ないのであり、意味や概念を花に注《つ》ぎ込んだのは人間社会のほうである。桜や菊に「忠君愛国」の意味を吹き込んだのは、戦前の日本軍国主義である。桜も菊も、それ自身は何も語らない。

そのかぎり、花に注入され鼓吹されたシンボルを釈《と》きほぐしていけば、ある特定の時代、ある特定の社会、ある特定の階級、ある特定の価値体系、ある特定の美学体系、などなどを、根源的に摑み取ることも可能である。花は、むしろ、《無意識》の複合的なもののなかに構成されたシンボルとして眺められている点で、ちょうど、「神話が一つの言語を構成していながら、しかも、この言語は通常の言語表現よりも上の段階にある」（レヴィ＝ストロース）のと同じように、通常の文学的素材よりも遙かに根源的な（もしくは、遙かに上の段階にある）リアリティを捜《さぐ》り当てる手だてを与えてくれるであろう。

*

ケシは、原産地からいっても、明らかに〝洋花〟の範疇に入るはずであるが、日本には、十世紀ごろから中国経由で渡来しているために、西洋の植物という感じがしない。はじめ「罌子粟」「白芥子」「米嚢花」などの名で、穀類・蔬菜として用いられ、やがて園芸草花として観賞されるようになり、一部で麻酔剤として使用された。

中国には七世紀ごろから入っていたらしい。だが、ケシと中国との関係は、ケシのうちの二属 *Papaver somniferum*（その白花品種）および *Papaver setigerum* から採れるアヘン（鴉片・阿片）が、帝国主義時代のイギリス人によって悪用され、ついにヨーロッパ人の東洋侵略の道具とされた歴史的事実に、もっともなまなましい痕跡を残す。おかげで、ケシ科に属する平和な花々は、思わぬ冤罪《えんざい》をこうむることとなってしまった。

ケシ科に属する平和な花々のなかで、いちばん親しまれているのは、ヒナゲシ（*Papaver rhoeas* L.）である。この花は、古くから「虞美人草《ぐびじんそう》」の名で知られている。夏目漱石の名作『虞美人草』の題名は、かれの漢文的教養から着想された。唐詩の「麗春」もヒナゲシだったろう。しからば、虞美人草の由来や如何《いか》に。——

中国最初の大帝国である秦の始皇帝の抑圧政策に対する人民蜂起の運動は、二世皇帝胡亥《こがい》のとき、陳勝・呉広の指導する農民一揆のかたちをとって火の手を挙げた。これに呼応して六国の旧貴族の残党もぞくぞくと挙兵したが、そのなかで、項羽《こうう》（前二三二〜二〇二）と劉邦《りゅうほう》（前二四七〜一九五）との二つのグループがもっとも強大であった。項羽の兵力は四十万、秦軍と九戦してことごとくこれを破り、咸陽《かんよう》に入城して、降伏した秦の王子嬰《しえい》を殺し、都を焼いたり財宝子女を略奪したりして東に帰り、西楚の覇王となった。劉邦のほうは、兵力十万、さきに関中に入ったのだけれど、いまや諸侯上将軍として六国の旧貴族からたてまつられている項羽から「巴蜀・漢中の王とする」という分封の命令を受けては、これに従うほかなく、漢中に行って漢王となった。しかし、楚と漢とは、いずれ天下を争う宿命にあり、両者は五か年にわたり（前二〇六〜二〇二）苦しい戦いを繰りひろげることとなった。戦争の初期においては、兵力において遙かにまさる項羽軍が勝ちつづけたが、劉邦が占領地区内での社会秩序の安定や軍紀綱正に注意を払ったのに対して、項羽はただ過ぎ去った戦国時代の〝力の政治《パワー・ポリティクス》〟を強行することばかり考えていたから、この差異が戦局の帰趨を決めた。戦えば戦うほど、劉邦は強くなり、項羽はしだいに追い詰められていった。最後に、楚・漢両軍は垓下《がいか》（安徽省霊壁県の東南）で決戦するが、項羽は、夜、漢軍の「四面皆楚歌」するのを聞き、包囲網をくぐって逃げのび、烏江《うこう》に至って自刎《じふん》して死んだ。

さて、その項羽が垓下で包囲されたとき、虞姫《ぐき》との別れの歌をうたった「垓下歌《がいかのうた》」は有名である。『史記』巻第七、項羽紀に拠って、その全文を知っておこう。

項王則夜起飲ニ帳中一、有ニ美人一名虞、常幸従、駿馬名騅、常騎レ之。於レ是項王乃悲歌忼慨、自為レ詩曰、力抜レ山兮気蓋レ世、時不レ利兮騅不レ逝、騅不レ逝兮可ニ奈何一、虞兮虞兮奈レ若何。歌数闋、美人和レ之。項王泣数行下、左右皆泣、莫ニ能仰視一。

項羽は、自分の敗戦を「時に利あらず」と解し、時運や天命のせいだと観念したのだが、正しくは、歴史の流れに逆《さか》らったために「力は山を抜き気は世を蓋《おお》う」ほどの能力があったにもかかわらず敗れたのであった。戦闘を交《まじ》えている期間もそうであったが、漢帝国政権を樹立したのちも、劉邦（漢の高祖）は、農村秩序の安定と生産力の向上とに意をそそいだ。

それはともかくとして、「垓下歌」にあらわれる「虞美人」の存在に、当面、眼を向けよう。虞美人とは、項羽の寵姫をさしている。ものがたり好きの古代中国人たちが、この虞美人を主題に、一篇の後日譚をつくらずにいられなかったのも、無理はない。虞美人は項羽のあとを追って自刃《じじん》するが、その墓にいつしか生えて花咲いた草こそ虞美人草である、という伝説がまず出来た。だが、これだけでは、いかにも面白味に乏しい。そこで、つぎには、虞美人草は、人が近寄って手を打ち歌をうたってやると、花茎や葉が舞うように揺れだす、という話が付け加わった。これでも足りないとなると、歌は歌でも、「虞美人の曲」でないと、けっして舞わない、という駄目押しが利《き》かされるようになる。宋《そう》代の沈括《しんかつ》の著『夢渓筆談《むけいひつだん》』楽草をみると、「高郵人桑景舒、性知レ音、聴ニ百物之声一、悉能占ニ其災福一、尤善ニ楽律一。旧伝有ニ虞美人草一、聞三人作ニ虞美人曲一、則枝葉皆動、他曲不レ然。景舒試レ之、誠如レ所レ伝、乃詳ニ其曲声一。曰皆呉音也。他日取レ琴、試用ニ呉音一製ニ一曲一、対レ草鼓レ之、枝葉亦動、乃謂ニ之虞美人操一」とあるから、尾鰭に尾鰭が付け加わったことがわかる。かくて、別名に、舞草・美人草・仙人草・麗春花・錦被花・賽牡丹・蒿蒿蓮などが数えあげられるようになった。

だが、虞美人草がどうしてもヒナゲシでなければならぬという絶対的な確証は無い。例によって、ストレインジ・

テールズ（怪奇説話）が先行し、ミュージカル・ストーリー（歌曲ものがたり）が流布したあとに、西域《さいいき》から、それにふさわしい植物が渡来してきたのではなかったろうか。ヒナゲシの原産地はヨーロッパ東部で、もともと麦畑・ビート畑・馬鈴薯畑に生える雑草だった。現在でも、英語でCorn Poppy, Field Poppyと呼んでいるのは、その名残である。東西交通＝貿易が盛んになるにつれて、唐代から宋代にかけて、中国全土にわたって一般化したのだろうと推定される。そうなって、はじめて、伝承上の「虞美人草」と、実在する植物である「虞美人草」とが一つに組み合わさった。ノミナル（唯名的）な概念が先行し、リアル（現実的）な概念内容があとからこれを充塡していくという思考方式は、東洋では、ごく当たり前のやりかたであった。実在する植物の到着を待って、古い伝承のもつ曖昧性《アンビギュイティ》が、一挙に現実性《リアリティ》に転ずることを得たのである。

そこへいくと、ヨーロッパ人は、あくまで実証的な命名法に執する。ドイツ人は、Klatsch-mohn《クラッチモーン》とか、Klatsch-《クラッチ》rose《ローゼ》とか呼ぶが、これは、ヒナゲシの葉っぱを額《ひたい》に当てて押すとぱちっと音を立てて破れることに由来する。一方、Klatschには、ぱちっ、ぴしっという擬声のほかに、女のお喋りという意味もある。フランス人は、ponceau《ポンソー》とかcoquelicot《コクリコ》とか呼ぶが、これは、色彩の赤いことに由来する。ドイツ人の耳（音楽）、フランス人の眼（絵画）という差異がここにもあらわれた。

*

花のもつシンボルなり寓喩なりが時代や社会によって決定される顕著な実例の一つとして、カーネーションを挙げねばならない。カーネーションは、戦後、日本でも「母の日」（五月の第二日曜日に当てる）にこの花を胸に飾って母親に対する敬愛と感謝とをささげる慣習がおこなわれるようになった。しかし、この慣習は、もともとアメリカからの輸入でしかない。それにもかかわらず、わたくしたちにとって、カーネーションの花から母のイメージを消し去ることは、もはや不可能に近くなっている。民主主義や女性尊重の思潮がつづくかぎり、カーネーションは「母」のシンボルでありつづけるに相違ない。

ところが、カーネーションに仮託されたシンボル（花言葉と呼んでもよい）は、ヨーロッパにおいては、久しく「女性」とか「美人」とかの意味をもち、時として、猥褻とさえ見做し得る「女の肉体」の意味をもっていた。だいいち、Carnation の語源は、Incarnation（ラテン語の incarnatio には、肉体化、人間化、化身、キリストの降生、マリアの処女懐胎などの義がある）に求められるから、ルネッサンス期のどぎつい時代風潮のなかでこの言葉がどんなになまなましく際《きわ》どい意味に用いられたか、ということには、だいたい想像がつく。

シェークスピアのロマンス劇が最高峯に達した作品といわれ、老年の問題が重要なモティーフとして織り込まれた点でも注目される『冬の夜語り』*The Winter's Tale*, 1610～11. のなかに、カーネーションが登場する。このドラマの梗概を述べると、シシリア王レオンティーズは、いわれなき嫉妬に駆られて、無実の王妃ハーマイオニーを断罪し、生まれたばかりの娘パーディタを僻地に遺棄させる。ところが、幼い息子マミリアスが母の悲運を嘆いて死んでしまったと聞かされ、翻然とおのが罪を悟り、爾後十六年に及ぶ贖罪と苦悶との日々を送る。そして、老年に入ったある日、いまは美しく成人した娘パーディタと出会い、さらに、死んだとばかり思い込んでいた王妃との再会も許され、ついに和解する。――というプロットをたどっているから、〝祖型〟をたずねてゆけば、復活回春の宗教儀礼劇にまで遡らねばならぬであろう。しかし、シェークスピアが直接の粉本《ふんぽん》に仰いだのはロバート・グリーン作『パンドストー、または時の勝利』（一五八八年刊）である。むしろ、十六年の悔悟の生活によって、時は失われたのではなく、時に勝ったのだ、という人間肯定のほうに主題の重みがかかっている。シェークスピアのロマンス劇の最大の主題も、まさに、人間が時間の勝利を獲得することにあった。ルネッサンスは、こうして、人間をば、眼に見えない力の呪縛から解き放つことに成功したのである。

さて、レオンティーズの悔悟で終りを告げる前半の悲劇のあと、第四幕からは、打って変わった明るい世界が展開される。殊に、羊飼いの家を中心にくりひろげられる、若き娘パーディタと、ボヘミアの王子フロリゼルとの愛の喜劇は、自然および人間の豊かな謳歌である。その第四幕第四場羊飼いの家に、恋する若き男女のほかに羊飼い（パーディタの父といわれている老人）とポリクシニーズ（ボヘミア王）とが登場し、つぎのようなやりとりをする個処がある。

羊飼い　……さあ、今日初めておいでなさったこのお客人たちに御挨拶申し上げろ。すりゃ、お互《たげ》えにもっと知り合えて、仲良くなれるだから。（略）

パーディタ　〔ポリクシニーズに〕ようこそおいでくださいました。父の意向で、今日の女主を勤めさせていただきます。〔カミロに〕ようこそ。ドーカス、そのお花を取ってくださいな。さあ、お年を召したかたには、まんねんろうとヘンルーダをどうぞ。ひと冬じゅう色香を失いません。（略）

ポリクシニーズ　娘さん――いかにも美しいかただ――が、わたしたちの年輩のものに冬の花とはまたいかにもふさわしい。

パーディタ　今年もふけてまいりましたが、まだ夏は死んではおりませんし、寒い冬が生まれているのでもございませんから、この時節一番の花といえば、カーネイションと、自然の庶子などと呼ぶ人もおります縞の石竹でございましょうが、その種の花は私どもの庭には生えません、ほしいとも思いません。

ポリクシニーズ　どういうわけでその種の花をうとんじられるのですかな。

パーディタ　人工のわざが偉大な造化の自然に手を加えて、あの花を縞にするのだと聞いておりますから。

ポリクシニーズ　そうだとしてもよろしい。だが自然がなんらかの手段を作るのはやはり自然自身なのだ。だから、あなたが自然に手を加えるとおっしゃるその人工のわざの上には、自然のわざが支配しているのですよ。（略）

パーディタ　さようでございます。

ポリクシニーズ　それならあなたのお庭にも石竹を咲き誇らせて、自然の庶子などとはおっしゃるな。

パーディタ　私にはわざわざ土を掘ってあれを一本だって植える気はございません。私が紅白粉を塗ると、それがきれいだとこのかたが称めてくださり、そしてただそれだけが理由で私によって胤《たね》を残したいとお思いになって頂きたくないのと同じです。

（筑摩書房版『シェイクスピア全集・第三巻』、福原麟太郎・岡本靖正訳に拠る）

これでみると、カーネーションは、すでに十六世紀終りから十七世紀初めにかけて、美しい園芸品種として、ヨーロッパじゅうに普及していたことがわかる。シェークスピアはちゃんと現物を見ていたはずである。「縞の石竹」Gillyvore のほうは、旧品種のカーネーションと考えられ、当時、肉色（女性の肌の色）の花だけを carnation と呼んだろうと推測されている。問題は、美しい園芸品種の開発が、シェークスピアによって、積極的に肯定され、かつ賞讃されている点である。封建的＝貴族的な血統主義に対して、開明的＝庶民的な能力主義を打ちだし、それが自然＝理性に適《かな》う進歩の道だと、そう主張しているのである。園芸品種の改良と、人間の改造とを、カーネーションに象徴される「女性の受胎《インカーネーション》」の能力に期待しているところに、時代精神の確かな歩みが感じられる。カーネーションの美しさは、神がつくったものではなくして、人間がつくったのだ、と宣言しているのである。

女性の肉の色をした花をもつナデシコ科の植物を、英語ではピンク（pink）と呼んでいるが、これは、語原をオランダ語「ちいさな眼」（pinko-ogen）に仰いでいる。フランス語「ちいさな眼」（Oeillet）は、石竹・唐撫子の義だから、必ず関連があるものと考えられる。しかし、「ちいさな眼」と石竹類との間にいかなる関係があるかについては、『オックスフォード辞典』では不明だとしている。ただ、一七二〇年ごろに石竹の自然色に近いピンク色の名前だったものが「つづいて一七六七年頃には『なにかの最も完全な状態、あるいは水準』をあらわし、一八二七年頃には『美人または絶妙なもの』をさす語となった」（春山行夫『花の文化史』、石竹とカーネーション）という変遷のプロセスを辿ったことだけは、はっきりわかっている。

じつは、このピンクの語、シェークスピアもしばしば使っていた。『ロミオとジュリエット』*Romeo and Juliet*, 1595. の第二幕第四場、ロミオとマーキューシオが交す駄洒落合戦のくだりに、こう見える。

マーキュ　はて、礼法にかけては一代《いちだい》の精華《ピンク》とも崇《あが》められてゐる乃公《おれ》ぢゃ。
ロミオ　精華《ピンク》とは名誉の異名《いみやう》か？
マーキュ　いかにも。
ロミオ　では、予《わし》の舞踏靴は名誉なものぢゃ、此通《このとほ》り孔《ピンク》だらけぢゃによって。
マーキュ　出来た。此上《このうへ》は洒落競《しゃれくら》べぢゃぞ。……

（坪内逍遥訳）

ここでは、pink は「精華」という意味のほかに、「孔」という際《きわ》どい意味も含んでいる。

さらに『アントニーとクレオパトラ』*Antony and Cleopatra*, 1607～8. 第二幕第七場を締めくくる合唱曲のなかに見える、

ござれ、お前《まひ》さん、葡萄《ぶだう》の王《わう》さん、
しょぼ〱眼《まなこ》の肥満漢《ふとっちょ》さん？

（坪内逍遥訳）

の「しょぼしょぼ眼」は、原文では“pink eyes”（ピンクの眼）であるから、オランダ語の語原に近い意味をもっているだろうが、一方、どこか「好色」の感じをも表出している。カーネーションとの心理的聯合を踏まえて享受しないならば、戯曲（科白《せりふ》）としての面白味は半減してしまうだろう。

カーネーションの学名 *Dianthus caryophyllus* L. の「ディアントゥス」とは「神の花」の義である。リンネが、ナデシコ科（石竹属）をこう名づけたのは、テオフラストゥス『植物誌』に拠って Dianthus の存在を知り、古代アラビアからの貴重な貿易品だった丁字（丁香）の意である Karyphillon とを組み合わせたのである。しかし、それ以前、ルネッサンス期に、むんむんするような「人間の花」「肉の花」だったことは、まことに興味深い。

（Ⅱ）

ある事物が表象している社会的＝慣行的なシンボルを追究する作業と、ある芸術作品のなかに表現されている構成的＝形態的要素としてのシンボルを追究する作業とは、全く区別して扱われなければならない。さらに、表現形式そのものである芸術作品がそれ自体の機能とするところの「芸術としてのシンボル」を追究する作業にいたっては、一つの比喩としてはっきり見える「芸術のなかのシンボル」とはまるで異なり、眼に見えない生命力＝生命感を示す絶対的イメージとして単一でかつ分割できない有機的構成体の追究にほかならないから、もしもこれを逐語的に言い替えたりしようとすれば非合理的にならざるを得ず、厳密には、言葉による追究を断念せざるを得ない。考え方によっては、言葉そのものが一つの〝シンボル体系〟であると見做すこともできるが、その場合のシンボルは単なる記号《サイン》に過ぎないであろう。そして、記号は、思想を呼びおこすとき、ぽつんと一つだけ孤立して存在するなどのことはあり得ず、必ず体系という全体（集合）に依存して存在するのであるから、けっきょく、われわれが追究すべき作業は諸記号の一つの体系だけである、ということになる。そのさい、われわれは、記号のメカニズムを個人的な心理的＝生理的操作で分析していても、けっしてその本質を把握することはできず、かえって記号そのものの実施をおこなっているに過ぎないことを見失ってはならない。記号と思想との関係は、先験的《ア・プリオリ》に決められているのではなく、各時点ごとに二種類の連系（通時的と共時的）の傘下に入れられて表現されているからである。

なんだか、ひどくむずかしいことを言っているようだが、これでも、現代の言語学で探究されているシンボルや記号に関する考え方をできるだけ易《やさ》しく説きほぐして紹介したつもりである。現代の最も新しい言語学は、以前のようにウラル・アルタイ語がどうの音声変化がどうのといった瑣末な穿鑿に執《しゅう》することを止めて、ずばり、人間の思考法、意識のもちかた、現実との関わりの仕方を探究していく。この新しい言語学を樹立したのはド・ソシュールであるが、考え方それ自体としては早くからヘーゲルやマルクスにその先蹤が見られていた。ヘーゲルの『美学』第三巻建築の項をみると、「言語においては、伝達手段は、記号によって、すなわち、外的で恣意的な何物かによって構成されている。芸術は、その反対に、単純な記号を使用することはできないが、意味作用に可感的な実在性は与えなければならない。……現実の、生きているライオンを見るときには、一瞥してその形態しか日にとめないので、そのライオンと、画像として再現されたライオンとの間に何ひとつ相違は見いだされない。しかし再現には、何かより以上のものが含まれている。それは、形態がまず表象作用のなかに存在したことと、それが人間精神およびその創造活動から噴出したものであることを示している」と述べたあと、一匹のライオン、一本の樹木などをただ再現したのみでは芸術にはなり得ないと指摘し、シンボルの問題に入っていき、「ある一般的意味作用を開示するための一つの建築物は、この開示作用以外の目的を持たず、それゆえ、それ自身としては、ある本質的観念の自己充足的なシンボルを形成しており、そのシンボルは、ある一般的価値という、精神のための沈黙の言語を有している」と明言する。ギリシア様式の柱であれ、ローマ式の円天井であれ、ゴチックの尖頭迫持《オジーヴ》であれ、これら記号が、それ自身ではなんら意味作用を持たず、建築物という総体のなかに嵌め込まれてはじめて意味をもつ、というのである。このようにヘーゲルによって拓かれた道に従いながら、現代の言語学の立場は、言葉もシンボルも記号も、意味を表わす全体の部分となっている（別の言い方をすれば、ある一つの関係を表現している）だけであって、ひとつひとつをとってみればなんら意味を持つものではない、との見方をとるのである。

そうなると、何か特定の花が、何か特定のシンボルを表現するなどのことは、先験的《ア・プリオリ》に定《さだ》まっていたと考えないほうがずっと合理的である。われわれは、他人から受け取った何かの紙きれに松竹梅の図柄が描いてあったりすると、たいへん縁起《えんぎ》のいい贈り物をもらったような気持になるが、一方、その同じ紙きれに蓮の花の透《す》かし模様が漉《す》いてあるのに気付くと、こんどは一挙に不吉な気分に囚われてしまう。松竹梅が長老・慶事・幸福のシンボルで、蓮の花が仏事・喪・物忌《ものいみ》のシンボルであるように考え慣らされているのだけれど、それら植物の本来的性質のなかには慶凶・幸不幸の要素など微塵ほどもあるはずがない。ある植物が象徴するものによって、〈それ自体〉としての植物は背後に押しやられ、そのあるがままの現実の実体とは異なる他の価値を付与された実体が含まれることになる。この場合に、心理分析学者が説くごとき、人間の意識に内在してその深層から浮かび上がってくる集団シンボルとしての森、石、棒、穴、火、水、大地、空などの事物《オブジェ》が実体性をもつというならば、まだしも考察の対象となり得るが、めでたい植物とか不吉な植物とかの対立＝相反というのでは、そこに付与されて含まれることとなった実体に対して殊更に〝特権的〟重みを見いだすには値しない。たかだか、社会的慣行の反映ないし適用を見いだせば十分であろう。古代人、いや先史原始民族が駆使し神聖視しているシンボル作用といえども、けっして、われわれ現代人にとって不得要領の超自然的能力の所産なのではなくして、かえって、われわれの社会におけるのと同様の思考と言語学的手続との所産でしかないのである。トーテム、紋章、呪的意匠、標語なども、われわれの論理学者や数学者によって与えられる意味＝記号と大差ない。何かの花が表象している象徴的意味も、われわれに近づきがたい〝聖なる〟対象として考察する必要はなく、ある記号体系における一つの記号として考察すればよいのである。

　さきほど松竹梅を例に引いたけれど、日本人が桜のなかに先験的に見いだしていると信じ込んでいる情感的シンボルも、じつは、世界じゅうの人類に共通する知性の働きと言語学的手続とによって、極めて合理的に解明できるものである。日本人がサクラのなかに見いだしているシンボルの数々は、要するに、明治以後の天皇制絶対主義国家体制が力ずくで決定した〝価値の体系〟のなかで組み立てられた、一定の記号学的単位でしかない。多くの有為なる若者が、サクラに付与された価値（にせの実体）を実体と信じ込んで戦場にむなしく死んでいったことは、周知のとおりである。菊のシンボルについても、同じことが言える。皇室の紋章が彫金してある銃器のために、どれほど多くの若者が理不尽の労苦を背負わされたか。シンボルに実体性を付与する古い考え方が、こんにち、きびしく反省されねばならぬゆえんである。

　戦前の教育を受けた四十二、三歳以上の日本人は、だれでも、菊花というとただちに皇室の厳《おごそ》かさを連想させるシンボルと解するように慣らされてしまい、植物としてのキクの実体を思い浮かべるのにかえって手間取るという経験を有しているのではないか。そして、それが理性に反する思考だということに気付くまでに、ずいぶん時間がかかったのではないか。しかし、それでも、明治の人たちに比べれば、キクの実体に触れる機会が許されるようになった分《ぶん》だけ仕合わせとすべきである。明治の人たちは、キクの花を見れば、たちどころに緊張し、直立不動の姿勢をとらずにはいられなかった。

　十九世紀フランス文学を代表する作家ピエール・ロチが、有名な『お菊さん』（一八八七）につづいて発表した『秋の日本』（一八八九）という作品は、一八八五年（明治十八年）に、海軍大佐、練習艦トリオンファント号の艦長たる資格において日本訪問をおこなった体験を綴った見聞録風《ふう》エッセーである。そのなかに、赤坂離宮の観菊御宴（十一月十日）を活写した文章がある。この日、宮中女官たちや閣僚夫人がこちこちに緊張し、それを取り巻く庭園全体の雰囲気がメランコリーに満ちみちていたと、ロチ独特の暗鬱な描写が展開する。

　疑ひもなく、この御所もまた、私たちの居るところから見えないほど、ひどく低く、ひどく圧し潰されてゐるに違ひない。さうして老樹の頂きだけがその囲壁の上に抜きん出てゐる。それは俗眼を遮断した、多少陰気な何やら大きな聖林《ブワ・サクレ》といつたやうな呈観をしてゐる。

その黒塗の不気味な門には、稜角に怪獣の姿を朧げに表した厳《いか》めしい屋根が載つてゐる。これが皇室門である。この門は私らに石畳のある大きな中庭《クール》、と云ふよりは寧ろ一種の広場《プラース》に通ずる一つの出入口を与へてゐる。この広場に入ると急にひつそりとする、がまだ街なかの喧騒を絶ち切れない。併し何となく厳《おごそ》かな息詰《いきづま》るやうな静けさがただよつてゐる。そこには丁度フランスの門衛《ユイシエ》か門番《スイス》のやうな服装をした数人の守衛《ガルド》が、すつかり固くなつて音を立てずに居並んでゐる。そこにはまた、馬丁の手で控へられてゐる乗馬や、宮様《プランス》や大臣たちを乗せてきた渋い立派な馬車なども見える。私らはこの静けさのなかに一種の物々しさが支配してゐるのを感ずる。が、それは御宴《フェート》とか花見《フェート・ド・フルール》の宴といふよりも、寧ろ人の集まる喪(deuil)とか、或ひは準備中の厳かごと、といつたやうな感じである。

（村上菊一郎・吉氷清訳『秋の日本』〈青磁社版〉に拠る）

「観菊御宴」の原題 L'impératrice printemps とは、〝皇后陛下春〟（女王陛下、その名は春）の意で、昭憲皇太后美子《はるこ》との謁見を主題とする。これは、その初めのほうの部分に見える叙述だが、宮中における菊見の宴の物々しさが、ロチの眼に「人の集まる喪」と写った点には、われわれとして大いに注意を向ける必要がある。明治十八年といえば、まだ狂信的な皇室崇拝教が決定的役割を演ずる以前の時期に属するはずであるのに、ロチの芸術的炯眼は、それを予見していた。指摘されてみると、日本皇室行事およびそれに関わるもろもろのシンボル作用は、「厳《おごそ》かごと」である以上に、「人の集まる喪」といったほうが適切である。キクにまつわるイメージも、荘厳とか尊貴とか長久とかいう以上に、喪とか陰気とか不気味とかの情感的カテゴリーをあらわしているのかもしれない。少なくとも、フランス人にはそう受け取られても仕方ないのだと思う。

ところが、こんどは、此方側《こちらがわ》から言わせてもらうと、フランス人が〝国花〟として酷愛しているユリおよびイーリスも、フランス人が感じているほどには神聖でもなければ、威厳や権勢のイメージを喚起されることもない。ユリもイーリスも、永らくフランスを支配したカトリック教会およびルイ王朝の紋章として用いられ、ちょうど日本の皇室の紋章と同じように一般人民が軽々しくこれを用いるのを禁止していた、という歴史をもっている。そのような社会的基盤があったればこそ、フランス人は、あたかも先験的《ア・プリオリ》にユリおよびイーリスを愛さずにはいられないように仕向けられているだけである。日本人がサクラやキクを〝国花〟と見做しているシンボル作用と同じことで、冷静に観察すれば、フランス人が自分でそう思い込んでいるほどには運命的でも必然的でもありはしないのである。

すべて、〝国花〟というようなものも、同じである。裏返していえば、シンボル的特権など具有していない代わりに、各時点ごとに社会的につくりだされるものだという理由からすると、かえって、合理的な使用規則に適っているとさえ言える。

＊

たとえば、ヒマワリだが、この花は、ソ連の国花とされ、また、ペルーの国花ともされている。〝国花〟の規定は、三好学『人生植物学』によると、「一つの国に於て国民の最も賞愛する花を云ふのである。是れには深い理由があるのでなく、昔からの歴史・習慣によつて自ら定まつたのである。／国華として目せられるものは、一は其土地に固有で且普通の植物であること、一は其植物の美性が多くの特に好む所となるものである。美しい花は国々に少くないが、而かも今まで国華として認められたものを見るに、各々一種に限られて居るのは決して偶然ではない」（第十二章植物の美性と其応用）というのであるが、それならば、北半球の寒冷の国であるロシアと、南半球の旧インカ帝国に当たる高原地帯にあるペルーと、このあまりにもかけ離れた条件下にある二つの国において同時にヒマワリが〝国花〟とされている事実を、どう理解すべきであるか。同じことが、チューリップについても言える。北欧に隣するオランダと、中東（西南アジア）のイランと、この両国が同時にチューリップを〝国花〟としているのである。

ヒマワリ *Helianthus annuus* L. は、北アメリカ南部原産の、キク科の一年草である。逞《たくま》しい茎と、短い毛が多くはえる大形の葉とがぐんぐん成長した夏ごろ、直径三〇センチメートルもあるでっかい頭状花が横向きに咲く。この横向きに咲く花のすがたから、「太陽に向かってまわる花」という伝説（もちろん、伝説それ自体は誤りでしかないが）や命名ができたくらい、この植物全体の呼び起こすイメージには夏の太陽の強烈な印象が二重写しに重なる。インカ帝国（一二〇〇～一五三三）では、太陽の神殿に奉仕する「太陽の処女《ママクーナ》」が、神殿付属の尼僧院に住んで、宗教行事に参加する役目のほかに、祭式用の布を織ったり、トウモロコシから濁酒《チッチャ》をかもしたりしていたが、特に祭事のさいにはヒマワリの花を象《かたど》った純金の冠をかぶり、また同じくヒマワリの花をかたどった純金の装身具で胸や両腕を飾っていたという。インカにおける太陽神殿とヒマワリとの組み合わせは、神殿が宇宙の《中心》に位置すると考えられ、純金製のヒマワリが《宇宙木》と考えられていたことを証《あか》してでもいるのであろうか。宗教学者エリアーデは「三つの宇宙界――天上界、地上界、地下界――という考え方を知っている文化においては、中心がこれら諸界の接合点を構成する。次元の分裂が可能になると同時に、これらの三つの領界の交わりが可能になるのもまさにここにおいてである」（前田耕作訳『イメージとシンボル』、第一章《中心》のシンボリズム）と言っている。そのような規模壮大なる神話的地理学について論ずるのは、本稿の目的からはずれてしまうから、やめておく。人間中心の地理学のほうに話題を引き戻そう。さて、十六世紀の初め、スペインの征服者《コンキスタドーレス》たちが新大陸に残虐な略奪と破壊とをほしいままにした一連の動きのなかで、ついにインカ帝国は滅ぼされてしまった。その泥棒仲間たちによって、ヒマワリは、他の新大陸栽培植物（ジャガイモ、サツマイモ、トマト、チョコレート、パインナップル、イチゴ、キュウリ、落花生、栗、ハシバミ、タバコ、タルウイ、トウモロコシ、トウガラシ、リュウゼツラン、エンジなど）や観賞草木（コスモス、ダリア、マツヨイグサ、マツバボタン、ムラサキツユクサなど）とともに、ヨーロッパに持ち帰られた。そして、新大陸原産の新しい作物が、ヨーロッパの瘦地や乾燥地に適応してぐんぐん育ち、実質的に食料飢饉を救った。ヒマワリも、その果実は、そのまま炒《い》って食べることができ、油を絞ることもできる（ヒマワリ油は、料理用として、オリーブ油やアーモンド油に匹敵する美味をもつ）ので、長いあいだ悪条件にあった北欧・東欧の農民の困窮を救うのに大いに役立った。果実だけでなく、葉っぱは家畜の飼料になる（もちろん油糟も家畜用飼料となる）し、茎からは繊維（紙の材料にもなる）がとれるし、花からは黄色の染料がとれるし、枯れたあとは燃料にもなり、燃やした灰は肥料にもなる、というのだから、全く棄てるところ無しという貴重な植物であった。

春山行夫『花の文化史』が紹介するところによると、「今日ヒマワリを大量に栽培しているのはロシア（南ロシア）で、戦前の統計では推定年産額二百万トンだったのが、一九五〇年代には一躍五百万トン前後となって世界最高で、次はアルゼンチンの七四万八千トン、ルーマニアの二一～三一万トン、ブルガリアの一八～二四万トン、ユーゴスラビアの五～一二万トン、トルコの六～九万トンという順位になっている」という。また、春山によると、「ロシア人がヒマワリの種子をガリガリ噛んでいる光景はよく旅行記や小説にでてくる。種子はナマのままでたべる。音楽映画でチャイコフスキイの『モスコオ進撃』を見た時、モスコオの酒場の正面の羽目板に直径一メートルもあるヒマワリの花が描いてあった。ブルガリアの切手にヒマワリと麦の穂とを組合せたものがあるし、ドイツの植物学教科書に種子をとる品種と観賞用の品種を比較した挿画がでていることなども、この花を栽培している国柄をあらわしている」（同書、ヒマワリ）という。この春山行夫の文章を最初に読んだときに、わたくし自身がはっと気付いたことだが、晩年のゴッホが頻りに描いたあのヒマワリの作品は、もちろん、この芸術家の内面に鬱勃と沸《わ》き滾《たぎ》る狂熱的な《自我》の燃焼以外の何物でもないけれど、一方、かれが幼少年時代を過ごしたオランダの農民たちの間に親しまれていたこの〝万能〟の植物のイメージを踏まえていたことも無視し得ないのではあるまいか。気候・地理の条件の悪い北欧では、ヒマワリといえば、一種の〝救荒植物〟としての役割も果たしてきたのであった。文字どおり、それは《生命の樹》であったと言うことができる。

――かく跡づけてきて、ヒマワリが、旧インカ帝国の文化を継承するペルー共和国の〝国花〟とされ、同時にヨーロッパの北方に位置するソビエト社会主義共和国連邦の〝国花〟と決められている事情に、はじめて理解が届く。

総括的に言い得ることは、ある花が表象していると一般に考えられていた形而上学的シンボルは、けっきょくは一つの記号へと還元されて差し支えないものであり、合理的な記号体系のなかの一つの記号として取り扱われるほうがむしろ正しい。古くから特権を与えられてきた既成のシンボルのもっている意味作用は、消え去るか無視されるかして毫も差し支えないものである。ド・ソシュールの考え方に即していえば、「言語の諸記号は、先行しているもののなかではなく、共存しているもののなかで、それらに決定的な〔規定的な〕défini〔tiv〕e の価値をもつのである」（山内貴美夫訳『ソシュール言語学序説』、第六章　二つの系における現象または関係）ということになる。〃国花〃というような社会的＝慣行的シンボルも、言語学的単位と考えられ得るかぎりは、「一つの関係を表現している」というにすぎない。そしてまた、それだからこそ、新大陸アメリカから一六世紀以後に渡来したヒマワリが、旧大陸のいちばん奥まった位置にあるロシアの〃国花〃となることも、げんにあり得たのである。

簡単に「花のもつシンボル」というようなことが言われるが、けっして鋳型のごとく固定したものではない。それは、あらゆる諸現象の問題と同じように、各時点ごとに「関係間の関係《ラポール・アントル・デ・ラポール》」としてつくりだされていくものである。ただ、そのさい、可能な変種は一つしかなく、また可能な方法も一つしかない、という言語学的記号の〃共時的法則〃を再確認すれば足りるであろう。ロシア人のヒマワリに対する関係、日本人のキクに対する関係、両者とも、叙上の〃共時的法則〃の所在を見事に照らしている。

*

「花言葉」というものがある。特定の花に特定の意味を持たせ、それを使って一種の意志表示の手段とする風習である。近代ヨーロッパで流行したコミュニケーションの一方法で、日本にも直輸入されたが、どうも日本人にはぴったりこないというのが正直のところである。それもそのはずで、各時代、各社会で〃共時的〃に一つの可能な方法として見つけだした記号を、〃通時的〃に使用すれば、そこに必ず歪みが出る。エリザベス朝イギリス社会で用いられた花言葉を、シェークスピアが作品に取り入れたから大喝采を博しただけなのに、後世の衒学者たちは、シェークスピアが使ったのだから永遠不滅のシンボルだという扱いをした。そこに歪《ゆが》みが出るのは当然である。もちろん、言葉には通時的現象はつきものであるし、共時的現象は通時的現象によって条件づけられている。この二つの現象は垂直線分・水平線分によって表象されてもよいくらいで、互いに密接な依存関係にありながら他方では互いに完全に独立している。それだからこそ、ただ一つの平面ないしただ一つの時期に生起する現象の重みを無視してはならないのである。

ヒマワリについていえば、十八〜九世紀のイギリス社会では、背丈の高いヒマワリには「高慢・尊大」「偽りの富」の寓意が、低いヒマワリには「憧憬・思慕」の寓意があるとされた。十九世紀のフランス社会では「わたしの眼はあなたのみを見つめる」「偵察」「移動性」が寓意されていた。それから、これは花言葉というのではないけれど、十七世紀ドイツ社会では、ヒマワリの紋章が、騎士の封建領主に対する忠誠の誓いとして用いられていた。つまり、ヒマワリが太陽のほうにむかって忠実に従うというあの伝説に由来したのだった。こうなると、かつてインカ帝国にあった宇宙論的シンボリズム、近世ロシアの困窮農民を救った物質的リアリティなどとは、なんのかかわりもなくなっていることが、あまりにも明瞭である。「花言葉」とか、紋章とか、さらに「ことわざ」とかは、すべて、特定時代の特定社会の生産物でしかないものである。

たしかに「花言葉」は他愛《たわい》ないものだが、それすらも一つの記号体系を離れては存在し得ないことに想到すれば、かえって、ある時代＝社会の価値体系をさぐる手だてにはなる。

さいきん喜ばれている洋花の一つにハイドランジアがある。ハイドランジアの「花言葉」は、「あなたは冷淡だ」「高慢」ということになっている。何が故にハイドランジアがこのような寓意を着せられなければならないか、どうも飛んでもない濡《ぬ》れ衣《ぎぬ》だという気がする。

周知のごとく、ハイドランジアは、「西洋アジサイ」とも呼ばれているとおり、もともと日本からヨーロッパに輸出されたものが、ヨーロッパで品種改良されて色彩も鮮烈になり花の大きさもずっしりした大珠《おおだま》状を呈するようになり、それが、昭和年代に入って逆輸入されたのである。

最初に日本のアジサイをヨーロッパに運んでいったのは、『日本植物誌』で有名なシーボルトである。シーボルトは、日本原産のアジサイに *"Hydrangea otaksa* SIEBOLD" という学名を付けたが、この「オタクサ」こそは、かれが長崎滞在中に愛した「おたきさん」(丸山の遊女其扇)の名前であった。だとすれば、シーボルトの頭のなかにあった紫陽花のイメージこそは、虐《しいた》げられしアジアの女性の可憐さ・あわれさ・もの悲しさであったと見るべきではないのか。かりに「花言葉」を定立しなければならぬとしたら、「逆境のなかでもあたしは生きます」「控え目」「無口」ということになろうか。がんじがらめの身分階級、劣悪な労働条件、人間性の抑圧、などなど、日本女性の置かれた位置を、このアジサイは端的に表象している。まして、アジサイの咲く季節はじめじめした梅雨期である。シーボルトは、考えられる限りの悪い状態のなかでぱっと(いや、うすぼんやりと)咲く女性のシンボルを、アジサイのなかに見届けたに違いないのである。

シーボルトの植物学的業績については、牧野富太郎の酷評がある。「世間では、氏をたいへんな植物学者のように誤解しておる人が少なくない。これは主として、かの同氏とツッカリニー J. G. Zuccarini 氏との合著となっている、『フロラ・ヤポニカ』Flora Japonica なる『日本植物志《ママ》』の大なる書物があるからである。しかしこの書物は、ただシーボルト氏がその材料をわが日本にあつめてこれを欧州に廻し、その命名記載の植物学的の仕事は、もっぱら同著者となっているツッカリニー氏がかの土においてなしたるにすぎないので、これを全然シーボルト氏が仕事をしたように思っているのは、それは世人がその仕事をした真相を知らないからである。」「同氏はその後幾年わが邦に逗まりしにより、無論わが邦植物に対する知識が歳月の進むに従い次第に増進していったには相違ないと思うが、しかしかの『日本植物志《ママ》』の大著は前述のごとく、自分で植物学的の仕事をしたのではなく、それは主としてツッカリニー氏が担当したものであるから、ただ漫然とこの書に基づきシーボルト氏を非常な植物学者のように思うのはもとより誤りである。またシーボルト氏自身で著わした日本植物の小冊子があるが、これで見ても同氏のわが邦植物に対する知識は決して深奥なものではなく、むしろ浅薄なものである」（シーボルトは植物の大学者か）と、牧野はこてんぱんにシーボルトを評するけれども、その『江戸参府日記』を見るかぎり、シーボルトの植物学的インタレストはまことに旺盛であり広汎でもある。植物分類学者としての素養という点では多少欠けるところがあったかもしれないが、シーボルトは、万事もの珍しいはずの旅の途次、けっして自然景観をむだに見てはいないのである。『江戸参府日記』は、むしろ〝植物随筆〟という観点から高く評価すべきである。

かりに、シーボルトが植物学者として取るに足りない存在であったと仮定しても、日本から持ち帰ったアジサイの学名に、自分の愛するアジア女性の名前を付けずにはいられなかった個人的心情（なんとも、人間味に溢れているではないか）のみは、かりそめのものと見做し得ないのではあるまいか。

ここで問題にしたいのは、シーボルトによって、あわれ深い東洋女性のイメージとして用いられたアジサイの花が、数十年の品種改良を経たあと、りっぱにヨーロッパ園芸品種の地位についたとき、ついに、この花が「冷淡」「高慢」の花言葉をおっかぶされてしまった事実である。しかし、このことのために十九世紀ヨーロッパ人を非難するのは、まったくお門違《かどちが》いと申すものである。理由は、すでに再三述べてきた。言語の諸記号は、いわば過去として先行しているもののなかではなしに、共時的に共存しているもののなかでこそ、決定的＝規定的な価値をもつからである。むしろ、われわれとしては、ハイドランジア（すなわち、日本のアジサイが改良された園芸品種）に「冷淡」「高慢」の寓意を見いだした現代ヨーロッパ人の〝記号体系〟に肉薄していって、かれらの思考組織の秘密をさぐり当てるべきだと思う。さらに付言すれば、花のシンボル、花のイメージ、花言葉などは、つねに新たにわれわれ自身がつくりだしてゆくべきものだということを正しく認識して、花いっぽんをいけるにも、われわれ現代社会に生きる人間の精いっぱいの〝生きかた〟との関係把握の努力をせねばならないのだと思う。花一輪といえども、けっして苟《かり》且《そめ》の存在ではないのである。

(Ⅲ)

ヤシ目ヤシ科の植物は、東西両半球の熱帯・亜熱帯にはえる木本植物で、その種類は約千五百種をかぞえる。ヤシ科の植物は、特に産地の熱帯原住民にとっては、生存・生活の維持のために絶対に不可欠なもので、〈食〉の領域では清涼飲料・澱粉・糖・油脂・タンニン・酒を採ることができるほか、〈衣〉の領域では繊維が採れ、〈住〉の領域では建築材・家具用材が採れる。他に薬用・顔料・工業用剤としての用途もある。ようするに、熱帯原住民はヤシとともに、ヤシによって自分たちの文化をつくっている、と見て差し支えないのである。

そこで、わたくしたちも、熱帯とか、未開種族とか、原始文化とかの概念を頭に浮かべるようなとき、ほとんどなんの躊躇《ためらい》もなく、同時にヤシ科植物のあれこれのイメージを呼び起こすのが常である。熱帯地方における物質生活や、未開社会における個人生活は、必ずしも、われわれ近代文明人が想像するほどに遊惰安逸でもなければ爽快でもないのだが、官僚制的産業機構や都市公害にうんざりしているようなとき、わたしたちは、ふと、ヤシ科植物の繁茂する〝常夏の国〟(ユートピア)への脱出を夢みたりする。

すでに、わたくしたちにとって、ヤシの木は「ユートピア」のシンボルとしてとらえられてある、と言っていい。ところが、本稿前節までの探索ではっきりしたように、シンボルそのものは社会的産物でしかなかったはずである。そうなると、ヤシを「ユートピア」と結びつける意識上の操作も、なにもこれを人類に普遍的な心理的内容と考える必要はないことになる。たまたま、日本列島の外がわを黒潮(日本海流)が流れていて、それに乗って漂流してきた

「椰子の実」（島崎藤村の詩「名も知らぬ遠き島より／流れ寄る椰子の実一つ」を思い起こしていただきたい）が、ユートピアへの憧憬《あこがれ》をそそるに過ぎない、と言えそうである。弥生社会の発展とともに東南アジア稲作文化が入ってきたために、日本人は、その原郷を懐《なつか》しんでいるに過ぎない、と言えそうである。そして、そのように合理的判断をくだしても、誤っているところはどこにもない。

たしかに、そのとおりであるのだが、しかし、ヤシの木と「ユートピア」との象徴関係にかんするかぎりは、なにか合理主義的思考による分析をはみでる部分が多いのではないか、という気もする。ここでは、それについて考えてみる。――

＊

日本古典に最初にあらわれるヤシ（ヤシ科植物）は、ビロウ *Livistona subglobosa* MARTIUS である。漢名を蒲葵といい、日本古名をアジマサ（檳榔）という。ただし、檳榔（『古事記』垂仁天皇の条に「御子者《みこをば》坐二檳榔之長穂宮一《あぢまさのながほのみやにませまつりて》而貢二上駅使一《はゆまづかひをたてまつりき》」と見える）をビロウと訓《よ》んだのは、ビロウをビンロウジュ *Areca catechu* LINN. と混同した誤読から起こったもので、ビンロウジュのほうはマレーシア原産であるから、九州の青島や檳榔島にはえている種類とは違う。『古事記』撰修者のあやまちを譴《せ》めても仕方ないが、もう一箇所、仁徳天皇の条にアジマサが登場し、このほうは、歌謡であるせいもあって、「阿遅麻佐《あちまさ》」という表記になっている。

仁徳天皇の大后石之日売命《おおきさきいわのひめのみこと》が、あまりに「嫉妬《うわなりねたみ》」したもうものだから、宮殿に上がった美貌の黒日売《くろひめ》は、それを畏《おそ》れて、生国の吉備に逃げ帰ることになった。そのときに、天皇は、黒日売の船出をごらんになり、「沖方《おきへ》には　小船連《こぶねつら》らく　くろざやの　まさづ子吾妹《わぎも》　国へ下《くだ》らす」（歌謡番号五三）とお歌いになった。すると、大后は、いよいよ烈火のごとくお忿《いか》りになり、黒日売を船から追い下ろして、陸路を徒歩《かち》で帰らせるような意地悪い仕打ちをなさった。そこで、天皇は、黒日売を恋しく思われて、「ちょっと淡道島《あわじしま》へ行ってみたいんだが」と言い出され、こういう詐略《トリック》を用いて、淡道島においでになって眺望なさったときに、つぎのような歌をおうたいになった。

押し照るや　難波の埼よ　出で立ちて　我が国見れば　粟島《あはしま》　淤能碁呂島《おのごろじま》　阿遅麻佐能《あぢまさの》　島も見ゆ　佐気都島《さけつしま》
見ゆ（歌謡番号五四）

そうして、天皇は、この淡道島から伝《つた》って行かれて、吉備の国において黒日売とお会いなさり、かずかずの歌の贈答をなさった。

――と、これが「吉備の黒日売」のくだりの概略である。もちろん、「押し照るや」の長歌は、もともと国見の歌であり、したがって、愛人を恋うるような気持は少しも含まれていない。同じような歌が、『日本書紀』では、応神天皇二十二年の条に見えており、こちらのほうには、それこそとって付けたように「吉備なる妹を　相見つるもの」という二句が添えてある。原史料を処理するときの撰修者の考え方の相違から、一方は仁徳天皇の御製となり、他方は応神天皇の御製となった。いずれにしても、原形が〝国見〟の儀礼歌謡であったことだけは確かと考えられる。

さて、問題は、「あぢまさの島も見ゆ」（訓本によっては「檳榔の島も見ゆ」としているものも多い）を、どう読解すればよいか、という点である。難波の埼からの眺望にせよ、淡道島からの眺望にせよ、ヤシの木がいっぱい茂っているような小島は絶対に視野に入ってこないはずである。「淤能碁呂島」（『釈日本紀』に「自凝之島也」と見える）といったような、国生みの段に出てくる想像上の島といっしょに並べられているところをみると、「阿遅麻佐能島」は、瀬戸内海に実在する島嶼《とうしょ》の一つと考える必要は全くないのではないか。特定の島と見なさずに、これを「ユートピアの島」と考えるほうが、かえって無理がない。どの註釈書も、これといった断定や推論を避けているのは、賢明の措置といえる。また、それ以外にはどうしようもなかったはずである。

しかし、ともかく、日本神話に「ヤシの島」が登場してくることだけは、事実として知っておかなければならないし、ヤシ科植物が少なくとも「ユートピア」（地上楽園）のイメージなりシンボルなりの役割をはたしてきたことも見落としてはならない。山岳の霊地に、人間の帰りゆくべき故郷を見いだした〃古代心性〃の一方に、このような海彼《かいひ》の楽土を夢みていた因子も、確かにあったのである。地理学でいう「生活空間《エクメーネ》」は、日本古代民にとって、どのような規模のテリトリーまでを包含するものであったか。それは踏査するに値する問題である。

*

日本列島住民ならば、「ヤシの島」のヤシに「ユートピア」のイメージを思い描いたとしても、それほどとっぴではない。九州の南端へ行けば、これと同種類の植物を眼にすることができたし、台湾や、中国南沿岸や、東南アジアから帰ってきた舟人の土産話を耳にすることもできた。そうでなくても、前述の島崎藤村の詩（それの実際経験が柳田国男からの聴取であったことも、こんにちではあまりにも周知である）にあるように、ヤシの実が太平洋の黒潮に乗って漂着するといった出来事もしばしば起こった。日本人は古くからヤシを知っていた。

　しかし、ヨーロッパ人の場合は、全く違う。それにもかかわらず、ヨーロッパ人もまた、ヤシの木に「ユートピア」のシンボルを見いだしていたのである。ヨーロッパ人といっても、近世以後――特に〃大航海時代〃以後――のヨーロッパ人でなければ、もともとの「生活空間《エクメーネ》」である、あの気候・風土的に必ずしも良い条件ばかり具えているとは言い得ぬヨーロッパ大陸の外に、まさか、自分たちの「ユートピア」が存在し得ようなどとは、思い付きもしなかったはずである。ポルトガルおよびイスパニアが中央集権国家の権力を背景にして大西洋の探検事業を推進する十五世紀までは、イタリアの商業都市がおこなう地中海貿易の行動半径に入る異郷異郷の景観ぐらいしか、ヨーロッパ人の視界には把えられることがなかった。しかし、ポルトガル・イスパニア両国の植民活動を契機にして、ヨーロッパ人の考え方に大きな変化がもたらされ、金銀の流入と商業の発展とによってヨーロッパ全体が富裕になり、いわゆる「近代ヨーロッパの誕生」が現実のものとなった。そして、このように経済的実力を培《つちか》ったヨーロッパ全体の歴史発展が、市民革命および産業革命を経過しながら、ついに封建制社会に代わって資本制社会を現出させるに至るのである。明らかに、近代ヨーロッパは、アジアやアフリカや新大陸を食いものにして繁栄した。それればかりでなく、ヨーロッパ社会のなかの弱き者＝貧しき階級を食いものにして、ひと握りの人間たちのみが繁栄を独占した。これに対する反省や批判がヨーロッパ人自身のあいだに生まれたのは、当然のことである。

社会主義運動とは別に、早くから、芸術家たちのあいだに、近代ヨーロッパ文明に対する呪詛が発せられたのも、当然のことであった。

ロマン主義芸術運動は、それを押し上げる社会情勢や国家体制によって、また、それが台頭した時期や年代によって、かなり異なったあらわれ方をとっているが、それらすべてに共通する一つの憧憬《あこがれ》が潜在していたことだけは指摘し得る。ロマン主義者の憧憬とは、既に失われている「人間と自然との統一」をなんとかして回復したい、という願いであった。ドイツ・ロマン派のように保守的で神がかった芸術運動にしても、イギリス・ロマン派のように急進的で反社会的な芸術運動にしても、フランス・ロマン派のように自由主義的で民衆に接近していた芸術運動にしても、人間と自然との失われた統一もしくは調和を呼び戻したいという願望に貫かれていた。ホブズボームという現代の進歩的思想史家の説をかりると、「この世の人間の失われた調和にたいする、この渇望をやわらげるのに、三つの源泉があった。すなわち、中世、原始人（あるいはおなじことになりうるだろうが、異国趣味や「民族」）、およびフランス革命であった」（『市民革命と産業革命』、第二部第十四章 芸術）という。反動的ロマン主義者にとっての中世、急進的ロマン主義者にとってのフランス革命、そして両者の中間に位置すると同時に両者をも包含する自由で若々しいロマン主義者にとっての原始人（原始社会）は、三つながら、産業主義や都市化社会に窒息しかけた敏感な知識人たちの「ユートピア」を描くためのモデルであった。

原始社会の想定そのものは、ロマン主義の独創であるよりは、むしろ十八世紀啓蒙主義の伝統を受け継いだと解釈さるべきであろうが、新時代に生きる詩人・芸術家たちは、機械化や商業化のために不恰好《ぶかっこう》となり非人間的にさえなった眼前の文明を呪詛して、ことさら自然の美しさを慕い、ことさら原始人＝野蛮人の文化を謳歌せずにはいられなかった。ボードレールのように「どこへでもよい、この世の外に出られるならば」と、憧憬そのものをうたい上げた詩人もいる。ドラクロワのようにアルジェリアの女奴隷を描き、異国趣味をつうじてブルジョワ文化を批判した画家もいる。ランボーのように、はっきり、キリスト教文明や白色人種の帝国主義を批判し、みずからの文筆を投げ棄てて、アフリカ奥地に足を踏み入れて死んだ詩人の例もある。

つぎに示すのは、ランボーの散文詩集『地獄の季節』所収の「不可能」という作品の一節である。

しみったれた理性が、おれのところに戻って来て――それも、たちまち消えてなくなるが！――おれのこの不快のかずかずは、自分たちが西欧にいるということを、はやばやと考えに入れておかなかったためだと、それに気づかせるのだ。西欧の沼地よ！　これは、その光が褪《あ》せたとか、その形式が衰弱したとか、その運動が錯乱したとか、そんなことをおれが思っているというのではない……よろしい！　いま、おれの精神は、東洋の終焉このかた、人間精神が蒙《こうむ》ってきたありとあらゆる残酷な発展を、決然として身に引き受けようと望んでいる。……おれの精神が、そう望んでいるのだ！

……しみったれたおれの理性は、もうこれでおしまいだ！――精神が権威をふるっていて、それが、おれに、西欧にいることを望んでいる。おれが嘗《かつ》て望んだような結末をつけるためには、この精神を黙らせる必要があるだろう。

おれは、殉教者の栄光を、芸術の光輝を、発明家の驕慢《きょうまん》を、略奪者の熱血を、悪魔のやつにくれてしまった。おれは、東洋へと、あの原初にして永遠の叡智《えいち》へと立ち帰って行った。――今では、そんなことも、粗野な安逸の夢のように思われる。

（雪華社版『ランボー全集』所収、斎藤正二訳に拠る）

ここで、少年天才詩人は、ヨーロッパ近代文明の汚辱と思い上がりとを告発し、自分自身はそこから逃《のが》れようとしたけれど、ついに逃れることができなかった、と書き、みずからを呪《のろ》っている。そのランボーがなぜ詩を棄てて未開大陸の貿易商人の群れに投じたか、今もって謎とされているけれど、近代ヨーロッパ文明に飽き飽きしていたことだけは疑念の余地もない。

もうひとり、ここに、同じく、ヨーロッパ文明の腐敗性や残忍性にうんざりして、パリを逃げ出し、遠く南太平洋ソシエテ群島のタヒチ島へ行って生活した画家ゴーギャンがいる。ゴーギャンは、タヒチ島原住民であるマオリ族に混じって暮らしているうち、かねて胸中に思い描いていた「ユートピア」がそこに実在していた、という確信にまで到達する。そして、「腐敗した文明人と、素朴でブリュタルな野蛮人とを対照的に書こう」と意図して、紀行文『ノア・ノア』を執筆する。もとより、カンヴァスのほうには、かずかずの傑作が画《か》かれた。

『ノア・ノア』は、第一回のタヒチ旅行（一八九三）、第二回のそれ（一八九五〜一九〇一）の現地体験をもとにして書かれた文学作品である。未開種族の習俗や神話に触れた民族誌的記述《エスノグラフィー》としても、じつに秀れている。それは、当時の多くの民族学者のそれのような、高みから未開人を見下ろす帝国主義的思考が、かれの筆づかいには全く見られないためである。

『ノア・ノア』には、終始、ヤシの木が描写されている。最初に着いたパペエテの港市のヨーロッパ化したさまに失望したゴーギャンは、みずから求めて、奥地のマタイウ区へ入り、プウラオ木造りの小屋に住む。

今は朝で、岸辺に近く独木舟が浮いてゐる。その中に、一人の女が乗つてゐる。岸には、殆んど全裸体の男がゐる。その傍には枯れた椰子の樹がある。それは、まるで、きらびやかな尾を垂れて、その爪の中には大きな椰子の房を掴んでゐる巨大な鸚鵡のやうだ。男は、重い斧を両手に持つて、調子よく敏捷に上げ下げしてゐる。その斧は、銀色の空に青色の煌きを残し、下の枯木の切口からは、一世紀もの間毎日毎日蓄へられて来た熱の炎を、一瞬間に閃めかしてゐる。

（岩波文庫版『ノア・ノア』、前川堅市訳に拠る）

これは、マタイウ居住の第一日目のスケッチである。その夜、静かな月明の底で、「私は、深い眠りに落ちながら、上にある広々とした空間、蒼空、群星などを想ひ描く事が出来た。私は、あの牢獄のやうな欧羅巴の家々から、遙かに遠く来てゐるのだ。このマオリイの小舎は、生命、空間、無限などの個性を少しも遮らず、消さない」と瞑想する。ゴーギャンの孤独は冴えわたる。

二日目から私は、私の蓄へをすつかり無くして了つた。如何すれば好いのだらう? 私は、金さへあれば、あらゆる生活の必需品は求め得らるるものと信じてゐた。然し、これはひどい間違ひだつた! 今は、生きる為には自然に頼つて行かねばならない。自然は豊かで、而かも寛大だ。その木や山や海に蓄へてゐる宝物の一部を、分けてくれるやうに頼んで行けば、自然は決して拒まない。然し、高い木に攀ぢ登り、深い山にわけ入ることを知つてゐなければならない。そして、重い荷物を持つて帰らねばならない。魚を取り、水に潜つて巌固に珊瑚にくつついてゐる貝殻を、海の底から取り離して来なければならない。

然し、私は文明人だつた。而かもこの場合には、周囲に住んでゐる幸福な野蛮人よりも遙かに劣つた人間であつた。其処では、自然から生れて来ない金銭は、自然から生産される必需品を得るのに何の役にも立たない。私は空腹を抱へて、私の立場を悲しく思ひ悩んでゐた。其の時一人の土人が、叫び乍ら手真似で私の方に話しかけて来た。その非常に表現的な態度は、ある言葉をあらはしてゐた。私はそれがよくわかつた。――(略)私は恥かしかつた。

二日目以後、ゴーギャンと原住民との間《かん》に「解き得ない隔りが完全に残され」るが、そのあいだ、豊かで恵み深い自然のなかに生活していくうえには金銭など何も役立たないことを、いやというほど知らされる。そして、空腹を抱えて、ひとり思い悩んでいるとき、未開人のほうから親切にも食物を供されたのである。「私は、彼等にとつては、言葉も習慣も、生活の最も原始的にして最も自然的な労働も知らない未知の人間であつた。私にとつて彼等がさうであるやうに、私も亦彼等にとつては一人の野蛮人であつたのだ。而かも多分真の野蛮人は、私だつたと思ふ」との判断が生まれてくる。我利《がり》我利《がり》亡者《もうじゃ》の近代ヨーロッパ文明への批判的反省である。

こうして、ゴーギャンは、マオリ族社会における「動物的な、同時に人間的な自由な生活から来るあらゆる喜びを享《たのし》んだ。そして、不自然から遠ざかつて、自然に入り込んで行つた」。やがて、マオリ族の青年と友情を結び、「毀れて了へ、この後は、すつかり死んで了へ、文明を浴びた老人よ！　私は蘇つた。或は、私の裡に純な力強い人間が生れて来たと云ふ方が好いかも知れない。この力強い打撃は、文明並びに悪への最上の訣別の辞としてふさはしいものだつた。……この内部的経験は、換言すれば征服したことであつた。私はもう他の人間になつて了つたのだ。私はマオリイ人であり、野蛮人である」との宣言を発するまでになった。このあと、十三歳の少女テフラとの結婚生活をつうじて、部族の魂深く宿る神話的世界に入っていくが、ついにフランスへ帰るべき日がやってくる。ゴーギャンは、心から愬《うった》えるのである。

さやうなら、情深き土地よ、心よき土地よ、美と自由の国よ！　私は、滞在二年余のうちに、二十年も若くなり、来た時よりも遥《はるか》に「野蛮」に、然し遥に賢《かしこ》くなつて帰つて行く。さうだ、野蛮人達は、この年老いた文明人に、実に多くの事を教へてくれた。この無智なる人々は、生きて行く術《すべ》を、そして幸福になる方法を教へてくれた。

と。――これが、最終章を飾る絶唱部分である。

ゴーギャンの性格には、たしかにエクセントリックな部分が多い。ゴッホと共同生活した挙句、ゴッホに耳切り事件を起こさせた挿話など、特に有名である。しかし、平穏なブルジョワ生活を嫌悪して、四十三歳にもなってタヒチ島に渡って原始生活を始めたのは、よくよくのことでなければならない。一九〇三年、マルキーズ諸島中のラ・ドミニックの部落アトゥアナでのたれ死にしたけれど、この芸術家自身は、むしろ、あこがれの「ユートピア」に死に場所を得たことをもって本望と観じているであろう。ピサロなどとともに推進した印象派の仕事のみをもってしても、すでに巨匠の名に値するが、やはり、ゴーギャンの画業に不滅に光彩を与えているのはタヒチ島の風物に取材した作品群であろう。その強烈で新鮮な装飾風の画風は、たんなる手法上の特異さからもたらされたのではなくして、『ノア・ノア』に見られる反文明＝自然の精神世界の把握から産出されたものである。

ちなみに、明らかにゴーギャンをモデルにしたと考えられるモームの小説『月と六ペンス』に、つぎのごとき段落がある。必ずしも大衆文学的誇張とばかりは受け取れない。かなりの程度まで、ゴーギャン最晩年の画境を理解していると言える。

「私はね、長い間、あのストリックランドが壁一面に描き散らしていた素晴らしい装飾画のことが、頭にこびりついて離れませんでしたよ。」と、彼はしみじみした調子で述懐した。

僕も実は、それを考えていたところだった。ここではじめてあの男は、自分というものをすっかり吐き出してしまうことができたような気がする。僕にはそんな風に思えて仕方がなかった。最後の機会だと知って、ただ黙黙と描きつづけていたのだ。そしてその絵の中にこそ、彼が人生について知り、かつ望見していた一切のものを語りつくしていた。ここに至ってはじめて、心の休息《いこい》を見出したのではなかろうか。彼に憑いていた悪魔が、ついに調伏されたのだ。そしてこの作品の完成――彼の一生は、すべてそのための苦しい準備でしかなかった――とともに、静かに永遠の休息が、この杳遠《ようえん》な、そして苦悩に充ちた魂の上に降ったのだった。彼は喜んで死んで行ったにちがいない。彼の目的は達せられたのだから。

「何を描いたものなんです？」と、僕は訊いた。

「さあ、それがよくわからないんだが。奇怪といえば、実に奇怪きわまるものだった。世界の創成、エデンの楽園、そしてアダムとエヴァ――とでもいったらいいだろうか？――とにかく男、女、一切人間の肉体美への讃歌、あるいはまた荘厳で、非情で、美しくて、そのくせ残忍な自然に対する礼讃でもあった。ほとんど恐ろしいまでも、空間の無限さと、時間の悠久さとを思わせるものだった。彼は、私が毎日身近に見ているいろんな植物、たとえば椰子だとか、榕樹だとか、火焔木《フランボアイヤン》だとか、アリゲーター梨だとか、そういったものも描いていた。だが、私は、彼がそれらを描いていたばっかりに、その後は同じ植物を見ても、見る眼がすっかり変ってしまった。なにかそれらの中に、精霊と神秘がひそんでいて、それらを今一息で捕えたかと思うと、たちまちスルリと逃げられてしまう。なるほど色そのものは、私たちが毎日見るのと同じものだが、それでいて異《ちが》うのだ。すべてが独自の意味を帯びて来る。同じことは、男女の群像についても云えた。土なる人間であることには変りない。が、そのくせ地上的なものからは完全に離れている。彼等が創られた元《もと》の土塊《つちくれ》のあるものは、どこまでも残している。それでいて同時に、それは神にさえ近いのだ。そこには人間の真裸な原始的本能の姿があった。そして人はそれを怖れた。つまり、自分自身をそこに見たからだったのだ。」

ドクトルは、ピクリと両肩をすくめると、軽く微笑んだ。

（新潮社版『サマセット・モーム全集』、中野好夫訳に拠る）

モームは当時出版されていた唯一のゴーギャン伝を読んで、この小説の構想を得、十年ほど胸裏に暖めたあと、一九一七年にはみずからタヒチ旅行をおこなっている。ヤシの木の林などの描写が克明精緻なのは、そのためである。この小説は、一九一九年刊行されるや、たちまち英米両国においてベストセラーになった。

＊

ゴーギャンの場合は、あまりに極端に過ぎ、またあまりに徹底的であり過ぎるけれども、多かれ少なかれ、十九世紀ヨーロッパの自由な芸術家たちは熱帯的自然のなかに自己の（もしくは自己思念の）翔けりゆくべき目的地を見いだしていたのであった。

アンリ・ルッソーの有名な作品「蛇使いの女」（一九〇七）や「夢」（一九一〇）をみると、常夏の熱帯密林のなかに不思議な花が咲き、魔法使いみたいな女が立ち、画面全体に幻想的気分が溢れている。ところが、面白いことに、ルッソーの描いている熱帯植物らしき木本も草本も、どれ一つとして、『植物図鑑』に載っている実在（ほんもの）の植物ではない、ということが、後代の研究者によって明らかにされた。ルッソーは、これらの植物モティーフを描くために、足繁《あししげ》くパリの植物園に通《かよ》ったというが、けっきょくは、ありもしない、ようするに〝空想〟の植物を画面に定着させたに過ぎなかった。そこに描かれたのは「ユートピア」のシンボルにほかならなかった。

近代ヨーロッパ人にとって、熱帯植物（ヤシの木を含めて）といえば、ただちに、常夏の楽土のイメージの一部を形成するものであり、自分たちの憧憬の飛翔し行く「ユートピア」に無くて適《かな》わぬ視覚的モティーフであった。もちろん、熱帯植物と「ユートピア」とが結びつくのは、時代的にいえば植民地拡大の時期以後のことであり、近代産業主義的都市文化の頽廃状態が知識人たちによって明確に自覚されてより以後のことである。芸術シンボルが社会的産物である、という帰納的法則は、このたびもりっぱに普遍妥当する。

しかるに、ここに、全く別の考え方も存在する。

われわれ人間が、前述のごとき熱帯林・太陽・川・母なる大地・空などの原始的イメージに強く牽き付けられるのは、人間の心が、個人としての過去だけでなく、人類全体の過去にも、さらには生物進化の太古の過去にもつながっていて、《集合無意識》という潜在的イメージの貯蔵庫を遺伝的に受け継いでいるからだ、とする説明である。

この《集合無意識》という考え方は、ユングが発見した概念である。フロイトの発見にかかる個人無意識の存在が多く個人的経験に依存し、またいったんは意識的であった内容から成り立っているのに対して、ユングのこの《集合無意識》のほうは、まったく個人的経験に依存していないし、また個人の生涯をつうじて一度たりとも意識的であったことがない、というところに特徴が見いだされる。つまり、《集合無意識》は、先祖代々の人間（いや、人間以前の動物の先祖をも含んでいる）と同じように世界を経験したり、世界に反応したりする素質、もしくは潜在的可能性をいい、個人は生まれたときからそれに従わなければならない。人間の《集合無意識》のなかに母親の潜在的イメージが存在しているからこそ、幼児は現実の母を知覚しやすいのだし、母に対して一定の仕方で反応し、それによって意識的実在となるのだという。ユングは、《集合無意識》の諸内容をArchetyp《アルヒェテュープ》（祖型）と呼び、出産・再生・死・権力・呪術・英雄・子供・トリックスター・神・悪魔・老いたる賢人・母なる大地・巨人・樹木・太陽・月・天空・風・川・火・動物・武器・輪などを列挙している。これらの祖型は、経験の記憶像のような、完全に発達した心像であるのではなく、むしろ、これから意識的経験の材料を用いて現像していかねばならぬ陰画《ネガ》に似たものである。そして、祖型のうちの幾つかのもの、すなわち仮面《ペルソナ》、アニマとアニムス、影、自己などは、特にわれわれの人格および行動を形づくるうえで極めて重要な役割をはたすのだという。

このユングによる《集合無意識》の発見は、心理学の歴史における画期的な事件であったが、さらに、近年になって、ユングを中心とするひとびとの影響下に、宗教史・民族学・人類学・精神病学・言語学の領域のなかでシンボル（シンボリズム）を探索する作業が押し進められるようになった。これらは、一様に、生におけるシンボリズムの根源的な役割を明るみに出し、十九世紀の合理主義＝科学主義に対する超克の試みをおこない、シンボルを認識の道具という資格で復権させた点で、共通した業績を示している。さらに、シンボリズムそのものが今世紀における〝未知の発見〟ではないこと、時間的には太古原始期に属し空間的にはアジアおよび中央アメリカに属すること、などを明らかにした点でも共通している。現代を代表する宗教史学者エリアーデは、つぎのように明言する。「幸せな時宜を得た結合が西洋ヨーロッパ世界にシンボルの認識的価値を再発見させたのは、ヨーロッパ人だけが《歴史をつくる》唯一の民族ではもはやなくなるときであり、そしてヨーロッパ文化が不毛な地域主義に自らを閉じ込めてしまわないかぎり己れのものとは異なった思考方法、価値基準を考慮に入れざるをえなくなるその瞬間であった、とわれわれはいいたい。非理性的なもの、無意識、シンボリズム、詩的諸経験、エキゾティック芸術、非具象等々と関連しながらつぎつぎと捲き起こったいっさいの発見と流行がこの点では間接的に西洋に役立つこととなり、西洋は、非ヨーロッパ的諸価値のより生き生きとした、それゆえにより深い了解に、つまり非ヨーロッパ国民との対話に備えることができたのである」(『イメージとシンボル』、序文)と。シンボルとか神話とかイメージとかが人間の精神生活に必須《ひっしゅ》な役割をはたすことに気づくようになったのは、ヨーロッパ中心主義史観と十九世紀的科学主義とに対する批判的反省の結果である。それならば、非ヨーロッパ(すなわちアジア)や反科学(すなわち非合理)のみが正しいと主張するのかといえば、そうではなく、ヨーロッパ人もアジア人ももともとみずからの内部に見いだし得るのがシンボルやイメージだったのだ、とエリアーデは説くのである。地上楽園の神話は、十九世紀ヨーロッパ社会においてさえ、《オセアニア楽園》という形式に翻案されて生き延びてきたのだ、というのである。

　一五〇〇年このかた、ヨーロッパの大文学はどれも太平洋の楽園の島々を、いっさいの至福の隠れ家を競ってほめちぎってきた。ところが、現実はまったくの大違いで、《変化のない単調な風景、不健康な風土、醜く肥った女》といった具合だったのだ。ところがこの《オセアニア楽園》というイメージは、風土上のものであれ、その他のものであれ、どんな《実在》の試練にも耐えることができたのである。客観的現実など《オセアニア楽園》とはなんの関係もなかったのだ。つまり《オセアニア楽園》は神学的次元に属していたのである。すなわち、それは実証主義と科学主義によって放逐されたすべての楽園のイメージを受け入れ、同化し、再び順応させたのである。クリストファー・コロンブスでさえなお信じ込んでいた土地楽園(彼はそれを発見したつもりだったのではなかったか!)が一九世紀に至ってオセアニア島になったのだ。しかし人間の心《プシケ》の構造内での機能作用はそのまま変わらなかったのである。

(『イメージとシンボル』序論、前田耕作訳に拠る)

エリアーデは、「ユートピア」のシンボルの出処を外的原因に求めずに人間内部に求めるべきだ、と主張するのである。ヨーロッパ近代文明の病禍に骨の髄まで漬《つ》かり、そこからの救済策をさがし求める、良心的な人文主義者の主張として、大いに傾聴するに値する。ただ、問題は、祖型という考え方が、アナロジー（類似）の方法で導かれている点である。あらかじめその前後関係から切り離されたテーマに従って、類似した材料ばかり集めて推論をひきだすのは、ある場合に原理的誤りを犯すことになりはしないか。シンボルおよびシンボリズムの探究は、社会的事実と言語的事実とのホモロジー（相同）のがわからなされるのが最も科学的である。一定の留保事項を認めつつ、シンボルは社会的産物である、ということを、ここで再度強調したい。

（IV）

本稿IからIIIまで、われわれに身近な洋花を実際例に引きながら追究しつづけてきた〝花のシンボル〟の問題は、結局、つぎのように要約することが可能である。

サンボリスムの性質が、非常に複雑なものに見えるが、この間については、大ざっぱに言って、三つの要素を見分けることができるように思われる。第一に、サンボリスムは、想像的なものについての心理学と結びついていて、通常の用法では、サンボルという名詞は、記章や守り札のような、目で見てわかるかたちのあるものに限って使われる。しかし第二に、制度や階級を示す称号などの《社会的事実》は、常にサンボル的であることを認めざるをえない。第三に、サンボルのはたらきは、それが常に、命令・社会規範・禁止・約束・信仰・帰属を含む限りにおいて、言葉《ディスクール》と不可分である。……従って、いずれにしても、サンボルのはたらきの本質は、想像的なものの心理学と、概念の真理との間の中間的な所にある。社会的事実と言語学的事実とのホモロジーの側から探求されるべきである。

（オルティグ・宇波彰訳『言語表現と象徴』、III 象徴）

このオルティグの考え方そのものは、これを押し進めていくと、ヴィットゲンシュタインやヘーゲルに見られた思考――すなわち、シンボル作用の理論を純粋論理の理論に帰着せしめる思考――と同じ動きをとりかねないので、わたくし個人も留保事項付きでなければ賛成しない。しかし、象徴なり象徴作用《サンボリスム》なりについて三つの性質（解明上の三つの手がかり）を捕捉した点で、すばらしい科学的成果であると言える。精神分析学に対する批判から出発し、言語学的分析と民族学的分析とがめぐり合う地点で、心理的・社会的なサンボリスムをひっとらえた功績は大きい。特に、「サンボルだけを分離しようとすれば、サンボルはこわされ、語り得ない想像的なものの中に入りこんでしまう。従って、サンボルのさまざまな価値は、それが言葉《ディスクール》の中ではたしている役割によって分類される。なぜならば、一つの経験の実在は、人間的活動の関与の何らかの体系の中に導入されてのみ、言葉に現わしうるものとなるからである。」「自然は、それ自体では《弁証法的》実在でも《語る》実在でもない。自然は沈黙していて、それ自身の中には真理を持たないような現象である。ただ行為と労働の媒介によってのみ、自然的実在は概念化される」（同）というふうに、人間の〃生き方〃に引き付けて課題探究をおこなっているところに、信頼が置けるように思う。

なにやら、ひどくむずかしい議論にかかずらわっているように見えるかもしれないが、事がらの内容は、あべこべに、いとも容易単純なことを述べているにとどまる。つまり、〃花のシンボル〃といったものは永遠に固定化しているのではなくて、各時代のひとびとが自分たちを取り囲んでいる習俗体系や価値体系や言語体系のなかでのみ通用させている記号的意味に過ぎない、ということを述べているにとどまる。別の言い方をすると、〃花のシンボル〃は一つの平面、一つの時代に起こっている共時的現象でしかないのだ、ということになる。じつは、あらゆる現象が一つの〃関係〃を表現しているのである。

それゆえ、こんにち慣行＝風俗のようにして用いられている「花言葉」をもって、永遠不変の（専門語でいえば通時的な）意味概念を持っていると考えることは、大きな誤りである。社会がどんどんと変わっていくにともなって、「花言葉」もどんどんと変わるのが本当だし、げんにそうなっている。「花言葉」が用いられているということ自体が、まがうことなく《社会的事実》だからである。《社会的事実》は必ず〝関係〟によって成り立っており、また必ず〝関係〟をあらわしている。

＊

手近な便覧《びんらん》的書物のページをめくると、ユリの「花言葉」として〝純潔〟〝潔白〟〝新鮮〟が挙げられ、ヤマユリには〝荘厳〟〝高貴〟が当てられている。ユリにしてみれば、なんとも名誉な処遇である。しかし、これは、われわれ現代人が、ユリを見たら、すぐ純潔や荘厳のイメージを思い描かざるを得ないような社会的諸制度のなかで生活していることから起こった現象であって、ユリのほうに本来的に具《そな》わった性質なのではない。

ユリに〝純潔〟や〝荘厳〟のシンボルを注ぎ込んでいる第一の動機は、この花がフランスの〝国花〟であること、フランスのルイ王朝がひさしく「カトリック教会の長女」の地位にあったために必然的に〝聖母の花〟として崇《あが》められるようになったこと、それより以前、騎士道華やかなりしころの中世フランスの戦士たちの紋章にこの花が図案化されて用いられていた（この紋章の記憶から、オルレアンの少女ジャンヌ・ダルクが旗や楯にユリの花をつけたという伝承も行なわれるようになったのだろう）こと、――こういったことの知識によって与えられているに違いない。ユリがフランスの〝国花〟になった事情は、ルイ王朝が自己王家の紋章にこの花を用いていて、革命前の民衆たちがユリを尊崇しつづけた慣習を現在に至るまで撤廃せずにいる、というに尽きる。ところが、その紋章があまりに幾何学的に意匠化されてあるために、ユリと見ることもできるがアイリスと見ることもでき、どちらとも弁別しかねて、とうとう、フランスの〝国花〟はユリとアイリスとの両方であるという取り決めがなされてしまった。王室の紋章が〝国花〟にバトン・タッチされた事情は、日本の菊が、桜と並称されて〝国花〟扱いされているのに酷似している。いったん〝国花〟となれば、ユリに極上《ごくじょう》の意味を付与したくなるのは当然である。フランス国民は、ルイ王朝の紋章に対して払った敬意をそのまま継承して、こんにち、ユリの花に対して最大の寓意を注入し仮託している。他の国民が、これに準ずる態度をとるのは、至極当然である。(ただし、フランスの〝国花〟はユリではなくして、スズランである、という説もある。スズランは、英語名では Lily of the Valley、すなわち、谷間のユリである。)

フランス人の多くは、ユリの花に対しては、特別な感じ方をするに違いない。バルザックの有名な小説『谷間の百合』は、山深い領地に住む公爵夫人に寄せる年下の青年の思慕を描き、心を動かしながらも最後まで高貴・純潔(読んでいるあいだ、むしろ貞潔・貞淑という感じが強くするが)であった公爵夫人の像を浮き彫りにしてみせている。なるほど、これならば、ユリの花は純潔・純白・新鮮のイメージにぴったりだし、荘厳・高貴をシンボライズしていると言える。この小説が同時代の庶民読者層から圧倒的人気を博した理由も、なるほどと頷き得る。身分高い女性の恋はこうでなければならないし、青年の恋の一途さもかくあってほしい、と、ひとびとが日ごろ考えていた価値体系のどまん中に芽を出し花さいたればこそ、この山深い谷間のユリは、満都の子女から賞美されたのである。バルザックの王党派精神がやむにやまれずこの小説を書かせたものか、それとも、バルザックの商売に徹し切った投機精神がベストセラーをあてこんで書かせたものか、そのへんのところは知るよしもないけれど、『谷間の百合』といえば、現在でも十九世紀フランス文学を代表する古典として広く読みつづけられている。

おそらく、現代のフランス人が感じている以上に、十九世紀のフランス人のあいだでは、ユリと〝純潔〟のシンボルとの組み合わせが一つの〝本質〟を示すものとして受け取られていた。人間は、往々、自分がこうあってほしいと願っているものを、あたかもそれが本質的なものであるかのごとく思い込む。しかし、本当は、ユリと〝純潔〟とを結びつける価値体系=思考体系こそフランス・ブルジョワ精神にのみ固有のものであった。したがって、十九世紀フランス社会の現実や風潮に対して不信を抱き嫌悪感をさえおぼえている一部の知識人(特に芸術家)からすれば、このユリと〝純潔〟との組み合わせが生む象徴作用は、それこそ鼻持ちならぬものとして眼に映《うつ》るほかなかった。

その代表者は、年少の詩人アルチュール・ランボーである。フランスのブルジョワ道徳一般に対する鋭い攻撃の矢を発《はな》った思想家や芸術家ということになれば、かなりの数の人物を指折り得るけれど、わざわざユリの花を取り上げて論議の対象とした例となると、詩人ランボーしか存在しない。この早熟な天才詩人の文学生活は、十七歳でパリ・コンミューンの戦列に参加したあと、十歳年長のヴェルレーヌとの共同生活を始めて間もなく袂別し、十九歳で散文詩『地獄の季節』(一八九三)を発表するとともに筆を絶つまでの、ほんの二年間に過ぎなかった。つぎに示す作品は『初期韻文詩』に属するから、ベルギー国境に近い北フランスのシャルルヴィルとパリとの間を放浪していた十六歳から十七歳にかけての時期のものと推定される。

花々に寄せて詩人に語るくさぐさのこと
—ムッシュ・テオドール・ドゥ・バンヴィルに—
アルチュール・ランボー

I

黄玉《トパーズ》の海の揺れているうえの、
暗澹《あんたん》たる空にむかって、いつもこうして、
夜もすがらその宿業をつづける
百合よ。その法悦の無二無三。

われらのサゴのふとしき時代、
植物すらも勤めを励むとき、
百合は、その抹香《まっこう》くさい散文の

我慢のならぬ青汁を飲まされるだろう！
――ムッシュ・ケルドゥレルの百合よ。
撫子花《なでしこ》や、鶏頭花といっしょに
吟遊詩人に授けられた百合は、
一八三〇年のソネットの花。

百合よ。百合よ。眼にはさだかでないが
忍び足でゆく罪ふかい女たちの
揺れる袖にも似て、その詩句のなかで
いつも、その花々は、ふるえている。

やさしい百合よ。お前の水浴びのとき、
黄ろい汗染みのあるお前のシュミーズは
いやらしい忘れな草のうえをわたってくる
朝の微風にふくれあがるであろう。

愛情がゆるした花と言えば
第一にリラ――おお、ぶらんこよ！

それから、森のすみれ草、
黒いニンフの甘い唾液!

（雪華社版『ランボー全集』所収、金子光晴訳に拠る）

――この作品は、当時〈韻律の軽業師〉などと呼ばれて詩壇の大御所《おおごしょ》的存在であったテオドール・ドゥ・バンヴィルへの〝抗議〟の意図で書かれた四行詩四十聯（Ⅰが六聯、Ⅱが九聯、Ⅲが七聯、Ⅳが十一聯、Ⅴが七聯）である。大先輩バンヴィルの詩は、ゴーティエらの影響もあって高踏派《パルナッシアン》に近く、ギリシア的=異教的彫塑美を表現し、また中世風のロンドやバラードの詩形式を自在に駆使し、希有不世出の押韻家といわれるほどの巧緻絢爛《こうちけんらん》な技巧をくりひろげたものであった。しかし、思想の深さとか、世界認識の確かさとか、人間性探究の切実さとか、そういった芸術家枢要の条件となると、ほとんど零点に近かった。天才ランボーが、この大先輩詩人の抱える根本欠陥を看破しないはずはない。そこで、この作品「花々に寄せて詩人に語るくさぐさのこと」が一気呵成《いっきかせい》に書かれたのである。

前掲の四行詩六聯の基本主題は、ユリよ、あんたは、奇麗事一辺倒《いっぺんとう》の詩人の手にかかって、見るも無惨《むざん》な取り扱いを受けているが、なんともお気の毒な次第ですね、という問いかけとして提示されている。「植物すらも勤めを励むとき、百合は、その抹香くさい散文の／我慢のならぬ青汁を飲まされるだろう!」あたりの詩句をよむと、ユリが無理やり教会や政治支配者に結びつけられて崇拝され、本来の野性を失ってぐったり項垂《うなだ》れているさまを想起させられる。「百合よ。眼にはさだかでないが／忍び足でゆく罪ふかい女たちの／揺れる袖にも似て、その詩句のなかで／いつも、その花々は、ふるえている」の一聯は、技巧派詩人によって矮小化され通俗化されたユリの花に向かって、おまえの真生命《しんせいめい》はけっしてそんなものじゃなかったはずだ、との公憤的愛情をぶっつけている。「愛情がゆるした花と言えば／第一にリラ――おお、ぶらんこよ!／それから、森のすみれ草、黒いニンフの甘い唾液!」の一聯は、日本流にいえば〝星菫派〟のばかばかしさに、いい加減にしろと怒鳴りつけている気持である。

Ⅱ節に入ると、バンヴィル先生流の詩ときたら、「白蓮や、ひまわりを画いた／みるも無惨な素描のそばにいつも、／聖体拝受の小娘のための／聖画を画いた薔薇色の版画がある」といった、おきまりの小ブルジョワお好みのモティーフしか歌っていないじゃないか、と抗議する。
つぎの節に入ると、直接、バンヴィルのほうに向き直り、痛罵をたたきつける。

Ⅲ

おお、素はだしで、突風のように
牧場を駆けぬける白い猟人よ。
お前は、植物学について何も識らないが
ほんとうにそれでいいものか？

心配なのは、お前が茶色の蟋蟀《こおろぎ》といっしょに、
毒の斑猫《はんみょう》をとり出すことだ。
青々としたラインにリオの金色——
つまりノルエーとフロリダをごっちゃにすることだ。

しかし、君、いまや芸術とは、
——これは偽《いつわ》りないことだが、ユーカリ樹を
十二綴音詩の王蛇に捲かせておくような、
そんな真似をゆるしておくべきではない。

…………………………

——詩人よ、尊大という以上に、それは
わらわずにはおけぬおもいつきだ！

さらに、Ⅳ節に入ると、本当の詩の、本当の詩人のめざすべき確かで深遠で荒々しい世界の所在を、こっちから指し示そうとする。

…………………………

忘れていたが、まっくらな鉱脈を辿《たど》って、
さながら石の花々を、さがしておくれ。それこそ、すばらしい！
ブロンドの卵巣の硬質のそばに
花咲く宝石の扁桃腺！

道化師よ。もし出来るなら、
光かがやく朱い皿のうえに
アルフェニード合金の匙まで腐らせる
百合のごたごた煮の珍味を盛っておくれ！

——手品だったら、このような〝世界の創造〟（かれは、みずから「地獄の季節」と呼ぶのだが）をやってのけなければならぬ。俗人だれもが知っていてそれに満足している価値体系をひっくり返してこそ、真の詩人の名に値する、と言っているのだ。ユリを歌うのだったら、金属まで腐らせてしまう「百合のごたごた煮の珍味」を盛ってこそ、本当の詩人というものだ、と言う。

そして、最後のV節に至って、過去の俗流詩人を否定し去り、新時代の詩作のあり方を宣言する。

……………………

馬鈴薯の病気について書くことが、
今日の詩の急務である。
――神秘にあふれた詩の
骨骼をつくりあげるには。

*

こうなると、これまで久しく〝本質〟的組み合わせのように考えられてきたユリと〝純潔〟との、ユリと〝荘厳〟との相関関係は、なんの価値も無いことになってしまう。植物をみるなら、まず何よりもその科学的知識を根拠にして発言すべきだ、と歌いかけるランボーの精神は、ようするに、新しき民主主義社会の到来を招き寄せようとするものであった。そして、この若きランボーの戦いは、個人的には挫折＝敗北に終わるほかなかったけれど、思想史・文学史のレベルでは勝利者となった。それと同時に、ユリの花も、旧来の保守的＝固定的な〝価値体系〟の網の目から解放されて、植物そのものとしてひとり歩きする機会に恵まれた。ユリの抱える〝文学的象徴〟も、無限の可能性に恵まれることとなったのである。

近世日本においても、森川許六の『百花譜』は、従来の神霊的シンボル（三枝祭《さいぐさまつり》を代表とする）としてのみ尊崇を受けてきたユリの花に向かって、つぎのような驚くべき観察眼をもとに、驚くべき批判的論評を突き付けている。

〽百合花《ゆりのはな》は品数おほし。笹ゆり。博多ゆり。鬼百合。色は異なれども。元来一種にして。生得《しやうとく》いやしき花なり。たとへば輿車《こしぐるま》にのれる位なければ。かゝえ帯つよくからげあげ。上《かみ》づりに脛《はぎ》たかく。あゆみ出たる女に似たり。

〽姫百合は。十三ばかりなる娘の。後《うしろ》に帯うつくしく結びたるがごとし。

――ユリの形姿は「いやしい」と断言しているのだ。この許六のような見方が生じてきたところに、近世という時代のリアリズムを看取することができる。おきまりの〝文学的象徴〟が価値と機能とを失いかけていたのである。近世俳諧は、それ自身はけっして保守的な文学活動にとどまるものではなかった。それを保守的な伝統芸術の壺のなかに閉じ込めてしまったのは、かえって、明治近代以後の俳人たちである。絶対主義政治をむりやり推進する明治近代の〝価値体系〟がそのことを強要したのだった。

シンボルそのもの、シンボル作用そのものが《社会的事実》であることを、見落としてはならない。

（Ⅴ）

前節で扱ったユリの花にしても、ヨーロッパ人が自分たちの考えをもとにしてこの花に与えるよう取り決めた〝純白〟とか〝高貴〟とか〝尊厳〟とかの象徴的意味は、時代や場所を超えて普遍性を保ち得るというのではない。まことに極端な反対例ではあるが、近世日本の俳諧知識人たる森川許六の『百花譜』にかかると、「生得いやしき花なり。たとへば輿車《こしぐるま》にのれる位《くらゐ》なければ。かゝえ帯つよくからげあげ。上《かみ》づりに脛《はぎ》たかく。あゆみ出たる女に似たり」と罵倒され、こてんぱんの目に遭わされる。どうも、現代のわれわれにも先入主《プレジュディス》が働いていて、高い銭を出して花屋から買ってきたものを「いやしき花なり」などとやられては敵《かな》わないから、あの許六の説は臍《へそ》曲がりの爺《じじ》いが言ったことに過ぎない、奇矯を衒《てら》う風流人の僻言《ひがごと》のひとつに過ぎない、というふうに思いたがる。しかし、頭を冷静にしてみたうえ、よくよくユリの花の生態やら形体やらに眼を凝《こ》らしてみると、なるほど「いやしき花なり」と言いたくなるような部分ばかりが網膜《もうまく》に飛び込んでくる。匂いにしたって、これを嫌う人がいても、そりゃそうだろうなと、かえって、そちらのほうの意見に賛成票を投じたくさえなってくる。そして、いったん気になりだすと、この花のすがたを〃高貴〃だの〃純潔〃だのと賞め讃えるフランス人はよっぽど節目《ふしめ》なんじゃあるまいかと疑えてくる。やはり、中世騎士道華やかなりしころの楯の紋章や、ルイ王朝の旗や、カトリック教会の内陣の壁意匠《かべいしょう》などがつくる、極めて政治技術的要素の濃厚な、組織的かつ機能的な価値体系のなかで生活している人間でなくては、この花を〃高貴〃でござい〃尊厳〃でございなどと讃美できないことが、わかってくる。同じフランス人でも、天才少年詩人ランボーなどになると、ユリの花をもってすこしも気高い純潔の花とは見なかったという事実については、前節において詳述しておいた。なんの花であれ、約束事《コンヴェンション》として見ない（象徴理論に即していえば、儀式《セレモニー》として見ない、権力への服従のしるしとして見るのでない、ということになるが）ように変わっていくのが、近代的な花木観賞にのぞかれる新しい推移である。それは、科学的思考と歩みを倶《とも》にする推移であった。

　森川許六の『百花譜』にかかると、西洋花の〃女王〃に擬せられるバラも、さんざんである。「〽長春。薔薇《しやうび》のたぐひは。紅白うつくしく。粧ひたるには似たれど。元来いやしき花の。殊にさかり久しきこそうたてけれ。たとへば惣嫁といへる辻君の。日のくるゝを待兼。世上に徘徊し。物ごゝろおぼえてより。其ながれをたてゝ。五十にちかき比まで振袖を着し。始もなく終もなきこそうるさけれ」といったように痛罵するが、許六が蕉門十哲にかぞえられた元禄・宝永・正徳（一六八八〜一七一六）ごろには欧州種の大輪のバラなど見たくとも見られなかった条件を考慮に入れ、この痛罵を大幅に値引きするとしても、どこか的《まと》を射落《いお》としているような、迂闊者《うつかりもの》にはついに絶対に看破できそうにない相手の正体《しょうたい》をみんごと暴《あば》いてみせたような、鋭い指摘であると評価せざるを得ない。バラの花をもって、東洋人およびアフリカ人の膏血《こうけつ》を絞《しぼ》って自分たちだけ肥え太《ふと》った憎むべきイギリス帝国主義のシンボルである、などと、大袈裟《おおげさ》な断罪もしくは告発をおこなおうとは思わぬが、この花、たしかに許六の謂《い》うごとく「始もなく終もなきこそうるさけれ」といった、極めてねちっこい執拗性＝持続性と、非情を底にかくした自己顕示＝自己拡大の欲望の所在とを、ともに具《そな》えたようなところが無くもない。ヨーロッパ人だったればこそバラをこれほどまでに進化させたことを認めかつ感謝したうえで、そう思わずにはいられないのである。

一方、許六の好尚に適《かな》った花はといえば、東洋の名花たる蘭であった。「〽らにの花は。蝶の羽に薫物すと。先師の腸より捜出《さがしいだ》し侍るこそ。其佳人の面影もなつかしければ。これに先《せん》をこされて。口を閉ていはず」とある。へんに律気で、行儀の良いところも、許六にはあった。

『百花譜』のライト・モティーフは、その冒頭に見える「〇当世の人の花過。古人の実すぎたる。いづれの時か。花実兼備の世あらむ」という文明批評にあり、またその末尾にある「夫〻実のかたちをいはむ。茘子《れいし》の顔のぶつ〳〵としたる。実性の人の髭尤《ひげとがめ》よりくるしく。若暑《もしあつ》き題の歌よまむとおもはゞ。はやく此もとに立よるべし。姫瓜の丸顔は。さんちや風の俤《おもかげ》あり。瓢《ふくべ》の青ざめたる。熟柿のあから顔。下戸上戸はふるくして。今様は是をとらず。日やけの梨のじやぐれたる座当のあたまこそ。俳諧の実には究《きはま》り侍る」という俳諧文学原理の定立にある。こういう議論は、全体の文脈から切り離して考察の対象に据えると、いかようにでも解釈でき、げんに俳文学専攻の肩書を持つ国文学教授からさまざまな新解釈が発表されているが、それら新解釈は、本当のことをいうと読めば読むほどちんぷんかんぷんに陥るたぐいのものばかりである。俳句のことなんかどうでもいい、そこに書かれた百花品隲《ひんしつ》（花々の品さだめ）をこそ問題にしたい。わたくしたち植物愛好者の立場から、この「いづれの時か。花実兼備の世あらむ」と「俳諧の実には究り侍る」との矛盾を克服する弁証法に近づいていくと、これは、植物の実際をしっかり見ろ、という主張以外の何物でもないように思われる。昔の人が約束事として取り決めた花のシンボルは、昔だったからそれで通用したのであって、今の人間がそれを鵜呑みにしてうかうかと奇麗事を並べて悦《えつ》に入るなんて、不合理極まることである。事物を経験的に見よ、ありのままに見よ、それこそ俳諧（ようするに当時の文学である）の実（リアリティ）というものでなければならない。――と、そう主張しているのである。まず自分の現実経験、感覚、好き嫌いの感情、趣味の判断を活動させてみることだ、自分の気に入らない花を無理して「ええ奇麗ですね」などと言う必要はないのだ。――と、そう主張しているのである。

ここには、明らかに、時代の〝転換期〟が顔をのぞかせている。森川許六は彦根藩士であるから、れっきとしたお侍《さむらい》のはずだが、世の中を動かしている力がもはや大名や武家にはなくて、商人資本の手に委《ゆだ》ねられてある時代が来てしまっていることを、明敏に見抜いていた。むずかしくいえば、領主による全剰余労働部分の収奪体制の後退にともなう幕藩体制の構造変化に対して、支配者層および幕府指導者層がなんら正しい認識や対応姿勢を持ち得ていないあいだも、武家財政は日増しに困窮に曝らされていたから、よほど馬鹿な侍《さむらい》かよほど殿様を信じ切っている忠義に凝り固まった侍かであるならばいざ知らず、知識人と呼ぶに値するほどのお武家さんは、幕藩領主経済や封建的身分制度が所詮は力ずくで取り決めた約束事にすぎなかったことに気付きはじめていたのだった。それともう一つ、貝原益軒の『大和本草』などがその好箇の例証であるが、しだいに庶民間に浸透してきた園芸技術の向上を背景に、自然（とくに植物）に対して肉眼を以て接する態度を培養しているうちに、幕府が力ずくで押し付ける朱子学パラダイムのなかの人間観・自然観を疑わしく感ずる精神態度が生まれつつあったことも、けっして無視できない。蘭学や洋学がブームを現出させる以前に、一種の経験論的リアリズムがじわじわとひとびとの（特に知識人の）先入主を解《と》きほぐしつつあったのである。このような時代転換のはざまにあって、森川許六が、ユリはいやしい花だ、バラはうるさい花だ、と言ってのけたのを、臍曲がりであるとか、奇矯を衒《てら》ったとか評したのでは、歴史や文学作品を何ひとつ理解しないことになってしまう。

少なくとも、花と文学的象徴との関係を探究するに当たって、森川許六の『百花譜』が投げ与えてくれる示唆の大いさには特筆すべきものがある。もちろん、ユリが位《くらい》の低い女のイメージを呼び起こし、バラが年取った売笑婦のイメージとつながると言い切った、この許六の俳文そのものも、かれをしてかかる象徴体系をつくらせた〝共時的連系〟のなかに組み入れて解釈し直されなければならない。

＊

シンボルの原義は、割符《わりふ》、符節《ふせつ》、符契《ふけい》である。証印を中央に押して二つに割った木片の、一片を与えて他の一片をとどめておき、後日合わせてみて証拠とするのである。このような原義を持つことを知るとき、あらためて、シンボルすなわち象徴が、人間の社会生活を有機的に組織し運営するに役立つ一つの道具であることに、さらには人間の文明の複雑さを完全に掌握するのを可能にする一つの道具であることに、遡及して想到せざるを得ないはずである。原義にさかのぼるかぎり、一組のシンボルすなわち象徴は、必ずある特殊な目的に使用されるのであり、そうでないとすれば、ある便宜のために考案されて役立てられるのである。無目的に、無用途に、なんということなしに漫然とシンボルが生みだされるというケースは、本質的にあり得ない。

　ここで、京都大学の若い哲学者である山下正男の書いた『動物と西欧思想』という大変ユニークな書物を引き合いに出しておこう。山下の本書構想は、思想とイメージとの関係についての一般理論がどれだけ有効であるかを検証することを目的としている。「そこで単なる一つの見本として、動物イメージによってヨーロッパ思想史を考えようとするわけである。動物のイメージといっても、いちおう獣のそれに限定する。しかもその獣をさらに(1)鹿、(2)羊、(3)馬あるいは牛の三つに限定する。(1)は人類の狩猟段階における動物のシンボルであり、(2)は牧畜段階における動物のシンボルであり、(3)は農業段階における動物のシンボルだからである。人類はかならずしも、狩猟→牧畜→農業という直線コースをたどるわけではないが、生産力のレベルからいえば、狩猟より牧畜、牧畜より農業のほうが高いということはできるであろう。ところでこうした三つのレベルのつぎにくるのはもちろん、機械的生産のレベルである。こうした機械による大量生産の時代は産業革命によって決定的となるが、そうした段階に人類が最初に突入したのはヨーロッパ地域においてであった。そしてここに世界史の不均等的発展が存在し、地域差、地方的特性が存在するのである。」「ヨーロッパは世界でもっとも早く工業段階に達しただけではなく、それ以前の狩猟、牧畜、農業といった段階のすべてを経験している。このようにヨーロッパは四つの生活形態を経過したが、そうしたおのおのの生活形態に動物イメージが鮮かに対応し、生産形態の変化発展につれて、そうしたイメージもまた変化発展する。そしてとくにヨーロッパでは農業段階において、犂耕用の牛馬イメージが数多く登場し、さらにそうした牛馬イメージは、その後に登場した機械イメージと密接につながっていくのである」（序章　思想とイメージ）というのが、一つの作業仮説として、この著者の提示する主要命題である。

さて、作業仮説として提示された命題は、つぎつぎに検証されていく。まず「Ⅱ章　角のある神と魔女」において、「ヨーロッパでは獣は鹿で代表される。英語の deer（鹿）は、鳥と魚から区別されたいわゆる四足獣一般の意味に使われるし、ドイツ語の Tier-garten（動物園）の Tier（動物）は英語の deer と同系統のことばである。さらにフランス語の bête（獣）ということばも狭義には鹿の意味で使われる」ことを手がかりにして、「ヨーロッパの城の大広間の壁に、武器などとともに鹿の角がよく飾ってあるが、これは原始ゲルマン時代以来の、生活のてだてとしての狩猟、そして中世以降の騎士たちの楽しみとしての狩猟をシンボライズするものといえる。鹿はもともとゲルマン民族、なかでも北欧のスカンジナヴィア人を象徴する獣であった」という一般的注意をおこなったあと、著者は、フローベールの有名な作品『三つの物語《トロワ・コント》』のなかの第二話「聖ジュリアン」（原話は、ルーアンの大聖堂の色絵硝子に描かれた「聖ジュリアン一代記」である）に触れていく。

「領主の子として生れたジュリアンは一定の年齢に達すると当時の習慣として狩猟の技を教えられ、狩猟に明けくれる生活を送った。ある日のこと、一匹の牡鹿の額に矢をみごとに射当てた。ところがその牡鹿はジュリアンをにらみつけ、〝呪われてあれ。お前は必ず自分の両親を殺すことになるぞ〟と予言して死んだ。その後ジュリアンは、鹿のいった恐ろしいわざわいを避けるため、親しい諸侯たちから狩りに誘われても断って悔悛の生活を送った。

しかしながら狩りの誘惑はあまりにも大きく、彼はついにもとの狩猟の生活にもどってしまった。そしてある日、疲れて狩りから帰る途中、恐ろしい幻想を見た。すなわち野山で、いままで自分がかりたてたあらゆる鳥や獣がいっせいに姿を現わし、ジュリアンを輪になってとりかこみながら追ってきた。彼は鳥獣たちが復讐の計画を思いめぐらしていることを感じとる。そして案の定、その夜館へ帰ったジュリアンは、錯誤のうえとはいえ自分の両親を自らの手で殺してしまう。そしてその後ジュリアンは自分の館を捨て、贖罪の生活を送り、最後にはキリストに招かれて昇天するのである。」(この作品要約も、山下正男に拠る)

この聖ジュリアン伝によく似た物語に聖ユベール(聖フベルトゥス)の回心の物語がある。フランス八世紀のアンデンヌの狩猟家が、黄金の角のあいだに輝く十字架をつけた鹿を見て回心し、世俗生活から離脱してカトリック司教になった聖人譚である。これらの物語は何を言わんとしているのか、狩猟を生業《なりわい》とする人間が救済を得がたいと信じられていた時代に、日本では、親鸞が、悪人すなわち「屠沽」(猟師と商人)の徒もまた救われると説きやまなかった。だが、ヨーロッパの場合は、教皇グレゴリー一世によって六〇一年に採用された「布教地における慣習順応」(accomodatio)の方針によって、新しく入り込んだ高等宗教(すなわちキリスト教)が土着の宗教(すなわちゲルマン人の民族宗教)を征服する過程で、その古い宗教の神(すなわち異教の神)の思い出を地獄へたたき込み、あらゆる罪をこの異教の神になすりつけて悪魔に仕立てあげた、という事実を踏まえなければ、なにも解釈できない。ヨーロッパの悪魔といえば、必ずきまって頭に角《つの》を生《は》やしているが、もとは、キリスト教への改宗が遅れた荒野や森の住人たちが数世紀後まで信仰していたゲルマン民族宗教の神のシンボルであった。救われるか救われないかの瀬戸際へ来たときに、教会は、信者の心理の奥深く「角《つの》ある」悪魔のイメージを焼き付けたのである。前述の聖人物語二つも、ゲルマン狩猟民が自分たち自身の「角《つの》ある」神のかけた呪《のろ》いから脱出し救済する手段を説教して聞かせた、いわば唱導文芸でしかない。山下は、「こうして異教の植物的シンボルが森だとすれば動物的シンボルは鹿だといえる。

したがって異教の神は鹿の角をもった森の神だったのであり、この神はキリスト教のためにおちぶれたり、悪者にされたりしたが、ヨーロッパ人の心性の抑圧された最深部の中に長く生きつづけたのである」と書いて、この著書のⅡ章の結びとしている。

これに、わたくし流の補注を付け加えるとすれば、もともと、ゲルマン民族宗教の文化圏で使われたときには、二つ合わされば、まさしく「神」を示すことになるはずの割符《わりふ》にほかならなかった〝鹿〟のイメージは、かわいそうに、もう片一方《かたいっぽう》のほうの割符《わりふ》が捨てられてしまったために、二度とふたたび「神」に戻れずに終わったのである。そればかりか、捨て去られたもう片方の割符の代わりに、キリスト教会の〝羊〟の図柄《ずがら》が描かれた木片を置いてみると、〝鹿〟はたちまち獰猛残忍な「悪魔」の片割《かたわ》れというシンボルしか帯びることがなくなった。宗教的象徴といっても、文学的象徴といっても、それを可視的部分としてみずからは不可視的全体として後方に引っ込んでいる社会の価値体系との〝関係〟の取り方ひとつで、随時、有効に働くこともあり、また無能無力に陥ることもある。シンボルとは、そういうものである。

山下の前掲著書は、Ⅱ章以下で、羊イメージとキリスト教の相関性を洗い、「野生の動物を家畜化し、飼育するという牧畜の発生は、野生の植物を栽培植物化するという農業の発生とおなじように革命的なできごとである。」「群の中の従順な一員であることは、牧者の目からみてたしかに好ましいことである。しかし群をはなれれば自分自身の身が、野獣などに狙われて危ういということから考えれば、羊自身にとっても好ましいことといえる。こうして群をなし、しかも群に忠実であることは、ギリシア、ローマの市民的倫理観からみても、キリスト教倫理観からみてもプラスの価値をもつものであった」（Ⅱ章　羊イメージ群とキリスト教）という。ついで、西欧社会の変化発展に対応させながら、牛馬イメージを洗って、「ゲルマン人は、牛を始めのあいだは牛車を牽かすのに使っていた。しかしその後定住をおこなって農業を始めてからは、犂を牽かすのに使うようになった」（Ⅲ章　牛馬イメージと西ヨーロッパ世界）が、やがて三圃式農法の採用されるようになると、「馬の足の速さのゆえに、畑への行き帰りの道のりが少々遠くなってもいいということになった。そしてその結果西ヨーロッパにおいて集村化が可能となった。……そしてここにいわば都市化に準ずる現象が現われ、新しい文化の発展をうながすことになるのである。このように、耕作における牛から馬への転換は、まさに革命の名にふさわしかった」（同）という推移をたどり、結果として「ヨーロッパにおいて、中世以来、牛馬を単なる人間支配の比喩として使うだけでなく、労働への強制の比喩としても使うようになった」（同）点をも明かしている。しかし、ついに、家畜文化に取って代わって、機械文化がヨーロッパに登場する時がやって来る。「馬から機械への移行とともに、こんどは機械が比喩として使われるようになる。『大急ぎで』という事態に対して、昔は whip and spur（むちと拍車を使って、早馬で）という表現を使っていたのだが、産業革命以後は at full steam（全蒸気を出して、全速力で）という表現となり、さらには to step on the gas（自動車のアクセルを踏む）という表現になる。また、『馬車馬のように働く』が『機関車のように働く』となる」（Ⅳ章　馬から機械へ）というふうに、比喩ひとつにしても、馬モデルから機械モデルへと転換する時代が到来するのである。このように、ヨーロッパにおける動物イメージの変化過程を跡づけてきた山下正男の最終結論は、「ヨーロッパの近代思想における自由の思想、解放の思想、そしてなによりも革命の思想というものの原点には、人間を畜生と考える思想がはっきりと存在していたということは忘れてはならないのであり、ヨーロッパ人の心性のもっとも深い層には、動物イメージとぴったり重なりあった奴隷イメージが存在していた」（結び　動物と革命思想）とする。これまた、秀れた歴史観の提示だということができる。

＊

もしかりに、西欧世界の社会発展を、そのように、鹿──→羊──→牛──→馬の動物イメージの展開として捕縛《ほばく》することが正しいとすれば、日本列島社会の変化発展は、たとえば、つぎのごとき植物イメージの交替によって把捉することも可能ではないのかと思う。すなわち、梅―→桜―→藤―→モミジ―→水仙―→葵―→菊、というふうに。

ただし、この植物イメージは、西欧世界を動かした生産形態との割符《わりふ》の関係から導きだされた動物イメージとは、全く性格を異にしている。わたくしは、わざわざ、植物イメージの交替という言い方をして、植物イメージの変化発展とは言っていない。残念なことではあるけれど、日本列島住民には、生産形態の発展によってもたらされる生産関係(支配・被支配の関係)の変化を、直接的に植物イメージに反映させる手だてなど、ついに許されていなかった。たかだか、政権を担当した各時代支配層の交替ごとに、かれらが発行する割符《わりふ》の片一方《かたいっぽう》に〝花〟のイメージ(はんこ)がぽんと捺されたにとどまった。

それはそのとおりであるけれど、花のシンボルの持つ社会的規制力や価値体系の重たさを知ったうえで、そこでの美しさを評価し直してみると、それぞれの花の果たした象徴的役割は、驚くほど合法的《リーガル》(規則に適《かな》っている)であり、けっして出鱈目《でたらめ》な選択をしたのではない。何に対して合法的であるかといえば、それは、七〜八世紀に中国から輸入した詩文＝美学の〝パラダイム〟に対して合法的なのである。『懐風藻』や『万葉集』において、ウメ、ヤナギ、ハギ、ハスを素材にした詠出が、いちいち『文選《もんぜん》』『玉台新詠《ぎょくだいしんえい》』の作例を忠実に咀嚼したものであることについては、いずれ詳述するであろう。日本律令文人貴族は、いやしくも〝美〟の再創造に当って、自分たちの恣意《しい》(勝手気儘)が通用するとは思ってもみなかった。最小限、『芸文類聚《げいもんるいじゅ》』に典拠を求めるぐらいの律義さを用意していた。

いま、その『芸文類聚』の記載項目のうち、特に植物関係のものを知っておきたい。目次を検すれば、左のごとくである。――

○第八十一巻　薬香草部上

薬　空青　芍薬　百合　兎糸　女蘿　款冬　天門冬　芣苢　薯蕷　菖蒲　朮　草香附出　蘭　菊　杜若　蕙

蘼蕪　鬱金　迷迭　芸香　藿香　鹿葱　蜀葵　薔薇　藍　慎火　巻施

○第八十二巻　草部下
芙蕖　菱　蒲　萍　苔　菰　荻　蓍　茗　茅　蓬　艾　藤　菜蔬　葵　薺　葱　蓼
○第八十五巻　百穀部　布帛部
百穀部　穀　禾　稲　秔　黍　粟　豆　麻　麦
布帛部　素　錦　絹　綾　羅　布
○第八十六巻　菓部上
李　桃　梅　梨　甘　橘　桜桃　石榴　柿　樝　柰
○第八十七巻　菓部下
棗　杏　栗　胡桃　林檎　甘藷　沙棠　椰　枇杷　燕薁　橙　蒟子　枳椇　柚　木瓜　杜梨　芋　楊梅　蒲萄
檳榔　茘支　益智　椹　芭蕉　甘蔗　瓜
○第八十八巻　木部上
木花葉附　松　柏　槐　桑　楡　桐
○第八十九巻　木部下
楊柳　檉　椒　梓　桂　楓　予章　無患　朱樹　君子　樅　檜　茱萸　柟　柞　楸　櫟　栝　霊寿　女貞　長生　木槿　樗　木蘭　夫移　橚　若木　合歓　杉　幷閭　荊　棘　黄連　梔子　竹

——かくのごとく、〝美のパラダイム〟が明示されてあった。そして、日本古代知識人は、このパラダイムの外《そと》に〝美〟があろうなどとは金輪際《こんりんざい》思わなかったし、それより以前の義務として、一日も早く、中国詩文の美的システムの空白部分を塡《う》めようとして努力した。そして、この努力は、古代から中世、近世へと受け継がれた。もちろん、支配層のレベルにおいてだけのことである。（被支配層レベルでは、もっと生活経験に密着した別の〝美〟が探索されていたはずであるし、また、すこしずつ発見されてもいた。）

右に提示した「植物イメージの交替」の図表を、もっと細かく分けてみると、つぎのようになろうか。

梅柳蓮萩
↓
桜藤牡丹杜若
↓
楓　薄　竹
↓
水仙　松　蘭
↓
桐葵椿菊
↓
菊　　桜

この「植物イメージの交替」そのものが、いちいち、〝美のパラダイム〟に拠っている。そして、ここのところが、ヨーロッパの動物イメージと根本的に異なる点である。変化はしたけれど、つねに同一物の反復でしかなかった。

（Ⅵ）

これまでの叙述において、花のシンボル、花のイメージ、花言葉といったものが、各時代ないし各社会のなかでの〝共時的〟現象として把えられねばならないことを、はっきりさせた。わたくしたちは、幾組かの象徴が、特定社会の機構や制度を有機的に組織するための道具として、久しく使用されてきたことを、今やはっきりと見究め得た。それらは〝閉ざされた〟象徴体系（ないし神話体系）を形づくって、わたくしたちの日常的＝物質的生活をまでがんじ絡《がら》めに縛《しば》りつづけてきたのであった。

ところが、人間は、いったん偏見＝固定観念を自己内部に植え付けてしまうと、これを取り除くことができにくい。まして、全体的な見方とか、反対意見に耳を傾けるとか、自分自身を批判の対象に据えるとか（このようにしなければ科学的＝客観的真理は永久に得られないはずである）の精神的態度に至っては、容易に肯《がえ》んじないように作られている。特に、老人は偏見・固定観念・一方的見方・自己主張・自己肯定の塊《かたま》りみたいなものである。若いひとでも、花に対する日々歳々の感じ方に変化をおぼえない自分を発見したら、老化現象が始まったと自覚するほうがよさそうである。ともあれ、〃閉ざされた〃象徴体系は、これの存在に気付いて打ち砕かんものと志しても、ひと通りの難敵ではないのである。

ここに、こんにち、望まれるのは〃開かれた〃シンボルの体系である。〃開かれた〃とは、ずばり言い切ってしまえば、真に民主政体《デモクラシー》にふさわしい種類の、という意味である。この場合には、シンボルの体系という呼び方よりも、神話体系と呼んだほうがいっそう適切である。リベラルで、外的干渉の見られない、のびのびした人間らしさを実現することのできる、〃開かれた〃神話体系こそ、わたくしたちの時代にふさわしいものであるばかりでなく、わたくしたちが生きるうえに是非とも必要なものである。

そのような〃開かれた〃神話体系が現代人にとっていよいよ必要欠くべからざるものとなったことを、最初に主唱したのは、カナダの文化史家であり英文学教授でもあるノースロップ・フライである。上述の〃閉ざされた〃シンボルの体系や神話体系が人間の精神生活に不可欠であると主張する人類学者や宗教学者ならば、エリアーデを筆頭に、数え切れないほど多数存在する。そして、それらの学説に賛同しているうちに、いつのまにか、此方《こちら》までが西欧文明が産みだした科学技術や産業構造の病悪にむかって痛罵を浴びせるようになり、そこまではそれほど誤謬に足を踏み入れているとは言えないが、大抵、最後には〃人間の知的努力〃や〃歴史の進歩〃を嘲笑するに至るのである。概して、人類学者や宗教学者は、未来に対してよりも過去に価値を置きたがり、いきおい保守的なイデオローグになりがちである。ところが、ノースロップ・フライの場合には、文化人類学や精神分析学に多くの知的示唆をこうむりながら、しかも視線をつねに人類未来の方《かた》に据える姿勢が強く見られる。歴史らしい歴史を持たぬカナダに生まれた所為《せい》であろうか。フライ自身の表現をかりると、「カナダ人の性質の一番心強いところは、カナダ以外の人類世界のほうが遥かに重要であることをあっさり認める態度である」という。なるほど、こうなれば、あらゆる偏見から免れて、人類の未来に関する正しく客観的な見通しが得られるに違いない。

さて、フライの見解を掻《か》い撮《つま》んで紹介すると、現代世界は産業革命とともに始まり、産業革命のうち立てた経済構造が政治構造と並列しかつ競合《きょうごう》する社会形態をとってきた。そのために、こんにちでは、資本主義国にしろ社会主義国にしろ、あらゆる社会は、機能的に言って、生産者ないし労働者から成ると考えられるようになっている。ところが、アメリカその他の先進国の生産力があまりに能率的に向上したために、今では、この生産力を動かし続けるにはいろいろの需要水増し策をとらなければならなくなってきた。当然、閑暇《レジャー》の急速な増大という事実が持ち上がってきた。閑暇《レジャー》は、時間の長さにおいても、影響を受ける人の数においても、生産労働それ自体と同じくらいに重要度を帯びるようになった。われわれが、いつまでも十九世紀的な観点から、社会とは本質的に生産社会＝産業社会であると考えているかぎり、閑暇《レジャー》はたんに余分の時間であり、さまざまな形の気晴らしにより埋められる時間でしかない。しかし、人生というものを凝視すると、生産にかかわる時間が本質的に機能的であって、仕事と社会的関係からひとりびとりの特性を与えられることに相違ないとしても、それだけでは、なんともつまらない。ずばり言い切ってしまえば、現在ある経済構造および政治構造は、われわれが忠誠を捧げるに価しない。それならば、われわれが忠誠を捧げ得る対象はあるのか、ないのか。今までは、それに価するものは、一般大衆には、見いだそうにも見いだせなかった。ただ、閑暇《レジャー》の増大という事態によって、万人が、忠誠を捧げるに価する対象を手に入れる時代に直面することになった。もはや、閑暇《レジャー》を「余分の時間」とか「気晴らしで埋める時間」と考えてはならない。連休の週末などにハイウェイや海岸で見られるたぐいの「気晴らし」は、閑暇《レジャー》ではなく、閑暇《レジャー》からの逃避であり、自分に突き付けられている内面的課題と直面しようとしない完全な怠惰にすぎない。閑暇《レジャー》の問題は、いまや、修練と責任とを要する〝教育現象〟となった。閑暇《レジャー》にかかわるためには、われわれは、そのための技能の習得、訓練を受けねばならないし、そのための教育機関も設けねばならない。われわれの人生は、半分は産業構造に、残り半分は閑暇《レジャー》構造に費やされるが、この両者の統一方法を誤ると、あの古代ローマ世界で「パンとサーカス」と呼ばれたような堕落した形態に落ち込む危険がある。どうしても、閑暇《レジャー》構造を、本質的に〝教育の構造〟として把握する必要がある。と言って、現在の大学教育に依存することには期待が持てない。大学は、過去の諸価値を当代の中産階級の価値に翻訳することで現在につながっているだけであり、分割された個別的学問しか教授可能としていないからである。ただし、そこでおこなわれる「教養教育」Liberal education ならば、ひとびとを解放し、ひとびとに寛容であり、また学習の過程を一つの社会理念へと統合する教育と言い得るから、これを、本質的に教育の構造である閑暇《レジャー》構造に向ければよい。

教養教育の形式は単に知性的なものと言うよりも、むしろもっと広い意味において社会的なものなのです。教養教育のこの社会的な形式を、私は暫定的に社会のヴィジョンと呼び、あるいはもっと専門的な術語で神話体系と呼ぶことにします。

どの時代においても、人間条件と運命についての、当時一般に信じられていた見方を表わす、さまざまの観念、イメージ、確信、前提、不安、希望などが、一つの構造をなしているものです。この構造を神話体系、その構成単位を神話と呼びましょう。この意味における神話とは、人間がおのれ自身について、宇宙におけるおのれの位置、神と社会とに対するおのれの関係、おのれ自身あるいは一般に人類が究極的にどこから来たのか、どこへ行くのか、などについて抱く関心の表現です。このように、一つの神話体系は人間の関心が生んだものであり、我々の我々自身に対する執着の産物であって、必ず人間中心的な観点から世界を眺めます。初期の原始的な神話は物語、それも主に神々についての物語で、自然のイメージを構成単位としておりました。より高度の構造をもった社会になると、神話は互に無縁ではないが異なった、二つの方向に発展します。第一に、それは我々が知っている形の文学に発展し、まず民話や英雄伝説、ついで慣習的な物語のプロットや詩の比喩などになります。第二に、神話は概念化されて歴史思想、哲学思想を貫く原理となる――例えばギボンのローマ史を貫いているのは失楽園の神話ですし、埋もれた自然と理性の社会についてのルソーの思想の底には、眠れる美女の神話がある、という風《ふう》に。

（海老根宏訳『現代文化の一〇〇年』、三 知性の月影）

フライは、このように、各時代の「人間の関心」から生みだされたものが神話体系なのだと説いたあと、西欧文明には主要な神話構造が二つあって、その一つは、制度化されたキリスト教が作り上げた巨大な綜合としての「古い神話」体系であり、もう一つは、現代世界と時を同じうして十八世紀後半に始まった「現代の神話」であり、後者はその一世紀後により限定された意味における現代的形式に達した、と説いている。もとより、「古い神話」は、掟が神のものであった時代の人間文明の形式である。「現代の神話」は、人間を起源とするゆえに自己の文明に対して責任を引き受ける人間精神の所産である。そして、われわれの時代の神話体系は、人間の状況を、人間の希望と恐怖という観点から扱うものとなった。

私が今述べているのは、リベラルな、つまり「開かれた」、民主政体にふさわしい種類の神話体系です。私はそれを一つの構造と呼びました。しかしそれは屡々非常に流動的なものなので、構造という、固体を思わせる比喩がとうていあてはまらないこともあります。各人が、自分が一番詳しい分野の影響のもとに、それを自分なりに変形しますし、恐らくは生涯のうちにいくつもの別々の形をとり入れてゆくでしょう。神話が、立証したり論駁したりすることのできる、真の仮説であることは、あるとしてもごくまれです。それは神話の役割ではない――神話とは、整合ないし統合の作用をする観念なのです。したがって優れた神話的著作は普通立派な学者によって書かれるものではありますが、関心の神話体系は真の学問とは幾分違ったもの、それに従属するものです。いつ何時、何かの事実が立証されたり、何かの理論が決定的に論駁されたりして、その結果神話体系の全体が変わるかも知れませんし、またそれでよいのです。とは言っても、神話体系もいくつかの前提に基いているので、そのおかげである程度の社会的統一がありますし、討論、論争、伝達などもできるわけです。神話体系とは直接に信ずるためのものではない――むしろそれは、信念の可能性を集めた貯水池なのです。……この開かれた神話体系から、さまざまな思想や信念や行動方針が生じてきますが、これらの方針が決められた時にも、討論の場が閉ざされることはありません。いかなる観念にせよ、その対立観念を包みこみ、自己否定や自己訂正によって拡げられない限り、それはせいぜい半面の真理にとどまるのです。　（同）

〝開かれた〟神話体系のもとでは、学問および芸術が先行し、真理も絶えざる自己否定＝自己修正を強いられる。（こういうことは〝閉ざされた〟神話体系のもとではあり得ない。）したがって、〝開かれた〟神話体系は、正典（聖典）を持たず、同様にして、民主主義社会は知的エリートを存在させることはない。民主政体のもとでは、万人がなんらかのエリートに属し、それらエリート集団は、自己の果たしている社会的機能から、他の集団が持たない特別の知識や技能をひきだすのである。けっきょく、わたくしたち銘々《めいめい》が、よりよい世界を創造すべきなのである。わたくしたちの世界では、人間の創造力以外には、なんの創造力もありはしないのだから。フライの所説は、「我々が真に忠誠をささげるべきカナダは、我々がついに創造しなかったカナダなのです。……我々の真の自己とは、あらゆる国民にとってと同じように、我々がついに達成しなかった自己なのだと申したいのです。それは我々の文化の中に表現され、しかし我々の生活において達成されなかったものです。」「そして我々の世界では声高の虚偽や、夢遊病的な指導や、戦々兢々たる自由と批判の抑圧が権力と成功のしるしであるのを見る時、いまだ創造されていないカナダの真の自己を受けついで進むのも、結局はそんなに悪いことではないかも知れません」（同）と結語して終わっている。

わたくしたち日本民衆の創造行為も、かくあるべきである。いけばなの場合も、正しい閑暇《レジャー》構造のなかでの正しい教育活動をとおして、いけばな作家のひとりびとりが「真の自己」「真の日本人」を創造する技術を習得するようでありたいと思う。〝閉ざされた〟神話体系に固執する態度を廃棄し、ひとりびとりが〝開かれた〟神話体系のなかに躍り出ていって、絶えざる自己否定＝自己修正を屑《いさぎよ》く引き負うて欲しいとねがう。そのさい、過去や伝統のなかから再生産できるものがあったら、どしどし取り入れてゆくのがよいのである。けち臭くないこと、自分たちの対立者

（反対物）にも博愛の精神を向けること、これが民主主義社会を支えるエネルギーなのだから。

＊

これまで、わたくしたちが検《たしか》めてきたことは、花のシンボル――ひろく言って、植物・動物のシンボルである――はけっして永遠に固定化したものではなくして、おのおのの時代や社会との〝共時的《シンクロニック》〟な関係のなかに置かれたときにのみ意味を持ち得るものである、という論点にかかわる。ユリひとつをとってみても、ヒマワリひとつをとってみても、それを取り囲むひとびとの〝生きかた〟や〝思考方式〟によって全く相異《あいこと》なるイメージの描き方を示す、ということがわかった。それゆえ、特定社会のなかで特定の花のシンボルがいつまでも不変の力価《りきか》を持続しているような事例があるとしたならば、当該《とうがい》特定社会は、特定の支配体制やそれの反映である支配的イデオロギーに不変の力価を与えつづけている社会である、としか他に断じようがない。日本の大多数民衆がキクやサクラのなかにいつまでも変わらないシンボルを見いだしているうちは、日本の支配体制やそれの反映である支配的イデオロギーはいつまでも変わりようがないのである。しかし、なんども言うように、キクに対する外国人の感じ方（ピエール・ロチは〝喪〟か〝弔儀〟とかを感じていた）は全く別種であるし、サクラに対する外国人の感じ方（ワシントンのポトマック公園を散歩するひとびとが「やまとだましい」を連想するなどのことは絶対にあり得ない）も全く別種である。けっきょく、キクそれ自身サクラそれ自身が固有に包蔵しているシンボルなどというものは、事物の本性からいって、存在し得ない。すべては、人間のがわで勝手につくりあげ、そのつくりあげたシンボルによって今度は自分ががんじ絡《がら》めにされてしまっているだけのことである。いったん、これにこだわりだすと、人間は、自然から疎外され、自分自身から疎外され、類的存在（人類の成員としての自己の存在）から疎外され、人間（他の人間存在）から疎外されることになる。なんとも愚かしき限りである。このさい、新しい（新しいだけでなしに、正しい）自然観を確立しないことには、わたくしたちは、いつまでも不幸に封じ込まれたままでいるほかない。

ひとくちに〝自然観の変革〟などといっても、日本の伝統的自然観のパラダイムを打ち破ることは容易ではない。しかし、この仕事をほったらかしにしておいて、社会体制や経済構造をいかに変えようと努力してみても、所詮は空《から》回《まわ》りに終わるだろう。でないとすれば、物質レベルだけの変革が先行し過ぎて、人間自身の内部変革のほうが取り残され、どこかの国の例でわかるように官僚ばかりが威張り散らす事態が起こるだろう。時間や労力がかかるかもしれないが、わたくしたちは、理性によって〝開かれた〟思考を大きく育てていかなければならない。まず何よりも、科学的で全体的な認識方法によって、自然に接してゆかなければならない。全体的な、といったのは、実証科学的であるほかに、弁証法的でもあり構造主義的でもある思考方式が必要だという意味である。レヴィ＝ストロースは言う。「自然はそれ自体で矛盾したものではない。そこに加えられる特定の人間活動とのかかわりあいにおいてのみ、矛盾を生ずるものである。またある環境のもつ諸特性は、活動様式がいかなる歴史的技術的形態をとるかにしたがって異なった意味を獲得する。他方、人間と自然環境の関係は、人間的レベルにまで高めてはじめて理解可能となるのであるが、その域まで高めても、それらの関係はやはり思考の対象という役割を演ずるものである。すなわち人間は、それらの関係を受動的に知覚するのでなく、それを概念化したのち咀嚼粉砕し、そこからある一つの体系を引き出すのである。その体系はけっして前もって確定しているものではない。状況が等しいと仮定しても、一つの状況に対してつねに体系化の可能性がいくつもある。マンハルトと自然神話学派の誤ちは、自然現象を、神話が解明しようとする対象であると信じたことであった。実際には自然現象はむしろ、現実——それ自体が自然界でなく論理に属する種類の現実——を神話で説明するための手段なのである」（大橋保夫訳『野生の思考』、第三章変換の体系）と。わたくし自身の言いたかったことは、すべて、このレヴィ＝ストロースの叙述によって要約されている。とことんまでゆけば、自然観とは、「人間活動」そのものの、すなわち、わたくしたちの〝生きかた〟の問題である。

この問題は、本当は文学者（ならびに文学研究者）が最も真剣になって取り組まなければならない重要主題であるはずだが、現代日本の文学者たちから伝統的自然観に対する〝異議申し立て《コンテスタシオン》〟を提起したという話を聞かない。若年の時期になんだかおかしいぞという疑いをいちどは抱いた文学者たちも、壮年期以後には日本自然美だの日本言語美だのの標語のほうへ回帰してゆくパターンを履《ふ》む事例が多い。むしろ、こんにち、問題の所在を最も尖鋭に認識しているのは、政治学者たちである。むかしは、政治学といえば、もっぱら市民倫理とそれを基礎とする制度論とから構成される学問理論に終始したが、こんにちの政治学は、社会や制度が絶えず変革を迫られているという現代的状況を〝下から〟把え直しながら、いちばん下に政治意識論ないし政治行動様式論を据え、これを基底としてそのうえに政治指導論ないし組織論を置き、さらにそれらを基礎として政治制度論を建てる、という方向に向かっている。永井陽之助『政治意識の研究』は、「要約すれば、『政治とは、社会的価値の権威的配分のために、少数者が多数者に対して行なう通信と制御の体系である』と定義される。それで、政治の総過程は、政治的イメージの通信とフィード・バックの巨大なネット・ワークとして把握されるから、厳密にいえば、個人の数ほどイメージが成立する以上、政治学はそうした個人の政治意識の迂回的認識からまず出発しなければならないといっていい。／それで、ふつう『制度』とか『状況』とか、あるいは『組織』という言葉でいわれているものも、要するに目に見えないものであり、けっきょくはシンボルというものを介して現実化される。制度は《制度象徴》として、組織は《組織象徴》として、状況は《状況を規定する象徴》として、現実の認識のなかに入ってくる」（Ⅳ政治的認識の構造、二　政治学の基礎概念）と述べる。この象徴論的見地からすれば、支配層の武器は「象徴の独占」ということになる。支配者や指導者は、自分の命令や指導を受けいれるようにするために、被治者や追随者のがわに理性的・情緒的な反応をたえず再生産せねばならず、そのテクニックとして「象徴の操作」ということがおこなわれるのである。政治権力は、マイランダ（同一化の象徴）とクレデンダ（合理化の象徴）とに武装されて、単純な権力としてではなしに権威として立ち現われてくる。政治学におけるシンボルの重大性は斯くのごとくであるが、これに関連して、永井陽之助は鋭い言及をおこなっている。

「ここで注意すべきは、象徴には外にあらわれた意味と背後にかくれた意味とがあることである。たとえば、日の丸、君が代、神輿、村祭り、盆踊り、冠婚葬祭、茶の湯、華道、柔剣道、浪花節、小唄、琴などは、個々バラバラでは、むろん非政治的象徴であるが、これらの部分的象徴は、全体として伝統的な旧意識に情緒的にからみついているため、『復古調』、『逆コース』という全体の文脈のなかでは大いに政治的意味をもつ」（I序説 政治を動かすもの）と。この俊英の政治学者は、日本的自然観については一言《ひとこと》も触れていないけれど、日本的自然観も「大いに政治的意味をもつ」ことは明白である。わたくし自身は、永井の政治学理論に啓発＝触発されることが多かった。

わたくしたちは、わたくしたち民衆の日々の幸福をみずから守るためにも、新しく正しい自然観の探索とその確立とを急がなければならない。

第一部　日本的自然観のパラダイム——その定立の条件

日本的自然観の文化史概要

日本人は、天性として、自然を酷愛し、季節の移り変わりにじつに鋭敏である、といわれてきた。志賀重昂『日本風景論』（明治二十七年刊）、芳賀矢一『国民性十論』（明治四十年刊）にそう説かれて以来、常識になっている。はたして本当か。

周囲をながめてみよう。政府が先に立って自動車の排気ガス規制をやめ、人命尊重を二の次にする国で、自然保護などが実行されるはずもない。植物の寿命を奪い、鳥を寄せつけないようにし、虫魚の棲める川や海を汚し、こんなふうに自然に対して暴力をふるう日本人が、どうして「草木を愛し自然を尊ぶ」国民性を有するなどと言えるか。北欧のある国では、国家から工場建設の賛否を尋ねられた地域住民が、川に鮭が上がって来なくなるというのなら、せっかくだがお断わりする、と答申したという。それに比較して、どうして日本人が自然を愛するなどと言えるか。お世辞にも、そんなことは言えはしない。

自然観は、それ自身、一個の〝社会的事実〟でなければならない。

花木《かぼく》を調べてみた。――

そうすると、驚いたことに、日本の伝統的な花木に対する古代人（古代貴族知識人）の態度なり思考なりには、自分のなまの眼（直接的＝肉体的な感性）を窓にして対象の特質を発見した例証はついにゼロという結果を得た。古代日本人がみずからの手で捜し当てた花のシンボル（神話的＝宗教的象徴）など、ついに一つとして検出されなかったのである。

正月にめでたいものの象徴として用いられるマツは、最初に『古事記』景行天皇の条に現われる。ヤマトタケルが食事をとった時に置き忘れた大刀《たち》が失われずにあったのを賞めて「一つ松／人にありせば／大刀はけましを／衣きせましを」と詠んだ、あの長歌である。これだけでは、まだシンボルを抽出しえないが、『万葉集』巻第六の

一つ松幾代《いくよ》か経《へ》ぬる吹く風の声《おと》の清きは年深みかも　市原王

たまきはる命は知らず松が枝を結ぶ情《こころ》は長くとぞ思ふ　大伴家持

においては、同じく一つ松のもとで飲み食いの宴を開きながら、マツの木が包蔵する〝長寿〟のシンボルを思い描いている。しかも、この万葉的発想の源泉は、ひたすら、かれら律令文人貴族の必携＝虎之巻たる『芸文類聚《げいもんるいじゅ》』に求められている。勅撰三漢詩集（『凌雲集』『文華秀麗集』『経国集』）をなかだちにして、さらに『古今和歌集』に及べば、百パーセント、このシンボルの定着化を見る。

じつは、マツには〝長寿〟のほかに〝貞節〟というシンボルが負荷されてある。『懐風藻』の中臣朝臣大島の五言詩「詠孤松」には「孫楚高貞節」とあり、中国の『晋書《しんじょ》』孫楚伝を下敷きにしていることが明白である。平安時代初期の『文華秀麗集』に至ると、仲雄王の「孤松盤屈……貞節苦寒霜雪知」うんぬんの七言詩があり、これは明らかに『論語』の「子曰、歳寒、然後知松栢之後凋也」を踏まえたものである。

そうなると、わたくしたちが常識とするマツの〝長寿〟とか〝貞節〟とかの象徴的意味は、日本的感性の所産ではなくして、中国詩文からの輸入だったとしかほかに考えようがない。民俗学のほうの説明では、マツは常緑木ゆえに神霊を迎える憑代として崇められたとされるが、その習俗とて、中国大陸にはもっと古くからある。

モモが鬼をおっ払うほどの呪力を持つとされたり、ヤナギの枝を苗代の種まきに必需の祭祀用具としたり、タケが「さす竹の大宮びと」の権力の標識として用いられたり、キクが特権階級の地位永続と安全保障とを約束したり、フ

ジが特定氏族の子孫繁栄を予言したり、ハチスの花が美女を連想させたり、ショウブが庶民の幸福につながったり、いちいち、確実な典拠が中国古典に載っている。ツバキ（椿）、ハギ（萩）、カエデ（楓）など、これら国訓による植物を権威づける典拠も、いちいち中国古典に求められてある。そのさい、椿だの楓だのの神話的シンボルのほうだけ頂戴して、実物（正品）未見をよいことに、ゆきあたりばったりの日本産植物を当てて代用しておいたのだった。

のちに〝国花〟National Flower となったサクラさえもが、中国詩人の桜花賛美をお手本にしたればこそ、植物観賞の対象たり得たのである。サクラは、ウメと異なり、それ自身が外来植物であるとまでは断定し切れないけれど（ただし、サクラの原産地が日本列島のみに限らずして、中国西南部ないしインド北部にも見いだし得ることだけは、はっきりしている）、桜花観賞に関するかぎりは中国起源の文化行為の模倣＝学習の成果でしかない。記紀万葉に検すれば、サクラが天子や貴族官僚に占有されていた形跡はあまりにも歴然としている。

これだけ例示すれば、日本人が久しく民族固有のものと思い込まされてきた自然観は、日本律令国家の建設者たちが、中国の政治および文教イデオロギーをみずから必死に学習する一方、これの受容を農民大衆に押し付けた、世界認識のワク組みにすぎなかったことは、いまや明白である。

古代中国社会為政者のもつ世界認識の頂点には天（皇帝）があり、中間には地（農地）があり、底辺には人（衆庶）があって、アジア的生産様式（総体的奴隷制）を足場に、専制支配こそ永遠の法則であるとする学問が幅をきかした。学問が政治に制された。そこで、天文観測・占星術・暦法・薬学などの古代科学技術も、すべて皇帝の政治支配の完全補強に用いられ、庶民の幸福に役立たせる機会など全く与えられずに終わった。

天文観測・占星術・暦法を考えるには、古代中国人の〝時間観〟や、さらには〝宇宙観〟を論題にして攷究しなければならないであろう。古代中国においては、原始科学的な自然主義理論の体系（陰陽家、五行説、易学までを含む）が極度に発達しており、これら自然主義学派によってなされた〝時間の分割〟が国家・王朝・統治者・統治の年代に適当に当て嵌められていった。もちろん、現実の政治が優先され、理論はあとから追っかける後講釈《あとごうしゃく》でしかなかった。やや遅れて、インドから、長期のサイクルを問題にする循環的時間観が入ってきて、前者の補強的役割を演ずる。これが、魏晋時代の神秘的で細密な、あの決定論的な自然哲学を生むのである。——こういったいちいちを調べる余裕も力倆もないわたしたちは、ここでは、ジョゼフ・ニーダムの「暦の頒布」に関する指摘に傾聴しておけば足るであろう。ニーダムは「根本的に農業的な文明においては、人民は特別な時節に何をなすべきかを正確に知らなくてはならず、中国における太陰・太陽暦の頒布は、宮廷の統治者（天子）の神聖霊妙《ヌーミナス》な宇宙的な務めとなったのである。暦の受容は忠誠の証明であって、中国以外の文明において貨幣に統治者の肖像を刻んだという権威といくらか類似している」（橋本敬造訳『文明の滴定』、第七章 時間と東洋人）と言う。暦の受容が忠誠の証明になっていたとは、もともと、マルセル・グラネ『中国人の思惟』に示された観察報告である。暦法と専制支配との関わりを、わたくしたちは迂闊《うかつ》に見過ごしてはならない。

古代農業技術の一つに〝歳時記〟がある。『礼記』月令第六をみると、モモが咲いたらこうしろ、ツバメが来たらこうしろ、春雷が鳴ったらこうしろと、要するに季節の変化に応じて継次的に農民をこき使う手順が明示されてある。中国古代官僚たちは、モモやツバメや春雷の動きに神経質にならざるを得なかった。知識階級にあって、自然事象にむかい眼をやる行為とは、なんのことはない、専制支配を再生産する手段でしかなかったのである。

この古代中国デスポティズムの世界認識のワク組みを、そのままそっくり、律気《りちぎ》なまでに日本列島住民の上に適用してみせたのが、日本律令文人貴族らであった。かれらは、宮廷儀礼や農政指導のレベルで、これまた律気なまでに儒教的プログラムを踏襲した。歳時記的思考の直接導入である。それが宮廷芸術集団により構造化され、和歌の「類題」や、倭絵の「四季絵」「月次絵」が生まれた。これらが日本的自然観の祖型となった。

平安時代末期ごろから中世に至って、日本の知識人のなかには、それこそ個人レベルで、独自の〝自然の見かた〟

を開発する者も少数あらわれるようになる。そのひとたちは、社会変動期に生まれ合わせたために、個人の〝生きかた〟についての哲学原理を同時に編みだすのであるが、基本的には、貴族文化のシステムそのものを破壊しようとはせずに却《かえ》って二度と帰らぬ過去ばかりを理想化し美化し、そこに生のよすがを求めようとした。そのために、ラディカル（根柢的）に新しい民衆文化が創造されるためには、つぎの戦国時代動乱期を待たねばならなかった。しかも、その戦国動乱が平定されて統一の気運を迎えると、こんどは水も漏らさぬ江戸幕藩体制という政治支配のもとに、およそ新しい思考方式はすべて抑えられてしまい、またまた昔どおりの〝自然の見かた〟がパブリックに勝ちを占めることとなった。日本的自然観は殆ど全く無疵《むきず》のままで生き残ったのである。

結論は、こういうことになる。まず、日本律令知識階級は、文化を持たぬ日本列島住民に対し、自然の見方から啓蒙していったのだ（未開人に植物観賞の習俗がない——たしかに一定の〝植物文化〟を有するにしても——以上は、そう言ってよいはずである）が、そのさい、古代儒教を唯一のパラダイムとしたために、自然観そのものが反歴史的に機能した、そして、いったん定立したそのパラダイムが容易に破棄されることがなかったから、中世芸術論も、近世本草学も、近代自然科学も、やすやすと支配者に奉仕することになったのである。

理論化してのべるならば、日本人の伝統的自然観の特質は、かつて自分の感性をたよりに自然の生態や造形美を把握したためしがなく、専制支配者が一方交通的に送ってよこす天文・歳時・動植物の象徴的システムに身丈《みたけ》を合わす反応方式をもって自然愛と勘違いしてきた、ということになる。日本人は、現在でも、俳句歳時記などのフィルターをとおしてしか自然を見ていない。それだから、大企業の自然破壊にさんざん加担しておいて、あとから、緑野や清澄な河川を哀惜する羽目に陥るのである。

わたくしたちは、いつまでも伝統的自然観を後生大事《ごしょうだいじ》にすることを止《や》め、社会変革に遅れずに対処し、いまこそ新しきパラダイムによる自然観の変革をおこなわねばならない。

「自然の発見」から「自然観の受容」へ

(1)「自然の発見」――日本列島原住民の植物文化

北緯二十五度から四十五度にわたる三千キロメートルの地帯をしめる、細長く狭い、わたくしたちの日本列島は、極地と砂漠とを除くあらゆる地形的要素を具えていることに大きな特徴が見られる。すべて、地形の特徴は、基本的には地質条件からの規定を強く受けているけれど、他に、気候条件だとか地史(地球の歴史)の条件だとかが加わって、はじめて成立するものである。日本列島は、四回の造山運動(第一回目は、飛驒片麻岩をつくり、日本列島の土台をつくった太古代の造山運動。第二回目は、厚い地層を堆積する地向斜が隆起して大きな山脈にそだっていく古生代のヴァリスカン造山運動、すなわち日本列島形成のための床板をはった安倍族造山運動。第三回目は、中生代末のアルプス造山運動、すなわち日本列島の背骨をつくった日高造山運動。第四回目は、グリーンタフ地域をつくり、日本列島が花綵《はなつな》に似た弧状列島の姿をとった新生代新第三紀の造山運動)が累積された造山帯であること、深海にのぞむ大陸の辺縁帯であること、季節風帯にあること、海洋性気候の島国であること、などの特徴をもつ。これら気候や海流をも含めた諸種の条件のもとに、日本列島の最後の地形を仕上げたのは、もちろん、氷河(新生代第四期)の拡大と縮小とを繰り返す壮大な歴史である。

氷河期は一般に四〜五回あった(ドナウ氷期、ギュンツ氷期、ミンデル氷期、リス氷期、ウルム氷期)と考えられているが、示準化石からみると、「日本列島には第四紀の初頭に、すでにこれらの象のうち、パラステコドン象・パレレッファス象がしられていて、また、ギュンツ氷期にかけては、アーキディスコドン象や、東洋象、シナ象などとよばれるステコドン象のほか、ジラフ・シフゾウ（鹿の一種）、水牛、サイなど南中国からマレー半島にかけた、いわゆる南方系のものがみられるようになる」（湊正雄・井尻正二『日本列島〔第二版〕』、Ⅳ旧石器時代の日本）。そして、「リス氷期以後は、旧石器時代の中期になるので、すでにこのころ、南朝鮮から陸橋をつたって、ネアンデルタール人のなかまが日本へやってきたにちがいない」（同）し、ウルム氷期後期になると、戦後発見された岩宿《いわじゅく》遺跡出土の石槍《いしやり》により証明できる旧石器人の文化が営まれはじめる。

　ウルム氷期が終わって沖積世に入り、ボレアル期とよばれる寒冷期のあとに温暖な時代がおとずれて海水面があがると、陸地深く侵入していった海岸線に沿って縄文時代の早期・前期集落ができるようになる。新石器文化の開始である。「この時期には、それまでの裸地にも急激に森林が復活していって、もっとも暖かった、いまから六、七千年まえごろには、南方系の動植物がかなり北上した形跡がある。／この温暖な時期は、いまから約四〇〇〇年まえにおわり、この時期は縄文文化の中期から後期にうつりかわる時代に相当する。／かくして海水面はふたたびさがり、現在のそれにちかづき、あらわになった海岸平野には泥炭地や草原や森林がひろがっていった。しかし、この時期にも、しばしば寒い気候がおとずれたことは、花粉分析などの資料によって証明されているだけでなく、当時ふりつもった火山灰のなかにのこされているクリオターベィション構造からも推定されている。この構造は、火山灰が凍結と融解をくりかえすことによってできた、土壌の複雑な攪乱構造（一種の褶曲、流理変形）である。／いまから約二五〇〇年まえごろから、気候はふたたび暖かさをまし、やがて稲作の農耕をもつ弥生文化が日本をおとずれてきた」（同）。こうなって、日本文化は夜明けを迎える。〝自然の発見〟の朝が来たのである。

　悠久の規模から見た日本列島の成り立ちとありさまとは、およそ右のごときものである。そして、げんに、わたくしたちは、沖積世後半の〃人類の歴史〃の真唯中《まっただなか》に立っている。

というより、日本列島で生活するようになり、またげんに生活している現世人類《ホモ・サピエンス》にほかならぬわたくしたちも、たかだか〃地球の歴史〃の一齣《ひとこま》を受け持っているにすぎない、というべきである。人類が、最も発達した生物体として、他の生物集団や自然構成物をばおのが欲望のままに変形したり破壊したりしたのは、せいぜい二万年ぐらいのことで、〃地球の歴史〃からみれば殆ど一瞬間にすぎない。こんにちの生態学の立場からみると、人類も、自然界の構成要員の一つでしかない。生物社会学の立場からみると、人間は、生物社会の枠からはずれて他の生物集団と隔絶するならば一時も生存できなくなる。

そういう根本的《ラディカル》な観点に立ち、わたくしたちは、日本列島の自然環境がどうあったか、またどうあるべきかを考える必要がある。人類文明は常緑広葉樹林に起こったといわれる。一つは、かつて地中海地方からメソポタミア盆地を覆っていた硬葉樹林帯であり、もう一つは中国大陸・日本などアジア東南部を覆《おお》っていた照葉樹林帯である。宮脇昭『植物と人間—生物社会のバランス—』は、「世界の常緑広葉樹林帯を通じていえる一般的環境は、年間を通じて極端な高温や乾季がみられない。自然植生は、一年中常緑の広葉樹林で被われている。常緑広葉樹林帯は緯度的には熱帯と冷温帯の中間に位置する。世界の常緑広葉樹林は、おおまかには、ゲッケイジュで代表される硬葉樹林と、クスノキ科の植物で代表される東亜を主とした照葉樹林とに大分けされる」（Ⅲ 植生と人間の歴史）と説明し、「ヨーロッパでもアジアでもほぼおなじ常緑広葉樹林帯に発達した世界の二大文明は、その発生地周辺の自然の緑を破壊しつくしてしまっている。／ヨーロッパは硬葉樹林文化をきずいたローマ帝国の滅亡によって、五世紀ごろから文明の中心は次第に硬葉樹林民族のラテン系民族から、夏緑広葉樹林民族ともいえるゲルマン、スラブ系民族にうつっていった。／現代の世界文明の二大中心地ヨーロッパとアメリカの文明は、両大陸の夏緑広葉樹林域に栄えている。／民族の主導権の交代によって、硬葉樹林文化から夏緑広葉樹林文化へと移ったヨーロッパにくらべて、アジアでは現在なお文明の中心地は照葉樹林域に限られている」（同）とも説明している。比較的近年まで農耕民族であった日本や中国は、かなり多くの残存自然林に囲まれていたから、文明の担当者たることを許されたのであった。

日本列島は、なにしろ細長く狭く伸びているから、北と南とでは自然環境も異なり、それぞれの地域に住まう住民たちの生活様式や生活態度（思想や文化）も大きく異なる。このことは、つい最近まで（というのは、ここ十数年の高度経済成長下に中央集権的画一化が極端に進んでしまったことをさして言っているつもりであるが）そのとおりだった。それゆえ、縄文時代の日本列島原住民に関する全体的概観を、これはこうという言いかたで一般化して言い切ってしまうと、かえって無理を生ずる。縄文人がどこからやって来たか、縄文文化と弥生文化との間に連続性があるかないか、縄文時代に稲作がおこなわれていたか否か。——こういった問いには、はてしない興味がそそられるが、一部地域に限って発見される遺跡＝遺物をもって一般的解答を導きだしてはならないだろう。

しかし、これまでにわかっている事がらを整理してみるのに、洪積世末期から沖積世初期にかけてひろくおこなわれた日本の先土器文化がユーラシア大陸からけっして孤立した文化ではなかったにもかかわらず、紀元前八〜九千年から始まる縄文文化は、アジア大陸の文化に対して著しい後進性を示すようになり、農耕や牧畜を開始している他の新石器文化から影響を受けることもなく六〜七千年間も同質でありつづけた。縄文晩期になると、クリ、クルミ、トチ、ドングリなど堅果類の食物の貯蔵から栽培までもおこない、一部地域には陸稲耕作をおこなった痕跡さえ検《たしか》められており、このころには原始農業が成立し、はじまっているとの推定がなされるが、それならば獲得経済を根本から変革する時代が来ていたかといえば、そこまでは言い切れない。自然採集経済を生産経済に一変せしめるためには、やはり弥生文化の現出を待たねばならなかった。紀元前三世紀ころから始まる弥生文化の積極的意義は、鉄器使用および水稲耕作という大陸文化を輸入した点に在り、この異質の文化の上陸によって生産方法も生活様式も一変し、やがて階級社会や国家を成立せしめる基礎をつくった。その意味で、弥生文化は、原始社会から文明社会へと向かう歴史発展の過渡的役割をはたしたと言える。

さて、縄文人・弥生人と植物との関係はどうだったか。――

塚田松雄『花粉は語る―人間と植生の歴史―』は、縄文早期に関して「日本列島が大陸から離れた時点から、食料生産の対象となる適当な栽培植物や飼養動物資源を欠いていたことは宿命的であった」（5 れいめい期日本の環境）と述べ、縄文前期に関しては「漁撈依存者が多かったが、内陸部では、弓矢を使ってニホンジカやイノシシを狩猟し、季節的には、クルミ、シイ、クリ、ドングリなどの堅果類や、クズ、ヤマイモなどの根茎の採集を行なって生活する者もいた」（同）と述べ、さらに、縄文中期については特に東部日本の山岳住民が植物性食料への依存度の高い生活に切替えていったことに注目し、「狩猟採集経済の生活形態を越えていないにもかかわらず、集団の規模や数が大きくなり、かつ高度の文化を生んでいった原動力はどこに求めたらよいのであろうか。それは、照葉樹林と温帯樹林であったというほかかない。長いことよく安定した森林内の地表は、適当な温度と湿度に恵まれて、多種多様の植物が繁茂する場所でもあった。ニワトコ、ガマズミ、アケビ、ノブドウとかの果実類の食べられるもの、ヤマイモ、ヒガンバナ、テンナンショウ、ウバユリ、カタクリ、ワラビなどの根茎類の食べられるもの、木の芽、フキ、セリ、キノコ類などの嗜好品を加えて採集暦をつくれば、一年間の計画が忙しいくらいに決まってしまうであろう。／このような環境下で、好ましい植物を選んで、その根を移植するとか、種子を落しておくとか、自然にはえてきたものを大事に保護するとかの行為が、縄文中期人の間で生まれてきたのも不思議ではない」（同）と述べている。また、弥生時代のイネ栽培が相当に苛酷な環境のなかでの努力だったことに触れたあと、「イネをもたらした移民たち、あるいはその後も引きつづいて流入した中国大陸からの移民によって、数々の植物（オオムギ、コムギ、ソバ、ダイズ、アズキ、ソラマメ、マクワウリ、スイカ、モモ、アンズ、アサ、クワなど）、動物（ウシ、ウマ、ニワトリなど）、鉄器、木製品などの製作技術を中心とした文化、というようにつぎつぎと新しいものがもたらされた」（同）と指摘している。

この塚田の研究報告《リポート》は、花粉分析をとおして植生型を明るみに出した点で、大いに信用が措《お》ける。

かくのごとくして、弥生時代から古墳時代へと移る紀元三〇〇年までには、日本列島には大体三百五十万人ほどの人口がいたろうと推定される。

たぶん、縄文人は、トチの花の咲く場所を見て、そこへ近づくために岨路《そばみち》をつけたり、川瀬に橋を架けたりしたことだろう。そして、その花が固《かた》い実《み》をならせるころ、木に攀《よ》じていって収穫し、それを自分たちの竪穴《たてあな》式住居に搬《はこ》んだことだろう。だとすると、かれらがトチの花を遠くから眺めたり近くから見上げたりする場合、この落葉喬木の白い花の美しさを観賞しようなどという心理的ゆとりはなかったのではあるまいか。また、このことは、弥生人がイネの花を見る場合でも同じであったろう。イネに限らず、自己生活圏内にある植物に対する接し方も、およそそれに近かったのではあるまいか。

一応はそのように推定して大過《たいか》ない根拠がここにあるので、紹介しておく。それは、前の東大植物学主任教授の前川文夫『日本人と植物』のなかの叙述である。前川は、朝鮮半島経由で入ってきたイブキ（真柏）の日本列島における分布が海岸のけわしい崖のところにしかないことに、疑いの目を向ける。「上に述べたとびとびの分布というものは、何か不自然さがあることを否定できない。つまり、現在の分布は、かつてあった豊かな分布を何か人為的な営力が破壊したあとに残った姿であるのではないか。……私にはどうも、弥生式土器の時代にはこのイブキの枝が甚だ都合のよいパッキングに盛んに採集されたがために、砂浜で採りやすいところからだんだんに失われてしまって、とうとう今日のように人の行き難い崖にだけ残るようになったとすると大変よく説明される。私達はどうやら私達の祖先が利用によってゆがめてしまった分布を、本来の分布だと受けとっていたようである。いわば弥生時代における農耕以外による自然破壊の著《いちじる》しい例ではなかろうか」（6　二つのカシワ）。弥生人が〝自然破壊〟の大先輩だったとは、なんとも驚くほかないが、わたくしたちは、植物学者から提出されたこの研究報告《リポート》を尊重すべきである。

ただ、そうなると、原始社会（先史社会）のひとびとは、花を眺めるに当たって、ただもう実益性（有用性）いってんばりの見かたしかできなかった、との帰結がひきだされかねない。しからば、かれらの植物に対する接し方には実用目的しか認められないのであるか。

だが、先史人といえども、およそ人間である以上は、〃花の美しさ〃に魅せられなかったはずはない、と見るべきではないのか。原始人を、われわれ文明人よりも知的に劣等低級だと見る従来の考え方のほうにこそ、かえって、誤りがあるのではないのか。——こういう反省も、当然、なされてよいはずである。

この点に関して、こんにち最も進んだ研究成果をあげている構造主義人類学の指導者であるレヴィ＝ストロースは、その画期的著作『野生の思考』の冒頭において、世界各地に居住する未開種族のひとびとが驚くほど動物・植物の種類を識別する能力を有することに着目し、「生物環境との極度の親密さ、それに対する情熱的興味、それについての精密な知識、これらの態度や関心は、現地人が白人外来者と異なる点として、しばしば研究者の注目するところとなった」（第一章　具体の科学、訳文は大橋保夫に拠る）というふうに問題整理をおこなう。そして、アフリカのある部族に関して、E・スミス＝バウエン女史が「住民は農耕民である。彼らにとって植物は人間と同じように重要で、また同じように親しいものである。ところが私の方は、農家の生活をした経験はないし、ベゴニアとダリアとペチュニアを見分けることでさえあまり自信がない。植物は、数学の方程式と同じく、よく人をだます。同じように見えるものが違い、違うように見えるものが同じである。だから私は、植物学となると数学と同様で、さっぱりわけがわからない。私は生れてはじめて、十歳の子供が算数にかけて私以上でない社会にはいりこんだのだが、それは同時に、野生植物であろうと栽培植物であろうと、植物にはすべてはっきりきまった名称と用途があって、男も女も子供も、誰でも何百種という植物を知っている世界なのである」（『笑いと夢』）と記している実例などを紹介し、「このような例は世界のあらゆる地域からもってくることができるが、それから容易につぎの結論がひき出せよう。すなわち、動植物種に関する知識がその有用性に従ってきまるのではなくて、知識がさきにあればこそ、有用ないし有益という判定が出てくる」（第一章具体の科学）と帰結している。レヴィ＝ストロースは、さらに「このような知識は、物的欲求を充足させるに先立って、もしくは物的欲求を充足させるものではなくて、知的要求に答えるものなのである。／真の問題は、キツツキの嘴に触れれば歯痛がなおるかどうかではなくて、なんらかの観点からキツツキの嘴と人間の歯を『いっしょにする』ことができるかどうか（病気の治療はこの一致のさまざまな仮定的応用例のうちの一つにすぎない）、またこのように物と人間をまとめることによって世界に一つの秩序を導入するきっかけができるかどうかを知ることである。けだし分類整理は、どのようなものであれ、分類整理の欠如に比べればそれ自体価値をもつものである。……われわれが未開思考と呼ぶものの根底には、このような秩序づけの要求が存在する。ただし、それは、まったく同じ程度にあらゆる思考の根底をなすものである。私がこのように言うのは、共通性という角度から接近すれば、われわれにとって異質と思われる思考形態を理解することがより容易になるからである」（同）とも述べる。レヴィ＝ストロースは、ここから、この書物の主要命題であるところの、未開人たちの「呪術の儀礼や信仰はそのまま、やがて生まれ来たるべき科学に対する信頼の表現ということになるであろう」との展望台に近づいていくのであるが、わたくしたちの当面の論題探究に関しては、そこまで深入りしないでもよいであろう。わたくしたちは、さしあたり、未開人たちの植物分類の精密さ（ある場合、それはリンネ以上でさえあるかもしれないのだが）がすでにりっぱに〝科学的思考〟の先駆形態をなしていることを確認しておけばよいのだと思う。

この斬新《ざんしん》鋭利なる人類学的研究成果に従うと、どういうことになるか。

縄文人も弥生人も、ただ有用性（食物獲得という目的性）のみに動かされていたのではなく、花ひとつ見るにしても、ある部分までは知的要求を働かせていた、というふうに推定したほうが、いまや適切であるように思われる。殊に、弥生人がかかる〝科学的思考〟を分かち持ったればこそ、日本列島居住民は、やがて古代国家形成への道を走りだすことが可能になった。弥生人は、必ずや、或る細密な〃植物文化〃を持っていたにちがいないのである。

(2)〃眺められる〃花の渡来

弥生文化の時代に各地に分立していた原始的小国家は、二世紀末のいわゆる「倭国《わこく》の大乱」ののち、卑弥呼《ひみこ》と称する女王のもとに連合国家を形成していく。『魏志倭人伝《ぎしわじんでん》』所載の邪馬台国《やまたいこく》については、こんにちなお〃九州の山門《やまと》〃説と〃畿内《きない》の大和〃説とが対立していずれとも決しがたいが、弥生文化いらい北九州と大和とが二つの中心地であったことだけははっきりしている。一方、考古学的にみると、四世紀には畿内地方に高塚式古墳が発達しはじめ、五世紀には全国的に古墳文化の最盛期を迎えるから、強力な大和国家が成立していたこともはっきりしている。そうなると、もし邪馬台国が大和ならば、三世紀には北九州をも支配下に置いた大和朝廷が成立していたことになる。だが、もし邪馬台国が北九州だとすると、大和朝廷は未成立であったか、せいぜい女王卑弥呼の連合国家に拮抗《きっこう》する程度の勢力しか持たなかったか、そのどちらかだったということになる。そこで、第三の考察の立場として、江上波夫が唱《とな》える〃大陸騎馬民族日本征服説〃が有力になってくる。この説によると、弥生文化とそれにつづく前期古墳文化の平和的で東南アジア農耕民族的な特徴とは根本的に異なる、後期古墳文化の戦闘的で、王侯貴族的な、北方アジア騎馬民族的な特徴は、そのような文化をになった民族の日本征服の結果だ、というのである。第三の学説であるこの〃征服王朝説〃に立つと、大和国家の急速な出現を説明することができるし、記紀の伝承もだいたい無理なく解釈できるので、じつに魅力的であるけれど、ただ惜しむらくは、これほどに大規模な征服の史実が中国および朝鮮がわの文献に何ひとつ伝えられていないのである。けっきょく、わたくしたちとしては、未解決の宿題として見守るのがいちばん穏当だということになるだろう。

しかし、ただ一つだけ明確に知っておかなければならないのは、四世紀半ばに成立して古墳文化を形成した大和国家を考えるのに、もはや大陸（中国および朝鮮）との国際関係を無視することができない、という点である。大和国家は、四世紀末ごろから、朝鮮半島に対する積極的な軍事行動を展開し、五世紀の「倭王《わおう》」たちが南朝鮮における軍事的優位の保証を南朝の宋に求めた事実もはっきりしている。ところが、六世紀に入ると、新羅・百済の勢力が強くなって朝鮮半島からの後退を余儀なくされる。この間《かん》に、朝鮮半島から輸入した大陸式の官僚制的機構の実施によって、日本国内を中央集権化する試みが押し進められた、という事実もある。総じて、五〜六世紀という時代は、大陸文化そのものがつぎからつぎへと輸入された点に特色がある。それはもはや大陸からの影響を受けたなどという段階にとどまるものではなく、当時の日本の支配層の全生活領域をがらっと変えてしまうくらい徹底したものであった。古墳の副葬品に見られる王侯貴族的な武具・馬具・金銅製の装飾品はその典型的な例証といえるが、それ以上に、漢字・儒教・仏教などの精神文化がはじめて伝来したことの意味は大きい。

花に限っていえば、もちろん大陸からどんどんと種子や苗木が輸入されたろうことは容易に想像されるし、ウシ、ウマ、イヌ、ニワトリなどとともに予期外の植物がいろいろと渡来されたことも想像に難《かた》くない。しかし、それ以上に、たとえば金銅仏の伝来にともなって、この仏像をかざり立てる金属製の荘厳造花《しょうごんぞうか》にはじめて接したときの大和朝廷支配層の驚きといったら、並大抵《なみたいてい》の驚きではなかったはずである。『日本書紀』欽明天皇十三年（五五二）の記事に「○冬十月、百済聖明王、更名。聖王遣二西部姫氏達率怒唎斯致契等一、献二釈迦仏金銅仏一軀・幡蓋若干・経論若干巻」と見え、また「是日、天皇聞已、歓喜踊躍、詔二使者一云、朕従レ昔来、未二曽得レ聞二如レ是微妙之法一。然朕不二自決一。乃歴二問群臣一曰、西蕃献仏相貌端厳。全未二曽有一。可レ礼以不」とも見える。「釈迦《しゃか》仏《ほとけ》の金銅像一軀《かねのみかたひとはしら》・幡蓋《はたきぬがさ》若干《そこら》・経《きょう》論若干巻《ろんそこらのまき》を献《たてまつ》る）とは、仏教公伝のさいに、仏像およびその荘厳《しょうごん》の美しさに大和国家支配層が喫驚仰天《びっくりぎょうてん》したありさまを叙したもの。欽明天皇が群臣に仏教受容の是非を問うた言葉として「西蕃《にしのとなりのくに》の献《たてまつ》れる仏《ほとけ》の相貌《かほ》端厳《きらきら》し。全《もは》ら未《いま》だ曾《かつ》て有《あら》ず」と嘆息したというのも、渡来の新宗教が〝美〟として把えられた驚きを叙したもの。この記事のなかに「花」という字は見えないが、「幡蓋若干《はたきぬがさそこら》」の荘厳《しょうごん》の一部に金属製の造花が含まれていたろうことは容易に想像がつく。もしそうだったとすれば、花のかたちをしたものが、これほどに眩《まば》ゆく美しく尊く見えた経験は、大和国家支配層にとって、まさしく「未《いま》だ曽《かつ》て有《あら》ず」と嘆息するに値したはずである。

そして、それは、花が〝美〟もしくは〝聖〟として眺められた最初であった。〝眺められる花〟の存在、もしくは〝礼拝＝賞美される花〟の存在を、はじめて知らされた驚きであった。縄文人・弥生人が花を眺めたさいに、はじめは有用性（食料獲得）から出発したものの、やがて知識的要求（植物分類の意識）を働かせるようになっていた、ということは前に述べた。それが、いまや〝美〟の対象へと高められるように変化＝進歩を遂げていったのである。

やがて、七世紀になり、隋・唐との国交によって中国文化の直輸入が国家レベルで推進されるに至ると、飛鳥朝廷の豪族・貴族層は、この新しい〝花の見かた〟の学習に習熟しはじめる。この時代の工芸品にしばしば用いられる忍《にん》冬唐草《どうからくさ》の文様は、中国の六朝《りくちょう》文化を媒介として遠くササン朝ペルシアに、またギリシャやビザンティンに源流が求められる。法隆寺に代表される飛鳥芸術が当時の東西文化交流の産物であることは、周知のとおりである。

このように跡づけてくると、花を〝美〟として眺める精神的態度それ自体が人類史の発展とともに確立されたものであり、それ自体が〝国際性〟を帯びているものである、ということは明白である。六〜七世紀の日本古代国家の支配層知識人たちは、この最重要のキー・ポイントを、すばらしい感受性によって把握し畢《おお》せていた。飛鳥に咲く花々は、日本の花としてよりも、むしろ〝世界の花〟として賞美されたのである。

大化の改新によって日本列島にはじめて強力な中央政府が誕生したころ、東アジア世界では、大帝国である唐の圧迫を受けて、朝鮮半島の諸国家相互間に緊張が高まっていた。日本の支配層は、このような国際情勢に対処する外交政策を打ちだすが、いずれも失敗に終わる。しかし、八世紀に至り、日本古代国家は、あべこべに、唐帝国の成文法を導入して律令的な法治国家の建設に成功する。これは、明らかに歴史発展上の大きな〝飛躍〟であるが、この飛躍は、同時に、日本人の植物文化の上にもはっきりした跳躍の痕跡を印《しる》した。

（3）「自然観の受容」——律令的政治理念との不可分離性

壬申《じんしん》の乱《らん》（六七二）を起こして勝利者となった天武天皇（在位六七三〜六八六）は、ただちに、新しい国家の体制づくりに着手した。なにしろ、この時期まで、日本列島には名実《めいじつ》ともに具《そな》わる国家などというものは存在してもいなかったのだから、相当に強引なやり方で旧豪族や人民を抑えつけるのでなければ、この天皇の意図は容易に現実化できそうになかった。ところが、折りも折り、海ひとつ隔てた朝鮮半島では、先進大国唐《とう》の援助を得て国内体制を着々と整備した新羅が半島統一の意欲を燃やし、まず唐・新羅連合軍による百済・高句麗《こうくり》二国の滅亡という急転事態を迎えていたが（百済からの要請に応《こた》えて派兵した日本軍が白村江《はくすきのえ》の会戦で大敗を喫《きっ》したことも付記する必要があろう）、そののち、新羅は唐の軍隊をも朝鮮半島の外に追いだすことに成功した。このニュースは、壬申の乱直後の日本の支配層にも伝わってきていたから、こりゃあ大変なことになったぞという〝危機感〟と、もう一つ、どうして新羅の国力がこれほどまでに強大になったかという〝情勢分析〟と、この二つの主題《テーマ》が日本知識階級の心を捉えるようになったのは当然である。新羅の勝利の原因は、唐の律令制を導入することによって、国王を中心とする中央集権官僚国家機構が整備されていたからだ、と気づいた天武天皇周辺の知識階級は、すみやかにその律令制を導入しようと決心した。一方また、唐帝国のほうでは、みずからが東アジア世界の盟主として君臨すべき〝冊封《さくほう》体制〟を構想しており、この構想のもとに、衛星小国に対して頻《しき》りに律令制受容を促《うなが》していた、という事情もあった。このような七〜八世紀の国際環境のなかで、小《しょう》なりとはいえども独立国家の主権を主張せんがためには、日本列島にも律令制を導入しなければならなかった。かくのごとく、内外の諸要因に動かされ、天武治世十四年のうちに律令制導入の仕方があれこれと模索され、やがてこれが浄御原令《きよみがはらりょう》の発布という形をとり、さらに拡大整備されて大宝律令《たいほうりつりょう》を基礎とする本格的な律令国家の建設へと発展するに至るのである。

簡単にいえば、律令国家体制は、これまでの有力豪族がウジ単位に土地や人民を私的に支配していたのをやめさせて、すべての土地や人民を国家のもの（公地公民である）とし、旧豪族を国家の高級官僚として統一的な官庁組織のなかに組み入れ、その組織を運営していくために公民全部から一定額の租税を一律に徴収しようとするものであった。しかし、こうなると、最もひどい目に遭わされるのは人民大衆である。貴族官僚たち（当初百五十人ぐらいいたろうと推定される）が官職に応じて位《くらい》や禄《ろく》（給与として与えられる絹布・綿・農具など）を授けられたり、租税を免除されたり、田地やそれを耕やす封戸《ふこ》を与えられたり、何から何まで特権ずくめであったのに対して、人民（全国で六百万人ぐらいいたろうと推計される）は、虫けら同然の取り扱いしか受けなかった。だが、人民大衆が苦しめば苦しむほど、貴族官僚の生活水準や文化消費量の目盛はぐいぐい上昇し、都市文化の威容は急速に整《ととの》えられていった。

繰り返し述べるまでもなく、律令制そのものは、先進大国唐《とう》のそれの輸入＝受容でしかない。七世紀以前の日本は、政治文化から農業技術・生活習俗に至るまで、中国の水準に較《くら》べたら、数世紀も遅れた進歩の段階にあったのだから、まず、この甚《はなは》だしい文化的落差を埋《う》める必要に迫られていた。それゆえ、日本律令政府の支配層知識人が四時《しいじ》おのが念頭から離したことのないテーマといったら、一方の極に、貴族官僚としていかにかして中央集権的専制政治を運営していったらよいかとの思考から生みだされるもの、他方の極には、同時代の文化理念に指導的役割を演じている中国詩文的教養のメカニズムから生みだされるもの、この両者に限られていた。文学史的にいうと、記紀の編纂、『懐風藻』の編纂、『万葉集』の編纂などがおこなわれるが、これらを手がけるひとびとが律令官人知識階級であるかぎり、いずれの古典も叙上《じょじょう》の二つのテーマを離れることはあり得なかった。

たしかに、七〜八世紀は、日本古代文学に輝かしい開花のもたらされた時代であり、日本列島住民に賦与《ふよ》されてある芸術的才能を最初に燃焼させ昇華させた時代である。現代人の多くが大和地方の古寺旧蹟をたずねては、そこにみずからの〃ふるさと〃を見いだしていることも、故《ゆえ》なしとしない。それ自体には、どこにも誤りはないのである。ただ、記紀万葉や大和古寺から受ける〃美〃が日本民族に固有のものだと決めてかかるならば、それは、科学的に正しいとは言えない。なぜならば、肝腎の当事者であるかれら〃美〃の作者たちは、自分自身では、おのれらのつくりだす〃美〃が日本人に固有のものだとはけっして考えていなかったからである。その〃美〃の一部である自然観賞についていえば、はじめて〃花木観賞〃の手ほどきを受けた日本律令知識人たちは、どのようにしてその国際的性格をもつ知的行為を自家薬籠中《じかやくろうちゅう》のものたらしめたらよいか、というふうに考えていたからである。

かれらは、自国の遅れた文明の歩みを取り戻すべく努力したのであり、短期間のうちに、先進大国である唐《とう》の制度文物を学習《ラーン》し修得《マスター》してのけた。この点を大いに評価すべきであり、わたくしたちもまた大いに誇ってよい。けだし、〃日本文化〃の優秀性とは、その固有性＝独自性に在るのではなくして、かえって、国際性＝普遍性への志向にこそ求められるべきだから。

繰り返し強調しておくが、『古事記』『日本書紀』『懐風藻』に実現されてある〃文学美〃もしくは〃芸術美〃がかならずしも日本民族に固有の詩的天分から生みだされたものとは言い切れない、という重大事実を知ったからといって、これら古典文学が無価値だという結論を出していいことには絶対にならない。なぜならば、これら日本古典文学の作者たちは、ごく短期間のうちに、文化全体の遅れを取り戻し、当時としては精一杯《せいいっぱい》の国際性＝普遍性を把握し果《おお》せる実績《メリット》を示したのであるから。東アジア世界という七〜八世紀当時の宇宙秩序《コスモロジー》のなかで、盟主＝指導者の地位にある唐《とう》帝国の高度に発達した制度文物をば習得《マスター》し得る能力を示したことによって、日本律令国家が渤海・朝鮮と双《なら》んで古代文明の創造的役割を推進したのは、疑いもなく明白な事実であるから。わたくしたちは、むしろ、そのことを、自他に向かい大いに誇ってよいのである。

ただ、わたくしたちの注意を逸《そ》らしてならないことは、先進国唐《とう》の制度文物の導入＝学習がたんに物珍しい舶来文明の歓迎に終わるものではなくして、受け入れ側《がわ》のものの考え方までがらっと変えずにはおかなかった、という点である。すべて文明というものはそのような性質を持っていると考えられるが、唐の制度文物の根底には古代中国の自然観=宇宙論と政治哲学とが厳然《げんぜん》として存在しており、なんでもない医薬品（本草《ほんぞう》）や服飾や農耕技術や製鉄法に至るまで、古代中国的なものの考え方を受肉化していたのである。特に国家や法律や官僚政治に関する基礎的観念は、そのまま古代中国専制政治の哲学の具体化であった。芸術（詩文）までが、そうであった。『詩経』小雅北山篇に見える有名な「普天之下《ふてんのもと》、莫レ非ニ王土一《わうどにあらざるはなく》。率土之浜《そっとのひんも》、莫レ非ニ王臣一《わうしんにあらざるはなし》」という詩句は、国じゅうのあらゆる事物が専制君主の所有権に帰属することを闡明《せんめい》=宣言したものにほかならぬ。そこで、日本律令支配階級知識人が唐の制度文物を咀嚼=消化し畢《おお》せたという場合、かれらは、先進文明の物質的側面を享受したのみではなく、その思想的側面をも受容したことを、当然、意味している。職員令《しきいんりょう》第二の雅楽寮《ががくりょう》の条文に「唐楽師《とうがくのし》十二人。掌。教ニ楽生一。高麗百済新羅楽師准レ此。楽生《がくしょう》六十人掌。習レ楽。余楽生准レ此。高麗《こま》楽師《がくのし》四人。楽生廿人。百済楽師《がくのし》四人。楽生廿人。新羅楽師《がくのし》四人。楽生廿人。伎楽師《ぎがくのし》一人。掌。教ニ伎楽生一。其生以ニ楽戸《がくこ》一為之」と明記して宮廷音楽の充実を期したという場合、それは古代儒教が重んずる「礼楽」のシステムを受容したことを、当然、証《あか》しだてている。つまり、唐の制度文物の移植の度合が進めば進むほど、古代中国の世界観や政治イデオロギーを身に着ける学習効果を挙げたという結果が生まれるのである。

〝花木観賞〟に限っていえば、花の美しさということに気づいてこれを賞美する新しい精神の習慣は、もともと中国詩文の学習によってもたらされたものであるが、松の見方はこう、梅の賞《め》で方のポイントはこうと、お手本と首っぴきで見どころ勘どころを学んでいるうち、本来不可分離《インセパラブル》な関係にある古代中国的世界観や政治イデオロギーを身に習得するに至るのである。そして、その典型的実例は『懐風藻』に見られるが、この漢詩集と部分的に重なり合う制作年代を有する長歌・短歌・旋頭歌《せどうか》の集成体《コーパス》たる『万葉集』においても、事情は全く同じと言える。『万葉集』は、しばしば、日本民族に生得《しょうとく》=固有のリズム感から生みだされた国民文学の粋《すい》のように信じられているけれど、細密な科学的追究をおこなっていくと、修辞用語から詩的モティーフ、神話的シンボリズムに至るまで多くの次元《ダイメンション》において中国詩文の学習成果がここに結実されてあるのを検《たしか》めることができる。万葉人の自然観が現代日本人の共感を(場合によっては西欧人の理解をさえも)獲得しているのは、その天地・山川・草木虫魚に対する見かたに普遍性(=国際性)があるためで、日本人にしかわからぬという特殊性(=民族性)が結集されてあるためではない。七〜八世紀になってはじめて〝花木観賞〟という一種の芸術行為を学習した万葉人たちは、中国詩文をお手本に仰ぎながら、自分たちもこの芸術行為に〝ひとり歩き〟の機会を与えていった。そして、自然の事物を芸術的に捉えるたびに、同時に、古代中国人の自然観=宇宙論と政治哲学とに対する理解の度を深めていったのである。

誰《たれ》しも経験したことと思うが、わたくしたちは、『万葉集』開巻劈頭の、あの「籠《こ》もよ　み籠《こ》持ち」の長歌から始まって、ぶっつづけに四百首ほど、天皇もしくは皇子の作品か、さもなければ天皇を賞め讃《たた》える臣下の作品か、いずれにしても宮廷関係者の作品のみが並んでいるのを知らされ、これが謂うところの国民歌集なのかと戸惑いをおぼえたはずである。だが、律令国家のインテリたちにしてみれば、詩とは宮廷の花であり侍宴従駕《じえんじゅうが》に欠くことを得ない芸術であるとの古代中国の考え方を忠実に遵守《じゅんしゅ》したために、こうなったに過ぎなかった。山ひとつ草いっぽんを諷詠することが帝王の偉大なる聖徳を礼賛することと同一であるとの自然観=政治哲学を、忠実に実行したために過ぎなかった。

このような自然諷詠が〝原型〟になって、のちのち「日本的美学」が形成されることになる。つまり、中国的自然観と律令的政治理念との不可分離性が〝原型〟となって、長い時間をかけながらこれに修正=変形の手を加えていき、しだいに「日本美」というものを打ち出すに至るのである。この修正=変形の作業といったら並大抵の努力では継続できなかったはずであるが、ともかくも、わたくしたちの祖先はこの困難な作業をやってのけた。「日本美」とは、そういうプロセスを経過して形成されるものである。ろくに事実も検《たしか》めずにただ古いものが純粋に「日本的なるもの」を包蔵していると断定したら、大きな間違いである。といって、古いものが無価値なのではない。七〜八世紀の日本律令支配階級知識人たちが、自分たちの停滞した低い文化の前にめくるめくような高さで聳え立っている先進国唐《とう》の文化を、あのような短期間のうちに受容《レシーヴ》し会得《マスター》したことは、そのこと自身をもってしても、ほとんど奇跡に近い大事業であるとしか他に言いようもない。まして、かれらは、国際性＝普遍性（もちろん、当時としての）というものの存在に目ざめることにより人類史的規模《シェアー》を把握したのであってみれば、なおさらである。なんで無価値なはずがあろう。『万葉集』は、いまも輝いている。

それにしても、藤原京《ふじわらきょう》（六九四〜七一〇）から平城京《へいじょうきょう》（七一〇〜七八四）にかけての時代、律令官人貴族たちの文化意識の高まりはどんなにかめざましかったことだろう。もちろん、エリートたちが「み民われ生ける験《しるし》あり」とか「咲く花の匂ふがごとく今盛《さか》りなり」とか詠じて自己階級や都市生活を謳歌していられたのは、人口の圧倒的多数を占める農民大衆を犠牲にしたうえでのことである。かれら律令官僚知識人たちは、花をみるにつけ、中国大陸の先進文化にあやかろうとし、自分らがハイカラ美学を振り回すことが国家的利益につながるのだと、本気でそう考えていた。この時点では、これ以外に仕方なかったであろうが、問題はあとまで尾を引いた。

どういう問題であったか。岡本太郎の要約に従うと、つぎのようになる。「奈良時代にドッと大陸文化が入って来た。中国、印度、中近東、更にさかのぼってギリシャに至るまでの、歴史上でも最も絢爛たる古代帝国の文化。最高度に洗練された美学。――まだ素朴な、原始段階にあった日本貴族は、このケタ違いに腰をぬかし、無条件に受け入れてしまった。無理もない。が、このときから日本文化の運命が決定された。しかも驚異的な大陸文化自体は、既にデカダンスだった。／自分達の基盤から創造するという労をぬきにして、既に爛熟を極めた文化の高さをそのまま受け入れる。外来文化がその創作過程、現実の土壌の中で戦ったあかしである、ナマなどぎつさ、いやったらしさを見のがして、その上っ皮の形式を、味、おもむきとして、たゞ感覚的にだけ。その安易な便宜主義は、その後、現代に至るまで日本の上層階級、文化の指導層の伝統的な習慣となり、文化意識となったのだ。皮肉っていえば『お手あげ文化』だ。／文化は本来、民族の生命力のもり上り、その高度な緊張から爆発する。その表情である。しかし日本文化はほとんどあらゆる時代にそのもり上りをまたないで、舶来品の出来あいで間に合せてしまった。その方が好都合、ずっとシャレているし、苦労がない。／結果、生活を抽象した、ていさいのよい趣味的文化はあたかも日本の伝統の如く、ながく続けられる」（『日本再発見―芸術風土記―』、日本文化の風土）と。まさしく、このとおりだと思う。しかし、一方に、長い時間をかけて「日本化」をやってのけた民衆的総力の結集の跡も、評価する必要がある。歴史は、過去よりも現在が、現在よりも未来がと、すこしずつではあるけれど着実に進歩を果しているのである。

（4）「自然観の受容」がもたらしたもの

これまでの叙述をとおして、いわゆる白鳳《はくほう》・天平時代の雄勁《ゆうけい》かつ華麗な古代文化をば、日本民族に生得的《しょうとくてき》に具わった芸術天分がみずからの力で発芽させ開花させ結実させた〝美の樹木《トリー・オヴ・ビューティ》〟の現出と見るよりは、当時の国際世界に播種《はしゅ》され栽培され輸出品とされていたその樹木の移植に成功した事象と見るほうが、ずっと科学的＝客観的な推論に近い、ということを明らかにしたつもりである。なにしろ、七世紀以前の日本列島住民のほとんど原始的とも称し得る民族文化と、先進大国唐《とう》の成熟した世界文化との間《かん》には、六〜七百年ぐらいの進歩の隔《へだ》たりがあった。高いほうから低いほうへと流れ落ちる文化の瀑布《ばくふ》をがっちり受け止《と》めて、踏みこたえたばかりでなく、もっと水を送れと呼びかけたところに、七〜八世紀の日本律令文化の担当者たちのしたたかな創造的活力の所在を確認することができる。詩歌でも寺院建築でも仏像彫刻でも、このしたたかさがあったればこそ、一挙に世界的性格を実現し得たのである。（もちろん、なんども記したように、都城に聳ゆる建造物などはあくまで純粋隋唐の様式に従っていたから、人口の圧倒的多数を占める農民大衆のみすぼらしい住居とはまるきり無縁であり、まるきり懸絶していた。この事実こそは、同時に、国家権力の強大さと民衆文化の貧困との間の大きな隔たりの象徴としての意味をもっていた。）

創造的活力のしたたかさといえば、桓武天皇の平安遷都（七九四）に始まる平安時代文化もまた、けっして奈良時代文化に劣ることのない活潑な運動軌跡を印《しる》している。しかも、運動軌跡そのものが、前時代に押し進められた唐文化受容の路線に沿っており、むしろ一段と激しく疾駆した車輪回転の痕《あと》を残しさえしている。しばしば、平安王朝文化は弱々しく意気地《いくじ》ない大宮人《おおみやびと》らの室内芸術をもって代表されるが、そしてそのような側面も皆無だったとは言えないが、事実は、相当にふてぶてしい、力で相手を捩《ね》じ伏せてしまうような側面をもった、文字どおりしたたかな文化だったのである。

まず、桓武天皇は、非業《ひごう》の死を遂《と》げた同母弟の皇太子早良《さわら》親王の怨霊《おんりょう》から逃《のが》れるために、かなり進捗《しんちょく》していた長岡京の造営を惜しげなく取り止《や》め、新たに巨額の国費を投入して新都平安京を建設することを決意した。新都建設の宿願を速《すみ》やかに達成すべく、天皇は、諸国に命じて宮城の諸門をつくらせ、諸臣に宅地を班給し、みずからも頻繁に工事現場を訪れた。しかし、とうとう延暦二十四年（八〇五）には造営を中止せざるを得なくなった。表向きの原因は「百姓の疲弊」ということになっているが、実際には、律令国家の基礎になっている公地公民制が崩壊しはじめていて、宮廷権力者や寺院の所有する荘園のほかに全国各地に「殷富《いんぷ》の百姓」や「富豪《ふごう》の輩《ともがら》」の所有する私営田が増加し、国司や郡司による地方政治が中央政府の期待するとおりにはおこなわれなくなっていたためである。このように律令国家の支配対象である農村の状態も地方官僚の意識も大きく変化しているのに、桓武天皇は、ただ律令体制の再建に懸命となり、勘解由使《かげゆし》の設置・班田制の修正励行・軍制の編成などの政策をつぎつぎに打った。

かく見るとき、平安時代初期の律令支配階級の精神的主題とはいかなるものであったかを、もういちど検討せねばならなくなる。わたくしたちは、日本文学史などで、桓武の第二子の嵯峨《さが》天皇（七八六〜八四二）が秀れた漢詩作者であり書家（三筆のひとりに数えられる）であることを教えられ、このインテリ天皇の〝唐風一辺倒《とうふういっぺんとう》〟の芸術愛好ぶりを知らされている。そして、たしかに、この天皇が傑出した文化人であることに間違いはないのだが、より正しくは、嵯峨帝のめざす唐文化愛好はただちに古代中国的世界観および政治イデオロギーを日本律令国家として再生産しようとの意図のあらわれにほかならなかった。漢詩を賦し、中国風の優雅な宮廷パーティを繰り返したのは、理想とする古代儒教的な徳治主義政治を推進するうえに必須《ひっしゅ》の儀式と考えたためにほかならない。弘仁年間、『凌雲集《りょううんしゅう》』『文華秀麗集《ぶんかしゅうれいしゅう》』の二つの勅撰漢詩集が編まれている。前者は、延暦以来の九十一首を登載し、太上天皇（平城）二首、御製（嵯峨天皇）二十二首、皇太弟（淳和）五首、藤原冬嗣三首、菅野真道《すがののまみち》一首というように、身分官職の高い順に配列されている。後者は、百四十八首を収め、奈良時代の『懐風藻』の編集形式を踏襲して、遊覧・宴集・餞別・贈答・詠史・述懐・艶情・楽府・梵門・哀傷・雑詠などに分類されてあるが、それぞれのジャンルのなかでは、同じように帝王臣下の身分の順序に従って配列されている。すこし遅れて淳和天皇の天長年間、前二者とともに〝勅撰三詩集〟の総称のなかに含まれている『経国集《けいこくしゅう》』が編まれた。これは奈良遷都直前の慶雲四年にさかのぼって百十年の期間内、百七十八人の作者を網羅した全二十巻の詩文総集成だが、六巻しか現存していない。そこで、全容は正確にはわからないのだけれど、すくなくとも題名が『文選《もんぜん》』巻第五十二所収の魏文帝《ぎのぶんてい》「典論論文」に見える「文章経国之大業。不朽之盛事」から採ったことは確実で、平安初期宮廷に高まっていた〝漢詩ブーム〟の本質は、これによっても明らかである。すなわち、支配階級知識人が中国詩文の学習に努力したり、宴席で自作漢詩を発表したりした行為は、たんなる文学趣味の発露にとどまるものではなくして、じつは、中央政府の企図する律令国家体制再建に必要不可欠な手段と考えられたのである。

しかし、時代の動きは、遷都百年ほどのあいだに、藤原氏の閥族勢力がぐんぐん伸びて、平安初期帝王たちが願望した律令体制を内部から切り崩し、律令精神は衰弱と死滅とに向かうことになる。摂関政治が台頭するようになっても、官僚政府の組織だけは形骸となって存続しつづけ、その形骸を舞台として「文章経国」の業のみは盛大におこなわれた。十～十一世紀の二百年間、日本漢文学は大いに栄えた。

一方、主として個人レベルにおいてであるが、いかにも日本的な発想のもとに勢力を得ていく摂関政治の体制下、いったんは衰えたかに見えた和歌が〝復活〟のきざしを見せはじめる。しかし、復活した和歌をもって、中国的発想オンリーである漢詩に対する否定＝敵対のあらわれと見るならば、全く見当違いである。平安朝の日本語の文学は、すでに明白なとおり、漢文学の決定的な支配を受けていたのであるから、そこに誕生するいかなる新しい文学的試みも中国的美学（もちろん、世界認識の仕方も含めて）の外に出られるはずもなかった。まず生まれるのは、漢詩に影響された和歌と、そこから触発された歌物語と、ついで伝奇（唐代の新体小説）を下敷きとする歴史説話のたぐいと、この三つである。

漢詩と和歌との対応関係については、風巻景次郎による的確な要約がある。「唐文明の優秀さを完全に承認して、それに対等になろうと欲した立場は、一、二の氏族官僚の欲望にとどまるものではなくて、先進国に対する後進国の劣等感と対抗意識の交錯であり、ヒステリックな強さを持っていた。その意味においては、平安文化の成立はやはり世界史的関連にある。それも前代のように異国風のままに移入するのでなく、和漢折衷的《わかんせっちゅうてき》に、日本人の生活や趣味や風土に同化しうる範囲において、または変化させながら、取り入れたのである。そして取り入れつつ日本人自身の主体もまたその影響によって変化していったのである。／漢詩の影響が和歌に影響するには、大きくわけて、一つには詩論から歌論への筋と、いま一つには自然や年中行事への漢詩風な感覚の成立の筋と、少なくとも二つの面は見落さないようにする必要がある」（毎日ライブラリー版『日本文学史』、中古の文学）と。さらに、その歌論面から見た和歌について、「本来こちらにあった『うた』までも、新来の『漢詩』の考え方に従って、公式的にわりきって当てはめなければ安心ができないので、当然和歌は漢詩の枠にはめこむことが要請されたし、事実それではじめて安心することもできたのである。こうして徐々に生じてくる観念の変化成長の結果、和歌もまた言志の文学となる」（同）との言及も見える。

こうして、『古今和歌集』が成立するのであるが、この勅撰和歌集の精神的特質は、真名序《まなじょ》（紀淑望《きのよしもち》の作とされる）と仮名序《かなじょ》（紀貫之の作）とを合わせ勘考し、比較対照することによって、明確に摑むことができる。和漢両序の重複と類同とは、漢詩・和歌の二つの発想様式をもつ文学表現が、全く同一の創造主体によって生みだされたことを証《あか》してくれている。

自然観に焦点を絞って考える場合にも、わたくしたちは、平安時代に〝日本的なるもの〟が勢いを盛り返した式の従来の定説を鵜呑みにしないよう、用心しておく必要がある。平安朝の美意識を構成する「類題」とか「類聚」とかのシステムは、究極的に、中国詩文のパラダイムを矮小化させ固定させただけだからである。『古今和歌集』にあらわれる植物名は、驚くほど少なく、驚くほど画一的である。少なくとも『万葉集』の時代までは確実に残っていた、未開社会に固有のあの豊かな「植物の分類」（つまり、それは「自然の発見」であるが）という〝科学的思考〟（レヴィ＝ストロース流にいえば「知的要求」である）が、『古今和歌集』以後には二度と見られなくなるのである。そして、知識人たちは（そして、被支配層農民大衆までが）あらゆる思考領域において〝両義性《アンビヴァレンス》〟を見落とし、つねに世界を一面的にしか見ることのできぬ偏頗《へんぱ》な人間になっていくのである。そのように〝全体性〟を見失った人間は、支配者のがわからすれば、じつに御し易い相手であったはずである。

「自然の発見」にとって代わった「自然観の受容」は、一方で、発展途上国である日本列島住民を開明化し国際化するに役立ったが、他方では、少数支配者による専制政治体制下に、多数日本人をば、人間が人間でなくなるような方向に追っ立てていった。

日中律令学制の比較学問史的考察・I

(1) 序――なぜこのような主題を掲げたか

わたくしたちは〃皇国史観〃を克服したはずであるのに、日本古代教育史もしくは日本古代学制史を把握するに当たって、未だに過去＝既成の史観を一歩も踏み越えていないようです。したがって、敗戦後三十年も経過している現時点に及んでさえ、未だに古代教育史研究もしくは古代学制史研究の成果が殆ど挙がっていないという実情にあります。この面での不毛や不振を脱却するためには、まず懐疑精神を働かせ、科学的方法による有効な思考（学問研究には、二種類ないし二種類以上の思考があるのではなくして、ただ一種類の思考しか存在しない。そして、その一種類の思考のなかに、たとえば神話的象徴とか芸術的心情とかを時として無視してはならないとする〃両義性《アンビヴァレンス》〃の考えかたが幾種類も包含され得るのである）を働かせなければなりません。そして、そのさい、わたくしたちが観察と実験とを基礎にして組み立てた〃作業仮説〃を設定したあとの第二の手続である、〃仮説の検証〃という作業過程において、比較教育学が大きな役割を果たすことになるのであります。教育学上の或る一つの仮説が「理論」となるためには、比較教育学の方法による検証がどうしても必要だからであります。

それならば、おまえは、いま、どのような作業仮説を提示しようとしているのか、と問われるならば、さしあたって、つぎの四つのそれを掲げたいのであります。（1）日本古代学制は単なる模倣ではなくして、むしろ外部から施行を迫られたものである、ということ。（2）一般的に見て、教育改革というものは内発的＝自律的な主体性に乏しいもので、国際環境のなかで火急を要する課題として無理々々背負わされる場合に限り、已むを得ず着手＝実行されることが多い、ということ。また、（3）学問体系というものは、当事者本人が絶対の自信をもってそう思い込んでいるほどには客観的であるのではなく、かえって、特定の学者集団が特定のパラダイムを形成するにとどまる、ということ。さらに、（4）学問の変革はパラダイムの破壊以外にはなく、それは科学革命の本質的構造から言ってそうならざるを得ないのであり、そのかぎり、パラダイムの変革を度外視した学問の進歩とか教育改革とかは所詮〝一時凌ぎ〟の彌縫策に終わるほかない、ということ。——こういった四つの仮説を立て、これを検証しようというのが、わたくしの目論見《もくろみ》であります。今回は、（1）を中心にして報告するにとどめますが、本当は、（1）から（4）までを同時に踏まえて構造的に把握しておかないことには肝腎の（1）の仮説すらも提示・検証し得ないのであります。四つの仮説は、ひとつひとつばらばらに独立させては提示することも検証することもできないはずだからです。

しかし、何分《なにぶん》にも短時間の発表であることを強いられておりますので、ここでは、あらかじめ作業仮説の提示をおこない、あとは、それの検証のやりかた、検証の見通し、あるいは検証の視座＝視点の据え方、——そういうものを示すにとどまらざるを得ないと思っております。

（2）日本古代律令学制は単純な〝模倣〟ではない

従来の日本教育史研究家によって説かれている、日本古代学制に関する理論は、概《おおむ》ねこういう定式をとってきました。すなわち——日本の学制は大陸の制度（唐制）の模倣であった、しかし文字すら持たぬ民族が突如として完備せる教育制度を咀嚼しマスターしたことこそ歴史の奇跡であり、また、模倣であるにせよ兎も角もかかる制度を或る程度実施し得るためには受容者がわ（日本がわ）に早くから精神的準備がととのっていなければならなかったはずである、と。――ざっと、こういったテーゼを繰り返してきたのであります。そして、こんにちでも、これが定説になっており、容易には変更されそうにありません。【資料1】【資料2】をごらんいただきたいと思います。

【資料1】伏見猛弥著『綜合日本教育史』、第二編中古貴族の教育

憲法十七条に依つて宣言せられた賢人登庸の方針が、具体的施設として制度化されたのが大宝令の学令に依つて規定せられた大学・国学の制度である。大学・国学の制度は、之を教育の施設として見る時、極めて完備したものであつて、これを現代の教育制度と比較してさえ決して遜色あるものとは考えられぬ。すぐ前時代までは文字すら持たず、口から耳へ伝承することを唯一の教育と考えていた我が民族が、突如としてかゝる完備せる然も教育の制度を持つたということは、殆んど歴史の奇蹟としか考えられぬ。それは勿論大陸の制度の摸倣であつたであろう。仮令摸倣であつたとしても、かゝる完備せる制度を摸倣し、それを或る程度実施し得たということは、それを受け容れる精神的準備が我が民族にあつたからであつて、決して闇が突然光に変化したのではなく、文化の黎明が遠く上古時代に遡つて考えられなければならないものと思われるのである。

【資料2】梅根悟著『世界教育史』、第二章古代国家の教育

日本の大宝令《たいほうりょう》は唐制を手本としたものであったから、その一部としての学令もまた、その例にもれないものであった。しかしそれは、当時の日本の実情に即して、かなり簡易化されたものであった。学校は唐制のように多くに分かれず、位階によって学校をわかつこともせず、中央にはただ大学一校をおき、その内部に明経、音、書、算の四コース（四道）をもうけ、各コースに博士（明経博士一、音博士二、書博士二、算博士二）をおき、生徒定員は学生四百人、算生だけは別で三十人であった。音は支那語の発音を、書は書道をおしえるもので、明経、すなわち支那経書の内容を学ぶコースのための予備コース的のものであったようである。明経科の教材は『周易《しゅうえき》』、『尚書《しょうしょ》』、『周礼《しゅらい》』、『儀礼《ぎらい》』、『礼記《らいき》』、『毛詩《もうし》』、『左伝《さでん》』の七経で、それを唐制にならって大経、中経、小

経に分けた。算道の教科書も『孫子』『算道』以下、唐制そのままがあげられている。入学資格は「五位以上の子孫および東西史部《ふびとべ》の子」であり、六位以下八位以上のものの子は、とくに願いでればゆるされる。（東西史部は朝廷の記録をつかさどった帰化人、王仁《わに》、阿知使王《あちのおみ》の子孫。）

伏見論文も梅根論文も、現代日本の教育学研究の一つの水準を示す代表的な業績と見做されております。そして、代表的であるからこそ、わたくしは、これら論文を問題にしたいのであります。

もちろん、ここに示された理論なり定式なりが全くの誤りであるとは言い切れないでしょう。けれども、すこし冷静になって観察＝省察を加えてみると、どうもこれは不合理なこと（つまり、反理性的なこと）だらけだということに気付かされます。いま、アフリカ山岳（もしくは高原）地帯に棲む未開種族（悪い言葉でいえば、アフリカ・ニグロ）なり、ポリネシア未開種族なりの集落に、突如として近代技術文明の波が押し寄せ、かれらが近代的学問文物の諸制度を急激にかつ短期間内に学習し修得していくときに、かれら新文明受容者のがわに「早くから精神的準備がととのっていた」などと、単純に断定してよいでしょうか。数か月前までトラクターや無線電話の存在さえまるで知らなかった未開種族が、ある特殊条件下に、ヨーロッパなりアメリカなりの技術文明を修得した場合に、かれらに「早くから精神的準備がととのっていた」などといった断定が出来るでしょうか。そんなことは絶対に無理です。五〜六世紀ごろまでの日本文化は、まずまずのところ、未開社会の文化と五十歩百歩のところにあった。それが、七〜八世紀に到って、連続的というにしてはあまりに急激な、むしろ断絶とか飛躍とか呼んだほうがそのプロセスを正しく表現していると思えるような、一足飛《いっそくと》びの歴史発展を遂げるのであります。いま、例にあげたアフリカ・ニグロやポリネシア社会と、じつによく似た条件にあったと考えるべきであります。

律令制の模倣・摂取・定着は、中国対日本、もしくは、日本対中国といった、並列的な国際関係のうえに、謂わば自然的（というか、自立的というか）に生起した事象なのではなくして、じつは、これを可能ならしめた特殊な歴史的条件——別の言葉で申せば「国際関係の歴史的性格」——に大きく左右されて惹起した事象であります。それを正しくかつ的確に摑むためには、日中律令制そのものの全体的構造の把握がぜひとも必要になってまいります。

ここで、全体的構造の把握と申しましたのは、ルカーチが『歴史と階級意識』のなかで、ジャン・ポール・サルトルが『弁証法的理性批判』のなかで、さらにゴルドマンが『人間の科学と哲学』のなかで、それぞれ用いている意味で使っているつもりであります。三者とも、もともとはマルクスの考え方の発端に戻って、げんに堕落し衰弱し果てている教条的マルクス主義に対する立ち入った批判を続行しているうちに、同じところに往き着きました。全体的構造の把握——別の言い方でいえば〝全体的見方〟——に立つと、まず第一に、記述的科学の方法が疑われてまいります。これはゴルドマンが指摘していることですが、記述的科学の方法の支持者たちは、多くの場合、自己の研究を始める以前から、所与の対象＝社会事実を「自然なもの《ナチュレル》」「正常なもの《ノルマル》」「弁明の余地なきもの」と考えている。しかし、かくのごとき〝記述〟の立場には、じつは、既に一定の〝先入観念〟の総量というものが存在していて、せっかくの探究作業にさいして、「それが、㈠現実について、どういう問題を提出し、どういう問題を提出しないかを決定し、㈡当面のさまざまな要因に与えられる重要性を決定するのである」（清水幾太郎・川俣晃自訳『人間の科学と哲学』、第二章人間科学の方法）。フッサールの現象学の考え方もこれによく似ております。『ヨーロッパ諸学の危機と超越論的現象学』（細谷恒夫・木田元訳、中央公論社刊）を読むと、自然科学・社会科学を含めて、一般に科学というものが、科学者が自分で〝科学的〟だと思っているほどには客観的ではないのだ、ということを、いやというほど知らされます。記述的科学の方法に立つかぎり、或る研究業績が明らかにしようとする諸事実に与えられる重要性とは、たかだか、当の研究者にとって問題が持つところの重要性に対応するものでしかない。ここに、われわれは、人間の意識内容、社会の変化、生産力の発展、国際間の交易——とりわけて、人間的事実にとって最も本質的であるべき社会階級や生産関係に注視し、これらの対立や矛盾をすべて包み入れる〝全体的立場〟よりする〝弁証法的思考〟を働かせなければならない。学制史にしろ、教育理念史にしろ、ようするに問題の歴史は、その問題自体の一側面であるにすぎず、歴史全体の一側面であるにすぎない。いま、日本古代学制発達の歴史を真に科学的に認識するためには、個々の学制に関する実証的研究を部分的構造として成り立たせている、いっそう広汎な構造の研究のなかへと、その実証的研究（部分的構造の研究）をば組み入れていく必要がある。つぎには、さらに、そのいっそう広汎な構造の研究をば、それ自体を包摂する別の関連構造のなかに組み入れていく必要がある。このような手続を辛抱強く重ねてゆき、おのおのの構造自体に内在する矛盾と、構造そのものの持つダイナミズムとを明確に把握することができたときに、真の意味で、学制発達の歴史——すこし広く言って教育制度史、教育思想史、ようするに教育史でありますーーを科学的に認識したことになる。そのときには、おそらく、かつて先人たちによって犯された誤謬も、また研究者みずからがかつて陥った失敗も、〃有意義なもの〃として全体のなかに包摂されることになるはずである。全体的立場よりする〃弁証法的思考〃とは、そのような働きを言うのであります。アインシュタイン以来、科学的認識は、いま申しあげたような〃全体的認識〃でなければならなくなりました。

全体的構造の把握が必要だと申しましたが、まさしく、これまでわたくしたちに決定的に欠落していたのは、六〜八世紀の東アジア世界の全体的把握という歴史認識の仕方であります。日本列島上に惹起した諸事象＝諸事件は、けっして単に日本列島の内部にだけ在る原因で起こったのではない。東アジア世界という〃全体〃のなかの〃部分〃として起こったのであります。

（3）古代東アジア世界の構造——隋唐帝国と冊封体制

当面の課題である日本律令学制に戻って考えてみましょう。

六〇七年（煬帝《ようだい》の大業三年、推古十五年）、第二回の遣隋使（小野《おのの》臣妹子《おみいもこ》）が派遣されたとき、有名な国書「日出づる処の天子、書を日没《ひぼつ》する処の天子に致す、恙無《つつがな》きや、云々」(『隋書』、倭国伝)を示して、煬帝の不興を買ったことは有名であります。日本では、通常、この国書問題は、聖徳太子が隋と対等の国交をおこなったという点にばかり焦点を合わせ、そればかりを強調しております。たしかに、五世紀ごろの「倭の五王」が南朝宋に遣使朝貢し、みずから求めてその官爵を請願し、中国王朝の権威を借りて、朝鮮半島における軍事的支配権を確保しようとした時期に比べれば、がらっと変わった自主外交のごとく見えます。しかし、正しくは、中国王朝の事情がまるきり違ってしまっているのです。また、日本国内体制もまるきり違ってしまっています。すなわち、カバネ秩序から天皇制的官僚制へと展開していて、従来のカバネのなかの優越した地位にすぎなかったオオキミ(大王)がスメラミコト(天皇)に成長しているのであります。しかも、そのときに、新しい関係(一《いち》から出直すやりかた)として、明らかにそうせざるを得ないという内外の条件に強制されて、中国王朝への接近や隷従が計画されたのであります。

このことは、日本がわからだけ中国を見たのでは、歴史の全体的構造の把握にはなりません。物事はすべてそうですが、一方の言い分や主張だけを鵜呑みにするだけでは正しい把握はできない。カッコイイことを言ってみせても、そのじつ、卑屈や隷従を反語的に裏書きしている、といった事例には、わたくしたちの日常生活の周辺で頻繁に遭遇いたします。だから、なんのために、どういう状況下に、そういうカッコイイことが言われたか、またその結果、なにが生まれたか、という〝全体〟を見なければならない。ここに、古代東アジア世界の全体図をグローバルに摑む必要が生じてまいります。

地球儀なり世界地図なりをつらつら眺めれば、どちらが強大にしてかつ指導権を揮《ふる》った国と考えるのが自然か、おのずから、その解答は得られるはずです。だが、それのみでは容易に納得できない向きもあろうかと思います。

そこで、現在までのところ、古代東アジア世界に関して、いちばん実証的でかつ広汎な見方をとっている東洋史家の西嶋定生の提説に傾聴し、その「冊封体制」という歴史認識の立場に注意したいと思います。【資料3】をごらんください。ここに掲げましたのは、当該論文の「三　結語——冊封体制について——」の冒頭部分であります。

【資料3】西嶋定生論文「六—八世紀の東アジア」（岩波講座『日本歴史・古代2』）

以上においてわたくしは六—八世紀の東アジアにおける国際的政局の推移を、中国王朝を中心とする冊封体制という国際的秩序の展開として考察した。この時代における東アジア諸国の興亡は、この冊封体制の構造的特質に媒介されて展開されているのである。したがってこのばあいの冊封体制とは、単に中国王朝を中心とする国際的秩序であったのみならず、国際政局を動かす形式であり、それが推移する場であったのである。そしてそこには冊封体制がもつそれ自体の論理が存在していたのである。いうまでもなく冊封体制は中国王朝と周辺国家との関係においてのみ成立するものではなく、それ自体はもともと中国王朝の国内的秩序であり、皇帝を頂点としてそれと貴族・官僚とのあいだに形成される君臣関係の秩序体制であったのである。それゆえ中国王朝と周辺国家との間に形成された冊封体制は、このような国内的秩序の外延部分として出現するものであり、それのもつ内在的論理は国内的秩序としての君臣関係のもつ論理の投影として、ほぼこれと共通する。中国王朝が冊封関係にある周辺国家に対して臣節を要求し、行礼を期待するのはこれによるものである。そしてそのことから、臣節に背いたばあいには出師討伐が行なわれ、行礼のために文物制度が波及する、という冊封体制の歴史が展開するのである。冊封体制の秩序維持ということが、このような歴史展開の契機となっているのである。

もちろんこのような冊封体制の形成とその推移は、それがもつ論理の自己展開としてのみ理解すべきものではない。周辺諸国が中国王朝の冊封を要請するばあいには、その支配者たる君長の国内的権威の確立を、このことによって期待するということもあるであろうし、また諸国家相互間の抗争を、このことによって有利に展開しようとする念願よりなされることもあるのである。また中国王朝にとっても周辺諸国との間に冊封関係を設定することは、中国国内における皇帝の権威を確立することになるのみならず、また冊封体制の外にある化外の国に対して、あるいはまた北辺や西辺の強力な遊牧国家に対して、中国王朝の権威を示すことにもなるのである。このように冊封体制が現実に形成されるばあいには、この体制に編入されるそれぞれの国家の歴史的性格や社会的矛盾の性格は、かならずしも同一ではないのであるから、そこにそれぞれのばあいの特殊的条件の存在と、それにもとづく形成の要因を探求しなければならないことはもちろんなのであるが、ここで指摘していることは、そのような冊封体制形成の個別的要因が何であるかということではなくて、この時代の東アジアの国際関係は、それぞれの国家が個別的特殊的諸条件を内在させながらも、冊封体制という形式を媒介として実現され、ひとたび実現されるとその論理にもとづいて自己運動を開始するという事実なのであり、そしてまた文物制度の波及がこの体制を場として具体化したということなのである。そしてまた六世紀以降においては、事実として冊封体制に編入されていなかった日本ですら、その国際関係の推移と中国の文物制度の摂取によるその国家体制の成長とは、中国王朝を中心とする冊封体制と無関係ではなく、むしろその体制の外から有形無形にその体制の存在を前提として中国王朝の秩序に接近したのである。それゆえにこの冊封体制こそは六―八世紀の東アジアにおける国際的政治体制として、律令制を普遍化させ、仏教・儒教を伝播させる基盤であり、そのことによって隋・唐王朝を世界帝国たらしめた一つの要因であったといえるであろう。

　周知のごとくこのような冊封体制の形成は、中国王朝の歴史においてこの時代にはじめて出現したものではない。それはすでにいわゆる周代封建制の基本的理念であり、秦漢時代においても国内における爵制的秩序体制の整備とともに登場してくる外臣の制度がそれにあたる。漢王朝の初期においては南越・閩越《びんえつ》・東越、および滇《てん》・濊《わい》などの東南もしくは西南の諸国が漢の皇帝の外臣であり、武帝の朝鮮征伐以前の衛氏朝鮮もまたおなじく漢王朝の外臣である。そしてこの外臣とされた周辺国家は、その国内においてはその国独自の法をもち、漢王朝の法が直接には及ばない地域であるが、漢の皇帝の徳化と礼とは普及する地域である。この外臣の性格はまさしく六

――八世紀の高句麗・百済・新羅・渤海の中国王朝に対する性格に共通する。そこには律令法が普及しながらも、それは中国王朝の皇帝権力のもとに行なわれるのではなく、それぞれの国王の権威によって施行されるのであり、またその内容も中国王朝の律令と同一ではなく、内容的に改変されていたと考えられる。しかしこれらの諸国は中国王朝の藩臣であるかぎり、そこには中国皇帝の徳化と礼とは普及していると観念されているのであり、それゆえに徳にそむき礼にたがうばあいには中国皇帝の規制力が発動されるのである。

――これが「冊封体制」というものであります。

そこで、もういちど、眼《まなこ》を日本国内体制および文化状況に向けていただきたいと思います。わたくしたちは、古代の日本列島住民が〝文化創造〟に何らかの主体性（主体的役割）を果したかのように、漠然と想像しがちであります。しかし、近年の東洋史学・考古学・人類学・比較民俗学・宗教史学・美術史学・科学技術史・植物分類学・自然生態学《イーコロジー》・農業経済史などがつぎつぎに提示する研究成果は、そのような漠然たる想像がすべて片っぱしから無根拠であることを明かさずにはいなくなったのであります。弥生文化の始まるころまで原始的無階級社会であった日本古代社会が、それからほんの数百年ののちに、律令体制の施行可能な統一的デスポティズムを形成するに至る発展のテンポは、あまりにも急激であり過ぎます。これを、日本国内の自生的＝連続的発展のプロセスとして把握するにしては、あまりにもテンポが早過ぎます。どうしても、そこに〝飛躍〟（ある意味では〝連続的〟と呼び得ないこともないのですが）があるとしか考えられない。ところが、在来の古代史観――このなかには、皇国史観が当然含まれますが、それのみならず戦後のマルクス主義歴史学者の考えさえ含まれますが――は、歴史法則の自然的実現とばかり見て、毫《ごう》も疑おうとしないのであります。

隋・唐帝国の「冊封体制」の存在と、その存在のありかたを知ったわたくしたちは、六〜八世紀の日本社会の歴史発展の全体過程のなかに明確に摘出し得る〝飛躍〟の原因をこそ、今や鋭く摑みとることができるのではないでしょうか。すなわち、日本における律令制の施行は、日本がわの都合《つごう》のみで生起したのではなく、もっぱら、中国がわの都合《つごう》で惹き起こされた極めて特殊な歴史的事件である、と解すべきではないのか。——また、それだからこそ、そこに〝飛躍〟が生じたと解すべきではないのか。

(4) 無理に施行を迫られたもの——日本律令学制の現実形態

「冊封体制」のシステム、隋唐帝国の「世界帝国」としての特殊具体的な政治構造（律令制的支配機構）をはっきり見抜いたあとでは、律令制の普及は、その性格が普遍的な世界法であるという理由からそれの実現を見たとは解しにくく、かえって、その律令制の伝播を可能ならしめる歴史的条件に左右されて、特に唐帝国と周辺諸国（北東には渤海《ぼっかい》・新羅《しらぎ》・日本があり、北西には突厥《とっけつ》・回紇《ウイグル》・吐蕃《とばん》がありました）との国際関係の政治的性格に左右されてそうなった、と解するほかないのであります。

ちょうど、戦後の日本社会に「民主主義政治体制」が移植され、教育レベルにおいてもさまざまの改革がもたらされたのは、それら「民主制」の普及が人類普遍の世界法的理念であるという理由からそれの実現を見たとばかりは解しにくく（もちろん、人類の叡知を考えれば、一定限度まではそう言って差し支えないのですし、日本国憲法第九十七条が示す「人類の多年にわたる自由獲得の努力の成果」という考え方はあくまで正しいと思われますが）、かえって、その民主政治の伝播を可能ならしめる歴史的条件——特にアメリカ合衆国といわゆる自由主義陣営諸国との国際関係の政治的性格——に左右されてそうなった、と解するほうが無理がないし、また、何よりも実情に沿うている。そこには〝飛躍〟が認められる。それと、そっくりのことが、七〜八世紀の日本社会に生起したのであります。

唐帝国は、さっそく、衛星国日本に対して、一日も早く野蛮国を脱却させよう、そして「王化政治」を布《し》かせようと図《はか》り、学術使節団を送り込んできます。それから、文化使節として「雅楽」の踊り手・歌い手たちを送り込んできます。「大宝律令」の実体は散佚《さんいつ》して今は不明ですが、『令義解《りょうのぎげ》』をみますと、「雅《げ》楽寮《がくりょう》」には、なんと「歌人《うたびと》卌人《しじゅう》。歌女《うため》一百人。儛師《まいのし》四人。儛生《まいのしょう》百人。楽生《がくしょう》六十人」うんぬんの大量のミュージシアンを置かなければならなかった。つまり、総勢三百人もの音楽人で構成される文化集団が置かれたというのであります。(これは余談ですが、日本の伝統詩の五・七調、七・五調も、わたくしには、この中国音楽との関係で理解されねばならぬように考えられます。古代歌謡とか短歌とかいうものが中国起源のものだという論証をわたくしなりに着手して、ある専門誌に連載ちゅうでありますが、このごろになって、やっと自分の考えが間違っていないような確信をもってまいりましたが……。)

さて、そうなると、発展途上国日本としては、施行を強要されている教育制度(学制)は、唐の六典《りくてん》に載っているそのままのものを移植しなければならなくなってきた。教育目標(学問の内容)も、全く同断であります。儒教イデオロギーを学習し、学習したそのまんまのものを表現し再生産しなければならなくなった。【資料4】として、正史にあらわれる教育事象の事始《ことはじ》めである、『日本書紀』(七二〇年成立)所載記事を検《たし》めていただきたいと存じます。これは、有名な四道将軍の条であります。もちろん説話(つくり話)に過ぎないのですが、説話であればこそかえって作者(話し手)の政治イデオロギーや教育観が端的に提示されていると見て差し支えない部分も多い。じじつ、この崇神《すじん》紀の十年秋七月の条には、日本律令支配者の教化観(=教育観)がはしなくも暴露されているのであります。

【資料4】『日本書紀』(岩波書店版日本古典文学大系)

十年の秋七月《ふみつき》の丙戌《ひのえいぬ》の朔《ついたち》己酉《つちのとのとりのひ》に、群卿《まへつきみたち》に詔《みことのり》して曰《のたま》はく、「民《おほみたから》を導《みちび》く本《もと》は、教化《をしへおもぶ》くるに在《あ》り。今《いま》、既《すで》に神祇《あまつかみくにつかみ》を礼《ゐやま》ひて、災害《わざはひ》皆《みな》耗《つ》きぬ。然《しか》れども遠荒《とほきくに》の人等《ひとども》、猶《なほ》正朔《のり》を受《う》けず。是《これ》未《いま》だ王化《きみのおもぶけ》に習《なら》はざればか。其《そ》れ群卿《まへつきみたち》を選びて、四方《よも》に遣《つかは》して、朕《わ》が憲《のり》を知らしめよ」とのたまふ。

九月《ながつき》の丙戌《ひのえいぬ》の朔甲午《きのえうまのひ》に、大彦命《おほびこのみこと》を以《も》て北陸《くぬがのみち》に遣《つかは》す。武渟川別《たけぬなかはわけ》をもて東海《うみつみち》に遣《つかは》す。吉備津彦《きびつひこ》をもて西《にし》道《のみち》に遣す。丹波道主命《たにはのちぬしのみこと》をもて丹波《たには》に遣す。因《よ》りて詔《みことのり》して曰《のたま》はく、「若《も》し教《のり》を受《う》けざる者《もの》あらば、乃《すなは》ち兵《いくさ》を挙《あ》げて伐《う》て」とのたまふ。既《すで》にして共《とも》に印綬《しるし》を授《たま》ひて将軍《いくさのきみ》とす。

十年秋七月丙戌朔己酉、詔二群卿一曰、導レ民之本、在二於教化一也。今既礼二神祇一、災害皆耗。然遠荒人等、猶不レ受二正朔一。是未レ習二王化一耳。其選二群卿一、遣二于四方一、令レ知二朕憲一。○九月丙戌朔甲午、以二大彦命一遣二北陸一。武渟川別遣二東海一。吉備津彦遣二西道一。丹波道主命遣二丹波一。因以詔之曰、若有二不レ受レ教者一、乃挙レ兵伐之。既而共授二印綬一為二将軍一。

「古典文学大系」本の頭注をみると、「民《おほみたから》を導《みちび》く本《もと》は、教化《をしへおもぶ》くるに在《あ》り」に関して「この詔は次条以下の四道将軍派遣記事の前置きとして立てた書紀撰者の作文」との解説が付され、「教化」に関しては、「オモブクルはオモムクルに同じ。こちらの意のままに面を向けさせる意」との語釈が付されています。日本教育の事始《ことはじ》めを語ろうとする記事が、いちばんに『日本書紀』撰者の作文ちゅうに必要な修辞として示されてあることに注意したいと思います。つぎに、「教化」という単語そのものが、民衆を武力で脅《おど》して中央律令支配者の言いなりに服従させてしまうという意味であることに注意したいと思います。まったく驚くべきことに、「教化」ないし「教育」とは、地方の民衆をば、中央支配者の言うなりに力ずくで従わせることだ、と正史撰者は闡明しているのであります。

かくて、日本の教育事始《ことはじ》めは、律令専制支配イデオロギーむきだしの記事をここにしるしたのであります。のちのち「教化」という特殊用語《テクニカル・ターム》が宗教家などによって用いられますが、その場合にも必ず「上から」民衆なり地方なりを見おろす姿勢がとられています。つまり、無理矢理に「こちらの意のままに面を向けさせる」のであります。いやでも、日本の教育史が刻《こく》した〝階級性〟と〝中央集権的性格〟とに思いを馳せずにはおられません。この二つの根本性格は、現代日本社会においても、ぴたり当て嵌まります。そして、日本教育の二つ（二つだけではなしに、まだたくさんあるのですが、当面、二つに集約しておきます）の根本性格は、七〜八世紀の律令制政治機構の受容＝学習および定着＝再生産の時期に、一つの〝パラダイム〟paradigm として定立されてあるのです。

もともと、律令学制の施行は、大学寮にしろ国学にしろ、階級性社会の再生産と、中央集権制の固定化とよりほかには、みずからの目的を何ひとつ持っていなかった。ところが、中央にいる支配階級にしてみれば、如上《じょじょう》の目的を実質的に達成するとなると、武力に訴えて競争相手を斃すとか、長上におべっかを使うとか、他にもっと有効な手段があるから、わざわざ大学寮に入って勉強に精出す必要はない。そこで、はじめから、律令学制にはなんの魅力も見出し得なかった。野村忠夫『古代官僚の世界』は、「たしかに大宝律令の立法者たちは、唐制を参照して大学寮出身コースを設定した。だが、はじめからこのコースに、それほど積極的な機能を期待しなかったと思われる節がある。貴族官僚たちを、歴代相襲の門地貴族層のなかから再生産するという基本構想の前には、大学寮出身コースでの人材登用は、それほどの必然性をもってこないのだ。／その立法化はむしろ唐制を手掛りにした、法制の外皮的な整備という色合いが大きかったように思う。第階《ダイカイ》（国家試験合格者への叙位）と蔭階《オンカイ》（蔭位制による叙位）とが、ほぼ均衡していた唐制をモデルにしながら、アンバランスに蔭階を引き上げて制定した意図的な改変は、これを物語ると思う」（Ⅱ平城宮跡から発見された〝ナゾ〟の木簡）と言って、この間《かん》の事情を的確に明かしています。ただ、野村忠夫は、モデルにした唐制のほうでは公平な国家試験がおこなわれたように言っていますが（たしかに、日本律令学制の支配者本位の制度に較べれば、「ほぼ均衡していた」と評し得るくらいにバランスはとれていたと言えます）、そのじつ、唐代学制も階級性の強いものだった。周予同・山本正一訳『学制を中心とせる支那教育史』は「唐代になると、中央及び地方の正系旁系各学校は、つねに父兄の身分の高下によつて、子弟の入学資格が厳密に規定されてゐた。それ故にこの時代の学校制度はどう見積つても、ただ多少の弾力をもたせてはあるが、非常にはつきりした階級性をもつ分立制であるとしかいへないのである」（近代篇㈠科挙制度下に於ける隋・唐の学制）との鋭い解明をおこなっている。けっきょく、ただでさえ階級性の性格の強い唐代学制を、あまつさえ、日本律令立法者たちは、極端に支配階級に都合よいように改悪した、ということになりましょうか。そして、その改悪をやってのけたところが、日本律令学制にとって、唯一の独自性だった、ということになりましょうか。情けないけれど、これが真実です。

無理に施行を迫られた日本律令学制の実態とその本質とは、だいたい、以上のごときものでありました。

（5）まとめ——律令学制を国際環境に置いて眺めたい

時間が無くなりましたので、急いで「まとめ」に入ります。

わたくしのこの発表は、つぎのように要約できます。律令制ないし律令学制の模倣・摂取・定着は、従来考えられてきたような〃日本対中国〃といった並列的＝対等的な国際関係のうえに、謂わば自然的＝自立的に生起した事象ではけっしてないのであります。むしろ正確には、律令学制の受容・学習は、これの可能性をこれの現実性へと押し上げた極めて特殊な歴史的条件——別の言葉で申せば「国際関係の歴史的性格」であります——の産物であるのであります。このことを正しくかつ的確に摑むためには、日中律令制そのものの全体的構造の把握がぜひとも必要になってまいります。そこで、【資料3】としてお配りした西嶋定生論文「六—八世紀の東アジア」をば手がかりにして、謂うところの「冊封体制」のアウトラインを把握したつもりであります。特に注意していただきたいのは、終わりの部分の「外臣とされた周辺国家は、その国内においてはその国独自の法をもち、漢王朝の法が直接には及ばない地域であるが、漢の皇帝と礼とは普及する地域である」という個所、および、それ以下の文章であります。「そこには律令法が普及しながらも」の段落、「しかしこれらの諸国は中国王朝の藩臣であるかぎり、そこには中国皇帝の徳化と礼とは普及していると観念されている」とある段落が、殊にも重要であります。

つまり、「徳化」（王化）と「礼」とは、二重構造をもっているのです。中国皇帝の秩序体制を内外に向かって保証する〃支配の論理〃であると同時に、日本国天皇（「天子」と呼ぼうと、なんと呼ぼうとかまわないが）の秩序体制を内部的に保証する〃支配の論理〃でもあったのです。

この二重構造は、冊封体制の一衛星国にすぎない日本の「王化主義」を冷静に分析すれば、いっそうはっきり識別できます。【資料4】は、「教化」「王化」が武力的征服を意味することを暴露してみせた最大の有力史料ですが、なぜこんな理不尽な蛮行がまかりとおったのであるか。要約していってしまえば、こんな蛮行を敢てしてまで、衛星国日本は、指導大国中国に対して「わたしたちはこんなにも『徳化』と『礼』とをわが国民に普及させておりますよ」と、そう申し開きする必要があった。すなわち、「徳化」と「礼」とは、日本人民の犠牲を代償にして、中国に対する「臣節」を証《あか》しだてる証拠《しょうこ》の内容だった。「徳化」や「礼」は、ようするに、指導大国中国にたいする「臣節」「忠節」「忠誠」だった。もっとわかりやすく言いますと、日本の人民が律令政府に服従するということは、その背後にある隋なり唐なりの世界帝国に服従するということだった。——そういう二重構造があったのであります。

衛星国日本が、いま申しました「徳化」と「礼」との二つの証拠を提出しますと、隋や唐は、「それならば、よろしい」と言って、その桁違いに高度なる制度文物や学問芸術をつぎつぎに分かち与えてくれます。さきほどお話ししたとおり、唐帝国は、さっそく、文化使節として「雅楽」の踊り手・歌い手・奏者たちを送り込んできます。げんに「大宝律令」では、総勢三百人もの、大ミュージシアン集団を置かねばならないことになっているのです。唐のがわからすれば、「おまえの国が、『徳化』と『礼』とを普及させて野蛮国から脱却するのならば、われわれはどんどん制度文化や学問芸術の使節でもなんでも送ってやるし、お前の国から留学生を派遣したいというのならば便宜もはかってやろう。われわれの国の家来として恥ずかしくない姿になってもらいたいのだ」という考え方だったのであります。冊封体制下の東アジア世界とは、まさしく、そのようなものでありました。

そして、七〜八世紀日本の学校、教育、教育制度の波及、普及、定着という出来事が、まさに、このような冊封体制のもとで生起したのであります。

日本律令学制は、無理に施行を迫られたものだったのであります。

このことは、戦後の日本社会に「民主主義政治体制」が施行を迫られたかたちでぐんぐん普及したシチュエーションに、じつによく似ています。アメリカ合衆国を指導大国とする自由主義陣営の傘下《さんか》に入った（当時「二つの世界——鉄のカーテンで仕切られた二大陣営」といわれ、東欧諸国はソ連の傘下に組み入れられた）あのときの緊迫した国際関係に、じつによく似ています。日本を自由主義化することはアメリカの利益でもあったのであります。それと同じように、日本列島に律令制および律令学制が施行されることは、唐帝国にとっても大きな利益だったのです。差引き勘定からいえば、もちろん、大きな利益を得たのは、日本律令体制の支配者のほうです。そして、このようにして、一種の文化変容 acculturation が成立したのでありました。

日中律令学制の比較学問史的考察・II

(1)『懐風藻』序「爰ニ則チ建テ二庠序ヲ一」をどう読むべきか

前回のわたくしの発表は、だいぶ〝刺激が強かった〟ようであります。考えかたには賛成だがデータの使用が大雑把《おおざっぱ》に過ぎる、といった批判も、後日《ごじつ》になってから頂戴いたしました。しかし、わたくしのほうとしては、出来ばえはいかにラフであれ、論証過程がいかに強引であれ、だれかがいちどは斯かる〝問題提起〟をおこなう必要があったのではないかと、そのように思っております。そう思って、わたくしなりに、自分一個の〝作業仮説〟を据え、それに対する検証の段どりに入っているつもりでありますが、うまく検証できるかどうかについては自信がありません。ただ、教育史研究に携わっているうちに、どうも日本国内だけの証拠物件《エヴィデンス》や史料《データ》を弄《いじ》っているのみでは本当のことはわからずじまいに終わるのではないか、国際関係の力学的構造を把握しない研究方法はもはや〝客観性〟を欠如しているとしか言いようがないのではないか、という疑いが、日増《ひま》しに募ってくるのを抑えがたくなっております。

本論に入っていきます。——

わたくしの〝作業仮説〟は、こうであります。すなわち、日本律令制ないし律令学制が中国のそれを模倣し摂取し定着させたものであることは、だれの目にもはっきりしているが、そのさい、謂うところの模倣・摂取・定着とは、日本対中国といった並列的＝対等的な国際関係のうえに自然発生的＝自律運動的に生起した事象なのではけっしてなく、正確には、それを可能ならしめた特殊な歴史的条件の産物でしかなかった、ということであります、そこで、この〝作業仮説〟を検証するためには、まず何にもさきがけて、日中律令制そのものの全体的把握が必要になってまいります。今回は、史料を主《しゅ》に見てゆきたいと存じます。

【資料5】『懐風藻』(校註日本文学大系)

懐風藻序

逖《はるか》ニ聴シ二前修ヲ一。遐《とほ》ク観ル二載籍ヲ一。襲山降蹕ノ之世。橿原建邦ノ之時。天造草創。人文未ダレ作《おこ》ラ。至ツテ二於神后征シレ坎《かん》ヲ一。品帝乗ズルレ乾ニ。百済入朝シテ。啓《ひら》キ二竜編ヲ於馬厩一ニ。高麗上表シテ。図ス二烏冊ヲ於鳥文一ニ。王仁《わに》始メテ導キ二蒙ヲ於軽島一ニ。辰爾《しんじ》終ニ敷ク二教ヲ於訳田一ニ。遂ニ使ム下俗ヲシテ漸《すす》メ二洙泗之風一ニ。人ヲシテ趨カ中斉魯之学上ニ。逮《およ》ンデ二乎聖徳太子一ニ。設ケレ爵ヲ分チテレ官ヲ。肇《はじ》メテ制ス二礼義ヲ一。然モ面専《もつぱら》崇《あが》メテ二釈教ヲ一。未ダレ遑アラ二篇章一ニ。及ンデレ至ルニ二淡海《あふみ》先帝ノ之受クルニレ命ヲ也。恢二開シ帝業ヲ一。弘二闡キテ皇猷ヲ一。道格《いた》リ二乾坤一ニ。功光《て》レリ二宇宙一。既ニシテ而以為《おもへらく》。調ヘレ風ヲ化スルコトハレ俗ヲ。莫クレ尚《たっと》キハレ於文ヨリ。潤シレ徳ヲ光《て》ラスコトハレ身ヲ。孰《いづ》レカ先ナラントレ於学ヨリ。爰ニ則チ建テ二庠序ヲ一。徴《め》シ二茂才ヲ一。定メ二五礼ヲ一。興ス二百度ヲ一。憲章法則。規模弘遠ナルコト。夐古以来。未ダ二之レ有ラ一也。於テレ是ニ。三階平煥。四海殷昌。旒纊無為。巌廊多シレ暇。旋《やゝ》招キテ二文学之士ヲ一。時ニ開ク二置醴ノ之遊ヲ一。当ツテ二此之際一ニ。宸翰垂レレ文ヲ。賢臣献ズレ頌ヲ。雕章麗筆。非ズ二唯《たゞ》百篇ノミ一ニ。但シ時経テ二乱離ヲ一。悉ク従フ二煨燼一ニ。言《こゝ》ニ念二湮滅ヲ一。軫悼傷ムレ懐ヲ。……

——この『懐風藻』序は、日本教育史研究の重要史料の一つと見做されておりましたから、どなたも一度はお読みになっておられることと思います。

必要なのは、「淡海《あふみ》の先帝の命《めい》を受くるに至るに及んで、帝業を恢開し、皇猷を弘闡して、道乾坤に格《いた》り、功宇宙に光《て》れり。既にして以為《おもへらく》、風を調《ととの》へ俗を化することは、文より尚《たっと》きは莫《な》く、徳を潤《うるほ》し身を光《て》らすことは、孰《いづ》れか学より先ならんと。爰《ここ》に則ち庠序《しょうじょ》を建て、茂才を徴《め》し、五礼《ごらい》を定め、百度を興す。憲章法則、規模弘遠なること、夐古《けいこ》以来、未だこれ有らざるなり」と見える個所であります。日本における学校設立の第一号を照らす史料として重要視されてきたのでありました。

ただし、従来の学説は、この部分の「爰ニ則チ建テ二庠序ヲ一」だけを剔り抜いて、この年は何年だったか、大化改新（六四五）の年だろう、天智天皇が冠位二十六階を定めた年（六六四）だろう、近江遷都の年（六六七）だろう、いや、文武《もんむ》天皇が大宝令を施行した大宝元年（七〇一）だろう、などなどと論議することに終始してまいりました。ところが、門脇禎二『「大化改新」の研究』を代表とする最近の研究によりますと、大化の改新そのものの実在性が疑われるようになっています。『日本書紀』撰者の作文に過ぎぬのではないかと疑われるからです。もしそうだとすると、どうも、吉田熊次『本邦教育史の研究』以下の議論は、たいへんナンセンスなことをやってきたことになります。

しかし、まあ、死者に鞭《むちう》つことはやめましょう。わたくしたちは、あとからこの世に生まれて来た幸運（われわれ程度の平凡人が、非凡な先学先進の欠点に気付きかつ乗りこえをおこない得るのは、ただ一つ、あとから生まれたという理由だけに拠ります）をこそ大切にして、旧説の愚を訂《ただ》していかなければならないのだと思います。

旧説がナンセンスだったり愚だったりする理由は、年号の把え方を間違ったからではありません。わたくしの立場からいたしますと、先輩たちの業績をもって今や無価値であると言わねばならぬ根拠は、かれらが『懐風藻』序の本文そのものの読解を誤ったからであります。

つまり、構造的な読み方、ソシュール流にいえば「関係的なよみ方」「共時的な《シンクロニック》把握」をしなかったからです。そして、そのために、「庠序」をもって、近代的概念としての「学校」と同義に解釈してしまったからです。この間違いは、まことに重大であります。

「爰ニ則チ建テ二庠序ヲ一」の文章関係《コンテキスト》は、「徴《め》シ二茂才ヲ一。定メ二五礼ヲ一。興ス二百度ヲ一」までで一と組（一単位、ワン・セット）になっている。「庠序」という単語だけを単独に引きだす（剔《く》り抜く）ことは、正しい言語解釈《リングウイステイクス》とは申せません。（言語学は、現在、たいへんな進歩をいたしまして、いま申したような〃剔り抜き〃式解釈を良しとする者はもはやひとりもおりません。）もっとも、従来とて、「建二庠序一」を、「徴二茂才一」に結びつけようとする論者は無かったのではなく、むしろ多かったのですが、「定メ二五礼ヲ一。興ス二百度ヲ一」にまで結びつけて考える論者が少なかった。稀にあることはあっても、構造的（もしくは構造主義的）に把握する仕方は、これまで全くとられていなかった。それだから、学校を建てて、そこで礼学を勉強した、などという平板かつ機械的な解釈がなされた。もちろん、この解釈そのものが全くの誤謬です。事実は、そんなことではないのです。

そして、旧説が誤謬であると言い切れる根拠は、わたくしたちの比較教育学研究のみがもたらしてくれる賜物《たまもの》なのであります。

（2）『芸文類聚』礼部のシステムのなかで「学校」の概念を把えると

ここに持参いたしましたのは、『芸文類聚《げいもんるいじゅ》』といって、七〜八世紀の日本律令官人《かんにん》、律令知識人が、ほとんど〝虎の巻〟（いや、〝学習指導要領〟と呼びたいくらいですが）のようにして首っぴきに使用した「類書《るいしょ》」であります。小島憲之『上代日本文学と中国文学（上・中・下）』によりますと、白鳳期・天平期の律令文人が使った類書は、『芸文類聚』と『初学記』と、この二冊に限られていたようです。平安宮廷サロンの時代になりますと、『北堂書鈔《ほくどうしょしょう》』『太平《たいへい》御覧《ぎょらん》』『玉篇《ごくへん》』などが加わるのだそうであります。『古事記』序文、『日本書紀』の書きだし（宇宙開闢神話）、『万葉集』ちゅうの漢文表記などは、ほとんど『芸文類聚』一冊をもとにして、この一冊に掲げられた記述内容をあれこれ換骨奪胎したものでしかないようです。ようですとか、のだそうですとか、まるで他人事《ひとごと》のように申しましたが、わたくし自身は、もう五年ほど前のことになりますが、日本美の典型のように言われている「梅に鶯」のワン・セットの組み合わせが、この『芸文類聚』のなかにちゃんと記され、『懐風藻』の詩人がそれをかっぱらって美のイメージとした、という論証を発表したことがあります。大雑把《おおざっぱ》にいって、『芸文類聚』とは、そのような〝文化・学術・宗教・政治エンサイクロペディア〃であります。

撰者は、唐の文人で書家たる欧陽詢《おうようじゅん》（五五七〜六四一）であります。『芸文類聚』の刊行を、かりに欧陽詢六十歳の時とすれば、六一七年のことですから、百年後の日本に輸入されたことはちっとも不思議ではありません。

さて、その『芸文類聚』ですが、第一巻天部上、第二巻天部下、第三巻歳時部上、第四巻歳時部中、第五巻歳時部下、第六巻地部・州部・郡部……、というふうに、目次をめくっていきますと、第三十七巻人部二十一のあと、第三十八巻から第四十巻までは「礼部」の上・中・下になっていることを知らされます。ここで、特に留意しなければならぬのは、全体の世界構造のなかで「礼部」がどのへんの位置にあるかということの見究めであります。

【資料6】『芸文類聚』（中文出版社刊）

芸文類聚目録

第一巻　天部上

天　日　月　星　雲　風

第二巻　天部下

雪　雨　霽　雷　電　霧　虹

第三巻　歳時部上

春　夏　秋　冬

第四巻　歳時部中

元正　人日　正月十五日　月晦　寒食　三月三　五月五　七月七　七月十五　九月九

第五巻　歳時部下

社〇按当作祖。詳本篇下。　伏　熱　寒　臘　律　暦

第六巻　地部　州部　郡部
地部　地　野　関　岡　巌　峡　石　塵
州部　冀州　楊州　荆州　青州　徐州　兗州　豫州　雍州　益州　幽州　并州　交州
郡部　河南郡　京兆郡　宣城郡　会稽郡
第七巻　山部上
総載山　崑崙山　嵩高山　華山　衡山　廬山　太行山　荆山　鍾山　北邙山　天台山
首陽山　燕然山　羅浮山　九疑山
第八巻　山部下　水部上
山部下　虎丘山　蒜山　石帆山　石鼓山　石門山　太平山　岷山　会稽諸山　交広諸山
水部上　総載水　海水　河水　江水　淮水　漢水　洛水
第九巻　水部下
壑　四瀆　濤　泉　湖　陂　池　谿　谷　澗　浦　渠　井　冰　津　橋
第十巻　符命部
符命
第十一巻　帝王部一
総載帝王　天皇氏　地皇氏　人皇氏　有巣氏　燧人氏　太昊庖犧氏　帝女媧氏　炎帝神皇氏
黄帝軒轅氏　少昊金天氏　顓頊高陽氏　帝嚳高辛氏　帝堯陶唐氏　帝舜有虞氏　帝禹夏后氏
第十二巻　帝王部二
殷成湯　周文王　周武王　周成王　漢高帝　漢文帝　漢景帝　漢武帝　漢昭帝　漢宣帝

後漢光武帝　漢明帝　漢和帝

……………………………………

第十七巻　人部一

頭　目　耳　口　舌　髪　髑髏　胆

第十八巻　人部二

美婦人　賢婦人　老

第十九巻　人部三

言語　謳謡　吟　嘯　笑

第二十巻　人部四

聖　賢　忠　孝

第二十一巻　人部五

徳　譲　智　性命　友悌　交友　絶交

……………………………………

第三十一巻　人部十五

贈答

第三十二巻　人部十六

閨情

第三十三巻　人部十七

寵幸　遊俠　報恩　報讎　盟

第三十四巻　人部十八

懐旧　哀傷

第三十五巻　人部十九

妬　淫　愁　泣　貧　奴　婢　傭保

第三十六巻　人部二十

隠逸上

第三十七巻　人部二十一

隠逸下

第三十八巻　礼部上

礼　祭祀　郊丘　宗廟　明堂　辟雍　学校　釈奠

第三十九巻　礼部中

巡狩　籍田　社稷　朝会　燕会　封禅　親蚕

第四十巻　礼部下

冠　婚　諡　弔　冢墓

……………………

第八十一巻　薬香草部上

薬　空青　芍薬　百合　兎糸　女羅　款冬　天門冬　芣苢　薯蕷　菖蒲　朮　草香附出

蘭　菊　杜若　蕙　蘼蕪　鬱金　迷迭　芸香　藿香　鹿葱　蜀葵　薔薇　藍　慎火　巻施

第八十二巻　草部下

芙蕖　菱　蒲　萍　苔　菰　荻　著　茗　茅　蓬　艾　藤　菜蔬　葵　薺　葱　蓼

第八十三巻　宝玉部上

宝　金　銀　玉　珪

第八十四巻　宝玉部下

璧　珠　貝　馬瑙　瑠璃　車渠　瑇瑁　銅

第八十五巻　百穀部　布帛部

百穀部　穀　禾　稲　秔　黍　粟　豆　麻　麦

布帛部　素　錦　絹　綾　羅　布

第八十六巻　菓部上

李　桃　梅　梨　甘　橘　桜桃　石榴　柿　樝　柰

第八十七巻　菓部下

棗　杏　栗　胡桃　林檎　甘諸　沙棠　椰　枇杷　燕薁　橙　蒟子　枳椇　柚　木瓜

杜梨　芋　楊梅　蒲萄　檳榔　茘支　益智　椹　芭蕉　甘蔗　瓜

第八十八巻　木部上

木花葉附　松　柏　槐　桑　楡　桐

第八十九巻　木部下

楊柳　檉　椒　梓　桂　楓　予章　無患　朱樹　君子　樅　檜　茱萸　柟　柞　楸　櫟

栝　霊寿　女貞　長生　木槿　櫻　木蘭　夫移　橚　若木　合歓　杉　幷閭　荆　棘

黄連　梔子　竹

第九十巻　鳥部上
　鳥　鳳　鸞　鴻　鶴　白鶴　黄鵠文鵠附　雉　鷗
第九十一巻　鳥部中
　孔雀　鸚鵡　青鳥　鴈　鵝　鴨　雞　山雞　鷹　鴟
第九十二巻　鳥部下
　烏　鵲　雀　鷰　鳩　鵼　反舌　倉庚　鶺鴒　啄木　鴛鴦　鵁鶄　鸂鶒　白鷺　鷿鷉
　鷗　鵬　精衛　翡翠　服鳥
第九十三巻　獣部上
　馬　駒駼
第九十四巻　獣部中
　牛　驢〇原訛臚。拠馮校本改。　駱駝　羊　狗　豕
第九十五巻　獣部下
　象　犀　兕　駮　貘　熊　鹿　麞　兎　狐　猨　獼猴　果然　狌狌　貂　鼠
第九十六巻　鱗介部上
　龍　蛟　蚺　亀　鼈　魚
第九十七巻　鱗介部下　虫豸部
　鱗介部下　螺　蚌　蛤　蛤蜊　烏賊　石劫
　虫豸部　蟬　蠅　蚊　蜉蝣　蛺蝶　螢火　蝙蝠　叩頭虫　蛾　蜂　蟋蟀　尺蠖　蟻
　　蜘蛛　螳蜋

第九十八巻　祥瑞部上
　祥瑞　慶雲　甘露　木連理　木芝　龍　麟
第九十九巻　祥瑞部下
　鳳凰　鸞　比翼　鳥　雀　鷰　鳩　雉　馬　白鹿　狐　兎　騶虞　白狼　比肩獣　亀
　魚　鼎
第一百巻　災異部
　旱　祈雨　蝗　螟　蟊　賊　蜮

　この【資料6】は、当面、わたくしが論題に据えている「爰ニ則チ建二テ庠序一ヲ」の究明からは遠ざかって見えるかもしれませんが、けっしてそうではないのです。これは、『芸文類聚』の目録（目次）にすぎませんが、よく見ると、魏晋時代から隋唐時代にかけて高度の文明を築いた古代中国知識階級が抱懐したコスモゴニー（宇宙開闢説）、コスモロジー（宇宙論）、アストロノミー（天文学）、ミーティアロロジー（気象学）、キャレンダー（暦法）、ジェオグラフィー（地誌）、クロノロジー・ロイヤル（王室年代記）、リーガル・プリンシプルズ（帝王学）、アンソロポロジー（人類学）、エシックス（倫理学）、レトリック（修辞学）、ポエティックス（詩学）、リチュアリズム（儀礼研究）、ミュージコロジー（音楽理論）、ポリティックス（政治学）、アドミニストレーティヴ・ロー（行政法）、クリミナル・ロー（刑法）、スタイリスティックス（文体論）、ミリタリー・サイエンス（兵学）、アーキテクチャー（建築学）、アグリカルチャー（農学）、コスチューム（服飾習俗）、クラフト・アンド・ヴィークル（舟車）、ダイエテティックス（食品学）、リクリエーション（遊戯術）、ディヴィネーション（方術）、ボタニー（植物学）、ズーオロジー（動物学）、シンボリズム（祥瑞研究）などが、有機的でもあり実際的でもある知識の〝一大体系〟を成していることに、いやでも気付かされます。この〝体系〟は、そのまま、古代中国人の世界観であり、認識論であり、処世＝実生活の原理であり、政治技術であり、また学問芸術の根拠でありました。そして、このような全体としての大きな一つの世界体系のなかの幾つもの小さな構成部分として、天があり地があり人があり、その人に関わるものとして倫理や宗教や芸術や政治経済や博物誌がある、というふうに、考えられていたのでありました。すると、この『芸文類聚』全百巻は、たんに〝百科全書《エンサイクロペディア》〟的知識の記事を満載したというにとどまらず、古代中国人と実在世界との〝存在論〟的関係の全体を明かしていると見なければなりません。そこのところを、構造的に（もしくは構造主義的に）把えようとする作業が、いま、わたくしたちに要請されてあるのです。

ひと口に言ってしまえば、これこそが古代専制支配の〝全体系〟であった。山水であれ、草木であれ、衣食住であれ、宗教的行事であれ、個々の事物は〝全体〟を形づくる構成要素でしかなかった。山が高いのも、花木が美しいのも、衣食住が豊かな種類を揃えているのも、占卜《せんぼく》や預言がさまざまに流布《るふ》弘通《ぐつう》しているのも、すべてはエーシアン・デスポティズム（東洋的専制）を現実化し恒久化するためのほんの一手段でしかなかったのであります。だから、逆に言うと、或る特定の山を賛美＝礼拝し、或る特定の草木を愛好＝尚美することは、そのままで、げんにおこなわれているデスポティックな政治的現実を肯定＝支持することでしかない。一定の山岳自然観、植物自然観、天文気象自然観の享受＝反復は、けっきょく、一定の政治イデオロギーの塗《ぬ》り固《がた》めに役立つしか仕方ないものなのであります。頭の良い古代中国為政者らは、このことを、ちゃんと見抜き、たんに経書《けいしょ》の類を学習させることで自己イデオロギーの普及＝定着を図《はか》るのみにとどまらず、ひろく被支配階級人民の日常生活圏の隅々《すみずみ》にまで及ぶ自己イデオロギーの浸透＝再生産を図ったのであります。『芸文類聚』が示す世界秩序の構造は、じつは、そういう目的が先行していて編みだされたものなのであります。そして、それだからこそ、日本律令知識人たちは、必死になってこれの学習＝受容に努《つと》めねばならなかったのであります。

【資料6】のうち、特にご注意願いたいのは、第三十八巻から第四十巻までの三巻であります。これをここに抜きだして、字句上の説明など付け加えさせていただきたいと思います。

第三十八巻　礼部上

礼　祭祀　郊丘　宗廟　明堂　辟雍　学校　釈奠

第三十九巻　礼部中

巡狩　籍田　社稷　朝会　燕会　封禅　親蚕

第四十巻　礼部下

冠　婚　謚　弔　冢墓

「礼《れい》」は、儒教思想の根幹をなしており、難解な観念論的理屈づけがいろいろなされることも多いが、古代儒教の段階では、こんにちでも未開社会の宗教にふつうに見られる〝宗教儀礼〟rite, ritual に近いものだったと比定《ひてい》するのがいちばん実体《サブスタンス》に近いのではないか。こむずかしい理屈づけは、あとになって付け加えたにすぎないのではないか。ただし、ここで謂う「礼」とは、天子＝支配者レベルでの概念規定であることに留意しておかなければなりません。「祭祀《さいし》」は、神や祖先の前に供物《くもつ》をささげておまつりすること、礼拝 cult に近いが、それよりももっと原始的要素に満ちていると考えられます。「郊丘」は、字義どおりには、火祭りをして雨乞いをおこなう丘で、都邑からすこし離れた周辺地域。その祭を郊祀《こうし》と呼ぶが、概念がひろげられていくと天地の祭の義になり、天子は冬至《とうじ》に天を南郊に祭り、夏至に地を北郊に祭る、ということになりました。「宗廟《そうびょう》」は、祖先の霊所。天子レベルでいうと、王城を背にして左側に立てるのが宗廟で、右側に立てるのが社稷だとされています。「明堂《めいどう》」は、天子が政教をみそなわし、諸侯を朝見する殿堂の意で、国家の重要な儀式はすべてここで執行されたのであります。「辟雍《へきよう》」は、『説文解字』をみると「天子の饗飲する処なり」とあり、『礼記』王制篇には「大学在レ郊、天子曰ニ辟雍一」とあるところから、ふつうには、天子の学校の意ということになっています。ここで太射《たいしゃ》の礼（弓術の儀式）をおこなうのだと説明されています。一説に、雍は沢《さわ》、辟は璧《たま》を意味し、学校の周囲を水沢《すいたく》で璧《へき》のように丸く取り囲んだから斯くいうのだとも説明されています。しかし、これら説明に接しても、わたくしたちは一向に不得要領で、なんのことやら判《わか》りません。最近の研究では、辟雍は未開社会に屢々見られる〝メンズハウス〟men's house（若者宿、成年クラブ）に近いものではなかったかとの仮説的提示が出されています。わたくし個人は、このメンズハウス説に賛成で、ずっと後代（宋の時代ですが）になって機能を発揮する学堂《がくどう》もこのメンズハウスを先行形態とした蓋然性が極めて大きいと考えておりますが、いまは自説に拘泥いたしません。さて、いよいよ「学校」が出てまいりました。学は、金文から語原をさぐっていくと「爻《こう》」（ならうの義）と「子」の組み合わせから成り、子どもに世の中のしきたりの手ぶりをならわせることを意味します。これが名詞化＝物質化されますと、学は学校の総名ということになる。庠《しょう》は周代の学校、序《じょ》は殷代の学校、校《こう》は夏代の学校もしくは郷里（地方共同体）の学校を呼ぶのですが、学《がく》といえば、これらすべての「まなびや」の総称として用いられる。つぎに「釈奠《せきてん》」は、日本ではセキデン・シャクテン・サクテンなどの呼びかたをつづけてまいりましたが、要するにこれは孔子の祭であります。しかし、釈も奠も、供え物を置く意で、牛や羊のいけにえ（これをやめて野菜の類を供えるのを釈菜《せきさい》といいます）をささげるのですから、孔子以前の原始儒教教団でも当然これをおこなっていたろうし、もっとそれ以前の宗教習俗のなかでもごく普通におこなわれていたろうと考えられます。――以上で、『芸文類聚』第三十八巻礼部上に記載された宗教儀礼の八つの概念についての簡単な語釈を終えたことになります。

　さしあたっては、これだけで十分なのですが、第三十九巻礼部中および第四十巻礼部下に関しても簡単な語釈を付しておこうと思います。「巡狩《じゅんしゅ》」というのは、天子が各地の諸侯の国をめぐり歩いて視察することで、もともとは狩猟儀礼のようなものだったと考えられます。「籍田《せきでん》」は、天子が、神（祖先でも同じです）に供える穀物（のちには米）を収穫するため、みずから耕作する田、また、その儀式をいいます。日本の「にいなめ」は収穫のほうですが、ひろく農耕社会でおこなわれた農耕儀礼の一つが籍田だったと見て大過《たいか》ないと考えられます。「社稷《しゃしょく》」は、前にもちょっと触れましたが、社の原義は、一つの集団が共同でまつる耕作の神で、そこから土地の神と考えられるようになり、さらにはそれを祀《まつ》った建築物をもさすようになったといわれます。いっぽう、集団共同の祭から転じて、その集団共同体をも社と呼ぶようになりました。稷は穀物のキビ（高梁）で、百穀の長として重んじられたところから、五穀の神と崇《あが》められました。そこで、社稷といえば、土地の神と、五穀の神との二神の義になりますが、この二つは、いずれも国を治めるうえには欠くことのできぬものであったので、古代の諸侯は、宮殿の右に社稷を、左に宗廟をまつったのでありました。「朝会《ちょうかい》」は、天子が諸侯を謁見する儀式であります。『周礼《しゅらい》』によりますと、春のロイヤル・レセプションを朝といい、夏のそれを宗といい、秋のそれを覲といい、冬のそれを遇といい、季節に関係のないそれを会というのだそうですが、ここでは朝見・朝謁・朝覲・朝宗、すべて同義に解しておいて差し支えなかろうと思います。「燕会《えんかい》」は、天子主催の酒盛《さかも》りの儀式であります。このカクテル・パーティには、宗教学でいう〝共食の儀礼《コンミユーニオン》〟の意味があろうかと考えられます。すなわち、食事をともにした以上は、同じ霊魂を分かち合っているのだから兄弟同様で、もはや一方が他方に反逆することはできなくなった、と信じられているのです。「封禅《ほうぜん》」は、天子が執行する天に対する祭祀を言います。四方の土を盛り壇を造って天を祭るのが封で、山川を祭るのが禅であります。そこで、天子が地方を巡回し、泰山で天を祭り、その下の小山で山川を祭ったが、のちには天子がその国威を内外に誇示するための儀式となった、というプロセスが『史記』封禅書に細かく記載されています。つぎに「親蚕《しんさん》」は、産業奨励のために后妃が蚕《かいこ》を飼う儀式であります。もちろん、古代における農耕儀礼の一つの形式であったのです。——ここまでが、天子のパブリック（公的）な宗教儀礼ですが、第四十巻礼部下は、天子に限らず士大夫までのパーソナル（私的といってもいいのですが、ちょっとプライヴェートというのとは意味が違います）な通過儀礼のシーリーズを構成しています。「冠《かん》」は、イニシエーション儀礼、広義のイニシアトリー・ライトとは異なり、むしろ元服に近い意味で用いられています。「婚《こん》」は、婚姻儀礼。「謚《し》」は、おくり名、もちろん支配階級のみの習俗です。「弔《ちょう》」は弔葬儀礼。「冢墓《ちょうぼ》」は、埋葬や追福に関する儀礼の細目を叙べたものであります。

語釈にすこし手間どってしまったようですが、最小限、このくらいの意味を知っておかないことには、当方の議論は空回《からまわ》りする惧《おそ》れがありました。というのは、日本律令国家の支配層知識人たちは、じつに『芸文類聚』に精通し、さらにその背後にある儒家思想に精通していたからです。研究者のわれわれのほうが『芸文類聚』や中国詩文に暗《くら》いのでは、実際問題として、なにも追究できないことになってしまうからです。

さて、もういちど、【資料6】の全体を見渡したうえ、第三十八巻礼部上、第三十九巻礼部中、第四十巻礼部下とある部分に目を転じ、しかるのちに、「学校」というものがどういう位置に、どういう関連性（関係）のもとに、どういう重たさをもって記載されているかを、冷たく（ということは、先入見を取り払っての意でありますが）観察していただきたいのです。

第三十八巻　礼部上
礼　祭祀　郊丘　宗廟　明堂　辟雍　学校　釈奠
第三十九巻　礼部中
巡狩　籍田　社稷　朝会　燕会　封禅　親蚕
第四十巻　礼部下
冠　婚　謚　弔　冢墓

この礼部上・中・下は、一目瞭然、「礼」（宗教儀礼）のシナリオ二十幕から構成されております。古代中国人（もちろん、支配者や知識人のレベルに限られます）の構想していた森羅万象の〝体系〟のなかで、わざわざ、この二十項目の事象のみが「礼」のオーダー（類別）に包含されていることに注意すべきです。そして、その二十幕のシナリオのうちの、第七幕として、「学校」が位置づけられていることを、どうかお見逃《みのが》しなきようお願いします。ここのところが、いちばん大切なキー・ポイントになるのです。

つまり、古代中国の世界体系のうちで、「学校」は、宗教儀礼の連鎖《チェーン》の一部分を成していたからこそ、『芸文類聚』において「礼部」に入れられた。もし、そうでなかったならば、『芸文類聚』において、「職官部」（第四十五〜五十巻）に入れられても差し支えなかったはずであるし、「治政部」（第五十二〜三巻）や「雑文部」（第五十五〜八巻）や「居処部」（第六十一〜四巻）に入れられても差し支えなかったはずです。少なくとも欧陽詢が生きて呼吸していた七世紀ごろまでは、「学校」といえば、何よりも、宗教儀礼の一部と考えられていた。「学校」は、天子の執行する祭祀、天子の執行するみたままつり、天子の執行する収穫祈念祭、天子の執行する朝見儀式（それは征服儀礼の要素が強いのですが）などと〝ワン・セット〟を成す宮廷儀礼に必要不可欠の一要素と見做されていたことが確実であります。

そうなると、古代の「学校」というものは、後世のひとびとが頭に描いているような概念では摑み切れないことが、もはやあまりにも明白です。最近の構造主義の考えかたにひきつけて眺め直すと、古代学校とは、近代的概念をはみでた生きもの《エートル》であり、むしろ、神話的思考（古代儒教より以前の原始儒教を対象にすれば、神話的思考と呼ぶことは不可能でないと考えられます）の範疇のなかに組み入れたうえで構造的に把握するのでなければ、その枢要部分《レ・ゼッサンシエル》は何ひとつ明らかにできないものである、と思われます。中国教育史の研究も、ふりだしに戻って考え直さなければならなくなりました。

（3）東アジア古代世界と律令制の普及＝実施

結論提示に入っていく前に、『懐風藻』序の「爰則建二庠序一。徴二茂才一。定二五礼一。興二百度一」のサブスタンスを、もうすこしはっきりさせておく必要があります。つぎに示す【資料7】は、『芸文類聚』巻第三十八の「学校」の項の抄録《エクストラクト》であります。

【資料7】『芸文類聚』巻第三十八（中文出版社本）

学校

物理論曰。学者植也。　五経通義曰。三王教化之宮。総名為学。　礼記曰。古之教者。家有塾。党有庠。術有序。国有学。　周官曰。師氏以三徳教国子。一曰至徳。以為道本。二曰敏徳。以為行本。三曰孝徳。以知○原欠拠馮校本補。悪逆。　尚書大伝曰。稷○太平御覧五百三十四作耰。鉏已蔵。歳事欲畢。余子皆学。十○御覧十下有五字。始入小学。見小節。践小義。十八始入大学。見大節。践大義。　漢書曰。三代之道。郷里有教。夏曰校。殷曰庠。周曰序。三輔旧事曰。漢太子○太平御覧五百三十四作学。在長安門東書杜○御覧作社。門。五経博士員弟子万余人。　黄図曰。礼。小学在公宮之南。太学在東。就陽位也。去城七里。東為常満倉。倉之北為槐市。列槐樹数百行。為隧。無牆屋。諸生朔望会此市。各持其群○御覧五百三十四作郡。所出貨物。及経伝書記。笙磬楽器。相与買売。雍雍揖譲。論義槐下。東観漢記曰。光武五年。初起太学。諸生吏子弟及民。以義助作。上自斉帰。幸太学。賜博士弟子。　続漢書曰。明帝永平二年。上始帥群臣。養三老於辟雍。郡国県道。行飲酒礼于学校。　魏名臣奏曰。蔣済奏学者不恭粛。慢師酗酒好訟。罰飲水三升。　晋諸公賛曰。恵帝時。裴頠為国子祭酒。奏立国子太学。起講堂。築門闕。刻石写経。　任豫益州記曰。文翁学堂。在大城南。経火災。蜀郡太守高眹。修復繕立。図画聖賢古人像。及礼器瑞物。

【頌】後漢崔瑗南陽文学頌曰。昔聖人制礼楽也。将以統天理物。経国序民。立均出度。因其利而利之。俾不失其性也。故観礼則体敬。聴楽則心和。然後知反其性。而正其身焉。取律於天以和声。採言於聖以成謀。以和邦国。以諧万民。以序賓旅。以悦遠人。其観威儀。省禍福也。出言視聴。於是乎取之。民生如何。導以礼楽。乃修礼官。奮其羽籥。我国既淳。我俗既敦。神楽民則。嘉生乃繁。無言不酬。其徳宜光。先民既没。頼茲旧章。我礼既経。我楽既罄。三事不敍。莫識其形。……【銘】後漢李尤太学銘曰。漢遵礼典。崇興六芸。修周之理。埽秦之弊。褒建儒宮。広置異記。開延学者。勧以爵位。【詔】宋傅亮立学詔曰。古之建国。教学為先。弘風訓世。莫尚於此。発蒙啓滞。咸必由之。故爰自盛王。迄于近代。莫不敦崇学芸。修建庠序。自昔多故。戎馬在郊。旌旗巻舒。日不暇給。遂令学校荒蕪。講誦蔑聞。軍旅日陳。俎豆蔵器。訓誘之風。将墜于地。今王略遠覃。華域清晏。仰風之士。日月以冀。便宜博延胄子。陶奨童蒙。選彼儒宮。弘振国学。……

白文でありますから、日ごろ漢文に接して生活していらっしゃらない方ですと、すこし難解とお感じになるかもしれません。しかし、ここでは、それほど厳密な読解は必要ないのです。劈頭に、「学は植うるなり」「三王教化の宮、総名を学となす」「古の教ふる者、家に塾有り、党に庠有り、術に序有り、国に学有り」などの語義規定を知ったあとは、全体に目を通して、なんだか、オカルト的なことが書いてあるわい、というほどの印象を持たれれば、それで十分だと思います。九行目ぐらいのところ、「続漢書に曰《いは》く」うんぬんを見ると、「三老を辟雍に養ひ、郡国県道、飲酒礼を学校に行なふ」などとあります。学校で飲み食いの儀礼をおこなったというのは、明らかに、宗教儀礼システムのなかに学校が組み入れられてあったからです。そのすこしあとの「任豫益州記に曰く」というセンテンスの末尾、学堂が火災に遭ったのでこれを修繕したとき、聖賢古人像のほかに礼器や瑞物の絵図をかいたとあります。学校は、たしかに勉強もするけれど、礼器や瑞物を置くところでもあったことがわかります。そこで、【銘】に目を移していただきたいのですが、「漢、礼典に遵ひ、崇《たっと》んで六芸を興す」の「興二六芸一」は、どうも、『懐風藻』序の「興二百度一」の下敷きにされた形跡が強いのです。と申しますのは、つぎの【詔】を見ますと、「宋の傅亮、学を立つるの詔に曰く」のあとの白文、すなわち「古之建国。教学為先。弘風訓世。莫尚於此。発蒙啓滞。咸必由之。故爰自盛王。迄于近代。莫不敦崇学芸。修建庠序。自昔多故」とある部分は、『懐風藻』序の「調レ風化レ俗。莫レ尚レ於レ之。潤レ徳光レ身。孰先レ於レ学。爰則建二庠序一」の下敷きにされた公算が大きいからです。いや、偶然の一致だと言って反撥する向きもおありかと思いますが、『懐風藻』本文には、そっくり盗作した作品が幾つも発見されているので、序のみに限ってオリジナリティを主張し得ると推断するほうが却《かえ》って無理です。

ともかく、以上の手続を踏んだおかげで「建二庠序一」の出どころが判明したし、正体（サブスタンスと呼びたいのですが）も判明したと言ってよいのではありますまいか。すくなくとも、このセンテンスからは、学校が建てられたという具体的事実は証明できないはずです。ただ、このセンテンスが証明できるのは、「学校」の概念そのものがわれわれ近代概念の学校とは大きく隔たっているという一点のみだ、ということになるのではありますまいか。もし、近江京に「学校」というマテリアルな施設が建てられたことを証明したいのだったら、考古学的発掘の成果を待つしかないでありましょう。しかも、近江京時代に、中国流の宗教儀礼の考えかたが輸入され採用されたろうと推定することは、不可能ではありません。このほうが教育史的（むしろ、思想史的と言いたいが）意義はより重大です。

そこで、今回の発表の結論部分を示さなければなりません。——

前回の発表では、中国皇帝の徳化と礼とが内外に普及していると観念されているかぎりにおいて、冊封体制のなかの秩序が保たれ、それにつれて制度文物や学問芸術が東アジア世界全体にひろめられていった、という七〜八世紀ごろのグローバルな展望を、西嶋定生論文をかりて説明しました。（【資料3】を再読ねがいます。）盟主たる大唐帝国を中心に、衛星小国である朝鮮半島三国・渤海・日本などに律令制の普及＝実施をみたことは、すべて中国皇帝のがわの強大なる国際指導力が働いてそうなっただけであり、衛星小国のがわに幾分かでも主体性が働いてそうなったのではなかったのであります。（第二次世界大戦後の日本が、デモクラシー政治体制の普及＝実施を急いだのは、自由主義陣営の盟主たるアメリカの指導力によってそれを強要された、あの力学的関係を度外視しては、なんの真実も把握できないのと、そっくり同じです。）「学校」とか「庠序」とかの建設も、まさに「中国皇帝の徳化と礼とは普及していると観念」してもらうために、衛星小国の日本律令国家の支配層知識人が、ぜひやらなければならないと考えた文化計画《カルチュラル・プロジェクト》表の一つに過ぎなかったのであります。『芸文類聚』第三十八～四十巻礼部に示されたシナリオを、日本律令支配層は、大急ぎで、しかし忠実に実行した。持統天皇がやたらに「巡狩」をおこなったり、「朝会」をおこなったりしたのと同じ重たさで、為政当局者は「学校」や「釈奠」をおこなったのであります。露骨な言いかたをすれば、中国皇帝に気に入られるために、必死になって「徳化と礼との普及」につとめ、「学校」や「釈奠」の拡充を急いだのであります。

「学校」や「釈奠」にかぎらず、ひろく芸術観や自然観や人間観の受容＝学習においても、日本律令官人知識階級は、同様の努力をつづけました。植物や、動物や、祥瑞ないし災異に対する考え方まで、すべて、中国流の考え方そっくりのことを受容＝学習しつづけたのです。そして、「おれたちは、このとおり、ちゃんと中国式の徳化主義と儀礼実習とをマスターし、かつ実行してみせているのだから、もはや野蛮国扱いを受けるいわれはないのだ」という自覚が、しだいに湧きあがる時期に到達します。その時期は、もちろん、平安朝中ごろになってからあとにやって来るのであります。そこのところが、もしそう言いたければ、日本人の偉さということになるのかもしれませんが、いっぽう、その時期にあっては、かつての盟主中国のほうで肝腎の冊封体制を維持できなくなっていたという事情をも見落としてはならないと思います。あくまでも〝国際環境〟を無視してはならない、というのが、わたくしの研究上の立場であります。

日本教育史の出発点が、そして、日本の学問の出発点が、強大なる国際的指導者および自国内最高為政者に対する隷属＝服従の儀礼に求められる事実を、先入見なしに認識すれば、その問題は、こんにちのわたくしたちの教育や学問にも底流部分でつながっていることに、いやでも想到せざるを得ません。日本の学問の〝パラダイム〟は、根源的な次元（つまり、われわれの日常生活の全領域にまで及ぶ次元）において、現在もなお、殆ど破棄されないままにあるのです。

律令知識階級における自然観学習の一過程

――専制支配のもとでのウメ・モモ・サクラの見かた――

（1）

律令官人知識階級が、先進大国である中国の〝自然観〟を学習していったプロセスを証《あか》す史料は、特に『懐風藻』と『万葉集』とに求められる。のちのち〝日本的自然観〟としてフォルミュラ化される「観念」と「事物」との組み合わせの仕方は、大部分、この二つの詩歌集によって方向づけられてしまっている。しかも、この二つの詩歌集は、一方は漢詩集であり他方は和歌（倭詩）集であるから全く別物であるかのごとく考えられているが、正しくは同一物の二つの表現形態でしかないのである。そのことは、両アンソロジーを仔細に比較検討してみれば、容易に気付かされる。じっさいに、『万葉集』では〝陰画板《ネガ》〟の状態でしか収められることの無かった律令官人貴族の〝支配の思想〟が、一方の『懐風藻』においては〝陽画板《ポジ》〟としてあからさまに像《ぞう》を現わしてみせてくれているのである。しかも、『懐風藻』の成立は、「序」の最末尾に「于レ時天平勝宝三年歳在二辛卯一冬十一月也」と見えるとおり、『万葉集』の諸作品がつくられている真最中《まっさいちゅう》の時期に当たる。『懐風藻』には、『万葉集』に名を列《つら》ねているのと同一の人物が、かなり多数、その漢詩作品をつらねている。『懐風藻』と『万葉集』とは、藤原京の時代から奈良朝の時期に至る律令官人貴族の〝ものの考え方〟および〝自然の感じ方〟を言語化＝形象化した点で、まさに好幅対《こうふくつい》の関係に在る。両者の詩的モティーフや発想形式が互いに似通《にかよ》っていることはよく説かれるところであり、既に秀れた研究業績も幾つか示されている。しかし、わたくし個人は、両者の相即関係ないし影響関係が、当時あらたに輸入された同一の〝中国音楽〟の曲節なり拍子なりを媒体にして成立したであろうということ、〝中国的自然観〟の学習という同一の教科書《テキスト》および同一の教育課程《カリキュラム》からの成果が多少の差異を生じさせながら現実化《レアリゼ》されたであろうということ、しかも、その〝中国音楽〟および〝中国的自然観〟そのものがじつは百パーセント〝政治的思考〟の表現であるということ、この三つの項目に関して作業仮説を提示し、つぎにそれらに対する検証の手続きをとりたいとの目論見《もくろみ》を持っている。

しかし、そのような大きな問題をここで取扱う余白がないので、さしあたっては、律令官人知識階級において、どのように〝中国的自然観〟が学習されたかという跡づけを試みておきたいと思う。はじめに、特に『懐風藻』と『万葉集』とにあらわれたウメ・モモの〝見かた〟ないし〝感じかた〟を見ておきたいと思う。

『懐風藻』には梅（梅花）を詠んだ詩が多く、これは、おそらくは宮廷のガーデンに本物《ほんもの》の（つまり植物の）梅が植えられていたためと想像される。梅は、もとより渡来品種であるが、七〜八世紀には畿内にも移植されていたはずである。しかし、確実に日本列島に根づいたのは何時《いつ》か、ということになると、じつは心許《こころもと》ない。植物学的に見て、梅が日本の山野に自生しないことは明らかであるので、あとは文献的に梅が最初にあらわれるのはどの時代かという問いに答えればよいのだが、記紀には梅に関する記載が皆無（ただし、『日本書紀』天武天皇元年七月の記事に「高市郡大領高市県主許梅《こめ》」とあるが、これは「コメ」という人名の音を出すための表記で、梅そのものにはなんの関わりもない）である。

ところが、『懐風藻』の第十番目に収められた葛野《かどのの》王《おおきみ》の作品には、こうある。

　　五言。春日翫鶯梅一首。

耶乗休仮景。入苑望青陽。素梅開素靨。嬌鶯弄嬌声。対此開懐抱。優足暢愁情。不知老将至。但事酌春觴。

五言。春日《しゆんじつ》、鶯梅《あうばい》を翫《はや》す。一首。
10 耶《いささか》に休仮《きうか》の景《けい》に乗《の》り、苑《その》に入りて青陽《せいやう》を望《のぞ》む。素梅素靨《そばいそえふ》を開き、嬌鶯嬌声《けうあうけうせい》を弄《もてあそ》ぶ。此《こ》れに対《む》かひて懐《くわい》抱《はう》を開けば、優《ゆう》に愁情《しうじやう》を暢《の》ぶるに足《た》る。老《おい》の将《まさ》に至らむとすることを知らず、但《ただし》春觴《しゆんしやう》を酌《く》むを事とするのみ。

（訓みくだし文は『日本古典文学大系69・懐風藻』に拠る）

「素梅素靨を開き」とは、白梅は白いえくぼを開いてほころび、の意である。伝記のほうに「高市皇子薨後」うんぬんとあって、これは持統天皇十年（六九六）七月のことであり、その直後に葛野王「時年三十七」とあるから、この五言詩は、だいたい、持統女帝の時代の制作にかかるものと推定して差し支えない。『芸文類聚』やら王羲之「蘭亭記」やらをお手本にしながら、なかなかの出来ばえを示している。

そうなると、梅は、日本には紀元七百年前後に渡来したものと判断してよさそうである。もちろん、梅花翫賞は、当時の貴族階級や知識人の間でだけ行なわれたに過ぎず、梅は〝中国の花〟として、ほんのひとにぎりの特権支配階級に独占されていたことが明白である。そのことは、『万葉集』巻第五に見える「梅花歌三十二首」を見れば、いっそう明白である。天平二年（七三〇）正月十三日、大宰の帥《そち》大伴旅人の邸宅で行なわれた梅花鑑賞パーティの席上で、地方官僚たちによって、これらの短歌が詠じられたのであった。

正月《むつき》立ち春の来《きた》らばかくしこそ梅を招《を》きつつ楽しき竟《を》へめ（巻第五、八一五）　大弐　紀卿
梅の花今咲けるごと散り過ぎずわが家《へ》の苑《その》にありこせぬかも（同、八一六）　小弐小野大夫
わが苑に梅の花散るひさかたの天より雪の流れ来るかも（同、八二二）　大伴　旅人
梅の花散らまく惜しみわが苑の竹の林に鶯鳴くも（同、八二四）　小監阿氏奥島
梅の花折り挿頭《かざ》しつつ諸人《もろひと》の遊ぶを見れば都しぞ念《も》ふ（同、八四三）　土師《はにし》氏御道《みみち》

梅の花夢《いめ》に語らく風流《みやび》たる花と吾念《あれも》ふ酒に浮かべこそ（同、八五二）

「梅花歌三十二首」には、有名な「梅花歌序」が冠《かん》せられている。そして、この「梅花歌序」が、王羲之の「蘭亭集序」を下敷きにして書かれたものであることは、すでに古来の定説となっている。契沖の『万葉代匠記』は、序文冒頭の「天平二年正月十三日、萃于帥老之宅、申宴会也」からして「蘭亭集序」の「永和九年歳在癸丑暮春之初会于会稽山陰之蘭亭修禊事也」の模倣で、「于時初春、気淑風和」が「是日也天朗気清、恵風和暢」に、「忘言一室之裏、開衿煙霞之外、淡然自然、快然自足」が「或取諸懐抱、悟言一室之内、或因寄所託、放浪形骸之外……快然自足、曾不知老之将至」に、それぞれ典拠を求めていることを指摘している。こういった先進業績を踏まえて整理し直し、古沢未知男は「集中『羲之』が五ヵ所、『大王』が一ヵ所使用されて居る。勿論これ蘭亭集序の作者王羲之が古今の名手筆であつたため、態々「羲之」を充てゝ、書道の師即ち『手師』（てし）と訓ませた事、及び其の子王献之もまた斯道に秀れて居たので、これと区別するため父羲之を特に『大王』と書したものである事、先学諸家の説かれる通りである。而して此の事実こそは、万葉集の撰者や作家達に王羲之の名が著しかつた事、延いては彼の作に係る蘭亭集序など少くも当代第一の漢文学の知識深い旅人や憶良等には、十分注意して読まれたであらう事を裏書するものである」（『漢詩文引用より見た万葉集の研究』、第二章作品比較）と要約してみせる。万葉知識人の〃文化意識〃の本質は、これによって、明らかにされたと言い得る。

さて、ウメは、『万葉集』白文の表記においては、梅・烏梅・汙米・宇米・宇梅・有米・于梅の七種が見られる。そして、和名ウメの語原としては、梅の漢音バイ（呉音マイ）の転訛と見るのが最も妥当であろう。植物学者松田修が「梅は初め九州に渡来、漸次東進し、その渡来も数回に亘って行なわれたものと考えている」（『万葉植物新考』、ウメ）と言っているのも、妥当な説であろう。

梅が〃中国渡来の花〃であり、〃貴族の花〃である、ということは、いまさら改めて論ずるまでもないことだが、桃の場合はどうであろうか。桃も、中国原産の植物である。このことは、周知のとおりである。しかし、〝貴族の花〟とまで言ってよいかどうか、これについては誰もまだ結論を出していない。

そこで、わたくしなりの観察報告をおこなっておく。——

『懐風藻』に、桃を詠じた漢詩が八篇ある。それを掲げてみる。

大学博士従五位下美努連浄麻呂。一首。

五言。春日。応詔。一首。

玉燭凝紫宮。淑気潤芳春。曲浦戯嬌鴛。瑤池躍潜鱗。階前桃花映。塘上柳条新。軽煙松心入。囀鳥葉裡陳。

糸竹遏広楽。率舞洽往塵。此時誰不楽。普天蒙厚仁。

大学博士《だいがくのはかせ》従五位下美努連浄麻呂《みののむらじきよまろ》。一首。

五言。春日《しゆんじつ》。応詔《おうせう》。一首。

24 玉燭紫宮《ぎよくしよくしきゆう》に凝《こ》り、淑気芳春《しゆくきはうしゆん》に潤《うる》ふ。曲浦嬌鴛《きよくほけうゑん》戯《たはぶ》れ、瑤池《えうち》潜鱗《せんりん》躍《をど》る。階前桃花《かいぜんたうくわ》映《は》え、塘上柳条《たうじやうりうでう》新《あらた》し。軽煙《けいえん》松心《しようしん》に入り、囀鳥葉裡《てんてうえふり》に陳《つら》く。糸竹広楽《しちくくわうがく》を遏《とど》め、率舞《そつぶ》往塵《わうぢん》に洽《あまね》し。此の時誰か楽しまざらめやも、普《ふ》天蒙《てんかがふ》る厚き仁《めぐみ》を。

○

大学頭従五位下山田史三方。三首。

五言。三月三日曲水宴。一首。

錦巌飛瀑激。春岫曄桃開。不憚流水急。唯恨盞遅来。

大学頭《だいがくのかみ》従五位下山田史《やまだのふひと》三方《かた》。三首。

五言。三月三日曲水《きよくする》の宴《うたげ》。一首。

54 錦巌《きんがん》飛《ひ》瀑《ばく》激《そそ》き、春岫《しゆんしう》曄桃《えふたう》開《さ》く。流水《りうすゐ》の急《はや》きことを憚《おそ》れず、唯《ただ》盞《さん》の遅《おそ》く来《きた》ることを恨《うら》むらくのみ。

○

従五位下大学助背奈王行文。二首。　年六十二。

五言。上巳禊飲。応詔。一首。

皇慈被万国。帝道沾群生。竹葉禊庭満。桃花曲浦軽。雲浮天裏麗。樹茂苑中栄。自顧試庸短。何能継叡情。

従五位下大学助《だいがくのすけせ》 背奈王行文《なのきみゆきふみ》。二首。

五言。上巳禊飲《じやうしけいいん》、応詔《おうせう》。一首。

61 皇慈万国《くわうじばんこく》に被《かがふ》り、帝道群生《ていだうぐんせい》を沾《ぬ》らす。竹葉禊庭《ちくえふけいてい》に満ち、桃花曲浦《たうくわきよくほ》に軽《かろ》し。雲《くも》は浮《う》かびて天裏《てんり》麗《うるは》しく、樹《き》は茂《も》く苑《あん》中《ちゆう》栄《さか》ゆ。自《みづか》ら顧《かへり》みて庸短《ようたん》を試《こころ》みれど、何《なに》ぞ能《よ》く叡情《えいじよう》に継《つ》がむ。

○

左大臣正二位長屋王。三首。　年五十四。

五言。元日宴。応詔。一首。

年光泛仙籞。日色照上春。玄圃梅已故。紫庭桃欲新。柳糸入歌曲。蘭香染舞巾。於焉三元節。共悦望雲仁。

左大臣正二位長屋《ながやのおほきみ》王。三首。

五言。元日《ぐわんじつ》の宴《うたげ》、応詔《おうせう》。

67 年光《ねんくわう》 仙籞《せんぎよ》に泛《う》かび、日色《につしよく》上《じやう》春《しゆん》に照らふ、玄圃《げんぽ》梅已《すで》に故《ふ》り、紫《し》庭《てい》桃《もも》新《あらた》ならむとす。柳糸《りうし》歌曲《かきよく》に入《い》り、蘭《らん》香舞《かうぶ》巾《きん》に染《し》む。焉《ここ》に三元《さんげん》の節《せつ》、共に悦《よろこ》ぶ望雲《ばううん》の仁《じん》。

他に、桃を詠じた作品には、安《あ》倍朝臣《べのあそみ》広庭《ひろにわ》の「五言。春日侍宴。一首」のなかに「花舒桃苑香。草秀蘭筵新」（花舒《ひら》きて桃苑香《たうあんかぐは》しく、草秀《ひい》でて蘭筵新《らんえんあらた》し）と見えるのと、藤原朝臣宇合《ふじわらのあそみうまかい》の「五言。暮春曲宴南池。一首」に「映レ浦紅桃。半落二軽旆一。低レ岸翠柳。初払二長糸一」（浦に映《は》ゆる紅桃《こうたう》、半ば軽旆《けいはい》を落《おと》し、岸に低《た》るる翠柳《すゐりう》、初めて長糸《ちやうし》を払《ふ》る）と見えるのと、さらに藤原朝臣万里《ふじわらのあそみまろ》の「五言。暮春於弟園池置酒。一首」のなかに「園池照灼。桃李笑而成蹊」（園《えん》池照灼《ちせうしやく》、桃李《たうり》笑まひて蹊《こみち》を成《な》す）および「天霽雲衣落。池明桃錦舒」（天霽《あめは》れて雲衣《うんい》落《お》ち、池明らかにして桃錦舒《たうきんひら》く）と見えるのと、釈道慈《しやくどうじ》の「五言。初春在竹渓山寺於長王宅宴追致辞。一首」に「桃花雪冷冷。竹渓山冲冲」（桃花《たうくわ》の雪冷冷《れいれい》、竹渓の山冲冲）と見えるのと、この四つの用例が見える。これら四つの用例も、白文と訓みくだし文とを付して掲げるべきであったかもしれないが、煩瑣にわたることを惧れて差し控えておいた。ともかくも、これで、『懐風藻』のなかで桃を詠材にした漢詩作品が全部で八首あることだけは明らかにし得た。べつに、吉野川の景観に関して「桃源」とか「桃源賓」とかの修辞が見えるが、これは〝ユートピア〟を言ったものであって植物としての桃をさしたものではないから、用法としては数に入れなかった。

桃を詠じた作品が八例ほどあってみれば、普通ならば、『懐風藻』の時代（すなわち、八世紀の律令国家成立期の時代）にはもうりっぱに中国原産の桃が輸入されてあったと、そう推断したいところである。実際に、これまでの植物文化誌の叙述を見ると、そのように記されてあり、それが通説になっていた。しかるに、ごく最近になって、この通説がはなはだあぶなっかしいことを仄《ほのめ》かしてくれる著書が出された。

前川文夫の近著『日本人と植物』（岩波新書、昭和四十八年二月刊）の「3小正月のオッカド棒と桃の信仰」は、『万葉集』巻第十三の相模国の歌「三四三二 足柄《あしがら》の吾《わ》を可鶏山《かけやま》の可頭乃木《かづのき》の吾《わ》をかづさねもかずさかずとも」という一首を、植物学者の立場から分析したもので、植物のアシ（蘆）と、ニワトリ（可鶏《かけ》）と、カツノキ（楮《かじのき》）との語呂合わせに着目し、「最後にカツノキ、これはじつは桃であるべきであったのだが、日本には当時桃がなかったのでヌルデを以て桃の代用をさせた。端的にいえば桃に偉大な威力があるので、代用品もまたこの威力を代行発揮することになった、つまり桃を中心とした、桃に糸をひく信仰の対象であったのである。そしてこのアシ＝ニワトリ＝モモの三位一体としての信仰は中国大陸に古くから、深く根ざしたものにつづくのであり、恐らく帰化人がこの信仰を抱いて日本に渡来し、こちらでその信仰の行事をとり行うに当って桃の無いことに当惑した挙句、何かの点で桃と同じ属性を持った植物を身辺からさがして代用させたのであると思わざるをえないのである」（同書、五三ページ）との帰結を出している。そして、そのさい、ヌルデ、ゴンズイ、ニワトコ、キブシなど桃の代用品が登場する以前に、肝腎の桃がなかったことを説明してみせている。「東北地方から野生状態の桃が報告されたこともあるし、対馬には野生もしている。しかしこれはどうやらごく近年のよそからの侵入か（対馬では朝鮮から）、または栽培したものからの逸出であって、昔の万葉の時代に野生しているのなら、今のサクラのようにあちこちの山野にもっと自由に生えていてもよさそうだが、実際には生えていない。これは当時には自生のものもないし、栽培のものもまだなかったことを示すに充分である。それについては二つの面白い傍証がある。一つは『万葉集』にはモモの歌がいくつもあるが、それらのモモはどうも二つの違った種類を指すものがまじっているらしいことが歌の内容から判断される歌があるのである。つまり古くにモモといったものと後にモモになったものとがまじっている。まじるといっても一つの歌の中で混乱が起っているのではない。ある歌は古いモモを歌うことで歌の主の気持を示しているのに、別の歌人がよんだ歌は新しいモモを扱っている。そこにはモモの内容の転換があり、少なくとも新旧並び行われた時代が短かいながらあったことを暗示している。」「結論をいえば古いモモは今我々がいうヤマモモであり、新しいモモが今日の桃である。そして古く、といっても桃の信仰よりもずっとおくれてケモモという、果実にうぶ毛が一面にあるという特徴を摑んで本来のモモ（すなわちヤマモモ）との区別の名にしたのであったが、桃が全国に普及すると、古いモモすなわちヤマモモの暖地に限られるせまさよりも遥かにひろい範囲に知られ、これに加えて実は大きくてこれまた遥かに実質であるから、これこそモモたるにふさわしいといつしかケモモのケの字が捨てられて単にモモというようになったのである。その過渡期が『万葉集』にのる歌が作られる頃で、だからこそ一つの歌集の中に、新旧のモモが全く別の植物を表わしながら登場しているのである。モモとあるからすべてを今日指す桃（今の素晴らしい品種を指すのではない。植物の種類としてのモモである）だと決めて扱われているのはいささか杜撰に思われる」（同、五五ページ）と述べ、前川は例歌を二つあげている。その二つとは、

向う峯に立てるモモの樹成らめやと人ぞささめきし汝《な》が情《こころ》ゆめ（一三五六番）

吾がやどのケモモの下に月夜さし下心よしうたてこの頃（一八八九番）

の二首で、前のほうの歌のモモは「古い本来のモモである。それはヤマモモである。ヤマモモは雌雄異株だから向うの峯に大きな木があっても雄株であれば一向に実はならない。雄とは知らなかったはずである。しかし実のならぬことは皆の衆の承知するところであり、だからこそ、このおれとお前の仲はみのらぬことあの山のヤマモモと同じだとうわさする奴等がいるらしいが云々となってぴったりするのである」（五五ページ）と前川は言う。後のほうの歌については「ここではまだ古いケモモの名が残されている。それが単にモモとだけなった歌にかわって行くのである」（五六ページ）と説かれている。

モモとケモモとの区別のこと、さらにケモモが単にモモとなっていく過渡期が『万葉集』に登載される歌が作られた時代に当たること、この二つのことは、前川文夫の如上の記述によって判然とした。ところで、『古事記』上《かみ》の巻《まき》を見ると、伊諾那岐尊が、先立たれたお妃の伊諾那美尊こいしさの余り黄泉《よみ》の国へたずねて行って鬼どもに追われる説話がある。そして、黄泉の国の入り口の黄泉比良坂《よもつひらさか》に生えていた桃の木の蔭にかくれ、桃の実を三つとって鬼どもに投げつけたところ、鬼どもは算を乱して逃げ返ったので、伊諾那岐はあぶないところを命拾いしてこの世に返ってくることができた。その桃の実について、前川はこう言う。「桃はいくら品種改良前のものでも美味であったはずであるのにそれを鬼が食わないというのは変である。これは、この説話のできた頃には桃がまだ渡来しておらず、人々は桃のおいしさをまだ知らなかった。そのために鬼に食わせることをしなかったのだろうという見方が成立ってく

る。この見解は大分前に武田久吉先生が述べられたものであるが大変興味をひかれる解釈である。まして、桃の木そのものの庇護でいざなぎが助かったのだから、これは明らかに桃の木に霊力のある信仰なり考え方はもう渡って来ているのに、桃の実はまだ誰も実物を知らぬというあまり長くない期間に、黄泉国訪問の説話の形態が完成したのであると思われるのである。」「桃の力の神格化があまり進まない段階でもう信仰だけが日本に伝わったが、肝心の桃の実体が伴わないので、抽象的な形でのみ受けとめるしかなかった時期での姿が残ったことを示しているのであろう」（五八ページ）と。前川によると、桃の実、正しくは桃の〝たね〟というやつは木質でがっちりしていてひどく丈夫には見えるが、外側の多汁質の果肉をとり去ってしまうと、中の胚がひどく早く乾燥してしまうので、そのために、果肉の水分を離れた種子は短時日の間に干からびて発芽力を失い、長途の船による旅行には堪え切れないのだという。そうだとすれば、桃の実物を離れて、桃の信仰だけが先に伝えられた、ということは十分にあり得る。

ここまでが、モモに関する前川文夫の記述である。前川は、さきごろまで東大理学部植物学教室の主任教授で、植物形態学および植物系統学の世界的権威たる学者である。わたくしたちは、よろしくその道の専門学者＝権威者の学説に耳藉《みみか》すべきであろう。

前川は、自然科学者らしい厳密さと謙虚さとを守って、モモの信仰が何年ごろ伝わり、ケモモの実物が何年ごろ輸入されたか、などという年代の比定まではおこなっていない。そういう恐《おそ》れ気《げ》もない、たいそれた作業は、頭が雑駁に出来上がっている文科系の学者に任せておけばよろしい、とでも言いたげな書きぶりである。そこで、わたくしなりに、それこそ恐れ気もなく、たいそれた問題整理を試みてみると、モモの信仰およびケモモの実物が日本列島に伝来輸入した大雑把《おおざっぱ》な年代は、一応、次のごとく図式化することが可能であろうか。

（1）ヤマモモの自生のみが見られた年代――八世紀初頭より以前。

（2）モモの信仰だけが輸入されていた年代――『古事記』成立の和銅五年（七一二）ないし『日本書紀』成立

の養老四年（七二〇）よりも以前ではあるが、それよりもあまり古く遡ることのない時期。

（3）ケモモの実物が渡来した年代――『万葉集』所収の作品がつくられた全部の時期から、（2）の『古事記』『日本書紀』撰修時代と重なる部分を差し引いた残りの時期。すなわち、大体、七二〇年から七五九年までの期間。

そこで、『懐風藻』に戻って考えてみるのに、前記の美努連浄麻呂《みののむらじきよまろ》は、慶雲二年（七〇五）十二月従五位下、同三年八月遣新羅大使、和銅元年（七〇八）遠江守という履歴がはっきりしているから、桃の実物を見た公算は低いように思われる。山田史三方《やまだのふひとみかた》は、持統天皇六年（六九二）十月務広肆、和銅三年（七一〇）正月従五位下、養老四年（七二〇）正月従五位上、養老五年（七二一）正月文章博士という閲歴がはっきりしているから、これも桃の実物を見た公算は低い。背奈王行文《せなのおおきみゆきふみ》は、帰化人の子で、神亀四年（七二七）従五位に叙されている。奈良朝詩壇のパトロン的存在であった長屋王《ながやのおおきみ》は、神亀元年（七二四）正二位左大臣に進んだが、天平元年（七二九）に陰謀に斃れている。権力と富との集中によって作られた長屋王の佐保の邸宅に限っては、桃の実物が輸入されたという蓋然性は、必ずしも低くない。安倍朝臣《あべのあそみ》広庭《ひろにわ》は、生没年がはっきりしていて、斉明天皇五年（六五九）に生まれて天平四年（七三二）に死んでいる。藤原朝臣宇合《ふじわらのあそみうまかい》は、持統八年（六九四）に生まれて天平九年（七三七）に死んでいる。藤原朝臣万里《ふじわらのあそみまろ》は、持統九年（六九五）に生まれて天平九年（七三七）に死んでいる。釈道慈は、大宝元年（七〇一）に生まれて天平十六年（七四四）に死んでいる。あとの四者になると、桃の実物を見た公算はだいぶ強まってくるが、厳密に言えば、各五言詩の制作年代が確定できなければ迂闊な断定はできないはずである。

とすると、少なくとも美努連浄麻呂と山田史三方との両文章博士《もんじょうはかせ》の場合には、徹頭徹尾、〝中国詩文〟を下敷きにして、文字の上だけの知識をもとに「階前桃花映」とか「春岫曄桃開」とか詠じたに過ぎないことが、明白である。おそらく、『懐風藻』の詩人たちは、詩的モティーフとしての桃の知識は『文選』『詩経』『芸文類聚』などから学び、信仰習俗の呪物的価値としての桃についての知識は『山海経《せんがいきょう》』『淮南子《えなんじ》』『風俗通義』『荊楚歳時記』などから学んでいたろうと想像される。時期的にいえば、わたくしがかりに設定した三段階のうちの（2）の年代と相覆《あいおお》うと見てもよいのではなかろうか。いずれ詳述する予定でいるが、『懐風藻』所収の詩篇は、題材を季節や自然事象に選んでいても、よく読んでみると、最後には天子（君主）の聖徳を賛美するおべっかになっていることがわかる。桃の美しさや呪力を詠み込んでいる場合にも、結局は天子の聖徳を頌めその長寿を祝うに過ぎない。そして、これは、漢詩文の学習をとおして習得した〝古代詩歌〟の基本主題にほかならなかった。八世紀の詩人たちには、桃の美質や愛すべき形姿など、少しも理解されてはいなかったのである。

　さて、そうなると、もう一つ、困ったことが起こってくる。わたくしたちは、『万葉集』巻第十九の巻頭に掲げられた大伴家持の有名な一首を知っている。天平勝宝二年（七五〇）三月の作であるから、この年、家持は数えどし三十四歳、越中国守として富山県に在任中であった。このことは確実である。ところが、確実でないのは（新たにあぶなっかしくなってきたのは）家持が本当に桃の花を見たかどうかという点である。まず、問題の一首を見てみたい。

　　天平勝宝二年三月一日の暮《ゆふべ》に、春の苑の桃李の花を眺矚《ながめ》て作れる二首

四一三九　春の苑《その》紅《くれなゐ》にほふ桃の花下照る道に出で立つ𡢳嬬《をとめ》

四一四〇　わが園の李《すもも》の花か庭に落《ち》るはだれのいまだ残りたるかも

〔原文〕天平勝宝二年三月一日之暮、眺矚春苑桃李花作二首

春苑　紅爾保布　桃花　下照道爾　出立𡢳嬬

吾園之　李花可　庭爾落　波太礼能未　遺在可母

ここに原文（白文）を掲げたのは、とくに前書に記された「眺矚春苑桃李花」とある字面《レツトル》から、作者が意識していた〝中国詩文〟に対する模倣なり学習なりのヴァレンスを掬《く》みとってもらいたかったからである。「春苑」も「桃李

花」も、漢詩にはおきまりの類題である。もともとは『文選』などに頻繁にあらわれる詩題であったものを、わが『懐風藻』でもさかんに真似《まね》をしている。『芸文類聚』をみると、「文選曰。南国有佳人。容華若桃李」とか「又。豔陽桃李節。山桃発紅萼」とかがあり、大伴家持の詩的モティーフと極めて酷似しているのを知らされる。すなわち、わが律令貴族文人が少しでも緊密に本場の〝文化〟を習得《マスター》しようとして、その手がかりとして多用した題材こそ、「桃李花」であった、ということがわかる。中国で桃といい李といえば、〝ユートピア〟を言い表わすシンボルであるという公理を、当時第一級の知識人である家持はちゃんと知っていたはずである。

けっきょく、家持のこの一首「春の苑紅にほふ桃の花」は、眼前の桃の花に触発されて歌いだされたものではなかった。そうではなくして、漢詩文の教養によって作りあげられ、文字どおりの「みやび」の文学ではなかったかと思う。家持が桃の花を知らなかった、とまでは断定できない。奈良近辺か難波周辺で、標本として大事に育てられた桃の木を見ていた、ということも、十分にあり得るからである。しかし、七五〇年ごろまでに、桃の木の栽培が越中にまで急速に普及していったとは、容易に考えられない。『万葉集』の歌を、なんでもかんでも〝写実精神〟や〝実相観入〟の成果に帰してしまう鑑賞技術や評価法には、少し無理が生じてくるのではないか。

それどころか、家持のこの一首の美学的＝思想的価値ということになると、写生歌や矚目叙景の詩と考えないほうが、かえって、複雑深奥な、屈折に富んだ要素《エリメント》をひきだし得るのではないか。

「越中守としての家持は、必ずしも専ら意を民政に用いるという型の人ではなかったようである。出挙の政に部内を巡行するとか、墾田地の検察に赴くというようなことはあっても、それを通じて特に民衆の生活に心を配ったというような形跡はなく、そこで得られた歌も内容的には羇旅遊宴の歌の域を出でぬものが多い」（川崎庸之『記紀万葉の世界』、大伴家持）のであった。そのくせ、天平感宝元年（七四九）四月には「陸奥国より金を出せる詔書を賀ぐ歌」（巻第十八、四〇九四〜九七）を作って、生涯の感激にひたっている。大仏造顕の事業は、或る意味で橘諸兄個人の事業と見られなくもないが、早くから橘氏と親近な関係にある大伴氏が何らかの積極的役割を果たすということもあって、それで、家持も一入《ひとしお》大きな感激を味わったのであろう。要するに、越中守大伴家持は、農民大衆に対する同情などは一と片《かけら》だに持たない人物であり、それに反して、おのが一族の繁栄とか隆昌とかについては絶えず心を悩ましているような人物であった。なにも、わたくしは、家持を非難しているのではない。事実をありのままに観察すれば、それ以外には解しようがないのである。そして、このようなエゴイスティックな〝ものの考え〟こそは、律令官人貴族に固有の〝政治的思考〟にほかならなかった。本章の冒頭に説明しておいたごとく、家持自身では、そのように思考し、またそのように行動するのが「ますらを」として永遠的真理なり普遍的倫理なりを実現する道であると心得ていたばかりのことである。実際に、「春の苑紅匂ふ桃の花」の歌をつくってから四、五月ののちに、「四一六五 丈夫《ますらを》は名をし立つべし後の代に聞き継ぐ人も語り継ぐがね」と詠じている（ただし、これも中国詩文の翻案である）。つまり、桃の歌の〝主題〟と、丈夫の歌の〝主題〟とは、全く同一の精神状況から産みだされているのである。

しかし、家持といえども、平坦順調な栄達のコースをひた走っていたのではなかった。既にして、藤原仲麻呂の勢力がじわじわと高まってきていて、橘諸兄の勢力をいずれは蹴落とす趨勢にあった。もし藤原仲麻呂がヘゲモニーを握る事態になりでもしたら、大伴一門は失墜することにもなりかねない。任地越中にあって、家持の主たる関心と言えば、首都奈良における政治の動向だけであった。

そして、そのような状況に置かれているさいちゅうに、「春の苑紅匂ふ桃の花」一首が作られたのである。しかも、前記のごとく、越中の国には実物の桃がまだ普及していなかったことがほぼ確実だとなってくると、大伴家持が「三月一日之暮、眺矚春苑桃李花」と前書して作った一首は、どうしても、京師《みやこ》へと向かう自己意識の形象化であるとしか他に解釈のしようが無いのではないか。奈良の宮廷文人たちは、今ごろ、漢詩パーティを開催しているころだろうか。懐しい奈良の友人たち、女たちは、今ごろ、何をしていることだろう。思念から思念を追っているうちに、眼前に彷彿と浮かび出てきた影像として、「下照る道に出で立つ媛嬬」が大写しに見えてきたのではないか。それは、貧寒とした地方行政官の邸内《やしきうち》の光景などとはまるで違った、一種〃ユートピア図絵〃のなかの久遠の女性みたいに輝いて見えてくる。自分の恋人のまぼろしのようにも思えぬでもないが、よくよく思い直してみたら、かつて中国詩文のなかで学んだ文学的形象の一つでもあるような気がする。ああ、それにしても、一日も早く京師《みやこ》へ帰りたいものだなあ。――と、このような心理がうたいだされているのではないか。

桃の実物を見ていなくても、いや、桃の実物をげんに目《ま》のあたり見ていないからこそ、大伴家持のこの一首は、かえって、切《せつ》ないくらいの訴求力と熱量とを帯びつつ読者に肉薄し得ているのだと思う。

もちろん、大伴家持のこの一首のような例はたくさんはない。多くの歌人の場合には、ただ単に〃中国詩文〃を模倣し換骨奪胎するのみに終始した。しかも一方、家持にしても凡百の万葉歌人にしても、かれらが律令貴族文人であったという制約からは、ついに逃《のが》れ出ることができなかった。それほど〃政治的思考〃は強大だった。

しかし、それだからと言って、大伴家持のこの二首の文学的価値は毫《ごう》も軽減されることにはならない。それどころか、中国詩文を学習し模倣したその努力をとおして初めて日本の国にpoetry《ポエトリー》の自立《じりつ》をもたらした点で、かえって、まことに重大な文化史的役割を果たしてさえいるのである。柿本人麻呂にしろ、山上憶良にしろ、大伴旅人にしろ、高橋虫麻呂にしろ、およそ『万葉集』の代表歌人と目《もく》されるひとびとは、ことごとく、中国詩文の卒業生《バチエラーズ》であり、かれらがその豊かな〃古代詩歌〃の素養ないし学識を駆使して「倭詩」を創造したればこそ、わが『万葉集』は偉大なる文学業績たるを得たのである。

ただし、それは、あくまでも、七〜八世紀の律令貴族官僚の抱懐する〃文化意識〃の所産であり、この時代の日本人全体の思考や美意識から産みだされたものでは断じてない。かりに「万葉集の精神」とか「万葉の精神」とかいう概念を抽きだすことが可能であるとしても、その精神なるものは、国粋主義的イデオローグが常套的讃美に用いるあの「ますらを」とか「み民われ」とか「草莽《そうもう》」とかいった修辞の裏がわに隠れている、正しくは、貴族階級という自分たちの小集団さえ生きのびれば爾余の百万大衆など飢え死にしようが血を流そうが委細お構いなしだという、恐るべき〃非人間的〃な思考方式でしかなかったのである。されば、現代に生きるわたくしたちは宜《よろ》しくこれら律令貴族官僚の〃生き方〃を模範にすべきである、などと平然と主張する一部論者に与《くみ》することが、理性的選択とは絶対になり得ないのは、あまりにも自明である。わたくしたちが『万葉集』から学ぶものは何かと言えば、それほどまでに〃人非人《にんぴにん》〃の本性まるだしの文人貴族たちがあんなにも美しい作品を産みだしたという〃芸術の不思議さ〃についてのみである。芸術の神が勝手《かって》気儘《きまま》で残虐であるのは、今も昔も変わることがないのであろうか。

　高級貴族官僚の数は、多く見積もってもせいぜい二百人ぐらいであったと考えられる。中級の官僚、下級官僚、その使い走り役の数を最大限に見積もっても、全国で二万人足らず。この小人数の官僚制支配機構によって、おそらく六百万人ぐらいは存在したであろうと推定される農民大衆をがんじがらめに抑圧し支配し収奪していた、というのが、七〜八世紀の律令国家体制の実体であった。このことは、現在では、誰でもが熟知している。いま、ここで問題とすべきは、かように三万人に一人の比率、二万人に一人の比率、といったような少数エリート階級が享受していた〃高級文化〃の持つ意味についての、立ち入った吟味である。国家権力が存在し、そこに一定の文化が創造されるためには、剰余生産物の継続的な産出の可能であるべき生産力の発展がなければならない。しかし、それにしては、ひとにぎりの貴族官僚が手中にして享受した〃特権者〃の文化のグレードは、当時の物質的生産力のグレードを、比較を絶して上回っているではないか。アジア的専制主義の文化はすべてこういうものだと言い切ってしまえば、事は簡単だが、大陸からぽつんと飛び離れた日本列島の場合には、それなりに固有の〃特権者の文化〃の形成パターンがあったように考えられぬこともない。すなわち、日本列島における〃文化〃なり〃教養〃なりの特質は、祭司者の職権カリスマと連帯する個人的カリスマ（小規模なる集団的カリスマをも含む）として、効力を発揮することが出来た点にある。軍事力もしくは政治力によって主権を簒奪した新しい権力者は、必ず新しい文化の保護者＝推進者の役割を演ずる手段を通じて、政治制度や宗教儀式によるだけでは、さらには民族心理や民俗慣習によるだけでは万全を期し得そうもない正当性（正統であることの理由）の主張を、なんとかして補強しようと図る。聖徳太子の仏教文化、天武・持統の律令法治主義文化、桓武・嵯峨の漢詩文崇拝文化（国風暗黒時代の文化）、鎌倉政権の禅文化、室町政権の唐物《からもの》文化、江戸幕藩体制の朱子学文化、明治維新政府の西洋文化、などなど、いずれも学習可能＝獲得可能な個人的（もしくは小集団的）カリスマとしての〝教養〟ないし〝文化〟の効力を管理＝掌握したものであった。そのかぎり、日本においては、文化の機能はつねに宗教に似た性格を帯びていたと言ってよい。（西欧の場合であると、教養および文化の世俗化が進行する過程で、私有財産と教養とを結合させた市民が、王位と祭壇とを昔ながらに結合させている支配体制にむかって、ついに鋭く対抗するようになり、この段階に到ってはじめて教養および文化は宗教に似た性格を帯びるに至るのであるが。）殊に、七〜八世紀の律令制支配機構のなかでは、律令政府が「これぞ日本国の正当宗教なり」と言って押し付ける神祇組織（じつは、急造《インスタント》の民族宗教でしかなかったのだが）と、新しき中国模倣の文化政策（もちろん、特権階級の占有物でしかなかった）と、この二つのシステムが〝二重宗教〟となって、強力に社会および人民を抑圧したのであった。『懐風藻』にしろ『万葉集』にしろ、仏教建築にしろ仏像にしろ、なるほどすばらしき高級文化を実現したものに違いはないが、無批判に「民族の遺産」として礼賛してばかりいてよいものかどうか。けっきょくは、今日という時代を生きるわたくしたちひとりびとりの歴史的主体をいかに把握するか、という歴史認識の問題に帰っていかざるを得ないことになる。

　歴史認識の問題は、実践にかかわるテーゼでもあるので、そうそう単純には片付かない。とりわけて、芸術の問題は、まことに厄介極まるテーゼであって、公式的な上部構造論では片付かない部分が多い。平和で物質的な繁栄を現出した〝良き時代〟が〝良き芸術〟を産みだすかというと、そうとばかりも言い切れない。いっぽう、険阻で動乱や貧困の続いた〃悪しき時代〃が逆に〃良き芸術〃の母胎となるといったような定式に至っては、なおさら存立することはあり得ない。しからば、芸術の歴史は、社会の一般的発展とは全く無関係に生き継ぐ〃自律発展の歴史〃であると断定し切れるかと問えば、これまた答えは否である。芸術の全領域と社会の一般的発展との間には、たしかに、幾つかの相関的関係が成立すると考えられる。当面の問題に近接した例証を選ぶとすれば、経済的にすぐれた社会から生まれた近世俳諧は、この商業ブルジョワジー台頭という社会発展を直截的《ちょくせつてき》に表現する形式であるがゆえに、特に近世において芸術的にすぐれることが出来たし、近代になってからも産業ブルジョワジーの飛躍という社会発展に照応して俳句興隆という現象をつくりだし、戦後の高度経済成長という社会発展に照応して〃俳句ブーム〃を現出した。いっぽう、政治的に険阻な社会から生まれた古代和歌は、物質的生産手段を掌握した支配階級の社会意識を表現する形式であるがゆえに、特に古代において芸術的にすぐれることが出来たし、中古の宮廷貴族社会の政治的思考の円熟に照応して和歌文学興隆という現象をつくりだし、近代になってからも明治絶対主義国家思想の高揚に照応して短歌興隆の一般的思潮を醸成し、戦後の十年間ほどは、こんどは険阻な社会条件を表現する形式としての機能を十全に働かせて空前の高水準に到達した。このように見てくると、短詩型の歴史と、日本社会の一般的発展との間には、疑うべくもなく幾つかの関係のあることがわかる。しかし、このように明らかに存在する幾つかの関係は、けっして単純な平行位相を示すものでもなければ、機械的な反映装置として在るものでもない。むしろ、これら幾つかの関係は、不均等でありかつ不均衡を抱《かか》え持っている、より正しくいえば内部的矛盾や対立物に満ちみちている、といったような関係にある。このことについて、マルクスの「経済学批判への序説」(一八五七年八月末から九月半ばまでに執筆された手稿)は、「芸術の場合には、人の知るように、その一定の隆盛期はけっして社会の一般的発展に対応してはいない。したがってまた社会の物質的基礎、いわば社会の組織の骨格の発展にも、けっして対応してはいない。たとえば、近代人と比較してみたギリシア人、あるいはまたシェークスピア。芸術のある種の形態、たとえば叙事詩については、次のようなことさえ認められている。すなわち、そのような形態は、芸術生産としての芸術生産が始まるやいなや、世界史の時期を画する古典的な姿ではけっして生産されないということ、つまり、芸術そのものの領域のなかでは、芸術のある種の重要な形態は、ただ芸術発展の未発展な段階だけで可能だということである。もしも芸術そのものの領域内での種々の芸術種類の関係でこうだとすれば、芸術の全領域と社会の一般的発展との関係でもそうだということは、なおさらもはや驚くにはあたらない。困難は、ただ、これらの矛盾の一般的把握にあるだけである。これらの矛盾が特殊化されるやいなや、それらはすでに解明ずみとなるのである」（岡崎次郎訳、国民文庫版『経済学批判』所収）と叙し、ギリシア芸術の現代にたいする関係を例にあげて説明したあと、こう帰結している。「しかし、困難は、ギリシアの芸術や叙事詩がある種の社会的発展形態に結びついていることを理解することにあるのではない。困難は、それらがいまもなおわれわれに芸術的享楽をあたえ、ある点では規範として、また到達できない模範として通用するということにあるのである。／おとなは二度と子供にはなれない。なるとすれば、〔もうろくして〕子供じみるのである、しかし、子供の無邪気さはおとなを喜ばせはしないだろうか？　そして、おとなは、ふたたびより高い段階で、子供の真実を再生産することにみずからつとめるべきではないだろうか？　子供の性質のなかには、どの時代にもその時代特有の性格がその自然の真実さでよみがえるのではないだろうか？　人類が最も美しく発育するその歴史的幼年期、なぜ、それは、二度とは帰ってこない段階として、永遠の魅力をあたえてはならないのだろうか？　しつけのわるい子供もあれば、ませた子供もある。古代民族の多くはこの範疇に属している。ギリシア人は正常な子供だった。彼らの芸術がわれわれにたいしてもつ魅力は、この芸術がそのうえで成長した未発展な社会段階と矛盾するものではない。彼らの芸術の魅力は、むしろ、この未発展な社会段階の結果なのである。また、むしろ、かの芸術がそのもとで発生した、そしてただそのもとでのみ発生しえた未熟な社会的諸条件がふたたび帰ってくることはけっしてありえないということと、不可分に関連しているのである」（同）と。しかし、マルクスのこの手稿とても、芸術の問題を完全には解決しているとは言い難い。そこで、アンリ・ルフェーヴルは「ギリシア人たちが——はげしい政治的社会的闘争の過程で——その文化の野ばんな、原始的な一面に打ちかった、という事実を考慮にいれる必要はないか」（多田道太郎訳『美学入門』、Ⅱ 美学にたいするマルクス＝エンゲルス）という補足的提議を加えているが、たしかに、その面からの探究を付加すれば、マルクスによる芸術の問題に関する探究は十全を期し得るように思われる。

けっきょく、『万葉集』の芸術的魅力も、その根拠は、歴史的わんぱく時代という未熟な社会段階にこれが産みだされたということと、その芸術がそのもとでだけ発生し得た未熟な社会的諸条件が二度とふたたび返って来ないということと、この二つのことに不可分に結合しているのである。『懐風藻』の芸術作品としての魅力も、これと全く等《とう》同《どう》の根拠から生じている。そして、そのような根拠を踏まえてこそ、はじめて、『万葉集』も『懐風藻』もかけがえのない文化遺産であるとの了解を得ることが可能となるのである。今日の時点に立って『万葉集』という芸術作品を尊敬し且つその様式に学ぶということと、今日という時代の社会的諸条件を『万葉集』の時代に引き戻そうと意想し主張することとは、全く別の事柄に属する。『万葉集』の芸術的価値はあまりにも偉大であるが、万葉時代の社会的諸条件はあまりにも未熟であり未発展であり、あまりにも劣悪であった。この両者の不均衡関係のなかにこそ、わたくしたちは〝芸術の不思議さ〟を洞見すべきなのである。

疑いの余地もなく、支配的階級の思想はいずれの時代においても支配的思想である。ところが、その支配的階級に属しているはずの律令貴族文人官僚みずからの〝即自的階級〟の経験（もしくは自己意識）の内容に踏み入ってみると、かれらとても、必ずしも太平楽《たいへいらく》を唱《とな》えてばかりいられなかったことがわかる。明らかに、かれらは、被支配階級（具体的には律令農民階級である）に対しては、圧倒的に優位な力関係に立って既得特権を行使し、〝みやび〟（魂の貴族性）をふりまわす示威的行動によってその特権を正当化し、自己の置かれた客観性を逃れて甘美な主観性のなかに陶酔することが出来た。しかし、かれらは、ひとたびおのれが階級内部の上級者（具体的には天皇および政権掌握者である）に対するとなると、こんどは圧倒的に弱者の立場に立たされて、卑屈で、優柔で、追従的で陰険な態度をとりつづけ、既得のもろもろの特権を剝奪されまいとして不断の努力を重ねた。

かれらにはそうとは明確に自覚されたはずもないが、かれらは、自分たちの律令貴族官僚という階級ないし身分が、「他者」（天皇および政権掌握者）の手中に完全に掌握された〝何物か〟である、との経験を味わうこともできたはずである。まず、その「他者」が厳然として存在し、自分たちの階級は、その「他者」にとっての対象であるにすぎない〝何物〟かであった、ということに気づいてもよかったはずである。かれらは、自分たちの本質（もっと正確にいえば、生きているという現実そのこと）が自分たちに属せず、「他者」の欲望の対象のうちに現存している、ということを意識せざるを得なかったはずである。このように個人に向かって疎遠な力（よそよそしい力）として対立する「他者」が存在することにより生ずる結果を、マルクスは〝疎外〟と呼んだのだが、律令貴族官僚たちも、今日の歴史的視点から見れば、りっぱに〝疎外〟の状況に封じ込められていたことになる。制度とイデオロギー、所有と支配の世界においては、〝疎外〟は一般的であると言わざるを得ない。被支配者や労働者のみならず、支配者も、他人の労働の生産物を収奪する者も、この世界では、自分自身の行為や作品や他人から（それから自分自身からさえも）疎外されている。したがって、それは、多くの点において〝倒錯した世界〟である。マルクスの言葉どおりに言えば、「すでに封建的土地所有のうちに、土地が人間たちにたいして或る疎遠な力として支配するという事実がふくまれている。農奴は土地の偶有的属性《アクチデンツ》である。同様に長子相続主、長男もまた、土地に属している。土地が彼を相続するのである。一般に土地所有とともに私的所有の支配が始まるのであって、土地所有が私的所有の基礎である」（藤野渉訳『経済学・哲学手稿』、第一手稿、地代）ということになる。なるほど、マルクスは「すでに封建的土地所有のうちに」とだけ述べていて、古代的土地所有のうちにとは述べていないのであるが、八世紀半ばの日本律令社会においては早くも荘園の萌芽が見えはじめているのである。天平十五年（七四三）に実施された墾田永世私財法は、すでに当時において既成事実となってしまった事態に対する承認および合法化の処置が取られたことを意味する。かりにそのように考えなくとも、この立法によって墾田の開発が急速に進められたことは明白な事実であった。げんに『類聚《るいじゅう》三代格《さんだいきゃく》』巻第十五に見える宝亀三年十月十四日官符には「聴㆓墾田㆒事／右撿㆓案内㆒。去天平神護元年三月六日下㆓諸国㆒符称。奉㆑勅。如㆑聞。天下諸人競為㆓墾田㆒。勢力之家駈㆓使百姓㆒。貧窮之民〔百姓〕無㆑暇㆓自存㆒。自今以後。一切厳禁」うんぬんとあり、勢力之家が百姓どもを駈《は》せ使ったので貧窮之民は自存するに暇無《いとまな》しという状況さえ生起していた事実を知る。この墾田開発の進行は、初期荘園の経営の開始を促し、尋《つ》いでその発展を促した。王臣家をはじめとして、有力貴族、地方豪族、上層農民に至るまでの、初期荘園の経営各層は、公民や奴婢の労働を求めて、魚酒の給与をおこなったり、課役からの自由を保証してその逃亡《ちょうぼう》を幇助したり促進したりして、あくなき私利私欲の追求を達成すべく躍起になっていた。約言すれば、律令政府の当事者であり要人である官僚貴族たちは、同一人格《ペルソナ》のなかで、一方では律令政治の推進者＝維持者という役柄《ペルソナ》を演じながら、他方では極めて反律令的な行動＝実力行使を平然とやってのける素面《ペルソナ》を具備していた。かくして、社会的な力が私有関係の内部において大きくなるにしたがって、人間はますます利己的＝非社会的となり、ますます自己自身の本質から疎外されたものとなる。わけても極端なのは被支配階級＝農民大衆の疎外であった。七〜八世紀の律令農民は、人間扱いを受けてさえいなかった。農民たちにとって、この日本列島の大地自然といえば、地震や火山爆発や、水害や冷害や、疫病や飢餓などが頻発した原初的自然（「第一の自然」）から先住民たちが血みどろの努力で戦いとったすばらしき自然であったはずなのに、新たに、律令政府が押し付けてよこしたこの「第二の自然」は、第一の自然よりもはるかに強力であり、はるかに取扱いがたいものとしてあらわれてきたのである。つまり、物的な諸関係があらゆる個人的契機を縛りつけるほどに成長し、独立した力と化して人間に襲いかかってきたのである。律令政治体制のなかではいちばん良い目に遭った貴族官僚とても、制度とイデオロギー、所有と支配の世界のうちに生きるかぎり、一般的な意義における〝疎外〟に封じ込められていたと認めざるを得ない。もとより、〝疎外〟そのものは近代産業および近代的分業とともに深刻化するのであるが、すでに「富と教養とはいずれも生産力の大きな上昇――生産力の高度の発展――を前提とするものである」(『ドイツ・イデオロギー』、フォイエルバッハ)以上は、古代農業生産および古代土地所有制度に徴して、そこに〝疎外〟の事実のあったことは認めざるを得ない。ただ、律令貴族官僚たちにその自覚があったかどうか、ということを問う段になれば、答えは否である。

ここで必要なのは、律令官僚貴族たちが、「人間の本性」(人間らしさ)を十全なかたちで具有していたとは判断しにくい、という点である。別の言葉でいえば、「自己自身の創造者としての人間」だったとは判断しにくい、という点である。さらに別の言葉でいえば、「人間の根源的欲求である自由」を社会によって個人のものとすることも出来なければ、また個人によって社会のものとすることも出来なかった、という点である。前に「人非人」といったようなどぎつい表現を用いたかと思うが、正しくは、律令文人官僚貴族たちの「非人間性」と呼ぶべきであった。これは、なにも、『懐風藻』や『万葉集』に詩歌作品をならべている文人たちひとりびとりが、生得的《しょうとく》＝性格的に不完全な人間たちばかりだった、ということを意味しはない。だいいち、『懐風藻』の出詠者六十人余、『万葉集』の出詠者五百四十人余、両集に跨る作者を除いても大体六百人ぐらいの人間が、かたっぱしから性格破綻者だったり冷血漢だったりするなど、理性から言っても到底考えられることではない。律令文人貴族官僚たちは、自分ではそうと気づかずに人間性を失ってしまっていた、というに過ぎないのである。これは、明らかに、七〜八世紀の社会構造や、生産諸力と生産諸関係との間に生じた矛盾から生じた事象の一つである。この矛盾は、こののち平安朝日本漢文学史、中世漢文学史の基礎構造を構成することとなるであろうし、また、王朝和歌史、中世和歌史の基本構造を構成することとなるであろう。日本詩歌の作者たちが無意識のうちに働かせていた〝政治的思考〟を突き止めようとするのが、わたくしの探究意図である。そして、その〝政治的思考〟は、最も端的《たんてき》に古代知識人たちの〝自然観〟のうちに曝《さ》らけ出されている、と考えられる。
（ちなみに、「文人官僚」がいかに度《ど》外《はず》れて非人間的であったか、ということに関しては、アーノルド・トインビーが夙《つと》に発言している。『歴史――解釈の試み』をみると、古代エジプト帝国における文人官僚政治の惨憺たる罪禍に触れた箇処でこれに言及し、「孔子の流れを汲む文人官僚は、何百万人もの労働者大衆の負担を軽くしてやるなどといった理由では、おのれの小指一本たりとも動かさないことを、みずから誇りとしていた。実際問題として、文人官僚の手の爪はあまりにも長く伸ばされているために、筆をとる以外の用途には手を使うことなど到底できはしなかったのである。それればかりでなく、東アジアに生起したさまざまな社会変化や変動のたびごとに、文人官僚が圧制者の座に居座《いすわ》ろうとしたその執拗さに関しては、けだし、エジプトの同僚たち以上のものがあった」と。そして、東アジア世界の新興国である七〜八世紀の日本律令国家は、この文人官僚政治体制を必死になって模倣し学習したのであった。）

さきほど、わたくしは、『懐風藻』のなかに詠じられてあるウメおよびモモの分析をおこなった。つぎには、さらにサクラについての分析を試みようと思う。

まず、『懐風藻』には、桜を詠んだ作品が二首ある。――

正五位上近江守采女朝臣比良夫。一首。年五十。

五言。春日侍宴。応詔。一首

論道与唐儕。語徳共虞隣。冠周埋尸愛。駕殷解網仁。淑景蒼天麗。嘉気碧空陳。葉緑園柳月。花紅山桜春。
雲間頌皇沢。日下沐芳塵。宜献南山寿。千秋衛北辰。

正五位上近江守《あふみのかみ》采女朝臣《うねめのあそみ》比良夫《ひらふ》。一首。

五言。春日《しゆんじつ》宴《うたげ》に侍《じ》す、応詔《おうせう》。一首。

42道《みち》を論《い》へば唐《たう》と儕《ひと》しく、徳《とく》を語《かた》れば虞《ぐ》と隣《なら》ぶ。周《しう》が尸《かばね》を埋《う》めし愛《あい》に冠《ひ》で、殷《いん》が網《あみ》を解《と》きし仁《じん》を篤《しの》ぎたまふ。淑景《しゆくけい》蒼天《さうてん》に麗《うるは》しく、嘉気《かき》碧空《へきくう》に陳《つら》く。葉は緑《みどり》なり園柳《ゑんりう》の月、花は紅《くれなゐ》なり山桜《さんあう》の春。雲間皇沢《うんかんくわうたく》を頌《ほ》め、日《じつ》下芳塵《かはうぢん》に沐《ゆあみ》す。宜《よろ》しく南山《なんざん》の寿《よごと》を献《たてまつ》りて、千秋《とこしへ》に北辰《ほくしん》を衛《まも》るべし。

○

左大臣正二位長屋王。三首。　年五十四。

五言。初春於作宝楼置酒。一首。

景麗金谷室。年開積草春。松烟雙吐翠。桜柳分含新。嶺高闇雲路。魚驚乱藻浜。激泉移舞袖。流声韵松筠。

左大臣正二位長屋王《ながやのおほきみ》。三首。　年五十四。

五言。初春作宝楼《しよしゆんさほろう》にして置酒《ちしゆ》す。一首。

69景《かげ》は麗《うるは》し金谷《きんこく》の室《むろ》。年は開く積草《せきさう》の春。松烟雙《しようえんなら》びて翠《みどり》を吐《は》き、桜柳《あうりうわ》分きて新《あらた》しきことを含《ふふ》む。嶺は高し闇《あん》雲《うん》の路。魚は驚く乱藻《らんさう》の浜。激泉《げきせん》に舞袖《ぶしう》を移《うつ》せば、流声松筠《りうせいしようゐん》に韵《ひび》く。

（訓みくだし文は『日本古典文学大系69・懐風藻』に拠る）

はじめに、二首漢詩の大意を摑んでおこう。

前の詩、采女朝臣比良夫《うねめのあそみひらふ》の五言詩。——わが天子さまは、その踏み行なっていらっしゃる道について論じますならば帝堯陶唐氏（堯帝）と等同《とうどう》であらせられ、その仁徳について語りますならば帝舜有虞氏（舜帝）と匹儔したもうほどでございます。わが天子さまは、周の女王が死骸を掘り起こして改葬してやったというあの故事を越えるほどの仁愛をお持ちでいらっしゃり、殷の湯王が鳥網の三面を解くように命令したというあの故事を凌駕するほどの仁徳をお持ちでいらっしゃいます。さて、外面《とのも》に目を遣《や》りますのに、春のうららかなよい景色は、青空のもとにうるわしく、めでたい瑞気《ずいき》は青い空につらなり広がっております。御苑の柳は緑の葉が鮮《あざや》かであり、折しもその柳に春の月がかかっておりますし、山ざくらは真赤《まっか》に咲いて今しも春を誇っているかのようであります。まさに、雲の間、すなわち宮中におきましては、われらは天子さまの恩沢をほめたたえ奉り、かつ、日のもと、すなわち天子さまのお膝もとにおきまして、こうして香ぐわしい塵を浴び奉っているところでございます。われら、このうえは、天子さまの御長寿を祝い奉る言葉を言上して、千秋万歳にわたって、北極星である天子さまをお守りすべきであると、そのように思っております。

つぎに、長屋王《ながやのおおきみ》の五言詩。――わが佐保楼の風景のうるわしさと申しましたら、かの晋の石崇の別荘のあった金谷にも比すべきほどでありますが、この佐保楼に初春の年が開けたのです。かの長安京の離宮にある積草池にも比すべき、この佐保楼の林泉に春がやってきたのです。まこと、松と春靄《はるもや》とは相並んでともにみどり色を吐《は》き放《はな》ち、桜も柳も各自めいめい新鮮な色をふふんでおります。振り仰ぎますと、嶺は高く聳えておりまして、暗い雲路の上に見えております。さらに、目を苑の林泉のほうに転じますと、そこに、魚どもは驚き乱れて、藻のいっぱい生えた水際《みぎわ》のあたりでぴーんぴーんと跳《は》ねております。折しも、舞姫たちがひらひらと袖をひるがえし舞いながら激泉（ほとばしる噴井《ふくい》）のあたりに移って行くので、そのほうに注意を傾けてみますと、ああどうでしょう、その泉の放つ流声は松や竹群にさわやかに響いて、奥深げに耳に聞こえてくるではありませんか。

前の詩においては、サクラは、天子（天皇）の具有したもう最高最大の仁愛を讃美する文脈《コンテキスト》のなかで詠じられていることに、わたくしたちの注意を向ける必要がある。後の詩においては、サクラは、左大臣で当時最高の権力者であった人物の豪奢な私邸の庭園風景を叙した文脈のなかで描写表出されていることに、注意を向ける必要がある。しかも、前者は天皇（一応、元明帝ということにしておく）主催の宮中酒宴の席上において作られ、後者は左大臣主催のガーデン・パーティの宴席において作られていることにも、注意を払う必要がある。それよりも先に、もっと大切な手続として、サクラが漢詩作品（五言詩）のなかで有機的＝組織的な役目を果たし、しかも中国漢詩文との関連においてはじめて自己の〃存在理由〃を主張し得ている点に注意する必要がある。以上の諸点に対する注意を全く怠って、ただたんに『懐風藻』所収の漢詩二篇にサクラが詠まれてあるからという理由だけから、サクラは八世紀中ごろには既に文学的素材として重要視された、したがってサクラは日本民族によって古くから賞美された、などという結論をひきだしてきたのが、従来の日本文化史研究家および植物誌筆者の常習的やり方であった。ウメおよびモモが外来種であることははっきりしているが、さりとて、サクラが確実に日本列島における自生種であると言い切れるかどうかということになると、わたくしが渉猟した学術資料の範囲ではもういちど疑ってよいように思われる。植物学者による純粋に自然科学的研究といえども、ことサクラに関すると、この花は日本の〃国花〃であるという先入見があらかじめどっかと胡座《あぐら》を掻き、その視座から一切の記述がなされている。フッサールやメルロー＝ポンティがかれらの著作のなかで明かしたように、自然科学系列の諸学問も、当事者である科学者が自分で思い込んでいるほどには客観的自律性を付与されてはいないように思われる。そうは言っても、当方の試みようとするサクラの分析がすぐれたものだなどという主張をするつもりはない。これは、ほんの〃作業仮説〃の役割しか担うものではないからである。

　サクラが中国詩文との関連においてこそはじめて自己の〃存在理由〃を主張し得ている点を検証するに先だって、二篇の漢詩作品そのものが徹頭徹尾そのリアリティの根拠を中国詩文および中国故事に仰いでいる事実をざっと把握しておくのが順序であろう。

　前の詩において、「道を論《い》へば唐《たう》と儕《ひと》しく、徳《とく》を語《かた》れば虞《ぐ》と隣《なら》ぶ」という対句《ついく》は、いうまでもなく古代儒教創成神話の堯舜を踏まえたもの。日本の天子（天皇）の聖徳を讃えるのに、諾冉《だくせん》や天照大神を引き合いに出していないことに、くれぐれも注目されたい。「周《しう》が尸《かばね》を埋《う》めし愛《あい》に冠《ひい》で、殷《いん》が網《あみ》を解《と》きし仁《じん》を駕《しの》ぎたまふ」という対句は、『呂氏春秋』異用篇の『周文王使二人扣《ホラ》レ池《ヲ》。得二死人之骸一、吏以聞二於文王一。文王曰、更葬《レヨ》レ之。吏曰、此無レ主矣。文王曰、有二天下一者、天下之主也。有二一国一者、一国之主也。今我非二其主一也、遂令下吏以二衣棺一更葬上レ之。天下聞レ之曰、文王賢矣、沢及二髊骨一、又況於レ人乎」と、『芸文類聚』帝王部、殷成湯の条に「帝王世紀曰、……出見二羅者一、方祝曰、従二天下一者、従レ地出者、四方来者、皆入二吾羅一。湯曰、嘻、尽之矣、非レ桀其孰能為レ此哉。乃命解二三面一而置二其一面一。更教之祝曰、欲レ左者左、欲レ右者右、欲レ高者高、欲レ下者下、吾取二其犯レ命者一。漢南諸侯聞之、咸曰、湯之徳至矣、沢及二禽獣一、況於レ人乎」とを踏まえたもの。「葉《は》は緑《みどり》なり円柳《ゑんりう》の月《つき》、花《はな》は紅《くれなゐ》なり山桜《さんあう》の春《はる》」の対句は後に廻すこととして、「雲間皇沢《うんかんくわうたく》を頌《ほ》め、日下芳塵《じつかはうぢん》に沐《ゆあみ》す」の対句は『世説新語』巻下之下排調第二十五の「陸挙手曰雲間陸士竜、荀答曰日下荀鳴鶴」のレトリックを踏まえたもの。「宜《よろ》しく南山《なんざん》の寿《よごと》を献《たてまつ》りて、千秋《とこしへ》に北辰を衛《まも》るべし」の対句は、『毛詩』小雅篇、天保の「如二月之恒一、如二日之升一、如二南山之寿一、不レ騫不レ崩」と、『論語』為政篇「子曰、為レ政以レ徳、譬如下北辰居二其所一而衆星共上レ之」とを踏まえたもの。——こう見てくると、釆女朝臣比良夫の五言詩は、どこからどこまで中国詩文、中国故事、儒教古典の知識をもとにして出来上がった作物《さくぶつ》であり、また、そのような中国的教養を前提としてのみ一篇の詩作品《ポエトリー》としてのリアリティを実現し得るといった体《てい》の作物でしかない、ということがわかってくる。

後の詩について見ると、「景《かげ》は麗《うるは》し金谷《きんこく》の室《むろ》、年《とし》は開《ひら》く積草《せきさう》の春《はる》」の金谷は、『文選』潘安仁、金谷集作詩、李善注に「酈元水経注曰、金谷水出二河南大白原一、東南流、歴二金谷一、謂二之金谷水一、東流経二石崇故居一」とある。積草池は『初学記』地部、昆明池に「漢上林有レ池、十五所、……東陂池太一池牛首池積草池、池中有二珊瑚一、高丈二尺、一本三柯四百六十条、尉佗所レ献、号曰二烽火樹一」と見え、また『西京雑記』に「積草池、中有二珊瑚樹一、号為二烽火樹一、至レ夜光景常欲レ燃」と見える。はたして、作者である長屋王がみずから文献を調べたかどうかは不明だが、帰朝した遣唐使や入朝した中国僧などから〃ユートピア物語〃のようにして新知識＝情報を得ていたろうことは確実である。「嶺《みね》は高《たか》し闇雲《あんうん》の路《みち》、魚《うを》は驚《おどろ》く乱藻《らんさう》の浜《はま》」は、『文選』巻第二十六の謝霊運の「入二彭蠡湖口一」の「巌高白雲屯」や「過二始寧墅一」の「巌峭嶺稠畳、洲縈渚連緜。白雲抱二幽石一、緑篠媚二清漣一」を換骨奪胎したものと想像される部分もある。

（ただし、直接的には他に出典のあることについては後述のとおり。）そして、「激泉《げきせん》に舞袖《ぶしふ》を移《うつ》せば、流声松筠《りうせいしようゐん》に韵《ひび》く」は、やはり『文選』の長笛賦の『状似㆓流水㆒』の李善注に「列子曰、伯牙鼓㆑琴、志在㆓流水㆒、鍾子期曰、洋々乎若㆓江河㆒」と見える故事を踏まえていると考えられる。――この詩もまた、同じように、徹頭徹尾、中国詩文のレトリックや中国故事の寓意をもって構築した作物《さくぶつ》にほかならぬことが明瞭にわかる。

以上のごとくして、いったん全体的＝構造的に把握された二篇の詩作品の文脈のなかでは、どのスタンツァといえども（極端に申せば、どの単語といえども）中国詩文や中国故事や中国思想の断片によって出来上がっていないものはない、という観察報告しか、もはや導き出せなくなったのではあるまいか。「葉《は》は緑《みどり》なり円柳《ゑんりう》の月《つき》、花《はな》は紅《くれなゐ》なり山桜《さんあう》の春《はる》」とある対句《ついく》、「桜柳《あうりうわ》分きて新《あらた》しきことを含《ふふ》む」とある一句、これらもただちに中国文化に源泉（具体的にいえば出典）を仰ぐ表現修辞であろうことも、今や容易に推臆し得るのではあるまいか。

そして、その推臆は、必要にしてかつ十分な根拠を有する。すでに、柿村重松の歿後刊行書である『上代日本漢文学史』（昭和二十二年七月、日本書院刊）は、釆女比良夫および長屋王の漢詩作品ちゅうに詠まれたサクラが『文選』所収の沈約にもとづいているとの言及を為している。柿村は『懐風藻』の教養的源泉について、「文選は当時に広く読まれたる文集なれども、文選所載の詩文に模擬せるものゝ如きは殆んど希なりき。蓋し文選の雄篇巨作は時代を懸隔せる外人の到底跂及し得る所にあらざればなり。然らば文選は何が故に当時に広く読まれたるかといふに、そは専ら文字典故の府庫としてなりしなり。何を以て之れを言ふ。曰く、文選が爾雅と並び用ひられしにて之れを知るべし。考課令に拠れば、進士は文選爾雅を読みしものに取り、文選上帙七帖爾雅三帖の読を試みることに定められ、続日本紀宝亀九年十二月の条に拠れば、唐人袁晋卿は文選爾雅の音に通ぜしを以て大学音博士に用ひられしが如き、皆文選をば爾雅と同類に見做しゝ証なり。之れを要するに、当時の文人は文選を主として博く三史五経等より制作の資料を採り、而して初唐の体裁を規模として、其の藻思を発展せしなり」との全体的観察を提示したあと、特に日本の古代詩歌の詩材となった自然現象について、つぎのような明晰な判断をおこなっている。

詩文殊に詩の材料となりし自然の物象は、天にありては風雲雪月、地にありては山川草木皆然らざるなし。四時の景物としては、春にあつては梅柳桃桜と歌鶯遊魚とあり、秋にあつては露菊幽蘭と寒蟬帰雁とあり。其の他松あり竹あり草あり苔あり猿あり鶴あり。而して是等景物の中には、支那の詩文に常に用ひられて、日本の古歌には殆んど詠まれざりしもの少しとなさず。梅柳の如きは従前の歌謡には殆んど顧みられず、支那に於ても梅は江南の花として北方には稀に伝はり、六朝に及んで屢〻言詠に上るに至りしものなるが、我が奈良時代には已に柳条桃花と共に漢詩の詠材となりしのみならず、万葉の歌人にも頗る玩詠せらるゝに至りき。蘭菊雁猿の類も詠物としては亦舶来に属し、殊に菊花猿声は懐風藻の詩には二三之れに言及せるものあれど、万葉集の歌には殆んど之れを詠ぜるものはなく、菊花の代りに萩花、猿声の代りに鹿鳴が好んで歌材となれるを見るべし。然るに奈良時代を過ぎては菊の花も猿の声も倶に歌人の感懐を惹くこととなりき。是れ皆支那の詩材が日本漢文を経て日本文学一般に影響を及ぼしゝ蹤迹を説明するものなり。桜花に詠及せるは釆女比良夫の春日侍宴に、葉緑園柳月。花紅山桜春。とあり、長屋王の初春於ニ作宝楼一置酒に、松烟雙吐レ翠。桜柳分含レ新。とあり、尋いで平安時代に於ては、詩文に之れを作るもの少からざるに至りしが、これは文選にも沈約の早発定山詩に、野棠開未レ落。山桜発欲レ然。の句ありて、文字の支那に本づけることは言を待たざれども、桜花が特に我が詩文の一大詠材となるに至りしは、全く国民固有の好尚によると謂はざるべからず。若しそれ人為の詠材としては糸竹と文酒とあり。国民の楽を好み酒を嗜むは太古よりして已に然りと雖も、詩文の詠材としては直接には之れを支那文学に承けたりと謂ふべく、かくてこは国民の嗜好に投合して、柳桜をこきまぜたる華巷に於て、将た山紫水明の仙郷に於て、唐風模倣を標榜して、盃を挙げ韻を探るは、当時朝紳至美の享楽となりしなるべし。

（第二篇上代後期、第十七章詩文の概評）

柿村によると、ウメ、ヤナギ、モモなど、中国の詩材が日本漢文を経て日本文学一般に影響を及ぼしたものが少なくないが、サクラは、その「文字の支那に本づけることは言を待たざれども、桜花が特に我が詩文の一大詠材となるに至りしは、全く国民固有の好尚によると謂はざるべからず」というふうに把握される。そして、やがて「柳桜をこきまぜたる華巷に於て、将た山紫水明の仙郷において、唐風模倣を標榜して、盃を挙げ韻を探るは、当時朝紳至美の享楽なりしなるべし」と把捉される。柿村の文章のこの部分、ちょっと不徹底な表現になっていて、当方なりに随分努力してみたが、やはり理解できないところがある。だが、采女比良夫および長屋王の漢詩にあらわれた「桜」が『文選』をもとにしている点と、桜（そして柳）が詩材として採択されたのは貴族階級の酒宴の席上においてであったという点と、この二つの点だけは明確に提示し畢《おお》せているのではあるまいか。そして、この二点こそは『懐風藻』の詩人たちの〝文化意識〟を適確に照らし出す大切なモメントになっている、ということができる。

そこで、わたくしたちは、問題になっている沈約《しんやく》（沈休文）の五言詩「早発二定山一」の原作品を知っておかなければならない。

早発二定山一　　沈休文

夙齢愛二遠壑一　晩莅見二奇山一
標二峯綵虹外一　置二嶺白雲閒一
傾壁忽傾竪　絶頂復孤円
帰レ海流漫漫　出レ浦水浅浅
野棠開未レ落　山桜発欲レ然
忘レ帰属二蘭杜一　懐レ禄寄二芳荃一
眷言採二三秀一　徘徊望二九仙一

夙齢《しゆくれい》より遠壑《ゑんがく》を愛《あい》し、晩《ばん》に莅《のぞ》みて奇山《きざん》を見《み》る。
峯《みね》を綵虹《さいこう》の外《ほか》に標《あ》げ、嶺《みね》を白雲《はくうん》の間《あいだ》に置《お》く。
傾壁《けいへき》は忽《たちま》ち斜《ななめ》に竪《た》ち、絶頂《ぜつちやう》は復《ま》た孤《ひと》り円《まどか》なり。
海《うみ》に帰《き》して流《ながれ》は漫漫《まんまん》たり、浦《ほ》より出《い》でて水《みづ》は浅浅《せんせん》たり。
野棠《やたう》は開《ひら》いて未《いま》だ落《お》ちず、山桜《さんあう》は発《ひら》いて然《も》えんとす。
帰《かへ》るを忘《わす》れて蘭杜《らんと》に属《ぞく》し、禄《ろく》を懐《おも》ひて芳荃《はうせん》に寄《よ》す。
眷《かへり》みて言《ここ》に三秀《さんしう》を採《と》り、徘徊《はいくわい》して九仙《きうせん》を望《のぞ》む。

(訓みくだし文は『新釈漢文大系15・文選(下)』に拠る)

同じく「新釈漢文大系」本によって、その「通釈」というのを示すと、「わかいころから吾は遠い山に遊ぶことが好きであったが、年とった今、東陽太守として赴任するにあたり珍奇な山を見ることができた。すなわちこの定山の峰嶺《みね》は色どり美しい虹《にじ》(あさやけ雲をさす)や、また白雲のほとりに聳《そび》えている。がけは甚だ急な角度で斜に傾いて立つが、頂きだけは円《まる》い。(この山のふもとの江は)海に注ぎこむあたりでは広く平かな流れになるが、ここの浦では水流が急である。野の棠《やまなし》は花が開いたままで、まだ落ちていないし、山の桜花は紅く開いて火が燃えだしそうな色である。蘭杜や芳しい荃に心を寄せ、終《つい》には心を奪われ、禄についている吾が身のことを思いつつも帰ることを忘れる。われは芝草(仙草のこと)をとりたいと思う、そして九仙の道を得たい(幽棲したい)と望みつつ徘徊する」とある。

これで、この詩の主題を大凡《おおよ》そ摑むことが出来たと思うが、『文選』巻第二十六に登載されてある南朝時代の「行旅」の詩の本質をあらまし知っておくことも無駄ではないであろう。小尾郊一『中国文学に現われた自然と自然観』(昭和三十七年十一月、岩波書店刊)の教うるところによれば、「要するに、作者の遊覧とか、行旅によって、その眼に触れた山水の景色が描かれていることが大部分であって、この場合、作者の自然に対する態度は、自然を、眼を楽しませる美しいものであると観て、積極的に詠じようとしている。つまり、こうした自然観の原因の一つは、彼らの遊楽や奢侈の生活に起因する。宋・斉・梁・陳と続く、天子を中心とした貴族公子の遊楽や奢侈の生活は、彼らをして、山水への遊楽に駆《か》りたてたことであろう。かかる遊楽の場において観る山水は美しい。かくて現われたのが、右のような美しい山水を捉えた諸々の山水詩であろう。嘗つて隠遁思想によって芽生えた山水詩は、今や遊楽思想によって、さらに大いなる発展をしたと言ってもよい」（第二章南朝文学に現われた自然と自然観、第一節山水をうたう詩）という。そうとわかってみると、日本上代の『懐風藻』の詩人たちが山水の美を詠じたその精神的姿勢も、ひたすら「貴族公子の遊楽や奢侈の生活」に根ざした「山水への遊楽」の思想を学ぼうとするものだったことに合点がゆく。殊にも、南朝貴族たちの遊楽生活は、自然の山水を庭園に写してそれを楽しむ〝造園趣味〟を生みだし、庭園の仮山《つきやま》に遊ぶことを「山水に遊ぶ」と考えるようになった。

したがって、「山水に遊ぶ」詩とは言うけれども、なにもわざわざ旅装をととのえ足裏を火照《ほて》らせながら山水自然の懐《ふところ》深く身を運び入れて行かなければならぬという規則《きまり》はなかった。それが、たとえば『文選』巻第二十六などに多数登載されてある南朝時代「行旅」詩の産みだされた現実的地盤なのであり、もともとアジア的停滞社会の抱える矛盾の反映であるところの隠遁思想に根ざして発生した山水詩は、今や完全に支配階級の弄ぶ「遊楽思想」へと転移された。小尾前掲書は、この転移のプロセスを様式史的に跡づけている。小尾郊一によると、「園内の山水が描写されることの最も多い詩は、三月三日、九月九日などの吉日における遊宴の詩である。また『侍宴』と称せられる詩である。こうした詩は、めでたい節句の詩であり、また君主貴族を中心にした宴遊の詩であるため、君主貴族の宴遊を称賛し勝ちなものである」（同）と述べる。そうとわかってみると、『文選』以下を手本に仰いだ日本の律令貴族文人官僚たちが、何を以て詩的主題と目《もく》していたか、ということが愈々判然とする。

サクラは、けっして、偶然的な矚目事実として詠じ込まれたのではなかった。あらかじめ明確な〝文化意識〟に立って、極めて計画的に選択された、ひたすら「君主貴族の宴遊を称賛」するための詩材だったのである。

（2）

サクラが「君主貴族の宴遊を称賛」するための詩材（正しくは、詩文の詠材と呼ぶべきかも知れない）であった、ということの有力な証拠は、また、日本最古の勅撰歴史書たる『日本書紀』（七二〇年成立）のなかにも明確に見いだし得る。

『日本書紀』巻第十二、履中天皇の条に、「三年冬十一月丙寅朔辛未、天皇泛二両枝船于磐余市磯池一。与二皇妃一各分乗而遊宴。膳臣余磯献レ酒。時桜花落二于御盞一。天皇異之、則召二物部長真胆連一、詔之曰、是花也、非時而来。其何処之花矣。汝自可レ求。於是、長真胆連、独尋レ花、獲二于掖上室山一、而献之。天皇歓二其希有一、即為二宮名一。故謂二磐余稚桜宮一。其此之縁也。是日、改二長真胆連之本姓一、曰二稚桜部造一。又号二膳臣余磯一、曰二稚桜部臣一」と見える記事についての検証から始めてみよう。

履中天皇三年の冬十一月の丙寅《ひのえとら》の朔　辛未《かのとひつじのひ》に、履中天皇が両枝船《ふたまたふね》を磐余市磯池《いわれのいちしのいけ》に泛かべて船上で酒宴をおこなっていらっしゃったところ、どこからともなく桜の花びらが飛んできて、天皇の盞《さかずき》に舞い落ちてまいりました。それで、これを不思議にお思いになった天皇は、物部長真胆連《もののべのながまいのむらじ》を召して、「この桜の花は、咲くべき時季でないのに、こうして飛んできたが、この花びらはどこの桜の木の花であるのか、ひとつ、お前自身の手で突き止めてくれ」と命ぜられました。それで、長真胆連は、単身でその花をさがし求め、ついにこれを掖上室山《わきのかみのむろのやま》にたずね当てることができ、そのもとの花を献上いたしました。天皇は、なにしろ希有《けう》の花であるので、これをたいへんにお喜びになり、ただちに宮どころの名となさいました。それゆえ、この宮を磐余稚桜宮《いわれのわかさくらのみや》と申します。宮の名の起こりは、いま申した来歴因縁あってのことでございます。また、この日に、長真胆連の本姓を改めまして、稚桜部造《わかさくらべのみやつこ》と申すことになりました。また、この日のコック長を勤めました膳臣《かしわでのおみ》余磯《あれし》を名づけて、稚桜部臣《わかさくらべのおみ》と申すことになりました。――口語訳を付けると、ざっとこんなことになろうか。

さて、この説話は、明らかに磐余稚桜宮の地名起源説明の神話であり、稚桜部造および稚桜部臣の人名説明神話であり、植物としてのサクラそのものに関する神話（樹木神話）の範疇に入れることは絶対に無理である。強いて樹木神話＝植物神話の範疇に含ませようとするならば、樹木崇拝ないし植物信仰の因子を除外して、むしろサクラと何物かとの間に成立する相関関係の起源説明を主要目的とした、謂わば準＝植物神話の扱いをするという条件付きを承認したうえで、その手続の適用に入らなければならない。客観的＝科学的観察の立場に立つかぎり、この履中紀の記事は〝起源説明〟の神話を出ることはないのである。

それならば、謂うところのサクラと何物かとの間に成立する相関関係とは何であるのか。わたくしの作業仮説を示すと、この履中紀の記事の内包する〝儀礼的思考〟の最重要ポイントは、サクラが帝王（天皇）の絶対的権力そのものの〝シンボル〟として用いられている点と、そのサクラがその帝王の酒宴（豪華絢爛たる遊楽のパーティ）そのものにとって絶対不可欠の構成要素を成している点と、この二つの点においてこそ認められなければならない。特に後者の点は、すでに検証済みとなっている『文選』山水詩の「君主貴族の宴遊を称賛」するための詩材と同様のファクターが「桜花」（サクラ）に引き負わされていることの、何よりの根拠になっているように思われる。アジア的専制国家においては、サクラといえば、それだけで絶対的権力の所有者である帝王のカクテル・パーティを表象する〝神話的シンボル〟と考えられていた。のちのちキク（菊）が日本の専制君主の主催するガーデン・パーティをシンボライズすることになるような〝儀礼的言語思考〟の役割をば、『日本書紀』編纂時代の律令社会においては、サクラこそが果たしていたのだ、と言ったら、もっとわかり易いかも知れない。サクラも、キクと同じく、徹頭徹尾、中国文化の影響下に、その神話的地位を獲得したのである。サクラと帝王（天皇）との関わりを証拠立てるもう一つの史料として、『神楽歌』湯立歌がある。「（本）大君の弓木とる山の若桜おけおけ」「（末）若桜とりに我ゆく舟楫棹人貸せおけおけ」を挙げることは、きわめて妥当な措置である。日本古来の古い伝承のなかに、二艘並びの丸木舟《カヌー》と若桜との関連を予想させる何らかの因子があったろうことは、おそらく容易に推測されるところである。このことは今日では通説になりかかっているが、わたくしは、これまた中国文化の影響下に形成された何らかの宮廷儀礼であるに違いないとの仮説に立たざるを得ない。というのは、たとえば『古今和歌集』巻第二十所収の「神あそびのうた」十三首のうちに「あをやぎのかたいとによりてうぐひすのぬふてふかさはむめの花がさ」（国歌大観番号一〇八一）なる歌があり、柳と梅・梅と鶯・鶯と笠などもともと中国六朝詩文ないし唐詩文の美学カテゴリーの輸入でしかないはずの詩的相関物がちゃんと神事歌舞歌のなかに取り入れられているのを見ると、日本古来の古い伝承と見做されている歌謡も、実際には中国文化の模倣部分ばかりが多い事実に気付かされるからである。そうしてみると、『神楽歌』湯立歌の「大君の弓木とる山の若桜」も、一概に日本固有の習俗とのみ評価することが出来ないのではないか。なんにしても、古代において、サクラと帝王（若桜と大君）とが不可離の関係に在ったことは確実である。サクラは、専制君主の絶対的権力なり遊宴行事なりの現実的基盤を離れて、植物観賞の対象として、単独に存在理由を主張し得る段階にまでは未だ到っていないのである。サクラが観賞の対象に据えられるまでには、やはり『万葉集』の後半時代を待たなければならないが、これについては後述するであろう。あれやこれや綜合的＝全体的に対象認識をおこなってみると、けっきょく、この履中紀の「時桜花落二于御盞一」の記事は、絶対的権力と地上第一等の威光とを持つ帝王（天子）主催の贅を極めた宮廷酒宴の席上にあって、サクラの花が不可侵かつ不可欠の儀礼的シンボルの役割を果たしていた、という事実を明かしていることに想到する。また、こうわかって、はじめて、自邸の山水（造園）を「桜柳分含レ新」と詠じた長屋王が聖武帝により殺害されねばならなかった理由にも、それ相応の納得が届く。

つぎに、『日本書紀』巻第十三、允恭天皇の条に、「八年春二月、幸㆓于藤原㆒、密察㆓衣通郎姫之消息㆒。是夕、衣通郎姫、恋㆓天皇㆒而独居。其不㆑知㆓天皇之臨㆒、而歌曰、和餓勢故餓、勾倍枳予臂奈利、佐瑳餓泥能、区茂能於虚奈比、虚予比辞流辞毛。天皇聆㆓是歌㆒、則有㆓感情㆒。而歌之曰、佐瑳羅餓多、邇之枳能臂毛弘、等枳舎気帝、阿麻多絆泥受邇。多儴比等用能未。明旦、天皇見㆓井傍桜華㆒、而歌之曰、波那具波辞、佐区羅能梅涅、許等梅涅麼、波椰区波梅涅孺、和我梅豆留古羅。皇后聞之、且大恨也」と見える。ここの部分、歌謡三首を含むゆえ、なまじいの口語訳を付するよりも、訓みくだし文（「日本古典文学大系」本に拠る）を示すほうが適切と思われる。

「八年の春二月《はるきさらぎ》に、藤原に幸《いでま》す。密《しのび》に衣通郎姫《そとほしのいらつめ》の消息《あるかたち》を察《み》たまふ。是夕《こよひ》、衣通郎姫、天皇《すめらみこと》を恋《しの》びたてまつりて独居《ひとりはべ》り。其れ天皇の臨《いでま》せることを知らずして、歌《うたよみ》して曰はく、

我《わ》が夫子《せこ》が　来《く》べき夕《よひ》なり　ささがねの　蜘蛛《くも》の行《おこな》ひ　是夕《こよひ》著《しる》しも

天皇、是《こ》の歌《うた》を聆《きこ》しめして、則ち感《め》でたまふ情《みこころおは》有します。而《しか》して歌《みうたよみ》して曰《のたま》はく、

ささらがた　錦《にしき》の紐《ひも》を　解《と》き放《さ》けて　数《あまた》は寝《ね》ずに　唯一夜《ただひとよ》のみ

明旦《くるつあした》に、天皇、井《ゐ》の傍《ほとり》の桜《さくら》の華《はな》を見《みそなは》して、歌《みうたよみ》して曰《のたま》はく、

花《はな》ぐはし　桜《さくら》の愛《め》で　同愛《ことめ》でば　早くは愛《め》でず　我が愛《め》づる子ら

皇后《きさき》、聞《きこ》しめして、且大《またおほ》きに恨《うら》みたまふ。」

――さて、問題になるのは、このうちの三番目の歌謡である。この短歌形式の歌謡の大意は、「日本古典文学大系」本の頭注によると、「〔歌謡六七〕花のこまかく美しい桜の見事さ。同じ愛するなら（もっと早く愛すべきだったのに）、早くは賞美せずに惜しいことをした。わが愛する衣通郎姫もそうだ。桜にたとえて、衣通郎姫をたたえた歌。クハシは、こまかくて美しいこと。コトメデバのコトは、如シのゴトの古形。同じの意。従来これを、『如此』の意に解する説もあるが、従えない」とある。ここでは、すでにサクラは植物観賞という行為の範疇に含め入れられてあ

るかにうかがえるが、そしてそのように解釈して不適当を犯す理由は殆ど無いのであるが、それならば、純然たる植物観賞から一首が動機づけられているかといえば、厳密精確にはそのように判断しかねる部分が大きい。すなわち、「日本古典文学大系」本の頭注者がいみじくも「桜にたとえて、衣通郎姫をたたえた歌」と評価しているように、この一首におけるサクラの果たす機能は、允恭天皇の愛人衣通郎姫（允恭天皇の皇后、忍坂大中姫の妹という記述になっている）の美しさを表現するための比喩の役割を超えることはない。けっきょく、権力者なり支配階級に所属する構成員なりの威光や華容を表象するシンボルとしてこの植物が使用されている事例である、という点では、履中天皇紀の「時《とき》に桜《さくら》の花《はな》、御盞《おほみさかずき》に落《おち》れり」と異なるところは無い、と見るべきである。約言すれば、サクラは、政治権力者や支配階級所属の人間のみが関わりを持つべき花であって、隷属的地位に置かれた人民大衆には全く関わりを持つことの許されぬ花であった。自生種のサクラが花をつけているのを目にするような場合があったとしても、農民階級はこの木に近づくことは禁忌とされていた、とさえ考えられる。よしんば、そこまでは考えられぬにしても、農民たちが遠巻きにして恐るおそるこの花の咲きざまを望み見たぐらいのことは想像してみても差し支えないのではあるまいか。後で触れる予定であるが、かりにもしサクラが農民大衆にとって神聖な意味をもつ木と信じられたと仮定しても、それは、サクラが農民の花（農民自身が物心全面でわがものとすることの可能だった花、の意で斯く言うのであるが）だったという確証にはならない。『日本書紀』に典拠を仰ぐかぎりでは、サクラは〝支配者の花〟であり〝都市の花〟であったとしか、他に推断の仕方は許されていないのである。

『日本書紀』に見えるサクラの用例を検証し直すことによって、わたくしたちは、本章の枢要命題であるところの『懐風藻』の〝主導動機〟いかんについての究明をいっそう推し進めることが可能になったし、また、律令貴族官僚たちの〝文化意識〟をばいっそう確定的に把えることが可能になった。そこで、つぎには、当然の手続として、『古事記』にあらわれたサクラの用例について検証を加えておかなければならない。一つの仮説があらゆる検証に堪え得るならば、それは理論となる。もし仮説が正しいとすれば、そこに当然見いだされるはずの諸事実に関する徹底的な観察と照合する仕事が残されているはずである。

『古事記』にあらわれたサクラという言語の用例も、宮殿の呼称であるか、御名代部の呼称であるか、この二つに限定されている。山田孝雄の『桜史』だったかと思うが、例の神代記の番能邇邇芸能命《ほのににぎのみこと》の条に見える「大山津見神の女、名は神阿多都比売《かむあたつひめ》、亦の名は木花之佐久夜毘売《このはなのさくやびめ》」の「佐久夜」がサクラの転訛であるとの説明を加えているのを、ずっと以前に読んだことがある。しかし、これはあまりにこじつけの度合が過ぎる。しからば、須佐之男命の段にある「大山津見の神の女《みむすめ》、名は木花知流比売《このはなちるひめ》に娶《みあ》ひて生みませる子布波能母遅久奴神《みこふはのもちくぬのかみ》」の「木花知流」の「知流」も、何か特定の植物の名の転訛であるとでも言うのであろうか。尤《もっと》も、このこじつけの説は、本居宣長の『古事記伝』の「開光映《さきはや》」（咲き匂う、という義）の約言だという語釈から出たもので、宣長も、これがサクラの語原であるとの主張をなしている。打ち明けていうと、この説話の主題は「此《かか》るに今《いま》石長比売を返して、木花之佐久夜毘売独留《ひとりとど》めたまひつれば、天つ神の御子の御寿《みいのち》は、木の花の阿摩比能微坐《あまひのみま》しまさむとす、とまをしたまひき。故是《かれここ》を以《も》て今に至るまで、天皇命等《すめらみことたち》の御命《みいのち》長くましまさざるなり」というところにあるので、もしこれをサクラと決めてしまうと、天皇の生命が短いことのこの起原説明神話は、叙上のわたくしの作業仮説（サクラは帝王と密接な関連性に立つという仮説）にとっては、まことにどんぴしゃりの帰結を得ることになるので、小躍りして飛び付きたいくらいである。しかし、科学的討究であろうとするときに、いかに自分の仮説を裏付けるのに好都合だからといって、確かでもないデータを採用することは絶対に慎むべきである。正しい観察によれば、サクラという単語もしくは「桜」という漢字の出てくるのは履中記の二箇処（一つは冒頭、一つは末尾）のみである。履中天皇の段の冒頭には「伊邪本和気命《いざほわけのみこと》、伊波礼の若桜宮《わかさくらのみや》に坐《ま》しまして天の下治《しろ》しめしき」と見え、末尾の段には「天皇於是阿知直を始めて蔵官《くらのつかさ》を任《め》したまひ、亦粮地《たどころ》をも給ひき。亦此の御世に若桜部臣等《わかさくらべのおみら》に若桜部《わかさくらべ》という名を賜ひ」と見える。履中記冒頭の「若桜宮」は、前に引いた『日本書紀』履中天皇三年条十一月の記事中の「故謂二磐余稚桜宮一」にぴたり該当するもので、一方、末尾の「若桜部臣」も、同じくその履中記の「稚桜部臣」と相覆う。かくて、『古事記』と『日本書紀』とでは、多少の年代のずれが見られはするけれども、両者ともに帝王との関連においてサクラ（桜）を登場させている点では異なる所はない。鄙ざかる里《さと》の地名には決して「桜」の字（または称《とな》え）は用いられないし、卑賤なる人民が「桜」の字（または称《とな》え）の付いた名前など持つことは許さるべくもなかった。さらに『古事記』には、他に「桜井田部連《さくらいのたべのむらじ》」（応神記）および「桜井之玄王《さくらいのゆみはりのおおきみ》」（欽明記）という人名が出てくるが、前者は帝王所領地（河内国河内郡桜井郷）、後者は皇子の名（欽明と、蘇我稲目の娘岐多斯比売《きたしひめ》との間に生まれ、推古女帝の弟に当たる）というふうに、あくまでもサクラは王権に結びついてのみ用いられている。（なお付言しておくと、『日本書紀』には神功皇后の宮殿の名として「若桜宮」が現われているが、近世以後の研究により、これは後人の書き込みであることがほぼ明らかにされているので、本稿では取り上げなかった。）

かくして、記紀の用例に見るかぎり、日本上代におけるサクラの花は、一つとして純然たる花木観賞の行為を裏書きするものは無かったことが、いまや明白となった。こういう明白な事実を突き付けられたあとでも、これまでの通説そのままを踏襲して、日本人は太古からサクラの花を賞美したなどという無根拠の言辞を弄してよいか。

日本人がサクラの花を観賞するようになったのは、じつは『万葉集』の後半時代に入ってからのことに過ぎないのである。それも、よくよく吟味してみると、大抵の場合に、譬喩として用いられているか、一種の暦法として用いられているか、何らかの呪術＝宗教的《マジコ・レリジャス》シンボルとして用いられているか、それらのどれかに属していて、純粋なる植物観賞の行為をうたったものは甚だ僅少の数しか見いだされないのである。『万葉集』に収められるところのサクラの歌は、長歌短歌を合わせて四十三首。このうち、本当の意味でサクラの美しさをうたい上げた作品は、ほんの五、六首を数えるのみである。

じつは、斯く言うわたくし自身が初めてこの事実に気付いたとき、魂消《たまげ》てしまったのを憶《おぼ》えている。もちろん、〝古代詩歌〟というものの根本性格にうっすらと眼の開《ひら》けかかっている今ならば、やっぱりそうか、と頷くだけのことに終わるのだろうが、その時分には、何しろ『万葉集』といえば日本詩歌の最高精華と信じ切っていたから（現在でも、『万葉集』が他のどの歌集よりも秀でているという考えそれ自体には少しも変更の余地が無いのだけれど、曾《かつ》てのような信仰に似た熱愛ぶりからは醒めてしまっている）、一首一首が珠玉の抒情詩でなければ承知できなかったのであった。しかし、事実はけっしてそのようなものではない。『万葉集』の作品の大部分は、その制作動機を、詩的（芸術的）ならざるモメントに仰いでいる、と見るほうが正しい。純粋なる抒情詩をつくろうというモメントから産みだされた作品は、実際には、指折って数えられるぐらいしかありはしない。それでいいのである。『万葉集』の作品を理解するのに、わたくしたちは、これまで、あまりにも近代の文学理論に頼《たよ》ってそれを試みてきたきらいがある。近代の文学理論を尺度にして、そこから食《は》み出《だ》すものに顧慮を払わずにきたきらいがある。八世紀前半の日本古代人が産みだした『万葉集』が当然その制約を蒙《こうむ》っているはずの〝古代詩歌〟的特徴に、十分の注意を傾けずにきたきらいがある。正しくは、〝古代詩歌〟そのものの文化的性格を全体的＝構造的に把握した歴史学研究の次元に立って、再度『万葉集』を把え直すべきなのである。そうすれば、『万葉集』所収のサクラの歌がどれもこれも〝対人関係〟を形象化する手段として詠まれたものばかりだったという赤裸な事実に遭遇しても、なんら驚く必要は無いはずである。むしろ、そのような人事関係（より正確には、生産関係であり、支配・隷属の関係である）のしがらみを破ってなおかつ純粋に植物観賞＝自然観照の次元にまで踏み込んで行った、数少ないサクラの叙景詩＝抒情詩の作り手である秀れた歌人に対しては、尊敬以上の畏怖をさえ献《ささ》ぐべきなのである。

さて、わたくしたちは、『万葉集』所収のサクラの歌を実地検分せねばならぬ段どりにきたが、四十三首全部を掲げることなど到底不可能である。そこで、やむを得ず、国歌大観番号の若い順から作者別に列記する手段を取ることにした。いちど登場した作者は、二度目以降の作品からはすべて割愛してある。

鴨君足人《かものきみたるひと》の、香具山の歌一首　短歌幷せたり

1天降《あも》りつく　天の香具山　霞立つ　春に至れば　松風に　池浪立ちて　桜花　木《こ》の闇茂《くれしげ》に　沖辺《おきべ》には　鴨妻《つま》喚《よ》ばひ　辺《へ》つ方に　あぢむらさわき　ももしきの　大宮人の　退《まか》り出《で》て　遊ぶ船には　楫棹《かぢさを》も　無くてさぶしも　榜《こ》ぐ人無しに（巻第三、二五七）

梅花の歌三十二首

2梅の花咲きて散りなば桜花継ぎて咲くべくなりにてあらずや　薬師張子福子（巻第五、八二九）

四年壬申、藤原宇合《うまかひ》の卿を西海道の節度使に遣しし時、高橋連虫麻呂の作れる歌一首　短歌幷せたり

3白雲の　竜田の山の　露霜に　色づく時に　うち超えて　旅行く君は　五百重《いほへ》山　い行きさくみ　賊《あた》守る筑紫に至り　山の極《そき》　野の極《そき》見よと　伴《とも》の部《べ》を　班《あか》ち遣し　山彦の　応《こた》へむ極《きはみ》　谷蟇《たにぐく》の　さ渡る極　国状《くにがた》を見し給ひて　冬ごもり　春さり行かば　飛ぶ鳥の　はやく来まさね　竜田道《たつたぢ》の　丘辺《をかべ》の路に　丹躑躅《につつじ》の　薫《にほ》はむ時の　桜花　咲きなむ時に　山たづの　迎へ参出《まゐで》む　君が来《き》まさば（巻第六、九七一）

寧楽の故りにし郷を悲みて作れる歌一首　短歌幷せたり

4やすみしし　わが大王の　高敷かす　大和の国は　皇祖《すめろぎ》の　神の御代より　敷きませる　国にしあれば　生《あ》れまさむ　御子のつぎつぎ　天の下　知らしまさむと　八百万《やほよろづ》　千年を兼ねて　定めけむ　平城《なら》の京師《みやこ》はかぎろひの　春にしなれば　春日山　三笠の野辺に　桜花　木《こ》の晩隠《くれがく》り　貌鳥《かほどり》は　間なく数《しば》鳴く　露霜の秋さり来《く》れば　射駒山《いこまやま》　飛火《とびひ》が岳《たけ》に　芽子《はぎ》の枝を　しがらみ散らし　さを鹿は　妻呼び響《とよ》む　山見れば　山も見が欲し　里見れば　里も住みよし　もののふの　八十伴《やそとも》の緒の　うち延《は》へて　思へりしくは　天地の寄り合ひの限《かぎり》　万代に　栄え行かむと　思へりし　大宮すらを　恃《たの》めりし　奈良の京《みやこ》を　新世《あらたよ》の　事にしあ

れば　皇《おほきみ》の　引《ひき》のまにまに　春花の　うつろひ易《かは》り　群鳥《むらどり》の　朝立ちゆけば　さす竹の　大宮人の　踏みならし　通ひし道は　馬も行かず　人も往かねば　荒れにけるかも（巻第六、一〇四七）

5足代《あて》過ぎて糸鹿《いとか》の山の桜花散らずあらなむ還り来るまで（巻第七、一二一二）

山部宿禰赤人の歌四首

6あしひきの山桜花日《ひ》並《なら》べてかく咲きたらばいと恋ひめやも（巻第八、一四二五）

桜の花の歌一首　短歌并せたり

7嬢子《をとめ》らが　挿頭《かざし》のために　遊士《みやびを》が　蘰《かずら》のためと　敷き坐《ま》せる　国のはたてに　咲きにける　桜の花の　にほひはもあなに（巻第八、一四二九）

反歌

8去年《こぞ》の春逢へりし君に恋ひにてし桜の花は迎へけらしも（同、一四三〇）

右の二首は、若宮《わかみやの》年魚麻呂《あゆまろ》の誦《よ》める。

河辺朝臣東人《あづまびと》の歌一首

9春雨のしくしく降るに高円《たかまど》の山の桜はいかにあるらむ（巻第八、一四四〇）

藤原朝臣広嗣の、桜の花を娘子《をとめ》に贈れる歌一首

10この花の一瓣《ひとよ》のうちに百種《ももくさ》の言《こと》ぞ隠《こも》れるおほろかにすな（巻第八、一四五六）

娘子の和《こた》ふる歌一首

11この花の一瓣《ひとよ》のうちは百種《ももくさ》の言《こと》持ちかねて折らえけらずや（同、一四五七）

かりに十一首を引いてみたが、このなかで、純粋に植物観賞（自然観照）の作品は幾つあるだろうか。——第一首目の鴨君足人の長歌に見える「霞立つ　春に至れば　松風に　池浪立ちて　桜花　木の闇茂《くれしげ》に」という表

現は、明らかに常套的パターンであって、サクラの花をしかと凝視した要素は全く無い。むしろ『懐風藻』の長屋王の漢詩「松烟雙吐翠。桜柳分含新」などに似通《にかよ》う詩的意匠《モティーフ》と見做さるべきで、松と桜との配合の美しさは中国詩文の影響のもとに学習せられたものに違いない。しかし、そのことよりももっと重要なのは、二五七番の長歌全体のなかでサクラが大宮人（今は不在となってしまった、と詠歎するのだが）との関連に立って把えられている点である。この点で、記紀の帝王ないし宮廷の〝シンボル〟としてのサクラの働きと共通する、と見ることが出来よう。

第二首目の薬師張子福子の短歌は、天平二年正月十三日、大宰帥《だざいのそち》大伴旅人の邸館で開催された観梅パーティの席上での作品で、張子福子は大宰府の医官の資格でこの酒宴に侍《はべ》ったのであった。つまり、律令貴族官僚がひらいた盛大な酒宴のなかで「桜花継ぎて咲くべくなりにてあらずや」と詠まれた点で、この一首は重要である。梅の花が〝中国文化〟の花であれば、この桜の花も同じく〝中国文化〟の花であり、これらの花は両《ふた》つながら律令文人官僚の〝文化意識〟のなかでは、〝支配のシンボル〟の役割を荷《にな》うものであった。漢文で書かれた長文の序や、三十二首全部のなかに織り込まれた梅・柳・竹・鶯・挿頭・雲に飛ぶ薬《くすり》・風流《みやび》などなどの詩語（歌材）の出典がことごとく中国詩文からの借用＝模倣である事実を、全体的＝構造的に把え直すと、どうしてもそうとしか帰結できなくなる。それについて詳説する余白の無いのを遺憾とするが、八二九番の短歌一首が指示してくれるサクラと律令制官僚政治権力との相関関係は既にして明らかになったであろう。

第三首目の高橋虫麻呂の長歌は、天平四年壬申、藤原宇合《うまかい》（不比等の子、式家の祖。養老元年遣唐副使として多治比県守らと渡唐、帰国ののち蝦夷征伐や難波宮造営に当たり、天平三年参議となったが、天平九年流行の疫病にかかって死んだ）が西海道（九州および壱岐対馬）の節度使（軍事監察の官、唐制に模して置かれた）に任命されたときに、餞別の歌として詠まれたものだが、「竜田道の　丘辺の路に　丹躑躅の　薫はむ時の　桜花　咲きなむ時に　山たづの　迎へ参出《まゐで》む　君が来まさば」という表現は、もとより植物観賞の因子を包含してはいない。九七一番の長歌全体のなかでサクラの花が構造的＝有機的に果たす役割は、律令軍団の圧倒的威勢とその凱旋時の栄光とをシンボライズするところに在った。反歌「九七二千万《ちよろづ》の軍《いくさ》なりとも言挙《ことあ》せず取りて来《き》ぬべき男《をのこ》とぞ念ふ」をみれば明白である。

第四首目の長歌は、巻第六巻末に「右の二十一首は、田辺福麻呂の歌集の中に出づ」と見える。この一首は「平城《なら》の京師《みやこ》は　かぎろひの　春にしなれば　春日山　三笠の野辺に　桜花　木《こ》の晩隠《くれがく》り　貌鳥《かほどり》は　間なく数《しば》鳴く」とうたって荒れたる奈良京の跡（天平十二年から十六年まで恭仁京《くにのみやこ》に遷都した）を悲しんだものだが、ここでも、サクラは律令政治機構のシンボルとして用いられ、特に〝都市計画〟のプロモーションに不可欠の記号としても用いられている。サクラの花が咲いて薄闇になっているその暗影《シヤドウ》のなかに隠れて、美しい鳥がひっきりなしに鳴いています、という表現は、高度に微妙な心象風景を言語形象化したものであるとは言える。「春日山　三笠の野辺に」このような実景が存在したということだって、十分にあり得る。しかし、作者田辺福麻呂の制作心理からいうと、平城に都のあった日のほうがわれら律令官僚にとっても良き日々が続いたなあという慨嘆（反歌に「一〇四九馴著《なつ》きにし奈良の都の荒れゆけば出で立つごとに嘆きし益《まさ》る」と表白されている）を表象化（多分に観念的＝記号的であるけれど）する目的でサクラを選択している傾きが強い。けっきょく、この一〇四七番の長歌も、律令政権に関わりを持つかぎりでのサクラを詠んだものに過ぎない。

第五首目の一二一二番「足代《あて》過ぎて糸鹿《いとか》の山の桜花」の短歌にいたって、はじめて、純然たる抒情詩らしさが現われはじめる。足代とか糸鹿とかの固有名詞は和歌山県有田郡にある地名である。しかし、これとても、よくよく考察すれば植物観賞の範疇には入れにくい。

第六首目の一四二五番「あしひきの山桜花日並《ひなら》べて」の短歌は、いかにも山部赤人作品らしい自然諷詠だが（この歌は、有名な「一四二四春の野に菫採《つ》みにと来《こ》し吾ぞ野をなつかしみ一夜宿《ね》にける」「一四二七明日よりは春菜《はるな》採まむと標《し》めし野に昨日も今日も雪は降りつつ」などとともに、四首で一セットになっている）、それならば植物の生態に食い入ってその美しさを引きだした歌と言い得るかというと、そのようには断定し切れない。或る特定の〃対人関係〃を形象化する手段として、たまたまサクラが選ばれたばかりである。私見によれば、その場合の〃対人関係〃とは、当然、支配階級に属する特定の女性（もしくは男性）の相手をさしている、と考えるのが適切である。

第七首目の若宮年魚麻呂の長歌「敷《し》き坐《ま》せる　国のはたてに　咲きにける　桜の花の　にほひはもあなに」一首にいたっては、天皇の統治したもう国土の限りに花さくサクラのああなんという美しさぞ、という意味であるから、これはもうずばり律令支配体制の謳歌のためにその〃シンボル〃としてのサクラが詠まれているとしか判断し得ない。律令貴族官僚の政治心理のなかに場所を占めたサクラの記号を、これほど真正直《まっしょうじき》に言語化した例は、却《かえ》って珍しいのではないかと思われるくらい、むきだしに支配権力におべっかを使っている。

この長歌一四二九番に対する反歌となっているところの、第八首目の短歌一四三〇番に「去年の春逢へりし君に」と詠じられた「君」は、寸分の狂いもなしに、律令支配階級に所属する一人物に照準を合わせている。すなわち「嬢子《をとめ》」ないし「遊士《みやびを》」の尊称を以て呼ばれる人物と、サクラとは、自己同一化《アイデンティファイ》の方向に傾いている気配が濃厚である。

第九首目の一四四〇番の短歌「高円の山の桜はいかにあるらむ」は、前記若宮年魚麻呂の作品とともに巻第八春の雑歌のグループに収められた歌であるが、作者河辺東人が奈良朝末期の貴族官僚だということを考え合わすと、ここに詠み込まれたサクラも、帝都奈良の〃都市計画〃デザインとして扱われているにすぎないことは明白である。だいいち、作者は任地にあるか羇旅中であるかして、直接的感覚ないし実際的経験として桜花観賞をおこなっているのではない。雨に打たれるサクラのイメージを追う意識の流れのなかで、いちばんのポイントになっているのは律令政府要人たちの動静を知りたいという願望である。

さて、とくに問題とすべきは、第十〜十一首目の藤原広嗣および娘子のやりとりの歌のなかのサクラである。この二首は、これまで検証してきたごとき、律令貴族官僚によってむきだしに表出された〃文化意識〃のイデオロギー的側面の所在を証《あか》す部分が少ないので、取り扱いにも慎重であることを要する。藤原広嗣は、三首目の高橋虫麻呂の長歌が献げられた藤原宇合《うまかい》の子で、有名な〝藤原広嗣の乱〟を起こした貴族。天平十一年（七三九）大養徳《やまと》国守兼式部少将であった広嗣は、とつじょ大宰少弐に左遷されたが、これが左大臣橘諸兄や側近の玄昉・吉備真備の画策によるものだと考えた彼は、翌十二年九月、反乱の兵を起こした。広嗣は、当時頻発した飢饉や疫病のために動揺する農民および豪族一万余を掌中にして気勢をあげたが、大野東人を大将軍とする追討軍と戦って敗れ、十一月処刑された。律令体制の矛盾を露呈した事件として重要だが、この結果、広嗣の出た藤原式家は衰え、南家が台頭することになった。藤原広嗣という作者の人物を知り、またこの人物が当時劣勢に追い込まれていた藤原一門の律令体制内における地歩を挽回すべく絶えず心を砕いていた精神状況を知ってみると、一四五六番の短歌一首の寓意するモティーフがかなり鮮明に浮かび上がってくるのではあるまいか。詞書にある「桜の花を娘子に贈れる歌」と、一首ちゅうの「この花の一瓣《ひとよ》のうちに百種の言ぞ隠れる」とを付き合わせて静かに観察してみると、律令官僚のなかには橘諸兄政権に不満を持っている分子だってちゃんといるんだぞと、今にも、作者広嗣の磊塊《らいかい》が破裂しそうになっている心理的緊張状態に触れることが出来る。「おほろかにすな」という結句に、不思議な力が漲っている。「娘子」とあるのは、なにも愛人と解する必要はなかろう。なんにしても、この一首に詠み込まれた「この花」すなわちサクラが、律令エリート貴族との関連においてはじめて〝シンボル〟としての重みを持つことだけは確実である。もとより、サクラの美しさを賞美したものではない。

ところが、この藤原広嗣の歌をめぐって、折口信夫による有名な仮説が出されている。折口によると、このサクラの歌の源泉は農民習俗としておこなわれていた「前触れ」（予祝儀礼）に求められるという。しばらく、その有名な仮説に耳傾けよう。

三月の木の花は桜が代表して居る。屋敷内に桜を植ゑて、其を家桜と言つた。屋敷内に植ゑる木は、特別な意味があるのである。桜の木も元は、屋敷内に入れなかつた。其は、山人の所有物だからと言ふ意味である。だから、昔の桜は、山の桜のみであつた。遠くから桜の花を眺めて、その花で稲の実を占つた。花が早く散つたら大変である。

考へて見ると、奈良朝の歌は、桜の花を賞めて居ない。鑑賞用ではなく、寧、実用的のもの、即、占ひの為に植ゑたのであつた。万葉集を見ると、はいから連衆は梅の花を賞めてゐるが、桜の花は賞めて居ない。昔は、花は鑑賞用のものではなく、占ひの為のものであつたのだ。奈良朝時代に、花を鑑賞する態度は、支那の詩文から教へられたのである。

打ち靡《ナビ》き　春さり来《ク》らし。山の際《マ》の遠き木末《コヌレ》の咲き行く　見れば　(万葉集巻十)

の如き歌もあるが、此は花を讃めた歌ではない。名高い藤原広嗣の歌

此花の一瓣《ヒトヨ》の中《ウチ》に、百種《モヽクサ》の言《コト》ぞ籠れる。おほろかにすな　(万葉集巻八)

は女に与へたものである。此は桜の枝につけて遣つたものであらう。

此花の一瓣《ヒトヨ》の中は、百種の言保《コトモ》ちかねて、折らえけらずや　(万葉集巻八)

此は返歌である。此二つの歌を見ても、花が一種の暗示の効果を持つて詠まれて居ることが訣る。こゝに意味があると思ふ。桜の花に絡んだ習慣がなかつたとしたら、此歌は出来なかつたはずである。其歌に暗示が含まれたのは、桜の花が暗示の意味を有して居たからである。

此意味を考へると、桜は暗示の為に重んぜられた。一年の生産の前触れとして重んぜられたのである。花が散ると、前兆が悪いものとして、桜の花でも早く散つてくれるのを迷惑とした。其心持ちが、段々変化して行つて、桜の花が散らない事を欲する努力になつて行くのである。桜の花の散るのが惜しまれたのは其為である。平安朝になつて文学態度が現れて来ると、花が美しいから、散るのを惜しむ事になつて来る。けれども、実は、

かう言ふ処に、其基礎があつたのである。かうした意味で花の散るのを惜しむ、といふ昔の習慣は、吾々の文学の上には見られなくなつて来たが、民間には依然として伝はつて居る。

（『古代研究・民俗学篇第一』、花の話）

折口信夫による仮説のこの部分は、日本民俗学などでは既に公理扱いされている。とくに「昔は、花は鑑賞用のものではなく、占ひの為のものであつた」といふ個所は、一般にも承認されるようになっている。わたくしも、強いてはこの公理に反対しようとは思わない。ただし、折口自身が「奈良朝時代に、花を鑑賞する態度は、支那の詩文から教へられたのである」と明言しておきながら、さて『万葉集』の例歌のうちで、そっちは花木鑑賞で、こっちは占い（暗示）だ、というふうに区分けする場合に、自説にとってたいへん都合のいい便宜主義的規準を随時出したり引っ込めたりしながら恣意的に操作している点に、少なからず疑懼《ぎく》をおぼえる。どれが中国詩文からの影響で、どれが日本固有の習俗であるか、という区分けを決定する統一的な尺度が全く示されていないからである。藤原広嗣の歌に関していえば、これは「支那の詩文から教へられた」ものなのか、それとも「桜の花に絡んだ習慣」すなわち「一年の生産の前触れとして重んぜられた」ものなのか、そこの区分けがなんとなくぼやけているし、区分けしているんだかいないんだか、そのへんのところもぼやけている。固有文化と外来文化とが交錯する転換期の段階に在ったから、はっきり区分けできないのも不可避的だとは思うけれど、公理となると、すっきりしないものが残る。ただ、このあたりの前後関係《コンテキスト》から推すと、折口信夫は、藤原広嗣の歌が農民習俗を詩的源泉に仰いで出来たものだという主張をしていると、そう見做してよいのではないのか。

そうなると、叙上のわたくしの作業仮説とは真向《まっこ》うから対立することになる。藤原広嗣は、たしかに貧窮農民に対して或る程度の同情を持っていたし、とくに大宰少弐に流されてからはその傾向が強まっていった。しかし、もともと貴族エリートのひとりであり、官僚エリートのひとりである広嗣の最大関心事はと言えば、律令政治体制内での自己の勢力の拡大であり、いかにして権力にありつくかという欲望に集約されていた。広嗣に限らず、律令貴族官僚とはすべてそのような情念と行動とによって出来上がっていた。律令社会のなかで多少とも出世コースを歩んだ貴族官僚は、好むと好まざるとにかかわらず〝非人間性〟の権化みたいな冷酷なパーソナリティを形成してしまっていた。況してや、律令政府の基本方針として、すべての〝文化政策〟は唐制を模倣することに決められ、固有の農民習俗は「愚俗」として片っぱしから扼殺されていたときに、支配階級がわざわざ被支配階級の習慣を取り入れて短歌一首を作るなどということが、はたしてあり得るだろうか。全体的＝綜合的視野に立つとき、広嗣のこの歌は、どう考えても、中国詩文のほうに源泉を求めているのではないのか。サクラを見る眼も、律令的政治イデオロギーの枠から逃《のが》れることはできなかった。律令的思考は徹底して中国文化を至上のものとし、その模倣と摂取とを押し進めた。

ずっと年代が降《くだ》ってからのことになるが、平安京の都大路の荘重華麗なありさまを詠んだ素性《そせい》法師の有名な一首、がある。

見わたせば柳桜をこきまぜて都ぞ春の錦なりける（巻第一春歌上、五六）　素性　法師

もちろん、この和歌一首を実際の情景を詠んだものと見ることは差し支えないし、禁裏に近いなにがしの大路には柳も桜も植えられたということも十分にあり得る。だから、わたくしも、従来の註釈者にむかって異を立てる所存など持たない。しかし、平安王朝文学の本体が〝唐風模倣〟の文化意識によって形成されたことを等閑視し得ない以上は、簡単に、この一首を以て〝国風文化〟の讃美だなどと言い切れないように思うだけである。『万葉集』において百十八首の多くを数えた梅の歌（第一位の萩が百四十一首を占めている数字には及ばないが、木本類では梅が第一位に位《くらい》する）が、『古今和歌集』において桜に勝ちを譲るようになった趨勢については、たしかに太田亮がおこなったごとく「恐らく此れは剛健の気風が失せて、人心華美に向ふ時代風潮の変化の現はれとも思はれる。斯様な推測は、或は桜が後世、武士に比較され、潔い花と見られて居る点から、華美の象徴と云へぬと反対するかも知れぬが、此の

時代の桜に対する観賞は、其の爛漫と咲いた華やかさと、其の雪の如く散る美しさとにあつて、其の散り際の武士的な点ではなかつた。つまり桜が平安朝に最もふさはしい花である事は、丁度、梅が奈良朝に似つかはしいのに似て居る」(『日本新文化史・平安朝初期』、第九章文学と芸術)という一般化も可能であろうとは思う。だが、看過してならないことは、同じ『古今和歌集』が、桜の歌と同じく梅の歌を圧倒的に多数おさめている、という点である。梅に対する文学趣味は、『万葉集』に較べて衰退するどころか、いっそう深化してさえいる、という点である。通説のごとく簡単に梅花翫賞が衰えたと見做すことは、実情に反する。じっさいに衰えていったのは、『万葉集』に雑多豊富に見られた野草や野生植物に対する知的関心のほうである。『古今和歌集』のなかで題材にされる木本草本の種類がいちじるしく少数のものに限定されている事実にこそ、冷厳な眼を向けなければならない。明らかに、桜花に対する趣尚の強まって行った傾向は『古今和歌集』における顕著な特色であると見ることが出来るが、梅花に対する趣尚を廃棄した事実は全くない。梅花翫賞が依然として盛んであり、しかもこれに加えて桜花賞美が極端な盛行を呈するに至った宮廷知識人の精神状況に対してこそ、わたくしたちは科学的な観察眼を注がなければならない。その眼を注ぐときには、素性法師の前掲一首「柳桜をこきまぜて都ぞ春の錦なりける」が、ただ単に平安京の都大路の実景を歌ったのみではなかった、ということに気づかされるであろう。況してや、平安律令貴族たちがみずから〝国風文化〟の宣言を行なったものでもなく、国家的自覚を闡明したものでもない、ということに気づかされるであろう。素性法師の文化意識のなかには、どうにかして当時の世界文化の中心である中国の詩文に近づきたいという願望が燃えていたはずである。素性法師個人が漢詩文に深い造詣や素養を持っていたかどうかについては不明であるけれど、少なくとも、かれもその仲間のひとりである宮廷文学サロンのメンバーが、白居易詩に「小園新種紅桜樹、閒繞花行便当遊」とか「桜桃樊素口。楊柳小蛮腰」とか歌われてあって、中国文学において桜が重要な役割を演じていることを話して聞かしてくれるのを、耳にしていたに違いないのである。さらには、中国の民間習俗において、桜と柳とが一セットになって、春もしくは一陽来福の「シンボル」と考えられている、という知識をも学んでいたに違いないのである。晩唐の詩人である李商隠の無題詩に「何処哀箏随二急管一、桜花永巷垂楊岸」と歌われ、郭翼の陽春曲に「柳色青堪レ把、桜花雪未レ乾」と歌われてあることが、当時の日本に知られていなかったのは当たり前だとしても、桜と柳とを一と組にすれば春や幸福や繁栄や平和を表わす〝シンボル〟たらしめることが出来る、という知識ぐらいは、夙《と》うに習得していたろうと想像される。すなわち、「柳桜をこきまぜて」とは、じつは〝唐風模倣〟の媒体《メディア》を表現したものにほかならない。

こうして、桜は〝唐風模倣の花〟として平安王朝貴族の文化意識のなかで開華したのである。そのかぎり、桜は、あくまでも〝貴族の花〟であり、〝都市の花〟であった。そのかぎり、桜は、支配階級が占有し賞美する花でしかなかった。

このように叙述し来たって、わたくしの胸裏には、ここで、マルクス＝エンゲルスが立論している〝桜の木の説〟を引き合いに出したい衝動のつきあげてくるのを包み隠すことが出来ない。読者の多くは、マルクス＝エンゲルスが、こともあろうに、日本の国花である「桜」について論を立てているなど、そんなばかなことがあるものかと、そう思うかも知れない。しかし、事実は全くわたくしが言うとおりにその言及が見えるのであるし、しかも、わたくしが右に叙述し来たった「桜は〝唐風模倣の花〟」という論証に関わる重大な言及をさえ残し置いてくれているのである。『ドイツ・イデオロギー』（一八四五〜六年稿）の第一部第一章に当たるフォイエルバッハ哲学批判の「Aイデオロギー一般、とくにドイツ・イデオロギー」という節の、第二項意識の生産について、という箇処を見ると、つぎのような文章に突き当たる。——

> フォイエルバッハの感性的世界の「理解」は一方ではそれのたんなる観照、他方ではたんなる感覚にかぎられ、彼は「現実的歴史的な人間たち」のかわりに「人間的なるもの」と言う。「人間的なるもの」とは実際上は

「ドイツ人」である。最初の場合、すなわち感性的世界の観照においては彼は彼の意識と彼の感情にさからうような物事にゆきあたらざるをえないし、彼の前提している、感性的世界のあらゆる部分の調和、ことに人間と自然との調和をみだすような事態にいやおうなしにぶつからざるをえない。そこで、こういった事態を除くために彼は「明々白々」のことだけをみてとる卑俗な見方と、ものの「真の本質」をみてとるもっとも高い哲学的な見方という二重の見方に逃げ場を求めざるをえない。彼は彼をとりまく感性的世界がなにか直接に永遠の昔から存在する恒久不変のものなのではなくて、産業と社会状態との産物であることを見ず、しかもそれが一つの歴史的産物――すなわち順繰りに前の世代の肩にのっかり、その産業と交通をさらに発展させ、その社会的秩序を必要事の変化にあわせて変えてきた連綿たる幾世代の活動の成果――であるという意味においてそうなのであることを見ない。単純きわまる「感性的確実性」の対象ですら、ただ社会的発展、産業および商業的交通によってのみ彼に与えられているのである。周知のとおり桜桃《さくらんぼ》の木はほとんどすべての果樹がそうであるようにほんの数世紀前にはじめて交易によってわれわれの地帯へ移植されたのであり、それゆえ或る特定の社会の、或る特定の時代におけるこの交易という行動のおかげではじめてフォイエルバッハの「感性的確実性」に与えられたわけである。

（訳文は真下信一訳＝国民文庫版同書に拠る）

サクラの木そのものが移植ないし輸入されたとまで主張することは差し控えねばならないが、桜花観賞という行為が「歴史的産物」であったとだけは主張することが出来る。その点では、まさしくマルクス＝エンゲルスが言うごとく、「単純きわまる『感性的確実性』の対象ですら、ただ社会的発展、産業および商業的交通によってのみ彼に与えられているのである」。桜花観賞という、日本人の「感性的世界の観照」の一形式も、七〜八世紀の日本律令制社会の支配階級知識人が中国詩文から学習し摂受した〝文化的行為〟であることは、いまや明白である。

記述が前後してしまったが、中国語（漢字）の「桜」は、こんにちわれわれがサクラと考えている植物ではなく、ユスラウメをさしていたと考えられている。それは、ふつうには「桜桃」と表記されることが多かった。『懐風藻』や『万葉集』の作者たちが座右に置いてはぺらぺらとめくり、宮廷酒宴の席上における作詩や作歌のよりどころとした『芸文類聚《げいもんるいじゅ》』（初唐の欧陽詢撰）を見ると、「漢書曰、恵帝出離宮。叔孫通曰。古者春嘗菓。方今桜桃熟可献。願陛下出。因取桜桃献宗廟。上許之」とか、「晋宮閣名曰。式乾殿前。桜桃二株。含章殿前。桜桃一株。華林園桜桃二百七十株」とか、「宋江夏王劉義恭啓曰。手勅猥賜華林桜桃。為樹則多陰。百果則先熟。故植之於庁事之前。有蝉鳴焉。顧命黏取以弄」とか、さらには「梁簡文帝皇太子奉答南平王賚朱桜詩曰。倒流暎碧叢。点露擎朱実。花茂蝶争来。枝濃鳥相失。已麗金釵瓜。兼美玉盤橘。寧以梅似丸。不羨萍如日」とか、ようするに、絶対支配者の〝シンボル〟として用いられた「桜桃」の実もしくは花に関する出典が豊富に集められてある。しかし、「桜桃」即《そく》ユスラウメかというと、そうとばかりは断定できず、「桜」即ユスラウメとする本草書もあると思えば、わざわざ山豆子・毛桜桃・梅桃・絨毛桜・英桃・麦梅・朱桃などをユスラウメに当てて「桜」と区別している本草書もあるから、一概に決めることは不可能である。天山山脈を超えた悠久の原始人が運搬した「桜」は、まさにわれわれの謂うサクラであったかも知れない。不思議なことに、日本最初の本草書『本草和名《ほんぞうわみょう》』（平安時代初期の深根輔仁撰）には「桜」の記載が欠け、「桜桃　一名朱桜胡頽子淩冬不凋一名朱桃一名麦英一名楔一名荊桃已上四名出釈薬生　橡子味酸出崔禹　桜桃一名含桃一名荊桃一名麦桃已上三名出兼名苑　和名波々加乃美一名加爾波佐久良乃美」とだけ見える。ところが、植物学者の報告によると、ユスラウメそのものの日本渡来は江戸時代初期を待たねばならぬというから、この平安朝初期本草学者の謂うハハカノミもしくはカニハサクラノミは実物なしに命名されたものでしかないことになる。もしも本当にそうだとすると、『芸文類聚』の「桜桃」をもって「佐久良」に比定しても差し支えない蓋然性が相当に強まってくるのではなかろうか。

ここで補説を挿入しておきたいが、〝サクラの博士〟と謳《うた》われた三好学が大正年間に著わした『人生植物学』をみると、「桜は日本に固有であるが、亦支那にもある。昔は支那には桜が無いやうに思つたが、今日では多数の桜が西部幷《ならび》に西南部の山中で発見された。併し是れは唯桜と言ふばかりで、日本の桜の如く美麗でなく、又僻遠の地にあるから、昔から一般に知られて居ない」（第十二章植物の美性と其応用　国華）と明記されている。ただし、三好は、昭和年代に入ると、あまりこのことは強調しないようになってしまった。そして、戦後になって、やっと、この雲南省原産およびヒマラヤ原産のサクラのことが一般に知られるようになった。原寛「ヒマラヤのサクラ類」は「ヒマラヤ、特にその東部の生物相が日本のものとよく似ていることは古くから有名な事実である。サクラ類についてもそのとおりで、これは地史的な要因によるものと考えられる。ヒマラヤは数千年前には中国を経て日本と地続きであって、そこには同一の植物が広く分布していた。それがその後の地形の変動によりヒマラヤの高山ができ、また日本海の成立によって日本は大陸から島として隔離され、特に氷河期における気候の激しい変遷を経て、ある地域ではある種は絶滅し、他の地域ではそこの環境に適応して種が進化（分化）し、各地域では今日見られるようなそれぞれ複雑な植物相ができあがったと考えられる。分り易くいえば多くの植物群においてヒマラヤと日本とには同一の祖先から進化した対応種というべき種類が生育しており、それらが互いに似ているのは当然のことといえる」（本田正次・林弥栄編『日本のサクラ』所収）と解説し、ヒマラヤ産のサクラの数多いこととその美しいこととに触れている。――そうだとすると、日本だけがサクラの産地だとした従来の学説は全く謬見であることになり、ヒマラヤのネパール地方から中国雲南省にまで跨る広い分布を考えると、中国人が「桜」もしくは「桜桃」を古くから知っていたと推論するほうがむしろ穏当だということになる。

さて、筆路をもとに戻して、さきほど少しく触れた『本草和名』の記事ちゅうに見える「桜桃　一名朱桜……和名波々加乃美一名加爾波佐久良乃美」のカニハサクラノミについて検討してみたいと思う。ユスラウメそのものの日本への渡来が江戸時代初期を待たねばならなかったという現代植物学者の定説を紹介しておいたが、それとは別に、『万葉集』にはカニハ（白文で「桜皮」とある）という用例が見え、これをめぐって、われわれはどう考えたらよいかという問題が残されているからである。

まず、そのカニハのあらわれてくる箇処を確かめておく。——

辛荷《からに》の島を過ぎし時、山部宿禰赤人の作れる歌一首 短歌并せたり

あぢさはふ 妹が目かれて 敷細の 枕も纏《ま》かず 桜皮《かには》纏き 作れる舟に 真楫貫《まかぢぬ》き わが榜《こ》ぎ来《く》れば 淡路の 野島も過ぎ 印南都麻《いなみつま》 辛荷《からに》の島の 島の際《ま》ゆ 吾宅《わぎへ》を見れば 青山の 其処《そこ》とも見えず 白雲も 千重になり来《き》ぬ 漕ぎ廻《た》むる 浦のことごと 往き隠る 島の埼々 隈も置かず 憶《おも》ひぞわが来る 旅のけ長み（巻第六、九四二）

このカニハに関しては、古来さまざまの説がなされている。それら旧説を踏まえたうえで、新しい説を提起している植物学者の松田修の文章を、ここに紹介しておく。それは『増訂万葉植物新考』（昭和四十五年五月、社会思想社刊）に示された見解である。——

カニハ（桜皮）という名は歌の中に出てくるものであるが、これが一体何を指したものかについて(1)宣長の「古事記伝」の如くハハカ、カバ、カニハと一緒にみる説、(2)シラカンバ説、(3)用字の如く桜の皮とみる説と三説あるが、私はこの第三説をとる。その根拠は、ハハカはウワミズザクラの古名で、これにカニハという名がなく、第二のシラカンバは樹皮が薄くて纏物には適しない。しかるに桜の皮は現に信州や東北地方などで細工ものや曲げ物のトジ目などに用いられ、小清水卓二博士の調査によると、関西における古代住居跡から発掘されるまき物材はいずれもサクラ類の樹皮であることを確められている。さらにカニハの語源を辿ってみると、「和名抄」に「樺 玉篇云樺 戸花胡化ニ反和名加波又云加仁波今桜皮有之 木皮名」とあって、和名抄の木具に掲げているカバ（樺）の名は今いうシラカンバの異名ではなく木の皮の名であることが知られ、今も曲物師はつから桜皮をカバと呼んでいるのもこの名残りと思われる。曲物師のつから桜皮は主としてヤマザクラ系の桜の皮であるが、この中にヤマカバ・サクラ

カンバなどの方言で呼ばれているものにチョウジザクラがある。これは本州中部以西の山地に生え、まき物用として昔から利用されているもので、これにはカバザクラ、カンバザクラの名がある。（上原敬二「樹木大図説」による）この名は古名のカニハザクラから転訛したものと考えられるもので、「和名抄」に「又云加仁波今桜皮有之」という説明もかく考えるとよく理解される。

私は以上の点から、万葉にカニハ（桜皮）とあるものは、用字通り桜の皮と解し、主としてチョウジザクラなどの桜の皮が利用され、それをカニハと呼んだものと考える。

この松田修の見解は、一個の専門家による報告として、わたくしも尊重したいと思う。カニハをカンバと見る旧説は、語呂合わせとしては面白いが、畿内古代住居跡から発掘されるまき物材がサクラ類の樹皮であり、現在の曲物師が使用している桜皮の一つにカバザクラ、カンバザクラがある事実を突き付けられてみては、カニハ（桜皮）を用字通り桜の皮の名（チョウジザクラ）と見る松田説に加担せざるを得なくなる。ただ、そうなると、わたくしの作業仮説であるサクラ＝主権の〝シンボル〟説は相当に揺らぐことになりそうだが、じつは、曲物《まげもの》そのものが大陸からの渡来品であるか、あるいは大陸からの渡来に促されて普及されたかしたことは確実であり、その製作者および管理者が宮廷に関係をもっていたこともまた確実なのである。そこのところを一段と明確にし得るならば、わたくしの作業仮説は、修正と拡張とを要求しながら、さらに一歩前進することになる。

古代の木器生産の製作技術は、大別すると、(1)刳《えぐ》る、(2)割る、(3)へぐ、(4)轆轤《ろくろ》をひく、の四種に分けられる。このうちの第三番目の技術によって曲物は作られたのである。河岡武春の解説によると、「(3)はヒノキなどをへいで、丸めてガワとしサクラの皮などでとじ、底をあてた曲物桶・メンパ（弁当箱）をつくった。曲物は弥生時代後期の遺跡から出土するが、この前形式に樹皮製桶がある」（『日本を知る事典』、Ⅲ 職業D狩猟と林業）という。ひろく言って、木器の製作技術は、奈良時代以降、それまでの土器生産の盛行にたいして、木器生産がとってかわるようになってからはじめて発達する。したがって、木器生産の出現は、律令社会の出現と対応関係にあると考えられる。そして、それが荘園制のなかで変容していくのである。そこで、問題になるのは木地屋と漆芸師との結びつきだが、この結びつきにしても、あくまで貴族社会の必要から起こったものである。木地屋については、河岡の「木地屋は、滋賀県愛知郡小椋村（現神崎永源寺町）を本拠地として、惟喬《これたか》親王を職祖とする信仰をもち、良材を求めて全国の山々を渡り歩いたとされている。こうした伝説あるいは木地屋文書の根源は、まだ明らかにされていないが、鋳物師《いもものし》のもつ性格の似た文書などからみると、朝廷の供御人《くごにん》であり、国衙《こくが》に属するという時代があったような気がする。」「木地屋文書による特権は、諸国轆轤師・杓子師・塗物師・引物師の四職に与えられている。この四職の総称が木地屋ではないかという説がある。とすると、木工のおおかたをかねたものが、木地屋ということになる。この中にないのはガワ（曲物）師、榑《くれ》、ソギ系統である。前者は古い用語でいえば檜物《ひもの》である。折敷《おしき》（四角い膳）や三宝《さんぼう》、そのほか柄杓・面桶《めんよう》などは薄い板を曲げ、これをカンバ・サクラの皮で綴じたものをいう。ヒノキがもっとも曲げやすく、よい香もあり、中世の絵巻物をみると、檜物の用途は広かったことがわかる。柳田国男によると、近江の檜物庄《ひもののしょう》は古い荘園で、甲賀郡とされるが、東方は今の日野町辺におよんでいた。そして京都に近く宮廷御用の檜物を調達したのが地名の由来とされる」（同）という記述が、大いに参考になる。けっきょく、木地屋なる総称によって代表される木工生産者は、なんらかの関係において、古代宮廷に直接的に隷属し、律令官衙の管轄下にあったらしい、というほぼ確実な事実を、わたくしたちは確かめ得たことになると思う。一応、曲物師（ガワ師）のみは、この木地屋の総称（概念）からはずされる扱いを受けているが、それだからと言って、古代宮廷や律令官衙との関係が無かったことにはならないのではないか。げんに、柳田国男の指摘しているごとく、近江の檜物庄が宮廷御用の檜物を調達したことに由来する地名だとすれば、荘園制時代はまずそのとおり確実に宮廷との関係を有していたと見てよいし、今後の新研究の成果次第では律令体制成立期における宮廷もしくは政府有力者との関係が照らし出されないとも限らない。なんにしても、曲物《まげもの》事始《ことはじめ》が支配者レベルにおいて現出された公算は大きいのである。

そして、かくのごとく、曲物《まげもの》が支配王権や貴族社会の需要によって生産されたればこそ、その綴じ皮として、サクラの使用せられたことにも納得が届くのではあるまいか。もちろん、サクラの皮が他の植物の樹皮に比べて遙かに堅牢であり弾力性にも富むという効用上の理由もあったであろう。しかし、堅牢で弾力性に富む材質ということになれば、ツタ、カズラのたぐいを使用してもよかったはずである。しかるに、わざわざサクラの樹皮が曲物に用いられたのには、必ずや明確な理由あってのことだと思う。

かく修正と拡張とを加えてきて、いよいよわが作業仮説を定式化することが可能になってきた。サクラは、古代社会にあっては、少なくともその〃文化意識〃においては、帝王（天皇）および貴族階級の〃シンボル〃として考えられてきたものでしかない。古代の全時期をつうじて、そう言って差し支えないと思う。

サクラがやや民衆のものになりかけるのは中世に入ってからであり、真に〃民衆の花〃となって酷愛されるようになるのは近世町人社会の興隆以後のことに属する。本居宣長の「敷島の大和心を人とはゞ朝日に匂ふ山桜花」の本当の意味は、かれの門人でありかつ養嗣子である本居大平《おおひら》が、伴信友の質問に答えて「うるはしきよしなりと先師いひ置《おか》れたり」と明言しているとおり、ああ美しいなあという嘆声を発することが本当の大和心だと詠んだのである。宣長は、町人階級の出身者であるゆえに、政治思想や伝統的学問にとらわれぬ合理主義的思考を生得的《しょうとくてき》に稟受《ひんじゅ》していた。『紫文要領』などを見ると、めそめそと女っぽく愚痴っぽいのが「やまとだましい」の特質である、とまで述べている。そして、ここにこそ、近世庶民の、物にとらわれぬ、自由な感性が息づいている。ここに至って、ついに、サクラは、完全に〃民衆の花〃また〃女性の花〃となったのである。明治以後になってからは、サクラが嘗て中国詩文の影響下に発見された〃王権の花〃であり、律令官人貴族や平安王朝知識人によって学習された〃都市の花〃また〃文化の花〃であり、ようするに一般民衆の近づき得なかった〃タブーの花〃であった、という重大なプロセスなどは、きれいさっぱり忘れ去られてしまった。でないとすれば、じつに巧妙に専制支配イデオロギーの牙が陰蔽されたことになる。国花という概念が出来たのも、西欧から“National Flower”の風習が輸入されてからのち、英国のバラ、中国の牡丹などに対抗して、急遽でっち上げたものでしかなかったのである。

そのように考えてくるとき、本当の意味での「日本的なるもの」とは、この狭小なる日本列島に流れ集まった南・北・中央蒙古人種の住民たちが、長い時間をかけて少しずつ作りあげていった文化的要素である、という帰結に達する。「日本的なるもの」とは、低次元ではあるけれど兎にも角にも弁証法的性格をもつ文化である、と言い得るのではないか。古いがゆえに〝日本的〟と言い得るのではなく、かえって、みんな（民衆全部の意である）のものであるがゆえに〝日本的〟と言い得るのではないかと思う。古ければ、なんでも日本的だと考えるのは、全くの妄見でしかない。『懐風藻』に「花紅山桜春」「桜柳分含新」としてデヴューする詩材としてのサクラを例にとって討究してきたのであるが、それは、デスポティックな中国文化の咀嚼消化の段階から始まった〝美の所有〟なのであり、ほんの近世以後になってから純然たる日本民衆文化の財産に帰した、というに過ぎない。わたくしたちは、今後とも、「日本的なるもの」の正体を科学的に探索していかなければならないと思う。

国粋主義者たちは、日本民族が昔から伝えた美しい心情を大切に守れとか、日本民族には民族固有の美しい風俗習慣があったはずなのに最近の若者はそれを破壊したとか、日本民族の優秀性に対しては他国のひとびとが一目《いちもく》も二目《にもく》も置かざるを得ないのだとか、ふた言《こと》めには、日本民族賛美を口にせずにはいない。人間同士の集まりのなかでも、つまらない奴《やつ》に限って、恐ろしいほどの自信過剰の言動を弄するのを通例とするが、それと同じく、日本列島住民のなかでも、ちゃんとした省察力や判断力に欠如する奴《やつ》に限って、恐ろしいほどの情熱をもって日本民族や日本文化を礼賛するのを通例とする。なにも、わざわざ白人に対する劣等感を抱く必要もないし西欧文化を崇拝する必要もないけれど、戦後日本における〝経済大国〟の出現がもっぱら西欧科学技術の摂取による賜物であり延《ひ》いては欧米的資本主義社会体制の移植による所産である、というぐらいの客観的認識は持ったほうがよい。日本民族の資質が優秀だから、こんにちの経済的繁栄がもたらされたのではない。その経済的繁栄なるものにしたところで、砂上の楼閣に過ぎぬ薄っぺらな現象でしかないことは、石油危機が騒がれた当時、りっぱに証明された。一見繁栄らしきものが現出したのは、社会体制や生産関係が極端に露骨にその特質を発揮した、謂わば〝諸矛盾〟の集中的現実化によるに過ぎない。日本の繁栄は、日本人の功績によるものではない。だいいち、国粋主義者たちの口癖にする「日本民族」うんぬんなる言葉からして、あまりにも非科学的な概念でしかないのである。人類学の観点から言っても、地上に日本民族などという race《レイス》 は存在しないのであり、もしどうしても人種を強調したいならば、日本人を構成する人種要素は、その大部分が南蒙古人種に属し、あと、部分が中央蒙古人種・北蒙古人種・インドネシア人種・アイヌ人種のタイプに属する、としか他に言いようがないのである。つまり、日本列島住民は、もともとアジア大陸に居住していた蒙古人種の先史民たちが東へ東へと移動してきて、ついに〝吹きだまり〟に集まって形成した雑種民族でしかないのである。もっとも、今日の人類学の考え方からすれば、地球上のいずこにも単一的な人種というようなものは存在せず、人種の形成は複雑な歴史的現象であると見て、より抽象的でより弾力性ある集団をもって人種と考える方向に進みつつある。「結局、純粋な人種とか、典型的な人種特徴をもつ個人という考えが消滅してしまうと、人種とは比較的等質な集団であるという当然の考えが、はっきり認められてきた。集団遺伝学を武器として、地理的に局在する、比較的等質な人類集団の研究が現在の人種学の主要なテーマである。人類集団の成立する機構は、隔離・淘汰・突然変異・混血・遺伝子の浮動（小さい集団では遺伝子の頻度が短期的にひどく変わることがある）によって説明される」（寺田和夫『人種とは何か』、Ⅲ人種観の歴史）のである。もし人種を観察し研究する作業に積極的＝実践的意味を見いだそうとするならば、長い過程を経て形成された日本人という集団のなかにある遺伝的紐帯と社会的連関との科学的特徴をこそ両《ふた》つながら明確に突き止めることが必要である。しかも、遺伝的要因というものが、環境の影響を強く受けることは、最近における日本の若者の平均身長が一〇センチ以上も伸びている事実を考え合わせれば、容易に了解される。身長・頭形・皮膚・指紋・体型といった外部的特徴をもっぱら遺伝的特徴と見てきた従来の人種学的研究は、当然ここらで御破算に帰せしめてよい。日本民族というものも、何かア・プリオリの存在として、天空高く存在する(戦時中には、さかんに天孫民族だということを誣言《ふげん》したものだった)のではない。それは、正しくは、日本列島住民のつくりあげている社会(人間集団)が歴史的に形成した共同体というにすぎない。日本人が、人種的には自分らと全く等同な朝鮮半島住民に対して、根拠薄弱なる優越感や蔑視を抱いているのも、過去に形成された日本社会の生産関係の反映でしかないのである。日本人の多くが未だに国家至上主義的考え方を捨て切れずにいるのも、たんに過去に形成された経済的諸条件の所産でしかないのである。

脱線したつもりはない。世上、和歌的といえば、すでにその名のごとく最初から「日本的なるもの」と決めてかかっているが、そしてそのように解することに異を挾《さしはさ》む余地もないのであるが、日本伝統社会の経済的諸関係や、支配階級の政治的思考や、貴族知識人の文化意識をば、全体的=構造的に把え直し、科学的にかつ弁証法的に「和歌史の基本構造」を認識し直してみると、和歌そのもの(少なくとも、その発想形式と、その表現の場とにおいては)が極めて古代中国的=律令体制的な因子を多く含有することに気づかされる。和歌が「日本的なるもの」でないなどと言えば、きさま、気が狂ったのではないか、という面罵をこうむりかねないが、わたくしは、これを、作業仮説として据え置いたうえ、はじめから筆を起こしていたつもりである。

和歌の含有する政治的思考については、紀淑望の「古今和歌集真名序」が有力な手がかりの一つになるが、わたくしの作業仮説を狂気の沙汰と早呑み込みしそうなひとびとのために、参考までに平安知識人の〝和歌観〟を紹介しておこうと思う。この種の史料は、いくらでもあって引例するのに事欠くことはないが、そして、おいおい本稿叙述のなかで重要なモメントを担うはずであるが、ここには、手近で、わかり易い『本朝続文粋《ほんちょうぞくもんずい》』を引く。

従四位下和歌博士紀ノ朝臣貫成問フ

詳ニス二和歌ヲ一

問フ。夫レ和歌者志之所レ之。心動二於中一。言形アラハル二於外一。是以春花開朝。争ヒテ二濃艶一而賞翫シ。秋月朗ナル夕。望ミテ二清光一而詠吟ス。誠ニ是レ日域之風雅。人倫之師友ナル者也。不レ審ナラ。野相公告グレ別ヲ矣。為レ西為レ東。在中将歎クレ老ヲ焉。対シレ月ニ対スレ日ニ。混ノ本昔製。未レ知ラ二其旨ヲ一。誹諧ノ古辞。欲レ聞カント二其訓ヲ一。又臨二難波津ニ一之什献ジ二何主ニ一。富ノ緒河之篇報ゼン二誰人ニ一。子姓ヲ稟ケ二柿本ニ一。累葉之風久シク扇グ。志ヘ学二山辺ニ一。詞峯之月高晴ル。宜レ課ス二七歩之才名ヲ一。莫レ泥ムコト二六義之応対ニ一。

（巻第三、策）

早春詠ズル二子ノ日ヲ一和歌一首。并序

前藤都督

王春初月。子ノ日ノ令辰。月卿雲客陪スル二椒房ニ一之者多シ矣。蓋シ浴シ二皇沢ニ一。歌フ二聖徳ヲ一也。于レ時亘二鳫橋ヲ於前池ニ一。展ブ二燕席ヲ於中島ニ一。歩ミ二沙草ヲ一而徙倚シ。蹤踏ミ二三分之緑ヲ一。携ヘテ二林松ヲ一而徘徊シ。齢伴フ二千年之陰ヲ一。誠ニ是レ上陽之佳猷。卻老之秘術ナル者也。況ンヤ亦庭華色色。窈窕之袖添レ薫ヲ。宮鶯声声。鳳凰之管和スレ曲ヲ。命二希代之勝遊一。課二習俗ヲ一兮諷詠。其ノ詞ニ云。

（巻第十、和歌序）

この前者は対策問答の片割れ。後者は和歌一首のための序。いずれも不完全な史料であるが、例文そのものをよくよく検討していただきたい。古代律令国家体制のなかで演ぜられた和歌の本質（特にその主題）が、うっすらと見えかかってくるのではあるまいか。さらに、その和歌の主要なる構成因子を成す〝自然観〟の本質も、同時に見えかかってくるのではあるまいか。

『懐風藻』の芸文儀礼――〝自然観の体系〟

(1)

『懐風藻』の文化意識をさぐるためにウメ、モモ、サクラの用例用法を検証するという作業は、極めて有効であった。そして、もしその作業が構造主義的な意味での〝共時性〟を把握し得ているとするならば、その結果、それら植物によって代表される詠材が中国律令制的政治思考のシステムのなかで把えられてこそはじめて〝文化価値〟を帯びるものであるとする当方の作業仮説は、一個の理論に近づけられたことになるであろう。なんでもないサクラの歌ひとつでも、日本律令官人貴族が当時その精神活動の貯水源とするところの〝知覚の現象学〟をとおして表出されていることに注意するとき、それを、ただ漫然たる物見遊山気分から生みだされた所産であるとは見做し得なくなる。

わたくしは、つい先ごろ、九十歳の父親を喪《うしな》ったが、街頭の雑踏のなかで眼に入ってくるのはおじいさんの姿ばかりであるという日々が今なお続いている。三年前に交通事故で母親を喪ったときには、そのあと、半年ぐらいのあいだ、ゴーストップの信号のある横断歩道を渡るさいなどにはおばあさんの姿ばかりが目に入り、また車道を猛スピードで往来する自動車の速度が気になり苛立って仕方なかったものであった。二十歳代のころには、町を歩いても電車に乗っても、奇麗な若い娘さんばかりが目に入ったのをおぼえている。家に赤ん坊の産まれたころには、よその赤ん坊ばかりが目に入った。自分ではどんなに現実の事物に向かって注意力を配り、どんなに客観的認識の能力をフルに働かせたつもりではいても、人間というものは、本人がつねに抱いている主体的＝即自存在的なテーマから離れることはできがたいのである。しかも、事物、身体、意識は、つねに同じ行為のうちに与えられてある。人間の経験は、むしろ、そのような客観性と主観性との《両義性》を持っているところに特徴があり、この両者の間に起こる「緊張の弁証法」によって志向をはめこまれているところに具体的生が存在する。メルロー＝ポンティに倣《なら》って言うならば、精神はたんに事物の反映であるのでもなければ、事物のありのままなる証拠でもなく、その運動的志向性によって事物に現前するところのものである、ということになる。世界の経験、すなわち世界に関するあらゆる思考に先立つ世界との接触をいいあらわすことが知覚であり、この知覚の真理（知覚による真理）こそあらゆる認識の土台になるのであるが、大切なのは、この知覚は一次的であり、かつ全体としてまとまったものであり、それ自身でその明証性が十分証明される、ということである。この点では、知覚は行動であり、そのかぎり〃行動の構造〃をもっているとせざるを得ない。わたくしたちは、反省や判断が知覚の行動の一つだと考えやすいし、感覚が知覚の要素であるというふうに見做しがちである。しかし、感覚というものさえ、じつは、あとになって抽象により得られるところの知覚の残余物にすぎないのである。はじめに働いているのは知覚であり、知覚に支えられていない認識はない。真理の形成は知覚から出発して行なわれる。知覚は、この世界が「諸事物のとりだされる無尽蔵の貯水源」であることを明確に認識するが、しかも、この世界はつねに未完成である所与でしかない。世界を完成することは、わたくしたちの行動に委ねられている。わたくしたちが世界をつくり、また世界がわたくしたちをつくるのである。世界は、わたくしたちの知覚と他者（＝他人）の知覚との集成から生じる。これらの知覚は、一定の比較作用を経過し、やがて、相対的で完全となり得る或る意味を形成することになるであろう。〃知覚の現象学〃はけっして完成した体系にはならないだろうし、いつまでも弁証法的な運動をつづけるであろう。歴史とは、諸事物のうちに具体化＝受肉化された人間の相互関係である。社会的世界は、この人間の相互関係に関する経験をたえず織りつづけ、またたえず織りなおす意味作用の全体である、と言ったらよいであろう。わたくしたち現代日本社会のなかで歴史的に精いっぱい生きようとする人間の〝知覚の現象学〟が、千二百年前の律令官人貴族がそれなりに一所懸命に生きた〝知覚の現象学〟から遠く隔《へだた》らざるを得ないのも、これは当然のことである。

それならば、八世紀の律令文人貴族にとって〝知覚の現象学〟を成していたものは何であったか。ひと言でいい切ってしまえば、それは、律令官僚貴族に固有の〝政治的思考〟の体系である、ということになろうか。わたくしが母親を交通事故によって喪《うしな》ったあと街頭でおばあさんの姿ばかり眼に入って仕方なかったことは前述のとおりだが、それと同じように（いや、本当は、そのような知覚のシステムが一生涯に亘って持続せねばならなかった状況をこそ、いっそう重大に扱わねばならないのであるが）、律令支配層知識人にとって、眼に入る事物といっては、かれらが四《し》時《じ》おのが念頭から離れたことのない〝政治的主題〟と密接なつながりを持つ政治神話的シンボルか、もしくは同時代の文化理念に指導的役割を演じている中国詩文的教養のメカニズムか、そのどちらかに限られていたのである。しかも、多くの場合に、この両者は不可離的に結び合わさっていたのである。ウメを詠材にした詩歌が『懐風藻』にも『万葉集』にも圧倒的な数値を占めるという事実は、それらの作者である律令高級官僚（もちろん『万葉集』においては中級・下級の官僚をも包含するのであるが）の〝知覚の現象学〟の内部構造を照らしだしている。モモを詠材とした漢詩が『懐風藻』にたくさん登載され、おそらくは実物を見ずに作ったであろうと推定される和歌が臆面も無く『万葉集』に記載されているという事実も、それらの作者の美的感覚が一つのまとまった全体にほかならぬ〝知覚の現象学〟から水源を受けていることの証拠になる。サクラを詠材とした詩歌にしても、そうである。『懐風藻』に見えるサクラの漢詩二首にしても、『万葉集』のなかでサクラを詠じた長歌短歌合わせて四十三首にしても、それら詩歌はすべて、律令貴族官僚の宴席即興吟であるか、律令官僚制社会における〝対人関係〟の形象化であるか、いずれかに限定されている。そして、この事実は、明らかに、律令国家体制という歴史的現象の全体性を認識する〝知覚の現象学〃の働きから生じたことである。しかも、この全体性は、もろもろの生産関係によって形成されている。このひとまとまりの全体は、人間それ自身（生物学的個人それ自体）こそ所与の歴史的諸条件のなかの欲求、労働、享楽のひとまとまりにほかならない、という基礎事実を離れては存在し得ないし、げんに存在し得るものではなかった。別の言い方をすれば、農業生産の性質に起因し、つぎには文化の様態や消費材の配分を規定する諸関係の体系をば把握する歴史的認識こそ、生物学的認識をも包み込んでしまっているのである。すなわち、サクラは、自然的な諸過程のなかで把えられるよりも、歴史的全体化の総体によって全体化される歴史的弁証法によって把えられるのが本当である。〃知覚の現象学〃は、人間的弁証法の外に存在を主張できるようなものではない。それだから、これまで、わたくしは殆ど比喩のようにして〃知覚の現象学〃という術語《タームズ》を用い、律令官人貴族の生き方を把えることに躊躇をおぼえなかったのである。

いまさら解説を付け加えるまでもないことだが、律令国家というのは、律（刑法）と令（行政法・訴訟法・民法・商法など、人民を勧戒する教令法）とによって武装された中央集権的な古代国家をよぶ。天武天皇は、壬申《じんしん》の乱に勝利を博して権力を握ると、さっそく独裁政治をはじめ、天皇を頂点とする中央集権国家の基本組織をがっしりつくりあげるために唐の制度をモデルとして浄御原令《きよみがはらりよう》とよばれる成文法の編纂に当たった。この浄御原令は現存していないし、またその実在性を疑う学者もないではないが、ともかくもこれをたたき台にして、七〇一年に大宝律令が完成され制定されたことだけは確かである。律令国家は、前代の豪族たちが各個にその氏人や部民を支配することをやめさせ、それら豪族たちが新たに官僚貴族となって天皇（最高の専制権力者である）を中心にして一つの政治的統合体をつくり、両者が一体となって徹底的な人民支配をおこなう権力機構であった。このような集中的権力をつくることによって、前代まで支配階級を不安におとしいれていた諸矛盾および諸問題を解決しようと企図したのであった。このようにして、聖徳太子以来の懸案であり、かつ大化の改新（この有名な歴史的事件に関しても、実在性が疑われて仕方ないが、今は触れずにおく）によって基本的レールが敷かれた中央集権的官僚制の整備と専制支配的王権の確立とは、八世紀初頭において実現を見ることとなった。だが、こうなったとき、最も悲惨な目に遭わされるのは人民大衆である。貴族たちが官職に応じて位《くらい》や禄《ろく》（給与として与えられる絹布、綿、農具など）を授けられたり、租税を免除されたり、田地やそれを耕す封戸《ふこ》を与えられたり、何から何まで特権ずくめであったのに対して、人民は、虫けら同然の取り扱いしか受けなかった。人民は、良（公民）と賤（部民の一部および奴婢《ぬひ》）とに分けられたが、身分はどうあれ、ともに奴隷状態に置かれたことは、逃亡《ちょうぼう》が跡を断たなかった事実でわかる。律令政府は、公民を、以前のように氏族的集団として支配するのをやめて、個々の家父長制大家族を戸として支配し、この戸主が家族構成員に対して専制的な力を発揮し易いように〝儒教イデオロギー〟を押し付けた。租税の取り立ての無慈悲さ、強制労働の残忍さ、徴兵制度の苛酷さ、こういう非人間的扱いを受けた人民は、ただ生きているだけがやっとことさという最低生活に喘《あえ》ぐばかりであった。しかしながら、人民大衆（当時六百万人ぐらいいただろうと推計されている）が苦しめば苦しむほど、貴族官僚（当初百五十人ぐらいだったろうといわれる）の生活水準や文化消費量の目盛はぐいぐい上昇し、中級・下級官僚（正確な数字は掴みがたいが、中央および地方を合《がっ》しても二万人を超えることはなかったろうと想像される）は大っぴらに不正行為をおこなうようになっていた。都市文化の威容はおいおい整えられていったが、政治面にしろ経済面（市《いち》が開かれ余剰物資が売られた）にしろ、「咲く花の匂ふがごとく今盛りなり」と謳歌された都会生活の恩恵に浴することができたのは、ほんのひと握りの特権貴族階級に限られていた。

以上が、律令国家体制という歴史的社会の全体についての粗描である。そして、その全体のなかに生きる人間（律令官人貴族を例にとって考えてみよ）は、おのが〝知覚〟を出発点として真理を形成し、かつ世界を認識しているのであるが、〝知覚〟それ自身も歴史的現象の全体性を離れて勝手に働くことはできない。〝知覚〟は、それを産みだしかつそれが認識するものであるところの歴史過程に従いながら、全体化するものであると同時に全体化されるものとして、歴史のまっただ中にみずから姿を現わすとともに、全体化としての歴史的現実を必ず把えるのである。したがって、長屋王なり大伴家持なりに検《たしか》められるところの〝知覚の現象学〟は、ありていに言えば、律令農民がどんなに窮乏困苦に喘《あえ》いでいようがそんなことには微塵ほどの同情も持たず、ただただ貴族官僚としての自分一個の栄達と安寧とのみを気に懸けて右顧左眄《うこさべん》し、自分の地位より高い人物に対しては卑屈な阿諛追従をやってのける、といった〝人非人《にんぴにん》〟まるだしの人間にとって、あらゆる思考あらゆる発想の貯水源になっている一つの全体をさすが、一方、それは、もろもろの生産関係という全体性にそれ自身基礎づけられている絶対的具体でもあったのである。わたくしたちは、長屋王の漢詩一首、大伴家持の短歌一首のなかに、律令貴族の贅沢な酒宴の席上での憂鬱《スプリーン》と律令農民の悲惨な暮らしざまの中での呻《うめ》き声《ごえ》とを、さらには同時代のあらゆる人間的雑音とを含めて、ようするに歴史的現象の全体性を、共時的および通時的に認識しなければならない。けっきょく、弁証法的認識は、わたくしたち自身による社会の全体化であり、わたくしたち自身の行動の論理であるほかないことになる。わたくしたちは、じつは、わたくしたち自身の問題として、『懐風藻』なり『万葉集』なりがつくりだされているという歴史的事実を引き負わなければ、これらと取り組む意味がないのだと思う。

ここで、わたくしたちは、『懐風藻』についての最小限度の知識をおさらい（復習）しておかなければならない。つまり、辞書的なミニマムの知識なりとも獲ておかないと、本稿叙述は容易に先へ進みにくいのである。

わたくしの知る限りでは、現行辞書のなかで最も〝簡にして要〟という記事を掲げているのは西尾実・久松潜一編『日本文学辞典』（昭和二十九年二月、学生社刊）の当該項目である。ここに、それを紹介すると、「**かいふうそう**〔懐風藻〕最古の漢詩集　一巻。撰者は、じゅうらい淡海《おおみのみ》三船《ふね》・石上宅嗣《いそのかみやかつぐ》・葛井広成《ふじいのひろなり》などに擬する諸説があるが、決定的ではない。成立、七五一（天平勝宝三）年。近江朝（六六二～六七一）以降撰時にいたるまでの作家六四人、詩一二〇首（ただし現存本では数首たりない）を年代順に編集している。作者の大部分は官人で、天皇・皇子や僧侶・隠士などもまじる。集録の形式はまず作者名および詩の数を標示し（うち若干の作者には小伝を附す）、ついで題・詩をしるす。詩体は大部分が五言詩で、格調は六朝古詩の風をくむが、詩学的意識は未熟である。詩題ないし内容の面からいえば侍宴従駕の応詔唱和がもっともおおく（三四首）、讌集《えんしゅう》・回遊覧がこれにつぐ。近江奈良朝の漢詩制作が知識官人の公的な場における言志述懐の具であった事情が端的に示されているが、同時代の『万葉集』が国民的地盤に根をおろした大抒情詩集であったのと対象的である。しかし万葉文学といえども、その発想や修辞の技法を漢詩のそれからあおぐことによって、その文学性を形成しえた面も見落せない。この集に万葉の歌人一八人が三九首の詩を伝えていることも偶然ではなかろう。なお序文や作者の小伝あるいは所収作品の選択の態度のなかから撰者の政治的立場もにじみでていて、とにかくこの集が古代前期の政治状勢と密着していることは、文学史のうえからばかりでなく、精神史的にも政治史的にも珍重にあたいするであろう。（秋山）」とある。「（秋山）」とある執筆者略号は、秋山虔であろうか。これだけの短いスペースに、よくもこれだけのエッセンシャルな事項を盛り込み得たものだと、わたくしは感服してしまった。

瑣末部分の補足をおこなっておくと、『懐風藻』の詩集名（書名）は、その「序」の末尾部分に「余撰二此文一意者。為レ将レ不レ忘二先哲遺風一。故以二懐風一名之云爾」（余《わ》が此の文を撰《えら》ぶ意《こころ》は、将《まさ》に先哲《せんてつ》の遺風《ゐふう》を忘《わす》れずあらむが為《ため》なり。故《かれ》懐風《くわいふう》を以《も》ちて名づくる云爾《ぞ》）とある部分によって明らかである。この末尾段落のもう少し前のところに、「閲二古人之遺跡一、想二風月之旧遊一」とか「撫二芳題一而遙憶、不レ覚二涙之泫然一。攀二縟藻一而遐尋、惜二風声之空墜一」とかの対句が見え、編纂目的をより明確にうかがうことができる。すなわち、先人の残した秀れた漢文学の遺風を慕おうという意図から編まれたものであって、平安時代の勅撰三漢詩集に見られたように文学を「経国之大業」と宣言した堂々たる態度に較ぶれば、きわめて私的＝個人的な意図、またいちじるしく懐古的＝感傷的な企てであったと言わなければならない。つぎに、字句上の問題に立ち入るが、小島憲之によると、「『懐レ風』の意は、風をふところに入れる意もあるが（一例、初唐、王勃、夏日宴ニ宋五官宅一観ニ画幢一序『佩ニ引琅玕一、詎動《ソソ》ニ懐風之韻一』）、ここはこれによらない。この『懐風』と前述の『藻』とによって結ばれた『懐風藻』は、やはり乙麻呂の『銜悲藻』に暗示を得たものであろう。但し、『藻』は前述のほかに、懐風藻序が大いに活用した『文選《モンゼン》』序の中にも「翰藻」の例があり、また六臣注本にも『英藻』（進ニ五臣集註文選一表）の例がみえる。また『学令』（令集解）に『閑《ナラフ》ニ於文藻一』（『藻者、藻麗也……文藻、文章也、古記云……文藻謂ニ文章一種一也』）ともみえ、この『藻』を用ゐることは、当時として必ずしも特殊な語ではなかつた」（『上代日本文学と中国文学・下』、第六篇上代に於ける詩文学 第一章懐風藻の詩）という。おおむね、正鵠を射ていると評し得るかと思う。ただ、『文選』には「藻」の用例は全部で四十一例もあり、わたくし個人は、『文選』に出典を仰いだ何らかのパロディではなかったかとの見方を取るが、必ずしも固執はしない。斯波六郎主編『文選索引』（一九七一年八月、台湾中文出版社刊）という三巻本と首っぴきにして宝さがしを試みてみると、「懐」の用例はじつに四百二十例以上（このうちに、巻第六京都下の左太沖「魏都賦一首」に見える「篁篠懐《フ》レ風《ヲ》」などがあり、都市文化に対する礼讃の姿勢が知られる）、また「風」の用例に到っては五百例以上（このうちに、巻第十一宮殿の何平叔「景福殿賦」に「家懐《ハキ》ニ克譲之風一」が見え、宮廷の威容に対する讃美の姿勢を検めることができる）も列記されてあり、とても太刀打ちできっこないという感じを抱かせられる。やはり、小島説のごとく、撰者にとって卑近な作例でもありまた当時文学サロンにおいて有名であった誰人かの漢詩作品からヒントを得たと解釈するのが、いちばん穏当な考え方であろう。

ただし、このこととは別に、わたくしにはもう一つの作業仮説がある。それは、『懐風藻』は本邦最初の漢詩集であると同時に本邦最初の音楽書＝宮廷舞楽集（場合によっては、雅楽歌辞集）でもあったとする作業仮説である。そして、この仮説を立てた直接的動機は、じつは、『文選』『玉台新詠』から得られたものであった。特に『文選』巻第十七音楽上の伝武仲「舞賦一首」のなかに、「余日怡蕩《ハ》非ニ以風《ワシフル》レ民也。其《レ》何《ノ》害《カアラン》哉」とか「文人不《ハ》レ能《ハ》レ懐ニ其藻《ヲ》一兮。武毅《ハ》不レ能レ隠二其剛一」とかの詩句が見いだされることは、この一首が、宮廷舞曲のいわれを説明し、宋玉なる臣をして「歌《ハ》以《テ》詠《ジ》レ言《ヲ》、舞《ハ》以尽レ意。是以論《ズルハ》二其詩《ヲ》一、不レ如《カ》レ聴二其声一、聴《クハ》二其声《ヲ》一、不レ如《カ》レ察《スルニ》二其形《ヲ》一」と言わせたあとの叙述であるだけに、おろそかに看過できないのであった。治部省のなかに雅楽寮を設けて外来音楽の輸入定着に躍起となって努力しつづけた日本律令官人貴族たちに、このくらいの知識のあったことは、容易に想像し得るのではないか。しかし、わたくしの作業仮説は、なんといっても未検証であり、また検証の手続を得るよすがにも乏しさをおぼえるので、今回の叙述では勢い込んで提起する段階にまで到達していない。

ついでに、前記小島氏の記述に見えている「学令」うんぬんについて補足しておきたい。『令集解《りようのしゆうげ》』巻第十五学令の講説不長条を見ると、「凡学生雖二講説不長一。而閑二於文藻一。才堪二秀才。進士一者。亦聴二挙送一」とあり、「閑二於文藻一」の部分に加えられた注釈（割り注）として、「謂。閑者習也。藻者藻麗也。釈云。毛詩伝。閑字作レ嫺。閑。習也。文藻。文章也。古記云。閑者訓レ学。訓レ寛也。文藻謂二文章一種一也。穴云。藻之字可レ求二其様一也」という記述がある。『令集解』そのものは、貞観年間（八五九～八七六）に惟宗直本《これむねなおもと》が著わした私撰注釈書であるが、夙に散佚した養老令の本文は、この著作と、この著作以前に官撰注釈書として清原夏野らによって撰せられた『令義解《りようのぎげ》』（八三三年成立）とによって伝えられることとなった。問題になっている部分の注釈（同じく、割り注）は、『令義解』のほうでは「謂。閑者。習也。藻者。藻麗也」とある。養老令の第十一番目の編目である学令《がくりよう》は、全文二十二箇条から成り、大学・国学における教授や学生の資格、教科書、入進学試験、教授に対する勤務評定の仕方などを細かく規定したものであった。その学令のなかで「文藻」という表現が用いられていた事実は、当時、「藻」という字面が《レツトル》少なくとも律令社会知識人の眼に触れる機会を多く持っていた証しにはなると考えられる。しかし、見落としてならないことは、「藻」そのものがあくまで律令体制支配層だけが手中にし得た高度の〝文化概念〟だったという点である。こういう概念が六百万人民大衆のすみずみにまで普及していたと考えたら、たいへんな間違いである。

『懐風藻』が日本最古の漢詩集であることは周知であるが、かりに、文字や漢籍の渡来を六世紀半ばごろだとすると、よくもまあ僅々二世紀足らずのうちにこれほどまでに漢文（漢詩文）の学習水準が急激に高められたものだと、感心せずにいられなくなる。後進国の遅れを取り戻そうとした中央権力の熱意のほどがうかがわれようというものである。それはそのとおりであるけれども、『懐風藻』の詩人たちが所有していた漢文学の素養そのものは、より根本的な掴み方をすれば『懐風藻』そのものの中国文化摂取の具体的姿勢は、かなり背伸びをした、かなりの無理を冒《おか》すていの、かなりの無手《むて》勝流《かつりゅう》を押し通すていの、悪くいえば〝やっつけろ〟式の誤魔化《ごまか》し（これぞ日本文化のお家芸であるのだが）を旨《むね》とするものであった。それほどに唐制模倣が急務であり、それほどに中国詩文（広く言って、中国の先進文化）の咀嚼消化が急《せ》かれた、ということの証拠にはなるのであろう。『懐風藻』所収の百十七篇の詩篇をひとつひとつ洗ってみると、テーマにしろ、短い詩句や使用語彙にしろ、片っぱしから『文選』や『芸文類聚』からの流用（もしくは換骨奪胎）でないものはない。むしろ、詩を作りながら中国古典を学んでいった形跡さえ認められる。そのこと自体は、後進国のインテリ階級の真面目な苦悩を証《あか》しこそはすれ、少しも恥ずべき行為にはならない。

だが、唯一つ、どうにも言い訳できぬ〝盗作〟の事例が残ってしまっている。

すでに山岸徳平や小島憲之によって徹底的な指摘分析が加えられているのだが、紀末茂《きのすえしげ》の五言詩「水に臨《のぞ》みて魚を観《み》る」一首は、陳の詩人である張正見の「釣竿篇」からの〝盗作〟によって出来あがったものでしかない。小島憲之の校訂・訓読による「日本古典文学大系」本に見える訓《よ》みくだし文を、はじめに掲げておくと、「宇《いへ》を結《むす》ぶ南林《なんりん》の側《へ》、釣《はり》を垂《た》る北池《ほくち》の潯《きし》。人来《きた》れば戯鳥《ぎてう》没《い》り、船渡れば緑萍《りよくひやう》沈《しづ》む。苔揺《こけゆ》らきて魚の在《あ》らくを識り、緡尽《いとつ》きて潭《ふち》の深きことを覚《し》る。空《むな》しく嗟《なげ》く芳餌《はうじ》の下《もと》、独《ひと》り見る貪心《どんしん》の有《あ》らくを」とある。小島の訓読は、「なるべく当時の訓（国語）に従うべきであろう。これによれば、懐風藻は奈良朝語（上代語）に」（同大系本69・解説）依拠すべきであるとの確たる立脚地を踏まえている点で、こんにちのところ、最高水準を示すものと考えられる。ついでに、紀末茂の人物略歴を、同大系本巻末の「詩人小伝」に徴するに、「伝未詳。藤原朝より奈良朝初期にかけての人のごとくであるが、未詳。類聚国史六十六、天長二年（八二五）六月、紀長田麻呂卒の条に、『中判事正六位上末茂之孫云々』とみえ、本書目録に『判事従七位下』とあるのみ。三十一歳没」と見える。さて、問題の五言詩だが、成心なしにさらっと読んでみると、へんに格調の高いところが感じられ、内容的に見てもそれほど悪い作品ではない。第七句第八句は「好い餌を求めて魚が貪り集って来るのによって、世人も亦栄利を求める弱点を有することを思って徒に慨歎に堪へない」（杉本行夫註釈『懐風藻』、七一ページ）の意だが、ひょっとすると作者に自己反省の契機でもあったのではないかと、何か身につまされる思いさえ味わわされるようである。

ところが、上述のごとく、この紀末茂作品は〝盗作〟でしかなかった。格調の高さや、内容の良さも、タネ本あってのことではなかったかと考えられる。そこで、その両者を比較対照すべき段どりに入らねばならない。山岸徳平氏の「懐風藻の成立」（有精堂刊『日本漢文学研究』所収）のなかに、両者の関係を一目瞭然とわからせる記載法が見いだされる。それを援用することにしよう。（ついでに、大友皇子の「五言。侍宴。一絶」と、魏武帝の「秋胡行」とを比較している、この山岸論文のつづきをも併記紹介しておこう。）

臨水観魚　紀末茂

釣竿篇　張正見

結宇長江側……結宇南林側
垂釣広川潯……垂釣北池潯
竹竿横翡翠
桂髄擲黄金
人来水鳥没……人来戯鳥没
檝度岸花沈……船渡緑萍沈

蓮揺見魚近……苔揺識魚在
綸尽覚潭深……緡尽覚潭深
渭水終須卜
滄浪徒自吟
空嗟芳餌下……空嗟芳餌下
独見有貪心……独見有貪心

これを見ると張正見の作十二句によつて、紀末茂は八句を作り上げたのであつた。又、大友皇子の「五言侍宴一絶」に

皇明光日月（1）　帝徳載天地（2）三才並泰昌（3）　万国表臣義（4）

がある。天智帝の七年（六六八）の正月三日の御即位当日に、群臣に宴を賜つた事があつた。これは恐らく、その時に、天智帝の皇明と帝徳とを、大友皇子が称讃せられたものであらう。所で、この詩は、魏武帝集中の秋胡行二首中の第二首に、

明明日月光（1）　何所不光昭（2）　明明日月光（3）　何所不光昭（4）
二儀合聖化（5）　貴人独人不（6）　万国率土（7）　莫非王臣（8）
仁義為名（9）　礼楽為栄（10）　歌以言志（11）　明明日月光（12）

に、多少に関せず連関があると思はれる。即ち、第一句は両詩とも共通的である。前詩の第二句は、後詩の第五句の意味に合し、前詩の第三句は、後詩の第五、六両句の意味に通じ、前詩の結句は、後詩の第七、八両句の意味に通じて居る。陳の高宗の嫡長子なる叔宝、即ち陳後主の集の詩の部の「入隋侍宴応詔」に

日月光天徳　山河壮帝居　太平無以報　願上東封書

とあるのにも多少の類似点はあるが、それと大友皇子のとは関係がないであらう。

(『山岸徳平著作集I・日本漢文学研究』、八五〜六ページ)

——紀末茂の作品一首を以て『懐風藻』所載作品百十七篇の基本的性格を占《うらな》うことは、もちろん誤っている。しかし、かかる臆面も無い〃盗作〃が当時の律令知識階級の間で拍手喝采を浴びた事実のみは、隠そうにも隠し切れるものではない。中国の詩に近似する作品をつくればつくるほど、その作品をつくった律令官僚は、教養高き人士と賞めたたえられ、また位階級昇進の機会《チャンス》にも恵まれるのである。そのかぎり、紀末茂作品は『懐風藻』の〃文化意識〃を集約している一個の典型であるとだけは言ってよさそうである。『懐風藻』の作品は、おのおの作者個人が抱懐している詩的主題を漢詩形式を借りておのおのに表出した、などといった生易《なまやさ》しい文学行為の成果だったのではなく、漢詩制作そのことが全目的(律令官僚にとっての〃人生の全目的〃である)と見做されてのみ産み落とされた政治的行為の結実だったのである。そこには、明らかに、律令官僚制社会の諸生産関係が一つの〃全体性〃として影をやどしている。

それほどまでに中国詩文を模倣し学習し摂取した『懐風藻』は、しからば、詩形(詩学上の形態)の特色としてどのようなスタイルを実現していたのであろうか。あとあと『万葉集』との比較、平安朝初期の勅撰三大詩集との比較をおこなわなければならないので、ここで、煩瑣を顧みず整理しておくことにする。——

と言っても、非力なわたくしに何程の作業も出来るはずはない。そこで、名著の聞こえ高き岡田正之『近江奈良朝の漢文学』(再刊本は昭和二十一年十月、養徳社刊)の必要部分を借用して、当面の問題整理をおこなっておこうと思う。けだし、現段階ではこれ以上の研究成果は挙がっていないと商量されるからである。岡田説は〃公理〃扱いを受けてさえいるのである。——

懐風藻に収めたる詩は、専ら当時に行はれたる詩体にして、其の時代の詩風を示せるものなり。吾人の注意を要すべきものは、特に左の五項とす。

第一　五言の詩の多きこと
第二　八句の詩の多きこと
第三　対句を以て成れること
第四　平仄の諧はざること
第五　慣用の押韻あること

第一、第二の事は、左記の表に徴して知らるべし。

五言・七言詩数

五言	一〇九首
七言	七首
計	一一六首

句数

一首の句数／詩体	五言	七言
四句	一八首	四首
八句	七二首	一首
十句	六首	
十二句	一〇首	一首
十六句	二首	
十八句	一首	一首

計	一〇九首	七首

観るべし、五言の詩は全部を占め、七言の詩は僅々七首に過ぎず。而して、句数に至りては、八句は最も多く、十分の七に居り、四は十分の二たり。十句以上に至りては、極めて少し。夫の凌雲集・文華秀麗集・経国集の詩は、弘仁の前後即ち嵯峨帝を中軸とせる時代の詩風を示せるものなるが、之を懐風藻に比すれば、七言詩形の非常に多くなりしものあるを観る。

勅撰三集詩数

集名／詩体	五言	七言	雑言	計
凌雲集	三九首	四六首	六首	九一首
文華秀麗集	五二首	七九首	一二首	一四三首
経国集	九二首	七五首	四三首	二一〇首
計	一八三首	二〇〇首	六一首	四四四首

右の表中雑言は、全く七言を体位として作られたるものなれば、七言詩形の如何に多きかを証すべし。是れ、奈良朝の詩風の平安朝に異なれる点なり。

又、三集には、句数の多き詩は少からず、一首十句以上のもの頗る多く、二十句以上を以て成れるもの二十八首あり。小野岑守の帰休独臥寄高雄寺空海上人の五言は四十四句、空海の入山興の雑言は五十句あり。此の如き長篇は、奈良朝に於て見るを得ず。是れ亦、平安朝に異なれる点なり。

第三は、対句を以て成れることとなるが、懐風藻中対句なきものは、僅に二首あるのみ。其の余は尽く対句を有せざるなし。全詩対を成せるものあり。或は、前半、後半若くは中腹に於て、対を取れるものあり。是れ作者が、近体の律に倣はんとしたたるものなるべし。

抑〻近体に必要なる条件は、平仄を諧ふるに在り。然るに、第四に列挙したる如く、平仄の諧ひたるもの極めて少し。純然たる五律の格調を具へたるものとしては、石上乙麻呂の飄寓南荒贈在京故友の一首あるのみ。

……………………………………

第五は慣用の押韻あることとなり。押韻は、仄韻を蹈みたるもの五首なるが、其の余は尽く平韻にして、真韻の詩最も多く、三十二首あり。之に次ぎては尤韻にして十三首、陽清庚通用せるは十三首、東韻の詩は十首なり。蓋し、真尤の韻の詩の多きは、詩題との関係に因れるも、作者の用ひ慣れたるにも由らざるはあらず。而して、真尤の韻中、如何なる文字が最も多く使用せらるるかを観るに、真韻に在りては、

新　春　仁　塵　浜　人　鱗　民　陳　津

の類、尤韻に在りては、

秋　流　浮　遊　洲　愁　留

の類なり。

（養徳社版同書、二一〇〜四ページ）

――岡田正之は、このように五項の特徴を挙げて、『懐風藻』の詩体および詩風をはっきり把えてみせている。そして、「以上挙げ来りし五項に就き、其の由来する所を考ふるに、少くも二個の理由ある如し」として、その理由の「第一は、六朝の詩風を受けし事なり。時代の上より、之を言へば、近江奈良朝の人は初唐に当れるも、未だ多く初唐詩人の詩に接触せざりしを以て、尚六朝の詩を標準となせり。五言詩形の多きは、即其の事実を証するものなり」（同、二一五ページ）と考察し、その「第二は、詩学の未だ到らざるものなり。作詩上に於て、七言と五言との難易は容易に判ずべからず、七言は文字多く、五言は簡短なるを以て、却て五言の作を難しとするものあり。されども、初歩の人にありては、五言の詩の字の少きだけ、力を労すること少きことは争ふべからざる事実なり。懐風藻の作者が、専ら五言の詩を作りしものは、六朝の影響に本づけるも、一は詩学の初歩たるに原由せざるはあらず。且又八句の詩

多くして、十句以上の詩の極めて少きも、充分に其の筆を暢達するの力なきに因れるならん。平安朝時代の作者中には長篇巨作あるを観るも、奈良朝時代には、詩学の未だ到らざるを証すべし。其の押韻も、多くは真尤等の二、三の韻に止まれる如きも、詩題との関係もあらんも、幾多の韻を駆使する技倆の少きに因らざるはあらざるなり」（同、二二六ページ）と考察している。

――引用が長きに失したかもしれないが、本稿今後の論旨展開のためには、最小限これだけの事柄は知っておく必要があった。この最小限の知識無しに、日本詩歌史や日本的自然観の問題を論ずることはできない。

ただし、あらかじめ断わっておきたいが、わたくしは、岡田説を無批判に鵜呑みにするつもりはない。当方なりに科学的懐疑を研ぎ澄ますとき、岡田説にはおかしな立論根拠が幾らでも見つかる。たとえば五言詩が全部の詩の九四パーセント以上も占め、その五言詩のうちでも八句立てのものが六六パーセント以上も占めている、という統計的事実は、岡田正之がおこなっているような静学的《スタティック》な説明では、十分な納得が得られないはずである。五言詩の占める割り合いが圧倒的である理由は六朝詩からの強い影響を受けたためだった、という説明までは、当方にもよくわかる。しかし、五言詩のうち八句が一番多く次に四句が多い理由を、「十句以上の詩の極めて少きも、充分に其の筆を暢達するの力なきに因れるならん」などと断案して済まし得るのだろうか。十句以上の詩句を聯《つら》ねるだけの力量が不足しているために八句以下の作品しかつくり得なかったという説明では、なぜ五言六句立てが一首も無かったかという疑問に対して、なんら合理的解答になり得てはいないではないか。四句と八句とを併せれば九十首になり、これは五言詩全体の八二パーセント以上にもなるという数値を眼前にして、しかも、なにがなんでも、作者たちの「詩学の初歩たるに原由」した力量不足を示すだけの意味しか持たせ得ないのであるか。なぜ八句の次には四句が多いかという理由は、他に求めることができないのであるか。少なくとも、八句七二首・四句一八首の数値のあと、第三番に十二句一〇首という数値があらわれてくるのを、四句の倍数と考えることはできないのであるか。さらに、七言詩のほうに眼を転ずるとして、四句四首（七言詩の半数以上）八句一首あわせて五首（七〇パーセント以上）の割り合いを占めるのも、作者たちの詩学的未熟や力量不足に原由するというのであるか。第一位に五言詩八句が圧倒的比率を占め、第二位に五言詩四句がかなり多くの比率を占め、第三位に五言詩十二句が少なからざる比率を占め、第五位には五言詩十六句が姿をあらわし、けっきょく、五言詩については四句のn倍で構成された作例がじつに九八パーセント以上もの数値を示している厳然たる統計的事実を突き付けられているのに、しかもそこになんらの必然性＝法則性も見いだされ得ないというのであるか。――このように、いったん疑いはじめてみると、これまで日本漢文学史研究家の間で謂わば〝岡田正之の公理〟として通用しまた踏襲されてきた立論も、じつははなはだ非科学的な断定にすぎなかったことが、明瞭に知られてくる。一代の碩学岡田正之の仕事を軽視するのではけっしてない。学問はそれ自体の日進月歩のあゆみに逆《さか》らうことが絶対に不可能だ、と言っているだけである。

それならば、おまえさん自身は五言詩四句および八句に関してどういう見方を持っているのか、と問われるかもしれない。わたくし自身の考え方は、いずれ言及することになろうから、ここでは差し控えておく。と言っても、それでは〝岡田正之の公理〟の信奉者にとっては腹の虫がおさまるまいから、あらかじめ解答のためのヒントだけを示しておく。ヒントとは言っても、とっておきの秘密兵器があるわけでもなし、ごくごく当たり前の学説を取り出してきて、当該学説のような視座から当面の問題を照らし直すとするとどういうことになるでしょうかと、かえって、こちらから質問を重ねるだけの手続を踏むしかないのであるが……。当たり前の学説ではあっても、個人個人が運動的志向性によって働かせている〝知覚の現象学〟の全体性のなかで占める位置なり意味作用なりは、当然、ちがってくるはずである。だから、本当は、あれこれの学説を引きだしてくることそれ自体では必ずしも積極的説得性を発揮し得ないはずであるが、すくなくとも、先入見に凝り固まった相手に目を覚まさせる積極的効力に欠けているはずであるが、ともかくも、当方なりに提出し得るヒントの一つを開示しておく。

それは、五言詩発生事情に関して、中国における定説が「通例前漢の枚乗、李陵、蘇武等の作より出づとせらる」と決められていることに向かって駁論を提起した鈴木虎雄の論文「五言詩発生の時期に対する疑問」（弘文堂刊『支那文学研究』所収）のなかの所説である。鈴木は、中国において久しく定説と考えられてきた前述のテーゼが信じがたい理由として、「第一、始とせらるゝ五言詩の出で来りし本原確かならざること。第二、五言詩の発達の径路不明なること。第三、始とせらるゝ五言詩及其他の五言詩に関する記載の史伝に見えざること」の三つを挙げている。鈴木は、はじめに、五言詩が、七言詩とは異なって、突然的に出現したことに注目する。「七言詩発達の径路を尋ねるに楚の騒賢・漢初の歌謡等より発し、後漢末、魏初に形体を具へ、晋に至りて漸く完成し、其の発達は徐々にして成れり。然るに景・武の際枚乗、蘇、李の作の如きもの已に在りとせば五言詩のみ何故に此く突如として発生せるか。枚乗、蘇、李の作と称する者、並に『古詩』の類は漢初のものとしては余りに形式が整斉にてあり過ぐる看あり」（同書、二八ページ）と疑ったあと、「突発するとなすも亦よし。然らば突発するだけの原因なかる可からず。例へば或る天才ありてかゝるものを創造せりとせんか。枚、蘇、李等をかゝる天才なりと言はんか。然らば何故にかゝる特定の天才の作のみ伝はりて其時より後漢中葉迄二百余年の間、彼等に亜ぐべき作家の作をだも見ざるか、怪むべしといふべし。／又、例へば或る楽曲新来して之に催されて五言なる新詩形起りしとせんか。武帝は楽府を起し詩歌を奨励せし人なり。其の官撰の作たる郊祀歌等に何故に五言詩を見ざるか。一般に前漢の楽府には五言詩なきは何ぞや。／民間に於ても三言、四言、琴歌としての七言、は有れども五言詩無し」（同、三〇ページ）というふうに的《まと》を絞《しぼ》っていき、けっきょく、「班固、傅毅を標準とすれば、章、和二帝の頃より五言詩確かに成立せり。西紀八〇、九〇年代。」（同、四〇ページ）との帰結に到着している。そうして、付説として、「而して後漢には何故に五言詩が成立せしやと言はゞ二様の考へ方あり。歌謡等に雑用されし五言句が純粋に五言句のみにて作らるる様になりしと考ふることは其一、或は楽府にうたはるゝ為めに音楽に伴ふ必要上よりして之を必要とするに至りしと考ふることは其二、なり。こは異日支那の音楽を歴史的に説明する学者に就きて質す所あらんと欲す」（同、四一ページ）との発言をおこなっている。鈴木虎雄のこの小論は、五言詩の発生に関する定説を疑って提起されたものであるが、五言詩そのものに対するわたくしたちの把握法を暗示している点で価値高い。四言詩が突如として五言詩に変わっていく過程には必ずや何かのインパルスが加えられたはずで、それを外来音楽の輸入による結果だと見る説は、鈴木の創見でもなんでもなく、中国においてさえこれまた一つの常識となっている。問題は、わたくしたちが『懐風藻』所載の五言詩（正しくは五言詩的思考方式）をどう把えたらよいかという点に帰する。少なくとも、岡田正之が言っているような、詩学未熟・力量不足のゆえに五言詩八句が多くなったという公理は、今や廃棄すべきなのではあるまいか。

しかし、『懐風藻』の詩形的特色についての予備知識は、このさい、少しでも余分に獲得しておかねばならない。もう少し、叙述を進めておこう。

岡田正之が詩形の特徴として挙げた五項に、もう一つ付け加えておくべきことは、『懐風藻』に「双擬対」の技巧がかなり多く見られる事実であり、これまた六朝詩の影響を強くこうむっていた証拠をなしている。山岸徳平氏の前掲論文「懐風藻の成立」によって、このことを確かめておくことにする。——

次に、懐風藻の詩の表現に双擬対の作品の少くない事も亦、言はゆる斉梁体の影響が大きいのであつた。盛唐以後には、双擬体の様な表現が、殆ど見られなくなつた。その双擬対の作品を、懐風藻の中から、二三掲げて見よう。

五言、在唐憶本郷一絶　　釈　弁正

日辺瞻日本　雲裡望雲端　遠遊労遠国　長恨苦長安

五言、述懐　　春日　蔵老

花色花枝染　鶯吟鶯谷新　臨水開良宴　泛爵賞芳春

この外、藤原不比等の「五言、遊吉野」にも、「夏身夏色古秋津秋気新」の類がある。弘法大師の文鏡秘府論には、「議月眉欺月　論花頬勝花」や、「夏暑夏不衰　秋陰秋未帰」などの例、若干を掲げて居る。詩格類聚考には、それを双擬対と記して居るが、それは六朝時代に流行して居た表現面の智的技巧であつた。従つて、梁元帝集などにも、その春日篇を見れば、

春還春節美　　春日春風過　　春色日日異　　春情処処多　　処処春芳動　　日日春禽変

春意春已繁　春人春不見（以下略）

などがあり、玉台新詠巻九には鮑泉の「和湘東王春日篇」に、

新燕始新帰　　新蝶復新飛　　新花満新樹　　新月麗新輝　　新光新気早（以下略）

などがある。湘東王は後の梁元帝である。この類は、万葉集巻一七大伴家持が大伴池主に贈った悲歌二首の序にも「……方今、春朝春花、流馥於春苑、春暮春鶯、囀声於春林」などが見られる。この様な表現技巧に影響せられて、万葉集中に

よき人のよしとよく見てよしと言ひしよし野よく見よよき人よく見（巻一）

来んと言ふも来ぬ時あるを来じと言ふを来んとは待たじ来じと言ふものを（巻四）

の類も、歌人に詠まれたのであつた。

要するに、双擬体は、六朝頃に流行したが、盛唐時代もしくはそれ以後には、殆ど顧みられない技巧であつた。そこにも、懐風藻の詩が、斉梁体などの影響を受けて居る事に、納得が出来るのであつた。更に、盛唐以来の近体詩における起承転結や平仄の点も、懐風藻の詩には、厳守せられて居ないのが多い。それも、斉梁体の詩風の影響のためであつた。

（『日本漢文学研究』、八七〜九ページ）

——岡田論文に挙げられた五項に、この山岸論に示された一項を加えれば、あらまし『懐風藻』の詩形的特色の全

部が把えられているのではないかと思う。対象の全体的＝構造的把え方を目ざしている本稿叙述からすると、『懐風藻』の詩学的形式面ばかり切り離して考察を加えることにどれほどの意味があるか、はなはだ心許《こころもと》ないが、これまでの観察範囲だけでも既にあまりにもはっきり判明したことは、七～八世紀における日本律令文人貴族にとって、五言詩（特にその八句、四句仕立ての詩篇）の制作が徹底して中国詩文（特に六朝詩）の模倣＝学習に終始するものであった、という点である。

なんの文学的素地もないところへ、いきなり五言詩が飛び込んで来たのである。なんの音楽的土壌もないところへ、いきなり五音のリズムが播種《はしゅ》されたのである。この世に詩宴などというものが存在するということさえ知らなかった日本律令社会支配階級が、ある日、とつじょ、五言詩の制作に熱中しだすのである。この世にオーケストラ編成の舞楽があって、この舞楽の演奏こそ宮廷文化の精粋と権勢とを集約する催しであるなどとは想像もし得なかった律令宮廷貴族が、ある日、とつじょ、音楽の美しさに陶酔しはじめるのである。はじめて耳にする五音のリズムをば必死になって学習する行為は、とりもなおさず、中国律令政治機構を必死になって運用に移すことと同義であった。五言詩および五音のリズムは、とりもなおさず、新時代の象徴的記号にほかならなかった。

おそらくは、はじめのうち五音（一部、七音を含む）のリズムに対して〝強制された受動性〟しか感じなかった人間も、その強制（能動的である場合にせよ受動的である場合にせよ、強制こそは、律令制専制支配階級のお家芸であった）を反復的に持続し推進する文教政策の全組織のなかに組み入れられたとなると、徐々にかもしくは急激にか、自分のほうでも〝反応のメカニズム〟をつくりあげるようになった。音楽や舞踊と結びつきながら、人間の感受性や思考のうちに一定の習慣を形成してゆくその執拗かつ丹念なる〝社会化〟の作用は、その作用を受けるがわからすれば、当然、ある種の訓練を避けることはできないし、また最小限の自発的欲求を持たざるを得ない仕組みをもっている。被支配者のがわが訓練を必須としまた自発的欲求を持つことこそ、律令体制為政者の最も望むところであった。

多少とも文化的雰囲気に浸ろうとし、一方、律令的官僚制の枠組のなかの日の当たる場所へ出たいと願望する者ならば、政治権力からむりに押し付けられた五音（一部、七音を含む）のリズムに対して、やがて自分から欲求を募らせていき、自分で自分を訓練し、そのような持続をとおして、結局はぼんやりした快感や何やらうっすらとした美的判断力を手中にしたような気持になったのではないか。かれは、古代音楽および古代詩歌の全組織によって訓練され、またそれへの学習の意欲をかき立て、このようにして、律令制社会のなかで生き抜くための日常的思考方式や行動様式を習得するのであるが、かかる学習過程はあくまでも受動的メカニズムの繰り返しによって成り立っていると見るべきである。最小限の自発的欲求とは言ったが、それは、学習のためのモーティヴェーションが必要だったという意味範囲を越えることはない。五音（当然、七音をも含む）に対する如上の受動的態度の形成は、古代詩歌作者の思考や行動に、あとあとまで影響因子を与えることになるのである。

（2）

もっと悪いことがある。五音（七音を含む）のリズムは、それ自体が既に規格化＝被支配化を強行しようとする律令制官僚主義政治体制の非人間的要求に従っているはずなのに、なにしろいったんこれの学習に習熟すればいともやすやすと多量生産をなし得るメカニズムが出来上がるために、あたかも、これが人間の根源的自由意志や根源的表現衝動によって生みだされるかのごとき印象を与えてしまうのである。あとあと、五音のリズムは、七音のリズムと結びついて、日本詩歌史の歴史的プロセスをつうじて終始一貫して〝絶対の価値〟を要求しつづけることになるが、それは、本質的な意味においては（別の言葉でいえば、基礎構造を把えようとする視座からすれば）、日本の古代政治史（さらに、古代的構造の残存形態という側面を有する中世・近世・近代政治史をも含めて）の歴史的全航跡の河底に積った沈澱物でしかありはしないのである。ところが、この歴史の沈澱物は、古代の支配階級の間で、遺産相続的に〝絶対の価値〟として受け渡されていく。それればかりでなく、中世・近世になると、民衆の生活文化のひろがりのなかにまで及んでいく。すなわち、こんどは相当程度の自発的模倣衝動に刺激を与えたり与えられたりしながら、新たに民衆歌謡（民謡・小唄・俗曲）という形式をとりはじめるのである。律令農民が自分たちに能《あた》うかぎりの抵抗をもくろみかつ実践行動に移し得る条件を握っているあいだは、五音・七音のリズムは〝権力〟のシンボルとして耳に聞こえたはずであった。しかるに、時代がくだり、農民的抵抗が所期の目的を一応達した場合に限って、もしくは所期の目的を根こそぎ挫折せしめられて絶望的状況に追い詰められた場合に限って、こんどは、その五音・七音が〝権力への追随〟のシンボルに変質するのである。集団心理的に解剖すれば、五音・七音のリズムに対する親近感および拒絶反応は、それが「美しいか」とか「快いか」とかの尺度で決定されるのではなく、かえって、権力の押し付け（政治的抑圧と言い替えたほうが、いっそう適切であるが）に対する「イエスかノーか」の答えによって決定されるのである。問題は、そのさい、さいしょに権力が押し付けてきた厚顔極まる五音（七音を含む）のリズムに対して、さいしょ受動的にしか「イエス」の答えを返さなかった人間であっても、反復学習を繰り返しているうちに、ついには〝反応のメカニズム〟が出来上がり、あたかも自由意志によってこのリズムを駆使しているかのようにみずから思い込んでしまう、ということである。厳しく批判して言えば、あらかじめ約束されてあるかに見えるこの自由さは、じつは、〝虚偽の自発性〟でしかありはしないのである。この虚偽の自発性（個性主義の概念も含む）は、五音・七音がそこから生まれでてきた政治的思考を、あたかも自分はそういうものとは関係がないとでもいうように振る舞いながら、おのれの背後に隠匿するのである。その極端なる場合が、古代和歌や宮廷漢詩に恒例となっている、あの即興詩とか即吟とかの提示である。酒筵に居合わせた同席者や羈旅同行者は、瞬間の（もしくは一回限りの）思い付きのほうに幻惑されていとも簡単に感心してしまいがちであるけれども、即興詩も即吟も、その開示してみせる文学的素材や表現技法に関しては、きわめて狭い図式の内部に拘束されているに過ぎず、個性と呼ぶにしてはあまりに貧弱なものばかりが多い。いずれ詳述しなければならないと思うが、五音・七音に拘束されて成り立つ個性主義などというものは、野蛮（非開明）の状態に較べてさしてすぐれているとは言い切れぬ文化を弁護するに役立つぐらいの価値しかありはしないのである。『懐風藻』に集中的にあらわれる五音のリズムは、律令支配体制の維持および強化の企図者にとっては必須のリズムではあり得たが、そして支配階級にとっては結構至極な音楽＝韻律ではあり得たが、今日の視野に立ってみると、それは、日本列島全住民（六百万人ほど存在したと言われる）をいつまでも野蛮状態に釘づけにするのに役立つ機能を果たしたにすぎなかった。五言詩および五音のリズムの突如然《とつじょぜん》たる誕生は、律令制政治支配の突如然《とつじょぜん》たる現出と形影一体を成すものである。

その限りにおいて、五音（七音をも含む）の詩歌が、そのリズムとその文学的内容とによって何をもくろみ何を訴え何を描きだそうとも、所詮は、被支配者が支配者への隷属を肯定する以外のいかなる精神領域にも食《は》み出していくことはない。ずばり言い切ってしまえば、五音（七音をも含む）のリズムは、それ自身、一個のイデオロギーである。

中国から五言詩が輸入される以前に、日本列島住民の間に五音のリズムが自然発生的に産みだされ親しまれていた、という確証（確実な史料）は、何ひとつない。従来、五音のリズムが民間歌謡レベルで実在したと説明してきた論拠のすべては、記紀歌謡のなかに求められていた。だが、記紀そのものは、律令支配階級の手に成った漢文表記の書物でしかない。門脇禎二の『「大化改新」論―その前史の研究―』（昭和四十四年四月、徳間書店刊）が言うとおり、「『改新』を含む七世紀の社会について、日本書紀編者が独自の手法と史観とによって再構成し叙述した時代像そのものへの批判が要請されている。」「しかるに、現代日本人の古代国家観の形成には、千年以上も前に生きた古代貴族たる書紀編者の史観がなおそのままに用いられている」（同書、あとがき）という現状にこそ、わたくしたちは反省の眼を向けなければならない。律令貴族知識人たちの手に成った『日本書紀』（これに、さらに『古事記』をも加える必要がある）のなかに記録収載されてあるところの、いわゆる「記紀歌謡」の諸形式そのもの（その内容については、なおさらのことであるが）が、じつは、かれらに「独自の手法と史観によって再構成し叙述した時代像」を露骨に反映しているのである。したがって、かかる作為的史料をもとにして日本詩歌の原初形態を跡づける論証の手続は、はなはだ危険であり、だいいち客観性にいちじるしく欠ける。ところが、これまで、記紀歌謡を史料にして詩歌研究を進めることの危険性や非客観性に関して疑いを持った国文学者さえ殆ど希有にしか存在しなかった。

本稿叙述は、在来の国文学者や文化史家の間に自明の公理とされている幾つかの定説を徹底的に疑うことから出発した、ほんの試論の企てに過ぎない。しかし、こんなかすかな作業でさえも嘗《かつ》て誰からも試みられなかったとは、わたくしのほうから言わせれば、じつは全く驚駭に値する事実である。人間というやつは、よほど先入主に凝り固まったお化けみたいな存在だと見える。それだから、近世の初頭、フランシス・ベーコンは'idola《イドーラ》'（偶像）の破壊なしには真理を手に入れることが不可能であると説き、懐疑と偶像破壊とによって「正しい経験的事実」を手中にするよう勧めたのであった。

さて、前節で『懐風藻』の詩形の特色を知ったわれわれは、本節では、すでに俎上にあがっている五音詩が何を主題とし、何を発想動機とし、何を精神的内容として作られたか、という問題に立ち入ってゆかなければならない。

叙述の都合じょう、もういちど、岡田正之の『近江奈良朝の漢文学』の必要部分を援用して、問題整理をおこなうことにする。前にも述べたごとく、岡田説は、これまでの国文学研究者ならびに日本漢文学研究者の間では〝公理〟扱いを受けているので、殆どこれを無視することが出来ないし、また現段階ではこれを乗り越えた研究成果は生みだされていないままである。最近になって、小島憲之の『上代日本文学と中国文学・下』（昭和四十年三月、塙書房刊）が出て、かなりの修正作業が押し進められてはいるが、抜本的な岡田説批判にはなっていない。したがって、当面のわたくしの探究も〝岡田正之の公理〟を素通りすることが不可能になっている。

ここで、岡田正之が『懐風藻』の「詩の内容」と呼んでいるものについての知識を、ぜひとも得ておかなければならない。——

既に詩の形式を論ぜり。更に進みて詩の内容に及ぼさざるべからず。当時の作が如何なる対境に於て、最も多く詠まれたるか、詩の対象は作者の思想気分の寓する所なれば、詩の内容を知らんと欲するものは、対境に徴せざるべからず。大約懐風藻の詩を分類すれば、左表の如し。

侍宴従駕	三四首	讌集	二二首
遊覧	一七首	述懐	九首
間適	八首	七夕	六首
贈与	六首	詠物	五首
憑弔	三首	憶人	二首
算賀	二首	釈奠	一首
臨終	一首	計	一一六首

観るべし、侍宴従駕の詩尤も多く、略四分の一を占め、讌集遊覧の詩之に次げり。思ふに右文の主が、春花秋月に駕を命じ宴を賜ひて、唱和の歓を尽し、名公鉅卿《きよけい》が同人相会して詩酒の遊を為すは、六朝以来の風尚にして、隋唐にも其の盛を観る。支那文化の移植に力を致せる近江奈良朝に、此の種の風流韻事の多きは、怪むに足らず。本集の詩は、当時の社会の反映にして、太平の気分の氤氳《いんうん》として紙上に漾《ただよ》へるものあり。

……………………

儒教本位の近江奈良朝に在りて、作者が境に触れ事に臨み、儒教思想の流露するは必然の結果なり。夫の侍宴応詔詩中に、聖徳を舜堯殷湯周文に比する如きは、其の思想に産するものにして、紀麻呂が「天徳十堯舜」と頌し、石川石足の「今日足忘徳、勿言唐帝民」と詠ぜしは、翻案と云はんよりは、寧ろ地歩を占めたるものと謂ふべし。藤原麻呂が釈奠の詩は当時に於ける孔子欽仰の盛意を代表したるものなり。

……………………………

孔子嘗て曰く「知者楽水、仁者楽山、知者動、仁者静、知者楽、仁者寿」(論語)と。是れ仁知の性格が、山水の自然美と一致契合する所あるを説かれたるものなるが、之を詩に見《あら》はしたるは六朝時代として、独り晋の王済の「仁以山悦、水為智歓」(詩記平呉後三月三日革林園詩)の句あるのみ。然るに、本集には非常に多し。

来尋仁智情。 釈知蔵
式宴依仁智。 紀麻呂
望山智趣広、臨水仁狎敦。 巨勢多益須
仁智寓山川。 同上
留連仁智間。 犬上王
諸性臨流水、素心開静仁。 藤原史
帝尭叶仁智、仙蹕玩山川。 伊与部馬養
祇為仁智賞、何論朝市遊。 大神安麻呂
惟山且惟水、能智亦能仁。 中臣人足
仁山狎鳳閣。智水啓竜楼。 同上
山幽仁趣遠、川浄智懐深。 大伴王
鳳蓋停南岳、追尋智与仁。 紀男人
地是幽居宅。山惟帝者仁。 大津首

縦歌臨水智、長嘯楽山仁。　藤原麻呂
開仁対山路、猟智賞河津。　葛井広成

本集六十四人の作者中十三人までも此の詠あるは、一種の流行ならんも、亦儒雅を喜べる思想に外ならざるなり。

魏晋時代には、老荘より出でたる神仙、特に清談の思潮は、士大夫の間に氾濫し、我が奈良朝にも波及する所あり。夫の越智直広が「荘老我所好」と詠ぜる如きは其の尤も顕著なるものなり。道公首名の「昔聞濠梁論、今弁遊魚情」と作れるも、荘子より得来れる思想なり。……

魏晋の清談は、一種の危険思想にして、礼法を無視し、人心を蠹触《としょく》して、害毒を当時の社会に布けり。然るに、我が奈良朝の人士は之を悟らず、唯其の風流を嘉《よ》みし、曠達を喜び、竹林の士に景慕するあり。蓋し此の思想は、専ら世説を通じて受けたるものの如し。是を以て作者の引ける魏晋の典故は、世説に出づるもの多し。

……………………………………

仏教の隆盛は、儒教に譲らざりしも、其の思想の詩に見《あらは》れたるは極めて尠し。本集には、緇流《しりゅう》の選に入りたるもの四人あり。而して仏教思想を抒べたるものは、両三首に過ぎず。

……………………………………

恋愛の情緒を写したるものとしては、万葉集に其の歌非常に多きも、本集の詩には極めて稀にして、閨怨纏綿の作なく、相思殷勤の詠なし。僅かに荊助仁の詠美人と石上乙麻呂の秋夜閨情との二首あるのみ。此の種の詩境に適せる七夕の詩六首あるも、眷恋の艶情を寓したりと看るべきは、二、三に過ぎず、作者は作らざりしか、撰者は、選ばざりしか。何すれぞ万葉集に多くして、本集に少きや、或は歌に詠じ易きも、詩に上せ難きを以てなるか、或は鄭衛の音は、名教に影響すとの儒教の見地より来れるか、吾人は終に何の謂なるを知らざるなり。

……尚風俗史料として観るべき詩鮮《すくな》からず。夫の曲水宴及び算賀等に於ける詩是なり。……

以上は、本集の実質即内容に対する観察の大略なり。概して之を言へば、思想の醇健にして気象の敦樸なるは、本集の詩の長ずる所なり。其の至れるものに至りては、漢魏に竝び、隋唐にも比すべし。殊に吾人をして感歎せしむるものは、朝紳高僧の努力なり、向上的精神なり。漢詩は、比較的に当時の新文学なるを以て、其の創作も容易の業にあらざるべし。然るに、作者の励精なる英を含み華を咀《あじは》ひ、彼の長を取り尽して同化融洽するにあらざれば止まざるの概あり。是れ、努力の気分と向上的精神とが本集の表に潑剌たる所以なり。藤原宇合は、嘗て「賢者悽年暮、明君冀日新」と詠ぜしは、豈に此の消息の真相を賦せるものにあらずして何ぞ。嗚呼、上には鋭意開新を図らせたまふ聖主あり、下には熱心進闡を期せる名流あり。近江奈良朝文化の燦然たる美観を呈する所以は、一部の本集に徴するべきなり。

（同書、二一六〜二一六ページ）

——岡田正之によると、『懐風藻』の「詩の内容」としての特色は、第一に「侍宴従駕の詩尤も多く、略四分の一を占め、讌集遊覧の詩之に次げり」という点、第二に「儒教本位の近江奈良朝に在りて、作者が境に触れ事に臨み、儒教思想の流露するは必然の結果なり」という点、第三に「老荘より出でたる神仙、特に清談の思潮は、士大夫の間に氾濫し、我が奈良朝にも波及する所あり」という点、第四に「仏教の隆盛は、儒教に譲らざりしも、其の思想の詩に見れたるは極めて尠し」という点、この四点に絞られる。

おそらく、この岡田説が指し示すところの「詩の内容」の四特色によって、『懐風藻』の詩的主題の全部が把握されることになるだろうとは思う。おそらく、他の誰かが『懐風藻』の詩的主題の分類を試みても、岡田説にほぼ近い研究報告《リポート》を提出することになるだろうとは思う。しかし、それだからといって、新しい探究作業を進めることに躊躇や逡巡をおぼえてはならない。〃岡田正之の公理〃に欠如しているのは、『懐風藻』漢詩作品群に対する全体的＝構造的把握である。たとえば、第一の特色として挙げられている宮廷カクテル・パーティや貴族ミュージック・フェスティヴァルについて、岡田正之説の「支那文化の移植に力を致せる近江奈良朝に、此の種の風流韻事の多きは、怪むに足らず」というまでの説明はまだしものこととしても、「本集の詩は、当時の社会の反映にして、太平の気分の氤氳として紙上に漾へるものあり」という説明に至っては、七〜八世紀の社会現実を全く見誤っていると判定せざるを得ないではないか。現在のわたくしたちの観察からすれば、律令国家成立期の半世紀ほどの日本社会の動乱状況と窮乏状態とは殆ど〃野蛮〃の様相を呈しているとしか見えないのに、岡田は「太平の気分の氤氳《いんうん》として」などと恰《あたか》も地上楽園のひと時が降って湧いたような言い方をしている。あるいは、確かに律令支配階級に属する少数人士にとっては「太平の気分」がさかんであると感じられていたのかも知れないが、被支配階級に属する圧倒的大多数人民にとっては「当時の社会」はまさしく現世地獄でしかなかったはずである。けっきょく、宮廷を中心とした詩の会や酒宴を七〜八世紀の日本社会全体の状況に置き直して把握するか、それとも、宮廷や貴族だけが吾が世の春を謳歌している事態を以て日本社会全体の「太平」と把握するか、この二者のうちの一者を選択する仕方によって、同じ事実すなわち「侍宴従駕の詩尤も多く、略四分の一を占め、讌集遊覧の詩之に次げり」という事実の包含する意味がまるきり違ってしまうことになる。そして、われわれは、一方に六百万人から存在する律令農民を抑圧するだけしか手段を持たぬ体制の、その少数支配層にのみ享受することが可能であった文化的遊戯のなかに、どうしても〃非人間性〃や〃野蛮性〃を見いださずにはいられないのである。われわれは、人間による人間の搾取がおおっぴらに合法化された「当時の社会の反映」である『懐風藻』の諸詩篇を、「太平の気分の氤氳として紙上に漾へるものあり」と讃えることなど到底できない。〃岡田の公理〃に致命的に欠けているのは全体的＝構造的視点である。

そこで、わたくしは、岡田正之が提示した『懐風藻』の「詩の内容」についての四つの特色を、一つひとつ、全体的=構造的に把握し直す作業をおこなってみたいと思う。もとより不完全な作業ではあるけれど、岡田説を鵜呑みにして過ぎることが出来ないので、ともかくも着手するより仕方ない。

まず、第一の点に関してであるが、岡田の掲げる数表が〃もの自体〃として語りかけてくる意味は、岡田みずからの翻読に従うならば「侍宴従駕の詩尤も多く、略四分の一を占め、讌集遊覧の詩之に次げり」ということになる。じつは、この翻読法のなかに既に問題が孕まれているように思う。というのは、その史観において概《おおむ》ね岡田説の忠実な踏襲者と目《もく》して差し支えないと考えられる太田青丘の『日本歌学と中国詩学』(昭和三十三年三月、弘文堂刊)などを見てさえ、同じ数表をもとにしながらも、けっして岡田のような翻読法はおこなっていないからである。太田は、「侍宴従駕」が三四首あり「讌(宴)集」が二二首ある統計的数値に一位・二位の等級を付するような手続を取っていないし、これが「太平の気分」を証《あか》しているなどという翻読もおこなってはいないのである。そのかわりに、「侍宴従駕」「宴集」さらに「送別」を合して「儀礼的題材」として取り扱う処置を選んでいる。これは、岡田正之には見られなかった新しいテマティックな観点を注入したもので、その限り、岡田の見解を一歩のり越えていると言える。以下、太田青丘の叙述を紹介しておく。——

懐風藻の題材に於て先づ着目されるのは、侍宴従駕・宴集(送別を含む)の如き儀礼的題材(両者を合したものは全体の約五割に達する)と、遊覧の如き自然詠叙景詩を準備するもの(約一割五分に当る)と、七夕をも含めた詠物詩(約一割)との、大量の登場である(是等の点に就いては岡田正之博士「近江奈良朝の漢文学」に詳しい)。このことは記紀歌謡などとの比較に於てはつきりするので、かうした現象が六朝詩文に影響されたものであること、更にその投影がわが万葉集以降の詩歌の上にも著しく見られることを見逃してはならない。

侍宴従駕・宴集の類は、中国では詩経の雅の系統をひくもの、六朝以来の風尚をうけて六朝詩には特に多く見え、文選の詩の分部に「公讌」として標出されてゐる部立がそれである。なほ「祖餞」（送別）と称する部立も、宴会に関係深いものであつて、とりわけ懐風藻の新羅の使人を送る詩（長屋王宅の宴集に附随するもので、十首あり）にヒントを与へたと思はれる。之に反して六朝詩のもう一つの代表たる玉台新詠は、美女を詠じた宮体詩が主で、いはゞ公的の侍宴の類は殆んど見当らない。ここにも懐風藻の侍宴類の背景としての文選が大きくクローズアップされる。といつても懐風藻と文選の侍宴類の詩では、学ぶものと学ばれるものとの相違もあつて、その規模の大小、表現の精粗には格段の差があることを免れないが、かかる格式を尚ぶ森厳な技巧的詠作によつて、我国人が芸術のきびしさを知り、技巧を練磨した点は閑却されてはならない。而してその布置結構の精と対局の妙を主とする感化は、万葉集の侍宴従駕等の長歌とも無縁のものではなかつたと考へられる。

次に懐風藻の遊覧詩であるが、これは遠く楚辞のあるものにその萌芽を見、直接には文選の「遊覧」と一括標出せるものに由来するが、他に文選の「行旅」と標するものも多くの参考を提出したと見てよい。

……………………………………

懐風藻の詩が比較的短詩の故もあつて（句数四句のもの二二首、八句のもの七四首、計九六首は全総数一一七首中の約六分の五を占める）、文選所載の六朝詩の叙景・自然描写に程遠いことはやむを得ないにしても、叙景といふことに眼を開いて来た意義は認められてよい。……而して文選的遊覧詩の我国上代文学への意義は、次の詠物詩と共に、自己に対して他物乃至自然への意識を高めさせる上に与つて力があつた点にあると思ふ。

懐風藻に於ける詠物詩の内容は、孤松、月、雪、美人等で、これらは勿論六朝詩の影響である。中国詩に於ける詠物の先蹤は、屈原の橘頌（楚辞の九章の一）、宋玉（戦国時代）の風賦、高唐賦等に求められよう。一体賦といふ文学形式は、韻文の一種で、賦の原義は鋪陳《しきのべる》の意であるから、本来詠物といふことと浅からぬ関係にあるわけである。……しかるに文選には、七夕を詠ずるものの外、はっきり詠物と称すべきものは一寸見出し難いので、懐風藻の詠物詩は玉台新詠あたりに学ぶ所が多かつたと思はれる。
総じて以上の遊覧・詠物のことは、叙景の方向を指向するもの、これらのものが万葉、古今以下の叙景、自然描写の精密化を促進する上に或る種の寄与をなしたことを認めてよいであらう。
（上代歌学に及ぼせる中国詩学、附　懐風藻と中国の詩）

……………………………………

――太田青丘のこの題材（対境）分析は、かくのごとく、岡田正之による対境分類表をあくまで忠実に踏襲しながらも、もはや、岡田が特色づけてみせたような「侍宴従駕の詩尤も多く、略四分の一を占め、讌集遊覧の詩之に次げり」といった数値上の事実主義（かかる事実主義が実証主義の一種として通用したのも、じつは、十九世紀的経験科学の万能だったころの制度的遺物が日本の学界に根づいていただけのことでしかなかったのだが）を確実に乗り越え得ている。太田は、『懐風藻』の詩人たちがお手本にした中国詩文（主として『文選』であった）に即して、新しいテーマ別の分類法を導入し、(1)侍宴従駕・宴集（送別を含む）が全体の約五割を占める、(2)遊覧が約一割を占める、(3)詠物（七夕を含む）が約一割を占める、とする別個の翻読法（物類表のよみ方）を提起している。また、特に(2)遊覧と(3)詠物とは自然詠・叙景詩を準備していた、とする一種の様式《ジャンル》発展史的観点をも併せ提示している。そのかぎり、この太田青丘説は、岡田正之以来の定説の不完全を補ってその定説に新生命を吹き込んだ見解と評価することが可能である。

　しかしながら、太田説が『懐風藻』の詩的内容に関してその動機（発端）から影響関係（結果）に到るまで残らず本質的把握をなし得ているかと問えば、残念ながら、その答えは否である。わたくし個人は太田青丘の学問業績を高く買っているがわの人間のひとりであるが、それにもかかわらず、太田の研究報告《リポート》にはやはり無意識的にも文学中心主義的前提に凭《よ》りかかっている部分が多いのではないか、との疑懼を持つ。好著『日本歌学と中国詩学』全巻を読み畢《おわ》って、わたくしは、かくも中国詩文や中国詩論にうつつを抜かした古き日本の歌よみたちというのは一体いかような具体的＝物質的生活を営んでいたのだったか、との索漠たる疑念を抱き味わわされた。もちろん、右のような疑懼も疑念も、従来の日本文学研究（日本漢文学研究をも含む）全体に対してわたくし個人が抱きはじめているプリミティーヴな私的感想に過ぎない。いずれの国文学者の詩歌研究に接しても、『万葉集』はよいもの『古今和歌集』はよいものという文学至上的前提が自明のこととしてあらかじめ据えられてある一般的傾向に対して、このごろ、わたくしなどは遣り場のない焦立ちをおぼえるようになっているのである。本当は文学なんて無くてもよかったものだったのではないか、なまじ文学なんてものがあったために周囲の無辜無害のひとびとがどれだけ痛い代償を支払わされたか計り知れないのではなかったか、少なくとも古代詩歌なんてものが支配階級の手に玩弄《がんろう》されたために数百万人の律令農民は苛酷な状況に封じ込まれたまんまのたれ死することを余儀なくされた事実ばかりは否定しようにも否定できないのではないのか。——そう気付くようになってからというもの、わたくしは、およそ他者（多数の他人）を非人間的な被抑圧状況に追い込んでおいて自分たち少数の支配者の間でだけ通用する制度的儀式や喜怒哀楽にかけ替えのない絶対的価値を見いだしてああでもないこうでもない式に弄《いじく》り回して作られた日本古代詩歌を、無条件で「美しいもの」だとか「人間的真実を訴え出したもの」だとかアプリシエートして享受することができなくなっている。「支配階級の思想はどの時代にも支配的な思想である。すなわち、社会の支配的な物質的な力であるところの階級は、同時にその社会の支配的な精神的な力である。物質的生産の手段を左右する階級は、それと同時に精神的生産の手段を左右する。だから同時にまた、精神的生産の手段を欠いている人々の思想は、おおむねこの階級に服従していることになる。支配的な思想とは支配的な物質的諸関係の観念的な表現、思想としてとらえられた支配的な物質的諸関係にほかならない」（古在由重訳『ドイツ・イデオロギー』、Iフォイエルバッハ）。当面の課題に即して言えば、太田が指摘したごとく、『懐風藻』所載詩篇の約五割が侍宴従駕・宴集・送別などの儀礼的題材であり、約一割五分が遊覧の区分けに属し、約一割が詠物詩であり、けっきょく七割五分までがこれら宮廷＝貴族占有の儀礼的題材と自然詠＝叙景詩の前駆的題材とによって構成されているという数値的特色を以て、「かうした現象が六朝詩文に影響されたものであること、更にその投影がわが万葉集以降の詩歌の上にも著しく見られること」としてのみ把握したのでは、もはや十分とは言い得ないのではないかと思う。文学に絶対的価値を置く立場に立つならば、各時代を支配した階級社会の上部構造を形成する社会意識だけを取り出して（階級関係の現実の土台をいっさい捨象してしまって）、前時代の芸術様式が後時代のそれに影響を与えたといったような跡づけをおこなえば、万事こと足れりということになると思う。五言詩（一部、七言詩を含む）が律令時代の支配階級の間に輸入され受容されて、しかもその大部分が宮廷中心もしくは官人貴族主催のカクテル・パーティの席上で重要な〝文化的役割〟を果たした明白な社会事実も、これを文学サイド（いっそう正確にいえば、文学至上主義を前提とする立場と呼ぶべきであろう）からすれば、たんに題材じょう頻度数の高い「詩の内容」という規定で片付いてしまうことになると思う。しかし、『懐風藻』を産みだした社会を一つの〝全体〟（いわゆる経済的社会構成体よりも広い概念で用いているつもりだが）と見る立場からすれば、五言詩（七言詩を含む）の大部分が宮廷＝貴族の侍宴従駕・宴会・送別や山水観賞の必需用具として用いられたという事実それ自身は、五言詩（七言詩を含む）が権力や抑圧を集約的に合法則化していることの何よりの証拠になっている、としか他に解釈しようもないのである。五言詩が一首余分に作られるたびに、権力は吾が世の春を謳歌し、抑圧された人民大衆は現世地獄のるつぼに呻吟する、という時代的構造がぱっと照らし出されるのである。律令文人貴族たちは、みずからが支配階級として絶対的権力を握っていると同時に、帝王（天皇）に対して絶対服従を強いられていたから、権力に服従することから人間の真の平和や美や道徳的行為が生まれるという生活規矩（もちろん、理論的には〝幻想〟に過ぎないはずである）を習得していった。理性の目からはまことに反自然的＝反理性的社会をつくり上げていたものだったと観察されるが、律令貴族たちは、そうとは聊かも感ずることなく、新しい真理と幸福を保障する儒教主義イデオロギーと結びついた五言詩のひびきに魅了されていた。かかる最重要の「特色」を把握せずにおいては、なんら「詩の内容」を摑んだことにはならないと思う。

儒教をも含めて諸思想《レ・ジデー》は全く現実と無関係で何か遠い過去のもののように見えるが、正しくは、それら諸思想をつくりかつ支持した人物たちは、かれらが生を稟《う》けた時代においては具体的＝実際的活動をおこなっていたのであり、一つひとつ明確な制度的＝日常生活的事物に対応して行動していたのである。諸思想および諸思想の持ちぬしは、その時代に条件づけられており、その条件に対して反応していた。それを見失っては、何ひとつ理解したことにはならないと思う。

しかし、それにしても、六百万人から存在する律令農民の苦しみを他所《よそ》に、僅か二百人足らずの律令貴族官僚がカクテル・パーティを楽しみ、物見遊山を楽しみ、漢詩の発表を楽しんでいられるとは、なんたる恐ろしい精神の所持者どもであったろう。ただし、恐ろしいと感ずる感じ方は、わたくしたち現代人の理性の働きによるものであって、『懐風藻』の作者たちは、自分たちが〝人非人《にんぴにん》まるだし〟の野蛮的行為を犯しているなどとは毛頭考えていなかったに相違ない。それどころか、さきの岡田正之説に見られるように、それは「太平の気分」を証《あか》すものとして久しく賞讃されてきさえしたのである。だが、七〜八世紀日本社会を全体的＝構造的に把握するわたくしたちの立場は、『懐風藻』の「詩の内容」がとりわけて宮廷貴族どもの人民大衆に対する残虐性と、帝王（宴会の主催者）に対する卑屈性とを、本漢詩集固有の政治的主題として取り込んでいることを、今や見逃し得なくなった。侍宴従駕・宴会・送別は、文学的約束事であるという以上に、社会的事実でなければならない。

『懐風藻』の作者たちが後生大事《ごしょうだいじ》にしている〝政治的思考〟は、これら作者たちの内部世界に立ち入って精神分析してみるならば、漢詩文の達人とはすなわち一個の〝イマーゴ〟である。かれは、とりわけて一個の〝権力のイマーゴ〟であって、ものの数にも入らぬ農民どもはもとよりのこと中級の官人なんぞをも遙かに下方に見おろす高みに屹立する律令制支配者の理想像をば、その贅沢な酒宴と中国詩文と舞楽とによって、これみよがしに物質的に具現（現実化）してみせるのである。イマーゴとは、人間がその幼年期に酷愛したところの一つの理想像で、のちのちこの人間の行動や思考を支配するにいたる鬱積をいう。律令官人貴族が蔭位《おんい》制などによって、最初から諸特権にあずかるように決まっていた点については、だれでも知っている。しかし、かかるシチュアシオンに置かれた甲あるいは乙の人物について、その内部世界にまで立ち入って分析を試みた科学的研究は、だれの手によってもなされていない。ウイルヘルム・ライヒの精神分析的方法を駆使すれば、かなりの成果が挙げられると思うが、いざ始めてみるとむつかしくて匙を投げる結果になるかもしれない。ただ、わたくしなりに考えてみるのに、人間が年端《としは》もゆかぬうちから「これがミスター・律令官人社会だ」と教えられもし学びもし、そうして自身で彫刻し形成していった理想像（つまり、イマーゴである）の鬱積のなかに、漢詩文の理解＝制作（また、それの朗詠や舞楽化をも含めてよい）という条件があらかじめ含められてあるとしたら、おとなになってから、かれがその必要条件に向かって近づこうと努力するのは、これはむしろ当然である。藤原宇合《うまかい》は、父藤原不比等《ふひと》のなかに〝権力のイマーゴ〟を見たはずである。大伴家持は、父大伴旅人のなかに〝権力のイマーゴ〟を見たはずである。しかも、そのさい、権力意志をたちどころに美的空間隔たりのなかに転移させる呪術的性格を帯びる五音のリズムが、四時《しいじ》、かれらの耳朶を離れず響《とよ》みつづけていた。

けっきょく、〝ミスター・律令官人社会〟と自己との同一化による〝権力幻想〟の発散こそ、漢詩文の作成であり、文学的酒宴の分有であり、自作漢詩による舞楽演奏の上演であった。そして、五音のリズムこそは、律令政治体制の支配者が、あるがままの現在を奉祝する儀式の必要要素を担うものであった。五音のリズムには、最初から、なんら人間的真実を現わす機能は付与されておらず、実際は社会矛盾を補強し肯定するイデオロギーを表現するだけの機能しか期待されていなかったのである。律令的自然観についても、同じことが言える。

あとあとの本稿叙述によって観察し検証していくことになるが、宮廷和歌史の長い伝統をとおして帰納される「和歌的発想」とは、じつは、上述の〝権力幻想〟の心理的エネルギー源をもって綢繆《とうてい》される支配者本位の社会認識の思考方式でしかなかった。和歌のリズムが、みずからの機能によって天皇支配＝貴族官僚支配のイデオロギー以外のイデオロギーを表現した事例は嘗ていちどたりともありはしなかった。貴族支配層の子弟に生まれた甲あるいは乙の少年は、幼少期から学習させられる和歌作法をつうじて、和歌の達人が〝権力のイマーゴ〟に他ならぬことを、ちゃんと認知していた。また、和歌を出し合う会合（漢詩の会はなおさらである）に列席する機会が、すなわち権力を掌中に握る機会であることをも、ちゃんと認知していた。侍宴従駕・宴会・送別などの文学的題材は、とりもなおさず専制政治の行政的技術に習熟するための好箇のモーティヴェーションの役割を果たした。もちろん、この技術にはそうそう簡単に習熟できるものではない。摂関時代になってからのことであるが、曽禰好忠みたいな落第生もげんに存在する。しかし、デスポティックな体制ががっしり構築されていた七〜八世紀ごろには、強きを助け弱きを挫く式の五音的発想には一日でも早く習熟しなければならぬ現実的＝功用的必要に迫られている部分が多かった。

　当然、ここで問題になるのは、日本古代詩歌（具体的には『懐風藻』『万葉集』の両者をさす）のつくられた場がいかような性質のものであったか、という点である。別の言葉でいえば、懐風藻漢詩作者や万葉歌人が好むと好まざるとにかかわらず選ばされた状況がいかなる性質のものであったか、という点である。漢詩の美しさや長歌短歌の美しさは、特定個人の才能や知的蓄積や人間性よりもたらされる部分も無いとは言わぬが、より正しくいえば、その個人が自己を見いだす状況との葛藤そのものから生みだされるものでなければならない。普遍的なものは、作家の人間性（性格など、人間の心理的特性の総計）ではなくて、かえって、かれを十重二十重《とえはたえ》に取り囲んでいる限界のほうである。こういう状況に置かれたら誰だってこういう漢詩を作るだろう、こういう長歌短歌を作るだろう、といった普遍性をこそ、わたくしたちは全体的＝構造的に把握する必要があり、それが、今日における芸術批評の任務でなければならぬ。サルトル流に言い替え《パラフレーズ》をおこなうならば、「行為者（un agent）であると同時に役者（un acteur）である人間——自己の人格を粉微塵にするか、あるいはまた、自己の葛藤を解決するにいたるまで、状況の矛盾を生き抜く人間」(「神話の創造者」、『サルトル対談集I』所収)としてわれわれの人生(歴史的人間存在)を把える姿勢が、ぜひとも必要だということになる。わかり易く言うと、長屋王の漢詩作品を解釈するにも、柿本人麻呂の長歌・短歌を解釈するにも、かれらの内部に深い根源をもつ意志や激情(斎藤茂吉は、柿本人麻呂を呼んで「ディオニュソス的詩人」と言った)だけに照明を当てても、じつは大いに片手落ちに堕するほかない、ということである。かれらの内部世界に脈打つごとく葛藤や対立を示していたのは、価値の体系であり、権利の体系であり、倫理の体系であり、人間観の体系であったのである。かれらにその自覚があったかどうか、かれらが完全な意義での「人間性」を守り抜いたと言い得るかどうか、という問いになれば、答えはおのずから別である。しかし、かれらなりに、選ばされた状況を一所懸命に生きたことだけは、たしかである。最近、梅原猛によって柿本人麻呂の死の謎を解明した『水底の歌』(上下二巻、新潮社刊)が刊行されたが、この書物は、わたくしたちの見落としがちな枢要な状況をよく把えてみせている。従来、わたくしたちは、漢詩や和歌を読む場合に、どこかに心に触れる部分(主として修辞の面において)があれば、もうそれで「名詩だ」とか「秀歌だ」とか断定する習癖を作ってしまっているのではなかったろうか。原作者は、せいぜい宮廷内のカクテル・パーティの座持ちをすれば十分だと考えて、すこぶるよい加減な(ある場合には、同席者が気恥ずかしくなるくらいにこれでもかこれでもかの阿諛追従を並べ立てたといったような)漢詩一首もしくは和歌一首をでっち上げたにすぎないのに、千年後のわれわれのほうで、ああでもないこうでもない式の感情移入をおこなって、あげくのはてに名詩もしくは秀歌に仕立てあげてしまっている、といった事例《ケース》が多かったのではなかったか。少なくとも、従来の和歌史家(このプロフェッショナルな職域は、これまで大抵の場合に短歌実作者が当たってきたので、はじめから客観的学問成果など期待できずに終始してきた)がやってきた探究は、おおむね、この種のものばかりであった。端的にいえば、作品がつくられた場に対する注意不足と、当該作者が選ばされた状況に関する観察不足とが、和歌史研究をして、たかだか〝様式史〟的跡づけに終始せしめてしまったのである。もっとも、近年になって、松田武夫、橋本不美男、藤岡忠美、萩谷朴らによる平安和歌史の研究成果が挙げられ、いやでも「場」に対する分析や考察を押し進めなければならない趨勢に立ち到っている。そのような趨勢に向けられた好意的発言として、「短歌研究」昭和四十九年一月号に、久松潜一の「短歌の場」が掲載されている。久松論文は「短歌をはじめ詩歌は小説と異なって形態が短いので、発表の場にしても種々の制約がありまた特色もある」という書き出しからはじまって、論点を「発表の場」というものに絞って和歌史観察をおこない、末尾結論の部分に至って、つぎのように叙述している。

　短歌がどういう場で詠まれ、また発表されて来たかということは短歌を考える上に重要である。どういう季節に詠まれたかということはどういう年中行事を背景として詠まれたかということにも関係する。多くの歌集のはじめにある立春の歌、春の歌にしてもそれぞれの場で詠まれ発表されているのである。

――この久松の「短歌の場」についての着眼は、一応正しいまとめを提示していると言える。しかし、久松の場合も、さきの岡田正之説および太田青丘説に共通に見られた、〝全体的＝構造的把握〟の仕方が欠如している。短歌（和歌）がどういう季節に詠まれたか、またどういう年中行事を背景として詠まれたか、という着眼にまで到達したならば、その短歌（和歌）固有の季節感がどのような種類の〝自然観の体系〟の一部を成すものであるか、という構造的把握まで立ち入って欲しかった。短歌（和歌）が年中行事（あくまで宮廷儀式としての年中行事をさしていると思うが）サークルから離れられない理由をば、全体的に把握して欲しかった。そうでなかったならば、短歌（和歌）の本質をなんら摑んだことにはならないからである。わたくし自身の回答としては、短歌（和歌）的季節感がその一部を成す日本古代詩歌的〝自然観の体系〟とは、約言すれば、専制主義政治思考の反映でしかなかったということと、また、年中行事や歳事記（歳時記）という生活技術も結局は裏側から専制政治体制を補強する役割しかついに果たすことはなかったということ、この二点を明らかにしなければならないのだと考えている。デュルケームの「自然体系および宇宙観の体系は、特定社会の構造的特色の反映である」(『人類と論理』、I 分類の原初的諸形態)とする構造的把握の正しさに従わざるを得ないからである。このような最も基礎的な観察をぬきにして、日本人は自然を愛するとか、歌人俳人は季節の移り変わりに敏感であるとか、日本の民衆は年中行事や歳時記の活用によって民俗的叡知を展開したとか、なんとかかんとか美辞麗句を並べ立ててみても、空論に等しいのではないかと思う。

(3)

『懐風藻』の「詩の内容」(岡田正之の用語に従っておく)として、侍宴従駕・讌(宴)会・送別に分類づけられるものが五十パーセントを占め、遊覧・詠物などを入れて約九十パーセントのものが律令官人貴族の公的生活領域に属する、という数値を示している事実は、明らかに、詩的動機が宮廷人に固有の〝儀礼〟的思考と不可分離的に組み合わさっていることの証明になる。しかし、この統計的事実は、別の新しい観点から把え直してみると、「詩の内容」そのものが既に〝芸文の儀礼《リチュエル・ド・ベルレットル》〟を構成していることの有力な証明になる。ここには、日常生活レベルで普通に用いられている〝言語体《ラング》〟を使用してコミュニケートするのではなしに、非日常的=非通俗的次元にある神話的=記号的意味を仮託されてある〝エクリチュール〟をとおして、一つの人工的秩序をつくりあげる〝儀礼〟の行為が、いまや確実に見いだされるのである。

ここに、新しい視点よりする接近《アプローチ》の作業が要請される。本稿の叙述は次から次へと脱線の禁を犯していくようで、わたくし自身、たいへん気が引けるのであるが、いったん論題に上がった対象を徹底的に照らし出そうとするのは、執筆者の個人的性癖に由るよりも、むしろ、執筆動機および過程をつうじて常に〝前進的=遡行的〟に発見学的作業でありたいとする全体的認識(弁証法的全体化)の方法に由るためである。

〝芸文の儀礼〟の文化的＝政治的役割とは何であるか。それは、日常的現実を非日常的次元に（あるいは、神話的＝宗教的次元に置かれてあると信じられるところの「聖なる」一点に）連れ戻すか、もしくは釣り上げるかする行為である、と説明することができる。そして、その行為は、人間のわずらわしい日常的経験の実存的な根を根こそぎとっぱらってしまったあとの、ある意味では純粋なる言語的行為と呼ぶことも可能ではあるけれど、しかし他のもろもろの行為や他のもろもろの経過と特定の論理関係を有する、いわばトータルな世界運動に向かって方向づけられている行為と考うべきである。つまり、〝芸文の儀礼〟の役割は、ロラン・バルトに従って集約化すると、「事実の帝国のなかにヒエラルキイを維持することをめがけている」（『零度のエクリチュール』、Ⅱ小説のエクリチュール）ということになる。ロラン・バルトは、フランス語動詞の単純過去《パセ・サンプル》と三人称とについて、西欧社会の物語や小説のエクリチュールを解明してみせているのであるから、東洋の文学伝統を解明しているのではけっしてない。しかし、エクリチュールという新しい概念に触れることによって、わたくしたちの当面の課題である『懐風藻』の「詩の内容」（もちろん「詩の形式」と別個に存在し得るものではない）に関する探索の行程を一歩も二歩も前進せしむる作業が可能であってみれば、しばらく、エクリチュールの概念を補助用具としておこなう探究作業を許されたい。ロラン・バルトは、その単純過去《パセ・サンプル》という「話されるフランス語からは姿を消したが、物語《レシ》を支える隅石であり、相変らずひとつの芸術《アール》をさし示している」動詞の時制について、つぎのように言う。「動詞は、単純過去によって、暗々裡に因果の連鎖の一部をなし、方向づけられた連帯的行動の総体に関与し、ある意図の代数的記号のように機能する。動詞は一時性と因果性との間のあいまいさを支えつつ、ある展開、すなわち物語のわかりよさといったものを招じ入れる。動詞があらゆる宇宙構築の理想的な道具であるのはそのためだ。それは、宇宙発生説や神話や歴史や小説の人工的な時制である。構築され、練上げられ、意味のある線に帰せられる世界を想定していて、投げ出され、陳列され、さし出される世界をではない。単純過去のうしろにはいつも造物主か神か語り手《レシタン》がかくされており、世界は物語られながら説き明かされ、事件のひとつひとつはその場かぎりのものにすぎない。単純過去はまさしく、ナレーターが現実の爆発を、密度もなければボリュームも拡がりもない、痩せて純粋な動詞につれ戻すためにつかう記号である。そして、その動詞はできるかぎり早く原因と結末とをむすびつけることを唯一の機能としている。」「それらは実存のふるえから解き放たれて、代数の安定性と構図とをもつ。それらは記憶だが、利害関係の方が持続よりもはるかにたくさん勘定に入る有益な記憶なのである。／だから、つまるところ単純過去はある秩序、したがってある快感の表現である。そのおかげで現実は神秘的でも不条理でもなくなり、そのたびごとに創造者の手のなかに集められ、とりおさえられて、明快で、ほとんど親しげなものとなる。現実は、かれの自由の巧妙な圧力をうけるというわけだ」（同）と。けっきょく、単純過去《パセ・サンプル》によって叙述される「物語的過去」というものは芸文の安全装置の一部分をなしており、それは、秩序の模像（イメージ）として、作者（著作家）の正当化と社会の平穏（無事安寧）との間にうち立てられる数多い形式的契約のひとつを構成している、というのが、ロラン・バルトの主張の中心点《ポイント》になっている。この考え方を進めていくと、単純過去という叙述手段は、当然、公然化された嘘であり、それが嘘であることを指示する点においてだけ可能性を開顕するほんとうらしさの領域を描いている、という帰着にならざるを得ない。その点を、ロラン・バルトは「小説と物語られる歴史に共通した目的は、事実を疎外することである。すなわち、単純過去は、社会が自分の過去と可能なものとを所有しようという行為にほかならない。それは信用できる内容を設定はするが、そのイリュージョンは公然としている。単純過去は、非現実の事実に真実の、それから公示された嘘偽の衣をあいついで着せる、形式的弁証法のギリギリの限界である」（同）と説明してみせている。このような一連のはたらきこそが〝エクリチュール〟の行為にほかならない。たしかに、漢語および訓《よ》み下《くだ》しの日本語には単純過去《パセ・サンプル》は無いし、日本古代詩歌には小説的要素も物語的要素も無い。また、三人称というような叙述形式も無い。しかし、大切なのは、単純過去や三人称そのことなのではなくして、それらによって代表されるエクリチュールの概念である。〝芸文の儀礼〟という必要要素を洗い直してみれば、ヨーロッパ文化圏のみに通用する概念であるどころか、わたくしたちの当面する問題の解決に資する有効な鍵概念《キー・ノート》になり得ることがわかる。

そこで、『懐風藻』に立ち戻って省察するのに、『懐風藻』に侍宴従駕・讌（宴）会・送別・遊覧・詠物など律令官人貴族の公的生活（もちろん行政・司法的任務も執行するにはするけれど、実際上の業務は中級以下の官僚に委せて、高級官僚である貴族は枢要な幾つかの決定機関にタッチするだけでよかったのであって、あとの大部分の仕事は律令制支配機構の保全システムの運転維持に意を注ぐことに集中されていた）の主要要素を成す〝儀礼〟の行為を詠出する作品が圧倒的な数を示しているという事実こそは、とりもなおさず、『懐風藻』の詩人たちにとっての精神的主要主題（第一の thème《テーム》と呼び替えてもよい）が芸文の作成および奉献によって律令制専制支配を正当化し讃美しようとする目的を有していた、と解釈すべきことになる。つまり、『懐風藻』の詩人たちは、一首の〝儀礼〟を表出するたびに、支配者（専制君主）に向かっては絶対忠誠を誓い、また体制（律令政府）に向かってはヒエラルヒーを証言し、被支配者（農民大衆）に向かっては抑圧を宣告し、さらに自然（草木山川）に向かっては専有と神聖化とを宣言したのであった。それは、律令官人貴族にとっては、差し当たりよいことずくめ（多少の心理的労苦を別にすれば）の現状を肯定し維持せんとする願望を物質化し、なかんずく孤独や不安や疎外感からの解放状態を所有する幾時かの休息の情念を物質化するのに役立った。日本の帝王の徳の高さは中国の堯舜の徳の高さに匹敵いたしますとか、山は仁で川は智でございまするゆえにわが天帝は吉野の神仙境に遊楽なさいますとか、そういった中国思想（中国詩文）の日本律令社会への〝儀礼〟的適応法こそは、『懐風藻』におきまりの政治的エクリチュールの構成要素であった。そして、平安朝初期の漢詩文の隆盛という事象も、たんに文学上の様式的隆替の軌跡を刻するものではなく、強力な律令政治体制の再建を策する手段にほかならなかった。

日本古代詩歌は、記紀万葉から始まって約三百年のあいだ、一貫して政治的エクリチュールであることを熄《や》めなかった。漢詩に代わって台頭してきた和歌も、外見《そとみ》にはいかにも個人的な文学意図と個人的な肉体構造との間の均衡を保つ機能＝効用を十全《フル》に働かし得る言語形式（ロラン・バルト流にいえば文体《スタイル》と呼び得る）のように見えはするけれども、じっさいは、その固定した少数の類題とか儀礼上の詠材とかによって、最初から安定して揺るがない既存の政治体制に対する支持と忠誠とを表示しようとする集団的目的をもって作られたに過ぎなかった。和歌の修辞や言い回しや比喩（比喩がきまって自然に託されていることにも注意しよう）が美しいということも、当事者である歌人と伝統墨守論者とが勝手に「日本語の究極美」とか「日本文学の自然美」とかと僭称《せんしょう》しているだけであって、はたして本当に「美しい」かどうかについての判定は今後の自然科学的研究を待たねばならない。和歌それ自体が真義の創造の術（実存的経験の発見仕方）であり得ずにたかだか表現の術（代数式の少数の関係のなかで言語を洗練する仕方）にとどまった結果であるに過ぎない。一言で要約すれば、古代和歌は、貴族官人に固有の政治的思考を表現する記号の総称——すなわち政治的エクリチュールであった。修辞や言い回しや比喩が美的に洗練されれば洗練される（また、自然観が巧緻に組み合わされれば組み合わされる）だけ、その分だけ、貴族支配体制はいよいよ安泰でいられたし、貴族個人はユートピアを夢想して時間を過ごすことができた。発想の場、発表の場、記録の場というものに想到すれば、なおさらのこと、もはやこうとしか他に考え得られないではないか。

従来、わたくしたちは、疑問さえ発することなしに、和歌と他の文語体表現との差異をもって〝詩〟と〝散文〟との差異であるというふうに、あまりにも簡単に（むしろ機械的＝反射的に）取り扱ってきたのではなかったか。殊に、西欧の芸術論や詩論が導入普及された以後、詩の特性と散文の特性とについて理解し得たあれこれの属性的類別を、無反省に、かつ独断的に、そのまま和歌（短歌形式）と非和歌形式の文章表現との差異に当て嵌めてみて、無理にも両者を区分けすることに骨折ってきたのではなかったか。しかし、そのような取り扱い方も、そのような骨折りも、今や不充分であり、不充分という以上に大きな誤りを犯していた、ということに気付かされる。

だが、既にはっきりしてきたように、和歌は決して〝詩〟に含み入れられる言語形式ではなく、〝エクリチュール〟に属する言語形式でしかなかったのである。和歌と他の文語体表現との差異は、決して〝詩〟と〝散文〟との差異をあらわすものではなく、じつは〝エクリチュール〟と〝ラング〟との差異をあらわす（或る場合には〝エクリチュール〟と〝スティル〟との差異をあらわす）ものであるに過ぎないのである。敷衍して言えば、歌人は決して〝詩人〟であるのではなく、かと言って勿論〝散文家〟であるはずもなく、ようするに〝エクリチュール〟を作る人間、ロラン・バルトに倣《なら》って呼ぶならば《écrivant》《エクリヴァン》（書く人、文章を操る人）なのである。政治的文章を作る人物、宮廷貴族的思考をもって詩文（正しくは、一種の詩文と呼ぶべきである）をこしらえる人物、なお付け加えるならば、人民大衆に対する愛情のひとかけらもなしに自分本位の文学的愉楽に耽《ふけ》っていられる人物、そういった人物こそ〝歌人〟と呼ぶに相応《ふさわ》しい。柿本人麻呂から数えあげて、紀貫之、藤原定家にいたるまで、ひとりとして、まさしく《écrivant》《エクリヴァン》でない歌人はおらぬではないか。

エクリチュールという概念について不得要領の読者のために、本当はもう少し解説が必要であるかも知れないが、解説をはじめたら忽ち数ページを費やしてしまうことになりそうである。そうだとすれば、いっそ、わたくしの舌足らずの解説をつづけるよりは、エクリチュールの概念を最初に確立したロラン・バルトの所説を掲げたほうが、当方の意図を正確にのみ込んでもらえるのではないかと思い、ずばり、ロラン・バルトを引用しておく。――

すべてのエクリチュールが国語《ランガージュ・パルレ》には無縁な囲いの性格を示している。エクリチュールはけっして伝達の道具でもなければ、ただ言語の意図が通っていく開かれた通路でもない。コトバを通じて流れるのはひとつの無秩序の全体であり、それがコトバに、その無秩序を永遠の執行猶予の状態に保つ、あの駈りたてられたような動きを与えている。それとは逆にエクリチュールは自分自身を糧として生きる凝固した言語であって、自らの持続に、一連の近似物の動きを委ねる任務を全然もたないどころか、その任務は、つくり出されるまさしく以前に構築されたコトバのイメージを、自らの記号の単一性と影とによって刻印することにほかならない。エクリチュールをコトバに対立させているのは、前者がつねに象徴的、内向的で、言語の秘密の斜面の方にはっきりと向いているように見えるのに反して、後者は動きだけが意味のある、空ろな記号の持続にすぎないという点だ。コトバはすべてこういった語の損耗と、こうしたつねにより遠くへ運ばれる泡の状態で保たれており、言語が語の動的な尖端だけを取り去るような貪欲な行為としてはっきりと機能するところにしかコトバは存在しない。

　ところが、エクリチュールはつねに言語のかなたに根をはっており、線のようにではなく胚種のように発展して、ある本質をあらわし、秘密でもって脅かす。エクリチュールは反伝達であり、人を威嚇する。そこで、言語であると同時に強制権でもあるオブジェのあいまいさが、どのエクリチュールにも見出されるだろう。すなわち、エクリチュールの根底には、言語の知らない《事情《シルコンスタンス》》、言語の意図ではもはやない、意図の眼差しのようなものがある。この眼差しは、文学的エクリチュールにあってのように、たしかに言語の情熱となりうるが、それはまた、政治的エクリチュールにあってのように、刑罰の脅迫ともなりうるものである。エクリチュールはそのとき、もろもろの行為の現実性を目的の理想性と一気にむすびつける任務を背負う。権力あるいは権力の影がきまって、価値論的な《アクシオロジック》エクリチュールをつくり出すにいたるわけはそこにある。そのようなエクリチュールにおいては、普通事実を価値から距てている道程が、叙述であると同時に判断として与えられる語の空間そのもののなかで省かれる。語はアリバイ（いいかえると、ひとつの他処であって正当化）となる。こういったことは、諸記号の単一性が下あるいは超言語地帯によってたえず魅了されている文学的エクリチュールについても真実だが、政治的エクリチュールについてはいっそう真実であって、そこでは言語のアリバイは威嚇であるとともに賛美なのである。事実、権力や闘争こそがもっとも純粋なエクリチュールの典型を生み出している。

おのおのの体制が自分のエクリチュールをもっていることは疑いないが、その歴史はまだ書かれないままである。エクリチュールは、見た眼にもはっきりと拘束されたコトバの形式でありながら、気取ったあいまいさによって、権力の存在と見かけ、いいかえると権力の実体と、それがおもわれたい姿とを同時に含んでいる。政治的エクリチュールの歴史はだから、最良の社会的現象学となるだろう。たとえば、フランスの王政復古時代は階級的エクリチュールを練りあげ、そのおかげで断罪は古典（主義）的《自然》からの自然な帰結であるかのように、弾圧が即時に行えたのである。……ここでは、エクリチュールが良心のように機能しており、行為を現実性の保証によって正当化しながら、ことの起りと、そのもっとも遠いところへの変転とを詐欺的に一致させるのを使命としているのが見てとれる。なお、こうしたエクリチュールの事実はあらゆる権威体制にはつきものの事実であって、それは警察的エクリチュールと呼ぶこともできるだろう。たとえば、《秩序》という語の永遠に弾圧的な内容は周知の通りである。

（渡辺淳訳『零度のエクリチュール』、II 政治的エクリチュール）

これで、エクリチュールの何たるかについて、大方《おおかた》の了解が得られたのではないかと思う。いかに性頑迷《せいがんめい》なる人士であっても、最小限、日本漢文学がまさしく律令制貴族政治体制のエクリチュール以外の何物でもないことばかりは承認してくれたのではないかと思う。

かりに『本朝文粋《ほんちょうもんずい》』（一〇三七〜四五年成立）の編次部立を窺《のぞ》いたのみにても、巻第一「賦」に天象・水石・樹木・音楽・居処・衣被・幽隠・婚姻、「雑詩」に古調・越調・字訓・離合・廻文・雑言・三言・江南曲・歌が位置づけられ、巻第二には「詔」「勅書」「勅答」「位記」「勅符」「官符」「意見封事」が排列され、巻第三「対冊」、巻第四「論奏」「表上」「表下」、巻第五「表下」「奏状上」、巻第六「奏状中」、巻第七「奏状下」、巻第八「序甲」（「書序」「詩序一」があり、後者は天象・山水に分かれる）、巻第九「序乙」（「詩序二」として帝道・人倫・人事・祖餞・論文・居処・

別業・布帛・灯火が配置される）、巻第十「序丙」（「詩序三」として聖廟・法会・山寺・木が配置される）、巻第十一「序丁」（「詩序四」として草・鳥・和歌序が配置される）、巻第十二（大きな類別なしに辞・行・文・讃・論・銘・記・伝・牒・祝立・起請文・奉行文・禁制文・怠状・落書が配列される）、巻第十三（大きな類別なしに祭文・呪願文・表白文・発願文・知識文・廻文の配列があり、そのあとに）「願文上」（神祠修善・供養塔寺・雑修善に分たれる）が据えられ、巻第十四「願文下」（追善・諷誦文・同請文に分たれる）をもって締め括られてある。つまり、律令政治支配体制がみずからの権力の存在をおおっぴらに布告するエクリチュールと、みずからの権力が斯くは美《うる》わしく讃えられたいと意志するエクリチュール（日月を詠じたり、季節や山水を詠じたり、梅や桜や紅葉や菊を詠じたり、要するに〝花鳥風月〟のすべてがこれである）と、この二つのエクリチュール（結局は同一のエクリチュールなのだが）こそ日本漢文学の言語思考体系の全部であることが、いまや明白に観察できる。『懐風藻』から『凌雲集』『文華秀麗集』『経国集』を経て『和漢朗詠集』に至るまで、ひとつとして、政治的エクリチュールでないものはないのである。いかに甘美に春の鳥を詠じ、いかに微妙に秋の菊を詠じようと、漢詩作者は、おのが体制の安全と維持との必要を公的に（社会的に）マニフェストしたに過ぎないのである。「詩言レ志」の「志」とは、そのこと以外にはない。

だが、ここで、和歌は漢詩とは違う、和歌はあくまで個人の思考から生まれたものである、と言って反駁する論者も多いだろうと思う。特に、『古今和歌集』は〝国風暗黒時代〟の文学思潮に対する反措定《アンチテーゼ》の重みを具《そな》えて登場したものであってみれば、それ以後の和歌文学は一《いち》にも二《に》にも中国文学に対する「やまとぶり」の反撃行為であった、と言って説明したいところであろう。従来の和歌史研究は必ずそう説いてきたし、それがこれまでの〝定説〟になっている。仮名文《かなぶみ》文化の真名文《まなぶみ》文化に対する勝利というようなことが、摂関時代の女房文学に関して言われつづけている。文学作品にだけ視点を注げば、たしかに、そういうことになる。

しかし、律令政治機構やそれの崩壊につれて現出した古代末期権力構造の変容過程を全体的《トータル》な視野のなかに入れて観察し直すとき、いわゆる平安王朝文化の原エネルギーがけっして反《アンチ》・中国的政治思考の要素によって形成されているのではない、ということに気付かされるはずである。和歌的思考とは、漢詩的思考（中国的デスポティズムの政治思考）が先行する次元においてのみ成立が可能であり、またげんにその一部を代理＝代行するヴァリエーションでしかなかったのである。いちばん新しい国文学研究業績は、『古今和歌集』を筆頭に八代集の個々の作品に関して、中国文学の顕著な影響因子の見られる事実をばつぎつぎに明るみに出してくれている。〃比較文学研究〃というレンズをもって、『万葉集』以降の国文学にあらわれた日中両国の文化交流関係に照明を当ててくれてもいる。しかし、本当は、古代日本文学の〃素地《そじ》〃（ゲシュタルト心理学の術語でいえば）は中国文化そのものであって、そこへ〃図柄《ずがら》〃としての日本詩歌が描かれたと見るべきではないのか。何かはじめから民族固有文化が先行していて、そこへ外来文化を取り込んだと解してきた、従来の日本文化観には無理があるのではないのか。国粋論者たちには気に食わない見方であるかも知れないが、先入見をつぎつぎに疑って遡行してみると、日本人固有の文化なんてものは一つも無くなってしまうのである。むしろ、本当に「日本的なるもの」とは、もともと外来文化の模倣であったものを、永い時間かかって自家薬籠中のものとし、やがて一と工夫《くふう》二た工夫《くふう》を凝らして御本尊《ごほんぞん》（つまり外来文物である）とは似《に》も付《つ》かぬ別種の文化をつくりだしていった、その過程《プロセス》なり結果《エフェクト》なりを指して言うべきではなかったか。神祇祭祀、弔葬儀式、造形美術、楽器演奏法、植物文化、食品製造術、などなど、すべてそうである。学芸詩文について言えば、漢詩から和歌が生まれてきたプロセスないしエフェクトにこそ「日本的なるもの」の真骨頂を見ることができる。前掲『本朝文粋』の巻第十一「序丁」の箇処に注目いただきたい。「詩序四」として、草十八首、鳥五首と雙《なら》んで、和歌序附序題十一首が登載されているが、同時代人にとっては和歌もまた漢文学のシステムの一部を構成するものと考えられていたからこそ、このようにして、無私公平を謳《うた》われる撰者藤原明衡によって採択された。少なくとも、漢詩漢文という平安朝宮廷貴族たちのエクリチュールの一部を構成する要素の一つに「和歌」が含まれると見做されていたればこそ、このようにして『本朝文粋』のなかに堂々と編入される事態が起こり得たのである。わたくしたちは、和歌の本質を究明するのに、ともすれば、明治以後の短歌（それは、西欧文学の刺激を受けたお蔭を蒙って、ついに部分的に〝和歌的エクリチュール〟から脱出することに成功し、部分的に反貴族的＝即民衆的要素を新たに獲得することに成功した）をモデルに置いて考察を進めがちである。だが、古代および中世の和歌は、けっして、万人にとって手軽で身近な文学形式だったのではなかった。それは、律令的＝真名文《まなぶみ》的思考のシステムのなかに配置されてはじめて自律性を主張し得るような、別の言葉でいえば漢詩に対する従属を前提として存在理由をかち得るような、ようするに権力者のエクリチュールだったのである。

――ついでに触れさせてもらいたい。現在においても、右翼思想家や国粋主義イデオローグたちが自殺や臨終の場面に際会したとき、もしくは己《おの》れの抱懐する政治的信条を最大限に昂揚させ燃焼させる必要のある場面に逢着したようなとき、かれらは、きまって和歌形式（七音五音のリズムによる言語伝達方法）に託してものを言う。これはなぜであるのか。従来の説明では、日本語の美しさを最も集約したのが和歌形式だからとか、和歌的発想それ自体に高度のコミュニケーション機能が完成されてあるからとか、人間のぎりぎりの呼吸が生理的に最単純化されると三十一音形式になるからとか、いろいろに言われてきている。そして、かなりの進歩主義的インテリ層までが大抵はそのような曖昧な説明を鵜呑みにしてしまっていて、自分自身では一向に探究をおこなおうとはしていない、というのが実情である。しかし、従来どおりの説明しかあり得ないということになれば、和歌形式以外のあらゆる詩形、あらゆる文学形式、あらゆる言語活動領域は、美しくない日本語を使っているとの結論に達せざるを得なくなるし、また必然的に、新しき言語美の探索などという前向きの作業は最初から無意味にならざるを得なくなる。げんに展開されている広汎な言語芸術は所詮みそひともじに及ばないとの結論があらかじめ出されているにしては、現代短歌は（現代俳句をも含めて）お粗末過ぎるし、短詩形文学以外の文学ジャンルのほうに美学的＝社会効用的メリットを譲り過ぎている、という現実があまりにもはっきりしている。いずれの角度よりするも、日本語美の究極が和歌形式であるとする古来の〝格律《キャノン》〟と、それについての近代以後の学者先生の説明とは、科学的検証に堪え得なくなっている。そのときに、上述の〝エクリチュール〟の概念を導入し、七音五音のリズムそのものを政治的エクリチュールとして把握し直すならば、いくばくか斬新な、しかも全く有効な説明が得られるのではなかろうか。少なくとも、言語科学（記号学）的には、七音五音の記号体系がいやでも専制支配的政治思考とがっちり結ぼれ合ってきたし、またげんに結ぼれ合ってもいる、という事実を説明することが可能である。目下《もっか》、日本全国いたる処で眼にすることの出来る標識「狭い日本、そんなに急いでどこへ行く」の十七音（俳句形式）のエクリチュールについても、解釈を与えることが可能である。すなわち、五音七音は、現在でも、権力者の意志を表明するのにいちばん適切なリズムであることを熄《や》めていないのである。それから、これはけっして皮肉で言うのではないが、永年にわたり短歌（俳句も同断である）にかかわりを持っていると、作者本人の気付かぬうちに、いやでも権力幻想を抱くようになり、頻りに政治的＝制度的に歌壇（俳壇においても同断である）を支配したくなるような心理的衝動に駆られてしまう、といった社会事象をも説明することも可能である。このように、新たなる〝エクリチュール〟の概念の導入は、和歌形式および五七調・七五調の本質の究明に、全く新しい視野を拓いてくれることになるであろう。

　思わず筆が走ってしまった。当面の課題である『懐風藻』の「詩の内容」が律令官人貴族に固有の〝儀礼〟的思考と不可分離的に組み合わさっていることをはっきり明るみに出したうえで、これについての政治＝文化的究明を加えるには、どうしても〝エクリチュール〟の概念の導入が必要であると考えたために、かくのごとく叙述が広がってしまったのだけれども、ここで、本論に立ち戻らなければならないであろう。本稿は、岡田正之の『近江奈良朝の漢文学』において「詩の内容」と呼ばれている四特色についての検討に入っている。今までのところ、岡田説が研究者間に〝公理〟扱いを受けているので、素通りすることが許されないからである。

そこで、本稿は、前記岡田論文が「詩の内容」の四特色の第二の点として挙げている「儒教本位の近江奈良朝に在りて、作者が境に触れ事に臨み、儒教思想の流露するは必然の結果なり」というテーゼについての検証に入る段どりとなった。岡田説は、「儒教本位の近江奈良朝に在りて」「儒教思想の流露するは必然の結果なり」と断案して、殆ど自明の理のように言っているのだが、はたして、この説は適切であるのだろうか。近江奈良朝の政治イデオロギーが儒教主義であったことには、毫も誤りはない。しかもなお、問題点は、どの程度まで官人貴族たちが儒教なり経学なりをマスターしていたかということと、どういう態度で儒教を受容すべきであると考えていたかということと、さらに、受容に当たってどのような仕方でそれをおこなったかということと、これら三点を検めたうえでなければ「儒教本位の」とか「儒教思想の流露」とかいった断定的な答えを出してはならぬのではないか、という見通しのなかに据え置かれる。聖徳太子の十七条憲法のなかには、五経のほかに『論語』『孟子』『老子』『管子』『墨子』『韓非子』『史記』『漢書』『文選』等の出典からのパロディが鏤《ちりば》められ、既に儒家思想の輸入があったことは明確だが、受容者のがわにどれほどの主体性＝能動性が用意されてあったか、それについては甚だ疑問である。それから百年後の奈良時代に到って、儒学思想の咀嚼消化がどれくらい進められたか、その進歩の度合（量）と深まり（質）とについて慎重に測定しなければならぬ。田所義行の『儒家思想から見た古事記の研究』（昭和四十一年三月、桜楓社刊）の第一章総論には、律令国家体制成立前後の儒家思想受容のプロセスについてのグローバルな眺瞰が示されてある。

これを要するに古事記成立以前に日本に伝来し、日本の宮廷人たちが読んだであらうところの中国の書物は、すべて中国の漢・魏以後の中国の中央集権的封建国家において成立し、従つて封建国家を発展せしめ封建制社会を維持するのに、都合のよいやうに編成された学問のテキストである。換言すれば、中国の中央集権的封建国家の社会を背景にして、その上に発生した学問のテキストである。さうした封建国家の御用学であつた中国の学問のテキストが、日本の奴隷制社会の支配者階級である古代の宮廷人たちの間に齎されたとき、これが吸収受容にどんな様相過程をたどつたか考へてみなければならない。

……………………

日本の社会は、地球上における地理的自然環境と、その間に棲息する人的諸条件との結合によつて成立するものである。さうした日本の社会も、人智の未だ発達しない、未開野蛮の古い時代にあつては、地理的な自然環境に強く支配され、人間の社会生活が、それによつて制約されることの多い、直接的な物的社会であつたであらうが、人智が漸く開明して来るにつれて、直接的な物的社会から脱化して、物の生産と交換による経済的条件が、その社会の中心となり、根幹となつて来たであらう。さうした人智の一般的な開明自体も、また人間の社会性を基盤とするものであつて、人口の増加とか、それに関聯する生存競争とか、種々の社会的条件がそのモメントとなつてゐるのである。そのモメントの一つとして、日本の古代社会の中に、日本のそれまでの社会思想とは異質的な中国の思想が導入されたのである。

これを要するに日本の思想は、常に日本の社会自体の中から、その社会を母体とし、基盤として、その上に発生して来たものであつて、思想発生の由つて来たるところは、単なる思惟だけによるものでなくて、また既存の思想だけに由来するものでもない。思惟自体が、既にその既存社会から制約を受けてゐる筈であるし、既存の思想の上に、新思想が積み上げられたり、新しい展開を示したりするものではない。新しい思想が発生するについては、その前に旧い社会が崩壊し、新しい社会が生れて来てゐるものである。思想が新しくなるより前に、既に社会が新しく展開し、その新しい社会を基盤として、新しい思想が発生して来るのである。この故に思想史といふやうなものがあるとすれば、それは思想から思想へと、如何に緊密に因果関係を求めても、得られる筈のものではなく、つねに社会から思想へとの因果関係を求めることによつて成就されるものである。

……………………

さて日本に伝来した儒家のテキストは、右のやうに中国の漢代の封建制社会に生れ、従つて封建制社会に適合し、封建思想を擁護し正統化するやうなものである。しかるにかうした中国のテキストが日本に伝来した時代は、日本ではいまだ封建制社会ではなく、奴隷制社会であつた。さうすると中国の儒家テキストは、日本の社会に当然発生すべきものとはおよそ異質的なもので、日本の社会では相当抵抗を起し、そのまま日本の社会には融け込まない筈である。……

それでもなほ、さうした異質の文化を吸収し得たのは、それは中国から伝来の儒家の思想や学問の中には、封建制社会から当然発生すべくして発生した要素の外に、先秦の過渡期社会の奴隷の上にあつた自由民の生活を基盤として発生した思想や学問が、過去の殻のやうに附着してゐたのであるから、これは当時の日本の奴隷制社会においても、さう異質と考へることなく、次第に受容し消化していつたことであらう。それは畢竟社会から自発して来る形と一致することを意味するものである。

十七条憲法についてみるのに、論語からの引用は比較的多くて、五経からの引用——礼記は別であるが——はそれほど多くない。……十七条憲法において、五経からの引用が、礼記を除いて、案外少ないといふのは、畢竟五経は中国の漢代封建制社会において、その封建制社会をリードする学問思想として、論語より以上に尊敬されたものだけあって、それだけ封建思想と緊密であると言へよう。しかるに論語は、その点で、はるかに奴隷制社会の自由民の思想を蔵してゐるのであるから、当時の奴隷制社会における日本人には五経よりもはるかに強く親近感を覚えるものがあつたのではなからうか。同じ異質のものの中にあつて、一番親近感を覚えるものが論語であつたと見ることが出来よう。そこで論語の文句や論語の思想が、聖徳太子の十七条憲法には、より多く引用されたわけであらう。

同じやうなことが、大宝令や養老令の学令についても言へる。学令においては、易尚書詩周礼儀記春秋等は何れも一経専攻であるが、論語と孝経とはどの一経を専攻するものについても兼習といふことになつてゐる。兼習といへば一見軽い取扱ひのやうにも思はれるが、実はさうではなくて、どの学生もすべて論語と孝経は必修しなければならないので、重く取扱はれてゐるわけである。易尚書等の経書は一経を専攻すれば、一応足りるのに、論語と孝経はすべての学生が必修しなければならないといふのは、要するに論語と孝経は当時の宮廷人にとつては、非常に親近感を覚えるが、易尚書等はそれほどでもなかつたことを意味するものである。

論語と孝経が、何の故に古代の宮廷人の親近感を惹いたかといへば、それは論語と孝経が人間の社会生活上での個人的道徳を説いたものであるからであらう。論語の仁といひ、礼といひ、信といひ、忠といふのは、封建制社会においては、却つて封建思想の装飾とされるものであるが、奴隷制社会の自由人にとつては、生活上の単なる装飾ではなくて、自我の拡充といふ実質であつた。また孝経に見える孝道も封建制社会になつて来ると、功利主義的になつて来るので、古代の日本人には理解され難いものであつたであらうが、当時の孝道はもと〳〵親子の情愛に基づく孝道を表に持つものであつたから、古代の日本の宮廷人には入り易いものであつたのではなからうか。

（第一章総論、三　古事記成立前後の儒家思想受容の一般的考察）

田所義行によって与えられたこの〝遠近法〟をとおして『懐風藻』の「詩の内容」とされる儒教主義を測量してみると、その実体というものが手に取るようにわかってくる。儒家思想という新思想の出現ないし到来は「その前に旧い社会が崩壊し、新しい社会が生れて来てゐる」からこそあり得たのである。また、儒家思想のうちでも特に『論語』が重んじられたのは、もともとこの古典が「奴隷制社会の自由民の思想を蔵してゐるのであるから、当時の奴隷制社会における日本人には五経よりもはるかに強く親近感を覚えるものがあつた」ためである。『論語』が説く仁・礼・信・忠などの徳目は「奴隷制社会の自由人にとつては、生活上の単なる装飾ではなくて、自我の拡充といふ実質であつた」のである。それは、また、奴隷制社会（専制国家支配と呼び替えてもよい）の自由人ちゅうの自由人である支配貴族の「社会生活上での個人的な道徳を説いたもの」であるが、この御都合主義な徳目を謂わばアリバイに仕立てあげる工作をとおして、かれはいよいよ自由人である喜びを満喫し得た。律令社会体制の強制実施により最初から有利極まるポジションに立つことを得た自由人（＝官人貴族）は、あとは、涼しい顔をして「知者楽レ水、仁者楽レ山」（『論語』）などのお題目を唱《とな》えていれば用が足りた。六百万人から存在する農民大衆の苦しみを他所《よそ》に、パーティやレセプションのたんびに「儒雅を喜べる思想」に浸《ひた》っていればよかったのである。

『懐風藻』の「詩の内容」の第二特色である「儒教本位」「儒家思想の流露」また「儒雅」とは、およそ、このようなものであった。それも、まさしく田所説に謂うところの「新しい社会が生れて来てゐる」厳然たる歴史的事実が生起していたればこそ存在可能を許されたのであった。

特に、ここで忘却できないことは、儒家主義ないし儒家思想が貴族社会レベルで「親近感」を持たれたといっても、それはあくまでも律令制という中央集権的統一国家の支配権力が確立したあとではじめて起こり得る社会心理でしかない、という一点である。律令社会が出現しなかったならば、儒教主義イデオロギーも、儒家思想的芸文も、宮廷貴族たちに受容される根拠がなかったはずである。この問題を追い詰めていくと、律令制と天皇制との一体化がなかったならば、儒教主義的教化（律令は、専ら教化を目的とする法式であることを主張しつづけてきた）の滲透も強制もあり得なかったことに、やがて突き当たらざるを得なくなる。

この問題は『懐風藻』の文化意識を究明するうえに極めて重要だから、しばらく触れてみることにする。

成文法にもとづく律令制官僚政治機構と、天皇という個人の恣意をみとめる天皇専制政治組織とは、少なくとも原理的には対立する側面を持っているはずである。ところが、現実には、律令政治が成立しかつ運転を開始した時期と、古代天皇制デスポティズムが絶頂を形成した時期とは、ぴたり一致する。このことは、明らかに矛盾であらねばならない。そこで、この問題は古代史家の間でいろいろと論議の対象に据えられてきたが、そのうち、直木孝次郎の

「律令官制における皇親勢力の一考察」（塙書房刊『奈良時代史の諸問題』所収）は、「天皇家一族が官人として律令制の要部を占めているならば、事実において天皇制と律令制とは融合し、互いに補強しあっているといえるのではあるまいか」という疑問から出発し、「奈良時代における律令制官僚組織の中に、天皇一族の人々がどの程度にくみこまれていたかを検討し、天皇権力の基礎の一端を明らかにしたい」という視点からの作業を展開してみせている。直木孝次郎は、まず、律令官制の基礎をなす二官八省の組織のなかで、特に皇室と密接な関係にあるところの中務省と宮内省とが最大の規模を持つ事実を、統計的数表によって照らしだし、この事実をつぎのように解析する。「大宝令以前、また持統朝以前から、皇室の権力および権力機構が強大であったから、それを官制化した中務・宮内二省の構成が大規模となったのであろうが、律令制整備の過程の中で、律令制の中に天皇家の権力組織を組みいれる努力が、かなり意識的になされたとみてよいであろう。一面から考えれば今まで無限定・無制約的に存在した天皇を直接とりまく機関が、令制の一部として制度化されたことは、天皇の地位を絶対的なものから相対的なものに引きおとすことであるともいえよう。たしかに、律令制に天皇専制を抑制する面のあることは事実である。しかし、律令制以前の天皇の地位が、実際に絶対的に強力であったかといえば、崇峻天皇暗殺事件や蘇我氏の隆盛にみるように、必ずしもそうではない。天皇専制に限定を加えることとなっても、律令制と抱合することが、この段階においては天皇権力を維持してゆく上に有効であったのである。この意味において、現実に成立した日本の律令官制の中には、天皇権力を支える組織がはめこまれているのを見のがしてはならない。原理的には二律背反のごとくみえる天皇制と律令制ではあるが、現実には相互に補強しあう道が存したのである」（同書、二六三〜七二ページ）と。さらに、直木は、選叙令に見える蔭位《おんい》の制に関して、もともと貴族層に高位高官の世襲を保証してその特権的地位の維持を目的として定められたこの制度のなかで、皇族がずば抜けて政治的・経済的にすぐれた特権に浴していた事実を明らかにし、「この蔭位制と官位相当制のむすびつきは、天皇一族の特権的地位の保持に、かなり有効に作用していたと考えてよいであろう。

皇族の族長である天皇は、それ故、律令制によって守られているともいえる。天皇制と律令制の背反は、この面では存しない」（同、二七四ページ）と解明している。直木は、さらに八省長官と皇親勢力との関係を洗い、司法・財政・軍事といった重大政務の要所要所が皇親および皇親出身者の勢力下に掌握されていたことを明らかにしている。ついで、もういちど中務省・宮内省の内部構成を観察し直し、「いってみれば、大和朝廷の遺制は宮内・大蔵二省を中心として、律令官制の中にもちこされるのである。この二省、特に宮内省を、天皇家が自己の勢力下においていることは、律令制における天皇権力の性格を考える手掛りとなろう。すなわち、天皇家は、大化前代の政治組織を律令官制の中に吸収・再編するという点では、律令制の指導者としての進歩的な面を示しながら、古い組織を自己の支配のもとに温存し、権力の基礎としたところに、保守的な性格が看取されるのである」（同、二九〇～一ページ）との鋭い解明を与えている。そして、「むすび」において、こう要言する。――

これを要するに日本の律令制は、形式こそ中国の進んだ法制を借りたが、実質的には大化前代の伝統を拒否するものではなく、大和朝廷における支配階級の特権をいろいろの点において認めているのである。中でも最高の権力を持っていた天皇家の特権は、大幅に律令官制の中に制度化され、天皇家の側ではその特権と、大化前代以来のあるいは大化改新によって新たに獲得したところの実勢力によって、律令政治組織の要部の掌握を企てた。上述したように、この試みはかなりの成功を収めたと、私は判断するのである。律令制の規定の外でも、天皇家の温存した政治的・経済的勢力は相当の規模にのぼるであろうが、律令制の内部においても、天皇一族は大きな力をもちえたと思われる。律令制が励行された奈良時代において、天皇が強大な権力を持ちえた理由の一半はここに存するのであろう。律令制と天皇制とは、原理的にはともかく、現実的には補足しあう面を持っていた。少なくとも日本の律令制は、天皇権力を存続せしめるために、多くの譲歩をなした。強大な日本の天皇権力が、律令制をそのように変形せしめた、といったほうがよいかもしれない。律令制成立期の最大の政治的指導者、天武・持統両天皇の苦心は、この点にあったのではなかろうか。こうして、天皇制とむすびついた律令制が成立し、律令制の擁護のもとに、古代天皇制が完成したのである。

（『奈良時代史の諸問題』、二九一ページ）

律令制と天皇制との一体化＝結合化が揺るがぬ歴史的＝社会的事実であるとすれば、「新しい社会が生れて来て」はじめて「新しい思想が発生して来る」ことわりに従って、当然、儒学主義は天皇制成立と結び付かねばならない。じじつ、『懐風藻』は、「帝堯叶仁智」「山是帝者仁」などと、天皇権力への服従および礼讃のエクリチュールのなかに儒教主義と山水趣味とを織り込んでいる。

そうなると、『懐風藻』の「詩の内容」の第二特色である儒教主義は、第一の特色と離れがたく結ばれていることがわかる。構造的に把握するとき、どうしてもそういう帰結にならざるを得ない。〝芸文の儀礼〟が成立するためには、儒教主義は必要不可欠なる文教イデオロギーであった。

岡田正之の〝公理〟が指し示すところの「詩の内容」の第三の特色は「老荘より出でたる神仙、特に清談の思潮は、士大夫の間に氾濫し、我が奈良朝にも波及する所あり。」「魏晋の清談は、一種の危険思想にして、礼法を無視し、人心を蠹触して、害毒を当時の社会に布けり。然るに、我が奈良朝の人士は之を悟らず、唯其の風流を嘉みし、曠達を喜び、竹林の士に景慕するあり。蓋し此の思想は、専ら世説を通じて受けるものの如し」というテーゼに集約される。このテーゼに対しても厳密な検討を加えておきたいが、すでに余白も少ない。岡田が「一種の危険思想にして」「害毒を当時の社会に布けり」と断罪をくだしている神仙思想・清談思潮・道教・道士法については、こんにちでは研究が進み、また各概念間に横たわる明確かつ微妙な差異に関しても研究が進んでいる。本当はこれらいちいちに言及しておきたいのであるが、それも許されない。そこで、ここには下出《しもで》積与《せきよ》『日本古代の神祇と道教』（昭和四十七年十一月、吉川弘文館刊）の必要個処を採用して参考に供するにとどめる。

結論的ないい方を先にするようであるが、大化以後の政治史をひもとくと、当時の政界を動揺させた事件に意外な事象が結びつけられていることに驚かされるのである。すなわち、これら各種の政治上の陰謀事件にややもすれば道呪が結合されており、それが、政敵に対する有力な脅威手段として活用される傾向が強かったことに注目したい。

そもそも大化改新から奈良時代末に至る一世紀余りの期間は、古代貴族の伸びんとする力の最も充実した時代であって、大陸文明の影響の下に華やかな文化の綾に彩られた時期でもあった。しかしその反面、古代貴族がいわゆる律令貴族へと脱皮する時期でもあっただけに、幾多の錯雑した勢力の消長は、文化の華やかさに似せない多くの凄惨な権力争奪の陰謀事件として現われたのである。しかもこの場合とくに注目すべきことは、これら一連の陰惨な事件を通じて、政治的に失脚せしめられたものに対し直接・間接にほとんど道士法が結びつけられているということである。もちろん、この道士法そのものが政治的陰謀の主体を構成したというわけのものではない。しかし、陰謀と言えば道術が出てくるという事実は、時人が政治的行動の一手段として道士法に利用価値を認めたか、あるいはまた、自己に反対する勢力に対して道士法を結びつけることが、相手を葬り去るのに非常に効果的であったことを予想せしめるものといえるであろう。

（第四章 律令体制と道士法、第一節 道士法の存在形態）

そうなると、『懐風藻』の「詩の内容」の第三特色とされる「老荘より出でたる神仙、特に清談の思潮」なるものも、はじめから「危険思想」でもなんでもなかったことが、今や明瞭に知られる。和気王の事件（七六四）、井上内親王の事件（七七二）について、『続日本紀』は「巫鬼」「巫蠱」という用語を使って記録をおこなっているが、このマジックは道教的なものを意味したのであろう。橘奈良麻呂の変（七五七）も、それを暗示するふしが見られる。特に、長屋王の変（七二九）は、この王の失脚の原因が「左京人従七位下漆部造君足、無位中臣宮処連東人等告レ密、称下左大臣正二位長屋王私学二左道一欲上傾二国家一」というのであるから、左道すなわち道術と関係づけられて、あえなくも藤原氏に斃されたことは、これまた明白である。ここで大切なことは、長屋王のサロンが『懐風藻』の作品群を産みだした主要な舞台の一つだったという点である。要約していえば、作宝楼で即吟交歓された五言詩・七言詩は、ずばり長屋王の〝政治的思考〟の表明であり、政治的立場の提示であった。老荘思想も神仙思潮も、そこから派生派出した山水詩も、けっきょくは〝政治的思考〟のレベルで理解されねばならないものだと思う。長屋王は、不幸にして、クーデターによって失脚する運命を担《にな》わされはしたが、かりに失脚せずに終りを完《まっと》うしたとしても漢詩作品のエクリチュールには変更はなかったはずである。ふたたび下出積与の所説を借りて、総括を得ておきたい。「律令体制と道術の上述のごとき関係は、思想的に道教そのものを認識したことにもとづいて招来された結果ではなくて、その道術の展開方向が、律令国家の支配層と相対立する問題を含むがために惹起されたことであるという点である。そして、ここで断乎たる弾圧の方針をとった貴族層が、一方においては、神仙思想を喜び道士法の薬方を渇仰することに対して矛盾を感じない態度をとってあやしまないのは、基本的には、民衆道教の構成要素が相互に非論理的な関係でつながっているにすぎないという事情が働いているにはちがいないが、こうした道術自身のもつ内部的な要因の結果として注目されるよりも、もしろ、彼ら支配層に属するものが、自己の地位の保全に対しては、いかに敏感な警戒心を有しかつ行動的であったかを推測せしめるものとして注目すべきことであろうと思う」(同)と。

たしかに神仙思想および道教・道士法そのものには元来〝政治的思考〟の因子は少ないが、これを相手どって弾圧を加えたり、これを利用して政敵を屠《ほふ》ったりする当の律令貴族の眼からすれば、まぎれもなく〝政治的思考〟の一つとして写った。大陸文化の摂受(摂取受容)の仕方に必ず同時代の支配層の〝政治的思考〟が注入されずにおかなかったことは、その後の歴史的過程を跡づけてみるならば明らかである。

最後に、岡田正之の〝公理〟が指し示すところの「詩の内容」の第四の特色は「仏教の隆盛は、儒教に譲らざりしも、其の思想の詩に見れたるは極めて尠し」とあるテーゼに集約される。このテーゼに対する検討の作業をおこなう余白の無いのを遺憾とするが、よく言われるような奈良朝文化イクォール仏教文化説は謬説である。笹川臨風『日本文化史』を筆頭に、この謬説が永らく大手を振って罷り通っていたが、岡田説のこれもこの誤謬を犯している。律令制社会の仏教には天皇家個人の（および有力貴族の）私的信仰といった性格もかなり強かったことを、こんにちの新しい研究業績が明らかにしてくれているからである。そこまで言い切れないとしても、仏教信仰が国政レベルに釘づけにされていたことだけは確実である。余白の無いまま、ここには井上光貞『日本古代の国家と仏教』（昭和四十六年一月、岩波書店刊）の必要部分を引いて、参考に供しておく。――

律令時代の仏教の特長は、その国家仏教的な点にあるといわれる。いまこれを律令的国家仏教となづけるならば、それは次のような性質のものであったといえる。第一は、国家の寺院・僧尼に対する統制である。第二は、その統制の範囲内における国家の仏教に対する保護育成である。そして第三に、国家は仏教に対して、その哲理・思想そのものの普及よりも、むしろその呪力が国家の繁栄をもたらすことを期待した。そこで、本来は普遍的宗教として呪術的宗教と真向から対立すべき仏教も、ここでは、呪術宗教的な民族と融合し、それによって包摂される如き観を呈した。

（前篇律令国家と仏教、第二章律令的国家仏教の形成）

そうだとすると、『懐風藻』の「詩の特色」として仏教「思想の詩に見れたるは極めて尠し」という結果のあらわれたことは、漢詩作者の〝内部的主題〟のなせるわざではなかったと言わざるを得ない。またしても、律令社会支配層の抱懐する〝政治的思考〟が、ネガティヴながら、詩篇の内容や素材を規定したことになる。

以上のことは、なんでもないように見えるかも知れないが、『懐風藻』の詩人たちが、即興の五言詩・七言詩を作成する場合にも、つねに、権力の動向を気にしながら（律令政府為政者の機嫌をうかがいうかがいしながら）詩句や文字を連ねる行為をつづけていた、という事実を、如実に裏書きしてみせてくれていると思う。けっきょく、『懐風藻』の「詩の内容」とは、徹底して、律令政治体制を謳歌し、その維持のために忠勤を励むことを誓約するモティーフによって一貫されてあった。政治的権力をば知的権力に横すべりさせることによって成立したのが、この本邦最古の漢詩集である。そして、それは、日本詩歌史および日本的自然観の歴史の上に、不動のパラダイムが据えられたことを意味している。

『万葉集』の政治的思考——自然観の基底にあるもの

(1)

日本的自然観というと、わたくしたちは、なんの逡巡《ためらい》もなしに記紀歌謡や『万葉集』を対象に据え、そのなかから恣意的に幾つかの事例をひっぱり出し、古代日本人はこんなふうに自然を眺めた、といったような行き当たりばったりの説明づけをおこなうのを普通のやり方としてきた。名著の聞こえ高い大西克礼『万葉集の自然感情』、岡崎義恵『日本芸術思潮』なども、このやり方の外に在るものではない。

本稿は、『万葉集』のなかで個々の自然がどのように扱われているかということ、個々の作者の胸奥に流れる自然感情がどのような美学的特性を持つかということ、そういった議論を持ち出す以前に当然明らかにしておかなければならない根本問題に立ち向かおうとする。

『万葉集』については、日本人誰しもが一定の常識を有している。しかし、それら常識が正しいものであるかどうかの吟味は案外におこなわれておらず、特に戦中戦前に教育を受けたひとびとの万葉観に至っては愕くくらい旧態依然たるものがある。わたくしもその世代のひとりであるのだが、実際に、わたくしの少年期青年期に受けた忌まわしく且つ陰惨極まる日本ファシズム教育は、『万葉集』に関しても、どこからどこまで誤ったことばかり教え込んだのであった。曰《いわ》く、忠君愛国の志情を歌いたる歌集なり。曰《いわ》く、国民のすべての階級を網羅《もうら》して成れる民族古典なり。

曰く、従前の支那文化模倣を脱して独創的なる日本文化の創造を果たせる大金字塔なり。曰く、その素朴・率直・雄大なる風格によりて日本民族の優秀性を証明せる言語芸術なり。などなどといった類《たぐい》である。学校の教科書や受験参考書にそのように書いてあるのだから、そのとおりに暗誦し記憶していなかったならば進級も出来なければ上級学校入学も出来ない、といったありさまであった。第二次世界大戦が終局を迎えるころには、折角《せっかく》こっちが勉学心に燃えていても、学徒勤労動員のために授業は無くなり、疲れて寄宿舎に帰り読書するだけが日課になったが、その時に読む本はといえば保田与重郎の『万葉集の精神――その成立と大伴家持』のような種類のものが多かった。戦争末期には、そのような国粋主義的＝戦争讃美的な書籍しか入手できないような趨勢にあった。それで、保田の『万葉集の精神』を読むことになったが、この本は、冒頭から、壬申の乱が、外来文明に心酔した近江朝廷に対抗して固有文明を護持しようとして大海人皇子が起ち上がった戦闘行為だったというような論点に立ち、柿本人麻呂の「渡会《わたらひ》の　斎宮《いつきのみや》ゆ　神風に　い吹きまどはし」云々の長歌を引いて、「人麻呂がこの歌の中で伊勢の神風を歌つたことは、書紀、古事記とも共通して、事変に際しての神祇顕現の一例を示したものである。つまり近江の西戎風に対する、浄見原の皇朝神祇の道を神のあかしに知り、僅かに心を定めたが、しかし彼の慟哭は止まなかつた。」「人麻呂こそ、かかるゆゆしいことに当つて、よく国民の千古の臣のみちを正しい詩歌として歌つた詩人だつた」式の〝大君絶対の説〟を展開し、その慷慨美文調を駆使して、謂うところの「今日の青年」に、戦場へ行ってぱっと死ぬように煽動するのだった。もちろん、こんな万葉観には微塵の学問的価値さえも無い。この国粋デマゴーグには、天皇という存在に陶酔していられる「草莽の志の詩情」さえあれば十分なので、したがって、真の意味における〝人民大衆の幸福〟などは全く眼中に入ることはなかったし、また、明治以降の日本人の思考をば明らかに豊かにしたはずの「実証主義、進化論、自然主義文化観、世界文化史観、唯物主義思想」の思潮もたかだか〝近代の悪〟としか眼に写ることはなかったのである。今から考えると、まさに〝気違い沙汰〟の万葉観が横行闊歩したことは歴然としている。それもこれも、やはり、あの時代そのものが最悪の文化状況に在ったとせねばならない。戦後二十八年経《た》った現在、ふたたび嘗ての"気違い沙汰"の歴史観＝社会観が勢力を回復しつつあるように窺えるが、わたくしたちは最後まで"理性的"であるべきだと思う。すくすくと伸び育っている若きジェネレーションを、わたくしたち成人《おとな》の反理性的行為のために、むざむざ不幸におとしいれるようなことは、絶対に慎まなければならないと思う。

わたくしは、『万葉集』を過小評価しようとするものではない。それどころか、『万葉集』こそが日本詩歌の最高峯に位《くらい》する文学業績であるのに、近年の文壇風潮（もちろん、歌壇もそのなかに含められるが）が『古今和歌集』や『新古今和歌集』を以て恰《あたか》も『万葉集』より価値高きものであるかのごとく誣説《ぶせつ》する傾向を強めていることに対して、抗議したいと思っているくらいである。『万葉集』が、特に正岡子規の拠って立つ明治ナショナリズム美学によって、必要以上に高い評価をこうむったのではないか、という反省は、たしかに正しいと言ってよい。というより、正岡子規によって必要以上に価値を下落させられてしまった『古今和歌集』に、復権の機会を与えてやることは、たしかに正しいとすべきである。だが、そのような反省と、『古今和歌集』の文学価値をば『万葉集』のそれの上位に置く思考とは、じつは全く別個の範疇《カテゴリー》に属する。子規のいわゆる「貫之は下手な歌よみにて古今集はくだらぬ集に有之候」（再び歌よみに与ふる書）の行き過ぎや偏狭に対する修正意見を受け容れることと、『古今和歌集』をば最高の歌集として位置づけることとは、必ずしも同一の帰着点への到達を意味しない。わたくし個人の尺度を須《もち》うれば、『古今和歌集』はそれ以後のどの時代の歌集よりも秀れた歌集であるに相違ないけれど、しかし『万葉集』には遥かに及びがたい、という目盛りが読んで取れるのである。それでは何を尺度にしてそういう価値決定をするのかというと、わたくし個人は、あらゆる芸術作品にとって最も肝要必須《ひっしゅ》なる"原始的活力《プリミティヴ・フォーシス》"に漲溢《ちょういつ》していた点で、『万葉集』こそは日本文学史の最高位置に在って輝く歌集である、という説明をするほかない。本稿の叙述において明らかにするであろうように、『万葉集』の産みだされた七世紀八世紀の時代は、他に類例を見ぬほどに"悲惨なる時代"であり"おそましい時代〟であった。『万葉集』の産みだされた天皇制律令社会は、他に類例を見ぬほどに〝非人間的極まる社会〟であり〝暗黒の社会〟であった。『万葉集』の作家たちは、けっして悠暢な日常を送ったのでもなければ、また、けっして優雅な生活に耽溺していたのでもなかった。極端にいえば、いつも生命の危険に曝《さら》されており、また、いつも蔭で不平不満ばかり鳴らしているという状態に置かれていた。住まいにしても食べ物にしても、また着ているものにしても、およそ豊かさには程遠かった。そんなに劣悪なる条件に置かれた人間たちであるのに、いざ詩歌をうたいあげたり彫刻をつくったりする段になると、空前絶後の傑作ばかりを残したとは、なんと驚くべきことではないか。白鳳人や天平人は、けだし、悲惨かつ劣悪なる条件を突破できるような逞しい〝原始的活力〟に恵まれていたればこそ、あのようなすばらしい詩歌や彫刻をつくりだせたのであろう。ところが、二十世紀後半の人間は、そのようなプリミティヴな活力を、もはや二度と持てなくなってしまっている。わたくしたちが、『万葉集』や白鳳彫刻に触れていいしたたかなる感動を喫《きっ》するのは、人間存在というものの内部に沸き滾《たぎ》っているエネルギーに撃《う》たれるからだと思う。だが、『古今和歌集』の作家たちになると、すでに万葉時代人ほどの強烈なるエネルギーを放射することがない。そのところが、『古今和歌集』の『万葉集』に敵しがたい根本の理由になっているのだと思う。

わたくしたちは、『万葉集』に対して、いっさいの〈先入主〉ないし〈偏見〉を抱かないように心掛けなければならない。そのためには、第一に、自由で柔軟な懐疑精神を研《と》ぎ澄ますようにしなければならない。そのうえで、第二に、経験科学的に厳密な観察を行なって、それにより蒐集された諸事実を整頓する作業に着手しなければならない。第三には、そのようにして蒐集され整理された諸事実に向かって冷徹な理性を傾注してゆき、それら諸事実のなかに原因や法則を見いだすようにせねばならない。これらの手続を〝科学的帰納法〟とよぶが、わたくしたちの学問研究は、最小限、これだけの手続を踏まなくては〝真理〟ないし〝真実〟の隠されている場所をだに探知することは許されないであろう。

しかし、学問研究は〝科学的帰納法〟だけに頼っていればよいかというと、それは違う。〝科学的帰納法〟は、あらゆる学問の基礎もしくは出発点になるものではあるけれど、また、それなしでは学問そのものが存立し得ないのであるけれど、これだけに頼っていては正しい科学的探究にはなり得ない。武谷三男が、『物理学入門（上）』（岩波新書、昭和二十七年刊）のなかで、面白いことを記している。大阪の中之島の川べりで、見すぼらしい恰好をした大道手品師が手品をやっているのを見た。「この手品は大してうまいわけではないのだろうが、私が注意してみてもなかなか種がわからない。カラッポの弁当箱にハンカチをかぶせてとるとその中から卵が出てくる。何度もやるので、やるたびに私はますます注意深くどこかに種があるのだろうと詮索しながら見た。私はともかく科学者なのだから、ごまかされるはずはないと、目を皿のようにして、あらゆる可能性を考えながら見たがついに種を見やぶることはできなかった。／そこで考えたのである。これを経験論の立場で考えたらどういうことになるだろうかと。そのとき、私の感覚に与えられた経験を私が記述し、これを法則の形にいいあらわすと、カラッポの弁当箱にハンカチをかぶせてとると卵が出てくるということになる。または卵を入れた弁当箱にハンカチをかぶせてとると卵がなくなるということである。／しかしこれで科学ができるであろうか。このような、単なる感覚的経験の法則的記述というだけの科学論は、何ら正しい科学を生むことはできないだけでなく、容易にトリックにかかってしまうのである」（同書、科学とはどんなものか）と武谷は前置きしたあと、経験論およびプラグマティズムに対する批判を、「何ら科学的な検討もなしに、都合のよい例だけを集めて、結論が下されることになる。医学のような場合には、価値判断が伴い、かつ個々の事例の一つ一つが単独に注目をひき、統計的な扱い方が甚だ困難であり、その上、多数のさまざまな要因が複雑に結合している。このような場合にはよほど周到な検討なしには判断を下すことはできないのである。実際、甚だよくきくというふれこみの療法が、しばらくすると、全くきかないものだという判決が下されることがしばしばあるのはこういうためである。／このような領域では、十分の比較対照を置いて、統計的基礎を正確にし、また諸要因の分析を十分に慎重にしなければならないのである」(同)というふうに集約する。「それ故に科学はやはり対象の物自体を次第に正しく認識していくと考えなければならない。こうしてその対象のさまざまな面の性格に従って、科学の諸領域が性格づけられることになる。科学は無限に複雑な自然のさまざまな面を漸進的につかんでいくのである。それ故に自然をある所までつかんだ、ある段階の自然科学が、制約されたものであることは明かであろう。従来の諸哲学はこの制約を、科学自身の本質だと考え、これを固定化して科学論や認識論をきずいたのである。／ところが自然のより多くを認識し、科学が発展する場合、その制約はつき破られてしまうのは当然であろう。それ故このことを意識しない科学論は崩壊する。正しい科学的方法論を樹立しようと思えば、第一にこの客観的な自然の存在と、その漸進的な正しい認識、第二に、一時代の科学の制約の面を固定化してつかまずに、むしろその発展的な内容的な面をつかみ出すことをなさねばならない」(同)とするのが、武谷三男の説く科学方法論のポイントである。

けっきょく、人間の実践と科学的認識との関連に立って観察・実験・経験を積み上げてゆく営みこそが正しい〝科学的思惟〟なのだ、ということになる。人間の認識は、人間の実践の一環として形成されてきた。歴史的にみても、人類以前のサルの段階からホモ・サピエンスの段階に至るまでの長年月に亙る人間の行為の積み重なりが、人間の思惟をつくりあげてきた、ということは明白である。因果性の問題も、必然性の問題も、けっして固定しているのではなく、じつは、人間の実践をとおしてのみ解明されるのである。すなわち、自然のどこのどの部分をつかんで、どのように働きかければ、人間の所期する目的通りに動くか、ということをがっちりおさえ得たときに、はじめて、自然を正しく把握したのである。社会のどこのどの部分をつかんで、どのように働きかければよいか、という実践的な立場に立つときに、はじめて、社会の構造や社会発展の法則を把握したのである。正しい〝科学的方法〟なしには、真理ないし真実を認識することは出来ない。

真理ないし真実を決定するのは「全体」である、とは弁証法の初歩的命題である。この命題は、全体が部分に優先するとか、もしくは全体が部分を超越するとか、いった意味が集約しているのではない。そうではなくて、全体がかたちづくっている構造や機能こそはあらゆる特殊な関係を決定する、という意味を集約しているのである。現代社会に関する諸問題はしばらく括弧に入れるとして、いま『万葉集』を産みだした社会に限ってのみ考えてみることにしよう。すると、「全体」としてこの社会に影響を与え、個々の歌人をしてその私生活の範囲をはっきり超えている感情や行為を取らしめている〝政治的思考〟に、いやでも突き当たらざるを得なくなるではないか、もちろん、同じ言葉で「全体」と呼んでも、ばらばらで雑多な諸要素を熊手《くまで》で引っ掻き寄せ集める「総和《ソンム》」でしかない全体もあれば、それとは違って、それ自身のうちに自律的な統一原理や対立＝相反性や不可分離性を内包している「全体性《トータリテ》」にほかならぬ全体もあるのだから、そこのところは良く吟味してかからねばならない。個々の万葉作家がいつどこで生まれて、どういう作品をつくって、どのような芸術的特徴を表出してみせたか、ということを、出来るだけ詳細に知ったうえで、その全部の知識を寄せ集めて一束をつくり、これが『万葉集』の全部ですと言って開示する研究法（もしくは理解法）も存在して差し支えない。従来の万葉学者が積み上げた業績は、たいてい、このようなものであった。そして、その業績は、それなりに高く評価されてしかるべきである。しかし、弁証法的立場に立って事実を確かめ真実を知ろうとするときには、すなわち「全体性《トータリテ》」を認識しようとするときには、以前には中立的で価値から自由であり得たかのごとくに見えた形式的諸事実が、みずからの根拠にもとづき且つみずからの正当な要求を回復して、いまや〝政治的存在〟に立ち返っているのを、いやでも知らされる。それゆえ、真実を知るということは、わたくしたちにとって不可避的に、ラディカルな批判を用意することと同じになる。『万葉集』の真実を知ろうとすればするほど、わたくしたちは、知的破壊の作業に熱中しなければならなくなる。けっきょく、これまで知識や学問として自明の道理とされていた万葉観が、こんにちにまで尾を引く〝支配者の論理〟もしくは〝天皇制思考〟の産物でしかなかったことに対して、わたくしたち自身の歴史的実践としての〝認識〟や〝批判〟をどのようにぶつけていくか、という重大なる選択を決断しなければならない。『万葉集』を科学的に探究するという作業は、とりもなおさず、わたくしたちがげんに置かれている歴史的諸条件を明らかにする実践的行為であらねばならない。また、そのような歴史的諸条件を明らかにする実践的行為によって、わたくしたちは、わたくしたち自身の未来に対する展望を具体的かつ有効的に切り開くことが可能になるのである。

さて、『万葉集』を中心に日本の古代詩歌の本質をさぐろうとする探索の作業は、まず最初に、万葉歌人が生きて呼吸していた七世紀八世紀の社会に「全体」として影響を与えていた〝政治の状況〟および〝政治的思考〟を明らかにする手順から開始される。

あるいは、論者によっては、政治なんぞというものは『万葉集』の芸術的価値には何らの関わりもないではないか、と非難するかも知れない。おれたちは、人麻呂なら人麻呂の、憶良なら憶良の、家持なら家持の、それぞれの芸術作品の美しさや気高さを愛すれば足りるのであって、かれらがどのような社会的地位にあったか、どのような私的生活を送ったか、などという問題はたいしたことではないではないか、と反撥するかも知れない。このような非難や反撥は尤《もっと》もであるし、わたくし自身にしても、万葉歌人をば、こんにちわれわれが概念している意味での〝詩人〟や〝芸術家〟扱いして済ますことが出来たならば、どんなにすかっとするだろうと思わずにはいられない。しかし、いったん、科学的に物事《ものごと》を追究していく立場に立つと、「古代詩歌」というものがけっして現代的な意味での文学や芸術の範疇に属さない、ということを、いやでも認識しなくてはならなくなる。そして、「古代詩歌」の本質は〝政治的思考〟の所産である。『万葉集』を「全体」として把えようとするならば(『懐風藻』の場合は、なおさらそうなのだが)、どうしても、「古代詩歌」の性格を抑えておかなければならないのである。

最小限の学習準備《レディネス》として、ここで、あらかじめ漢字(中国語)における「詩」および「歌」の原義を検《たし》めておく必要があると思う。

「詩」の原義というと、おそらくは、誰しも『書経』舜典に見える「詩言レ志。歌永レ言。声従レ詠。律和レ声」(詩は志を言い、歌は言《げん》を永《なが》くす、声は詠《えい》により、律は声に和す)を念頭に浮かべるのではなかろうか。『詩経』大序の「詩者、志之所レ之也。在レ心為レ志、発レ言為レ詩。情動二於中一而形二於言一。言レ之不レ足、故嗟二歎之一。嗟二歎之一不レ足、故永二歌之一。永二歌之一不レ足、不レ知二手之舞レ之、足之蹈レ之也」や、『礼記』楽記篇の「詩言二其志一也。歌詠二其声一也。舞動二其容一也」や、『蔡伝』の「心之所レ之謂二之志一。心有レ所レ之、必形二於言一、故曰詩言レ志。既形二於言一、則必有二長短之節一、故曰歌永レ言」などを念頭に浮かべる人も多いことであろう。これら古典を引用しながら、日本の知識人たちは、昔から、詩とは心の中に自然に湧いた感情を言いあらわすものであり、そして、言いあらわすときに自然の音響節奏が形を成したものが詩・歌・舞などになるのである、といったような見解を発表して来た。古典の字義どおりに読解するかぎり、また字義どおり抽象的＝観念的に解釈して済まし得るあいだは、これまでの伝統的享受を反復しておれば事足りたであろう。しかし、いやしくも科学的な態度を以て「詩言レ志。歌永レ言」を把握しようと思うならば、まず何にもさきがけて、出典である『書経』『詩経』『礼記』がどのような著作目的でつくられていたかということを明らかにし、その次に、そのような著作目的のなかで当該対句《ついく》がどのような意味を持っているかということを追究せねばならない。すなわち、全体的＝構造的把握こそ最も必要なアプローチの仕方である、ということになる。

それならば、この「詩言レ志。歌永レ言」という対句は、構造的にどのような意味を持っているのか。この問いに対するわたくしの解明は、平安朝律令官人貴族の漢文学作品に論及した際にかなり微に入り細に亙って示す予定でいるから、ここでは簡略に従うこととする。ここでは、簡単に、「詩は志を言い、歌は言を永くす」という対句は、儒教という政治イデオロギーのなかでのみ絶大の力価を有する格律《マキシム》となり得るのであって、けっして純然たる芸術論や文学論として唱えられたものではなかった(文学論としての「詩」の論議が出現するには、五～六世紀になって興隆する、いわゆる六朝《りくちょう》文学時代まで待たねばならなかった)という、重大なる指摘を提示するにとどめておく。

そうなると、儒教に対するわたくしの考え方なり史的認識なりをはっきりさせておかねばならないことになるが、儒教の起源は、氏族制原始社会において、郷党（年齢階層的共同体）の年長老人（儒の原字を鐘鼎の金文にさぐるに「鬚ある老人」の義であることがはっきりしている）の教える宗教儀礼の実修と、それによる共同体構成員の教導とにあった。そして、原始社会に固有の宗教儀礼は、やがて社会組織が宗族的封建制へと移行し発展するに従って階級的イデオロギーを表現する形式と化し、ついには礼と徳とに分離するようになり、春秋時代が到来するに及んで一種の「国家学」として道徳面のみを強調するように変わっていった。かくのごとくして、〝礼中心〟の原始儒教は〝五経中心〟の儒学時代へと転換するのであるが、この転換期に登場した天才こそが新興武士階級出身の孔子であった。孔子の思想とは、畢竟、あらあらしい春秋戦国時代を生き抜くための「封建道徳」を探究し確立した点にのみ、その特質が求められるべきであり、そこにおのずから限界も認められるはずである。しかるに、儒教は、孔子の死後四百年後になって、漢の国家の正統の学問として公認されたために、そののち永く（清朝末期まで、じつに二千年もの長期間に亙って）中国の「国教的」位置を獲得することとなってしまった。儒教が漢帝国において国教の位置にのし上がっていった理由を考えてみるのに、天を原理とする王権の確立、水も洩らさぬ官僚機構の整備、政治の道義性と技術性との調和など、要するに中央集権的な政治体制を合理化するイデオロギーとして、これほど格好のものは無かったからである。諸子百家のなかで儒家だけが隆盛となる機会を摑んだのは、なにも儒家の思想が秀れていたためではなかった。こうして国教となった儒教は、国家権力と一義的に結びつき、溌剌《はつらつ》とした学問精神を枯らしてゆき、その代わりに、経典をいたずらに権威づける作業に熱中させ、とうとう孔子をば神格にまでまつりあげてしまったのであった。東洋的専制主義とは、零細農の無数の集合体である中国の経済社会の反対の極に不可避的に存在する中央集権的支配が、不断に再生産する政治機構にほかならないが、そのような政治機構の存立および永続を理論的に正当化したものこそ儒教なのであった。日本に古代儒教が輸入されるようになったのは、律令国家が唐制に倣《なら》って中央集権政治を遂行するための理論づけを必要としてから以後のことであり、したがってまた階級支配を再生産するための官僚教育の教科として経学が採用されるようになってから以後のことであるが、実際問題として七世紀八世紀ごろの日本人には充分に咀嚼消化し得るはずもなく、間もなく経学を切り落とした漢文学習が文章道《もんじょうどう》として立科されることとなった。そして、中世末に朱子学が輸入され、これが徳川政権の幕藩体制を内側からささえる強力なる政治イデオロギーとなり、人民大衆の自由な思考を阻んだ。明治以後の近代教育の方途を決定した「教育勅語」の中心思想は天皇神格観を基礎とした封建的な家父長制道徳を強調したものであるが、その個々の徳目もまた多く儒教のシステムに基づいていた。したがって、第二次世界大戦の敗戦によってこの儒教イデオロギーが転覆されるまで、日本人民の大多数の者は、かくのごとく一部の特権階級＝支配者にだけ好都合に出来ている不公正極まる行為規範をば、恰《あたか》も永遠の真理であるかのごとく思い込まされたままでいたのであった。こんにちでも、五十歳以上の年配者（多くは体制側の人間であるが）の間には、儒教道徳と呼ばれるものに永遠不滅の真理が含まれているように未だに信じ込んで論を成す者も無いでもないが、もとより取るに足らぬ妄論である。極端に言えば、儒教などには一顧だに値する価値は無いのである。こんなにおぞましい政治的＝宗教的イデオロギーが二千年余も罷《まか》り通っていたゆえにもたらされた東洋社会の貧困状態や停滞状況を考えるとき、じつに空恐《そらおそ》ろしい気持にさせられるではないか。

　斯かる儒教イデオロギーのなかに組み込まれてある「詩は志を言い」とか「詩は志の之《ゆ》くところなり」とか「詩はその志を言うなり」とかの〝公理〟を、何か美学的思弁に近いものとして受け入れることは、明らかに誤謬以外の何物でもない。その謂うところの「志」の正体＝実内容が何であったかということは、おいおい本稿叙述において明らかにされてゆくであろうが、わたくしの論究の拠って立つ古代史観に対して反撥心を抱くかも知れない読者のためには、ここに、極めて正統的学風に立つところの現代儒家の意見を援用して、参考に供しておきたいと思う。以下は、狩野直喜『支那文学史』（昭和四十五年六月、みすず書房刊）に見える所説である。「一体、詩は支那の古代に於て、政治上の要具と考へられたり。其れを何如にと言ふに、前にも述べし如く、支那の古代に於ては政治と道徳とは互ひに相聯結して、離るること能はざりしが、道徳の中にても、最も大切に考へしことは礼なり。換言すれば、人には家族間若しくは社会に於て、或る秩序ありて決して之れを超ゆるべからず。然れども、唯此くの如く礼を以て人を拘束するに止まらば、世の中余りに窮屈となりて、無味乾燥に傾くの虞あり。故に先王は秩序とか道徳的制裁を重んずと同時に、又人情的方面を軽視せず。詩に依りて、之を洩らさしむ。例せば、君臣父子夫婦の間に於ても、礼より之を言ふときは、相互の間に厳格の秩序ありと雖も、世の中には必ずしも仁君慈父良夫のみならず。されば人情として之れに対して怨懟なきこと能はず。又男女の関係に於ても同一なり。男女相愛するは自然の情なれば、唯之れを圧抑すると云ふは無理の事なり。此くの如く、人間の感情は詩に依りて此れを洩すを得。然れども支那古代よりの思想として、其の感情が何如に劇烈なりと雖も、決して広き意味に於ける、道徳の範囲を超ゆるべからず。例せば君父を怨懟するも可なり。然れども其の内には君父をして正道に返へらしめんと欲する、所謂一片忠厚の意なからざるべからず。例せば詩経に谷風の篇あり。此れは婦人が夫に捨てられ其の無情を怨み、互ひに相愛し一家を経営したる往事を述べたる詩なり。然るに其の言葉の中に、已に夫の家を去らんとする際に当り、家事につきて呉れぐれも夫に言遺す所あり。／母逝我梁　母発我笱　我躬不閲　遑恤我後。／此れ等は誠に詩人忠厚の意を得たるものと評せらる。」「一体、此くの如く感情を洩すことを許さゞるのみならず、古の政治家は詩を以て政治の得失、人情の良否を知るに最好の材料と考へたり。是を以て周の盛時には、采風の官ありて民間の歌謡を蒐めて朝廷に上り、太師之れを楽律に合せて、之を宗廟朝廷に用ゐ、之れを郷党邦国に用ゐ、学校に於て士子を訓迪する亦、詩教を以て其主なるものとす。／春秋の賢士大夫等の何如に之れに通じたりしかは、左伝諸書の記する所に依りて之れを知るを得べし。されば孔子も門人を教ふるに詩書礼楽と云ふ。而して詩其の首にあり。或は『小子何莫学夫詩』とか『不学詩、無以言、』とも言はれたり。其の外論孟諸書を見ても、格言として引用せしものは、多く詩書中より於てするを注意すべし」（第二篇春秋戦国時代の文学、第三章経書の文）と。この卓越せる現代儒家の証言を前にするならば、特に引用者が傍点を付した個処に注意を怠らないならば、いかに先入見＝独断の塊みたいな人間ではあっても、もはや、「詩は志を言い」以下の格律《マキシム》が美学的思弁や文学論的発想から産みだされたものであるなどとは、軽々に断言し得なくなるであろう。構造的把握を以て探究作業を進めようとするわれわれの立場よりすれば、古代中国の知識人が思い描いた「詩」とは、あくまでも、〝政治的思考〟であらねばならない。ひろく、「古代詩歌」とは、神話や英雄叙事詩を含めて、そのような性質を持っているのである。

そして、七世紀八世紀の日本知識人が、はじめて、文学形式としての「詩歌」というものの存在を知ったとき（それ以前に 'folk-songs' としての「うた」があったことは確かだろうが、もちろん、文学という意識などは無かったはずである）、〝詩とは何か〟また〝歌とは何か〟の概念を中国に学んだことは、あまりにも明らかである。だいいち、万葉時代そのものが、七世紀中葉の、天皇を頂点とした律令的古代国家の確立期に始まって、八世紀中ごろまでの、この律令国家の直面した動揺＝不安期に終わっている。この中央集権政治体制を指導した政治的＝宗教的イデオロギーは、もとより〝儒教主義〟であって、この新輸入の人民支配原理より以前にあった村落的人間関係はすべて「旧俗」「愚俗」として斥《しりぞ》けられた、という現実があった。これまた、『万葉集』を産みだした「全体」として把握される必要がある。

律令政治機構とは、簡単にいえば、天皇家を頂点にいただく極めて少数の貴族官僚（当初、百数十人程度だったと推測される）が、六百万人ぐらいいたろうと推定される人民大衆を法治的に支配し、その専制的な支配権力を中央に集中するシステムであった。もともと、氏姓社会にあっては、各豪族が、それぞれの血縁擬制政治組織のなかで、世襲的特権を分散的に行使して、人民を支配してきた。その人民支配の既存体制を、新たに強大となった中央政府の集中的な権力が統合吸収し、そこに、原理的に全く異なる一つの官僚制政治体制を構想し運営したのが、この律令機構であった。そのさい、それまで固有の世襲的特権にもとづいてかなり強力であった豪族の支配的地位は、いわば現状維持的に、律令国家中央官僚の地位に横すべりできるような巧妙な策略が打たれてあった。したがって、旧来の氏姓制社会を形づくっていた階級的構造には、ほとんどと言ってよいほど、変革の手は加えられることがなかった。この新しい人民抑圧の官僚制の原理および機構は大唐帝国の支配方式から学んだものであるが、しかし、唐制のようには、選抜試験によって全国民のなかから官吏を登用する道を開くことをせず、前代の支配階級に国家官僚の地位を独占させてしまった。

律令体制の出発とは、なんのことはない、もとからある王朝の君主と支配階級とが、もとのまんま居座《いすわ》って、新たなる国家形態（もしくは支配体制）を装置したというにすぎなかったのである。このような国家形態のもとでは、前代の共同体成員は、人格的奴隷状態に封じ込まれたまま（すなわち、家内奴隷制を隠れた基礎としたまま）、名目的《ノミナル》には国家公民という尤《もっと》もらしい切符だけ与えられ、実質的《リアル》には恰《あたか》も家父長に対する家族員のごとくに国家的奴隷として支配されるほかなかった。なんのことはない、もとからある共同体社会に潜在する家内奴隷制が、むりやりに国家的規模にまで拡大させられて顕在化し、原始共同社会から階級社会へと転化せしめられた、というにすぎなかった。

律令制古代国家の農民大衆は、およそ想像を絶した困窮状態に喘《あえ》ぎつづけ、この世の中に「詩歌」というものが存在し得るなどとは夢にも思ったことがなかった。『万葉集』は、そのような忌まわしい時代に産まれた作品である。

『万葉集』に関する真理ないし真実を獲得するためには、わたくしたちは、一つの「全体」としての万葉時代を構造的に分析し且つ弁証法的に了解する作業を押し進めてゆかねばならない。

（2）

明らかに、律令制日本古代国家の成立は、中国を盟主とする東アジア世界の壮大なる〝歴史の鼓動〟の一つとして現出された。早くから大陸文明の刺激に応じて中国との通交を行なっていた日本の支配的諸勢力は、意外なほどの敏感性を以て東アジア世界の情勢変化に対処し、ある時は朝鮮半島の特定勢力と結んだかと思うと、またある時はそれを牽制する勢力に変わる、というふうに、離れ島に住む好条件を活用して狡猾に立ち回り、立ち回りつづけては実際的利得を収めていたのであった。七世紀後半に新羅が朝鮮半島の覇権を握って韓民族による半島の統一が初めて実現されるまで、その間《かん》、日本の有力氏族たちは、政治組織から生活文化に及ぶ広汎な領域にわたって、朝鮮半島から多くのものを学び取ってきたのであった。しかるに、今や、隋・唐による巨大な統一国家の出現を眼前にした日本の支配層＝知識階級は、その新羅さえもがおのが手本に仰いで国力の強化を図っている最高レベルの文明（すなわち唐の文物）に眼を向け直し、新たにそれの積極的な受容に着手することとなった。もちろん、その第一の局面は、官僚制支配や土地政策となってあらわれる。

ふつうに、中国政治思想の影響の所産だと説かれているものは、大化改新（六四五）による中央集権的統一国家の確立である。そして、この通説も、『日本書紀』の記述内容に信を置くかぎりにおいては反駁の余地さえないのであるが、肝腎の『日本書紀』そのものが撰修者（天武＝持統政権）がわに都合の良い書き方しかしていないことに着目すれば、何等かの意図があって大化改新という政治的事件をクローズ・アップしておく必要に迫られていた、と見るほうが、かえって客観性に富むと言える。げんに、大化改新という歴史的事実の存否、ないしはその歴史的意義の所在に大きな疑問を投げかける門脇禎二の『「大化改新」論―その前史の研究―』（昭和四十四年四月、徳間書店刊）のような画期的研究がある。わたくし個人は、門脇説の立場に全面的に賛同する者であり、門脇が「現代日本人の古代国家観の形成には、千年以上も前に生きた古代貴族たる書紀編者の史観がなおそのままに用いられている」（同書、あとがき）ことに不満を持ち、「『改新』を含む七世紀の社会について、日本書紀編者が独自の手法と史観とによって再構成し叙述した時代像そのものへの批判が要請されている」（同）ことに自身の差し迫った課題意識を見いだしている点に、同世代人として限り無き信倚を寄せずにはいられない。本来ならば、ここで、門脇の立論に触れておきたいのだが、余白がない。そこで、「大化改新」という誰知らぬ者の無い歴史的事件といえども、必ずしも存在した（実在した）とは言い切れぬ要素を持っていること、そして「大化改新」が『日本書紀』以外には何等の記載も残されていない点から見て天武＝持統政権の勝手なでっち上げもしくはアレィンジであったと看做し得る要素を持っていること、さらに、「大化改新」の記述に注入され付与されてある〝政治的思考〟を突き止めてみると予想外に鮮烈に『万葉集』の示導動機《ライトモティーフ》を浮き彫りにし得ること、こういった諸点について、ひとびとの注意を喚起し得たら充分である。

しかし、いきなり大化改新の実在性を疑い且つその歴史的意義を疑うことの必要性を説いても、ただ反撥を買うぐらいの結果しか得られない、というのが実情であろうから、この場所では、一応、大化改新の実在を肯定しておいたうえで、その歴史的意義を検《たし》めておくのが次善の方便であるように思われる。

それで、大化改新の歴史的意義を考えておくが、それさえも昔ながらの皇国史観を脱却し得ていないひとびとが多い。まさか現在でも皇国史観を鵜呑みにしている知識人は無さそうに思えるが、案外の研究分野で、案外の研究者が、依然として旧《ふる》い史観の虜《とりこ》になったままでいるのを目にして、ひどく愕かされることも屢々ある。そうであってみれば、わたくしたちは、誤った歴史解釈の見本みたいなこの皇国史観についての知識を得ておいたほうが良いかも知れない。皇国史観による大化改新の歴史解釈とは、たとえば乙竹岩造の「聖徳太子の崇高なる御理想が現実に政治に現れたのが即ち大化改新である。それは氏族制度の余弊を打破して、一君万民の国体を顕揚したことを意味する。氏ノ上が氏人を率ゐてそれぞれの職掌を以て天皇に奉仕し、天業を翼賛し奉る場合には、氏族制度は国体に即してその妙味を発揮するのであるが、氏族が専横になり、党閥相争つたり、皇室の尊厳を侵すが如き振舞あるに及んで、氏族制度はその余弊を暴露し、行詰りに陥つたといはねばならない。」「かくの如き弊害・行詰りを打解《ここ》して、国体の真姿を顕揚し給へる改新指導者は、実に中大兄皇子にましました。その周到綿密なる御謀略によつて中臣鎌足等と力を協せ、その果断敢為なる御行動によつて一挙に蘇我氏を誅滅し給ひ、然もこの大功を以て敢て自ら皇位に登り給はず、皇太子として百政改革の衝に当り給ふこと前後二回十有六年、（中略）御自ら率先してその所有し給へる土地・人民を天皇に還し奉つたことは、実に皇子の抱懐し給へる国体観と改新原理とを端的に実証してゐる。国号を日本と定め、年号を大化と改め、氏族世襲の官制を廃して人材登用を原則とする八省百官の新政府を組織し、国司郡司による地方行政機構を新設し、班田収授の法と租庸調の税制による経済組織を樹立し給うたこと等は、まことに国家経綸の一大改新であつて、『大化改新』の名に値する画期的大事業であつた。／中大兄皇子がかくの如き大事業を遂行し給へるは、その新しき御教養に基づくものであつた。皇子は曾て鎌足と共に南淵請安に就て儒学を学び給ひ、今又高向玄理・僧旻等を登用し、隋唐の制度を採用してこの大改新を断行せられたのであつて、大陸文化摂取の現実的効果がここに現れたものと見るべく、然も皇子はその御心底に深く国体観念を堅持せられ、外来文化を羽翼とし文飾としながらも、その実体は我が国本来の真姿を展開せられたのであつて、さきの聖徳太子の御態度をさながらに継承し給ひ、日本教学の大本を政治上に顕現して、政教一如の国民教化を宣布し給うたのである」（『日本国民教育史』、第一篇第二章上古の教育）に見られるたぐいのものである。皇国史観からすると、天皇もしくは皇太子が、自分に都合の悪い政敵《ライヴァル》をつぎつぎに殺害することは「大功」に値し、隋唐の専制政治《デスポティズム》に学んで人民大衆を抑圧することは「国家経綸の一大改新」に値した。そればかりでなく、大唐帝国の支配方式である官僚制の原理および機構を輸入するに当たって、唐制のようには選抜試験（科挙）によって官吏を登用する道を開かずに、前代の氏姓社会を構成していた血縁擬制的政治組織や人民支配の既存体制をそっくり温存させたまま、旧豪族の支配的地位をば律令国家中央官僚の地位に横すべりさせた巧妙なトリックは「外来文化を羽翼とし文飾としながらも、その実体は我が国本来の真姿を展開」したと評するに値した。このような史観からすると、万葉時代の一つの重要事件である平城京の建設などは、「実に大化改新以来の中央集権の政治機構を反映すると共に、我が国力の充実と国家意識の昂揚を象徴するものである。その様式に若干唐制を酌んだとはいへ、唐に比して面目の劣らざる帝都を必要とした我が国民の精神には、明かに国家意識が強く働いてゐたのである。」「あをによし奈良の都は咲く花の匂ふが如く今盛りなり／といふ万葉歌人の感懐は、同時に当代国民の総ての心境を代弁する。そして、かかる帝都を誇り、かかる聖代を寿ぐ挙国一体の雰囲気こそ、それ自体が偉大なる教化的勢力であつて、奈良朝文化の一切が、その根底に国民的自覚を蔵してゐたのはこのためであり、殊に栄ゆる大御代に会ひ奉れる歓びは／御民我れ生けるしるしあり天地の栄ゆる時にあへらく思へば／と謳はれてゐる」（乙竹前掲書）ということになる。万葉集そのものについては、「その素材に於て千種万様であるが、その精神と風格に於て一定の顕著なる特色をもつてゐる。即ち太古以来国民思想に原型として存した国体観念と、それに基づく国家的矜持とが根本精神を成し、それが素朴雄健なる気風によつて愈々力強く発揚せられてゐる。これは実に、外来文化の摂取にも拘らず、その過重に圧倒せられることなく、根柢に勃々たる固有精神を把持してゐたことの実証であつて、かくの如き固有精神を、後に賀茂真淵が万葉集から体得して、それを『おのづからに、なほく、ををしき心』とか『ますらをぶり』とか呼んだ。この精神風尚が近世に復興し、現代に昂揚せられ、永遠に日本文芸復興の原動力となつて、単に歌道の一流一派としてではなく、国民精神長養の源泉となるところに、いはゆる『万葉ぶり』の日本国民教育史的意義が存するのである」（同）ということになる。

もとより、この皇国史観は、科学的根拠のない、ただただ教育勅語の意図に則《のっと》って無理押しして推進された日本近代の文教政策の一翼をになう「歴史教育」の産物でしかない。それがあまりにも政治的に歪曲された歴史観だったという反省は、敗戦後しばらくの間、一般に行なわれていたはずだが、そのような反省も最近では幾らか影が薄くなっているように見受けられる。しかし、皇国史観は、どこまでも不正な歴史認識であることに変りはない。わたくしたちは、このような〝反理性的〟な物の見方には激しく立ち向かって戦わなければならない。特に、短歌作者に対して呼び掛けたいが、短歌は千二百年もの生命を保ってきたゆえに有価値であるとか、短歌は世界に類を見ぬ完璧なフォルム（詩型）を持っているとか、そういった考え方に固執することは、じつは未だに皇国史観から少しも脱《ぬ》けでていない証拠でしかない。そういった短歌に対する考え方は、天壌無窮とか万世一系とか世界無比とかいった思考と殆ど距離がないからである。

ただ、わたくしは、このごろになって気付いたのだが、こちらが厳正な批判力を持ち合わすかぎりにおいては、皇国史観も〝反面教師〟の役割ぐらいは果たしてくれることもあり得るのではないか。すなわち、悪いほうの見本としての役割を演じてくれているのではないか。こうあってはならぬという見本を出してくれているのではないか。

実際に、思量の外《ほか》の、途方もない、推論を絶した、飛んでもない見方が『万葉集』に関しても出されているのである。前記乙竹論文でいえば、『万葉集』は「太古以来国民思想に原型として存した国体観念と、それに基づく国家的矜持とが根本精神を成し」ているというがごとき、その一例である。『万葉集』を美学的＝芸術観照的に享受せんとする者に対して、皇国史観は、そうじゃない、この歌集においては天皇制専制支配を支持し礼賛する思考と、それにもとづく国家権力の支配にどっかと胡坐を掻く図太い神経とが、根本的モティーフになっているんだぞ、と注意を促しているのである。別の言葉でいえば、皇国史観は、『万葉集』の根本精神なるものが百パーセント〝政治的思考〟にほかならぬことを、ゆくりなくも照射してみせているのである。乙竹論文は、さらに『万葉集』と『古今和歌集』とを比較して論評を加えた箇処で「万葉集が敬神・忠君・愛国の至情を素朴直截に剛健雄大に歌つてゐるのに対して、古今集が花鳥風月をめであはれみ、恋愛の果かなさを訴へ、端麗の詞姿と流暢な声調とに技巧を尽してゐるのは、平安的風尚をよく反映してゐる」（前掲書、第一篇第三章中古の教育）と再強調し、『万葉集』のライトモティーフが「敬神・忠君・愛国の至情」に在ったと断案してみせている。明らかに、この皇国史観が示している万葉観は誤っている。誤ってはいるが、しかし、皇国史観の張り立てたアンテナであればこそ鋭敏に受信することの出来た『万葉集』発信の電波——それこそ天皇制律令国家機構という〝政治的思考〟であるが——の所在《ビーイング》を検《たしか》め得るとは言えないだろうか。(その〝政治的思考〟は、本当は『古今和歌集』の内部からも送信されていたはずであるが、あいにく摂関制という特殊な中継装置が介在しているために、二十世紀の皇国史観という性能粗雑なアンテナにはうまく受信されなかったようである。)わたくしが、皇国史観を以て〝反面教師〟と見做すゆえんは、ここにある。

さて、それならば、大化改新の歴史的意義を正しく把握すると、どういうことになるか。わたくしは、本当の歴史認識とはつねに国家権力と人民大衆との対抗関係=緊張関係を視野に入れながら全体的=構造的に史料や事実を把握していくことである、と考えている。全体としての社会を、その社会の発展および社会的生活を、総体的に、その諸側面、諸関係、諸過程の内的連関および相互作用のなかで把えようとする方法論的科学が、もっとも正しい歴史認識をもたらしてくれるものである、と考えている。社会の発展法則に関する科学としての、また社会生活の諸現象の研究方法としての史的唯物論は、しかし、歴史認識をもたらすのみではない。わたくしたちの現代社会における〝生き方〟にさえ直結する重要命題を提示してくれる。ジャン・ポール・サルトルが『弁証法的理性批判』のなかで述べている「弁証法は、それが可知性の法則として、また存在の合理的構造としてどこまでも必然的なものであるかぎりでのみ、方法として有効であるだろう。唯物弁証法が意味をもつのは、それが状況づけられた人間の実践によって見出され身に蒙られるような物質的諸条件の優位性を、人間歴史の内部で確立する場合だけである。一言で言えば、もし弁証法的唯物論のようなものが存在するとするならば、それは史的唯物論でなければならない、つまり内からの唯物論(matérialisme du dedans)でなければならない。すなわち、それをつくるのも、それを身に蒙るのも、それを生きるのも、それを知るのも、すべて同一事なのだ。まさにそのことによって、この唯物論は、もし存在するとすれば、ただわれわれの社会的世界の限界内でだけ真理性をもつことができる」(竹内芳郎・矢内原伊作訳同書・第一巻実践的総体の理論、序論A独断的弁証法と批判的弁証法Ⅸ)という意味で、そのことを言ったのであるが……。同じくサルトルが言っている「弁証法は、社会を生み出す運動そのものの中での内部性における社会の理解として姿を現わしたのです。」「弁証法的法則とは、われわれ自身による社会の全体化であり、社会的運動によるわれわれ自身の全体化であるということを発見します。つまり、弁証法とは、実践にほかならないのです。それは、みずからを醸成し、みずからを維持する全体であると同時に、また、行動の論理と呼ばれることもできます」（森本和夫訳『マルクス主義と実存主義—弁証法についての討論—』）という意味で、そのことを言ったのであるが……。そのような意味での史的唯物論＝内からの唯物論をわれわれ自身の行動の論理として引き負うさい、大化改新の歴史的意義とはどういうことになるか。

その問いに対しては、本当はわたくし自身が実践的に答えていかなければならないが、すでに先輩によって提出された秀れた答えがあるので、それを引いておく。すなわち、羽仁五郎は、大化改新の直前の一世紀の間において『日本書紀』のなかにさえ痕跡を残している十二の事例を根拠にして、「天皇制貴族国家による奴隷制支配の日本人民の叛乱、逃亡および死亡の、不安の事実が、かくのごとく日本書紀にまで反映していたことは、従来の歴史家はみのがしていたが、こうした事実に対して大化の改新が行なわれたのであり、奴隷制支配に対する日本人民の反抗、逃亡、その奴隷制支配下の日本人民の死滅、それらが大化改新の根本的原因であったことを立証している」（『氏族社会』、大化改新）と述べ、さらに「奴隷制支配下の人民の不安が、支配階級内部の不安となり、それがいわゆる任那問題すなわち朝鮮問題ともなり、これも解決されず、また仏教問題ともなり」、けっきょく、支配者は早晩なんらかの手を打たねばならぬところに追いつめられていたことを明らかにしている。「奴隷制支配に対する人民の反抗が大化改新の根本原因であり、その人民の不安から来た支配階級内部の不安が大化改新の第二の原因であった。ほかでもない、実にこれらの不安に対して、このとき、推古紀三十一年（六二三年）にいったように、『大唐国は、法式備り定れる国なり、須らく達《かよ》うべし』とも意識されたのである」（同）として、大化の改新の二つの根本原因である日本人民の反抗とそこから由来する支配階級内部の分派抗争の不安と、これら二つの事態を解決するために、「あらゆる点において大陸朝鮮また中国から国家支配の技術をまなんでいた当時の日本の天皇制政府は、いわゆる大化改新において、この農奴制支配を国家的規模において移入して、奴隷制支配から農奴制支配え移行したのであった」（同）というのが、羽仁五郎の所論のポイントである。この羽仁説に対しては、井上光貞の「結果としては部民→公民に階級的変革がなかったとしても（羽仁氏はこの変革をみとめる）、根本的傾向としてはそれを認める、というよりは基底的方向とさえ考えることになるので、いわば改新は一種の反革命となるわけである。そこで階級的変革説がちがった視角から支持されることにもなるが、但し、記録に反抗の事実の少いことが、ややその論拠を不安ならしめる」（『日本古代史の諸問題』、大化改新研究史論）とする批判もあるが、こんにちの進歩的歴史学者の間に定説となっている考え方として、大化の改新が天皇制政府および貴族階級の利益のために断行され、人口の九十九パーセント以上を占める人民大衆の幸福が犠牲に供《きょう》された政治的事件であった、ということだけは、疑念の余地無きものとなっている。されば、大化の改新は、けっして讃美さるべき明るい事件ではない。反対に、日本列島に住まう大多数の人民大衆が決定的に〝不幸〟に閉じ込められることになった、じつに忌まわしい暗黒事件でしかないのである。北山茂夫が述べている「農民のがわからすれば、かれらの耕地までが新国家におさえられてしまったということになろう。公民の口分田にたいする関係は、占有権者としてであった。さらに根本的にいうと、その土地を耕す生産者であるかれら自身が、戸籍の制度に現われているように新国家にたいして、人身的隷属の状態におかれていたのである。部民の時代よりも、中央権力による支配がはるかに強くなり、それだけ地方の農民は『国家の民』の時代にふみこむと、その人間的自由をせばめられたといわねばなるまい」（『大化の改新』、第一部大化改新史　6天下の公民）という見解なども、前記羽仁五郎の学説とともに、史的唯物論によって把捉された秀れた歴史認識であると言うべきである。

さて、本稿の叙述は、『万葉集』の示導動機《ライトモティーフ》であるところの律令官人貴族（律令支配層知識人という呼び方をしてもよいが）の〝政治的思考〟を明らかにすることを目的として、筆を起こしたのであった。そして、律令官人貴族たちに固有の〝政治的思考〟を明らかにするために、いわゆる官人支配への道を付ける端緒をなした大化の改新について、はなはだ粗略ではあるがしかし兎も角も全体的=構造的把握をこころみたのであった。けっして道草《みちくさ》を食ったつもりはない。大化の改新が、来朝僧からじきじきにもたらされる東アジア諸国家勃興についての知見や、水も洩らさぬ官僚制によってつらぬかれている大唐帝国の法制や政治機構についての知識や、デスポティズム維持にとってきわめて好都合にできている儒教主義イデオロギーについての関心など、ようするに中国における〝政治的思考〟を直接のモデルとすることによって、ひそかに企図され構想され行動に移された国制改革であった、という点をはっきりさせたかったのである。皇国史観でさえ、大化の改新が、外来思想の影響によって生みだされたものであることを、ちゃんと認めている。ただし、わたくしたちが正しい歴史認識として明らかにせずにおられなかったのは、大化の改新はけっして賞め讃うべき思想史的事件なのではなくて、かえって人民を永久に不幸に閉じ込めてしまう忌まわしき政治史的事件であった、という点である。こういう忌まわしき事件を、歪曲することなく、忌まわしいとして認識するか、あべこべに忌まわしいとは認識しないか、その間《かん》に生ずる差異（その差異が、現代のわたくしたちの〝生き方〟によって生ずる、という点については先述したとおりである）が、やがて、律令官人支配の〝政治的思考〟に対するひとびとの態度（あるいは反応と言うべきかも知れない）に大きな懸隔を産むはずである。

正確に限定すれば、『万葉集』の示導動機《ライトモティーフ》になっている〝政治的思考〟とは律令官人貴族に固有の社会観ということになるが、さらにこれを押しひろげていえば、貴族的思考ということになるかも知れない。したがって、『万葉集』を「貴族文学」として捕捉した津田左右吉の『文学に現はれたる国民思想の研究・第一巻貴族文学の時代』（初版大正五年八月刊、改訂版昭和二十六年七月刊）の功績は、今なお不滅のものとすべきである。津田の烱眼は、昭和以後になってから支配的となった『万葉集』即《そく》「国民文学」といった史観に先んじて、夙《つと》に輝いているはずであるのに、驚くべきことに、こんにちでも『万葉集』といえばただもう無批判に「国民歌集」「民族文学」とばかり盲信して憚らぬひとびとが跡を断たない。そのように盲信してしまった原因は、『万葉集』を産みだした律令政治機構と、万葉時代の貴族的思考とについての、正しい歴史認識が欠落しているためと考えられる。

前掲書において、津田左右吉は、謂うところの「貴族文学の時代」を上古から平安末＝鎌倉初期までの長い期間として捉え、第一篇「貴族文学の発達時代」を「推古朝の前後から天長承和のころまでの約二百五十年間」という副題のもとに、第二篇「貴族文学の成熟時代」を「貞観前後から万寿ころまでの約百七八十年間」の副題のもとに、第三篇「貴族文学の沈滞時代」を「長元頃から承久ころまでの約二百年間」の副題のもとに、それぞれ区分けしてみせている。津田によるこの時代区分法が厳密な妥当性を持っているかどうかは、今は問う必要はないであろう。当面のわたくしたちの課題探索に必要なのは、特に『万葉集』を「貴族文学」として捉えた眼識の正しさについての再確認と、それを「貴族文学の発達時代」のパースペクティヴのなかで抑えた照準の精粗についての検討と、この二つの手続でなければならない。

和歌文学の本質が「貴族文学」であることを最初に明らかにした、津田左右吉の『文学に現はれたる国民思想の研究』は、その合理主義的立場から、まず、記紀歌謡や『万葉集』など古代抒情詩を〝貴族的性質〟として捕捉する。津田の立論は、日本列島に新しい文化が輸入されたとき、「その新しい事物は貴族豪族によつて採取せられ、それから間接に受け入れられたシナの文物によつて、導かれる外は無かつた。ところが、かかるシナの文物の取り入れかたと、シナの文物そのものの特殊の性質とは、我が国の文化に種々の暗影を付与することにもなつた。その一つは、シナの文物を採取したのは政府の事業としてであり、百済もしくはシナの官府からそれを得たものであると共に、先づそれを利用したのが朝廷及び貴族であつたために、その文物を主なる要素として形づくられた我が国の上代の文化がおのづから貴族的性質を有するやうになつたことである。彼等の採取したのは文字であり工芸品とその製作の技術とであるが、それらがみな貴族の生活に先づ利用せられた」（序説、第一章　上代国民生活の瞥見）というところに、その出発点をおく。そうして、一般民衆が貴族文化の圏外に置かれたのは、一つには、その外来新文化が中国のものだったからとの観点に立つ。津田は言う。——

シナの文物は、その本質として治者階級上流階級のものであつて、民衆のものではなかつた。文字も、それによつて伝へられる知識も、それを用ゐる文学も、すべての工芸も、みなさうである。文字の如きは表意文字であつて一語が一字であり、その字体があの如きものである点だけから見ても、民衆に解せられることの極めて困難なものであり、事実また民衆は殆ど文字を解さなかつた。文字のこの性質がシナの文物の性質を象徴するものであつて、すべての文物は、畢竟、治者階級に従属したものであつた。民衆の生活は後までも概ね上代のままであつて、例へば農耕の如きものにも新しい工夫を加へ、新しい技術を生み出すことが少く、従つてそれについての知識が知識として殆ど構成せられなかつた。全く構成せられなかつたのではなく、農業に関する著作もいろいろにせられたが、農民みづからのしごとではなかつた。シナから学んだ文物を要素として形づくられた我が国の上代の文化が貴族的なものであつたのは、これがためでもある。

……………………

さうして文字と書物とを学ぶことになると、それの解し難く学び難いものであることが、一層それを価値の高いものと思はせ、その学習の欲求を更に強めたのでもある。この欲求の強かつたことと、それを学び得る能力をもつてゐたこととが、わが国の文化を発達させた重要の事情である。しかし本来自己の造り出したものでないものを学んだこと、またそれに長い年月を要したことの、自然の趨向として、何ごとにつけてもシナのものを模倣する風習が知識人の間に養はれ、自己の生活から自己の知識を造り出すよりも、既に形づくられてゐるシナの知識に自己を順応させ、またはその型にあてはめて自己を視る、といふ態度が馴致せられ、さうしてこれらのことがおのづからシナ崇拝の念と相伴ふことになつた。自己の知識を造り出さうとはせずして、他から与へられた知識に追従し、新に伝来するものを喜んで常にそれを迎へるに忙しい、といふ後世までの知識人の気風も、その遠い歴史的由来をここに有する。

さらに、文学の発生に関しては、つぎのように言う。

民謡とは性質の違つた製作詩としての歌が現はれて来る。個性の発達しなかつた上代であるから、それに表現せられてゐる思想や感情に於いては、民謡と大なる懸隔は無かつたであらうが、ただその作者は、一般の民衆よりは優れた心的練磨を経、また特殊の智能と知識とを具へたものであつたと考へられる。さうして当時の状態としては、それは貴族豪族もしくはそれに伴つてゐる知識人であつたと推測せられる。貴族豪族は彼等の任務の上から種々の事件に遭遇して種々の経験をつみ、知識人は何ほどかの程度で漢字に親しみ、それによつて或る知識を得またはそれを利用することを知つてゐたからである。ここに上に述べた上代文学の抒情的傾向と共に、貴族的性質が現はれてゐるので、その貴族文学の一つとしての歌の作られるやうになつたのは、かかるものの文字に写されるやうになつたことと伴つてゐたであらう。文字に書くといふことが、製作詩としての歌の形成を助ける一つの事情ともなつたやうである（第一篇第二章参照）。従つてそれはやはり五世紀の末か六世紀の初かのころにはじまつたことであらう。時期についてかくいふのは、もとより強ひてするおしあてに過ぎないが、一応から考へられる。

上代の文学が抒情的な歌謡から発達し、貴族的性質をもつてゐるといふことは、その主題と内容とをおのづから制約する。

……………………………

このやうにして我が国の上代の文学は、貴族文学として形づくられまた発達することになつて来たが、これは全体の文化が貴族的であつたからである。

（同、第二章文学の萌芽）

かくのごとく、津田は、文学を含めた上代文化全体が〝貴族的性質〟を有することを、はっきりおさえている。そして、その〝貴族的〟な文化が一《いち》から十《じゅう》まで〝シナの文物〟（中国文化）にほかならなかったことをも、はっきり指摘している。日本列島に、固有の文化などと呼び得る何物も無かったという点も、はっきり識別している。これは、明治二十年代以降台頭してきたナショナリズム的文化観（それは、今日でも罷《まか》り通っているのだが）に対決して、合理主義＝世界主義を打ち出したのであるから、当時としては画期的なこととしなくてはならない。不滅の業績と言ったのは、そのためである。

ここまではよいのである。しかし、右に掲げた津田の文章を、もういちど読み直していただきたい。どこか、変《へん》な所と言うか、おかしなニュアンスと言うか、ようするにひっかかる部分が残らないだろうか。

わたくし個人も、津田左右吉の古代研究の成果を認めながら、どうしても途中から〝さようなら〟をせずにはいられない考えに追いやられるのを防ぐことが出来ない。それはなぜか。答えだけ簡単に言うと、右に掲げた文章からも嗅ぎ取ることが可能だと思うが、津田の先入主のなかに恐るべき中国蔑視観が作用している点で、どうしても随《つ》いてゆけなくなるのである。津田が明治年代の日記のなかで、中国人を「チャン公」と呼び、朝鮮人を「ヨボ」と呼んだことは、今日ではあまりにも周知となったが、それを含めた中国蔑視観の思考が、さしも素晴らしき著作を生んだ主体の内奥に働いていた点のみは遺憾事とせねばならない。

歴史家および思想家としての津田左右吉をどう評価すべきか、ということに関しては、家永三郎の『津田左右吉の思想史的研究』（昭和四十六年七月、岩波書店刊）があって委曲を尽くし、わたくしなどには、もはや何物も付け加える余地なきごとくに思われる。家永は、右に触れた津田左右吉の中国蔑視観の所在を確認したうえで、しかも、それの動機については極めて同情的な態度を示し、つぎのように述べている。「津田が否定的批判の対象とした前近代的要素のうちには、中国から移植され、日本人の『実生活』から乖離しているにもかかわらず知識・観念の上で権威をもっている『支那思想』が大きな比重を占めており、それ故に津田が、日本の前近代思想の批判を有効に進めるためにさらにさかのぼって『儒教の実践道徳』などの中国思想史研究を行ない、間接に日本の支配的正統道徳に効果的な打撃を加えようとしたこともまた既述のとおりであって、津田にとり、『支那』は、日本の伝統におけるマイナス要因の根源として、徹底的に批判せられねばならぬ宿命を帯びざるをえなかった。他方では西洋近代文化を世界的普遍性をもつ文化と見、日本の西洋近代文化受容を『西洋化』ではなく『世界化』とし、一方で中国文化を普遍性のない『支那』的特殊文化とする津田の『脱亜』的近代主義は、客観的には大きな問題をはらむものであるけれど、儒教を中核とする前近代的イデオロギーが正統道徳により支持せられ、日本の前近代性を温存・再生産する役割を演じていた戦前の日本において、前近代的封建的なものとのたたかいが、ひいてそのようなところまで行きつくこととなるのも免れがたい勢にあったことをも考えなければなるまい」（第二編 津田史学とその思想的立場(上)、第二章 津田史学の基本的思想）と。同情的ではあるけれど、家永は、津田における中国蔑視観を肯定しているのではない。「中国が克服さるべき万悪の根源という角度から研究され、その研究成果が現代中国を見る制約するかぎり、現代中国に生じつつあった大きな歴史的前進の底流を読みとることの困難であったのも、いわば宿命であったろう」（同）と、適確な評価を加えているのである。家永は、津田の朝鮮蔑視観についても「津田がまさしく『帝国主義』の立場で朝鮮に対していたことは、否定しがたいといわねばなるまい」（同）と正しく指摘している。

津田ほどの合理主義者＝世界主義的思想家にして、このような欠陥もしくは限界を持っていたのは、やはり時代の状況のしからしめるところだったろうか。津田は、日本の上代文化（上代文学の抒情的傾向を含めて）が持つ〝貴族的性質〟を鋭く識別し、それが百パーセント〝シナから学んだ知識〟であることを鋭く嗅ぎ取ったならば、当然、シナ（シナとは嫌な表現だ、ここにも津田の中国蔑視観が窺かれる）の思想がどう日本の貴族を動かし、やがては日本の民衆の生活のなかにどのように根づいていったかを追究すべきだった。事実としては、中国思想は律令制貴族を動かし、律令農民を苦しめた。これは疑う余地の無いところだし、わたくしもそれを否定しない。しかし、日本文化史全体をとおして、日本列島住民が中国文化の恩恵なしで生きられたとは考えられぬ以上、何から何まで悪いことは中国のせいにしてしまおうとする態度は、それこそ反理性的ではないか。名著の聞こえ高き『シナ思想と日本』（昭和十三年十一月、岩波新書版）の戦後版の「まえがき」（一九四七年二月執筆となっている）を見るのに、「ニホンの文化は、ニホンの民族生活の独自なる歴史的展開によつて、独自に形づくられたものであり、従つてシナの文化とは全くちがつたものである、といふこと、ニホンとシナとは、別々の歴史をもち別々の文化をもつてゐる、別々の世界であつて、文化的には、この二つを含むものとしての、一つの東洋といふ世界は成りたつてゐず、一つの東洋文化といふものは無い、といふこと、ニホンは過去においては、文化財としてシナの文物を多くとり入れたけれども、決してシナの文化の世界につつみこまれたのではない、といふこと、シナからとり入れた文物がニホンの文化の発達に大なるはたらきをしたことは明かであるが、一面ではまた、それを妨げそれをゆがめる力ともなつた、といふこと。それにもかかはらず、ニホン人はニホン人としての独自の生活を発展させ、独自の文化を創造して来た、といふこと、ニホンの過去の知識人の知識としては、シナ思想が重んぜられたけれども、それはニホン人の実生活とははるかにかけはなれたものであり、直接には実生活の上にはたらいてゐない、といふことである。ニホンとシナと、ニホン人の生活とシナ人のそれとは、すべてにおいて全くちがつてゐる、といふのがわたくしの考である」とある。はたして、これでよいのだろうか。日本文化と中国文化との、「この二つを含むものとしての、一つの東洋といふ世界は成り立つてゐず、一つの東洋文化といふものは無い」などというのは、もはや暴論としか言いようがないのではないだろうか。

このように、津田は、せっかく上代日本文学（上代和歌）について冷徹な考察を向けながら、中国蔑視もしくは中国思想蔑視という先入見の行使のために、論理展開上に大きな誤謬を犯すこととなってしまった。なんとも口惜《くちお》しい気がする。

しかし、和歌文学の本質を「貴族文学」として措定した功績のみは、津田左右吉のために残しておいてやってよいのだと思う。

さて、わたくしたちは、和歌文学の誕生が中国文学の影響なしではあり得なかったこと、特に中国漢詩文の影響なしであり得なかったことを、今や考慮の外におき得なくなった。最小限、このことだけははっきりしてきた。さらに、和歌の最初の作者が貴族階級に属する人たちで、けっして農民（ひろく言って人民大衆）ではなかったことも、今やほぼ明らかとなった。農民たちは、おそらく、和歌というものの存在すら知らなかったのではなかったかと思われる。そうなると、従来の定説のように、単純に庶民歌謡から短歌への通路を設定してしまってよいものかどうか、その点を疑ってみる必要があるのではないか。長歌形態および短歌形態の以前の詩形をさぐるのに、これまで記紀歌謡を材料に仰ぐのが通常であったが、『古事記』や『日本書紀』の編纂事情にメスを入れてみると、記紀歌謡のほうこそ、かえって短歌が中国詩の影響下に誕生した年代より以後になって作為的にこしらえあげられた、ということも想定し得るのではないか。もちろん、たんなる想定でしかないが、『古事記』や『日本書紀』や『万葉集』の成立事情を洗ってみると、それらに記載されたいちいちに信憑性を置きかねる場合ばかりが多い。神々や天皇や氏族の行状の疑わしさは既にかなり十分に明らかにされているが、その神々の物語や、天皇の物語や、氏族の物語を眉唾《まゆつば》として疑う学者も、それら物語に付随して示されている歌謡ないし和歌の信用度については、たいていノー・タッチのままでいる。説話が疑わしいように、説話に付随する歌謡や和歌もまた疑われてよいのではないか。そのように、すべて疑わしいなかで、ただ二つはっきりしているのは、和歌文学の誕生が中国文化の影響下に起こったことと、それの制作者および享受者が貴族だったこととである。わたくしたちは、まず明白になった真実を手がかりにして、不分明の領域に足を踏み入れるのが順序だろうと思う。

さらに、付説しておきたいけれど、わたくしたちは、謂うところの「貴族」という概念が、あるいは「貴族」という社会的身分が、じつは中国より渡来した輸入品であることに、冷静な眼を向けねばならない。天皇制という政治イデオロギーそのものが、じつは大陸（朝鮮三国、さらにはその奥処《おくか》にある中国）から輸入された新来の統治思考であって、日本列島に伝統的につたわっていた思想でもなんでもなかったのである。このことは、多くのひとびとに見誤られているが、日本詩歌史の基礎構造を科学的に把握しようと志しているわたくしたちの探究作業にとって、極めて重要な取っかかりの役目を果たしてくれるであろう。「天皇」と同じく、「貴族」（もちろん、こういう言葉が用いられたのではないが）も中国政治思想によってもたらされた概念でしかなかった。それゆえ、律令官人貴族の〝政治的思考〟を突き止める場合にも、最後まで〝切り札〟の役目を演ずるのは儒教イデオロギーであり、人民支配の官僚制的論理である、ということを、あらかじめ念頭に入れておいて頂きたいと思う。

（3）

『万葉集』は、律令官人貴族のものの考え方、ものの感じ方、ものの訴え方を、かなりなまのままで形象化している、と見なければならぬことが、いよいよはっきりしてきた。『万葉集』にうたわれている山川草木あるいは社会的事象は、けっして、農民の眼から見られた山川草木あるいは社会的事件ではないし、そこに詠材化されてある自然感情にしても人生哲学にしても、けっして、人口の大多数を占めるひとびとの自然感情や人生哲学なのではない。その意味では、『万葉集』からは、万葉時代の全貌を復元したり再生したりすることは不可能なのである。貴族階級の眼だけが、中国的教養を身に着けた知識階級の眼だけが、『万葉集』のなかでは光っているのだ、という言い方を用うれば、いちばん適切ではないだろうか。よく謂われる「ひたぶる」も「雄勁」も「写実主義」も、貴族階級知識人の思考の所産だった、と見るのが正しいのではないか。

このことは、原理的に言って、そうでなければならない。

ボーヴォワール女史の繊鋭かつ適確な発言を示すならば、「私の意見では、きわめてナイーヴな読者かそれとも子どもでなければ、一冊の書物によって現実の中へ無造作に参入して行けると思いこむものは、ほとんどいないのです。私はといえば、『ゴリオ爺さん』を読むとき、私は自分がバルザック時代にあった通りのパリを逍遙しているのではない、と極めてはっきり知っています。私はバルザックの小説の、バルザックの世界の中を逍遙しているのです。」(平井啓之訳『文学は何ができるか』、討論)という。言われてみれば、まことになんでもない意見にすぎないけれど、実際には、わたくしたちは、女史の謂うところの「ナイーヴな読者かそれとも子ども」並みに、一冊の『万葉集』によって万葉時代社会という「現実の中へ無造作に参入して行けると思いこむ」場合が多いのではあるまいか。少なくとも、こと『万葉集』に関するかぎり、かような鑑賞思考を習慣づけられてきてしまったのではあるまいか。島木赤彦の『万葉集の鑑賞及び其批評』や、斎藤茂吉『万葉秀歌』の叙述があまりにも魅力的であり、また説得能力に富むゆえに、いやでも「ナイーヴな読者」にならざるを得なくなっている。しかし、それは、芸術家島木赤彦および芸術家斎藤茂吉と『万葉集』との関係の〝特権的〟美しさに、わたくしたちが惹き込まれざるを得なくなる、というだけのことに過ぎぬのである。「過ぎぬのである」と言ったのは、『万葉集』そのものの客観的＝科学的本質を探究する立場から見るとそうなる、という意味であって、赤彦や茂吉の万葉鑑賞が無価値だなどという意味ではけっしてない。芸術家ないし文学者の仕事とは、けっきょく、ひとりの作家が自分にとっての一つの真実をとことん表現すれば、そのときに芸術作品ないし文学作品を存在せしめ得る、という一種の〝特権的〟地位の行使ではないのか。ふたたびボーヴォワール女史の発言を借用すれば、「一人の作家が一つの真実、世界に対する自分の関係の真実、自分の世界の真実を表現し、〔人びとに〕課する力をもつや否や、文学作品は存在するのです」(同)ということになる。そのところが、学徒の行なう科学的探究との分岐点となる。同じく、ボーヴォワール女史は「学問的著作においてなら、作者には前もって既存の内容が与えられています。彼には索引カードがあり、ノートがあって、歴史の本を書いたり、数学の本を書いたりするのですが、さて、彼は自分が語りたいと思う事柄を明晰で簡素な形に按配すること以外のことをしようとするのではなく、その事柄は、すでにそこ、すなわち彼の原稿用紙の上に、たんに草案の状態では存在しており、それを彼が整理しなければならぬのですが、それですべてなのです」(同)と言う。こんどは、文学者ないし芸術家の立場から見ると、学問的探究などというものは「それですべてなのです」というぐらいの重さしかないのである。そうだとすると、学問的真実と文学的真実とは、永遠に平行線を描くほかないことになるが、どうもこれは仕方ないのではないのか。問題は、赤彦なり茂吉なりの万葉関係の著作があくまで芸術作品だということをはっきり認別しておかなければならぬ、という一点に集約される。すなわち、赤彦および茂吉の万葉鑑賞や万葉研究の特質は、赤彦と『万葉集』との関係、茂吉と『万葉集』との関係、それを赤彦および茂吉が自分で発見した、という点にある。文学の〝特権〟は、一たす一は二であるという万人にとっての自明の理を枉《ま》げて、一たす一は三であるとも四であるとも主張して、しかもそれが万人に許される点にある。それが嫌《いや》だと感じ、ばかばかしいと思う人は、文学や芸術とははやばやと袂別するに如《し》くはない。しかし、一たす一は二である程度の論題ではなしに、なまなましい人間的事実に関する論題となると、科学的探究のほうが正しいか文学的探究のほうが正しいかは一概に決められない場合が多い。よしんば文学者による探究が結論的に誤っていることを見通し得る場合であってさえ、かれの語り口と語られる事柄との不可分離性が容易に破られ得ないときには、わたくしたちは、かれの語り口(すなわち探究のリズムであるが)に示されたある種の真実(すなわち文学的真実)に帽子を除《と》らざるを得なくなる。『万葉集』にかぎらず、『古今和歌集』についてだって『新古今和歌集』についてだって、ようするに、これまで和歌および和歌史を論じた百巻千巻の著作が真実(真理)を語ってきたようにわたくしたちが受け取っていたのは、それら百巻千巻の著作が包蔵している語り口(探究のリズム)の示すある種の真実(文学的リアリティと言ったほうが一層わかりよいかも知れない)に帽子を除らざるを得なかったからではなかったか。千年の和歌史のなかで、歌学イークォール歌論の伝統が永くかつ堅固につづいたのは、そのためであった。だが、冷静な思考力を取り戻してみるならば、文学的真実

（この場合、歌論的真実と言ったほうが一層正しい）と科学的真理とは混同の許されぬ全く別種のカテゴリーに属することぐらい、だれの目にも明白である。こんな明白なことが、どうして国文学者（より正確には和歌史研究家）によって見逃されてきたのか。

　またまた、磊塊《らいかい》をぶちまける恰好《かっこう》となってしまった。わたくしがボーヴォワール女史の繊鋭かつ適確な発言を引用したのは、わたくしたちが『ゴリオ爺さん』を読むときにおぼえる〝自己同一視《イダンティフィカシオン》〟の体験（文学作品の鑑賞プロセスを分析するならば、読者は、作者と自分とを同一視せねばならないのである）について、女史が、その場合、わたくしたちは「バルザックの時代にあった通りのパリを逍遙しているのではない」のであって「バルザックの小説の、バルザックの世界の中を逍遙している」という明晰な指摘をしてくれていることに、注目したかったからである。女史のこの発言が何を根拠にしてなされているかという点に関して、わたくしは、フッサールおよびメルロー＝ポンティの現象学を紹介しながら解説を付したい誘惑に抗しきれずにいるが、あえて自制しておく。バルザックの小説が引き合いに出されているが、これは、プラトーンの対話篇であっても、アリストファネースの喜劇であっても、一向に差し支えない。古代アテーナイのポリスを社会経済史的に詳細に把握した者の眼には、プラトーンの描いているアテーナイの市民生活や精神生活が、いかにこの貴族出身の政治家＝哲学者にとって自分本位に描かれているか、ということがはっきり写る。アリストファネースの描いているアテーナイの風俗や人物像が、いかにこの保守的地主階級の代弁者にとって自分本位に描かれているか、ということがはっきり写る。同じソークラテースを登場人物に据えているのに、プラトーンのほうでは犯し難き完璧なる哲人＝聖人として描かれているのに対して、アリストファネースのほうではそこらにごまんといる軽薄才子然としたソフィステースとして描かれていて、両者の描き方は正反対でさえある。わたくしたちは、どちらを信用していいか、わからない。たぶん、どちらも正しいのであろう。ただし、正しいと言い切れるのは、プラトーンの描いたソークラテース像における哲学的真実、アリストファネースの描いたソークラテース像における文学的真実に帽子を除る、という留保条件に立ってのことである。科学的真実としてのソークラテース像は、他のもっと泥臭い諸事実の積み上げのあとでなければ絶対に摑めないであろう。ソフィステースの思想史的特質、紀元前五世紀ごろのアテーナイの工業化＝都市化の社会経済史的変革過程、オルフォイス信仰の伝播状況についての宗教史的意義、などなど、一個のアテーナイ市民ソークラテースの人間形成に関わるあらゆる要因《ファクター》を把握したあとでなければ、軽々に解答をひき出すことはできないからである。

当面のわたくしたちの課題である『万葉集』に即して言えば、その二十巻四千五百余首のなかで、氏族として最も多数の歌を残しているのは大伴一族であり、その比率は全体の十七パーセントを占めるところから、編纂者に大伴家持が重要な役割を演じたことはほとんど疑い得ないとされている。じっさいに、当時の最大の権力者であった藤原氏および藤原氏関係の作者の歌がほんの数えるくらいしか収載されていない事実からも、この歌集が、大伴氏のきわめて"私的"な編纂理念によって貫かれていることは、こんにちでは定説となっている。かりに編纂者を大伴家持だと決めると、『万葉集』の世界とは、どういうことになるか。さきのボーヴォワール女史の発言に倣《なら》って表現し直してみるならば、「『万葉集』を読むとき、私は自分が大伴家持の時代にあった通りの奈良を逍遥しているのではない、と極めてはっきり知っています。私は大伴家持の短歌の、大伴家持の〔編纂した歌集の〕世界の中を逍遥しているのです」ということになるのではあるまいか。あるいは、この表現は粗雑に過ぎるであろうとは思う。しかし、少なくとも、『万葉集』に触れることによって、この時代に実際に（あるいは現実に）あったとおりの諸事実（政治的事件から自然現象までを含む広汎な事実の総量をさして言っているつもりであるが）の間を逍遥し得る、と考える粗雑の度合（その度合の大いさといったら、およそ科学的真理とは永久に嚙み合うことのないスケールであるが）に比ぶれば、いくらかはましと言ってよいのではないかと思う。

されば、わたくしたちは、かりにも『万葉集』の特質なり性格なりを客観的＝科学的に把握しようと思うならば、当面、大伴家持個人もしくは大伴氏全体の〝政治的思考〟に関する探究をぬきにすることはできないはずである。もちろん、大伴家持もしくは大伴氏全体の〝政治的思考〟そのものが、律令貴族官僚すべての〝政治的思考〟を離れて単独に活動し得なかったのだから、問題を掘り下げてゆけば、当然、それに突き当たる。しかし、その前に、『万葉集』の世界が、じつは大伴家持個人もしくは大伴氏全体の〝なま〟の息づきによって把《とら》えられた世界である、という確認をしておかなければならない。これについては藤間生大や北山茂夫の適切精確な分析があるが、ここでは、上田正昭のつぎの指摘が役立つ。「ある意味で『万葉集』はまことに大伴的だと思います。巻三以後の万葉というのは、まさにそういう律令体制の中でも疎外されていく大伴的な史書でもあると思う。歌集には違いないが、私の立場から見れば、『古事記』を天皇家の私的な古記とすれば、『日本書紀』は藤原氏を代表とする国際的感覚をバックとする律令官僚の史書であり、『万葉集』というのは大伴的な歴史を投影した歌書であり史書であるということになってきます。そういう意味で『万葉集』を読んでまいりますと、あらためて有間皇子などのように非業の死をとげた人の歌に、非常な力点をおいて編集している意味がわかってくるのではないか」（朝日新聞社編『歴史と人間』、日本の原点）と上田正昭は言うのである。『万葉集』の真実を知ろうとするためには、まず、これを産みだした時代社会を全体的＝構造的に把え、つぎに、その全体のなかで占める大伴氏の位置をおさえ、しかるのちに、収録された作品個々の美点を享受すべきであって、この逆であってはならない。

これまで、わたくしたちは、『万葉集』を読解し鑑賞する場合、自分勝手に、好みの歌を好みどおりに読んで、それで『万葉集』の本質もしくは全部を掌中にし得たかのごとき錯覚に陥っていることが、あまりにも多かったのではないか。むしろ、そのような読み方が平常化してしまっているとさえ言ってよいのではないか。文学的真実に力点《ポイント》をおけば（もちろん、その場合の文学的真実とは、鑑賞者のがわの〝特権〟の行使である）、それも許されてしかるべきである。原理的にいえば、百人の鑑賞者が存在すれば、百様の文学的真実が存在してよいのである。しかし、事実問題としては、百人の鑑賞者のその鑑賞行為が、全部が全部、文学的リアリティを有するなどということは、ほとんどあり得ない。そうなれば、わたくしたち凡庸人は、いちばん正しい方法（あるいは、正しい方法に近接していると考えられる次善の方法）に従うのが妥当もしくは穏当だ、ということになる。文学の読解や鑑賞に関する「正しい方法」とか普遍妥当する原理とかいうものが、はたしてあり得るのかどうか。この問いに答えるのはむずかしいが、ただ一つだけ確実に言えることは、文学を成り立たせている言語の働きというものがつねに時間のうえに一線的＝継起的に行なわれるものであって、単語および文の構造要素が、配置と結合との差異変転によってつねに新しい一体となって新しく働く、ということである。ここに、単語および文を動かすところの文章に対する着目が必要になってくる。在来の文法は単語と文とのみを研究対象として、主として文の分析を行なったに過ぎなかったが、新しい言語理論は、まず文章の把握から入っていくことになった。こんにちの国語教育が、この新しい言語理論を基礎にしてめざましい発展を遂げていることは、げんに見られるとおりである。『万葉集』の本質なり性格なりを真に科学的に把えようと思ったならば、いや、その二十巻四千五百余首ひとつひとつを科学的に把えようと思ったならば、まず『万葉集』といういきものの正体を全体的＝構造的に把えなければならない。『万葉集』に関する部分的真実をいかに多数集めてみたところで、ついに全体的真実を掴むことはできない。ましてや、部分的真実をもって全体的真実であるがごとく主張することがあれば、それは学問上の詐欺行為でしかない。

最近、わたくしは、梅原猛の『黄泉《よみ》の王《おおきみ》―私見・高松塚―』（昭和四十八年六月、新潮社刊）を読んで、たいへん衝撃的な感銘を受けた。法隆寺が聖徳天子の死霊を取り鎮めるための寺であるという仮説を提出した前著『隠された十字架―法隆寺論―』（昭和四十七年五月、新潮社刊）につづいて、本書においては、高松塚の被葬者について、被葬者の頭蓋骨がないこと、副葬品の剣に刀身がないこと、王権のしるしである壁画の日月や玄武が傷つけられていること、こういったことを手がかりにしながら、この古墳が死霊をとじ込めるための地下の牢獄であったと推断し、けっきょく、問題の被葬者が文武三年七月に太上天皇（持統女帝）によって殺害された弓削皇子ではないかという帰結を得ている。この帰結そのものに関しては学界には反対も多く短兵急に賛否を論《あげつ》らうことはできないと思うが、わたくし個人は梅原説の支持者である。それについては、書評として、別に拙稿（「国文学」昭和四十八年十月号所載）のなかに示したので、ここでは繰り返し述べずにおく。ただ、わたくしが衝撃を受けたのは、梅原猛によって示された学問探究の態度の新しさと真面目さと勇気とに関してである。梅原は言う。「真理は体系である。私は若い時、ヘーゲルを読んで何度となくこの言葉にぶつかったが、長い間私はこの言葉の意味をはっきり理解することが出来なかった。そして、私は、ニーチェや、キェルケゴールと共につぶやいた。体系、そんなものはうそだ。真実なものは体系ではない。それは、血の出る実存なのだと。／長い思想的遍歴の後に、思いがけなくも、私は日本の古代研究をはじめたが、その古代研究を通じて、私はヘーゲルの言葉の真実性を知った。私は、この古代研究を、『古事記』、『日本書紀』の作者として藤原不比等を想定する仮説からはじめたが、一旦そういう視点をとったとき、どんなに古代史が、一変して見えたことか。多くの常識ある読者をおどろかした法隆寺＝鎮魂寺説、人麿＝刑死説はその仮説追求の結果として生れたものであるが、そしてその新しくえられた視点は、体系性という点において、かつての視点から、はるかにすぐれているように思われた。この隠された巨大な体系を、発掘し尽すことが、ここ当分の私の課題であるが、この体系をなしている歴史の中において、高松塚古墳はいかなる位置を占めるのか」（第五章可能的な送葬）〔傍点引用者〕と。また、「学者にとって、結論よりもむしろ論証の過程が大切なのである。ソクラテスは多くの人と対話をしたが、彼はほとんど結論を出さなかった。彼はすべての確信を懐疑に投げこむシビレエイとして恐れられたが、そのような懐疑によってはじめて、真理の発見は可能になったのである」（同）と。さらに、「誤謬を恐れて何らの認識の冒険を行わなかったら、学問は全く発展しないではないか。学問の飛躍的発展は、いつも無謀と見えるような大胆な仮説の提出によって可能であるのではないか」（同）と。

特に、同書の「第三章ここにも悲劇あり」において展開せられた『万葉集』本質論には、感心させられた。「『日本書紀』は、藤原氏を中心とする権力側の歴史である。ここでは、自己に都合の悪い一切の事実は故意に抹殺されている。それに対し、『万葉集』は、藤原氏を中心としてつくられた律令制によって没落せざるをえなかった大伴氏などによってつくられたものであろう。そこには、権力側の眼と逆な眼がある。そこには、むしろ権力側によって抹殺された事実を、忠実に書きとめようとする意志が働いている。『万葉集』は、権力によって殺されたひとびとに深い同情の眼をそそいでいる。」「それゆえ、一方においてのみ現われ、一方において現われない人物こそ、もっとも問題となる人物なのである。『日本書紀』側の藤原不比等、『万葉集』側の柿本人麿、故意に両書で無視されたこの二人の人物の対立によって、私はこの時代の歴史のダイナミズムがもっともよく説明されると思う。／弓削皇子は、『万葉集』では、大津皇子とならんで天武の皇子の中でももっとも個性的な姿を現わすが、『日本書紀』や『続日本紀』には、ほとんど登場しない」という全体的着眼から、弓削皇子の人物像に焦点を絞っていって、つぎのように述べるのである。

弓削皇子薨《かむあが》りましし時、置始東人《おきそめのあづまひと》の作る歌一首并に短歌

やすみしし　わが王《おはきみ》　高光る　日の皇子　ひさかたの　天《あま》つ宮に　神《かむ》ながら　神《かみ》と座《いま》せば　其《そ》をしも
あやにかしこみ　昼はも　日のことごと　夜《よる》はも　夜のことごと　臥し居《ゐ》嘆けど　飽《あ》き足らぬかも　（巻二、二〇四番）

反歌一首

王《おほきみ》は神にし座《ま》せば天雲《あまくも》の五百重《いほへ》が下に隠り給ひぬ　（巻二、二〇五番）

また短歌一首

ささなみの志賀さざれ波しくしくに常にと君が思ほせりける　（巻二、二〇六番）

これは、いままで誰によっても注意されなかった平凡な長歌である。特に、『万葉集』を写実の歌ととったアララギ一派の人たちからは、こういう歌は、一顧も与えられなかった。たしかに、平凡な歌にちがいない。しかし、『万葉集』の編纂者は、この平凡な歌に、おどろくべき深い意味を付していたかもしれないのである。

私は、この歌をその歌の位置と、その内容の二点で注目したい。この歌は巻二の挽歌の中にある。私は、『万葉集』は、やはり巻一、巻二が中心であると思う。賀茂真淵《かものまぶち》（一六九七—一七六九）以来、『万葉集』再撰説が有力であるが、どのような再撰説をとっても、巻一、巻二は、『原万葉集』というべきものからはずせないであろう。巻一、巻二は『万葉集』の中核なのである。それは、そこに重要な歌が収められているというばかりか、それは、『万葉集』を『万葉集』たらしめる基本的思想が語られているという意味である。『万葉集』の歌をばらばらに作者別にわけて読んでは、けっして『万葉集』は分らないのである。それは、ドラマの中の人間のセリフを、セリフのみ独立して読むようなものである。〔傍点は引用者〕

（同書、第三章ここにも悲劇あり）

わたくしが感心したと言ったのは、殊に傍点を付した部分に関してである。梅原は、『万葉集』一首一首をばらばらに作者別にわけて読んだだけでは、ちょうど戯曲のなかの一行の科白《せりふ》をピック・アップするみたいなもので、けっして『万葉集』そのものを理解したことにはならない、と述べているのである。

『万葉集』一首一首を作者別にばらばらに読んでは『万葉集』そのものを理解したことにはならない、とする考え方が正しいならば、ましてや、その一首一首の部分を組成する語句のなかから植物名や動物名や天文歳時的事項をピック・アップしてみても万葉人の自然観を理解したことにはならないはずである。これまでの万葉自然誌は、『万葉集』を成り立たせた基礎構造に全く考慮を払わず、恣意的に松だの梅だの馬だの雷だのを引っぱりだしてきて、万葉人はかくかくの自然感情を抱いていた式の、まことに安直な結論を導き、能事《のうじ》畢《おわ》れりとした。だが、そんなものが学問や科学の名に値するかどうか、今となってははなはだ疑わしい。どういう人間が、どういう状況のもとに、どういうつもりで特定自然事象を詠じたか、ということを〝全体的〟視点から把え直すのでなければ、『万葉集』にあらわれた自然や自然の見方を理解したことにはならない。

しかし、わたくしの論点は、おのずから梅原の論点とは異なる処もある。わたくしは、〝古代詩歌〟全体が特質として持っている貴族官僚に固有の〝政治的思考〟のなかで『万葉集』を把え直そうとしている。この〝政治的思考〟という全体性を摑んだのちに、はじめて「大伴的なるもの」の発動＝発現の仕方も明らかにできるのではないか。律令制政治機構、漢詩文の輸入なくして、それは存在し得なかった。

以上の叙述によって、『万葉集』の示導動機《ライトモティーフ》になっている〝政治的思考〟が律令官人貴族に固有の社会観にほかならぬことを、あらまし検証することが出来た。それは、押しひろげて論ずるならば〝貴族文人的思考〟という概念で周延することが可能であるような、また〝古代都市的思考〟という概念で周延することが可能であるような、要するに、ひとにぎりの律令官人貴族だけが所有することを許されていた〝支配の思想〟にほかならなかった。『万葉集』は全巻四千五百余首を一貫して〝支配の思想〟をうたい上げたところに主要な特質がある。

（東歌《あずまうた》や防人歌《さきもりのうた》の混入も、結局は〝支配の思想〟の補強に役立てられたに過ぎない。もし、東歌や防人歌のほうを以て『万葉集』の本来的面目だと主張する論者がいたら、その人は『万葉集』を全体的＝構造的に把握する思考に欠如していると見做さねばならない。東歌や防人歌の蒐集は、あくまでも律令官人貴族の眼をとおして行なわれたものである。律令官人貴族のエゴイスティックな視野の網目を漏れて辛《かろ》うじてのぞかれる民衆の哀訴や抗議の姿勢を尊重すべきことは勿論であるが、民衆詩を以て却《かえ》って『万葉集』の主要特質であるかのごとく主張するのは絶対に間違っている。況してや、これは戦時中に大流行《おおばやり》だった弁舌であるが、「万葉の精神」といったような大闊刀《おおだんびら》を振り回した挙句に、それが「草莽《そうもう》の民」の至誠尽忠のあらわれであると主張する誣説《ふせつ》に至っては、誕妄の極致としか評し得ぬではないか。事実は、六百万人からいた農民大衆は、この世に『万葉集』というものが存在したことさえ全く知りはしなかったのである。草莽に、なんで精神など働かせる余裕があるものか。）

いずれの時代にあっても、支配的階級の思想が、とりもなおさずその時代の支配的思想となるのである。物質的生産のためのもろもろの手段をほしいままに掌握し得る階級は、言い換えれば、社会の支配的な物質的な力そのものであるところの階級は、同時に、社会の支配的な精神的力でもあることが出来る。すなわち、或る時代の支配的思想とは、支配的な物質的諸関係の観念的表現より以上の何物でもないし、思想（もしくは観念形態）というかたちをとった支配的な物質的諸関係以上の何物でもない。支配階級を構成する甲ないし乙ないし丙である各個人といえども、もちろん、自己の意識をもち、自己の思考を展開し、自己の情緒を表現することはあり得る。しかし、それら各個人は、自分たちが圧倒的に優勢な位置に立つ階級の構成員として、げんに一方にほぼ無権力な状態に封じ込まれた劣勢な階級（それが、人口比率において多数を占める人民大衆であること、論を俟たない）を支配し収奪するかぎりにおいて、また、歴史のうちの特定の時代を指導的かつ決定的に規定するかぎりにおいて、できるだけ広い範囲にわたり意識や思考や情緒をひろげようとするにすぎない。それゆえ、かりに天才的な想像力を賦与されたひとりの支配階級構成員が自己の想像力や推理力の羽搏きを抑え切れなくなったと仮定するとき、その天才的貴族は、いやでも自己の所属する階級から身を脱し、自然山林の中に投ずるか、無法者の群れに投ずるか、兎も角もそのような一箇の決断を選ばなければならなくなるのは、むしろ当然である。しかし、そのような決断が出来ず、だいいち、そのような決断の必要性にさえ気付くことの無い通常の支配階級構成員にあっては、自己が所属する階級の支配力が及ぶ限りの世界を、〝実在〟として享受すれば足りるのである。それのみにとどまらず、かれらは、みずから、意識一般や思考一般や情緒一般（かれら占有の言葉を用うれば「永遠の真理」とか「普遍的思想」とかいうことになるが）の〝生産者〟としての支配権をも掌中にし、自分たちの時代の思想に関する生産と分配と蓄積とを規制しさえするのである。

このようにして、支配階級のなかにあっても精神的労働と物質的労働との分割が現われはじめ、この階級の内部における精神的労働のほうの部分は、やがて専門の思想家（イデオローグたち）として姿をあらわすことになる。そのさい、同じ支配階級のうちでも、専門的イデオローグ以外のひとびとは、「永遠の真理」とか「普遍的思想」とかいったものに対しては、比較的受け身で受容的な態度をとる。なぜそうなるかと言えば、専門的イデオローグ以外のひとびとは、かえって現実的＝政治的局面において最も活発な活動を演じている支配階級構成員たちである場合が多いので、自分たち自身に関する思想や意味づけの作業に時間をかけるだけの暇を持たないからである。こういうかたちでの労働の分割であっても、それによって必須となったさまざまな個人の協働から生じる社会力は、なにか自分たちの外にある、なにか遙か遠い所から及んでくる「他所《よそ》の力」として、強烈な姿を現わしてくる。明らかに自分たちの階級の共同的幻想に過ぎないこの力が、今や、自分たちからは「独立した」もの、「普遍的な」ものとして、強引に作用してくる。この力の前には、支配階級を構成する各個人でさえも、それがどこから及んで来るかもわからずに、ただ服従のみを事とする。ここには、明らかに一種の〝疎外〟現象が生起しているのだが、もとより本人たちにその自覚はない。真理も秩序も、現実も自然も、永遠に、自分たちがげんに意識し思考し感受するがままのものだと、そう思い込んでいるのである。

当面の具体的問題に即して言えば、律令体制貴族階級の間にあっては「敬神」や「忠君」や「孝」や「みやび」などの観念が永遠的真理と考えられていたのであるが、もしわたくしたちがこれら思想（観念形態）の生産された諸条件とこれら思想の生産者たちの実体とを精確に観察する努力に欠けるならば、まことに単純に（まことに短絡極まることに）、そこに「敬神」や「忠君」や「孝」や「みやび」といったような普遍的生活原理が現実化されていた、との結論をもひきだしかねないことになる。律令官人貴族がそう思い込んでしまっていたのは、どうにも致《いた》し方《かた》ないことだとしても、現代に生きるわたくしたちまでが〝事物の本質《エンティティーズ》〟を見誤るような過《あやま》ちを上準《うわなぞ》りするようなことは絶対に避けねばならない。何より必要なのは科学的な歴史観を研《と》ぎ澄ますこと、そして、この世界に対する全体的把握の態度を養うこと、このことだと思う。いわゆる〝万葉的自然観〟も、律令官人貴族によって生産された（ないし再生産されつづけた）思想（観念形態）に過ぎなかった。したがって、これを以《もっ》て日本列島住民にア・プリオリに賦与された人種学的な才能《ジェニー・エトニック》の発現《ほつげん》と解することは、科学的に正しいとは言えないのである。

「花鳥風月」は人間関係のアナロジー
――『古今和歌集』の自然観を分析する――

『古今和歌集』（略して、しばしば『古今集』とよばれる）は、醍醐天皇の命令をうけて、延喜五年（九〇五）ごろに、紀貫之《きのつらゆき》・紀友則《きのとものり》・凡河内躬恒《おおしこうちのみつね》・壬生忠岑《みぶのただみね》らの宮廷文人官僚により編纂に着手された、最初の勅撰和歌集である。しかし、完成年時については延喜八年（九〇八）説と延喜十三年（九一三）説との二つがあって、どちらとも決定しがたい。ふつう言われていることは、この歌集には真名・仮名の序があって全二十巻で構成されており、全体に七五調をとり、理知的・婉曲・優美な技巧をもち、登載歌数千百首、出詠歌人百二十余人、それまでの漢文学隆盛の思潮を基盤とする〝唐風文化〟に代わって日本民族に独自の〝国風文化〟が台頭するきっかけをつくった、うんぬんの諸事項である。

このように理解しておいて少しも誤りはないが、最近の国文学研究の進歩は、右の諸事項のごとき謂わば常識に訂正を求めるように変わってきている。小沢正夫『古今集の世界』（塙選書版、一九五一年刊）は、「国風」ということば自体が桓武天皇の発した宣命《せんみょう》（天皇の命令を伝える文書のうち、国文でしるしたもの）のうちにあらわれることに着目し、「この宣命にいう『国風』とは、最も広く解釈すれば『諸国の産業・人民の生活』の意味であるが、もう少し狭く解釈すれば『国々の風俗』を意味し、もっと狭くすれば『地方的な民間芸能』を意味する。／以上のように、わが国ではかなり古い時代から天皇が地方の民間芸能に関心を寄せたことが時々国史に記録されているが、これには古代中国の文学思想の影響がある」（第一章古今集の世界、一国風の世界）と述べ、『詩経』国風篇を引いて「王者巡守にともなう国風の起源説」を説明したあと、「この文学思想は天武天皇以来、歴代の天皇をして民間の歌舞音楽に関心を払わしめることとなった」事実を明かそうとしている。

しばらく、小沢の記述を準《なぞ》りながら、「国風」のもともとの意義を知っておこう。

ところで、『詩経』の国風は十五か国の歌から成り、比較的その当時の中央部の国々のが多いが、それにしても各国からの歌謡を集めている。それだから、国風の「国《こく》」は諸国の「国《こく》」であって、天下国家を意味する「国《こく》」ではないことは、中国の『詩経』の場合と、前に述べた日本の桓武天皇の宣命の場合と同様である。国風の「国」の字が日本国の意味になり、国風または国ぶりという語が国粋という語と同様の意味をもつようになったのは、時代がはるかに下って、江戸時代になってからではなかろうか。藤原定家の『毎月抄』には、「まづ歌は和国の風にて侍るうへに……」のような用例があるが、鎌倉時代には和歌を神秘化する思想はあっても、和歌が国粋主義と結びつくまでにはなっていなかったと思われる。『我宿草』は太田道灌の著作ではないにしても、その成立は近世初期を下るまいといわれているが、この本では東夷西戎南蛮北狄の風俗を「国風」と呼んでいるかと思うと、そのすぐ次に神道を「国風」と呼んでいる。〈中略〉結局、国風という語が国粋的なものを意味するものに完全に変わったのは、国学という語が和学・古学という語にとって代わり、和歌の代わりに国歌という語が使われ始めた時期をも考慮に入れて、近世の中期以後であったろうと思われる。

とにかく、九世紀の初めごろに日本で用いられた「国風」とか「風俗」とかいう語には、いわゆる国家意識というものが少しもなかったといって差支えない。それはむしろ古風でひなびた、土の香さえするものであって、「土風の歌舞」（日本後紀弘仁元年十一月）などという語と同意語であった。

……………………

> 私は「国風」という一つの語を縁として論述を進めたが、この語によって中国古代の文学の一面を代表させたつもりである。わが国においても、古い時代には中国の文学思想の影響を受けて、わが国の「国風」に大きな関心が払われていたが、それが九世紀の初めごろからだんだん衰え始めて来た。それは換言すれば、古代中国文学的なものと、その影響を受けた古代日本文学的なものとがだんだんに衰微し始めたことを意味するのである。
>
> （第一章古今集の世界、一 国風の世界）

こうなると、どうも、単純に「国風」が日本風で「唐風」が中国風であるなどと解釈し通用させてきた、これまでの日本文学史的常識は、危《あぶな》っかしいことになる。桓武帝の宣命にあらわれる「国風」の語＝概念そのものが全く〝中国起源〟の政治思想であったのだから、これを漢文学（中国詩文）に対立させる考え方は、筋が通らない。

しかし、ここでは、〝国風文化〟に関する語義論《シマンティクス》に、これ以上かかずらわる余裕はないし、またその必要もない。われわれの論題《サブジェクト》は、『古今和歌集』についての従来の国文学的通説を洗い直してみようというところにあった。当面、小沢正夫『古今集の世界』を手がかりにしていたから、単刀直入に、この書物のポイントを摑んでおこう。小沢の論著の骨子は、つぎのように要約される。

> 『古今集』によって代表される十世紀の和歌は、九世紀の弘仁期漢文学の後を受けて起こった文学である。『古今集』は和歌としてみれば、八世紀の中ごろに万葉時代の和歌が衰えた後に、一五〇年後の十世紀初頭に始めて復活したものであった。しかしこれより前に平安初期に漢文学が起こり、それが『万葉集』の歌とは別の地盤から生まれた文学であることは前節に書いた通りである。『古今集』の和歌の成立には平安初期の漢文学が影響を与えているが、同時にこの漢文学を生んだ地盤と『古今集』を生んだ地盤とはそれほど違ったものでなかったともいえる。私がここで「国風の世界」「漢文学の世界」「古今集の世界」という三つの世界を区別したのは当然可能な区別をしたのではあるが、実は第一の世界と第二の世界とが違うほどには、第二の世界と第三の世界と

は違わないのである。　　　　　　　　　　　　　　　　　　（同、三　古今集の世界）

――つまり、小沢の考えの骨子は、「国風の世界」と「漢文学の世界」との間の差異よりも、「漢文学の世界」と「古今集の世界」との差異のほうが、僅少であるという点にあった。この考えは、平安初期の「漢文学を生んだ地盤と『古今集』を生んだ地盤とはそれほど違ったものでなかった」という表現をとって示されてもいる。そして、小沢に限らず、戦後の新しい国文学者の『古今和歌集』に対する考え方は、だいたいこの方向に固まりつつある。

じつは、この考え方を最初にはっきり提示したのは、風巻景次郎の論文「中古の文学」（毎日ライブラリー版『日本文学の歴史』所収）である。風巻は、中古文学の基礎に横たわる漢文学のエネルギーを特に重視し、その観点から、平安朝文学の本質とその発展過程とを、つぎのように要約する。「平安朝の日本語の文学は、漢文学の深い影響のもとに生れたために、同じ古代国家の文学でありながら、奈良朝のそれを上古文学というならば、それと区別して、中古文学というにふさわしいほどの様式の相違を示しているが、まず生れるのは詩に影響された和歌とそこから啓発される物語であり、それに次いで生れるのが、諸種の散文に筋を引く、歴史説話の類であった」と。すなわち、風巻によると、平安朝文学は、漢文学が下地《したじ》にあり、まず「詩に影響された和歌」とそれに啓発された「物語」とが生まれたのだという。ところが、その「物語」がまた問題を孕んでいる。風巻は、「仮名に定着させられた物語は民族的な伝承ではない。伝承をもとにした伝奇である。しかし幼稚な段階の定着技法を駆使しながら、創作を行うことのおっくうさは、今日書くことによってしか創作のなされない時代の人間の想像を絶するものがあったであろう。」「神婚説話や天女降臨説話や天女昇天説話は、けっしてある氏族の実伝でも創作でもなく、じつは今でははっきりしない古代民族の発生と移動とに伴って、世界の広範な区域に分布していた説話型式をかりて、氏族の出自を説いたものが多かったようである。それで、氏族の伝承から解放されてみると、同一の昔々の説話であったものがその氏の事情と巧みに結びつけられて、すこしずつ形を変えながら、氏の出自の物語になっていたことがわかるのである。それにしても人間の代々がはじまるころの物語、または人間界に子孫をのこしておいて神の世界に帰ってしまう物語などがおもなものであるから、これはすべて、今は昔の物語でしかあり得ないものであった。」「唐代伝奇の成立するころとなれば、極端に怪異の説話は自然に淘汰《とうた》される傾向にあったが、それでも伝奇の核心が神怪異事を伝えた小説にあったことはきわめて明白であった。日本の物語も唐代伝奇を媒介として、日本語と仮名との世界にその姿をととのえたのであった」と述べる。けっきょく、和歌は漢詩の影響によって作られ、「物語」は「唐代伝奇」(唐代小説)を媒介としてみずからの姿をととのえた、ということになる。なにもかもが〝中国文学〟のおかげで生まれたのである。

そこで、焦点を『古今和歌集』のうえに絞《しぼ》らなければならない。なかんずく、そこでの漢詩と和歌との関わりはどうであったか。しばらく、風巻景次郎の明快なる所説を藉《か》りよう。——

先進文化がまだ津波のように押し寄せていたころには、すべてそれが抗すべからざるもの、優秀なものと受け入れられたので、本来こちらにあった「うた」までも、新来の「漢詩」の考え方に従って、公式的にわりきって当てはめなければ安心できないので、当然和歌は漢詩の枠《わく》にはめこむことが要請されたし、事実それではじめて安心することもできたのである。こうして徐々に生じてくる観念の変化成長の結果、和歌も言志の文学となる。これはたいせつな変化の一歩であった。ここで和歌もまた和詩(日本語の詩)というべき特質を考えられるようなものになったのである。

じつはそのような意識の改変の上に立って、「古今和歌集」という勅撰和歌集は成立してきたと思われるのであった。そうして、この観念の変化成長を証明するものは、古今和歌集の序文の文学思想である。序には仮名序と漢文序とがあって、仮名序は紀貫之《きのつらゆき》、漢文序は紀淑望《きのよしもち》の作といわれていて、どちらが本になり、どちらがそれを翻案したかについては、議論があって、動かぬ決め手というものはまだないのだが、私は漢文序が原文ではないかという疑いを持っている。しかしそれはさておいて、その前後論が問題となるということ自体は、和漢両文の表現が、逐語訳的に近接し合って、どちらを原文であると見ても、たいして不自然ではなくなってきているという点において、非常な問題をはらんでいると思うのである。おそらく万葉集の作られつつあった時の日本語では、とてもこの仮名序は書けなかったろうと直感されるし、逆にそれだけ漢文と遠い。また万葉集の巻五や巻十九・二十あたりの漢文は、いかにも漢文らしくて、これはとても日本語の散文では移すことができなかったろう。根本は、万葉ころの日本語と漢文との発想には縁がないからである。それだから古今集の和漢両序の類似と近接とは、これらの二つの発想様式を持つ文学表現が、別々のものでなく、一つの創造主体によって生み出されているということを表明しているものなのである。それはやがて、和歌も和詩であり、漢詩とのちがいは、和語漢語の相違のほかにないという意識に通じるものであろう。

そこにくるまでには、十五、六才で文選を習いはじめるような教育を数代にわたって続けた一世紀が先行した。それはまた制度・儀式・服制・調度等の唐様式の受け入れに伴った日本人の文化感覚の開発に裏づけられていた。新しく形成されつつある感覚は年中行事にしても唐の習俗を移し入れることに不自然を感じなかった。たとえば一月七日の七日、十六日の踏歌《とうか》、三月三日の曲水宴《ごくすいのえん》、五月五日の薬草猟《やくそうがり》、それから転じた菖蒲《しょうぶ》の節句、その時の薬玉《くすだま》の懸けかえ、七月七日の七夕祭、八月十五夜の名月宴、九月九日の重陽賀《ちょうようのが》、それらは唐においてもすでに民間行事的な意味は忘れられていて、多く宮廷生活を荘厳にする祭典的行事になっていたが、そうした唐の風習で季節の運行を目盛りするようになると、それが祈年祭《としごいのまつり》や鎮花祭や水無月祓《みなつきはらい》や新嘗祭《にいなめまつり》や追儺《ついな》などという氏姓社会の前からあったような古風な生活の目盛りと混和して、自然と新しい季節感が生れ出てくる。そんな感覚の主体は自然をながむべきものとして受け取り始める。祈年祭や新嘗祭を通して触れる神と人との自然ではなくなり、鋤《すき》や鍬《くわ》から離れた鑑賞の対象として成立してくる。新しい文化感覚の開発といったのはこれである。それは同時に、万葉歌人の主体がまだ田園と神とに結びついている人々のそれであったのに、ここではいわば都市人であり知識人であり俸禄生活者である人の主体となったということも伴っている。詩は異国の表現ではなくなり、しだいになじみの深いものと感じる生活が成立する。その中では、和歌も、またいつとは知らず異国の発想に近よっている。

外国文化移入の急進的情勢のおさまったのは文徳朝ころであると思われるが、そのあいだを縫って、新しい立場で和歌は宮廷によみがえってきた。光孝朝には和歌はまたとりあげられつつあったにちがいない。もちろんそれは和歌の創作が漢詩の制作の向うをはって、天皇臨御の宴飲の席で、いきなり行われたとは考えられないが、両者の落差が少なくなったことは確かで、後宮の催しや生活の中にはそれがより生き生きと動いてきた。たとえば、屏風《びょうぶ》は唐風を移したもので、初めはその絵も唐画《からえ》であったのに、倭絵《やまとえ》が描かれ始めると、それに賛をする代りに和歌を書かせるようになった。女御更衣の新しく入内《じゅだい》するごとに、後宮諸殿に備える新しい調度類の一つとして、屏風は必要であったし、それにしるすために屏風歌はきまった目的をもって制作されるようになってきた。

屏風歌に次いで、後宮生活の催しとして、歌合《うたあわせ》が起った。「寛平御時 后宮歌合《かんぴょうのおんときさいのみやのうたあわせ》」は、その点では一つの目じるしとなる。当時歌に名のあった歌人たちによませて、左右二組に番《つが》えて勝負をしたのだが、その歌が土台となり、一首ごとに漢訳を添え、菅原道真が序を書いて、寛平五年（八九三年）に「新撰万葉集」が編まれたのは注意すべきことである。（上下二巻あるが、下巻は歌の漢訳も拙で、道真の作とは思われない。）それが漢訳を並べているだけでなく、道真が序を書いていることなどから、和歌が漢文学にすがりながら宮廷によみがえりつつあった景況がほぼわかる気がするのである。

――すこし引用が長きに過ぎたかも知れないが、どうしても、『古今和歌集』と中国漢詩文との関係をはっきりさせておきたかったのである。

いま引用した風巻論文も、さきに引用した小沢論文も、同じように、『古今和歌集』の世界と平安朝 漢文学の世界との隔たりは極めて僅少であると説いている。風巻の場合も小沢の場合も、『万葉集』には漢文学の影響が少なかったと見ており、この立場に立って『古今和歌集』を眺め直して、平安初期漢文学からの濃厚な影響因子があると帰結しているのである。しかし、わたくし自身は、『万葉集』そのものが〝美学的尺度〟にしろ〝自然の見かた〟にしろ中国詩文のパラダイムの学習過程にあった所産に過ぎないと見るから、新たに『古今和歌集』の美学や自然観を限定づけるに当たっては、なおさら余計に中国詩文（根本的には、古代中国的政治イデオロギーをも踏まえて）からの学習成果として評価せざるを得ないのである。

このことは、中国文学との比較研究を厳密に押し進めてゆけば、いやでも想到せざるを得なくなる。目下《もっか》、『国風暗黒時代の文学』全四冊を刊行中の小島憲之は、初心者に向かっておこなった講演において、日本的抒情の粋《すい》のごとく考えられている「秋の哀れ」がじつは中国詩文の模倣から始まったことを証明したあと、つぎのように言う――。

『万葉集』の歌には、秋の哀れを詠んだものはないといっても誤りはありませんが、平安朝のはじめになりますと、こういうふうな素材が詩の中に出てくる。ところが安世の詩や同席の詩をよく調べてみますと、これもほとんど中国の潘岳（はんがく）の「秋興賦（しゅうきょうふ）」や、その他『芸文類聚』などに見える秋の悲しさを詠んだ詩の模倣であります。ですから、「秋の哀れ」という概念は、漢籍によって初めて得たのではないかと思います。最近テレビ漫才を見ていましたら、二人が登場して、枕に、「秋は非常に哀れだんな」とか、「ものさびしいな」とかいいましたが、この概念は、もとは日本的なものではなかったのです。平安初期のころ、「秋の哀れ」という考え方が書物によって伝来してきまして、いつのまにやら日本的なものになってきたわけであります。こういうふうに、日本の文学、あるいは日本人の考え方に中国は非常に影響を及ぼしているのです。またたとえば、「親に孝行」という思想も、すでに奈良朝以前から始まっており、奈良朝官吏の試験問題にも出ていますが、これもやはり漢籍から学んだ思想であります。そういう意味で、日本の文学、あるいは「孝行」という日本人の儒教的な思想までも、中国は早くから影響を及ぼしています。「秋の哀れさ」というものも当然日本的なものと考えられておりますけれども、実は平安初期になって、中国的な表現を学んで、それから日本的なものになった。平安官人たちは、それによって、秋の悲哀を詩につくろうとしたわけであります。

………………

このように、古今集時代には、万葉的なもののほかに、いわゆる中国的なものもあったわけです。やはり国風というものが衰えた時代、逆に漢風、すなわち詩というものが讃美された時代の成果の一端であります。ふたたび歌が復活するというときに、その表現は、詩の成果というものを無視することは出来ません。漢字の代わりに歌は平仮名で書いてあるけれども、逆に中国的な表現、いわゆる詩的表現というものがそこにあらわれてくる。こういう点で、『古今集』という歌集には、平安朝という日本的なものがその優美さを誇った時代であるから中国的なものは存在しない、というふうに考えたら、それは必ずしも正しくないということがいえると思います。

（『万葉集』から『古今集』へ、『朝日ゼミナール・古典文学の心』所収）

この講演に述べられているとおり、多くのひとびとは、『古今和歌集』というと、ただもう一種の先入見《プレジュディス》に従って〝日本的なるもの〟の真骨頂《しんこっちょう》というふうに考えてしまっているが、その考えは全く誤っているのである。七夕の歌、雁の歌、閨中の艶情を叙べる歌、すべて中国詩文の世界からの影響によって成立したものばかりである。誤解しないでいただきたいが、だから価値が無いなどという結論は絶対にひきだしてはならない。むしろ、『古今和歌集』は、中国詩文の美学や自然観を下敷きにした点で、かえって〝国際性〟や〝普遍性〟を獲得したところに、その精神史的価値がある、とさえ言うべきである。

問題は、このようにして漸《ようや》く獲得した、共時的《シンクロニック》であるべき〝国際性〟ないし〝普遍性〟が、宮廷社会のなかで拘束力を持ちはじめ、ついに通時的《パンクロニック》な法則として固定されるに至ったところに在る。当時（九世紀から十世紀にかけて）

の国際社会に通用する〝美〟や〝自然観〟を獲得したまでは良かったが、それをもって、永久不動の〝美〟や〝自然観〟と見做してしまったことが、のちのち、日本人の精神生活を貧相にし狭小にする結果を産んだのである。御本尊《ごほんぞん》の中国では、やがて宋代の農業技術革命をやってのけ、美でも自然観でもぐんぐん変質させてゆくのだが、日本列島のインテリたちはそのことに気付かず、いつまでも九世紀〜十世紀の物差尺《ものさし》を釘づけにして動かそうとしなかった。それは、美や自然観を固定するに都合のよい社会構造や生産関係が、文字どおり〝停滞〟したままの段階に在ったためである。このことは、日本の民衆にとって大きな不幸であった。

□

さて、ふつうに『古今和歌集』の特色として挙げられている事がらは、序詞の使用（よみ人知らず歌に多い）、擬人法（漢詩の手法が影響した）、縁語・懸け詞の使用（男女間の贈答歌の技巧として発達した）、見立ての使用（献詠や屏風歌などのよそゆきの歌に用いられた）といった技巧面での表現態度や、撰修にさいして緻密に計算された主題の構造化という宮廷社会レベルでの配慮、などなどである。挙げられているいちいちの特色にそれほど誤りはないのだが、根本のところで、わたくしの考えは別のところにある。しかし、ここでは、むつかしい議論よりもさきに、まず作品を見ていただくことにしよう。

つぎに掲げるのは、サクラの花を詠じた有名な和歌ばかりだから、多くのひとによって親しまれているはずだと思う。だが、驚くべきことに、どの一首をとっても、桜の生態を詠んだものはないのである。

そめどののきさきのおまへに花がめにさくらの花をさゝせたまへるをみてよめる

としふればよはひはおいぬしかはあれど花をしみれば物思ひもなし（巻第一春歌上、五二）　藤原　良房

渚の院にて、桜を見てよめる

世の中にたえて桜のなかりせば春の心はのどけからまし（同、五三）　在原業平朝臣

やよひにうるふ月ありけるとしよみける

さくら花春くはゝれる年だにも人の心にあかれやはせぬ（同、六一）　伊　勢

桜の花の咲けりけるを見にまうで来たりける人に、詠みておくりける

我が宿の花見がてらに来る人は散りなむのちぞ恋しかるべき（同、六七）　凡河内躬恒

僧正遍昭に、よみておくりける

桜花散らば散らなむ散らずとてふるさと人のきても見なくに（巻第二春歌下、七四）　惟喬《これたか》のみこ

心地そこなひてわづらひける時に、風にあたらじとて、おろしこめてのみ侍りけるあひだに、折れる桜の散りがたになれりけるを見てよめる

たれこめて春のゆくへも知らぬまに待ちし桜もうつろひにけり（同、八〇）　藤原因香《よるか》朝臣

桜の花の散るをよめる

久方のひかりのどけき春の日にしづ心なく花の散るらむ（同、八四）　紀　友則

題しらず

春雨のふるは涙か桜花散るを惜しまぬ人しなければ（同、八八）　大友　黒主

亭子院歌合の歌

桜花散りぬる風のなごりには水なき空に浪ぞ立ちける（同、八九）　紀　貫之

花の色はうつりにけりないたづらに我身世《わがみ》にふるながめせしまに（同、一一三）　小野　小町

例歌として掲げた十首は、いずれも桜を詠材にしている。『古今和歌集』の春二月の主題が桜のみによって構成されていることに注目すべきであるが、大体、巻第一春歌上において「咲く桜」をうたい、巻第二春歌下において「散

る桜」を主にしてうたい（部分的に再度「咲く桜」を挿入して起承転結の効果を狙い、複式構造によって桜花の自然的推移と桜花に寄せる人間感情の動きを表現しようとの意図を持っている）、十世紀ごろの歌人が心に抱いていた美的世界を全体的に表現していると見れば大過《たいか》ないと思われる。よく読み味わって欲しいが、在原業平「世の中にたえて桜のなかりせば」の一首は、桜の美しさに惑溺してしまって、この世に桜なんか存在しなかったらよかったのにと、反実仮想の空想をしているのだ。凡河内躬恒「我が宿の花見がてらに来る人は」の一首は、花が散ったあとのことを想像して、さぞかし恋いしく思われるでしょうと、多少の皮肉を籠めて想像しているのだ。春歌下の惟喬親王・藤原因香朝臣・紀友則・大友黒主・紀貫之・小野小町の歌は「散る桜」を或いはメランコリックに或いは陶酔後の放心状態で詠みあげたもので、それらは、詮じつめてゆけば〝人間無常〟の厭世感につながることにもなろうが、そこまで穿《うが》って解釈せずとも、平安王朝びとの桜花に対する感情や気分についての大凡《おおよ》その見当は付くかと思う。

簡単にいえば、『古今和歌集』の歌人たちの桜に対する精神的姿勢は〝女々《めめ》しい〟の一言に尽きる。そして、かくのごとくめそめそとして暗い憂愁に閉ざされ、なんだか生きているのが嫌《いや》になってしまうような心理状態こそ、じつは、日本人の桜花に対座する姿勢の最も正統的な流儀を示すものなのである。

このように、日本人は、九世紀の初めから十八世紀の終りごろまでの約九百五十年の間、桜を見てはその美しさを嘆賞し、そのはかない散りざまを哀惜しつづけてきたのであった。桜が殺伐とした武断主義思想と結合したのは、江戸時代も末期に近づいた文化年間（一八〇四〜一六）に、平田篤胤・大国隆正など好戦的国学者が唱《とな》えだしてから以後のことに過ぎない。第二次世界大戦のさ中に、桜のようにぱっと散るのが武士道の極致だなどと説かれ、幾多の有為の若者が無理矢理に戦場に狩り出されて行ったが、あのような軍国主義的な桜花賛美の仕方は、本来の〝桜の美学〟をば故意に歪曲したものでしかない。さきに見たごとき、『古今和歌集』の歌人たちの示した桜花観賞の態度が、最も正統的であり、しかも最も〝日本的〟なのである。

桜と「やまとごころ」（もしくは「やまとだましい」）との関わり合いを詠んだ本居宣長のあの有名な一首、「しきしまのやまとごころを人問はば朝日に匂ふ山桜花」の真意についても、近代以後の日本人は飛んでもない誤解をしている。この一首に関しては、宣長の門人で後にその養子となった本居大平《おおひら》が、伴信友《ばんのぶとも》との問答形式で残した次の言葉に当たってみるのが一番正しい。

「朝日に匂ふ山桜の御歌、凡そに感吟仕候て本意なく候、御諭《オサトシ》下され度候」

「うるはしきよしなりと先師いひ置れたり」

つまり、仰《ぎょう》々《ぎょう》しい理屈ひとつなしに、桜に向かって「ああ美しいなあ」という嘆声を発するのが「やまとごころ」の神髄《しんずい》なのだと、そう宣長は歌ったと説明されているのである。富裕な町人階級の出身であり医家でもあった宣長は、当然、合理主義思想を身につけており、封建支配者の押し付ける儒教（朱子学）イデオロギーが作為と欺瞞《ぎまん》とに満ちみちたものであることを、鋭く見抜いていた。『源氏物語』の登場人物さながらに、赤裸な人間感情や欲望のままに生きるのが「もののあはれ」を知ることだと考えた。初期著作『紫文要領』を見ると、或る人が、源氏の君を筆頭に登場人物の誰も彼もが女童みたいで、男らしくきっとした所が少しもありませんねと非難したのに答えて、宣長は「みな女童にかはる事なし」と述べ、毅然とせず、弱っぴいで、ぐずぐずと締《しま》りなく、愚かなのが、人間の嘘いつわりのない真実のすがたなのであって、利口ぶったり偉そうにしたりするのは情《じょう》を飾ったものに過ぎぬ、と断言している。「ものゝふの戦場にをきていさぎよく討死したる事を物にかくとき、其しわざをかきてはいかにも勇者と聞えていみじかるべし、其時のまことの心のうちをつくろはず有のまゝにかくときは、ふる里の父母もこひしかるべし、妻子も今一たび見まほしく思ふべし、命もすこしはおしかるべし。是みな人情の必《かならず》まぬがれぬ所なれば、たれとても其情のなきは岩木にもおとれり。それを有のまゝにかきあらはすときは、女童の如くみれんにおろかなる所おほき也」と断言してのけている。処女作『あしわけをぶね』の時代から、宣長は「さて人情と云ものは、はかなく児女子のやうなるもの也」という客観主義的見かたを採っていることをも見逃してはなるまい。結局、『源氏物語』の貴い価値は、女こどもそのままの痴愚な人間性が偽《いつわ》らず展開されたところに認められるのであって、「やまとだましい」とは左様《さよう》に嘘いつわりなき人情（人間の性情）を言うのだと主張したくて、漢学者の説く士道なんか嘘っぱちなのだと抗議したくて、宣長は山桜の歌をよんだのである。

そして、事実の問題として、「やまとごころ」ないし「やまとだましい」の語も、平安中期に初めて現われた。最初に「やまとだましい」の語が使われたのは、十世紀の終り乃至十一世紀初めの作物と考えられる『源氏物語』乙女の巻に「なほざえをもととしてこそやまとだましひの世に用ひらるる方も強う侍らめ」と見える箇処である。ここに「ざえ（才）」といわれているのは漢学の知識をさし、そして、中国の故事を知り詩句に通ずるのが当時の学問の全部であった。「ざえ」かしこきは、男子の誇りであり、名誉ある男子の必須《ひっしゅ》条件であった。いっぽう、「やまとだましひ」とは、心ばへ（え）、心ばせ、心もちゐ（い）をさし自主的な気魄、心の持ちかた、思慮分別など、事《こと》に処して行く才能を意味していた。そこで、『源氏物語』乙女の巻の一節は、日本人独特の魂のはたらきも、漢学の教養を基礎とするのでなくては、これを適切且つ充分に発動することなど到底できはしません、というふうに解釈し得るかと思う。

二番目の用例として、赤染衛門の誹諧《はいかい》歌を挙げねばならないが、その制作年代は、もしかすると『源氏物語』より古いかとも推量される。『後拾遺和歌集』第二十誹諧歌の最末尾に収録されてある歌で、夫《おっと》に擬せられている大江匡衡《おおえのまさひら》に対する返歌のかたちをとっているので、両者とも示しておくのが妥当であろう。

めのとせむとてまうできたりける女のちのほそく侍りければよみ侍りける　　大江匡衡朝臣

儚《はかな》くも思ひけるかなちもなくて博士《はかせ》の家の乳母《めのと》せむとは（一二一九）

かへし

さもあらばあれ大和心し賢《かしこ》くばほそぢに付けて荒《あら》す計《ばかり》ぞ（一二二〇）　赤染　衛門

――この二首の応酬は、ようするに、漢学（文章道《もんじょうどう》）の博士である大江匡衡が、乳母としてやって来た赤染衛門のぺちゃんこな乳房を見て、「いや、なんとも頼りないですな、そんなぺちゃんこなおっぱいをして、文章博士《もんじょうはかせ》の家の乳母になろうなんて」と歌ったところ、才気煥発の赤染衛門が「そんなことかまやあしませんわ。あたしは漢学の素養はありませんけれど、仮名《かな》（女手《おんなで》）の能力はたっぷり持っているんですからね。この女の心ばえを武器にして、あなたに馬鹿にされているこの細い乳（知）でもって、あたしは、ばりばり育児してのけるばかりでございますわ」と答えたのである。もとより誹諧歌（おどけうた）であるから、文学的に高級な歌とは言えないが、二首の応酬の面白味は、匡衡が「博士の家」すなわち漢学の大家である男性の権威をひけらかしたのに対して、赤染衛門が「大和心」すなわち仮名文の有能な使い手である女性の心ばえを示してやり返した点に見いだされる。「やまとごころ」とはかくのごとく〝女一匹〟の心意気そのことでなければならない。

この二つの用例でも判《わか》るように、「やまとだましい」乃至は「やまとごころ」は、真名文《まなぶみ》（漢文）文化が仮名文《かなぶみ》（和文）文化に取って替わられた時代思潮の中で生まれた。別の言葉でいえば、男性文化が女性文化に取って替わられた時期に入って初めて自覚された。そして、その〝国風文化〟の興隆する機運の中で、漢詩に替わって和歌が復活し、『古今和歌集』が撰修された。『古今和歌集』全体に湛《たた》えられるあの〝女々《めめ》しさ〟や、あの〝機知〟こそ、まさしく「やまとごころ」の真骨頂《しんこっちょう》でなければならない。『万葉集』において梅の歌の三分の一の数にしか過ぎなかった桜の歌が、『古今和歌集』になると、梅の二倍以上もの数を占めるようになったが、それも、男性の花から女性の花への趣向の転換を裏書きする以外の何物でもない。桜はまさしく〝女性の花〟でなければならない。

本居宣長の山桜花の歌は「やまとだましい」が〝女ごころ〟であり、また桜の花が〝女性の心〟であることをうたったものである。

□

さて、本論に戻るが、近代になってから以後、『古今和歌集』の価値は不当に軽視されてきた憾《うら》みがある。明治の和歌革新運動の指導者であった正岡子規の「古今集は下《くだ》らぬ歌集に候」という断定は、その文章の前後関係《コンテキスト》を見れば『万葉集』との比較において然《しか》く提出されているに過ぎぬのだが、当時の旧派和歌が古今を金科玉条に仰いでいたという事情も咬み合わさって、到頭《とうとう》ほんとうに「下らぬ歌集」だとのレッテルが貼られてしまった。そして、『万葉集』に対抗し得るのは『新古今和歌集』であるといった新しい観点が明治・大正・昭和三代の間に養われるに至った。実際に、『古今和歌集』に関する研究書に較べると、『新古今和歌集』のそれのほうが遙かに多い。殊に、第二次世界大戦後には〝中世ブーム〟のようなものが起こって、『新古今和歌集』を第一の歌集とするような主張さえ罷《まか》り通《とお》るに至った。

しかし、冷静に省察しようとする人ならば、『古今和歌集』のほうが『新古今和歌集』よりも遙かに芸術的創造力に満ちていることを看破するであろう。文学全体、美術全体を巨視的に通観すれば明白だが、平安以後、鎌倉、南北朝、室町というふうに時代を追って、言語芸術でも造形芸術でもぐんぐんと悪くなって行く。詩歌は紀記歌謡と万葉とが、なんといっても最高である。そして、『古今和歌集』は、万葉にこそ及ばぬが、やはりそれ以後の勅撰二十一代集を抑《おさ》えて高く聳ゆるのである。特に『古今和歌集』が最初に「やまとごころ」を発見した意義は偉大である。

わたくしたちは、すでに、桜の花を詠んだ『古今和歌集』の幾つかの例歌を対象にして考察し、王朝時代人の桜花諷詠のすがたが、いかにめそめそとして憂鬱に閉ざされたものであったか、ということを明らかにし得た。そして、そのように桜を見てめそめそしたり憂鬱になったりするのが、本当の意味での「やまとだましい」なのだということをも明らかにし得た。それは、『古今和歌集』が生みだされた社会的基盤それ自体にきわめて〝女性的なもの〟の現実化=具体化を跡づけ得るためである。唐風急追の文化思潮は依然として強いのだけれど、しかし、徐々に日本化へと向かう風潮があらわれてきたのには、それだけの社会的条件が揃《そろ》わねばならなかった。

例歌第一首目（国歌大観番号五二）の歌を、再度、ごらんいただきたい。この一首こそ集約的に『古今和歌集』の本質を受肉化していると考えられるので、しばらく、この作品に関連して、考察をすすめてみたい。

桓武天皇が平安京に都を遷《うつ》し（七九四）て以来、律令《りつりよう》国家の再建が企てられ、曲がりなりにも兎も角も〝中央集権体制〟の強化が推し進められた。もとより律令《りつりよう》というのは中国法制（唐制）の直輸入であったから、日本の国情に適合する実質主義採用の建前《たてまえ》から「令外《りようげ》の官」などが設けられはしたけれど、文化全体のカラーは唐風模倣（中国文化の摂取）で終始された。世に弘仁《こうにん》の治《ち》と讃《たた》えられる平安初期文化の華を咲かせたのは、無類の漢文好きの嵯峨《さが》天皇（在位八〇九〜八二三）をリーダーとする当時の知識階級であった。『弘仁格式《こうにんきやくしき》』『新撰姓氏録《しんせんしようじろく》』などの編纂が行なわれたほか、嵯峨天皇自身が〝日本三筆〟のひとりに数えあげられるくらいに、その唐風文化の潜在的活力は厚大なものであった。もう一つ、貞観《じようがん》の治《ち》と謂って同じく平安初期文化の華と謳《うた》われる時代があるが、これは清和天皇（在位八五八〜八七六）が九歳で即位したため外祖父の太政大臣藤原良房《ふじわらのよしふさ》が政務を摂行し、いわゆる〝摂関政治〟のスタートを切った時代にあたる。美術史のうえでは両者を一緒にして「弘仁・貞観文化」と呼称するが、これは、平安初期約百年間に興隆した密教芸術をさし、ようするに天平芸術と藤原時代芸術との過渡期を示したものと考えられている。

さて、唐風文化（真名文《まなぶみ》の文化）から、いわゆる国風文化（仮名文《かなぶみ》の文化）への大転換が実質的に遂行されるのは、宇多天皇（在位八八七〜八九七）および醍醐天皇（在位八九七〜九三〇）の治世のあとになるが、それは、歴史学の時代区分からいえば〝摂関時代〟と相覆《あいおお》う文化思潮であったと言うことができる。すなわち、藤原良房の養子である藤原基経《ふじわらのもとつね》が、宇多天皇即位第一年の仁和《にんな》三年（八八七）に関白の詔書を与えられたのである。「関白」とは、政務はすべて太政大臣に関《あずか》り白《もう》せという意味であるから、ある点までは専制支配者の権力を握ったことになる。これ以後、おおむね（というのは、菅原道真のライバル藤原時平のように、摂関制を中断して天皇親政に引き戻そうとした革新的な左大臣も例外的に出現しているからである）藤原氏の摂政・関白を主宰者として政治が行なわれることになるのである。摂関政治のピークは、もちろん、道長・頼通父子によって極《きわ》められる。そして、この摂関時代のピークに当たる時期に、紫式部・清少納言らの女流作家、藤原行成らの書家、巨勢金岡《こせのかなおか》らの倭絵《やまとえ》作者、定朝《じょうちょう》らの仏師が一挙に輩出するのである。藤原文化は、だいたい十一世紀半ばで完成し終える。

　そのような摂関時代の文化思潮を考えるとき、肝腎《かんじん》かなめの〝摂関制〟に端緒を開いた藤原良房の史的位置というものの大いさに想到せざるを得ない。藤原良房（八〇四～八七二）は、左大臣冬嗣《ふゆつぐ》の子に生まれ、嵯峨天皇に重用されて皇女潔姫を妻に迎えた。妹順子の生んだ道康親王を皇太子に立てるため承和《じょうわ》の変を起こして東宮恒貞親王を廃し、けっきょく道康親王を文徳《もんとく》天皇として践祚《せんそ》せしめることに成功した。娘明子《あきらけいこ》をその皇妃とし、その子惟仁《これひと》親王を清和天皇として即位させた。清和即位の翌年天安《てんなん》二年（八五七）に、平安時代に入ってから第一号の太政大臣となり、貞観八年（八六六）の応天門《おうてんもん》の変によってライバルの伴善男《とものよしお》を屠《ほふ》った直後に人臣最初の摂政《せっしょう》となった。生来具わった政治的手腕を生かしつつ、気長《きなが》に政敵を駆逐し、ついに皇室と結びついて、最高の権力を手中にした人物であった。

　そこで、藤原良房の一首「としふればよはひはおいぬ」の歌に、注目していただきたい。詞書《ことばがき》に「そめどののきさきのおまへに花がめにさくらの花をさゝせたまへるをみてよめる」とあるのは、自分の娘であって文徳天皇の皇后であり且つ清和天皇の母后である明子《あきらけいこ》をば「染殿の后」と呼んでいるのである。一首の大意は、自分はもはや老人になってしまったけれど、桜の花をみてさびしむなどということは全くありはしないのですよ、ぐらいのこと。もちろん、裏の意味においては、「花」とは娘明子をさしている。百五十年後に、良房の五世の孫である藤原道長が「この世をばわが世とぞ思ふ望月の欠けたることのなしと思へば」と詠んだのと、好幅対《こうふくつい》をなしているではないか。摂関政治は〝花〟に始まって〝満月〟に到達したと評することさえできる。

そこで、見落としてならない重要な事柄は、藤原良房が栄達を極めた直接の契機《モメント》が、娘明子すなわち染殿の后によって作られた、ということである。『古事記』や『日本書紀』を見ても、結婚が政略に用いられた例は幾らでもある。しかし、それらの場合、女性はたんに野心的男性の一時凌《しの》ぎの苦肉策として使われたに過ぎず、表面は恋愛関係を成立させていても妻たる者はいつなんどき夫から斬り捨てられるかも知れないという危険に曝《さら》されていた。ところが、藤原良房が始めた閨閥政治においては、従来とはがらりと異なって、女性は（特に娘は）一種の担保物件もしくは投資物件として恒久的に極めて貴重な役割を果たすようになって来たのである。この大切な財産は、将来に亙《わた》り、つぎつぎに複利法による莫大な利子を産むはずだった。もちろん貴族レベルに限られた話であるが、この時代ほど、親が娘を大事なものに思った時代は嘗《かつ》て無かった。また、娘のほうも、自身いわゆる玉《たま》の輿《こし》に乗る可能性を夢みた時代も嘗て無かった。男は脳足りんに生まれついたらそれでもう万事お終《しま》いだが、女には、結婚という第二のチャンスがある。貴族ばかりでなく、中流階級の親たちまでが、娘を宮仕えさせることによって、娘とみずからとの栄達を摑もうと夢みた。『源氏物語』の初めのほうにある例の「帚木《ははきぎ》」の雨夜の品定めの条には、当時の女性観が露骨なまでに描出されてある。地方行政官の搾取に喘《あえ》ぎどおしであった、人口の大多数を占める貧農階級を別とすれば、多少とも知的な社会のなかでは、そのような〝女性観〟が受容され且つ再生産されているような時代であった。

それゆえ、わたくしたちは、『古今和歌集』に対して「女性的である」「理知的な見立てを好む精神を有する」「婉曲で優美な技巧に貫かれる」などの文学史的評価を、表面的にばかり受け入れてはならない。また、『古今和歌集』の顕著な特徴として考えられている「擬人化」（自然または動・植物が人間と同じ情感を持ちかつ同じ行動をするごとくに表現する修辞法、とでも説明しておこうか）も、原始宗教感情とか、漢詩文学習からの影響とかの原因のほかに、やはり、王朝人が女性を中心とする広汎な〝人間関係〟に無関心でいられなかった生活論理を如実に反映していると見るべきである。「縁語・懸け詞」の技法にしても、男女間の贈答や君臣間の挨拶として用いられたのが本来の姿であったと見るべきである。そういえば、例の「見立て」の技巧にしても、宮廷社会における献詠や屛風歌などのためのよそゆき（儀式的）の歌にのみ専用のものであった。そこでは、自然や動植物は、一定の〝人間関係〟をシンボライズするための媒体＝手段でしかなかったのである。

□

これまでの叙述で、『古今和歌集』に詠じられた自然が、王朝貴族たちの〝人間関係〟のアナロジーとして表現されていたことを、あらまし明らかにし得た。のちのち「花鳥風月」と呼んで、あたかも日本的抒情の極致のごとく一般に考えられている概念も、その原義はけっして純然たる自然愛ではなかったのである。「花鳥風月」ということばそのものは、だいたい室町時代初期の成立と考えられる漢文体の模範文例集たる『庭訓往来《ていきんおうらい》』に「抑花下之会事、花鳥風月者、好士之所レ学」に見えるのが最も古い用例に属するから、わりあい新しい時代の美学規範である。しかし、「花鳥」ということになれば、すでにりっぱに『古今和歌集』真名序《まなじょ》のなかに使われている。「至レ有下好色之家。以レ此為二花鳥之使一。乞食之客。以レ此為中活計之謀上」（好色の家には、此《これ》を以《も》ちて花鳥の使とし、乞食《きつしょく》の客《かく》は、此《これ》を以《も》ちて活計の謀とすることとあるに至る）と。この部分は、仮名序《かなじょ》のほうでは「いろごのみのいへに、むもれぎの、人しれぬこととなりて、まめなる所には、花すゝき、ほにいだすべき事にもあらずなりにたり」とあり、その前半の意味は「色好みの人の間に埋れて、埋れ木のように人には知られないものとなって、もっぱら色好みの人の間に愛好されるものとなったよしをいう」（日本古典文学大系本の頭注に拠る）。そして、後半においては「まじめな改まった場所」には「表立ってもち出せるものでもなくなってしまった」（同）と言っているのである。つまり、「花鳥」とは、公明正大な場所ならざる、陰のような場所でこそこそ心を通わすことの、ようするに男女間の〝人間関係〟のアナロジーにほかならなかった。さらにいえば「花鳥之使」とは、唐の玄宗皇帝が天下の美女をえらぶために使者を派遣した故事を踏まえ、男女の間をとりもつ使者、もしくは恋のなかだち、という極めて人間臭い意味でしかなかった。いま、諸橋轍次『大漢和辞典・巻九』を検するに、当該記事はつぎのごとくである。「【花鳥使】394《クワテウノツカヒ》唐、開元年中、後宮に入るべき天下の美人を采択する任務を帯びて年々派遣せられた使者。又、天宝年中、宴を司るために選ばれた六宮の風流艶態な者。転じて、男女の間をなかだちするもの。恋の使。〔唐書、呂向伝〕開元十年、召㆓入翰林㆒、時帝歳遣㆑使、采㆓択天下姝好㆒、内㆓之後宮㆒、号㆓花鳥使㆒。〔天中記〕唐天宝中、天下無事、選㆓六宮風流艶態者㆒、名㆓花鳥使㆒、主㆑宴。〔元稹、上陽白髪人楽府〕天宝年中花鳥使、撩花押鳥含㆓春思㆒」と。この元稹《げんしん》（七七九〜八三一）というのは、白楽天（七七二〜八四六）と雙ぶ中唐の詩人で、日本には『白氏文集』と同時に『元氏長慶集』も舶載されていた事実がはっきりしているから、当然、日本漢文学に大きな影響力を残したと考えられる。ともかく、「花鳥之使」の原義は、これではっきりしたと思う。そうなると、「花鳥」のもともとの概念は、どう広げて考えてみても、〝人間関係〟を暗《あん》に映《うつ》しだすための手段という以上に、積極的な意味をもち得ようもない。すなわち、花なら花を、鳥なら鳥を、というふうに、植物そのもの動物そのものを直接的＝感覚的に観賞する姿勢は、そこには全く見られないのである。

さきに、サクラの歌を検討したさい、『古今和歌集』の歌人たちは、わたくしたちが惘《あき》れるくらい、サクラの植物的生態に無関心でいるのを確かめ得た。しかし、たまたま例証がサクラを詠じた歌に限られたからこういう結果が出たのかもしれないと疑うひとびとのために、つぎに、マツを詠じた作例を掲げてみるゆえ、ご自分の目で再度ご検討いただきたく思う。——

　寛平御時きさいの宮の歌合によめる　　源むねゆきの朝臣

ときはなる松のみどりも春くれば今ひとしほの色まさりけり（巻第一春歌上、二四）

　寛平御時きさいの宮の歌合のうた　　よみ人しらず

雪ふりてとしのくれぬる時にこそつゐ《(ひ)》にもみぢぬ松もみえけれ（巻第六冬歌、三四〇）

よしみねのつねなりがよそぢの賀に、むすめにかはりてよみ侍りける

よろず世をまつにぞきみをいはひつるちとせのかげにすまんと思へば（巻第七賀歌、三五六）　そせい法師

秋

住のえのまつを秋風吹くからにこゑうちそふるおきつしらなみ（同、三六〇）

題しらず

立ちわかれいなばの山の峯におふる松としきかば今かへりこむ（巻第八離別歌、三六五）　在原行平朝臣

ゆふづく夜さすやをかべの松のはのいつともわかぬこひもするかな（巻第十一恋歌一、四九〇）　よみ人しらず

風ふけば浪打つ岸のまつなれやねにあらはれてなきぬべら也（巻第十三恋歌三、六七一）

このうたはある人のいはく、かきのもとの人まろがなり

我みてもひさしくなりぬすみのえのきしのひめまついくよへぬらん（巻第十七雑歌上、九〇五）

住吉の岸のひめまつ人ならばいく世かへしととはましものを（同、九〇六）

梓弓《あづさゆみ》いそべのこまつたが世にかよろづよかねてたねをまきけん（同、九〇七）

この歌はある人のいはく、かきのもとの人まろが也

かくしつゝよをやつくさんたかさごのお《（を）》のへにたてるまつならなくに（同、九〇八）

たれをかもしる人にせんたかさごのまつもむかしの友ならなくに（同、九〇九）　藤原おきかぜ

返し

おきつなみたかしのはままつのなにこそ君をまちわたりつれ（巻第十七雑歌上、九一五）　紀つらゆき

みちのくうた

わがせこをみやこにやりてしほがまのまがきのしまのまつぞこひしき（巻第二十大歌所御歌、東歌一〇八九）

きみを《（お）》きてあだし心をわがもたばすゑのまつ山浪もこえなん（同、東歌一〇九三）

冬の賀茂のまつりのうた

ちはやぶるかものやしろのひめこまつよろづ世ふとも色はかはらじ（同、東歌一一〇〇）藤原としゆきの朝臣

――右の十六首が、『古今和歌集』に詠まれたマツの歌の全部である。このほかに、あとで示すことになると思うが、「待つ」の縁語として用いられた「松」の歌が八首ある。しかし、それらは、意味関係からいっても、マツという植物を詠材にしたとは到底見做《みな》しがたいので、最初から別扱いせざるを得なかった。

さて、俎上にあがった十六首のマツの歌を、よくよく読み味わっていただきたい。

またしても、惘《あき》れ返ることに、植物としてのマツを直接的＝感覚的に詠じた作品は、この十六首のなかには一首として見いだされないのである。すべて、長寿（「ときは」「よろづ世」「ちとせ」「いく世」）のシンボルとして祈念されてあるか、節操のシンボルとして礼讃されてあるか、「待つ」の語呂合わせに用いられてあるか、この三つに区分けされる。第一首目は、道教流の不老長寿への願望を歌い込めたもの。第八〜十二首目、十六首目も同じである。第二首目（国歌大観番号三四〇番）は、ちょっと歌意を解しにくいが、「つゐにもみぢぬ松もみえけれ」とは、日本古典文学大系本の頭注に拠ると、「松がどこまで行っても紅葉しないことにわかったよ。論語に『歳寒くして然る後に松柏の凋（しぼ）むに後（おく）るるを知る』とある」と見える。つまり、この一首は、マツの節操の堅固さに託して、帝王に対して臣下たる自分の二心《ふたごころ》ない忠勤の誓いを表明した歌である。第四首目のみが、辛《かろ》うじて、自然を諷詠した作品といえばいえるが、この歌は「内侍のかみの、右大将藤原朝臣の四十賀しける時に、四季のゑかけるうしろの屏風にかきたりけるうた」という詞書のある七首のうちの四番目に据えられた一首であって、内侍のかみ（女官長）藤原満子の兄の藤原定国に対するほめことばを託しているのだから、植物としてのマツをうたったものと見做すことは不可能である。そして、あとの歌は、恋歌であれ挨拶歌であれ、ことごとく「待つ」の語呂合わせに終始している。

ついでだから、「待つ」の縁語として用いられた松の例歌も、その全部のものを列挙しておく。——

やどちかく梅の花うへ《ゑ》じあぢきなく松《待つ》人のかにあやまたれけり（巻第一春歌上、三四）

題しらず

さ月松《待つ》山郭公うちはぶき今もなかなんこぞのふるごゑ（巻第三夏歌、一三七）　よみ人しらず

山にほとゝぎすのなきけるをきゝてよめる

郭公人松山になくなれば我うちつけにこひまさりけり（同、一六二）　紀　貫之

さゝ　まつ　びは　ばせをば

いさゝめに時まつまにぞ日はへぬる心ばせをば人に見えつゝ（巻第十物名、四五四）　きのめのと

題しらず

さむしろに衣かたしきこよひもや我を松《待つ》覧《らん》宇治の橋姫（巻第十四恋歌四、六八九）

又は、うぢのたまひめ

こぬ人を松《待つ》ゆふぐれの秋かぜはいかにふけばかわびしかるらむ（巻第十五恋歌五、七七七）

ひさしくもなりにける哉《かな》すみのえのまつはくるしき物にぞありける（同、七七八）

住《すみ》のえのまつほどひさになりぬればあしたづのねになかぬ日はなし（同、七七九）　かねみのおほきみ

——この八首がそれである。

このように検討してくると、『古今和歌集』の歌人たちは、最初から、マツの植物美や造形美に眼を開いたことなどいちどもなかった、との帰結を導かないわけにはいかないのではないか。かれらが愛着し固執したのは、マツに付与されてある儒教的教訓であり、道教的憧憬であった。ウメの歌でも、キクの歌でも、モミジの歌でも、ことごとくこの流儀なのである。

だが、これが『古今和歌集』の特色であるとすれば、現代人のわたくしたちが非難をぶつけてみても致《いた》し方《かた》あるまい。それならば、いっそ、わたくしたちなりに、古典としてのこの歌集の本質を、より厳正により尖鋭に摑んでおくのが、正しい手だてとなる。とにもかくにも、この歌集は〝時間の篩《ふるい》〟に堪え畢《おお》せたのであるから。

もういちど確認しておかなければならないのは、つぎのことである。すなわち、『古今和歌集』の撰者および作者は、すべておのおの氏的系譜と官職上の地位と相互の〝人間関係〟とを背負ったうえで、それぞれの詩的才能を以て作家群のなかに加わっている、ということである。

そうであってみれば、勅撰の下命者たる醍醐天皇（その背後に宇多上皇の意志があったと考えられる）と、四人の撰者（紀貫之・紀友則・凡河内躬恒・壬生忠岑）と、業平・小町・僧正遍昭《へんじょう》以下の歌人群とを、個々の存在として取り扱うべきではなく、相互の社会関係や時代思潮のもとで、いわば〝統一体〟として享受するのが、いちばん正しい把握法だと思う。松田武夫は「古今集の撰述にあたっては、皇室関係の作者の集合ということが一つの中心に考えられ、その線で、相当の力量ありとされる作者が求められ、その登場が要請されたもののように受け取れる」（『平安朝の和歌』）と指摘し、また、とくに賀歌に関して「宇多・醍醐両帝の祖、光孝天皇と醍醐天皇の外戚にあたる藤原基経関係の人々の賀歌を収容排列している。ここにも、撰者の考え、従って、賀歌一巻の主題が存在している」（『古今集の構造に関する研究』）と指摘するが、けだし卓見である。春の自然を題材にして歓喜の感情を表出するときにも、秋の景物を詠み込んで抒情表白するときにも、『古今和歌集』の主題はただ一つ、宮廷社会の〝人間関係〟を「婉曲で優美な技巧」で「理知的」に「女性的」に表現することのみに集中化されていた。

もっとはっきり言ってしまえば、『古今和歌集』の世界にあっては、ウメやサクラやキクやマツを和歌に詠むことそれ自体が、臣下（宮廷官僚）の帝王（権力者）にささげる〝服従の儀礼〟を構成していたのである。

あまり単純に割り切ってしまっては、『古今和歌集』が包蔵する〝芸術創造〟の本体を見失うことになるが、少なくとも撰者たちによって思考された〝構造意識〟の視点から見直してみる場合には、律令国家的法治主義に取って替わる摂関制的閥族政治の台頭を背景とする、平安貴族の日常生活的感情のなかにはっきり自覚された「あはれ」「かなし」などの、憂悶や絶望のファクターが〝創造力の源泉〟となったということだけは確言し得る。しかも、事実の問題として、閨閥システムが日を逐うて強固になりつつあったから、爾余の人間が栄達の道を歩むか歩まないかに関しては、もはや運命の賽《さい》に委《ゆだ》ねるより仕方なくなった。そこで、この時代には、愚かしい占卜《せんぼく》術が幅を利《き》かすこととなった。わずかに、文才ある者が文学に縋《すが》って辛《かろ》うじて処世の道を開いた。娘を持った中流階級の親たちは、最後のチャンスをその娘の宮仕えに賭けた。——このようにして、九世紀終りごろから十一世紀中ごろにかけての〝摂関時代〟には、ひとびとは、藤原北家を原点とする人倫組織（社会関係）の推移変動に対して、絶えざる注意の眼を向けていなければ、真当《まっとう》な人生を送ることが出来なかった。それで、知識人たちは、春が来ても夏が来ても、恋をしても、旅行に出ても、物思いの果てにはきまって〝人間関係〟のことに考えが到り着いてしまうのである。山川草木に詠歎しても、その詠歎にはきまって人間関係のイメージが二重写しに重なって来てしまうのである。だから、『古今和歌集』が理知的であるとか繊細であるとか言われていても、その理知とか繊細とかの中身《なかみ》は〝人間関係〟に即して理知的であり繊細であるに過ぎない。そうなって、「からざえ」（権力者思考）の通用しない次元で、「やまとだましい」（人間関係の処方術）が効力を発揮することになるのである。

このように論旨を進めてくると、なんだか、『古今和歌集』はひどくつまらない歌集のように感ぜられるかもしれないが、はじめから〝和歌的抒情〟とはこれ以外にはなかったのである。『万葉集』も、一首一首を検討していくと、〝人間関係〟のアナロジー以外には出られないものが多い。中国の〝古代詩歌〟をお手本にして、詩は志《こころざし》をのべるだの、歌は言《げん》を永くするだの、と決めてかかったのであるから、それもやむを得なかった。ただ、『万葉集』でも『古今和歌集』でも、作者の実生活上の憂悶や不如意が自然描写に託されて表現されてある歌に衝《つ》き当たると、わたくしたち鑑賞者はつい涙を催してしまう。古今集歌人群のなかには、惟喬《これたか》親王・小野小町《おののこまち》を筆頭に、この種の作品もけっこう数多いのである。この女々《めめ》しさやメランコリーは、どう考えても、純粋な自然観照から生まれてくるものではない。むしろ、あべこべに〝人生観照〟から生みだされたものである。秀歌のみに限って言い得ることだが、新しい〝人生観照〟という新しい芸術次元を開拓したところが『古今和歌集』のいさおしになっているのである。

自然観の側面から見ていくと、『古今和歌集』は、春夏秋冬四季の部立《ぶだて》を明確化しシステム化している点で、のちのち日本文学や造形美術に大きな影響を与えることとなったが、それも、あくまで〝人間関係〟のうちに介入し混在する生活要素としての季節感をば構造的に意識していたのだ、というふうに見るべきである。人間の喜怒哀楽あってはじめて四季自然は美しく感じられる、との精神態度が、四季の部立を成立させた。その意味では、政治理念的にはなお〝古代詩歌〟の圏内にとどまりながらも、やはり少しずつは中国詩文の影響下から脱しつつあったと言える。変形と改良とが〝日本文化〟の真骨頂《しんこっちょう》であるはずなのに、中世・近世の歌学者（知識人）たちは、「古今伝授」などという神秘化の儀式をおこない、あべこべに固定化に専念してしまったのだった。

第二部　日本的自然観の形成と定着

「文章経国」「君臣唱和」の世界

——勅撰三漢詩集の自然観——

1　『凌雲集』の場合

『凌雲集《りょううんしゅう》』（正しくは『凌雲新集《りょううんしんしゅう》』という）は、『文華秀麗集《ぶんかしゅうれいしゅう》』および『経国集《けいこくしゅう》』と合わせて、ふつうに〝勅撰三詩集〟（〝勅撰三集〟という呼びかたもある）のひとつと称される。

『凌雲集』は、小野岑守《みねもり》（篁の父で、大宰大弐の時に九州農民の窮状を訴えて公営田《くえいでん》を設けるなど政治感覚が鋭く、のちに参議にまでのぼった）が、嵯峨天皇の勅を受けて編纂したわが国最初の勅撰漢詩集である。弘仁五年（八一四）成立で、菅原清公《きよきみ》・勇山文継《いさやまのふみつぐ》らと討議のあと、賀陽豊年《かやのとよとし》の閲を経て撰上した。本集には延暦元年（七八二）から弘仁五年に至る作者二十三人の詩九十首が収められているが、このうち、嵯峨天皇の二十二首、賀陽豊年および小野岑守の各十三首、淳和天皇の五首、菅原清公の四首の採録が特に目立つ。その他は大抵は一、二首を採録されたにとどまる。作者の配列は、初めに天皇を置き、位階の順序にならべるというように、身分官職によって配列する方式をとっている。そして、この配列方式こそは、本集が宮廷中心的＝貴族官僚的社会意識から生みだされたピラミッドであることを証《あか》している。宮廷中心的社会意識といえば、岑守は空海（この帰朝僧が漢学に秀でたことは当時名高く、またその漢詩文作法を記した『文鏡秘府論』は弘仁元年ごろ完成していた）とも深い親交があったにもかかわらず、本集においては空海の作品を一首も採録していないことなど、これも、宮廷以外の作者はすべてオミットするという思考にもとづいていたと思われる。書名《タイトル》の「凌雲」とは、すぐれた詩文の義であるが、これは『史記』司馬相如伝に「飄飄有凌雲之気」とあるに由来するといわれる。

特に注意しておく必要があるのは、この『凌雲集』巻首の小野岑守執筆にかかる「序」のなかに、この詩集のみならず〝勅撰三詩集〟の編纂理念（いや、むしろ進んで各作品を貫く制作理念と言うべきであるが）が提示されている点である。

まず、その「序」の内容を知っておこう。

序　　従五位上左馬頭兼内蔵頭美濃守臣小野朝臣岑守上

臣岑守言。魏文帝有レ曰。文章者経国之大業。不朽之盛事。年寿有レ時而尽。栄楽止二乎其身一。信哉。伏惟皇帝陛下。握二裒紫極一。御二弁丹霄一。春台展煕。秋茶翦繁。睿知天縦。艶藻神授。猶且学以助レ聖。問而増レ裕也。属二世機之静謐一。託二琴書一而終レ日。歎二光陰之易一レ暮。惜二斯文之将一レ墜。爰詔二臣等一。撰二集近代以来篇什一。臣以二不才一。忝承二糸綸命一。汙二代大匠一。傷手為レ期。臣今所レ集。掩二其瑕疵一。挙二其警奇一。以表二一篇尽レ善之未レ易。得レ道不レ居レ上。失レ時不レ降レ下。無レ言二存亡一。一依二爵次一。至レ若二御製令製一。名高二象外一。韵絶二環中一。豈臣等能所レ議乎。而殊被二詔旨一。敢以採択。冰夷讃洋詠井之見。不レ及二太陽昇景化草之明一。斯迷博レ我以レ文。欲レ罷不レ能。辱因編載。巻軸生レ光。猶二川含レ珠而永清。淵流レ玉而岸潤一。起レ自二延暦元年一。終二于弘仁五年一。作者二十三人。詩総九十首。合為二一巻一。名曰二凌雲新集一。臣之此撰。非二臣独断一。与二従五位上行式部少輔菅原朝臣清公。大学助外従五位下勇山連文継等一。再三議。猶有レ不レ尽。必経二天鑒一。従四位下行播磨守臣賀陽朝臣豊年。当代大才也。迨二縁レ病不レ朝。臣就問僃呈。更無二異論一。従レ此定焉。臣岑守謹言。（「校註日本文学大系」本に拠る）

この「序」の後半部分は、編纂プロセスと編纂に関係した人物とを明らかにしたものであるから、とりわけて問題とすることはない。問題とすべきは、劈頭に据えられた「魏ノ文帝有リレ曰ヘル。文章者ハ経国之大業。不朽之盛事ナリ。年寿有リテレ時而尽。宋楽ハ止マル二乎其身ニ一。信ナル哉」と提示された、詩集編纂および作詩理念が、いかなる概念内容を持つものであったかということについてである。

この「文章経国」の論は、明らかに『文選』所収の「典論」に収められた曹丕《そうひ》の論文からの引用である。平安初期知識人がこの文を熟知していたのは、正倉院文書に残る史料から推して、李善注『文選』に直接当たったたゆえと考えられるが、一方、当時かなり普及していた『芸文類聚』に抄録された抜萃部分を自己薬籠中のものとしていたゆえとも考えられる。しからば、「経国」とは何であったか。『令集解』巻二、職員令には「経レ邦論レ道」とあり、「古記云、経レ国、経者治也」と注解されているから、律令支配者には耳馴れたことばであったと思われる。『日本後紀』を見ると、桓武天皇の詔勅（延暦十八年六月五日）に「惟王経レ国、徳政為レ先」とあり、嵯峨天皇の詔勅（弘仁三年五月二十一日）に「経レ国治レ家、莫レ善二於文一。立レ身揚レ名、莫レ尚二於学一」とあるから、平安初期には国をあげての合言葉であったろうことも想像される。「経国」とは国を経緯＝経営することであり、この任に当たる官人は何にもさきがけて「文」（文華の道）の方法を学ばなければならない。要するところ、大学に学んで詩文に練達することを得た秀れた人材が官人（官僚）として国家経営（具体的には、律令支配体制の推進）に参加するシステムを確認したのが、この「文章経国」の修辞だったと言ってよい。

しかし、小島憲之の大著『国風暗黒時代の文学・中の（上）―弘仁期の文学を中心として―』は、『凌雲集』序について、この典論の引用は「時間の『うつろひ』と文学とのかかはりあひを述べたものであるが、永遠性を保つ詩文が物理的消滅を避けるためにこの詩集を編纂したことを意味する。そこには『文章』と『経国』との結びつきはなく、文学の政治性もない。文学自身のもつ純粋性、その不滅性のみが残る」と述べたのち、『文華秀麗集』が「その序の中に、『文章経国』の効用を述べずにその書名の示すごとく、『文華《あや》』の至上主義を力説したのは、典論の中のあやの面を強調したものと云へる」として、つぎのごとく「典論」の「文章経国」の概念を追究している。

魏文帝の述べた、「文章経国之大業、不朽之盛事」には、文《あや》についての二面性がある。一つはそれが経国の問題につらなり、他の一つは不朽性永遠性につらなる。前者は国家を治めると云ふ実利的な面をもち、後者はそれ自身の性格、本性を示す。しかも「文章《あや》」がこの二つの面をもつことは、全体として眺めると、周漢以来の儒学に代つて、文学の独立性を示しながらも、なほその実利的功利的見地を完全には脱してゐなかつたものとみるべきである。また文心雕竜（程器篇）に、

摛ㇾ文必在ㇾ緯二軍国一、負ㇾ重必在ㇾ任二棟梁一。窮則独善以垂ㇾ文、達則奉ㇾ時以騁ㇾ績。若ㇾ此文人、応二梓材之士一矣。

とみえるが、これは、「文筆を執《と》る目的は必ず軍国を横糸とすること（軍国への治政参加）にあり、重任を背負ふには必ず国の棟梁《うつばり》に任用されることが望まれる。報いられぬ時にはひとり文章をものし、逆に栄達の時にはそれを承つて功績を馳せる。このやうな文人こそは理想的人材と云へる」、と云つた意で、やはりこれも文章の経国性を説く。六朝時代に降つても、文学は必ずしも独立性をもつものとは限らず、完全に政治から開放されてゐたわけでもなかつた。

この典論の「論文」の説が弘仁・天長期の文化的文学的スローガンとなつた理由については、種々の原因が推測されるであらう。しかしやはり一言にして云へば、当然のことながら嵯峨天皇の、詩を主体とする異国文学の愛好によることが最も大であつたと云へる。その在位及び退位後に「あや」の結晶、即ち勅撰三大詩集がつぎつぎに生れたが、何らかのスローガンを掲げることは詩集成立の趣旨に必要なことであつた。奈良朝以来、文献によつて移入されてゐた文学論の中には、前述の如く、毛詩大序にみる如き「詩は志の之《ゆ》くところなり」式のものもあり、また陸機の文賦にみる如き、「縁ㇾ情体ㇾ物」式のものもあつた。しかも文華秀麗集序にみる如く、「君唱へ臣答《こた》ふ」式の君臣唱和の世界にこれらを移入するには――これらは文学の本質を捕へてはゐるが――、それは

あまりにもことの小さい、ささやかな文学論であつた。ともに政治家であるべき君主と臣下とが「あや」の世界に遊ぶためには、たとへうはすべりで過大な空言であらうとも、国を経営すべき「経国」の問題を導入すべきであらう。ここに典論の文学評論をあやの世界に導入した縁《えにし》がある。

（第一章　序説、二「文章は経国の大業なり」）

たしかに、この小島説は卓見であるが、しからば、勅撰三詩集は〝文華至上主義〟に徹していたかというと、どうも、そうとばかりは断定し切れぬように思われる。それについて、しばらく考え直してみよう。

勅撰三大詩集は、嵯峨天皇の治世に二つ、淳和天皇の治世に一つ、わずか十二、三年間に三回までも編まれた計算になる。これは、嵯峨天皇を頂上に仰ぐ〝唐風的〟宮廷文化の興隆がいかに華々しいものであったか、ということを如実に証明している。ふつう文学史家が説くように、平安時代の漢文学は、嵯峨帝の弘仁期から醍醐帝の延喜期（九〇一〜九二三）までが隆盛時代で、村上帝の天暦期（九四七〜九五七）以後には衰退期に入ってゆくと見てよい。この隆替のプロセスを政治史に結びつけて把え直してみると、平安時代の漢文学は律令制のもとで興隆を果たし、摂関制のもとで衰退の一途を辿った、と見ることができる。和歌や物語文学は、律令制が内在的矛盾によって動揺する延喜期以後に盛んになってくるのだけれど、その観点から見直すと、純粋に日本漢文学が興隆期を現出した弘仁期の文化は、やはり、律令制のなかでも余程特殊な政治機構を反映していることに突き当たらざるを得なくなる。じっさいに、九世紀前半の三十数年間は、同じ親政ではあっても、前二代（桓武および平城）と区別される極めて特異な「親政三代」が続いたのである。

北山茂夫『王朝政治史論』は、「〔平城〕上皇の叛を鎮圧することにより、かえって、嵯峨天皇とその政府が安定をかちえた。これ以後、淳和《じゅんな》をへて仁明《にんみょう》の八四二（承和九、嵯峨上皇の歿年）年にいたる親政三代は、たしかに、桓武朝のさまざまの遺産をうけつぎ、したがって、政治史的には、共通の点がすくなくない。しかしそれとは大いに異なる傾向が著しく現われている」（第一章律令的デスポティズムの動揺と傾斜、二嵯峨以後親政三代）として、二つの特異点を挙げている。「第一として、上皇、また天皇の、国政指導からの後退であろう。別のいい方をすれば、親政という形態は前代とかわりはないが、執政への熱意が欠け、親政は形骸化への傾向をはらんできた。……弘仁年代の唐風的というべき文運の勃興は、主として嵯峨の好みに負うことは、何人も否定できないであろう。国政にうちこんだ父桓武あるいは兄平城とは、すこぶる異なるこの帝王の風格である」（同）。「第二に指摘したいのは、嵯峨による大家父長制の形成の問題である。古代史家はよく藤原氏らを先頭とする氏長者制を論じるが、それにさきだつ典型は、皇室における嵯峨の場合である。……嵯峨には、同母兄の平城との争いが痛い体験であった。上皇の離反の前後、さらに出家して平城旧都に隠棲するかれに心を遣いすこぶる鄭重に対処して調和につとめた。嵯峨のあとをついだ淳和は、異母弟であり、その皇后は、嵯峨の女正子内親王で、恒貞親王をもうけた。淳和は、嵯峨の子正良《まさなが》親王に位をゆずった。その仁明は、恒貞親王を皇太子にたてた。かくして、嵯峨は、一林の風をもとめて嵯峨に住まうようになっても、その死にいたるまで淳和、仁明の背後の大家父長的存在であった。……嵯峨は、天皇あるいは上皇として、皇統関係を軸に、近い皇族はいうまでもなく王族をひろく統轄して、王権そのものの安定をはかり、臣下、とくに、藤原氏の介入を容易にゆるさなかった。だからといって、藤原氏を疎外したわけではない。かれは、その女源潔姫《きよひめ》を右大臣冬嗣の二男良房の器量をみこみ、嫁がせているのである。清和朝の摂政良房も、親政三代の時期には、嵯峨の大家父圏の一隅にささやかな席を占めていた」（同）。この第一点と第二点とが相関連して、親政三代の政治形態（特に宮廷貴族の組織形態）をあらわしていた。それは、北山説によると、皇権の低落を意味する一方、天皇ないし上皇が新時代の趨勢に対応して桓武的タイプから一歩踏みだしたものだという。「天皇が国政指導から後退した以上、台閣の人々に、その主導権が移ってくる」（同）のは当然だったし、藤原冬嗣・園人・緒嗣《おつぐ》、小野岑守・篁、文屋綿麻呂《ふんやのわたまろ》、伴善男《とものよしお》ら有為の政治家が多数活躍するようになっていった。これら有為賢明の高官たちは、文学や宮廷遊戯の面では「嵯峨ら帝王の好尚に同調しつつも、関心は、衰頽への傾斜をかくせぬ国家の内情に深くそそがれていた」(同)。事実問題として、班田収授の崩壊、地方農民の窮迫、浮浪人の続出など、中央政府として解決を迫られた難問が山積しており、新たに国政指導の主導権を担いつつあった貴族官僚の役割は大きかった。

このように見てくると、『凌雲集』の作者がことごとく天皇、皇族、貴族官僚に限られるといっても、この漢詩集は、必ずしも宮廷内の〝みやび〟を形象化したにとどまるものではなかった。もっとはっきり言えば、宮廷内部で〝みやび〟を楽しめば楽しむほど、そのぶんだけ余分に専制的支配のエネルギーは高揚していたのである。しかし、一応、〝みやび〟といえば、そのうち、〝あそび〟の要素が九十五パーセントぐらいを占めていることは確実であろう。ただ、あとの五パーセントぐらいに関しては、人間としての（少なくとも政治担当者としての）真実の声が聞かれないでもないのである。収録作品のなかにも、たとえば、つぎのような三篇があって、読む者を驚かす。——

従五位上行大外記兼因幡介上毛野朝臣穎人一首

春日帰リレ田ニ直チニ疏ス

干メレ緑ヲ終ユノ無レ験。帰リレ田ニ入二弊門一ニ。庭荒レ唯壁立チ。籬失ヒ独リ花存ス。空シクシレ手ヲ飢方ニ至ル。低レ頭ヲ日已ニ昏ル。世途如クレ此ノ苦シ。何レノ処カ遇ヘン二春恩一。

従五位下行日向権守淡海真人福長満三首

早春田園

寒牖五出ノ花。空厨一罇ノ酒。已ニ迷フ帝王ノ力。安ゾ弁ゼン天地ノ久シキヲ。四分一頃ノ田。門外五株柳。羞メテ堪ヘタリレ助クルニ二貧輿ヲ一。何ゾ更ニ貪ラン二富有ヲ一。

言レ志

孤樹輪困久シク。三秋零落ノ期。風霜日夜ニ積ミ。栄曜待タン二何レノ時ヲカ一。

あるいは、この三篇の詩とても、スタイルを『文選』に求めただけの（じっさいに、『文選』にはこういう作品は幾らでも見いだし得るから）ほんの〝あそび〟もしくは形式的な学習に過ぎないのかも知れない。よしや、そうであったとしてもかかる主題の詩をわざわざ選んで載せた撰者小野岑守の精神的姿勢には、やはり注目せずにはおられない。『万葉集』に山上憶良「貧窮問答」を選び入れた編纂者（かりに大伴家持としておくが）の姿勢に較べた場合にも、『凌雲集』撰者のほうがずっと真剣に農村の荒廃や地方官の苦悩を理解しようとしているのではないか。律令制デスポティズムも、九世紀に入った段階になると、相当に被支配層に対する譲歩を余儀なくされているのである。

そういう大切《たいせつ》な側面を看取した上で、もういちど冷静な気持ちに戻って『凌雲集』を読解鑑賞してみる時に、あれほど六朝の詩文を熱心に学び且つ倣《まね》んだ平安初期貴族漢詩人が、けっきょくは、帝王貴族の宴会で作られた六朝前期の詩からのみ栄養を摂取し、そこに強調せられた〝帝王中心〟の政治思想のみを再生産するほかなかったことの、避けがたい必然性を見いださざるを得ないであろう。この点で、一般に平安時代の漢文学は近江・奈良朝の連続だと評されている学説（山岸徳平）を再確認する必要がある。ただし、それは、六朝隋唐のスタイルの模倣だったという以上に、漢詩文を取り扱う文人貴族の精神的姿勢のなかに天皇制デスポティズムの再生産という意図がはっきり存在した、という意味においてである。同じ六朝詩でも、その後期にあっては江南の美女がうたわれ、文学素材は階級的にも地域的にも大衆化されているのだが、日本に渡ってくると、大衆化の変化過程を辿る文学思考のほうには停止信号がかけられてしまい、ついに、漢詩文といえばもっぱら官僚貴族の独占物に限られるように変化してしまった。『文選』に収められた老荘的隠遁者の詩も、神仙に心を遊ばせる詩も、けっして反体制的思考とは受け取られず、日本へ来ると、たちまち高位高官の貪欲極まるユートピア奪取の思想へと変質させられてしまった。当然ながら、わが『凌雲集』もそのような歪曲を犯している。歪曲を犯したのは、日本人そのものの感性が劣っているからではなく、その時代の社会構造なり政治体制なりがそのことを強いたためである。「文章経国」「君臣唱和」の詩文観および美学（このなかには自然観も含まれる）は、けっきょくは、中国的専制支配の仕方を学習することのほうに急だった日本律令支配者の考え方を増幅＝補強したものだったと言うべきである。

既に、わたくしたちは、『凌雲集』の性格を作りあげた要因が「嵯峨以後親政三代」の宮廷社会の政治イデオロギーと不離の関係に在ることを知った。『凌雲集』は、単なる宮廷サロンの産物とのみ解してはならないのである。そこで、わたくしたちは、『凌雲集』の作例に当たってみなければならない。

つぎに掲げる六首は、集中の傑作詩篇である。

太上天皇　御製二首

詠ズ二桃花ヲ一　一首

春花百種何レヲカ為スレ艶ト。灼灼タル桃花最モ可シレ憐ム。気ハ則チ厳タリ兮応《マサ》ニレ制スレ冠ヲ。味ハ惟レ甘シ矣可シレ求ムレ仙ヲ。一香同ジク発シ薫ジ二朝吹ニ一。千笑共ニ開キ映ズ二暮煙ニ一。願ハクハ以テ成サンレ蹊ヲ枝葉ノ下。終天長樹玉階ノ辺。

賦ス二桜花ヲ一

昔在リ二幽岩ノ下ニ一。光華照ラス二四方ヲ一。忽チ逢ヒ二攀折ノ客ニ一。含ミテレ笑ヲ亙ル二三陽ニ一。送ルレ気ヲ時ニ多少。乗ジレ陰ニ復短長アリ。如何ゾ此ノ一物。擅ニスル二美ハヲ九春ノ場ニ一。

御製二十二首

神泉苑ノ花宴ニ賦スル二落花ヲ一篇

過半ノ青春何ノ所ゾレ催ス。和風数重百花開ク。芳菲歇尽セバ無シレ由レ駐ムルニ。爰ニ唱ヒ二文雄ヲ一賞宴来ル。見取ス花光林表出ヅルヲ。造化寧ゾ仮ランレ丹ノ青筆。紅英落ツル処鶯乱レ鳴シ。紫蕚散ズル時蝶群驚ク。借問ス濃厚何レニカ独リ飛ブ。飛ビ来リテ満チレ坐ニ堪ヘタリレ襲フニレ衣ヲ。春園遥カニ望メバ佳人有リ。乱雑繁花相映輝シ。点珠顔綴駘瞏トシテ吹ク。人懐ノ中。嬌態閑カナリ。朝ニ攀チレ花ヲ。暮ニ折ルレ花ヲ。攀チレ花ヲ力尽キ衣帯賒ス。未ダレ厭ハ二芬芳ヲ一徒徒倚シ。流連シ二林表ニ一晩光斜ナリ。妖姫一タビ盻ビニ已ニ為スレ楽シト。不レ畏レ春風総テ吹落スルコトヲ。対シ二此ノ年美ニ一絶エテ何ヲカ憐マン。一時ノ風景豈空シク捐テンヤ。

重陽節神泉苑賜二宴群臣一。勒二空通風同一

登臨初九日。霽色啓二秋空一。樹聴寒蝉断。雲征遠鴈通。晩蘂猶含レ露。衰枝不レ裊レ風。延二祥盈一把レ菊。高宴古今同。

九月九日於二神泉苑一宴二群臣一。各賦二一物一得二秋菊一

旻商季序重陽節。菊為レ開レ花宴二千官一。蘂耐二朝風一今日笑。栄霑二夕露一此時寒。把盈二玉手一流レ香遠。摘入二金杯一弁レ色難。聞《きくならく》道仙人好所レ服。対レ之延レ寿動心看。

従五位下行内膳正仲雄二首

謁二海上人一韵勒二遇、樹、住、澎、句、孺、務、霧、芋、聚、賦、趣一。

道者良《まことニ》雖レ衆。勝会不レ易レ遇。寝興思二馬鳴一。俯仰謁二竜樹一。一得レ遭二吾師一。帰二貪□一寓住。飛流馴二道眼一。動殖潤二慈澎一。字母弘二三乗一。真言演二四句一。石泉洗レ鉢童。鑪炭煎レ茶孺。眺矚存二閑静一。栖遅忌二劇務一。宝幢払二雲日一。香刹干二煙霧一。瓶口挿二時花一。瓷心盛二野芋一。磬鳴員梵徹。鐘響老僧聚。流覧笠乾経。観釈子流賦。受二持灌頂法一。頓二入一如趣一。

（「校註日本文学大系」本に拠る）

第一首目。「太上天皇」とは平城天皇をさす。この詩は、その東宮時代の作品である。この「詠桃花一首」については山岸徳平の論評がある。「懐風藻中の詩は五言であり、格調は、魏・晋又は初唐の四傑等の格調と類するものである。然るに、この詩が七律である点は、盛唐の律詩の盛況による感化に外ならない。但し、まだ、白楽天の詩などに比しては、幾分の生硬の感がある」（『日本漢文学研究』、中古漢文学史）と。桃は中国原産の植物で、木そのものにも果実にも邪気を祓《はら》う呪力があると信じられ、その信仰習俗が早くから日本に入って諾冉《だくせん》神話の「黄泉平坂」の死霊撃退の段に登場する。しかし、実物は奈良時代の中ごろになって渡来したらしい。この詩の「灼灼桃花最可レ憐」は『詩

経』周南篇の「桃之夭夭、灼灼其華、之子于帰、宜二其室家一」を踏まえたものだろうし、「味惟甘矣可レ求レ仙」は陶淵明「武陵桃源」の記事を念頭に浮かべたものに相違ない。「願以成レ蹊枝葉下」は『史記』の「桃李不レ言。下自成レ蹊」を踏まえ、「終天長樹」は神仙思想のシンボルとして用いたものであったろう。つまり、中国流の思考に貫かれているところがこの詩の取り柄《え》だということになる。

第二首目「賦桜花」は、平城天皇時代には桜がまだ中国的な〝霊木〟と見做されていたことの有力な証拠になる。「昔在幽岩下」とは、やはり魏晋的ユートピアの思想としか他に解しようがない。「光華照四方」以下の表現も、神仙思想を踏まえている。けっきょく、桜花は、第一首目の桃花と全く等同《とうどう》に時空を超越した神話的世界のシンボルとして用いられたところに詩的重たさが実現されていると言える。

第三首目の「御製」とあるのは、嵯峨天皇の作品の義。「神泉苑」は平安京禁苑の一つ。もともと、桓武天皇の延暦奠都に際し、周の文王の苑囿になぞらえて造営されたところで、歴代の天皇がしばしば此処に臨幸遊宴した記録が残っている。この詩は、神泉苑での晩春ガーデン・パーティの席上で、嵯峨帝が「落花」を詠んだもの。落花といっても、平安中期以後に定まったあの桜花散落をさす概念ではない。第二聯に「和風数重百花開」とあるように、春にこぞって咲き揃う花木や草花の、つぎつぎに咲き終え咲き散るさまを総称して「落花」と呼んだのである。第七聯「紅英落処鶯乱鳴」、第八聯「紫蕚散時蝶群驚」は、明らかに、梅花の散ったあとに飛び来たった鶯の戸惑いと、桃花の散じたあとに舞い来たった蝶の群れの狼狽ぶりをうたっているのである。そして、第十一聯に及んで「春園遙望佳人有」と提示し、あとは〝花の精〟もしくは〝美人の出現〟にテーマを絞っていき、最終二聯「対二此年美一絶何憐。一時風景豈空捐」に至って自己感懐を叙して終わる。いかにもゆったりとした、いかにも大陸的な、春の気分の描きかたである。

第四首目および第五首目は、同じく神泉苑での重陽節ガーデン・パーティの作品である。第四首目では第七聯「延二祥盈㆒把㆑菊」が問題になる。めでたい徴候ばかりがいっぱいになった時点で、あまつさえめでたい菊の花を摘んだ、というぐらいの意か。めでたい酒杯に菊を入れた、という意にも解し得る。第五首のほうで、問題になるのは第六聯の「摘入㆓金杯㆒弁㆑色難」だが、菊を摘んで金製のカップに入れたところ色の識別がつかなかった、ぐらいに解しておけばよかろう。この詩の第七聯「仙人好所㆑服」と第八聯「延㆑寿」とは、神仙思想に拠っている。そうなると、これら二篇の詩も、徹頭徹尾、中国の文物を手本として宮廷儀礼を執行したときのモティーフというに尽きる。

さて、第六首目であるが、作者の仲雄《なかお》王《おう》は、本集のあとの『文華秀麗集』においては撰進にあずかり且つ序文を作成しているほどの重要人物であるのに、出自《しゅつじ》に関しては全く未詳である。『文華秀麗集』序によると「大舎人頭兼信濃守」とある。『経国集』目録には「従五位上行信濃守」と見える。題名の「謁㆓海上人㆒」の海上人とは、空海上人（弘法大師）をさす。前述のごとく、新帰朝の空海は漢文学の指導者として文人貴族たちの尊敬を集めていた。「韵勒」云々については、岡田正之『日本漢文学史』に「探韻・勒字といへることあり。源氏物語等にも見ゆる所なるが、続日本後紀に探勒の語あり。蓋し詩を賦するの際に韻字を探り得て之を韻礎となすなり。懐風藻に藤原宇合が『暮春曲宴南池』の詩の序に『探字成篇』と云ひ、……即ち探韻の初をなししものにして、凌雲・文華・経国には其の例多く、例へば嵯峨帝の『重陽節神泉苑賜宴諸臣。勒空通風同』の如き、藤原冬嗣の『神泉苑雨中眺矚。応製一首。探得初字』の如き、即ち探韻勒字の例にして其の類頗る多し。……懐風藻に已に此の如きあれば、探韻は或は六朝の遺風ならん」（第一篇朝紳文学時代、第三期平安朝前期）という解説がある。つまり、この五言詩は、全くの〝中国ぶり〟を覗《ねら》ったところに制作動機が在る。作者が空海に面会したのも、この高僧から真言密教に関する知識を得んがためではなく、明らかに、このハイカラ文化人から作詩法を教わりたいためであった。したがって、詩篇全体に漾《ただよ》っている調子《トーン》は、物珍しそうにカテドラルの内外周辺を眺めわたし、模倣し得る対象はないかという好奇心をつらねた点に見いだされる。第十七・八聯「瓶口ニ挿ミ㆓時花ヲ㆒、瓷心ニ盛ル㆓野芋ヲ㆒」（花瓶の小さな口には季節の花が挿してあります、磁器の中には野趣溢るるヤハズイモをいけてあります）という描写は、先入主なしで読解享受するならば、新帰朝の文化人の生活環境をスケッチして、自分も家に帰ったらこういうマナーを学び取りたいなと詠歎しているとしか解釈できないはずである。

かくのごとくして、平安初期律令支配階級の文化創造の行為それ自体が、中国からの新帰朝知識人のもたらしたこのハイカラ美学によって〝新しい局面〟を迎えることとなったのである。特に注意して頂きたいのは、この第六首目の「謁二海上人一」詩に見える「瓶口挿二時花一、瓷心盛二野芋一」の対句が、とうてい、あの抹香臭《まっこうくさ》い供華《くげ》を詠んだとは見做しがたい点である。これまで、〝いけばな前史〟というと、疑わずして仏前供華に淵源を求めてきたが、どうもそうではないのではないかという気がする。私見を押し付ける気持はないけれども、〝いけばな前史〟はやはり中国（唐）からの直輸入というルートを今後探《さぐ》ってみる必要があるのではなかろうか。

2 『文華秀麗集』の場合

『文華秀麗集《ぶんかしゅうれいしゅう》』は、平安朝初期の日本漢文学を代表する勅撰三詩集の二番目のアンソロジーで、極めて高水準の出来ばえを示すものである。本集巻頭の「文華秀麗集序」によると、「凌雲集者、陸奥守臣小野岑守《ヲノノミネモリ》等之所レ撰也。起二於延暦元年一。逮《オヨブ》二于弘仁五載《ゴネン》一。凡所二綴緝《テイシフ》一九十二篇。自レ厥《ソレ》以来。文章間出。未レ逾二四祀《シシ》一。巻盈二百余一」と見える。すなわち、先行する勅撰第一詩集『凌雲集《りょううんしゅう》』が撰修せられた弘仁五年（八一四）から四年目の弘仁九年（八一九）に『文華秀麗集』が成立したことが擬定せられる。嵯峨天皇の勅命を奉じて、藤原冬嗣《ふじわらのふゆつぐ》・仲雄王《なかおおう》・菅原清公《きよきみ》・勇山文継《いさやまのふみつぐ》・滋《しげ》野貞主《ののさだぬし》・桑原腹赤《くわはらのはらあか》らが共同撰修に当たり、配列形式は主として『文選《もんぜん》』の部門に倣《なら》った。分類された十一の部門とその詩数は左のごとくである。

遊覧　一四　　宴集　四　　餞別　一〇　　贈答　一三　　詠史　四　　述懐　五

艶情　一一　楽府　九　梵門　一〇　哀傷　一五　雑詠　四八

このうち、宴集は『文撰』の公讌《こうえん》に同じであり、艶情は『文選』の賦に比定せられようから（全く異なるのは梵門の一部門のみである）、いかに『文選』の影響を強く受けているかがわかる。そういえば、文華秀麗なる書名も、『文選』の編者である昭明太子のもう一つの編著『古今詩苑英華集』からヒントを得て名づけられたように考えられる。各部門中の詩の配列方式は必ずしも尊卑の身分に関係がないことも特色で、作品数の多い順にあげると嵯峨天皇（三十四首）、巨《こ》勢識人《せのしきひと》（二十首）、仲雄王（十四首）、桑原腹赤（十首）、淳和天皇および小野岑守（八首）、菅原清公（七首）、滋野貞主・朝野鹿《あさののか》取《とり》・王孝廉（五首）、良岑安世《よしみねのやすよ》（四首）で、他はほんの一、二首に過ぎない。作者総数二十八人（序に二十六人とあるのは、嵯峨・淳和両帝を崇《たっと》びて数に算入しなかったためであろうか）、詩の総数百四十三首（現存本は巻末の五首闕佚《けついつ》）、巻上巻中巻下の三巻立てとなっている。

前述のとおり、嵯峨天皇（在位八〇九〜二三）は、無類の中国贔屓《びいき》であり、唐風文化の積極的な移植によって文化国家の建設を図ろうとし、特に『弘仁格式《こうにんきゃくしき》』『新撰姓氏録《しんせんしょうじろく》』などの編纂や宮廷儀式の再編をおこない、実質的に唐風の礼法を採用し、個人的にも徳行の範を垂れた人物であった。自身〝日本三筆〟のひとりに数えあげられるほどの芸術家であり、げんに『凌雲集』においても最多作品数二十二首を記録し、今また『文華秀麗集』においても三十四首を記録して、名実《めいじつ》倶に唐風文化指導者ナンバー・ワンなのであった。斯様《かよう》などえらいインテリが玉座《ぎょくざ》に座している以上は、国を挙げて唐風一辺倒の思潮に棹《さお》さしたのも当然の帰趨《きすう》であった。そして、当時として（つまり中国や朝鮮に較べて）後進国でしかなかった日本は、こういう形によってのみ遅刻を挽回することが可能だったのである。中世の蓋あけが同様に宋元《そうげん》一辺倒であったし、近世の幕あけが切支丹渡来であった（ただし、一辺倒ではなかったが）し、また明治の文明開化が欧米一辺倒であったことを考えると〝日本文化〟形成の基本図式が嵯峨帝の「弘仁《こうにん》の治《ち》」に既に収約されてあるようで、いろいろ教えられることが多い。古くは聖徳太子の仏教一辺倒が〝祖型《アルケテュポン》〟を成すものであった。島国の文化は、いちどは外来文化に一辺倒になる以外には、ついに自律的＝内発的発展を果たし得ないのではなかろうか。

簡単にいえば、唐風模倣一辺倒の思潮は、その当時の尖端をゆく〝新しがり〟もしくは〝ハイカラ趣味〟であった。日本人の思考構造の中では、〝新しさ〟ということが必ず重要な価値基準になる。一つには、もともと固有の文明的枠組《パラダイム》が無いために、常に先進国の文明を追っ駈け廻していなければならなかったという理由が考えられる。二つには、古い民族宗教のうえで、生産力が衰退した古い精霊は遣《や》らわれて、代わって若々しい活動力に満ちた〝新魂《あらたま》〟が招《お》ぎ覓《もと》められる、という信仰が行なわれていた理由もある。大雑把《おおざっぱ》にいえば、この二つの原動機《モーター》がフル回転して、日本人は、絶えず波状的に滲透して来る外来文化を受容し折衷し綜合するという作用のうちに、いわゆる〈日本的なるもの〉を創造して来たのであった。〈日本的〉ということを純粋種に限定してしまうと、計量器にはゼロという目盛《めもり》が現われる。

嵯峨天皇の中国趣味は、ちょっと目には、何か反日本的であり反愛国的であるような印象を与えるかも知れない。もしこれが天皇の趣味もしくは文化政策でなかったら、後代の歴史家はさぞかし非難を加えたことであろう。げんに、明《みん》の銅銭やニューファッションが欲しくて、臣礼をとった足利義満は、その朝貢の姿勢について屈辱外交の極致のように非難されたものである。近代になってからでも、鹿鳴館に殴り込みをかけた国粋的壮士よろしく、唐風模倣政策を積極的に推進した平安初期インテリは、さぞや筆誅を浴びたことであろう。ところが、事実は、嵯峨帝の〝新しがり〟ないし〝ハイカラ趣味〟が、のちのちどんなにか王朝文化興隆の下地《したじ》になったかということを考えると、このことは、われわれにとっても本当に〝好運《グッド・ラック》〟な出来事であった。現象された文化形態は唐風急追というかたちをとったけれども、活力《エネルギー》の ὕλη《ヒュレー》（質料）はまさに〈日本的なるもの〉の極致であった。

じつは、このことは、嵯峨帝時代の知識階級が悉《ことごと》く日本の固有氏族に属していた事実からも窺《うかが》い得る。奈良朝に撰修せられた『懐風藻』（七五一）の作者六十四人のうち二十人の多きを数えた諸蕃《しょばん》の人（帰化族）は、『凌雲集』になると、二十三人のうち僅かに四人（菅野真道・仲科善雄・高丘第越・坂上今継）に過ぎず、また『文華秀麗集』においても二十六人中四人（坂上今雄・坂上今継・仲科善雄・錦部彦公）に過ぎない。しかも、これら六人は貴族に属するから、既に漢詩が帰化人の手から完全に離れて固有氏族に移ったと見てよい。文学のうえばかりでなく、『弘仁格式』などの法令も日本人が作成したのだから、たいした学習効果を挙げたことになる。

弘仁時代の文化思潮が必ずしも〈日本的なるもの〉の外《そと》に在ったものでない事情を説いて来たが、もちろん、それは結構ずくめという意味合いから然《しか》く論評したのではない。冷静且つ厳格な批評眼を下《くだ》せば、やはり外形的虚飾のみに思いを凝らして内容の充実しない浮華の傾向が著《いちじる》しかったことをも認めざるを得ない。

文学に関してだけ言えば、漢文学が隆盛を極めたのは、唐朝文学全盛の影響に由来するが、日本において流行した文章は六朝《りくちょう》ならびに初唐の時期に栄えた四六駢儷文《しろくべんれい》の模倣であった。本国《ほんごく》の唐では韓愈（七六八〜八二四）や柳宗元（七七三〜八一九）が出て六朝浮華の文を革新したのであるが、韓柳《かんりゅう》ともに日本の弘仁年間に相当する時代に出現した古文の作者であってみれば、これの輸入紹介されるのがずっと遅れるのは当然であるし、またそのような機運に直ちに共鳴し得ないのも当然であった。したがって、唐風模倣に精一杯の努力をした『凌雲集』『文華秀麗集』が虚飾を主とする内容空疎な美文調に陥ることも、避けがたい運命に在った。修辞上の苦労とか調子（音楽）の上の快感とかは、たぶん後世の謡曲や道行文に良い意味での痕跡を残したに違いないと想像されるが、なんにしろ文学的内容としては奥行に乏しいことは否定しようにも否定しきれない。形式から見ると、『凌雲集』は七言が大部分を占めて、明らかに初唐の風を見ることが出来る（『懐風藻』は多く五言で、陳隋の詩風を模していた）し、『文華秀麗集』も七言律が最も多く、次に五言律と七言絶句とが多いので、既に全く唐風模倣に成功していると言えるけれども、文学的内容において彼此《かし》の差異が生起したのである。ちょうど現代の日本人が英詩を作ったみたいなもので、努力すればするほど末梢部分にだけ神経が行き届き、かえって作者の本当の気持ちから遠ざかってしまうのである。けっきょく、充分な自信もないものだから中国人とか渤海人（『文華秀麗集』宴集に作品が掲載されている王孝廉《おうこうれん》は大使であり、釈仁貞《しゃくじんてい》は録事であった）とかに見てもらい、もし褒められでもすれば忽ち有頂天になる、というような事態も起こるのであった。

しかし、なかには巨勢識人《こせのしきひと》（経歴は不詳である）のような素晴らしい作者も厳然として存在していた。詩人に天稟《てんぴん》の内在的リズムと韻律配合の適確性とがマッチして、なんど読んでも感心させられる。

秋日別二友人一。一首。　巨　識人

林葉翩翩《ヘンペン》秋日曛《クレ》。行人《カウジン》独向辺山雲。唯余《タダノコスハ》天際孤懸《ヒトリカカルツキ》月。万里流光遠送《ヲ》レ君《ノミ》。

識人に留学の経験があったかどうかが問題となるところであるが、矢張り一種の天才と見て、差し支えないのだろう。「闘百草」（この作品は、あとで掲げることにする）も傑作である。巨勢識人（巨識人とあるは、姓の一字を略して三字となし、唐国人に模したもの、このスタイルは『文華秀麗集』『経国集』を以て嚆矢となす）には、また「春閨怨」「春情」の秀篇がある。

奉和春情。一首。　巨　識人

孤閨已遇芳菲月《ホウヒノツキ》。頓《タチマチニ》使二春情幾許紛《イクバクカミダレ》一。玉戸愁レ褰《カカグルヲ》蘇合帳。花蹊《ヒクニモノウシ》嬾レ曳石榴裙。鶯啼二庭樹一不レ堪レ妾。雁《カリガネ》向二辺山一難レ寄レ君。絶恨竜城征客久。年年遠隔万重雲。

この詩は嵯峨天皇の「春情」（春のねやの女の物思い）に和した作品だが、孤閨を守るやり切れぬメランコリーが歌われてある。「春閨怨」も嵯峨天皇の作品で、これに唱和した菅原清公・朝野鹿取両人の七言詩も集中のずば抜けた作品であるが、巨勢識人のそれは「妾年《ワレトシ》妖艶二八時。灼灼容華桃李姿。幸得三良夫憐二玉貌一。鬱金《ウッコン》帳裡薦《ススム》二蛾眉一」と歌い起こされる美しいバラードで、戦場に赴いて帰らぬ夫を思い、「愁向《ヘテ》二高楼一明月孤。片時枕上夢中意。幾度往還《ユヤカフ》塞外途」で終わる切切《せつせつ》たる閨中怨坐の情が描かれている。こういう詩になると、もはや初唐詩の模倣というにとどまらぬ、それなりの人間的真情が紛《まぎ》れ込んでいる。

けっきょく、『文華秀麗集』の傑作は「秋日別二友人一」「和二春閨怨一」「観レ闘二百草一」の三つのモティーフに限定されると見てよい。史家の評価も大体《だいたい》一致しているようである。そのいずれの傑作詩にも巨勢識人が一枚加わっているが、識人は恰《あたか》も万葉における柿本人麻呂のごとき大詩人なのだから、それも当然である。

漢詩のホーム・グラウンド中国においては、詩といえば「志を述べる」ものとされ、一定の共同社会《ゲマインシャフト》的連帯感を発想基準にして現実や人類の運命に対する「慷慨之志《こうがいのこころざし》」を訴えることが詩の成立するための必須《ひっしゅ》条件になっている。自然を諷詠する場合にも、この志が無いと詩にはならない。それほど早くから古代儒教の政治主義が原理化され、人間の素《す》のまま生《き》のままの感情や呪術的生活技術が政治のうちに包括＝吸収されたのであった。改めて指摘するまでもなく、日本の漢詩もまた、中国文人流の「慷慨之志」の含まれぬ次元では開花しようがなかった。深い思索をとおした古代儒教の咀嚼がなされずに終わったことはたしかだが、表面的な模倣だけはなし畢《おお》せた。自然諷詠でも、儀式次第の描写でも、ともかく、いっぱしの政治的主題として詠じ込むことに成功していた。しかも、律令国家再建の目標は、現実には達成が困難であることが愈愈《いよいよ》はっきりしていた。宮廷貴族たちは初唐詩に原型のある「春閨怨」「闘百草」の作品世界の美しさに酔い痴れる姿勢の裡《うち》に、理想とする唐風模倣を食《は》みだす日本的現実のみすぼらしさを、肌で感じ取っていた。こうなれば、謂うところの〝国風化〟の運動がいずれいつかは到来することも必至であった。

そこで、いよいよ「闘百草」詩の鑑賞に入る段どりとなった。──

観レ闘二百草一、簡二明執一。一首。　　滋　貞　主

三陽仲月風光暖。美少繁華春意奢。暁鏡照レ顔粧黛畢。相将《アヒキテ》戯逐覓《モトム》二紅花一。紅花緑樹煙霞処。弱体行疲園逕遐《トホシ》。芍薬花。蘼蕪《ビブ》葉。随レ攀迸落受二軽紗一。薔離《シヤウリ》緑刺障二羅衣一。柳陌《リウハク》青糸遮二画眉一。環坐各相猜《アヒソネミ》。他妓《アダシヲミナ》亦尋来。

試傾雙袖口。先出一枝梅。千葉不レ同レ様。百花是異レ香。楼中皆艶灼《エンシヤクナリ》。院裡悉芬芳。散非《サンピ》蓄慮競二風流一。巧《カウ》咲便娟《セウベンケン》矜二数籌《スウチウヲ》一。闘罷《ミテ》不レ求二勲績顕《アラハルヲ》一。華筵但《タダ》使《ムルノミ》二前人羞《ヂ》一。

和下野柱史観レ闘二百草一、簡二明執一之作上。一首。

巨　識　人

聞《ヤクナラク》道春色遍二園中一。閨裡春情不レ可レ窮。結レ伴《トモヲ》共言《ニカタラヒ》闘二百草一。競来先就一枝叢。尋レ花万歩攀二桃李一。摘レ葉千廻繞二薔薇一。或取倒葩《タウハ》或尖蕚。人人相隠不二相知一。彼心《ソコノココロ》猜レ我我猜レ彼。窃遣二小児《ワラハヲ》一行密窺。団欒七八者。重楼粉窓下。百香懐裡薫。数様掌中把。擁レ裙《モスソヲトリテ》集二綺筵一。比《ナラベテ》レ首雑《マジフ》二華鈿一。相催《アヒモヨホセド》猶未レ出。相譲不二肯先《アヘテサキニセズ》一。闘《タタカハシ》二百草一。闘二千花一。矜レ有嗤レ無意逓奢《ココロタガヒニオゴル》。初出二紅茎一敵二紫葉一。後将《モチテ》二一蘂《ズヰ》一争二両葩一。証者一判籌《カズ》初負。奇名未レ尽日又斜。勝人不レ聴《ユルサ》二後朝報一。脱贈二羅衣一恥レ向レ家。

声を出して「闘二百草一」二首をお読みいただきたい。輝かしい春陽《はるび》の照る日、みんな一斉に屋外に出て、滋野貞主の詩で言えば「相将戯逐覓二紅花一。紅花緑樹煙霞処。弱体行疲園逕遐」というさま、巨勢識人の詩で言えば「競来先就一枝叢。尋レ花万歩攀二桃李一。摘レ葉千廻繞二薔薇一」というさま、要するに、遊戯者はみずから苦心して木の花や草花を蒐集したことがわかるではないか。そのあと、互いの持ち花を懐《ふとこ》ろに隠して一定の場所に集まり、「相催猶未レ出。相譲不二肯先一。闘二百草一。闘二千花一。矜レ有嗤レ無」といったやり方でゲームをおこなったというのである。そして、滋貞主の場合は「闘罷不レ求二勲績顕一」というふうに殊更に優勝者を決定しないが、巨識人の場合は「勝人不レ聴二後朝報一。脱贈二羅衣一」というように敗者は着物を脱いですごすごと家に帰って行く。どちらにしても、暢《のど》かな大宮人の〝遊び〟の有様が描かれてあって、いかにもゆったりとして満ち足りた気分に浸らせられるではないか。

この「闘二百草一」も、中国から輸入された行事で、『荆楚《けいそ》歳時記』によると「五月五日、有下闘二百草一之戯上」とあり、この起源説話は劉禹詩に「若共二呉王一闘二百草一、不レ如三応是欠二西施一、則知起三呉王与二西施一也」と見える。端午の節供の日、席上に一机を分かち、左右から菖蒲の花を出し合って同花なき時は負けとなって退くのである。おそらくは農耕儀礼が形式化された名残であろうと考えられるが、日本にも、八世紀から九世紀にかけて、他の宮廷儀式とともに輸入された。文献的には『拾遺和歌集』（一〇世紀末ごろ成立）、正子内親王『絵合記』、『後拾遺和歌集』、『今昔物語』、『平家物語』などに「草合《くさあわせ》」「草尽《くさづくし》」として出てくる。

あまりにも単純な遊戯であったから、宮廷儀礼が衰微する鎌倉時代以後になると殆ど全く廃《すた》れ、纔かに庶民層の児童遊戯となって残存形態をとどめるに至った。児童のおこなう「草合」は、『やすらい花絵巻』に見えるごとく、蓮《れん》華《げ》・菫《すみれ》・蒲公英《たんぽぽ》・茅花《つばな》などの花を摘みとり、一種ずつ花の名を言って出し合うのである。そして、この遊びは、のちに草と草とを相撲《すま》わせて戯れるスマイグサ（スモウトリグサ）となり、スミレ（春）・オオバコ（夏）・ヒジワ（秋）が同じスモウトリグサの名で呼ばれるようになった。ここまでくると、「草合《くさあわせ》」は見せっこではなくなって、両方からの引っ張りっこになる。

余白を失ったので端折《はしょ》らなければならぬが、この「草合《くさあわせ》」といけばなとは、深い次元では極めて緊密な関係を持つことを注意したい。花は、室内装飾として屋根の下に連れ去られる以前には、神籬《ひもろぎ》にしろ供花《くげ》にしろ、髪挿《かざし》にしろ瓶《かめ》挿《ざし》にしろ、すべて山林自笑の花として外光のもとに置かれていた。少なくとも、花は〝太陽の記憶〟と信じられ、人間社会に豊饒な農耕収穫を齎《もたら》すものと信じられていた。そうでなくては、大《だい》の男《おとこ》が「闘二百草一」遊戯のために相競って山野の間を駈けずり廻るはずもない。

3　『経国集』の場合

『経国集《けいこくしゅう》』は、『凌雲集』『文華秀麗集』に次ぐ〝勅撰漢詩集〟の第三番目のもので、これの「序」（滋野貞主の筆に成る）によれば、淳和天皇の勅を受けて良岑安世《よしみねのやすよ》、南淵弘貞《みなぶちの》、菅原清公、安野文継、安倍吉人、滋野貞主らが共同編集したアンソロジーで、天長四年（八二七）に成立している。「序」のとおりだとすると、「断レ自二慶雲四年一迄二于天長四載一。作者百七十八人。賦十七首。詩九百十七首。序五十一首。対策三十八首。分《ツテ》為《シ》二両帙《ト》一。編《シテ》成《ス》二二十巻《ト》一。名《ケテ》曰二経国集《ト》一」とあるから、奈良時代以来の勅撰漢詩集に未載の詩と文章とが殆ど漏れなく収録されてあるはずだが、残念なことに、現存本は六巻のみで、あとは散佚してしまった。しかし、巻第二十には対策文二十六首が残っており、これには天平三年（七三一）のものまで遡って収められてある。

書名となった「経国」の語は、もちろん、『文選《もんぜん》』巻五十二所収の魏文帝《ぎのぶんてい》「典論論文」に見える「文章経国之大業。不朽之盛事。年寿《ハ》有レ時而尽。栄楽止二乎其身一。二者《ハ》必至之常期《アリ》。未レ若二文章之無窮一」を踏まえている。魏文帝（曹丕《そうひ》）は一廉《ひとかど》の詩人であり、「短歌行」「燕歌行」など、その流麗華美なる詩風はやがて六朝文学のパイオニアの役割さえ果たすのであるが、作家的力倆からすると父曹操および弟曹植には及ばないというのが通り相場になっている。狩野直喜『支那文学史』は「隋書経籍志によれば、『魏武帝集二十六巻』『魏武帝集新撰十巻』『文帝集十巻』『明帝集七巻』『曹植集三十巻』あり。古来帝王の一家に於てかく文集の多きものはあらず。然れども其の中にて武帝と曹植と尤も著しく、文帝は之れに比して稍〻遜色あり。之は前に述べたる如く、文帝の詩軽俊余りありて、雄健の処少なきに依る。武帝は権変策士なれども、其の中に自らどつしりしたる所あり。丕は之に比し軽薄の態多し、畢竟かかる性格の差は直に作物に影響したるものと思はる。」「蓋し文帝が文と謚せらるる通り、其の詩気力に乏しきを云ふたるものなり」（第四編　六朝文学、第一章建安文学）と断じている。『魏志』帝紀の評言によると、「文帝天資文藻、下筆成章、博聞彊識、才芸兼該」とある。ここまで、魏文帝の性格および詩才について粗描してみたのは、その文帝の「文章経国之大業。不朽之盛事」という「典論論文」（それは専門の文学評論としては中国で最初の作物であった）の有名なる冒頭二聯を取ってこの〝勅撰漢詩集〟の題目《タイトル》とした編纂者の念頭には、もしやして、太上天皇（嵯峨帝）を以て魏文帝に擬する心理が働いていたのではあるまいか、との当方の臆測あってのゆえであった。ひょっとしたら、嵯峨天皇みずからが、権変策士たる父桓武天皇に比して文弱軽俊であった自身をば魏文帝に準《なぞ》らえていた、ということも十分あり得るように臆測する。ただし、これはほんの仮説に過ぎないから、いつでも引っ込める用意がある。

さて、前記滋野貞主執筆にかかる「序」は、次のごとく叙してみせる。

臣聞《ク》。天肇《メ》ニ書契《ヲ》一。奎主《ハル》ニ文章《ヲ》一。古有ニ採レ詩之官一。王者《ハ》以知ニ得失《ヲ》一。故《ニ》文章者《ハ》。所下以宣《ノベ》ニ上下之象《ヲ》一。明《カニシ》ニ人倫之叙《ヲ》一。窮《メ》レ理《ヲ》尽《シ》レ性《ヲ》。以究《テ》中方物《ムル》之宜《シキ》上者也。且文質彬彬《トシテ》然後君子《ナリ》。譬猶《ヘバ》下衣裳之有《リ》ニ綺縠一。翔鳥之有《ルガ》中羽儀上。楚漢以来。詞人踵《グ》レ武《ヲ》。洛汭江左。其流尤隆《ギナリ》。揚雄法言之愚《ナル》。破《ツテ》レ道《ヲ》而有レ罪。魏文典之智《ナル》。経《メテ》レ国《ヲ》而無《シ》レ窮《マリ》。是知《ニル》文之時義大矣哉《かな》。雖ニ斉梁之時《ニ》。風骨已喪《ヒ》。周隋之日。規矩不レ存。而沿《ウテ》レ濁《ニ》更清《ニ》。襲《ウテ》レ故還《また》新《ナリ》。必所《ズ》レ擬《スル》之不《ル》レ異《ナラ》。乃暗《チ》ニ合《ス》乎曩篇《ニ》一。夫《レ》貧賤《ナレバ》 則懾《チ》ニ於飢寒《ヲ》一。富貴《ナレバ》 則流《ル》ニ於逸楽《ニ》一。遂営《ミ》ニ目□之務《ヲ》一。而遺《テス》ニ千載之功《ヲ》一。是以《テ》古之作者。寄《セ》ニ身於翰墨《ニ》一。見《ハス》ニ意於篇篇《ニ》一。不レ託《セ》ニ飛馳之勢《ニ》一。而声名自伝《ハル》ニ於後《ニ》一。在《ツテハ》ニ君上《ニ》一則《チ》天文之壮観也《ナリ》。在《ツテハ》ニ臣下《ニ》一則《チ》王佐之良媒也《ナリ》。才何世《ノカ》而不《ラン》レ奇《トセ》。世何才《ノカ》而不《ラン》レ用《キ》。方今梁園臨安之操。瞻筆精英。縉紳俊民之才。諷託驚抜。或《ハ》強識稽《ヘ》レ古《ヲ》。或《ハ》射策絶《シ》レ倫《ヲ》。或《ハ》苞ニ蓄《シ》神奇《ヲ》一。或《ハ》潜ニ摸《ス》旧製《ニ》一。伏惟《ミルニ》 皇帝陛下。教化簡樸。文明鬱興。以為《おもへらく》伝聞《ヘクハ》不レ如《カ》ニ親見《ルニハ》一。論《スルニ》レ古《ヲ》未レ若《カ》レ徴《スルニハ》レ今《ニ》。爰詔《シ》ニ正三位行中納言兼右近衛大将春宮大夫良岑《ノ》朝臣安世《ニ》一。令《ム》ニ臣等《ヲシテ》 鳩《セ》ニ訪斯文《ヲ》一也。

このようにして綴られた四六駢儷体《べんれいたい》の美文は、儒教主義的政治思想を底流にしながら、文章というものが自己の声名を無窮に伝える大事業であり、従って出来るかぎり努力して優れた文章を後世に残すようにするのが昔からの君子＝治者の行ないであった、ということを述べたあと、つぎに皇帝陛下（淳和天皇）の命令を受けてアンソロジーを編むことになった経緯を述べている。この「序」全体が魏文帝の「典論」を下敷きにしており、「典論」に見える「貧賤則懾ニ於飢寒一。富貴則流ニ於逸楽一」だとか「寄ニ身於翰墨一。見ニ意於篇篇一」だとか「不レ託ニ飛馳之勢一。而声名自伝ニ於後一」だとかの修辞をそっくり剽窃していさえする。剽窃は『古事記』上表文や『日本書紀』神代巻いらい日本人の〝お家芸〟なんだからと言って笑い飛ばしてしまえばそれまでだが、わたくしなどは、むしろ、平安朝初期貴族官僚知識人たちが必死になって先進国の文化（文芸のみでなく政治思想や宗教儀礼のスタイルまでをも含めて）を学び取ろうと努力していた一つのあらわれをこの四六駢儷文のうちに見届けたいくらいである。なんにしても、『経国集』二十巻が『文選』をモデルにしていたことは明白である。

そこで、わたくしたちは、さらに突っ込んで、実際の作品に就きて考察する必要がある。テキストとして選んだ二つの詩をごらん頂きたい。

重陽節《ノ》神泉苑《ニ》賦《ス》二秋可《キヲ》レ哀《シム》一。応《ズ》レ制《ニ》　皇帝在二東宮一

秋可《シ》レ哀《シム》兮。哀《シ》二秋景之短暉《ヲ》一。天廓落《トシテ》而気粛《シク》。日凄清《トシテ》以光微《カナリ》。潦収《マリ》流潔《ク》兮。霜降《リ》林稀《ナリ》。蟬飲《ンデ》レ露《ヲ》而声切《ニ》。鴈冒《シテ》レ霧《ヲ》以行《クコト》遅《シ》。屏《ケ》二除熱之軽扇《ヲ》一。授《ク》二御裏之寒衣《ヲ》一。秋可《シ》レ哀兮。哀《シム》二百卉之漸死《スルヲ》一。葉《ハ》思《ヒ》二呉江之楓《ヲ》一。波《ハ》憶二洞庭之水《ヲ》一。草変《ジ》レ貌《ヲ》以揺《カシ》レ蔕《ヲ》。樹□レ容《ヲ》而懸《ク》レ子《ヲ》。秋可《シ》レ哀《シム》兮。哀《シム》二栄枯之有《ルヲ》レ時。送《リ》二春光之可《キニ》レ楽《シム》。逢《フ》二秋序之可《キニ》レ悲《シム》。嗟《キ》二揺落之多《キヲ》レ感。良《ニ》無《クシテ》レ傷《ル》而不レ滋《ラ》。悽《ミ》二承弁於岳興《ニ》一。想《フ》二拊袞《ヲ》於湛詞《ニ》一。粤《ここに》採《リテ》二萸房《ヲ》一之辟《ケ》レ悪《ヲ》。復摘《ンデ》二菊蕊《ヲ》一之延《ブ》レ期《ヲ》。小臣常有《ルモ》二蒲柳《ノ》性《ニ》一。恩煦不レ畏《レ》二厳霜《ノ》飛《ブヲ》一。

同前　良安世

秋可《シ》レ哀《シム》兮。哀《シム》二初月之微涼《ヲ》一。火度《リテ》レ天《ニ》而西流《レ》。金応《ジテ》レ津《ニ》以為《ス》レ玉《ヲ》。蟋蟀吟《ジテ》兮壁幽寂《タリ》。蟬蜩鳴《イテ》兮野蒼茫《タリ》。覩二桐林之早彫《ムヲ》一。感《ジテ》二節物《ニ》一而増レ傷。白日兮爰短《ク》。玄夜兮自長《シ》。秋可レ哀兮。哀《シム》二仲月之収成《ヲ》一。天高兮気静《カニ》。池冷《カニ》兮水清《シ》。燕背《イテ》レ巣《ニ》而北去《リ》。鴻含《ミテ》レ蘆《ヲ》以南征《ク》。家家畏《ル》兮朔方《ノ》気。戸戸起《ル》兮擣衣《ノ》声。秋可レ哀《シム》兮。哀《シム》二季月之薄寒《ヲ》一。痛《ミ》二飛景之蕭索《ヲ》一。悲《シム》二揺落之暮秋《ヲ》一。寒眉嚬《ミ》二於陌柳《ニ》一。晩佩落《ツ》二於庭蘭《ニ》一。窈窕挿《ム》レ萸《ヲ》兮鴛鴦《ノ》席。簪纓飲《ム》レ菊《ヲ》兮翡翠《ノ》楼。

（「校註日本文学大系」本に拠る）

第一首目の淳和天皇作品を見よう。まず、この作品は、詩形から見ると、「四六六六五四六六四六六六四六六六六六六六六六七七七七」というかたちをとり、一見雑然としたリズムの組み合わせから成っているようでありながら、基本的には対句毎にきちんきちんと四支韻を押しており、また「秋可哀兮」のルフランも有効で、実際には極めて整

然としたフォルムであることに気付かされる。第二首目の良岑安世の詩形のほうになると「四六六六六七六六五五四六五五六六七七四六六八八六六」というかたちがとられ、押韻もいっそう複雑となっている。これらの詩形は〃雑言《ざつごん》体《たい》〃と呼ばれるもので、これが勅撰三集の重要な徴標になっている。夙《つと》に岡田正之『日本漢文学史』は「奈良朝に於ては五言七言あるのみ。未だ雑言体なるものあらず。然るに三集には、雑言体として記されたるもの頗る多し」（第三期 平安前期漢文学隆盛時代、第二章 勅撰の三集）との指摘をなしていた。しかし、雑言詩が新たに登場した理由についての究明は未だ完全にはなされておらず、現在までのところ、僅かに川口久雄『平安朝日本漢文学史の研究』が一歩を先んじているのみにとどまる。川口は、まず「三集を通じて五言は一八三首、七言は二〇〇首に対して、雑言詩は六一首（凌雲集六首、秀麗集四三首、経国集四三首）存しており、全体四四四首に対して約十四％に及んでいる。詩形の上からみると近江奈良朝の詩形が六朝詩を模範として五言詩が圧倒的に多かったことに比して、七言詩がいちじるしく躍進して五言詩を凌駕していると共に、雑言詩がみえていることは唐詩の新しい風気を反映するものとみてよい」（上篇 王朝漢文学の形成、第一章 勅撰詩集と弘仁・承和期宮廷文学圏）という把握をしたあと、特に嵯峨天皇の雑言（有名な「漁歌」もその一つである）に関して「当時の弘仁期宮廷詩壇が進歩的な傾向にあったこと、すなわち唐朝詩壇の新しい傾向に対してきわめて敏感な感受性と反応を示すものであったことがわかる。もっとも嵯峨天皇の雑言には時代的にいってもまた中唐以後の太子讃文や俗講の変文中の韻文などの影響があるわけでなく、むしろ貞主の雑言臨春風（経国集巻十一）の三五七言のくみあわせが『效二沈約体一《しんやくのすがたになら》』うものであったとおなじく、六朝の楽歌形式を踏襲するものと考えた方がよりいいのであろうけれども、単に六朝にくぎづけされていたわけでなく、初唐以来の新しい一種の柔軟な自由律的スタイルへのこのみがあってそれを自由にとりいれたことを否みえない」（同）という意見を出している。川口が雑言詩を以て当時中国に新しく起こった《Vers libre《ヴェール・リーブル》》運動の影響であると見究めたのは炯眼《けいがん》である。

明らかに、弘仁＝承和期の宮廷漢文学が下敷《したじ》き（もしくは、お手本）に仰いでいたのは六朝文学であり、スタイルの上では四六文であった。当面俎上にのぼせている淳和作品および良安世作品も、基調になっているのはあくまで四六のリズムであり、また四六の美意識である。しかしながら、両作品とも、既にして四六のリズムの制約から自由になっていることもまた明らかである。戦時中の国粋主義者だったならば、ここに〝日本化〟の自覚の萌芽があるなどと言うだろうが、事実は、かえって宮廷詩人たちの美意識（同時に政治意識や宗教意識をも含めて）の根底に〝中国化〟を推進させようとした努力が顕著に見られたのである。

すなわち、宮廷詩人は、唐朝詩壇の新傾向に対しては甚だ敏感で、遣唐使らの帰朝によってもたらされる新しい情報を今か今かと待ちあぐんでいたのであり、唐朝ではこれこれの新しい詩のスタイルが流行している（初唐から中唐にかけて、それまでの窮屈なスタイルを破って自由律に向かう中流貴族以下および庶民を担い手とする新詩運動があった）と知らされるや、直ちにそれを模倣して試作をこころみたのであった。唐朝詩壇の新傾向を導入することは、たんに〝文学趣味〟を更新＝再学習するために必要と考えられただけでなく、さらに進んで、新時代に即応した〝政治理念〟の更新＝再生産のためにも必要不可欠と考えられたのである。いや、むしろ、〝政治理念〟をもういちどはっきりさせたいという考え方のほうが強かった。書名に「経国」といったような儒教主義的政治イデオロギーまるだしの語が冠されたのも、魏文帝の「典論」とは別に、律令政治担当者の精神的姿勢を裏書きしている。

そこで、〝日本的自然観〟および〝いけばな前史〟の探究の立場に戻って、わたくしたちが問題にしなければならないのは、淳和作品の終りから第三聯目・四聯目に見える「粤採《リテ》二茵房《ヲ》一之辟《ケ》レ悪《ヲ》。復摘《ンデ》二菊蕊《ヲ》一之延《ブ》レ期《ヲ》」と、良安世作品の同じく終りから第三聯目・四聯目に見える「窈窕挿《ム》レ茵《ヲ》兮鴛鴦席。簪纓飲《ム》レ菊《ヲ》兮翡翠楼」と、この二箇処である。

前者においても後者においても対句《ついく》を成しているこの部分は、意味内容から見ると、全く同じ情景（詩想）をうたったものだということがわかる。それもそのはずで、淳和作品も良安世作品も、太上天皇（嵯峨帝）主催の神泉苑ガーデン・パーティの席上で「秋可㆑哀」という詩題を出され、それに応じて即興詩を賦したものだったからである。淳和帝の作品の題名に「重陽節神泉苑賦《シ》㆓秋可《ベキヲ》㆑哀《シム》。応《ズ》㆑制《ニ》」とあるその「応㆑制」というのは、唐代の詩題に屢々見られる形式で、天子の命令を受けて作る詩の義である。『凌雲集』『文華秀麗集』においては「応製《おうせい》」「応㆑製」という用法がもちいられている。『経国集』で、本式の「応㆑制」が採用されているのは、作者名を唐風に約《つづ》めたのと同一の心理に基づくと思われる。けっきょく、淳和天皇が皇太子であった時分に、嵯峨天皇の出した「秋可㆑哀」という詩題に応《こた》えて、筵《えん》に侍《はべ》った皇太子、良安世（当日、同じく「秋可㆑哀兮」を賦した作者には、他に仲雄王、菅清公、和真綱、科善雄、和仲世、滋貞主の六詩人の名が見えている）が即興詩を献じた記録が、この『経国集』巻第一の末尾に残された、ということになる。まず太上天皇が「秋可《シ》㆑哀《シム》兮。哀《シム》㆓年序之早《ク》寒《キヲ》㆒。天高《ク》爽《カニ》兮雲渺渺《タリ》。気蕭颯《タリ》兮露団団《タリ》」とうたったのち、官僚貴族詩人が、あとをつづけて、「秋可㆑哀兮」と唱和して、一場の気分を最高に盛り上げたありさまを看取することが出来るのである。したがって、これらの詩作品は、かなりの程度まで、パーティ席上の実景なり実際の雰囲気なりを伝え得ている、と見て差し支えない。

パーティがたけなわになったころ、詩人たちが詩作のための瞑想に耽《ふけ》っている卓上に、茱萸《しゆゆ》の実のふさふさとついた小枝を挿した瓶が置かれましたよ、というのである。淳和帝は「ここに萸房《ゆぼう》を採りて悪をしりぞけ」と詠み、良安世は「窈窕《ようちよう》萸を挿《さしはさ》む鴛鴦の席」と詠んでいる。茱萸は、中国では、香木である以上に霊木として崇められている。つまり、桃や柳などと同じく、悪鬼や邪霊を祓除《ふつじよ》する呪力を帯びていると信じられていた。この霊木の一と枝を瓶に挿して卓上に置いたのは、夏が去って夜長となり、寒々として物寂しくなった四辺《あたり》の空気のなかに棲まう悪霊を追い払うためである。「窈窕」は、女性などの奥床しいさま、みめよきさまの形容だが、もう一つ、山谷の奥深さ、宮室（みやどころ）の奥深きさまをも言う。道教思想では重要な概念である。「鴛鴦席」というのは、宮廷における官吏の席のことである（仲睦まじき比喩にオシドリが用いられるようになるのは、中唐以後である）。良岑安世がうたいたかったのは、茱萸の小枝が〝挿しばな〟にしてあるおかげで、さなきだに奥深い宮中でのパーティがいっそう奥深い感じがされますよ、という意味であろう。しかも、淳和のほうは、この〝挿しばな〟のおかげで、もはや邪霊や悪鬼の虜《とりこ》になるような心配は無くなったのです、ここは無憂郷（ユートピア）なのですよ、とうたっているのである。対句になっている「また菊蕊を摘んで期を延ぶ」は、そのユートピアを補強した表現である。「簪纓菊を飲む翡翠楼」も同じである。

けっきょく、茱萸の実のふさふさとついた小枝を〝挿しばな〟にする（場合によっては挿頭《かざし》にする）ことにより、宗教的＝理念的にそこに現出させたのは、不老不死の仙郷であった。ここで注意せねばならぬのは、〝挿しばな〟（それは〝いけばな〟の先行形態である）の行為によって一瞬のうちに現出されるユートピアが、じつは、百パーセント、中国伝来の神話体系の構成要素だった、という点である。そして、『経国集』の詩人たちが中国詩壇や中国習俗のことに異常なくらいの関心を有し、且つそれらの輸入に狂奔したればこそ、茱萸の枝を〝挿しばな〟にするという宗教儀礼（その行為も、理念も、ともどもに）をも習得し畢《おお》せたのであった。

おそらくは、この時に、日本人ははじめてこの霊木の実物に触れたのではなかったろうか。もしかすると、この時でさえも、茱萸という樹木の正品＝実物には接していないかも知れない。例に由って――ということは、『懐風藻』時代に実物の菊を見たこともないのに作品に詠み込んだ、の意だが――文献の上でだけ詠み入れたものだったかも知れない。そうだとすれば、その分《ぶん》だけ余計に、〝日本的自然観〟形成の、もしくは〝いけばな前史〟形成の、一つのルートが確実に中国経由のものであることを、証明し得るのではないかと思われる。

なお、付記しておきたいが、「萸《ゆ》」は、中国ではあくまでも「山椒の実の房をなすさま」の義である。日本で「ぐみ」の義に解しているのは誤用である。

『性霊集』――空海という〝全人的芸術家〟の足跡

まず、作品をごらん頂きたい。――

7 山中有何楽

山中有何楽。遂爾永忘帰。一秘典百納衣。雨湿雲霑与塵飛。徒飢徒死有何益。何師此事以為非。」君不見君不聴。摩竭鷲峯釈迦居。支那台岳曼珠廬。我名息悪修善人。法界為家報恩賓。天子剃頭献仏駄。耶嬢割愛奉能仁。无家无国離郷属。非子非臣孑安貧。澗水一抔朝支命。山霞一咽夕谷神。懸蘿細草堪覆体。荊葉杉皮是我茵。有意天公紺幕垂。竜王篤信白帳陳。山鳥時来歌一奏。山猿軽跳伎絶倫。春花秋菊咲向我。暁月朝風洗情塵。一身三密過塵滴。奉献十方法界身。一片香煙経一口。菩提妙果以為因。時華一掬讃一句。頭面一礼報丹宸。八部恭々潤法水。四生念々各証真。恵刀揮斫無全牛。智火纔放灰不留。不滅不生越三劫。四魔百非不足憂。大虚寥廓円光遍。寂寞无為楽以不。

……君見ずや、君聴かずや、摩竭《まか》の鷲峯《じゆぶう》は釈迦の居。支那の台岳《たいがく》は曼珠《まんじゆ》の廬《ろ》なり。我をば息悪修善《そくあくしゆぜん》の人と名《なづ》く。法界を家として恩を報ずる賓《ひん》なり。天子は頭《かうべ》を剃つて仏駄《ぶつだ》に献じ、耶嬢《やぢやう》は愛を割《さ》いて能仁《のうにん》に奉る。家も無く国も無し、郷属を離れたり。子に非ず臣に非ず、孑《けつ》として貧を安むず。澗水一抔朝に命《めい》を支へ、山霞《さんか》一咽夕《いちえんゆふべ》に神を谷《やしな》ふ。懸蘿細草《くえんらさいさう》、体《てい》を覆《おほ》ふに堪へたり。荊葉杉皮《けいえふさんぴ》、是れ我が茵《しとね》なり。意《なさけ》有る天公、紺の幕《まく》を垂れたり。竜王篤信にして白き帳陳《とばりつら》ねたり。山鳥時《ときどき》に来つて歌一たび奏す。山猿軽く跳つて、伎《ぎ》、倫《ともがら》に絶へたり。春の花、秋の菊、咲《わら》つて我に向へり。暁の月、朝の風、情塵《せいぢん》を洗ふ。一身の三密は塵滴《ちんてき》に過ぎたり。十方法界の身《しん》に奉献《ぶこん》す。一片の香煙、経一口《きやういつく》、菩提の妙果、因とす。時華一掬《しくわひとにぎり》、讃一句、頭面一礼《づめんいちらい》して丹宸を報ず。……

（「日本古典文学大系」本に拠る）

ここに掲げたのは『性霊集《しょうりょうしゅう》』（正しい呼び名は『遍照発揮性霊集《へんじょうはっきせいれいしゅう》』である）巻第一に見える空海の七言詩（一種の雑体詩《ざっていし》と見ることもできる）である。原文の冒頭六句は良岑安世《よしみねのやすよ》の「問」で、「山中《さんちゅう》に何《なん》の楽《たの》しび有つてか、遂爾《つひ》に永く帰ることを忘れたる。一《ひとつ》の秘典、百《もも》の納衣《なふえ》、雨に湿《うる》ひ雲に霑《うる》ひて塵と与《とも》に飛ぶ。徒《いたづら》に飢ゑ徒に死して何の益《えき》か有る。何《いづ》れの師か此の事《こと》を以《も》て非なりとする」（なんの楽しみがあって、あなたは高野山に引き籠《こも》ったりなさったのですか、の意）と問いかけたのに対して、空海が「あなたはごらんになったことがないのですか、ごぞんじないのですか」（原文「君不見君不聴」の句法は中国の楽府《がふ》の詩に多く見える）と答える形式をとっている。そこで、訓《よ》み下《くだ》し文は「君見ずや」以下の空海詩の必要部分を載せておいた。

じつは、同時作が他に二篇あり、その一つは「5贈良相公詩一首五言雑言」で、これには「良相公投我桃李。余報以一章五言詩。三篇雑体歌」という前書が付いており、「孤雲无定処。本自愛高峯。不知人里日。観月臥青松」に始まる五言詩四連がつらねられてある。もう一つは「6入山興雑言」で、これが良岑安世との問答形式をとり、「君不見々々々。京城御苑桃李紅。灼々芬々顔色同。一開雨一散風。飄上飄下落園中。春女群来一手折。春鶯翔集啄飛空」といった華やかな楽府的雑言詩が四つほど連ねられている。これらから推察すると、どうやら「7山中有何楽」は、「5贈良相公詩」の前書に言う「三篇雑体歌」の一つかとも考えられるが、それにしては、比較的七言詩に近い形式がととのえられてあり、やはり別の作品であると比定するのが穏当と思われる。それとも、散佚もしくは錯簡があったのであろうか。なんにしても、空海が高野山を密教修行の根本道場として開創する事業に着手し、実際に高野山に入った弘仁九年（八一八）十一月以後の制作にかかるものだろうと推定される。

『性霊集』巻第一は詩、巻第二は碑銘類、巻第三は天皇などにささげた表および啓の類、巻第四は入唐時代に書いた公文書の類、巻第五から第七までの三巻は信者などの依頼で追善法事を修したときの諷誦文《ふじゅもん》を、それぞれ収めている。概括的な把らえ方としては、「『性霊集』十巻は空海の百十余篇の詩文を通じて、当時の仏教界の動静をはじめ平安初期の社会、文化、政治などに至るまでの万般の事象が豪壮華麗な絵巻物のようにくりひろげられており、かれの万能に秀でゆたかな天分がいかんなく発揮されている」（渡辺照宏・宮坂宥勝『沙門空海』、第十二章文筆活動）ということになるであろう。

空海の文学活動としては、二十四歳の処女作『三教指帰《さんごうしいき》』が最も重要で、これは、儒教を代表する亀毛《きぼう》先生、道教を代表する虚亡《きょぼう》隠士、仏教を代表する仮名乞児《かめいこつじ》を登場させて、戯曲風の比較哲学の論議を展開させた著作で、仏教が最優秀の思想だと説いたもの。空海の出家を宣言した書として、注目される。つぎに『文鏡秘府論《ぶんきょうひふろん》』およびその略本である『文筆眼心抄《ぶんぴつがんじんしょう》』は、唐代詩文のセオリーを述べたものであり、日本人の手に成る最初の作文概論であり文章研究である。他に『高野雑筆集《こうやざつぴつしゅう》』（一名『高野往来集』）は、密教経典の書写を依頼した手紙などを集めたもので、空海の密教を研究する根本史料として貴重である。空海の詩や文章は、初期には『文選』などに範をとり、六朝時代に流行した四六駢儷体《しろくべんれいたい》をマスターし、日本漢文学史における最高峯と評される。入唐（八〇四～八〇六）時代、自由に中国語を話せたので、新しい文章表現法を吸収し、帰朝後、漢文表現にいっそうの磨きをかけた。

『性霊集』所収の漢詩の評価だが、岡田正之は「余は寧ろ五言の『遊山慕仙』、雑言の『贈野陸州歌』『入山興』の諸篇を取らんとす。此等の詩は、縦横に歩驟を馳せ、大師の本色を顕せりと云ふべし。」「要するに、大師の文辞に一種の気魄光燄の及ぶべからざるものあるは時代の気風に負へる所にして、偉僧の文辞に負《そむ》かざるものと云ふべし」（『日本漢文学史』、第三期平安朝前期、第三章弘法大師）と言い、川口久雄は「思索のあとを極度に抑制してごつごつとした五言詩のリズムにたたみこむ作がすくなくないが、わたくしはそれから解放されて、自由なのびやかなリズム

——雑言詩にこのもしさを感ずる」(『平安朝日本漢文学史の研究』、上篇第二章弘仁期僧因の漢文学)として、「山中有二何楽一」の詩を例にあげ、「南山禅居の生活体験が、静謐な自然観照においてうたわれる」(同)と言っている。

空海は、すなわち弘法大師である。宝亀五年(七七四)に(ただし、宝亀四年説も有力である)、四国讃岐国多度郡屏風が浦で生まれた。『二十五箇条』の第一号に「此時吾父佐伯氏。讃岐国多度郡人。昔征二敵毛一被二班土一矣。母阿刀人也」とあり、父は佐伯氏の出自で、母は阿刀氏(帰化系の氏族で、おそらく学者の家柄だったのであろう)の出自であり、幼少時から教育環境には恵まれていたと想像される。ただし、佐伯氏について、のちに伴善男《とものよしお》が上奏した(『日本三代実録』貞観三年十一月十一日紀)讃岐の佐伯直と大伴・佐伯の両宿禰が同祖であるむねの明言と、「田公はこれ、大僧正空海の父なり」との明言とは、この時にはじめて佐伯直田公(すなわち空海の父である)の子息ら十一人に佐伯宿禰の姓が下賜された事情を勘考すると、全面的に信用してよいかどうか、少しく疑問である。上代中古における姓の下賜など、権力次第でどうにでもなったからである。

さて、青年時代であるが、『三教指帰』序に「二九遊聴槐市、拉雪螢於猶怠。怒縄錐之不勤」と見えるので、十八歳になって京の大学(これが奈良か、長岡か、京都か、未解決であるが)に入学したことは確かである。大学の明経科に入って、主として儒学(特に経学)を学んだ。刻苦勉励し、音博士《こえのはかせ》に就いて、中国語を学んだ。しかし、現実問題として、当時、大学を出たところで出世コースに乗るなどということはあり得ず、ひと握りの権力者の子弟だけがすいすいと昇進する仕組みになっていた。多感な青年空海が、この現実に失望しなかったはずはない。

空海が儒学から仏教のほうに心を傾けて行った動機について、古来、いろいろの学者が意見を出しているが、不思議にも、青年期の〃挫折感〃を問題にしていない。『三教指帰』序は「爰有一沙門。呈余虚空蔵聞持法」と、あたかも青年空海と一沙門との出会いが偶然であったかのごとく、自身ではあっさり書いているが、その文章のつづきに「其経説。若人依法。誦此真言一百万遍。即得一切教法文義諳記。於焉信大聖之誠言。望飛燄於鑽燧。躋攀阿国大滝岳。

勤念土州室戸崎」とあるところを見ると、空海は相当に煩悶して、自身の活路を捜し求めたのではなかったろうか。「青年時代の空海は一介の山岳優婆塞《うばそく》として四国、近畿の山野を跋渉したのであるから、私度僧であったのは相当ながい間であったわけである。いいかえれば、その出発点において、律令的な仏者とはまったく異なった道をたどったのである。ここに沙門空海の自覚はすでに芽ばえていたといえよう」（渡辺・宮坂前掲書、第八章 高野山の開創）との観察は正しい。空海は、行基とか役行者《えんのぎょうじゃ》とかに代表される修験者の持つ〝反律令的な仏者〟として、仏教のなかへ足を踏み入れて行ったのである。

こののち、空海は、南都に来て修行生活をつづけていたが、やがて、おそらく佐伯一族の支援を得たかして、入唐のチャンスを摑むことになる。空海は、入唐直前まではほとんど無名の私度僧であったが、抜擢されて延暦二十三年（八〇四）、三十一歳で、藤原葛野麿《かどのまろ》に従って入唐した。中国には約二年余滞留した。中国で当代随一の名師恵果から両部の大法を伝授されたが、一方、じつに精力的に詩文の資料を集めてもいる。

帰朝後、空海が嵯峨天皇の知遇をこうむることになったのは、もちろん空海の仏者としての魅力がそうさせた面もあるにはあるが、なんといっても、新しい漢詩文を習得しそれに通暁していた魅力が嵯峨帝の心を捉えられたからである。嵯峨帝は、やがて、東寺の経営をいっさい空海に任せ、せっかく高野山を結界した同じ年の弘仁十年（八一九）八月には中務省（太政官八省の一つで、天皇側近の事をつかさどり、詔勅の代筆など秘書的な仕事をする役所）に入住せしめている。空海の漢詩文の実力を評価した結果である。

このことが、空海にとって本意であったか不本意であったか、それはわからぬが、兎も角も今や空海は宮廷においても中央政府においても〝無くてはならぬ存在〟となった。空海がひっぱりだことなったのは、かれが、ゆくところ不可能ならざる実効を発揮する新知識をマスターしており、それをみんなに分かち与えてくれる魅力あればこそだった。しかも、空海は、真言密教が教える「鎮護国家」「済生利民」の宗教的理想を、そのようなかたちで実現していくことに満足していた。

そこで、〝いけばな前史〟の探索に戻らなければならない。この空海の詩「山中有何楽」のなかにあらわれた「時《し》華一掬《くわひとにぎり》」は、文脈の前後関係から言って、明らかに供花《くげ》であると見てよい。このことは、わたくしも否定しない。げんに『性霊集』には、他につぎのごとき用例がある。「45奉為桓武皇帝講太上御書金字法花達嚫《だっしん》」（巻第六）には、

釈迦再生。鷲嶺之会輻湊。四衆重集。踊出之瑞森羅。鐘磬一響讃唄断続。老幼三礼香華飄隕。……

と見え、「香華《かうけ》飄隕《へうゐん》す」とは、香煙がただよい散花《さんげ》の花びらがひらひら舞っております、の意である。

また「46天長皇帝為故中務卿親王捨田及道場支具入橘寺願文」（同）には、

幡蓋飄揺。輪座幾千。香花飛零相好无数……。

と見え、「幡蓋飄揺《ばんがいへうえう》として、輪座《りんざ》幾千《いくせん》ぞ。香花《かうけ》飛び零《お》ちて相好《さうがう》無数《しゅ》なり」とは、薬師如来像のまわりには幡と天蓋とが風にひるがえり、さながら転輪聖王の位を得る（『大灌頂神呪経』に見ゆ）かのようであります、仏前に供える香と花とは飛び去って、さながら相好端厳（『華厳経』に見ゆ）のありさまです、の意である。

また「49東太上為故中務卿親王造刻檀像願文」（同）には、

爾乃。妙業揮刀。真容宛爾。尊々玉質。智々金山。香饌断結。妙花含光。……

と見え、「香饌結《かうせんけつ》を断じ、妙花《めうけ》光を含《ふく》めり」とは、釈迦牟尼仏の御像の前に香や食物を供えて供養しますと、煩悩を断ちきることができ、供えられた花々が万物を包含しているかのごとく思われてまいります、の意である。

さらに「68播州和判官攘灾願文」（巻第八）には、

敬図阿弥陀仏像一軀。并写法花経二部。奉入修理伽藍粁米卅斛。海目発彩。山豪放光。貝文連珠。竜章金響。薩埵儼然。幡花颯纚。……

と見え、「薩埵《さつた》儼然として幡花颯纚《ばんくわさつし》たり」とは、阿弥陀仏さまの脇仏でいらっしゃる大勢至および観音はいかめし

くおわしまし、仏前の荘厳《しょうごん》として用いられている幡《はた》と花かざりとはひらひらと長くかがやいています、の意。

まだ他にもあるかも知れないが、わたくしが捜《さが》し当てたこれら四例を見るかぎり、「香花」とか「妙花」とか「幡花」とかの用法は、仏前で実修される宗教儀式の呪具(サンゲは、広義での charm と見做すべきである)や装飾呪具(ハタや造花やハナカザリは、広義での憑《よ》り代《しろ》と見做してよい)の機能を重んじていると考えられる。

それはそのとおりであるのだが、ここでもういちど、平安初期の巨大なる文化人である空海が日本精神史のなかで果たした役割について考察をめぐらしていただきたい。空海は、疑いもなく、日本仏教の指導者であった。しかし、同時に、かれは、中国文学の精華を日本に移植した〝大詩人〟であり、また中国の技術文化や生活習俗などを日本に伝えた偉大なる〝科学者〟であった。約言すれば、九世紀ごろの最もモダーンな外来文明を日本に招来した〝大インテリ〟であった。ちょうど、十六世紀に渡来したキリシタン文明が織豊政権時代の人々を魅了してしまったのと同じに、空海が持ち来たった新しき技術文明の絶対的魅力のために高野山の信仰が日本全国に波及し定着することとなったのである。空海がこちこちの仏道修行者であったならば(かれのライヴァル最澄《さいちょう》がそうだったが)、仏教の日本土着化はかなり遅れたはずである。

そう見てくると、〝いけばな前史〟および〝日本的自然観の歴史〟における空海の位置は、たんに供花《くげ》という仏教的儀式を前代から後代に橋渡ししただけにとどまるものではない。「時華一掬」と空海がうたったとき、それは、中国じゃあみんなこういうふうにしているんですよ、というハイカラ文明の紹介の機能も果たしていたのではないか。これを知った人々は、ただちに模倣せずにはいられなかったはずである。供花は、伽藍を出て、文人貴族の家庭へ、民衆の集団行事の場へと、普及の道を辿ることとなった。

(ついでに言及しておきたいが、民俗学者の説くような〝民間伝承〟としての「弘法信仰」も、中国の進歩した技術文明の輸入が前提にならなければ、また、中央集権支配層の管理する文化が地方文化に較べて桁違いに高度であったという事実が前提にならなければ、普及浸透するきっかけもなかったのである。当たり前に過ぎるこのことを、このさい、公平に見届けたいと思う。）

それと、もう一つ、「全人」的な文化人である空海が実践してみせた「時華一掬」の行為は、これを受け取るがわからみれば、難病の患者を立ちどころに癒《なお》したり、難工事をつづける治水事業をあっさり成功させたり、すばらしい書をかいてみせたり、美しい詩文をかいてみせたりする、一連の行為と切り離しては考えられなかったに相違ない。〝いけばな前史〟は、空海の登場を機会に、真に創造的なるあらゆる芸術行為や科学技術との連関性を強める段階に突入した。現代のいけばなも、詩作や博物学や道路建設や哲学などと切り離しては絶対に存在し得ぬことに、また海外の文化思潮の動向と無関係には存立し得ぬことに、改めて想到せざるを得ない。

『西宮記』――〝漢籍援用の思考〟が生んだ自然観

『西宮記』は、源高明《みなもとのたかあきら》の編著にかかる有職書。書名は、高明が西宮左大臣と呼ばれたことに由来している。普通に「さいきゅうき」と呼ばれるが、「さいぐうき」「せいきゅうき」と読んでいる人も多い。成立年代については、目下のところ、不詳とせざるを得ない。この書物は延喜年間以後の宮廷年中行事、朝廷における恒例臨時の儀式典礼、装束輿車の規定、法律制度などの記録を類別編集したものであるが、後人の加筆と思われる箇処を多く含み、古来異本が多く巻数も一定せず、重複錯簡が甚だしい。つぎに掲げる例文四つの冒頭に、それぞれ「補」とあるのは、「新訂増補故実叢書」本に拠っている。「改訂史籍集覧」本ではそれは見られず、該当部分は巻九（全二十四巻別巻一のうちの）に収められている。「新訂増補故実叢書」本は、最古の写本と考えられる前田家巻子本（鎌倉時代）を底本とした全二十二巻本であるが、「前田家本に欠けて史籍集覧本にあるものは、同本を以て之を補ひ、補と傍書し、或は『　』の符号を付したり」（凡例）と見える処置に従った。もちろん、手許にある「史籍集覧」本を参照することも忘れなかった。

『西宮記』の内容は、おのおのの朝廷儀式の進行次第《プロセッション》のさまを細叙しつつ、その事例として儀式書・国史・日記・記録類を丹念に拾ってみせている。漢文で書かれた有職故実書を本稿で取り扱うことには、多少の逡巡もおぼえぬでもなかったが、いけばなや自然観を追究するためには、どうしてもこれを看過することができなかった。王朝文化の原質なり本体なりに迫るためには、いわゆる文学作品だけを手がかりにしたのでは不充分で、文学作品を成り立たせている〈状況《シチュエーション》〉を全体的＝構造的に把握する必要がある。それに、『西宮記』に照引された日記・記録類は、貴重な史料であると同時に、りっぱに文学作品たり得ていると思う。文学とは、広義においては〝美しい文章《ベル・レットル》〟そのことであるのだから。

そこで、『西宮記』の本文を見ることにしよう。――

西宮記巻五年中行事

九月 ○九日宴

「補」九記云、天暦四年十月八日天晴、巳刻参入、諸司装束如常、但内蔵殿上文台、立南簀子中央、左近陣記云、立第四間者、而立第三間、以装束可失、庭中文台、立舞台西北頭、舞台東北西三方立菊花、東西各三本、北方中央一本、舞姫楽人座。

「補」同五年十月云々、伊尹来仰云、今日欲給御題、見先帝御記、或書出給之、或只有給御題之由、不見具由、以詞欲仰者、若有相違歟、又忽下筆可無便宜、為之如何、奏云、兼書設候於置物御机、臨于其時給之如何、伊尹還云、事宜矣、如然可行者、午四刻御南殿云々、予為貫首、引列着座、見殿上装束、有相「違」去年之事、一者在（「座」）前置硯事、二者御前南廂中央間東西、各立金銅花瓶樹菊花、式部卿重明親王云、延長御代、花瓶者高大也、如図書御読経間、立御前之瓶、今日瓶者、是尋常随時節、覧時花之瓶云々、三者殿上文台、去年立於中央間也。

「補」吏部記云、延長四年九月九日、装束如正月七日、但当御帳之最幄（「屋」）左右柱、嚢盛茱萸、向外着之、以金瓶挿菊花、置黒塗古机、以組給着。

「補」天暦四年十月八日、有召、未刻参入、侍臣文人共就座、召博士令献題、一献後、左右（「无」）「大臣実頼」、奏余及中務卿親王後参之由、「令」内竪召之、即昇殿、庶儀准重陽宴、但茱萸不着、菊花不立、無茱萸可然、已賞菊花不立乖義。

（「新訂増補故実叢書」本に拠る）

『西宮記』の編著者源高明について知っておこう。この西宮左大臣は、延喜十四年（九一五）に、醍醐天皇の皇子として生まれた（朱雀天皇・村上天皇・兼明親王の弟に当たる）。母は源唱の娘周子である。延喜二十年臣籍にくだり、のち藤原師輔《もろすけ》（忠平の子、通称九条殿）の娘を娶り、中納言・大納言・中宮大夫・右大臣・左大臣と陞進していった。しかし、自分の娘が村上天皇の愛子為平親王の妃となったために、藤原氏から警戒の眼を受け、安和《あんな》の変《へん》によって筑紫に流されることとなった。この疑獄事件は、橘繁延らが為平親王を擁して皇太子守平親王（円融天皇）の廃立を図っているとの、源満仲の密告によって、源高明・橘繁延・藤原千晴らが流罪に処せられた事件であるが、もちろん、北家藤原氏のお家芸の陰謀パターンが実行されたものにほかならぬ。「安和の変そのものが、電光石火の勢いで、一両日にその結末をみたのは、八四二（承和九）年の承和の変、九〇一（延喜一）年の菅原道真を失脚させた事件と相似たところがある」（北山茂夫『王朝政治史論』、第三章受領による強力支配への動向）。この安和の変のあと、摂政・関白が常置されることとなり、いわゆる摂関家全盛時代に入る。『源氏物語』の須磨流竄は高明がモデルだろうといわれている。このようにして、政治上では挫折を余儀なくされたが、源高明の精通している朝儀に関する知識が『西宮記』に結晶化され、それ以後、この書物は永く公事典礼の典拠となった。天元五年（九八二）歿。

さて、わたくしたちは、有職故実というと、先例に権威を求めるところの、何かひどく形式ばった、古臭い、瑣末主義的な一つの文化現象の類型を考える。そして、そう考えて毫も差し支えないのだけれども、これを構造的に把え直してみると、それほど単純な文化の類型ではないということがわかってくる。

有職とは、宮廷における恒例の年中行事や臨時行事、公家の官位昇進の順序、職掌の内容や資格などについて、細部にわたる多くの先例に照らしながら政務（この場合、必ずしも権力を行使するとは言えないので、あえて政治とは呼ばない）を執行する知識をいう。また、その知識を有する人物（正しくは、有識者という。略して識者ともいう）をもいう。後世、家学の専有するところになってから、有識を有職と書くようになった。有識は、平安中期ごろから九条流（藤原師輔を始祖とする）、小野宮流（藤原実頼が始祖）、西宮流（源高明が始祖）の三流によって発達せしめられ、やがて、武家政治時代に入って、武家の間にも有職家が生ずるに至った。室町幕府や江戸幕府にあっては、故実（儀式典礼・行事・法令・軍陣などの先例に関する知識）を担当する高家《こうけ》の家柄が定められた。

それならば、平安朝中ごろに、こんなしちめんどう臭い知識体系が生まれたのは何故であるか。時代的経過を跡づけてみると、延喜・天暦期以後、急激な勢いで有職故実書（もしくは、これに近い記録類や日記）が現われはじめたことを知らされるが、それは何故であるか。世に謂う「延喜天暦の治」とは、唐の太宗の治世を貞観《じようがん》の治と呼ぶ例に倣《なら》って、聖代（すなわち堯舜のごとき聖賢によって徳治仁政が世に行なわれた時代）と称賛した時代であるが、そのように素晴らしい時代と見做された（事実は、それと相反する要因のみに満ちている）時期《ピリオド》を端緒にして、一群の有職関係文献が簇出《そうしゆつ》するのには、必ず理由がなければならない。

最近の研究によると、〝延喜天暦聖代説〟というのは、藤原道長を中心とする摂関社会体制の中で志を得ようにも得られない中級貴族官人層に属する学者文人が、官途栄達上の轗軻不遇に対する自己不満をぶちまけるために、故意に理想化してみせたところの、フィクシャスな〝黄金時代〟であったにすぎないのだという。すなわち、林陸朗の論文「所謂『延喜天暦聖代説』の成立」は、「だいたい延喜・天暦の二朝を聖代とする言辞は、この両朝をあまりへだたらぬころから早くもみられるが、これらは主として学者文人の間に唱えられはじめたもののようである。彼ら学者文人は、その儒学的知識からして、聖代とは、堯舜のような古の聖賢の理想的な治世をイメージとしていたのであろうが、現実には、近い過去の延喜・天暦の二代における文化的な事績から、詩文礼楽が重んぜられ、文運が興隆した世として、これを理想化した。なぜ彼らがこれを鑽仰したかというと、彼ら文人層のたっている現実は、いわゆる士大夫階級として、朝廷における地位官爵は望みにまかせず、学識に比して地位の不遇さをかこっていたのであるから、延喜・天暦の二朝が実際以上に光芒を放って彼らの目に映じ、それをよるべき先例として、よってもって自己の主張を補強しようとするのであった。即ち、延喜天暦聖代説は、まず学者文人層の処世術・昇進術から出た観念であった」（古代学協会編『延喜天暦時代の研究』所収）と説明するが、まことに同感である。じじつ、延喜天暦聖代説を最初に言いだした藤原篤茂、源順、源為憲、大江匡衡などは、自分たちほどの文人をもっと優遇してもらいたいという申状（叙位任官や官位昇進を申請する文書）のなかで、先例を援用し、その時に文人優遇の聖風のあった「聖代」というものを賞めたたえたのである。したがって、延喜天暦二代の治世を王道楽土と讃えるのは、文人貴族の消極的な〝体制批判〟に他ならず（消極的な、といったのは、かれらには真向《まっこ》うから摂関政治体制を攻撃するような意識も能力もなかったからである）、その意味で、このユートピア思想は摂関社会の産物以外の何物でもないと言うべきである。

　そうなると、つぎに問題になるのは、なぜそんなにも先例に権威が求められたかという点である。その理由として、種々のことが考え合わされるであろうが、前述のごとく、最初に〝先例援用の思考〟を持ち出したのは摂関社会体制の反主流的中級官人だったのであり、しかも、そのような中級官人を含めた不平不満貴族が特に有職故実に深い造詣を持っていた、という事実にこそ、注意を向けるべきだと思う。わかり易く表示するとすれば、政治権力を一手に掌握してしまった摂関家に対抗するせめてもの手段として、反主流貴族官人たちが、摂関家デスポットの傀儡にすぎなくなった天皇のなかに〝権威〟を見いだしたうえ、天皇みずからが執行せねばならぬ禁中儀式や年中行事についての細々《こまごま》した知識や経験を再図式化した思考こそ、じつに有職故実なのであった。したがって、先例に権威を求めるとは、とりもなおさず、国政レベルから切り離れた、むしろ宗教儀礼レベルに釘付けにされた天皇に関して不可侵の権威を必要とした、ということと同義であった。大臣がどこに着席するかとかいう問題。大嘗会には、大臣は藤花を左方に挿し、納言は桜花を左方に挿し、参議は山吹を右方に挿さねばならないという問題――。こういった問題は、いくら論じたところで、それによって国内産業に微塵ほどの影響力も及ぼすことはないし、律令制末期の民衆生活の上に良きにつけ悪しきにつけ何らの変化も起こさないし、だいいち、摂関政治社会に波動一つ立てるというものではない。しかし、反主流貴族官人にとって、自分たちの教養なり知識なりの生かされる場は此所《ここ》を措いて他にはなかったのである。

そう見てくると、この〝先例援用の思考〟は、たしかに、古代律令社会および摂関政治社会の抱える諸矛盾を一定の仕方で乗り越えようとするものではあったと言える。しかし、その乗り越えようとする主体それ自身がまた所詮は支配階級の一員でしかなかったところに、多くのしかも根本的な問題を残さずには置かなかった。

さて、ここにいっそう明確にしておきたいことがある。それは、〝先例援用の思考〟というものも、すでに明確なモデルを持っていた点である。八世紀に律令政治が実行に移されて以来、政治に当たった貴族官人が何かの重要な判断や決定をする場合、問題が『大宝令』の規定ぐらいでは到底手に負えなくなると、唐制（中国法制）といちいち首っぴきの思量をせねばならなかった。『令義解《りょうのぎげ》』『令集解《りょうのしゅうげ》』を見ると、明法家《みょうぼうか》のみならず、大臣・納言・参議という人が、いちいち中国の実例を気にしていたことが察知される。『秘府略《ひふりゃく》』という書物は、天長八年（八三一）の滋野貞《しげののさだ》主《ぬし》が編纂した大百科事典で、そこには『説文《せつもん》』以下千五百余種の漢籍が事物別に分類収載されている。おそらく、律令行政家たちが典拠とすべき漢籍の「本文《ほんもん》」を集大成したもので、奈良朝以来の日本漢文学が辿ってきた訓詁的文献学という学問形態はそれだけの必要性を待望されたものだったと考えられる。たとえば『三代実録』貞観十八年四月十日の夜に、大極殿に火事があると、早速その翌日に詔がくだり「朝を廃したものかどうか、審議してほしい」という相談があった。大学博士善淵永貞らは『礼記』『左氏伝』を典拠に、文章博士巨勢文雄・都良香らは『春秋穀梁伝』『漢書』『後漢書』『魏志』『晋書』などを典拠に、大論戦をたたかわせたが、けっきょく後者に決定された、と見える。このように、何かが起こると、大臣や博士たちは、いちいち漢籍本文を誦して、事を決めたのであった。「格」はこうして変通自在に出来たものだが、一方、「式」のほうは逆に固定的であった。「格」のほうは儒教イデオロギーに支えられた政治的手腕の産物だが、一方、「式」のほうは、式部省を中心にして展開される旧習古俗の踏襲を内容とする学芸的知識の産物だったと見ることができよう。詔勅を多く記載する「国史」の無変化性が、おのずからにして、天皇の身辺の少ない変化を記す「日記」の盛行を促した。行政首脳部からはじき出された学者文人官僚が「式」の旧守や「有職故実の学」の形成に向かっていったプロセスは、冷静に観察してみるとき、当然の帰趨だったと言える。池田源太の要約に従うと、「延喜・天暦以後、急激に盛行して来た、有職故実の学は、その基底に、『大宝令』以来の、本文を至上とする、文献学的精神形態を持ち、内容としては、『変通の道』である『格』とは異質で、永例・常典としての『式』と同質である。中心には、式部省があるが、また、他面、天皇の言行動止を詳述する『国史』の末が日記・記録類の出現を促し、この学を補強した。文化の類型としては、『先例』に権威を認める、和平的な安定性のあるもので、中世文化の一面を荷うものである」(「平安朝に於ける『本文』を権威とする学問形態と有職故実」、前掲書所収)ということになる。

有職故実とは、このようなものである。それは、古代国家における専制的支配権(政治機構・軍事力・経済関係)をバックにした「権威」というもののほかに、先例(人間の行為として歴史的に先行した事例)のうちにもう一つの「権威」を見いだそうとするこの時代なりの新しい文化類型であった。なんにでも先例を見いだしてそれを揺るがし得ぬ準縄《キャノン》として遵守しようというのであるから、これが宮廷内の官位昇進・職掌の内容・年中恒例臨時の行事などを対象としているうちは、毒にも薬にもなるものではないが、いったん歴史が大きく転換すると、なんの役にも立たないことを暴露する。にもかかわらず、公卿や識者《しきしや》はこれを唯一の真理と思い込んで獅噛《しが》みつく事態が、中世の全時代をつうじて起こった。かれらは、じっさいに幾つもの無意味な戦乱を企て、無辜《むこ》の人民に巻き添えを食わせた。その意味では、有職故実は、人類発展史に立ちはだかって、歴史の流れに「ストップ」をかける役割しか持たなかったのは、あまりに自明である。そして、わたくしたちの当面の課題である〝自然観〟に即していえば、花鳥の見かた、四季移りゆきの見かた、天体の見かた、などなどのうちに頑強に墨守された〝先例援用の思考〟が、どれほど人類発展の歩みに「ストップ」をかけ、どれほど被支配層人民を貧困窮乏に閉じ込める役割を演じたか、はかり知れないものがある。

それはともかくとして、わたくしたちは、ここで、花道史前史探索のための鑿岩機《ドリル》を当てなければならない。これまで『西宮記』所載の記事に最も詳細なドリルを入れたのは、重森三玲「花道前史」（河原書店版『花道全集第二巻・花道史(上)』所収）である。例文に掲げた天暦四年十月八日の記事について、「これは九月九日重陽宴での挿花を記したものであるが、この場合も菊花を立ててゐる。斯様に平安朝に於ける儀式瓶花は、その初期から既に盛んであつて」と述べる重森は、「併しながら、此等の諸儀式に於ける瓶花は、実は純粋な装飾花ではなく、言はば供花の延長であつて、従つて、その形式の如きも、供花から一歩も出たものでないことが解り、その点を注意して置く必要がある」（四、諸儀式における瓶花）と決め付けている。重森の立場は「仏教の伝来と共に、仏教的供花が、奈良朝以後、各時代に発展し、且つはその派生として儀式花もあつた」（五、初期室内装飾としての瓶花）とし、「供花の発達について、諸多の儀式などに於て、その席上、一種の供花的挿花が派生してゐるのである。即ち各種の饗宴とか、遊楽、歌会その他の儀式が盛大になるにつれて、それ等の儀式の席上に、種々な瓶花が要求されて来たのであつた」（四、諸儀式に於ける瓶花）とも述べて、在来の通説の補強をおこなうのである。花道史家は、いけばなの起源《オリジン》が仏教的供花に在るという前提そのものを〝公理〟として疑おうともしないのだが、これでいいかどうか。

しかし、前掲四つの『西宮記』例文を、先入主なしに読んでいただきたい。

第一の記事、「立舞台西北頭、舞台東北西三方立菊花」が、どうして仏教的供花の派生だなどと断定できるのか。まず簡単に気付かされるのは、西北頭とか東北西三方とかの、ようするに東西南北という方角の重視によって構成されている空間的宇宙論《スペイス・コスモロジー》はもともと中国に固有のそれからの借用だ、ということである。重陽宴そのものが中国から直輸入のページェントであり、この日は、神泉苑もしくは紫宸殿で群臣に宴を賜わり、学者文人を召して漢詩を賦せしめるのではなかったか。「立菊花」は、当然、中国の宗教儀礼システムからの借用である。

第二の記事も、まったく、学者文人の知的パーティのためのもので、「各立金銅花瓶樹菊花」には抹香臭さなど微塵もない。たしかに、小さな文字で割り注にされた記事をみると「読経」という表現がある。しかし、前後関係《コンテキスト》を踏まえて検討し直してみると、重明親王が申されたのは、「延長時代には花瓶が高く大きかった。図書寮《ずしょりょう》で儒学関係の経書を関係の経書を閲読している時間内のごときは、御前の瓶を立てたくらいでした」うんぬんの内容であって、仏教とはなんの関係もない。

第三、第四の記事も同断である。「嚢盛茱萸」「但茱萸不着」が決め手になるはずである。中国式の宗教儀礼の模倣だったと見る以外に、解釈のしようがない。むしろ、文人や博士と密接な関連において「以金瓶挿菊花」「已賞菊花不立乖義」に焦点を合わすべきではないか。「乖義」を、派生前のみなもとである「仏教的供花のルールに反する」などと解釈してはならない。殊に『西宮記』の場合、この「有職故実の学」を旧守しようとした主体は学者文人貴族官僚であった。彼等の〝先例援用の思考〟も、もとはと言えば、漢籍（中国文化）原典と首っぴきすることから始まったのであった。古代儒教的ユートピアのシンボルがまさしく「いけばな」であったことに、わたくしたちは注意すべきである。

かくして、古代日本知識階級がよすがと仰いだ自然観のパラダイムも、また、古代儒教的シンボリズムの体系からの借用であった。そして、この日本的自然観のパラダイムは、そののちも久しく破られることがなかったのである。

『菅家文草』――"古代詩歌"的自然観の完成と解体

はじめに、"学問の神様""天神さま"こと、"菅公《かんこう》"菅原道真の人生閲歴を確かめておこう。

菅原道真は、承和十二年（八四五）、参議菅原是善の三男として生まれた。母は伴氏であるという。字を三（世に菅三と称するは、このゆえであろう）、幼名を阿古といい、道真というのはその諱《いみな》である。

貞観四年（八六二）文章生《もんじようしよう》に補せられたが、数えどし十八歳、滅多にない若さであった。貞観九年（八六七）得《とく》業生《ごうしよう》、貞観十二年（八七〇）方略試を受け、中の上ぐらいの成績で辛うじて合格。二十七歳で新進官僚としてスタートし、渉外事務担当の玄蕃助、外交文書の起草をする少内記となる。たまたま渤海客使楊成規らの加賀着岸があり、存問渤海客使を命ぜられ、客使に与える勅書を起草したことは有名だが、これからすると、道真は相当に中国音の語学に熟達していたものと想像される。貞観十六年（八七四）従五位下、兵部少輔、一か月後に民部少輔に転じ、在任三年の民部省時代には地方・財政関係の事務処理に熱中したといわれる。元慶元年（八七七）式部少輔に転じ、ついで文章博士を兼ねる。三十三歳、ここに文官任用や典礼をつかさどる式部省に転じたことは、学問の家柄である菅家の御曹子にかけられた父祖の期待にこたえたといってよい。ところが、文人社会に入ってみると、そこには学閥・門閥の抗争が絶えず繰り返されており、お互いがお互いの足を引っぱる暗い渦巻が流れていた。非藤原氏文章博士の立場は、当然、孤立奮闘の様相を呈さざるを得なかったが、元慶七年（八八三）には渤海客使に対する渉外事務を加賀権守として処理してのけるなど、徐々に才能を発揮していった。――ここまでが、前期得意時代である。

仁和二年(八八六)正月、関白藤原基経の長子、十六歳の時平の元服式が済み、その半月後に発令された春《はる》の除目《じもく》(地方官の人事異動)に、道真は、式部少輔・文章博士・加賀権守の三官を免ぜられ、讃岐守に転出するよう命ぜられた。四十二歳である。讃岐の国府庁には満四年在任するが、この間、いわゆる阿衡《あこう》事件(仁和三年の宇多天皇即位のさいに起こった藤原氏のデモンストレーション事件)には密かに京に帰って事件の成り行きに関心を示し、関白太政大臣基経を諫める書を送り、左大弁橘広相のために弁護を試みたりしている。——ここまでが、讃州失意の時代である。

寛平三年(八九一)、道真は中央政界・文壇に復帰し、式部少輔に再任、蔵人頭に補せられ、左中弁を兼ねた。翌四年(八九二)には『三代実録』の撰修に参加し、このころから『類聚国史』の撰修を始めている。この前後から、若き帝王宇多の信任が頓《とみ》に厚くなり、寛平五年(八九三)には参議・式部大輔に抜擢《ばってき》され、まもなく左大弁に転じ、勘解由長官・春宮亮を兼ねるというふうに、急ピッチの昇進を遂げる。また、文学のほうでも旺盛な作品活動を展開する。この年には『新撰万葉集』を撰進したことが知られている。翌六年(八九四)遣唐大使に任命されたが、建議して遣唐使の発遣停止を請い、この計画は中止になった。翌七年(八九五)、中納言従三位、春宮権大夫に陞《のぼ》り、ついに父祖の官位を越え、翌八年(八九六)には民部卿を兼ね、長女衍子が入内する。さらに九年(八九七)に権大納言・右大将に任じ、醍醐天皇即位にさいしては正三位を授けられ中宮大夫を兼ねる。この異常な栄進ぶりが同僚納言らの反感を買い、かれらの出仕サボタージュないし審議ボイコットに逢う。俄かに危機の迫ったことが知られる。昌泰元年(八九八)大納言時平とともに内覧の宣旨をこうむり、翌二年(八九九)にはついに右大臣に昇った(左大臣は時平)。翌三年(九〇〇)、自家の詩文集たる『菅家文草』十二巻に、祖父清公の『菅家集』六巻と父是善の『菅相公集』十巻を添えて、十六歳の新帝に献上した。ところが、その六か月あとに、宮廷内に、道真追放の議がもち上がる。三善清行のように勇退勧告書を送ってくる者さえあったが、道真は取り合わなかった。——ここまでが、後期得意時代である。

昌泰四年（九〇一）辛酉正月七日、時平・道真は同時に従二位に叙せられたが、月末近く、突如として道真追放の宣命が発せられる。藤原時平との角逐、宇多法皇と醍醐新帝との対立、などなどの理由によるものであることは、明白である。翌月一日、配所大宰府に向かって出発。四人の男子も、それぞれ遠国へ流された。そして、京を出てから二年、失意のうちに、延喜三年（九〇三）二月、五十九歳で死んだ。――これが、大宰府流謫の時代である。

――このように追跡していくと、どうも、〝学問の神様〟〝天神さま〟の生涯譚《ヒストリー》は、一代で立身出世の極限をきわめ尽くした〝政治的人間〟の苦闘・野心・好運・栄光・転落のプロセスを証《あか》したものという以外に解釈のしようがない。いかにもドラマティックで、いかにも人間臭溢るる、おまけに最後は敗者となって終わる、この一代記が、のちのち、日本民衆の好みに受けるのは当然であろう。あまつさえ、道真は神格にまでまつり上げられ、信仰の対象として千年余も生きのびるのである。北野天満宮の創建経緯については、昭和初年に長沼賢海「天満天神の信仰の変遷」（『日本宗教史の研究』所収）が、真言宗の行者らがおのれらの修法の万能を証明する手段として菅神の怨霊をかつぎあげたものだ、と注意している。また、宮地直一「怨霊を和《なご》めむとする思想」（『神道史上巻』所収）は、当時、自己の効験《こう げん》を売らんために祟《たた》りを宣伝した巫覡《ふげき》の徒によって社殿の創立という大袈裟な手段が取られた、と考証している。戦後になって、西田長男《ながお》「北野天満宮の創建」（『神社の歴史的研究』所収）が、これら先行業績を踏まえていっそう科学的論証をおこない、多治比奇子《たじひのあやこ》と神良種《みわのよしたね》・太郎丸といった巫覡、これを取り巻く星川秋長・狩弘宗などの俗人、満増・増日・最鎮・法儀・鎮世などの僧侶、さらには民間宗教者・宗教芸能人らが総力を結集して、ついに北野神社創建という大事業を成功させた、というプロセスを明らかにしている。もともと、天神信仰それ自身が中国から伝わった舶来の新宗教でしかなかった。宗教というものは、新興もしくは舶来のものほど伝播力が強いのである。そして、これには、もちろん、社会状況が大きくこれに味方した。御本人の菅原道真の全く関知しないところで、天満天神信仰が成立し普及していったのである。

しかし、本稿での探索は、道真の個人詩集『菅家文草』のなかに〃いけばな前史〃をさぐり、でき得るならば〃日本的自然観〃の形成過程を跡づけよう、とするところにあった。

さっそく、『菅家文草』の本文に当たってみることにしよう。——

40　九日侍レ宴、賦三山人献二茱萸杖一、応レ製。

萸杖肩昇入九重　萸杖《ゆちやう》　肩《かた》に舁《か》けて　九重《きうちよう》に入《い》る
煙霞莫笑至尊供　煙霞《えんか》　笑《わら》ふことな　至尊《しそん》に供《そな》へまつらむ
南山出処荷衣壊　南山《なむざん》を出《い》づる処《ところ》　荷衣《かい》は壊《やぶ》る
北闕来時菊酒逢　北闕《ほくくゑつ》に来《きた》る時《とき》　菊酒《きくしゆ》に逢《あ》ふ
霊寿応慙恩賜孔　霊寿《れいじゆ》　慙《は》づべし　恩《うつく》しびて孔《いた》れることを賜《たま》ふ
葛陂欲謝化為竜　葛陂《かつひ》　謝《しや》せまく欲《ほ》りす　化《くゑ》して竜《りよう》と為《な》ることを
挿頭繋臂皆無力　頭《かむべ》に　挿《さしはさ》み臂《うで》に繋《か》くる　みな力《ちから》なし
願助仙行趁赤松　願《ねが》はくは仙行《せんぎやう》を助《たす》けて赤松《せいしよう》を趁《お》ひてむ

442　九日侍レ宴、観三群臣挿二茱萸一、応レ製。

単方此日挿茱萸　単方《たんはう》　此《こ》の日《ひ》　茱萸《しゆゆ》を　挿《さしはさ》む
不認登山也坐湖　認《もと》めず　山《やま》に登《のぼ》りまた　湖《みづうみ》　に坐《ざ》することを
収採有時寒白露　収《をさ》め採《と》る有時《とき》　白露《はくろ》　寒《ひややか》　なり
戴来無数小玄珠　戴《いただ》来けること無数《むすう》にして　玄　珠《ぐゑんしゆ》　小《ちひさ》し
口嫌酒菊吹先去　口《くち》は嫌《きら》ふ　酒菊《しゆきく》の吹《ふ》きて先《ま》づ去《さ》ることを

身愧湯蘭煮後枯
豈若恩光凝頂上
化為赤実照霜鬚

身《み》は愧《は》づ　湯蘭《たうらん》の煮《に》て後《のち》に枯《か》るることを
豈若《あにし》かめや　恩《めぐ》みの光《ひかり》の頂《いただき》の上《うへ》に凝《こ》りて
化《くわ》して赤《あか》き実《み》となりて霜《しも》なす鬚《ひげ》を照《てら》さむには

（「日本古典文学大系」本に拠る）

第一首目の詩の題名は「九日宴に侍《はむべ》りて『山人茱萸《せんにんしゆゆ》の杖を献《たてまつ》る』といふことを賦す、製に応《こた》へまつる」と訓《よ》む。『三代実録』貞観九年（八六七）九日の条に「重陽之節、天皇御ニ紫宸殿一宴ニ於群臣一。召ニ文人一、命レ楽賦レ詩、賜レ禄各有レ差」と見える記事をさしているものと思われる。「山人」は仙人のこと、具体的には吉野か大峯あたりの修験者をさすのであろう。さて、問題は「茱萸」であるが、日本古典文学大系の校訂者（川口久雄）は、「『茱萸』は、本草和名に『加良波之加美』と訓む。『呉茱萸』ともいう。学名 **Evodia rutaecarpa** 中国原産の落葉小低木。高さ約三メートル。花は五、六月ひらく、緑白色の小花。果実は紫赤色で薬用にする。類聚名義抄以下カハハジカミと訓むのは誤りであろう。九月九日、辟邪のために茱萸の果実をとったり、茱萸を折ってかざしにしたり、うでにかけたりする（芸文類聚、九月九日）」との補注を加えている。このように文献《ブッキャッシュ》的な説明を突き付けられても読者は一向に要領を得ないかも知れないが、茱萸が、ようするにグミではなくて（牧野富太郎がこの指摘をするまでは、数百年来、国文学者も漢学者もこの誤りに気付かなかったのだから驚く）、呉茱萸《ごしゆゆ》であることに気付けば足る。呉茱萸についての説明を補足しておくと、ミカン科の落葉灌木であって、全体に軟毛を密生、葉は厚くて羽状複葉で対生している。秋になって結ぶ紫赤色の果実は球形で、食用にはならないが無理に食ってみると山椒の実のように口内がひりひりする。この果実は薬用として用いられ、健胃剤もしくは利尿剤とする。中国原産のこの呉茱萸は、こんにちでも、日本の農家の庭先などでよく見かけるが、日本にあるのはすべて雌木で、したがって実の中に種子ができず、殖やすには挿木によるしかないが、結構《けつこう》よく活着する。

茱萸（呉茱萸）について特記すべきことは、古代の中国において、九月九日重陽の節日《せつじつ》にこの植物の実を頭に挿したり腕にかけたりする呪法を用いると、邪気が祓《はら》われ長寿がもたらされると信じられていた、という点である。西漢《せいかん》（紀元前後）の劉歆《りゅうきん》著『西京雑記《せいけいざつき》』第三巻に「戚夫人侍児賈佩蘭云、宮内九月九日、佩㆓茱萸㆒、食㆓蓬餌㆒、飲㆓菊花酒㆒、令㆓人長寿㆒」と見える。晋《しん》（四世紀）の周処撰『風土記《ふうどき》』には「以㆓重陽㆒相会、登㆑山飲㆓菊花酒㆒、謂㆓之登高会㆒、又云㆓茱萸会㆒」と見える。梁《りょう》（六世紀）の呉均撰『続斉諧記《ぞくせいかいき》』には「汝南桓景、随㆓費長房㆒遊学累年。長房謂曰、九月九日、汝家中当㆑有㆑災、宜㆘急去、家人各作㆓絳嚢㆒、盛㆓茱萸㆒、以繫㆑臂、登㆑高飲㆗菊花酒㆖、此禍可㆑除。景如㆑言、斉㆑家登㆑山。夕還、見㆓鶏犬牛羊一時暴死㆒。長房問㆑之曰、此可㆑伏也」とある。詩でいうと、唐の王維（六九九〜七五八）作「九月九日憶㆓山中兄弟㆒詩」に「遙知兄弟登㆑高処、遍挿㆓茱萸㆒少㆓一人㆒」とあり、杜甫（七一二〜七七〇）作「九日藍田崔氏荘詩」に「明此会知㆓誰健㆒、酔把㆓茱萸㆒仔細看」とあり、そのほか用例は無数にある。茱萸会《しゅゆかい》、茱萸節、茱萸嚢、茱萸女などの熟語も、すべて九月九日の季節行事に関係がある。

これだけの予備知識を得たあとで、菅原道真作品の大意を摑んでおこう。——

折しも宮中でおこなわれている重陽節のパーティ会場に、修験者が、茱萸で作った杖をかついで入ってきました。宮中に茱萸の杖を献ずるというような俗人のまねを仙人がするということは、考えてみれば笑うべきですが、しかし、それは、天子さまに不老長寿を差し上げようとの意味あってのことです。この仙人は、なにしろ南山（吉野山）の巌石の間から出てきたものですから、着ている蓮の葉製の衣もぼろぼろに破れています。そして、北の方角にある宮闕《きゅうけつ》（天子のいます処）に参内し、重陽の宴に陪《ばい》して菊酒の会に逢ったところです。天子さまは、只今、茱萸の杖とともに献ぜられた霊寿（人間を超越した長寿）を、ありがたくも嘉賞したもうたところでございます。そこで、このわたしは思うのですが、仙人の献じた茱萸の杖こそ感謝に値するもので、もしこれを水中に投ずれば化して竜となるのではありますまいか。と申しますのは、これまで、茱萸を頭髪にはさんで挿頭《かざし》としたり、袋に茱萸を盛って腕にかけたりしても、すべて無力だったのですから。このうえは、茱萸の杖が、仙人の修行を助けて、どうか願わくは天子さまに赤松子（神農氏時代の呪術師で崑崙山に入った）さながらに不老長寿を得さしめたまわんことを。

一首の意味は、おおむね、こんなところであろうか。注意を要するのは、第七聯「挿頭繋臂皆無力」という表現で、中国の故事を踏まえながら、これまでのやり方では効果がありませんでしたが、こんどこの新しい「萸杖《ゆじよう》」にかぎっては必ずききめがありそうです。陛下はきっと長生きなさいますでしょう。と、このように詠んで、天皇の御機嫌を取っている点である。

第二首の題名は「九日、宴に侍《はむべ》りて、群臣の茱萸《しゆゆ》を挿むを観《み》たまふ、製に応《こた》へまつる」と訓《よ》む。『日本紀略』寛平九年（八九七）九月九日辛巳に「天皇御二紫宸殿一、賜二重陽宴一、題云、観三群臣挿二茱萸二」と見える記事と照応させて考えるのが最も適当であろう。一首の大意は――

九月九日、この日に求めるところの長寿の単方（配合剤を加えない単一の薬方の義）は、茱萸の実を頭にさして、挿頭《かざし》にすることであります。わざわざ山に登ったり、湖辺に遊んだりする必要はないのです。今は、群臣がこの茱萸を拝領するにふさわしい時節、すなわち白露（二十四気の一、九月八日ごろをいう）のおく時です。それで、群臣がそれぞれ頭髪に頂いた茱萸を見ますするに、玄珠（くろずんだ球の意で、『荘子』天地篇では道の本体に喩える）が無数に小さく見えます。菊花酒も、口で菊の花びらを吹きまろばしながらこれを飲むと長寿を得るといわれておりますが、実際は、口で吹いておりますと、まろぶどころか、すぐに去ってしまうので、嫌《いや》な感じがします。湯蘭も、これを沐浴すると長寿が得られるといわれておりますが、肝腎の蘭が煮られて枯れてしまうので、口惜《くや》しい感じがいたします。そこへゆきますと、今日賜わった茱萸は違います。天子さまのめぐみの光が、臣下の頭髪の頂上に凝結し赤い実と化し、霜のごとく白くなった顎髭《あごひげ》に映発して美しく、このままで既にユートピアを現出していると申せます。

じつは、右の二首に限ったことではなくて、〝詩文の神様〟菅原道真の作品は、大部分が中国の習俗や故事を豊かに詠《よ》み込みながら究極的には天皇に対する礼賛やおべっかをうたい上げる主題ばかりを提示している、と言い得るのである。

もちろん、『菅家文草』およびその続篇に当る『菅家《かんけ》後草《こうそう》』を読むと、華麗な措辞によって想像力豊かな美的観照の世界を展開させているし、一方、悲痛な人生的挫折を歌って孤独暗澹たる内面的世界を掘り下げてもいる。たしかに、川口久雄の『平安朝日本漢文学史の研究』が説くごとく「道真詩の世界は大きくわけてきらびやかな美しい世界と、平淡なさびしい世界とにわけられる。過剰な装飾を伴った耽美的な芸術美的な世界と、悲痛な孤独の意識を伴った人生的な自然美的な世界とである。彼の生涯に即していえば、前期と後期とにおいてこの二つの世界はそれぞれ交互にあらわれる。中央宮廷官僚としての得意時代における侍宴応制の作品群は前者の世界であり、中央を離れることを余儀なくされた讃州もしくは鎮西の失意時代における客意謫居の作品群が後者の世界である」(上篇 王朝漢文学の形成、第八章 菅原道真の作品および思想の特質)と言うことができる。

しかし、わたくしは、さらに一歩を進めるとき、侍宴応制の作品世界こそ〝古代詩歌〟の根本特質を完璧に具現している、との見方を採らざるを得ない。

約言していえば、〝古代詩歌〟とは、儒教イデオロギーの体系の一部分に組み込まれてある中国官僚制支配の〝政治的思考〟のひとつの表現でしかなかった。そして、七世紀〜八世紀の日本律令官人貴族が、はじめて、文学形式としての〝詩歌〟というものの存在を知ったとき(もちろん、それ以前に民間歌謡《フォークソングス》としての「うた」のようなものがあったことも確かであるが、律令政府は、それを「旧俗」「愚俗」として蔑視していた)、当然ながら、中国の詩文に学んだろうことは、あまりに明らかである。〝詩歌〟とは、ようするに、六百万人もの人口構成を有する農民大衆などが近寄りもできなければ夢想だにし得られもしない高嶺の花でしかなかったのである。二百人足らずの高級官僚だけが享受するにとどまる、当時としてはハイカラ極まる文化でしかなかった。日本の古代詩人や古代歌人を考える場合に、現在わたくしたちが普通に頭の中で思い描く詩人や芸術家の概念をそのまま当て嵌めることは、誤っている。

菅原道真の場合にも、それと同じことが言えるのである。悲痛とか孤独とか呼んでも、ただただ宮廷内での出世が遅れたとか主流派の座を引き下ろされたとか、そういった不如意に動機づけられたに過ぎなかった。現代の詩人が主題とするような実存体験としての悲痛とか孤独とか不安とかいうものの要素は、はじめから、まったくありはしなかった。それが〃古代詩歌〃というものの一般的性格である。げんに、道真の傑作詩の一つに数えられている讃州時代（仁和二年〜寛平二年）の作品を見るがよい。

197　重陽日府衙小飲。

秋来客思幾紛紛　　秋《あき》よりこのかた　客《たび》の思《おも》ひの　幾《いく》ばくか紛紛《ふんぷん》たる
況復重陽暮景曛　　況復《いは》むや　重陽《ちようやう》暮《ゆふべ》の景《ひかり》の曛《く》れむや
菊遣窺園村老送　　菊《きく》は園《その》を窺《うかが》はしめて村老《そんらう》送《おく》る
茰従任土薬丁分　　茰《はじかみ》は土《つち》に任《まか》すに従《したが》ひて薬丁《やくてい》分《わか》つ
停盃且論輸租法　　盃《さかづき》を停《とど》めては且《しばら》く論《あげつら》ふ　租《いだしもの》を輸《いだ》す法《はふ》
走筆唯書弁訴文　　筆《ふみて》を走《は》せては　ただ書《か》く　訴《うつた》へを弁《わきま》ふる文《ふみ》
十八登科初侍宴　　十八《じふはち》にして登科《とうくわ》し　初《はじ》めて宴《うたげ》に侍《はむべ》りけり
今年独対海辺雲　　今年《こむねん》は独《ひと》りい対《むか》ふなり　海《うみ》の辺《ほとり》なる雲《くも》

（「日本古典文学大系」本に拠る）

前述のとおり、道真は、仁和二年（八八六）正月に発令された人事異動により、式部少輔・文章博士・加賀権守の三官を止《と》めて讃岐守に転出を命ぜられた。もちろん、非藤原氏に対して打たれた何らかの政治的策謀によるものであろう。発令一週間後の内宴には官妓があえかなる柳花怨の舞を奏したが、道真の気持は、このような唐風（中国的）

世界から遮断されることを悲しんで鳴咽するばかりであった。任地国府庁での生活は、一面では明るい自然や農民生活に触れて清新な驚きをおぼえもしたが、基本的には、宮廷宴会の華やかさが忘れられずに田舎の生活を憎悪している。そして、赴任後半歳の重陽の日、右の「府衙小飲」の詩が生まれた。重陽節に無くてはならぬ菊は、村の爺《じじ》いが贈ってくれたもの。また茱萸は、ここのお役所の薬草園の管理に当たっている雇員が分けてくれたもの。酔いが廻って話題にのぼせられるのは、租税の取り立て法のことばかり。さて筆を取って紙に文字を書くとなると、民百姓からの訴状に対する判決文ばかり。ああ、嫌になってしまう。自分は、十八歳で科挙の試験に合格し、その年いらい重陽の詩宴には必ず文人として列席したものだったのになあ。今年の重陽節には、ひとりさびしく南海の雲に対しているのである。——と、まあこういった意味であろう。

時に道真四十二歳。元慶・仁和年代といえば、国司支配下の地方農民の困窮はその極に達し、基経執政下の中央政府は班田復活を企図し、勧農的志向に立って国政を指導しようとしていた。「八八五(仁和一)年に、土佐国では、正丁四段、次丁ならびに中男二段、不課田一段、女五〇歩という新規の配分を、今回限りの条件付で実施した。たぶん、同国府からの要望にもとづくものであろう」(北山茂夫『王朝政治史論』、第一章 律令的デスポティズムの動揺と傾斜)といったように、隣国土佐の国司はてきぱきと農民の要求に応ずる手を打っているのに、讃岐の国司である道真のほうは、めそめそと宮廷宴会をなつかしがり、土地の農民や下僚を小馬鹿にしたみたいな詩を作って、自分ひとりを慰めている。

ついでに述べると、菅公の敵役《かたきやく》を振り当てられたために悪評が高い藤原時平は、『類聚三代格』などの史料から推定するかぎり、じっさいには、てきぱきとした行政改革を実行した有能な政治家だった。格《きゃく》の立法に積極的で、いくつかの太政官符を公布して、崩壊しかけていた地方行政を建て直した。また、延喜荘園整理令を出したり、桓武天皇このかたルーズになりっぱなしになっていた国司《くにのつかさ》の交替にさいしての事務引き継ぎを厳重に実行させたりして、とにかく地方の農民政策に対しても真面目に対処していた。これに較べると、菅原道真のほうは、どう贔屓目にみても良い地方長官とは言えない。

さて、わたくしは、日本の〝いけばな前史〟に中国的思考の因子が強く作用したはずだと主張する者であるが、しかし、その中国的思考は、日本列島に移植された当初にあっては、律令官人貴族のみが専有する〝政治的思考〟の枠外に出られなかった。天文・歳時に関してはもとよりのこと、なんでもない一木一草の形姿や翳《かげり》に対しても、律令知識人は、そこに政治的意味をもつ象徴を見いだし、みずからの掌中にある〝権力の安定〟に必要な情緒的反応をつくりだすことに努め、被支配者にむかっても、自分らとおまえらとは同一の感情的共感を分かち合っているのだ、という一体感の意識を持つように仕向けていった。これが、中国および日本の古代律令国家における〝自然観〟の体系にほかならぬ。そして、平安時代の半ば近くなり、本格的な摂関体制が出来上がって律令政治機構を内部から浸蝕するようになる段階にきて、はじめて、在来のなまの中国的思考を即現実的方向に向かって〝日本化〟し、やがてそれを農民大衆層にまで及ぼして行くプロセスが始まるのである。菅原道真は、そのような歴史転換期に際会した人物で、かれの並外れた学識や文才ももはや新しい時代には何ら適応し得る要素を持たなかった。天皇を喜ばせ天皇に気に入られる詩文さえ作っていれば栄達の道が開かれる（事実、かれは宇多天皇に抜擢されたのである）文人貴族の時代は既に終わろうとしていた。

別の言葉でいえば、日本の〝古代詩歌〟は、菅原道真の天才を藉りて、みずからの完成点に到達し、完成のあとに当然ながら待ち受けている衰退や下降の段階に向かって突入してゆくのである。ただし、衰退や下降の段階に向かうといっても、それは、あくまで〝古代詩歌〟のがわから見てそう言わざるを得ないというだけのことでしかない。爛熟しはてたものに代わって、〝ポスト古代詩歌〟（それの正体、もしくは、それの良し悪しについては暫く措くことにするが）の段階が今や漸く始まろうとしているのである。この間の推移について、川口久雄は「九世紀官人文学の最後をかざる偉大な三人の詩人がトリオをなして出てくる。道真・長谷雄・清行の三人である。かれらによって九世紀後半の官人文学は黄金期的な開花と円熟をとげる。しかし頂にのぼりつめればやがて下り坂を迎える、円熟にとなりあう頽廃、完成に踵を接する解体化の第一歩は、彼らの内部にすでに用意されている。」「こうして弘仁・承和をうけて形成された律令的な漢文学精神は彼らによって最も高い高みに引きあげられるとともに、彼らによって崩壊の端緒がつくられる。彼らの死によって律令的な文学精神は実質的に埋葬されるが、すでに新しい時代にふさわしい新しい文学精神の胎動は、彼らの文学の内部にすでに用意されている」（前掲書）と説明しているが、けだし妥当適切な観測であろう。ただ、わたくし個人は、さきに用いた〝ポスト古代詩歌〟をば、「新しい時代にふさわしい新しい文学精神の胎動」というふうには単純に受け取ることができない。天暦・正暦の漢文作者の練達せる散文にしろ、『古今和歌集』に集中化されて開花しはじめる王朝和歌文学にしろ、なおしばらくは本質的に「新しい文学」を生むには到っていないからである。和歌でさえ、〝古代詩歌〟を完全に生まれ替わり《リニューワル》せしめてはいないのである。全盛期＝黄金時代を過ぎはしたけれど、〝古代詩歌〟的政治思考は、姿を変え形を変えて、平安王朝文学の楽符《スコア》のうえにヴァリエーションを展開しつづけてゆく。それだけ、菅原道真の個人的天才の偉大さは桁違いだったということに帰結するのであろうか。

これについて、もうすこし考察を進めてみよう。

＊＊＊

これまでの記述において、菅原道真の漢詩文を一貫して流れる主題が、君主（天皇）を讃え、君主の御機嫌をうかがうことに終始していた、という実情を知った。「学問の神」天神さまのイメージとは全く相違した、菅公の赤裸な実像が、『菅家文草』から姿をあらわしてくるのを検《たしか》めた。

しかし、わたくしたちは、それが律令貴族文人に〝詩ごころ〟を賦与した「古代詩歌」の根本性格であったことも、もはや知悉《ちしつ》している。『書経』『詩経』以下に示されている「詩言ㇾ志」「詩者志之所ㇾ之也」という「志」とは、ようするに支配者の〝政治的思考〟を概念内容とするものにほかならず、古代中国の政治イデオロギーである儒教体系のなかでのみ意味を持ち得たのであった。七〜八世紀以後、中国の政治制度から詩文風俗にいたるまでの広範囲の文物（文化）を輸入した日本の貴族層＝知識階級が、はじめて、この世の中に「詩」というものの存在する事実に強《した》かに驚かされたであろうことは、それより少し以前に文字というものの存在に驚かされた時期から数えても相当に歳月が経ってからだったと想定される。律令政治機構が完備しないうちは、別の言葉でいえば「貴族」という支配階級が誕生しないうちは、この世の中に「詩歌」などというものは存在する必要もなかったからである。たぶん、被支配層＝農民階級のなかにも「作業歌」のようなものは存在していたろうとは思う。ビューハーの『労働とリズム』という書物を読むと、世界じゅうの未開種族がうたっている作業歌＝労働歌の諸実例が集められてあり、最も原始的な音楽の姿はこうだったのではないかと想像させるような因子も見いだされる。これまでの学者は、このような原始的歌謡がやがて一方では「音楽」となり一方では「詩」となると説いて、両者の間に〝連続〟を認めた（同時に〝進化〟を認めた）のだけれど、そしてその通説を誤りだと反駁する根拠はかなり希薄なのだけれど、いったん疑いはじめると、どうもそんなにうまく辻褄《つじつま》が合っていいものかという気持が強くなる。アフリカ・ニグロやポリネシア未開人に今日も伝わっている原始的歌謡を、あのまま一直線上に進化させてみても、われわれが言っている意味でのポエジーにまで到達するにはあと一万年ぐらいはかかりそうに思われる。やはり、どこかで、非連続的なもしくは人為的なファクターが作用しないと、「詩歌」は生まれ得なかったのではないか。日本詩歌史の〝あけぼの〟の時代を考えると き、虫けら同様に扱われていた農民大衆のなかに自然発生的に生まれていたであろう原始歌謡が、わずか一〜二世紀のうちに、今日みるような和歌形式にととのえられて行ったのには、必ずや外的要因が働いていたと考えられるべきである。具体的には、中国詩文および中国音楽の輸入がその外的要因の役割を果たしたのだと思う。すなわち、〝古代詩歌〟は、中国の文化圏に生まれ、中国の政治思想および社会構造とともに成長したものであった。それが、朝鮮経由でか、あるいは直接玄海灘を越えてかして、日本の支配階級にもたらされたのであった。

〝古代詩歌〟の性格を知れば、菅原道真が、宮廷サロンで中国の故事を詠んだり、君主（天皇）におべっかを使ったりすることだけに終始して、しかも「文才」の誉れをほしいままにし得た事情にも納得がゆく。美しい言葉を選んで七言・五言律を構築したり、美しい自然景観を選んでこれを讃嘆したり、ようするに詩を作ることは、権力者に忠誠を誓うことでしかなかったのだから、菅公ばかりを非難するには当たらないのである。

問題は、そのような宮廷貴族官僚をめぐる表象環境（あまり正確な語ではないが、今の場合、いちばんぴったりするので用いることにするが）のなかに「萸杖」とか「挿茱萸」とかの表現手段が用いられ、案外にのちのち〝いけばな〟の定式《フォルミュラ》を創造していくモメントが中国的思考のなかから導き出されている形跡がうかがえる、という点に関わる。今のところ、それこそはユートピアの〝シンボル〟であったとしか言いようがないが、〝いけばな〟の本質を考える場合に、この中国的ユートピア思想は重要な鍵概念《キー・ノート》になるはずである。

ところが、まことに注目すべきことには、同じ〝いけばな〟の先行形態であるはずの行為が、同じ菅原道真の内面のなかで、道真個人の置かれた状況的変化に応じて、全く異質の宗教的=呪術的意味を表現してもいるのである。すなわち、宮廷サロンのなかでの〝シンボル〟の作り方と、個人が孤独状態に押しこめられたときの〝シンボル〟の作り方とでは、両者の間に大きな差異が生じているのである。両者の間には〝自然観〟に関して大きな差異が生じてきている、と言い直してもよいであろう。

つぎの二首の作品をごらんいただきたい。——

289　斎日之作。

相逢六短断葷腥　六短《ろくたん》に相逢《あひあ》ひて　葷腥《くんせい》を断《た》つ
獄訟雖多廃不聴　獄訟《ごくしよう》多《おほ》しといへども　廃《はい》して聴《き》かず
山柏香焚新燧火　山柏《さんはく》　香《かう》は焚《た》く　新《あらた》に燧《ひき》りたる火《ひ》
野葵花挿小陶瓶　野葵《やくゐ》　花《はな》は挿《さ》す　小陶瓶《せうたうびやう》
念帰観世音菩薩　念《おも》ひは帰《くゐ》す　観世音菩薩《くわんぜおむぼさち》
声誦摩訶般若経　声《こゑ》は誦《しよう》す　摩訶般若経《まかはんにやきやう》
懺悔無量何事最　懺悔《さむくゐ》量《はか》りなけれども　何事《なにごと》か最《さい》たる
為儒為吏毎零丁　儒《じゆ》となり吏《り》となりて　毎《つね》に零丁《れいてい》とおちぶれたること

494　歳日感懐。

故人尋寺去　故人《こじん》　寺《てら》を尋《たづ》ねて去《い》ぬ
新歳突門来　新歳《しんせい》　門《かど》を突《つ》きて来《きた》る
鬢倍春初雪　鬢《びん》は　春《はる》の初《はじ》めの雪《ゆき》に倍《まさ》れり
心添臘後灰　心《こころ》は　臘《らふ》の後《のち》の灰《はひ》を添《そ》ふ
斎盤青葉菜　斎盤《さいばん》に　青《あを》き葉《は》の菜《な》あり
香案白花梅　香案《かうあん》に　白《しろ》き花《はな》の梅《むめ》あり
合掌観音念　合掌《かふしやう》して観音《くわんおむ》を念《ねむ》ずらくのみ
屠蘇不把盃　屠蘇《とそ》　盃《さかづき》を把《と》らせず

（「日本古典文学大系」本に拠る）

まず、「斎日の作」をみて見よう。斎日とは、六斎日《ろくさいにち》のこと。月の八日、十四日、十五日、二十三日、二十九日、三十日。仏教では、この日、四天王が人の善悪をうかがうとも、また悪鬼が人をうかがうとも信じられ、諸事を慎み善を修さねばならぬ日とされた。さて、一首の大意は――

六斎日の日に会いましたので、私は、ニラ・ネギの類や魚肉のたぐいを食べるのを慎しんでおります。裁かねばならぬ刑事民事の訴訟事件がたくさんあるのですが、それも停止しております。そして、部屋に籠《こも》って、香木である山中老柏を焚き、タブーを避けて新たに燧石《ひうちいし》から火を起こしました。陶製《すえつくり》の花瓶《かびょう》には野生種のハナアオイの五弁の花を活けました。このように身を清め、周囲の環境を聖《せい》なるものとしたあとでは、専念に観世音菩薩を帰命し奉ることができます。声をあげて、摩訶般若経を誦《しょう》することができます。私がこの斎日にあたって懺悔することはどっさりありますが、そのなかでも一番に位《くらい》するのは何でありましょうか。それこそは、私が学儒としても中途はんぱ、官吏としても中途はんぱで、ようするに孤独で零落の身の上となっていることであります。

この「斎日の作」は、仁和五年（八八九）の製作にかかるから、道真四十五歳、讃岐守として任地にあり、不遇を喞《かこ》っていた時期のものである。坂本太郎『菅原道真』は、「道真のような生来の都会人が、さほど遠方とはいえないまでも、海を渡って田舎に下ることを、どれ位苦痛としたか想像するにあまりある。ましてかれの得意としたであろう式部少輔・文章博士の位置にして失ったにおいておやである。どうして、このような転任が行なわれたのであろうか。これは誰もが疑問とする所である」（第四　讃岐守の四年間）と問うたあと、「その事情として、学者の間の対立抗争がはげしく、菅家門徒の勢いが増大するのを恐れて、一時道真を地方にやって、その勢いを抑えようとした学者の運動が功を奏したのではないか、ということが考えられよう」（同）と解析し、「あるいは、もっと立入って考えれば、元慶八年五月諸道の博士に諮問した太政大臣の職掌の有無について、道真の答えた勘奏の職掌なしとあまりにも明白に断定したことが、影響している点もあるのではあるまいか」（同）と解析してみせている。なんにしても、道真にとっては〃失意〃の時代であったし、憂鬱と無聊との月日であった。

その赴任三年目に、「斎日の作」がなされたのである。かれは、自分が学者としても半端《はんぱ》だし、地方長官としても半端だ、と懺悔するが、詩篇全体の調子はやり切れぬメランコリーを詩句に歌い籠《こ》めていて、少なくとも宮廷のチャンピオン時代の派手々々しい〝古代詩歌〟調の詩よりもずっと真実味に富んでいる。概して、讃岐守時代の詩は秀作が多いのである。

注目すべきは「野葵花挿小陶瓶」の句であるが、田舎生活のこととて、これは実際経験とみてよいと思う。もちろん、道真のことだから、下敷きはある。白居易詩に「葷腥毎断斎居月、香花常親宴坐時」である。だから、中国漢詩文の模倣には違いないのだが、どこか真実味がある。宮廷の花瓶に活けられてあった茱萸その他の珍木珍草を恋い慕って、こんな田舎のけち臭い花なんかを挿し花にせねばならんとは何たることだ、というぼやきを廃した面が無いとは言えぬが、野草そのものの美しさに開眼《かいげん》していることも確かである。

つぎに、二首目の「歳月感懐」のほうの詩は、大宰府に流された二年目の正月（初めて迎える正月）すなわち延喜二年（九〇二）の作。坂本太郎前掲書によると、「道真の大宰府の生活は惨めであった。空家《あきや》であった官舎は、床も朽ち、縁も落ちていた。井戸はさらい、竹垣は結《ゆ》わねばならなかった。屋根は漏って、蓋《おお》う板もなく、架上に衣裳を湿《うる》おし、箱の中の書簡を損する始末であった。しかも、虚弱のかれは、健康の不調を訴えることがしばしばである。胃を害し、石を焼いて温めても効験はない。眠らぬ夜はつづき、脚気と皮膚病とにも悩まされた」（第六 破局と終焉）という、考えられるかぎりミゼラブルな状況に置かれていたのであった。

一首の大意は――

除夜遅くに知人が訪ねて来ましたが、それも帰って行きました。そして、新しい年が、門を突きやぶってやって来ました。私の鬢は、ただでさえ真白《まっしろ》になっておりますのに、いま、初春の雪がふりつもって、その白さはいや増すばかりです。旧臘を見送り新暦を迎えるとき灰を吹きますが、私は、その冷灰を、自分の心に添え加えて、いま精神状態は冷静といえます。長い物忌みに供養する食事を盛る台盤には、青い葉っぱの菜《さい》がついているじゃありませんか。仏前の香炉をおく机には、白い梅の花が花瓶に挿してあるじゃありませんか。心はいよいよ静かになり、私は合掌して観世音菩薩を念じます。歳の初めには屠蘇酒を祝って邪気をはらう道教的習俗も、今では不必要です。私は仏道に帰依しているからです。

なんとも悲痛な詩ではないか。四句目「心添臘後灰」は、例によって、白居易の渭村退居詩に見える「泥レ尾休ニ揺掉一、灰心罷ニ激昂一」を下敷きにしているが、それを感じさせないくらいに、詩的世界と作者内面世界とが強い緊張関係によって結ばれている。

仏教の影響が、こういう静寂な世界を道真にもたらしたことは、否定できないであろう。しかし、かつて自身の栄達および他人の毀誉褒貶しか念頭に無かった道真がかかる深い世界に入って行ったのは、なんと言っても、挫折体験のしからしめるところであったとせねばならない。

菅原道真の漢詩五百余篇のなかで、はっきりと、仏前の供花《くげ》というものを詠んだ作品は、ここに掲げた「斎日之作」「歳日感懐」のほかに、もう一首あるだけである。参考のために、それを掲げておくと——

506　晩望ニ東山遠寺一。

秋日閑因反照看　　秋日閑《しうじつしづか》に反照《はんせう》に因《よ》りて看《み》る
華堂挿著白雲端　　華堂《くわだう》　挿《さしはさ》みて白雲《はくうん》の端《はし》に著《つ》けたり
微々寄送鐘風響　　微微《びび》に寄《よ》せ送《おく》る　鐘《かね》の風響《ふうきやう》
略々分張塔露盤　　略略《ほぼ》分張《ぶんちやう》す　塔《とう》の露盤《ろばん》
未得香花親供養　　香花《かうぐゑ》は親《みづか》ら供養《くやう》すること得《え》ず
偏将水月苦空観　　偏《ひとへ》に水月《すいぐゑつ》を将《も》ちて　苦《ねむごろ》に空観《くうくわん》す

仏無来去無前後　仏《ほとけ》は来《く》ることなく去《い》ぬることなく　前《さき》も後《あと》もなし
唯願抜除我障難　ただ願《ねが》はくは我《わ》が障難《しやうなん》を抜除《ばつぢよ》したまはむことを

（「日本古典文学大系」本に拠る）

これも、延喜二年の作。都府楼から東方に見える観世寺の一つの末寺を眺めての感懐である。自分はもはや体力が衰えて、あの東山の寺へ行って香花を供えることができないので、空《くう》なる世界のなかでそれを供えています、と歌うのである。これまた、なんと悲痛な作品ではないか。

道真の詩は、かつて妻や家庭生活のことは片鱗だに歌っておらず、主上（天皇）や上官や岳父とか下僚とか、さらには子どもとか外孫とか、タテ社会のつながりを詩的モティーフに歌いつづけてきたが、いまや、自分ひとりだけがあり、そのひとりだけの自分もついに空《くう》に滅びていくと、そう歌うのである。人間はなんのよりどころもなんの助けもなく生きねばならぬと、そう歌うのである。

あまりに図式的な言い方になってしまうかとは思うが、道真の漢詩のなかで特に秀れている時期が二つに絞られること——すなわち、讃州失意時代（仁和二年より寛平二年までの満四年間）と大宰府流謫時代（昌泰四年より延喜三年の死までの満二年間）とに絞られること——と、この二つの失意の時期にかぎって道真の作品世界のなかに「野葵花挿小陶瓶」「香案白花梅」「未得香花親供養」の詩句があらわれることとの間には、内部的必然性としての関連性が介在している、と見ても差し支えないのではなかろうか。根がエゴイストであり、かつ派手好みのこの宮廷貴族詩人が、ひとたび不如意の状況に追い込まれるや、そこに、挫折や孤独の意識を伴う〝抒情精神〟がめざめ、庭草や庭木を手折る〝心優しき行為〟が選択されるのである。宮廷文人として日向《ひなた》に座しているときには、文献《ブッキッシュ》的な知識を駆使し組み合わせて文字どおり政教一致的な〝古代詩歌〟をうたっていた詩人が（侍宴応制のみを作品世界だと思い込んでいた詩人が）、ひとたび、宮廷の外にほっぽり出されたとなると、〝自己内面詩〟の底に沈潜してゆかざるを得なくなったのである。特に、晩年二年の作品を集めた『菅家後集《かんけこうしゅう》』において、そのような内部世界を掘り当てていると言ってよい。

人間が本当の自分に帰り、本当の自分を表白しようとするとき、はじめて、「野葵」の美しさがわかり、「白花梅」の清らかさがわかるのではないか。あれほど華美虚飾が好きで、あれほど立身出世を強く望んだ菅原道真が、失意や悲惨のどん底に突き落とされたとき、花を瓶にいけようという気持を起こさずにはいられなかった。花を活けるという行為の〝シンボル〟が、宮廷という人工楽園から自己内部世界へと移された。菅公は、花瓶のなかの野草を見ながら息を引き取ったのではないかとさえ思う。

ここで、結論めいたことを付記するとすれば、以下のように言えばよいであろう。まさに〝古代詩歌〟の申し子である菅原道真が到達した完成境は、必然的に〝古代詩歌〟の完成境を示した。もしも菅原道真そのひとが古代宮廷政治社会で最後まで栄光の人でありつづけたならば、〝古代詩歌〟は、道真のなかで完全に終熄《しゅうそく》し得たかもしれない。しかるに、道真は晩年に至って突如として失意の人となったために、ついに詩歌そのものが全く新しい〝自己内面の詩〟という新次元を発見する段階を迎えた。しかも、これは道真の個人的天才に俟《ま》つ部分が多かったから、だれにでもこの新次元が獲得できるとは限らなかった。じっさいに、日本漢文学は、これよりのち当分は、その外見上の華麗さとはうらはらに貧困な時代に入るのである。また、和歌文学のほうも、たとえば『新撰万葉集』の編纂が道真の得意時代に企図されたことからも推論できるように、新次元の発見以前の〝古代詩歌〟のパラダイムを継承するのみにとどまらざるを得なかったのは、むしろ当然の帰趨であった。けっきょく、道真ひとりが、手痛い代償と引き替えに窮《きわ》め尽くすべきものを窮め尽くし、最高の芸術家として千古の輝きを手中にしたことになる。道真の見付けだした新しい〝自然観〟も、まったく個人の才能の所産であったから、形骸的部分は別として、容易には万人のものとなることができなかった。

『枕草子』――〝類聚的思考〞の定着と再創造

『枕草子』の作者清少納言《せいしょうなごん》は、どういうものか、昔から評判が悪く、男まさりのあばずれ女だとか、精神分裂症患者に近い女ではないのかとか、兎に角あまり良く言われていない。一つには、同時代の女流作家である紫式部との比較において、鑑賞者のがわに好悪《こうお》の感情が作用し、紫式部に見られる陰影深い情感や人間的奥行が清少納言のほうに欠如している理由もあって、やや低い評価を蒙《こうむ》ることになったのだと思う。しかし、好悪の感情を取り払ってしまえば、清紫《せいし》二女ともに秀れた魂の持ちぬしであり、遽《にわ》かに優劣を決めかねるくらいに人間性の永遠を把握し形象化し得た偉大な女流作家であったことを認めないわけにはゆかぬ。現代流に言えば、ウェットで頼母しい女性が紫式部であり、ドライで面白い女性が清少納言であるということになろうか。この二女流に、あと『蜻蛉日記《かげろうにっき》』の藤原道綱母《みちつなのはは》、『和泉《いずみ》式部《しきぶ》日記《にっき》』の和泉式部、『更級日記《さらしなにっき》』の菅原孝標女《たかすえのむすめ》、『赤染衛門集《あかぞめえもんしゅう》』の赤染衛門を加えるならば、母性愛型、男好き型、こぼし型、ちゃっかり型等々《とうとう》、現代女性のタイプはほとんど出揃う。千年の日月《じつげつ》ぐらいでは容易に変化することのない人間的本性《ヒューマン・ネーチャー》の確かさを思わずにはいられない。

さて、『枕草子』を理解する場合に、どうしても考慮に入れておかなければならぬ条件が二つある。一つは、作者清少納言が一条天皇皇后定子《ていし》の後宮《こうきゅう》に奉仕している間《かん》に、定子の兄弟である伊周《これちか》・隆家ら中関白家が没落して、代わって御堂関白《みどうかんぱく》道長が天下の実権を掌握し、その女彰子《むすめしょうし》・妍子《けんし》・嬉子《きし》らを後宮に進めるという事態が起こったことである。つまり、『枕草子』は、滅びゆく権門中関白家に対する挽歌を奏で、その没落の過程においても高貴であった母子・兄弟・主従の愛情の歴史を、皇后崩後に追憶したものであった。特に長保二年（一〇〇〇）十二月以後に書かれた日記的部分に就いて、そのような要素が強くうかがわれる。池田亀鑑が「清少納言としては、中関白家の高貴な性格を、あのような形式において再興することが、自覚するとしないとにかかわらず最もふさわしい主家への手向けでもあり、私は、枕草子――少なくともその日記的部分をふくめた集成的枕草子が、皇后定子の御腹に生まれられた一品宮修子内親王にささげられたと信ずるが、ここに定子への作者のあたたかい真心がくみとられて、深い感動を禁じ得ない。あなたの母宮は、こうも美しくいらせられました――とそう教える清少納言であったのである」（選集第五巻『随筆文学』、第Ⅱ部 16皇后讃頌）と言っているのは、鋭利かつ適切なる指摘だと思う。『枕草子』の日記的な部分は、中関白家の栄華から没落に至る数ヵ年の有為転変を描いているが、不思議に勝利者道長に対する誹謗や羨望を混《まじ》えていない。そこに、定子そのひとの、もしくは中関白家そのものの高貴性が、りっぱに証《あか》し立てられていると見てよいであろう。定子が、中宮彰子と対立しながら、中関白家の矜恃《きょうじ》と品格とを守りとおした凛然《りんぜん》たる態度をこそ、清少納言はいちばん書きたかった。それが『枕草子』のライトモティーフなのではあるまいか。

周知のごとく、『枕草子』は四つの部分から成り立っている。類聚《るいじゅう》的な部分、四季自然の情趣を描いた部分、随筆的な部分、日記的な部分、この四つである。そして、この四つの部分のいずれに重点を置くかによって評価がいちじるしく相違してくるが、『枕草子』一巻がわたくしたちに語りかける最重要の〝主題〟を取り出すとすれば、やはり日記的な部分ということになると思う。

『枕草子』は、現在見るような形式で書かれたのではない。それに、写本が繰り返されているうちに、後人の加筆した部分も多かったろう。ひょっとすると、類聚的な部分は、当時宮廷女流社会の中で極く普通に広まっていた〝語彙学習帳〟ないし〝連想練習ドリル〟がそのまま紛《まぎ》れて残されたのではないか、とも考えられる。すなわち、有名な第一段「春はあけぼの。やうやうしろくなり行く、山ぎはすこしあかりて、むらさきだちたる雲のほそくたなびきたる」は、〝練習《ドリル》帳〟のほうに「春はあけぼの」とだけ記載してあったものに、練習者（この場合は清少納言）がその余白に「やうやうしろくなり行く」以下の文章を書き込む、という仕組みである。じゅうぶんあり得ることである。そうまで考えなくても、摂関政治社会の女房たちの間に、〝類聚〟的な、もしくは〝類題〟的な発想が一般化していたことだけは、現存史料から推臆し得る。

そこで、『枕草子』理解のために考慮すべき条件の第二番目のものとして、清少納言が〝類聚的〟思考に習熟していた点を挙げなければならない。〝類聚〟的思考から出発して、最後には滅びゆく権門に対する挽歌を奏でたところに、じつは『枕草子』の精神形成史が跡づけられるのである。四季自然を描いたパート、随筆的なパートは、この精神形成のための階梯としてのみ意義を持つのである。

もともと、〝類聚〟もしくは〝類題〟という思考方式は、中国詩文からの直輸入であった。もともと日本人が所有していた季節感は、単純な水田農業に欠かし得ぬ一種の〝自然暦術〟としての機能を果《はた》しただけのことで、厳密な意味での〝観賞〟の段階にまでは至っていなかった。『万葉集』の時代に入ると、月を詠んだり花を詠んだりしている歌が現われはじめるが、それらは、じつは中国詩文に触発されたもので、「詠物」というかたちをとって「題詠」の文芸意識の先蹤形態を成していた。しかし、日本の詩歌に明確なる〝類題〟の意識が目覚めるのは、平安朝初期に漢詩の流行を見たときに中国からこれが輸入せられて以後のことに属する。具体的にいえば、六朝《りくちょう》の詩文が迎えられて以後のことに属する。〝類聚〟とか〝類題〟とかの謂わばpoetica（詩学）は六朝後期に発生したもので、具体的な「物」を詠むかわりに観念的な「題」を詠むような新しいジャンルが完成した。作者の主観や感情が主《しゅ》になって、詠ぜられる対象が従《じゅう》となった、六朝の文化創造原理の産物であった。平安朝初期は唐文化の模倣に明け暮れていたと言われているために、ちょっと見には、盛唐《せいとう》の詩文が消化されたように映《うつ》りがちであるが、未だ模倣の域を脱し得ていない段階の日本漢文学界が受け容れたものは六朝の（もしくは、せいぜい初唐の）スタイルにとどまるほかなかった。こうして、六朝誕生の「題詠」意識は、日本の知識階級の思考のなかに移植され、さまざまの宮廷遊戯となって再生産され、やがて和歌・倭絵の創造原理の位置まで占めるようになった。

平安朝中ごろの作物であり、勅撰歌集でいえば『後撰《ごせん》和歌集』と『拾遺和歌集』との中間の時代に成立したと考えられる『古今和歌六帖《こきんわかろくじょう》』は、作歌上参考になる四千四百七十一首を万葉・古今・後撰などから抜きだし、類題によって六帖三十項五百三題に分類収集したアンソロジーであるが、この時分になると、漢詩からの直接的影響を離れて日本的な〝類聚〟の思考が一応成熟したと見てよい。歌合《うたあわせ》のほうからの影響も大きく働いていたと考えられる。そして、『枕草子』の作者は、確実に『古今和歌六帖』を読んでいたと想像される。げんに「【六九】歌の題は都《みやこ》。葛《くず》。三稜草《みくり》。駒《こま》。霰《あられ》」という章段も見える。伝能因本は、これに続いて「笹。壺菫《つぼすみれ》。日影。菰《こも》。高瀬。をしどり。浅茅《あさぢ》。柴。青つづら。梨。なつめ。朝顔」となっている。小沢正夫は「ここに集められた十七（伝能因本による）の歌の題の中で、『なつめ』以外のものがすべて『古今六帖』の題であることには注意しなければならない。さらにこれらの歌の題の中の十二が植物名である。『枕草子』中の『草は』『草の花は』『花の木ならぬは』『木の花は』の段に見える植物名と『古今六帖』中の題名との間の一致率も非常に高い」（『古今集の世界』、第七章題詠考）として、両者に現われる植物名と題名とを図表に示して比較対照したあと、「その結果を概観すれば、『草は』以下の四段に集められた一〇〇に近い植物名の中で、半分近くが『古今六帖』の題になっているのである。また、『六帖』の方からいえば、この本では、『草』と『木』とに大きく分類して、一三〇種類ほどの草木に関する歌を類聚している。したがって、『六帖』の題となっている植物の中の三分の一強が『枕草子』に名前をつらねているということになる」と帰結している。

斯くなれば、『枕草子』の〝類聚〟は即《そく》和歌の〝類題〟であること、もはや疑念の余地がないであろう。和歌における題詠意識は、院政期に成立した『堀河百首』に至って完成点に到達するが、本当は、すでに平安末期には題詠が作歌の最もノーマルな状態になっていたのである。

そのことを認めたうえで、もういちど『枕草子』を振り返ってみるのに、何やら滓《おり》のように心にひっかかるものがあるのを隠し切れない。『枕草子』の「春は」「秋は」「冬は」とか、「海は」「島は」「浜は」とか、「山は」「峰は」「河は」とか、「日は」「月は」「星は」「雲は」とかの〝類聚〟的思考は、のちのちの和歌文学の〝類題〟を食《は》みだすものがあるのではないかと。

さしあたり、わたくしたちの念頭に浮かぶのは、『芸文類聚』の、あの見事なる〝類聚〟的思考のシステムである。『芸文類聚』巻頭の目録（目次）を掲げておく。――

第一巻　天部上
　天　日　月　星　雲　風
第二巻　天部下
　雪　雨　霽　雷　電　霧　虹
第三巻　歳時部上
　春　夏　秋　冬
第四巻　歳時部中
　元正　人日　正月十五日　月晦　寒食　三月三　五月五　七月七　七月十五　九月九
第五巻　歳時部下
　祖　伏　熱　寒　臘　律　暦
第六巻　地部　州部　郡部
　地部　地　野　関　岡　巌　峡　石　塵
　州部　冀州　楊州　荆州　青州　徐州　兗州　予州　雍州　益州　幽州　幷州　交州

郡部　河南郡　京兆郡　宣城郡　会稽郡

これを見ると、直接的であるか間接的であるかは別として、『枕草子』の"類聚"的発想というものが『芸文類聚』の"類聚"的思考システムを下敷きにしていることだけは、どうにも疑い得ないように思われる。すなわち、清少納言が中国詩文の学習に熟達していたろうことを、想像して差し支えないように思われる。そのことは、すでに、本稿のイントロダクション部分において触れておいた。

しからば、清少納言の中国詩文（ここでは、真名《まな》＝漢文と称してよい）に対する習熟の度合は、どの程度のものだったろうか。このことを検《たしか》めておく必要がある。

さっそく、『枕草子』の原文に当たってみよう。

【一〇六】二月つごもり頃に、風いたう吹きて空いみじうくろきに、雪すこしうち散りたる程、黒戸《くろど》に主殿司《とのもづかさ》来て、「かうてさぶらふ」といへば、よりたるに、「これ、公任《きんたふ》の宰相殿《どの》の」とてあるを、見れば、懐紙《ふところがみ》に、

すこし春あるここちこそすれ

とあるは、げにけふのけしきにいとようあひたるも、これが本《もと》はいかでかつくべからん、と思ひわづらひぬ。「誰々《たれたれ》か」と問へば、「それそれ」といふ。みないとはづかしき中に、宰相の御いらへを、いかでかことなしびにいひ出でん、と心ひとつにくるしきを、御前《おまへ》に御覧ぜさせんとすれど、上《うへ》のおはしましておほとのごもりたり。主殿司《とのもづかさ》は、「とくとく」といふ。げにおそうさへあらんは、いととりどころなければ、さはれとて、

空さむみ花にまがへてちる雪に

と、わななくわななく書きてとらせて、いかに思ふらんとわびし。これがことを聞かばやと思ふに、そしられたらば聞かじと覚ゆるを、「俊賢《としかた》の宰相など、『なほ内侍に奏《そう》してなさん』となんさだめ給ひし」とばかりぞ、左兵《さひやう》衛督《ゑのかみ》の中将におはせし、語り給ひし。

ここに第一〇六段を掲げたが、作例がこの章段でなくてはならぬとする理由は特にない。『枕草子』は、どの章段を任意に抜萃しても、作品全体の特徴に触れることが可能だからである。

この第一〇六段は、二月晦日、風がひどく吹き空が真っ黒にかき曇り、雪がはらはらとうち散る日、藤原公任から手紙が来た。見ると、「すこし春あるここちこそすれ」と下《しも》の句《く》が書いてある。清少納言は、今日の空模様によく似た公任の心中を見抜いてはいるが、使者が急《せ》き立てるままに「そら寒み花にまがへて散る雪に」といふ上《かみ》の句《く》を書いて返してやった。この鮮やかな返答に驚いた公任は、内侍に奏請しようとした、ということが後日になってわかった。

——まず、こんな内容の文章である。

この小さな挿話《エピソード》は、これっきりのことで終わるが、この連歌がどうしてそんなに秀れているのか、その理由は最近になるまで判明しなかった。ところが、金子彦二郎によってその謎が解かれ、この連歌が『白氏《はくし》文集《もんじゆう》』巻巻十四律詩二の「南秦雪」を踏まえていることが明らかにされた。

往歳曽為㆓西邑吏㆒　慣ル㆘従ヨリ㆓駱口㆒到ル㆗南秦ニ㆖　三時雲冷多飛㆑雪　二月山寒少有㆑春　我思ヒ㆓旧事ヲ㆒猶惆悵ス　君作シテ㆓
初行ヲ㆒定若辛スラン　仍頼《ナホサイハヒニ》愁猿寒ウシテ不㆑叫バ　若聞シカバ㆓猿叫㆒更愁ヘシメン㆑人

の第三句・第四句を和歌に詠んで「空さむみ花にまがへてちる雪に／すこし春あるここちこそすれ」と再創造した点が、この贈答詩（連歌）の最大のいさおしになっているのである。

清少納言は、このように『白氏文集』を隅から隅までマスターしており、第八二段「頭の中将のすずろなるそら言」（この段については、後述する予定である）、第一四三段「殿などおはしまさで後」、第二七八段「関白殿二月廿一日」などにおいても、それぞれ『白氏文集』を典拠にして、見事な返答ぶりを示している。突嗟《とっさ》の場合に白詩が転用できるということは、彼女の教養や精神構造のなかで白居易が完全に消化されていたからであろう。『紫式部日記』は「清少納言こそ、したり顔にいみじう侍りける人。さばかりさかしだち、真字《まな》書きちらして侍るほども、よく見ればまだいとたへぬことおほかり。かく、人にことならむと思ひこのめる人は、かならず見劣りし、行くすゑうたての侍れば」云云《うんぬん》とこっぴどい批評を浴びせているが、割引きして聞くのが穏当であろう。なんにしても、『枕草子』の随処に、『詩経』『史記』『晋書《しんじょ》』の痕跡が見え、漢文的教養の豊かさが影を涵《ひた》している。中関白家には、才《ざえ》の人と謳われた高二位貴子の血が流れ、皇后定子もその兄伊周《これちか》も漢学の才能に恵まれていたのだった。それだから、性格上の対立とは別に、清少納言は、紫式部（この人も漢学の才賦を充分に稟《う》けていた）に較べて、つねに漢文学を念頭に置いて生活し創作する度合が強かったと見てよい。

もっとも、学者のなかには、ずいぶん無茶なことを言いだすひともある。西下経一『平安朝文学』をみると、清少納言に対する紫式部の対抗意識がたいへん強かったことから、「清少納言こそ、したり顔にいみじう侍りける」うんぬんの批評が〝随筆〟という清少納言独自の表現形式に対する冷淡なクリティックになっていたのだ、と述べている。すなわち、『真字書きちらして侍る』は、漢字を書き散らしているということであるが、枕草子の『草の庵《いほり》をたれかたづねん』の段を参照すると、清少納言といえども、漢字を書き散らしたとは思われないので、ここは『さばかり、さかしだち、なま書き散らして侍る』の誤りではあるまいか。そうすると枕草子を批評していることになり、紫式部日記の文章がいきいきして来るのである。これは三十年も前の私の説であり、賛成者は一人もないが、私はこの説を捨てようとは思わない。紫式部が枕草子を批評して『さかしだち、なま書き散らしたもの』といったとすると、随筆という新しい作品形態に対し、冷たい批評をしたことになり、はなはだ面白い」（一 平安時代、作品の種類）と。ここで、西下が触れている「『草の庵をたれかたづねん』の段」というのは、ふつう「頭《とう》の中将の、すずろなるそら言《ごと》を聞きて」の段である。一応、第八二段としておくが、異なる系統本では七八段になったりしているものである。

以下に、その必要部分を抄出すると――

長押《なげし》の下《しも》に火ちかくとりよせて、さしつどひて扁《へん》をぞつく。「あなうれし。とくおはせ」など、見つけていへど、すさまじき心地して、なにしにのぼりつらんと覚ゆ。炭櫃《すびつ》のもとにゐたれば、そこにまたあまたゐて、物などいふに、「なにがしさぶらふ」と、いとはなやかにいふ。「あやし、いづれのまに、何事のあるぞ」と問はすれば、主殿司《とのもりづかさ》なりけり。「ただここもとに、人伝《ひとづて》ならで申すべき事」などいへば、さし出でて問ふに、「これ、頭の殿《との》の奉らせ給ふ。御返りごととく」といふ。

いみじくにくみ給ふに、いかなる文ならんと思へど、ただ今いそぎ見るべきにもあらねば、「往《い》ね、いまきこえん」とて、ふところにひき入れて入りぬ。なほ人の物いふ聞きなどする、すなはちたち帰り来て、「『さらば、そのありつる御文を賜はりて来《こ》』となん仰せらるる。とくとく」といふが、あやしう、いせの物語なりやとて見れば、青き薄様《うすやう》に、いときよげに書き給へり。心ときめきしつるさまにもあらざりけり。

蘭省花時錦帳下

と書きて、「末はいかに、いかに」とあるを、いかにかはすべからん、御前《ごぜん》おはしまさば、御覧ぜさすべきを、これが末を知《し》り顔《がほ》に、たどたどしき真名《まんな》に書きたらんも、いと見ぐるしと、思ひまはす程もなく、責《せ》めまどはせば、ただその奥に、炭櫃に消えたる炭のあるして、

草のいほりをたれかたづねん

と書きつけて、とらせつれど、また返りごともいはず。

（「日本古典文学大系」本に拠る）

清少納言は、自分を「いみじくにくみ給ふ」頭の中将（藤原斉信）から手紙をもらった。なこごとであろうかと開いてみると、「蘭省花時錦帳下」と書きしるしてあり、この「末はいかに、いかに」と返事を要求しているではないか。これは『白氏文集』第十七律詩五の「廬山草堂夜雨独宿寄牛二李七庾三十二員外」と題する作品「丹霄携手三君子。白髪垂頭一病翁。蘭省花時錦帳下。廬山雨夜草庵中。終身膠漆心応在。半路雲泥迹不同。唯有無生三昧観。栄枯一照両成空」の第三句である。相手がここにいれば『白氏文集』をひらいて、こうこうですと言ってやればいいのだ

が、手紙ではそうはいかない。知ったかぶりして「廬山雨夜草庵中」と原詩を漢文で書いて送るのもみぐるしい、またどんな悪口をいわれるかわかったものではない。考えまどったあとに、この第四句に似通った『公任卿集』所収の連歌のあるのを思い付いた。「いかなるをりにか、草の庵をたれか尋ねむ、とのたまひければ、蔵人たかたゞ、九重の花の都をおきながら」という作品である。そこで、炭櫃の消し炭を使って「草のいほりをたれかたづねん」と返事をしたためて、使いの主殿司に渡してやったが、とうとう先方からはなんの返事もなかった。——まず、こういった内容である。

これで見ると、清少納言は漢文教養が抜群であったばかりではなく、和歌にも精通していた。そして、紫式部が批判するような「真字書きちらして侍る」だけの才女でなかったこともわかる。しかし、西下経一説のごとく「真字書きちらして侍る」をただちに「なま書き散らして侍る」の誤字（もしくは誤記）と推断するのは、ちょっと無茶である。宮廷内の清少納言の評判が漢文教養抜群ということに決まっていたから、頭の中将は、ひとつ揶揄《からか》ってやれという気持を起こしたのである。ところが、清少納言は、さっと、身を躱《かわ》したものだから、頭の中将は一敗地《いっぱいち》に塗《まみ》れた。明らかに、清少納言の漢文教養は、衆人の手の届かぬくらいの高水準にあった。「真字書きちらし」は、漢文教養の点では、ライバルに完全降伏せざるを得なかった紫式部がわのくやしさを表現したフレーズと解する以外に、解しようがないのではあるまいか。

そこで、本論に戻らねばならぬ。当面の問題は『枕草子』の〝類聚〟意識の正体だが、清少納言の創造的行為の中では、一方で和歌の〝類題〟に歩調を合わせようとしながら、他方、漢詩漢文のパターンになっている〝類聚〟的思考のほうへ遡上《そじょう》してゆこうとする因子が強く作用していたのではなかったか。少なくとも、元慶《がんぎょう》年間（八七七〜八五）ごろから宮廷社会で幼児用教科書として用いられていた『李嶠雑詠《りきょうざつえい》』の〝類聚〟的思考を踏襲しようとする因子が強かったのではないか。『李嶠雑詠』は「百詠」「百廿詠」とも呼び、中国では夙《つと》に亡佚《ぼういつ》してしまったが、わが国では『蒙《もう》求《きゅう》』とともに平安貴族の家伝戸誦のテキストとなっていた。内容は乾象・坤儀・芳草・嘉樹・霊禽・祥獣・居処・服玩・文物・武器・音楽・玉帛の十二部に分かたれ、各部に十題（たとえば乾象部には日・月・星・風・雲・煙・露・霧・雨・雪が配され、坤儀部には山・石・原・野・田・道・海・江・河・路が配されている）を選んで、各題毎に五律の詩一首を詠じ、全部で百二十首がある。少年（稀には少女）で初めて漢文の学習をするに当たっては、斯様な〝類聚〟的分類による思考の訓練を受けたものであった。こういう思考が基礎になって、この時代、『新撰字鏡』や『和名類聚抄』などの国産エンサイクロペディアが作られたのである。すなわち、『枕草子』の〝類聚〟意識も、大陸的知性の体系の再現と見て差し支えない部分を多く持っているのである。

従来、各種の花伝書や華道指南書は、頻《しき》りに和歌の心をば花によって表現することを勧めてきた。要するに、和歌の〝類題〟（題詠）を重視せよという意味であったと考えられる。しかし、われわれは、さらにその〝類題〟の由って来たる所を溯上《そじょう》して行って、『枕草子』が示している〝類聚〟的思考の創造過程から何かを導き出してみてよいのではないかと思う。花をいけるには、和歌の心ばかりでなく漢詩の心を、日本の心ばかりでなく東洋の心を、広く深く表現すべきだと思う。

＊＊＊

つぎに、別の視点から、『枕草子』を眺め直してみよう。——

【二三】清涼殿《せいりやうでん》の丑寅《うしとら》のすみの、北のへだてなる御障子《みさうじ》は、荒海《あらうみ》の絵、生きたる物どものおそろしげなる、手長《てなが》足長《あしなが》などをぞかきたる、上《うへ》の御局《みつぼね》の戸をおしあけたれば、つねに目にみゆるを、にくみなどしてわらふ。

勾欄《こうらん》のもとにあをき瓶《かめ》のおほきなるをすゑて、桜のいみじうおもしろき枝の五尺ばかりなるを、いと多くさしたれば、勾欄の外《と》まで咲きこぼれたる、ひるつかた、大納言殿、桜の直衣《なほし》のすこしなよらかなるに、こきむらさ

> きの固紋《かたもん》の指貫《さしぬき》、しろき御衣《みぞ》ども、うへにはこき綾のいとあざやかなるをいだしてまゐり給へるに、うへのこなたにおはしませば、戸口《とぐち》のまへなるほそき板敷《いたじき》にゐ給ひて、物など申したまふ。
>
> 御簾《みす》のうちに、女房、桜の唐衣《からぎぬ》どもくつろかにぬぎたれて、藤・山吹など色々このましうて、あまた小半蔀《こはじとみ》の御簾よりもおしいでたる程、昼《ひ》の御座《おまし》のかたには、御膳《おもの》まゐる足音《あしおと》たかし。警蹕《けいひち》など「おし」といふこゑきこゆるも、うらうらとのどかなる日のけしきなど、いみじうをかしきに、はての御盤《ごばん》とりたる蔵人《くらうど》まゐりて、御膳奏《おものそう》すれば、なかの戸よりわたらせ給ふ。御供に廂《ひさし》より、大納言殿、御送りにまゐり給ひて、ありつる花のもとにかへりゐ給へり。
>
> 宮の御前《おまへ》の御几帳《みきちやう》おしやりて、長押《なげし》のもとに出でさせ給へるなど、なにとなくただめでたきを、さぶらふ人もおもふことなき心地《ここち》するに、「月も日もかはりゆけどもひさにふる三室《みむろ》の山の」といふことを、いとゆるるかにうちいだし給へる、いとをかしう覚ゆるにぞ、げに千とせもあらまほしき御ありさまなるや。（同）

ここに掲げた『枕草子』第二三段は、いけばなを学ぶ人たちには既に馴染み深い章段である。どの花道史にも「勾欄のもとにあをき瓶のおほきなるをすゑて、桜の五尺ばかりなるを、いと多くさしたれば、勾欄の外《と》まで咲きこぼれたる」というセンテンスが引用され、大抵の場合に、散りゆく花を愛惜する心持ちから、ひいては、花のいのちを保つところの花瓶に対しても深い関心が持たれるようになった、という説明が付されている。この説明には、どこにも誤りがない。また、花道史の著者たちは、同じく『枕草子』第四段の「おもしろくさきたる桜をながく折りて、おほきなる瓶にさしたるこそをかしけれ」を引いて、平安宮廷社会に瓶花《へいか》の観賞法が確立したことを説いているが、これも正しい見解だと思う。

けっきょく、『枕草子』は、わが花道史を跡づけるためには不可欠なる根本史料となっているのだが、ただ、肝腎かなめの史料が十分に活かされているか否かを問う段になると、遺憾な点が若干残る。というのは、従来の研究家は、このような文献を取り扱う場合に、語彙摘出本位に心理が働き、「花」や「花瓶」という個々のことばを単独にピック・アップする作業にばかり気を取られることが多かったのではないか、と考えられるからである。

古い言語学がとる通例の立場からは、人間のことばは単語と文との二元性のうちに立つ体系であり作用である、とされてきた。しかし、新しい言語学の立場、特に新しい国語学の立場からすると、単語と文との二元的作用に精通するより以前に、文章全体に対する着目が必要である、というふうに主張される。「ことばイコール文章」でなければならぬことを文法学のうえで最初に確認したのは時枝誠記の『日本文法口語篇』である。在来の文法は、単語《ワーズ》や文節《フレーズ》や文《センテンス》のみを研究対象として分析をおこなってきたに過ぎなかった。旧制中学や旧制高等女学校の国語科の授業といえば、先生が生徒に向かって、新出の語彙や言い回しの説明をして聞かせるだけの時間だった。生徒のほうも、未知の単語や故事熟語の意味を憶《おぼ》えたならば、どんな文章だって理解できるものだと思い込んで（正しくは、思い上がって）いた。だが、よく考えると、こういう学習方法は間違っている。単語および文がそれぞれ文法の対象として独立した単位であるように、文章もまた当然独立した単位の一つである。文が単語の集成にとどまるものではないと等しく、文章もまた単語や文の集合にとどまるものではない。文章には、文章独自の形態があり機能がある。――かくのごとく、時枝誠記によって設定された文章論は、戦後日本の文法研究に正しい位置と範囲とを与えることとなった。そして、この時枝理論に共鳴して、みずからの国語教育理論の発展線上に、より社会的で、より即生活的な文章論を樹立したのが、西尾実の『言語生活の探究』である。西尾は、社会的行為にほかならぬ通じ合いの手段としての文章のもつ機能ないし構造をたずね、われわれの表現と理解とが「主題」と「構想」と「叙述」という三つの機構をもつことを明らかにする。何を通じ合うかという「主題」と、それがどういう組み立てによって通じ合えるかという「構想」と、どういう音声・動作・文字・符号で通じ合うかという「叙述」とが備わっていなくてはならない。これは、日常会話においても、文章においても、また、いかなるジャンルの文化（表現）においても共通な機構である。そして、この機構における要素のどれ一つを欠いても、文章（ことば）は成立しなくなってしまうのである。そこで、文章を書く場合には、主題を確立させるということが、最初から最後まで緊張を持続させなくてはならない問題点になる。したがって、文章の読解に当たっても、全体から部分へという方向をとらなければ、真の理解は成り立たない。すなわち、文章から単語へという方向の読み方をしなくては、本当の理解は成り立たないのである。

　筆路が逸《そ》れたように見えるかもしれないが、けっして脱線の心算《つもり》はない。これまでの花道史の筆者たちは、古い国語教育を受けてきたために、史料を取り扱うときに往々単語《ワーズ》や文節《フレーズ》や文《センテンス》を抽出する作業のみに熱中し、文章全体がもっている主題や構想を見失いがちであったことを、このさい、わたくしたち自身の問題として反省したかったのである。その反省は、わたくしたちが古典文学以外の例えば造形美術作品を鑑賞するに際しても該当する。いけばなの作品を鑑賞するときにも、享受者は、往々にして細部（つまり、単語《ワーズ》や句《フレーズ》に当たる部分）にばかり気を取られて、作家が訴えようとしている主題を見失いがちになるのではないだろうか。

　それならば、『枕草子』第二三段の主題は何であるのか。第二段落の、青磁の瓶にさし花にされた大枝の桜花が渡り廊の欄干に咲きこぼれている、という叙述は、その主題のいかなる部分を形成するものなのか。第三段落の末尾の「大納言殿、御送りにまゐり給ひて、ありつる花のもとにかへりゐ給へり」は、その主題のもとにどう統合さるべきであるのか。清涼殿に見られたさし花の事実もしくは行為の意味は、この章段の「文章」全体の中に置かれてのみ明らかにされるのである。（といっても、冒頭に掲げたのは第二三段の全部ではない。このあと、皇后定子《ていし》が、白い色紙をちょっとたたんで「これに、すぐ思い出せる古歌を一つずつ書きなさい」と仰言ったので、上臈女房たちが春の歌や花の歌を二つ三つ書いて廻してきた。そこで、自分は「年ふればよはひは老いぬしかはあれど花をし見れば物思ひもなし」という摂政良房の歌を、「君をし見れば」と書き替えて差し上げたところ、皇后は、他の人の歌とお見比べになり、「ただ、この機転が知りたかっただけなのですよ」と仰言った。やはり、年の若い人は、こういう場合には思いつくことができないのだろう。自分のは、年功の賜物だった。——という内容の段落が三つほど続くが、枚数の制限から省略してある。しかし、掲出部分のみにても、一つの統一体を成しているものと思う。）

さて、文章の主題を（そして構想を）摑むには、その文章全体を反復して熟読するのが最も捷径《ちかみち》である。わたくし自身は、第二三段のこの前半部分を四、五十回は繰り返し読み、半ば暗誦してしまっているが、そのたびに眼前に〝白日夢〟が現出し、瞼いっぱいに涙が溢れるのをとどめることができない。情景は異なるが、宗達の『西行物語絵巻』を思い描くときにもこれと同質の涙をこぼす。

それは、この文章の主題が、今は既にして没落し去った中関白家《なかのかんぱくけ》の在りし日の栄華を追想しつつ、同じく若かりし清少納言（彼女は、橘則光との結婚に破れ、また藤原実方との結婚にも幸福を見いだせなかったあと、三十歳ごろ、定子の後宮に仕え、そこで初めて青春と知性とを取り戻したのであった）個人の明るい微笑を再生した点に求められるからである。追想であることははっきりしているが、史実的内容としては、正暦五年（九九四）三月と推定するのが通説である。文中の「うへ」すなわち一条天皇は十五歳、「宮」すなわち皇后定子は十八歳、「大納言殿」すなわち藤原伊周《これちか》（定子の同母兄）は二十一歳、若き中関白家の未来には衰運の予兆など微塵《みじん》も感ぜられないのだった。それが、御堂関白の策謀によって一挙に没落を強いられ、大納言殿は大宰権帥《だざいのごんのそち》に左遷させられてしまい、皇后定子は道長の娘彰子に追い落とされる立場に置かれることとなったのである。晩年の清少納言は、不遇のうちに早世した定子を追慕して、最盛時の中関白家の青春群像を美しい〝画布〟の中に定着させようとしたのであった。

そうであってみれば、第二段落「勾欄のもとにあをき瓶の」以下のセンテンスに見られる挿し花の事実ないし行為が、たんなる室内装飾にとどまるものでないことは、もはや明白である。

そこで、大まかな現代語訳を付しておこう。——

清涼殿の東北の隅の北端を仕切るために立ててある布張りのふすま障子は、荒海障子とよばれて、南面に手長足長

(『山海経《せんがいきょう》』の故事を絵にしたもの)、北面に宇治網代の墨絵がかかれていますが、それが、弘徽殿《こきでん》の御局《みつぼね》の戸を押しあけてあるものですから、いつでもきまって視界に入ってくるのを、いやがったりして、皆で笑い合っております。

勾欄のきわに、舶来の青磁の大きな花瓶を置いて、桜の大へんにおもしろい枝の五尺ばかりなのを沢山さしてありますので、それが勾欄の外までも咲きこぼれているのが見えます。このようなお午《ひる》ごろ、大納言殿が、桜の直衣のやわらかなものに、濃紫の固紋の指貫の袴をおつけになり、白い下着などを重ね、上には濃紅の綾織物の見事なのを

出袿《いだしうちぎ》にして参上なさいましたところが、たまたま主上(一条帝)がこちらにおいでになりましたので、上の御局の戸口の前の細い簀子《すのこ》の縁におすわりになって、お話しになっておられます。

みすの中では、女房たちが、桜の唐衣などゆったりとすべらして着用し、藤色とか山吹色とかのカラーフルな色調をあふれさせせながら、小半蔀《こはじとみ》のみすの下から袖口を優雅に出している折しも、主上の御居間のほうでは、昼の御膳をはこぶ蔵人たちの足音が高まってまいりました。「おう、しい」など先払い役の警蹕の声も聞こえてまいります。うらうらとのどかな春の日の気分が何ともいえず風情を醸《かも》しているのに、最後の御膳をはこぶ蔵人が来て支度のできたことを奏上しますと、主上は、中の戸からお起ちになります。そのお供に、大納言殿は、廂の間から随行なさって、それから、ふたたびさっきの花瓶のそばに戻ってきて、おすわりになりました。

皇后さまが御前の御几帳を押しやられになって、長押のわきまで、兄大納言殿に御対面になるために出てこられたときなど、ただもう御立派で御立派で、そこに伺候している人たちは満足しきった気持ちでおります折から、大納言殿が「月も日もかはりゆけどもひさにふる三室の山の」という古歌を、たいそうゆったりとお謡《うた》いなされたありさまは、なんとも抜群でございます。まことにまことに、千年もこのままでいらっしゃってほしいと思うような、御立派な御様子です。

——わたくしの拙《つたな》い口語訳をもってしても、作者清少納言は何を読者に訴えようとしているか、どのような精神状

態で眼前の光景に（もしくは幻像に）見惚れているか、要するに、いかなる主題を提示しようとしているか、ということが伝えうるのではないだろうか。簡単にいえば、この〝白日夢〟は淡い泡沫におわるのではなしに、「千とせもあらまほしき御ありさま」として、永遠不滅の鋳型の中におさまるものでなければならぬと、作者はそう願望しているのである。

「千とせもあらまほしき」願望を支える精神のシステムの中でこそ、「さし花」は、現実性と機能性とを付与される。永遠の生命を願うことなしに、「さし花」という行為は成立しない。

『古今和歌集』巻第一の藤原良房「年ふれば齢は老いぬしかはあれ花をし見れば物思ひもなし」（この歌が、清少納言によって少し改作されて皇后定子に献げられたことは、前述のとおりである）、『後撰和歌集』巻第三の紀貫之「久しかれあだにちるなと桜花かめにさせれど移ろひにけり」、中務《なかつかさ》「千代《ちよ》ふべき瓶にさせれど桜花とまらむことは常にやはあらぬ」の三首が、三首ながらともに生命長寿の呪術としての「挿し花」を歌っていることに注意すれば、平安宮廷人たちはけっして無計画にもしくは無規範に生花を瓶に挿したのではなかったことに想到せざるを得ない。春ならば桜を、秋ならば菊を、というふうに、ルールを守って瓶に挿したのである。

今日の眼から見れば花材が固定してしまったことになるが、その代わり、特定の花材が瓶に挿してあるだけで、そこに何が祈願されているのかという公的（もしくは社会的）な意図を読み取ることが出来た。『枕草子』第二三段でいえば、桜の花の大枝が青磁の瓶に挿されてある事実もしくは行為は、とりもなおさず、なんぴとかによって現在の栄華が「千とせもあらまほしき」ものであるようにと祈願されていたのである。〝白日夢〟の中においてさえ、この願望のシンボルは閃光を放っているではないか。漠然とした装飾の志向であるにしては、眩《まぶ》し過ぎる。若く、明るき中関白家の人々を、謂わば〝聖家族〟として額縁《がくぶち》の中に永遠に収斂《しゅうれん》せしめるためには、どうしても、桜の「さし花」が叙述されねばならなかったのである。おそらく、清少納言が臨終《いまわ》の際に瞼裡《けんり》に見たものは、爛漫たる桜の「さし花」

であったろう。

清少納言が、中関白家の「千とせもあらまほしき」ありさまを桜の枝に託しながら、ふたたびは帰らぬ過去の栄光を追慕しつづけたことは、確実である。しかし、この受領《ずりよう》の娘に、政治上の役割は何ひとつ果たし得るはずもなかった。彼女に出来ることといったら、せいぜい、文章を書き、花をさす行為ぐらいしかなかった。もっとはっきりいえば、彼女は政治そのものの動きにすら暗かったのである。山中裕『平安時代の女流作家』は、「結局、清少納言は政界の深い面などには、目を向けなかった。これは彼女の宮仕え女としての位置の身分の低さを物語るものであったといえよう。従って、枕草子という作品は中関白家の事を詳しく書いていながら、その盛衰と没落を歴史的に把えることが出来ずに、本当に美の一面のみを強調した作品になってしまったのである」（第三章　摂関政治の発展と女流作家の隆盛、五　枕草子は定子の不幸を書かず）と述べている。そして、清少納言の晩年については、何ひとつはっきりしたことが明かされていない。中関白家の栄光のみを書いて没落を描かなかったのと全く同様に、清少納言は、自分の零落ぶりや老衰ぶりを他人に見せたがらなかったのである。

『源氏物語』における〝春夏秋冬〟の存在論的意味

はじめに、『源氏物語』乙女巻《おとめのまき》の、六条の院造営の段を掲げてみる。——

もとありける池・山をも、便《びん》なき所なるをばくづしかへて、水のおもむき、山のおきてを改めて、さま〴〵に、御方〳〵《おんかたがた》の御願ひの心ばへを、造らせ給へり。みなみひんがしは、山たかく、春の花の木、数《かず》をつくして植ゑ、池のさま、ゆほびかに、面白くすぐれて、御前《おまへ》ちかき前栽《せんざい》、五葉《ごえふ》・紅梅・桜・藤・山吹・岩躑躅《いはつゝじ》などやうの春のもてあそびを、わざとは植ゑて、秋の前栽《せんざい》をば、むら〳〵、ほのかにまぜたり。中宮の御町《おんまち》をば、もとの山に、紅葉《もみぢ》、色濃《こ》かるべきうゑ木どもを植ゑ、泉の水とほく澄ましやり、水の音《おと》まさるべき岩をたてくはへ、滝おとして、秋の野をはるかに作りたる、そのころにあひて、盛りに咲き乱れたり。嵯峨《さが》の大井のわたりの野山、むとくにけおされたる秋なり。北のひんがしは、涼しげなる泉ありて、夏のかげによれり。前近き前栽、くれ竹、した風涼しかるべく、木高き森の様《やう》なる木ども、木深くおもしろく、山里めきて、卯の花咲くべき垣根、ことさらにし渡して、昔思《おぼ》ゆる花たちばな・撫子・薔薇《さうび》・くたになどやうの花、くさ〴〵を植ゑて、春秋の木草、（その）中にうちまぜたり。ひんがし面《おもて》は、わけて、馬場《むまば》の殿《おとゞ》つくり、埒《らち》ゆひて、五月の御遊び所にて、水のほとりに、菖蒲《さうぶ》植ゑしげらせて、むかひに御厩《みまや》して、世になき上馬《じやうめ》どもを、とゝのへ立てさせ給へり。西の町は、北おもて築《つ》きわけて、御蔵町《みくらまち》なり。隔ての垣に、から竹植ゑて、松の木しげく、雪をもてあそばん便《たよ》りによせたり。冬のはじめの朝霜、むすぶべき菊のまがき、われは顔なる柞原《はゝそばら》、をさ〳〵名も知らぬ深山木《みやまぎ》どもの木深《こぶか》きなどを、うつし植ゑたり。

（「日本古典文学大系」本に拠る）

乙女の巻は、光源氏の恋物語が一応の結末を見る、謂わば第一楽章の終章である。少なくとも、源氏の相手役をつとめ得る女性は、もはや京には存在しない。物語を展開させるためには、読者の全く見知らぬ新しきヒロインを登場させなければならないであろう。物語に大休止を与えようとする作者は、この乙女の巻を締め括るにあたって、当面の重要人物を六条の院に集合させている。歌舞伎でいえば、六条院勢揃いの場というところであろうか。明石の御方までが、いまや、六条の院にやって来るのである。

乙女の巻の巻首において、前斎院《さきのさいいん》の朝顔の宮の話におさまりをつけた（光源氏が朝顔の宮を断念したことは、光源氏と紫の上との愛情の結び直しに役立ったと見てよいのだろう）あと、正妻葵の上の遺児夕霧を登場させて、その元服や教育方針について触れ、さらに夕霧と雲井雁《くもいのかり》との初々《ういうい》しい恋愛を引き割いた内大臣の権勢欲を描いた作者は、紫の上の実父式部卿宮《しきぶきょうのみや》の五十《いそじ》の賀宴を開かせて、光源氏の妻室として安定した紫の上の繁栄と源氏自身の威光とを顕示させている。この式部卿宮の賀宴の催された場所は、かねて建築中の六条の院の邸宅であった。この六条の院の邸宅は、六条御息所の旧邸のあたりに広大な敷地を得て、四季の町を構成する〝みやび〟の世界を現出させよう、という意図のもとに着工されたものである。そして、光源氏三十五歳の秋、一年がかりの大工事がついに完成を見ることとなった。

竣工した六条の院は、春夏秋冬の町（区劃）に四分され、東南の春の町には光源氏と紫の上とが、東北の夏の町には花散里《はなちるさと》が、西南の秋の町には梅壺《うめつぼ》の女御《にょうご》が、西北の冬の町には明石の君が、それぞれ住むこととなった。この段には、つぎの前文が掲げられてある。「八月《はづき》にぞ、六条院つくりはてて、わたり給ふ。『未申《ひつじさる》の町は、中宮の御古宮《おんふるみや》なれば、やがておはしますべし。辰巳《たつみ》は、殿のおはすべき町なり。丑寅《うしとら》は、ひんがしの院に住み給ふ対《たい》に御方、戌亥《いぬゐ》の町は、明石の御方』と、おぼしおきてさせ給へり」と。

このように、春夏秋冬の四つの邸に四人の女性を配する考え方には、中国の四神思想や五行説の影響が確実に見られる。繁栄が繁栄である徴《しる》しを得るためには、中国の宗教儀礼が踏まえられねばならなかった。東が春、西が秋、南が夏、北が冬となっているのは、中国の気候（特にその風向き）から自然に生じた思想である。最近発見された高松塚古墳の石室壁面に描かれてある青竜（東）白虎（西）朱雀（南）玄武（北）の四神ないし四獣も、中国の風向きと星座（星宿）とが結び合わさった天文暦法もしくは世界生成原理をば、高句麗経由で日本に輸入したものであることに、ほぼ疑いの余地を容れない。記紀神話の劈頭に置かれた天地開闢神話が、中国の五行思想の集大成である『淮南《えなん》子《じ》』（紀元前一二〇年ごろ成立）天文訓からの借用にすぎないことを考え合わせると、七世紀以後の日本支配階級ないし知識層が抱いた世界観の根柢に如上の四神思想や五行思想が行き亙っていたことも、ほぼ疑い得ぬところであろう。『淮南子』時則訓に見える「東至二日出之次、榑木之地、青土樹木之野一」という中国中心の世界観に準拠したればこそ、聖徳太子は、ぬけぬけと「日出処之君子」云云《うんぬん》という国書を遣隋使に託することが出来たのであった。『魏志倭人伝』も同じく五行思想に準拠していたから、『淮南子』墬形訓にある「東方君子国」が存在しなくては理屈に合わぬことになってしまい、それを「倭国」と記述したところ、たまたま現実にそういう国があったというにすぎなかった。耶馬台国の記述に関する論争は未決着のままであるが、地理誌《ジエオグラフイ》としての倭人伝の根柢を支える五行思想を無視して瑣末な議論に拘泥することはむしろ無駄骨折りに帰するであろう。それはともかく、王朝時代の宮廷知識人の間に中国思想が相当に深く摂取されていたことのみは、わたくしたちとして是非とも見落としてならない点である。況してや、紫式部の漢籍に対する素養は、父為時《ためとき》の薫陶もあったゆえ、とおりいっぺんの程度を遥かに超えていた。

すなわち、作者紫式部は、四季の町に四人の女性を配することによって、六条の院が完璧な〝世界〟を構成している理由をば、中国の世界観（存在論）に照らし合わせながら証《あか》しだてようとしたのであった。それに加えて、春夏秋冬に関する〝日本的自然観〟（類題）を注入して、実在論を美学で補強した。六条の院の世界こそは、「時間的な四季の秩序とそれに支えられる美意識を、わが統領する人間関係の世界に仕えさせたことになる。以下時を追うて優美に語りすすめられる秩序と調和の世界、地上に極楽を現出したともいうべきその世界は、とりもなおさず光源氏の超絶した能力の証しであったといえよう」(秋山虔『源氏物語』、Ⅳ権勢家光源氏とその周囲)。こうなって、この世の浄土(ユートピア)は、読者の前に現出されるのである。

現代語訳を附しながら、春夏秋冬それぞれの町(区劃)の眺めを検《たしか》めてゆこう。

まず、六条の院造営のプロセスは——

旧邸時代にあった池でも山でも、具合の悪い場所にあるものは崩してしまって造り替えるようにし、池水の形状だとか築山《つきやま》の恰好《かっこう》だとかいうものも改造し、ひとつひとつを、お住まいになられる婦人がたの御希望の趣向どおりにおつくりあそばしました。

春の町については——

東南は、築山《つきやま》が高く築《きず》いてあって、春に咲く花木を無数に植えてあります。池のさまも深遠に奥ゆかしく、その趣きもおもしろくすぐれております。紫の上のいらっしゃるお部屋近くの植え込みには、五葉の松・紅梅・桜・藤・山吹・岩つつじなどといった春の鑑賞花木をば丹念に考え選んで植えてありますし、そのほかに、秋のための植え込みを、あちこちに目立たないように少しばかり取りまぜてあります。

秋の町については——

中宮梅壺すなわち秋好《あきこのむ》の昔の御殿でありますから、旧邸のときからの築山に、紅葉の色が濃くなるはずの植物を植え、地下より湧出《ようしゅつ》する泉の水を遠くまで澄まして流しやり、その遣水《やりみず》の音がいっそうすばらしくなるような岩を水路に添え加えたり、また、滝を作って水を落とし、見渡すかぎり広々と秋の野に作りあげてあります。それが、ちょうど八月の季節にぴたりぶつかっているものですから、いまを盛りに秋草の花が咲き乱れております。それで、嵯峨の大井のあたりの秋の野山も、見るかげもなく圧倒されてしまった、今年の秋でございます。

夏の町については——

北の東がわは、見るからに涼しそうな泉が作られてあって、夏の日に木蔭が出来ることを主目的にして設計されてあります。庭さきの植え込みには呉竹が植えられ、その下を吹く風が涼しく感じられるように考えられています。高くそびゆる森のような木立の茂みは、木ぶかくて趣きがあり、見る目にはまるで山里みたいです。周囲に卯の花の咲くはずの垣根をわざわざめぐらして、昔がしのばれる花たちばな（『古今和歌集』巻第三夏の「五月待つ花橘の香をかげば昔の人の袖の香ぞする」を踏まえている）や撫子・薔薇・竜胆《りんどう》などといった種々雑多な花を植えて、春の木および秋の草をその中に混ぜてあります。そして、その東がわには、一部を分割して馬場殿を造作《ぞうさく》し、土垣（埒）を構えて、そこで五月の騎射や競馬や馬術の見物が出来るようにしてありますし、また、東面の池水の岸に菖蒲を植え茂らせ、その対岸の池にお馬屋を造り、またとない第一級の馬をお揃えおきになられました。

冬むきの町については——

北の西がわの町は、北がわを築地塀《ついじべい》で仕切ってあり、そこは御倉庫が建ち並んでいる区域であります。その隔ての垣として、唐竹《からたけ》を植えてあり、松の木もよく茂っており、雪げしきを鑑賞する便宜を主眼に設計してあります。そのほか、冬のはじめに朝霜が結ぶようにと菊の垣根がしつらえられてあり、われこそはと得意顔に紅葉する雑木林とか、ほとんど名さえもわからない奥山の木々の茂っているのとかを、外からはこんできて移植してあります。

かくのごとくして、六条の院は地上のユートピアを現出した。源氏がこの六条の院の造営を計画した事情は薄雲の巻に見え、里帰りした斎宮女御（梅壺）との間で春秋優劣論が交《か》わされ、源氏が「春の花の林、秋の野のさかりを、とり〳〵に、人争ひ侍りける。そのろうの『げに』と心よるばかり、あらはなる定めこそ、侍らざなれ。唐土《もろこし》には、『春の花の錦にしくものなし』といひ侍るめり。大和言《やまとこと》の葉《は》には、秋のあはれを、とりたてて思へり。いづれも、時くにつけて見給ふるに、目移りて、えこそ、花・鳥の色をも音をも、わきまへ侍らね」と言って尋ねたところ、梅壺は秋と答えたとある。紫の上は、春を優位とする持論である。そこで、東南の紫の上の町は春のブロックとされ、西南の梅壺中宮の町は秋のブロックとされたのであった。ここで注意してよいのは、中宮のために作られた秋の邸が人工の極みを尽くして自然をも圧倒していること、花散里の夏の邸がいかにも鄙びた田舎臭い感じをたたえていること（その一部には、共有財産の馬場殿や馬屋さえも置かれている）、また、明石の冬の邸が寂しい忍従生活にふさわしいこと（但し、その北がわには財力の象徴たる蔵が見えている）、などなど、それぞれの境遇に応じながら、四人の女性がお互いに対等に競争し合って、仲よく理想郷をつくりあげている点である。四季の配列を偶然（運命）に委ねることをせずに、お互いに異なる性格や勢力を用いて、お互いに一歩も引かない必然（意志）を採択しているのである。

細かく見てゆくと、春の町には松・梅・桜・藤・躑躅が配され、夏の町には卯の花・橘・撫子・薔薇・竜胆・菖蒲が配され、秋の町には紅葉・秋野が配され、冬の町には霜・雪・落葉林が配されてある。もちろん、これらは和歌の類題であり、倭絵《やまとえ》景物画の画題であって（既に『宇津保物語』のなかにその先蹤も見える）、作者は当然、この方面の知識を誤りなく駆使した。しかし、六条の院のこの四季の配列は、たんなる自然鑑賞におさまり切れぬ人間の運命対意志（偶然対必然）の内的たたかいを、宇宙論的《コスモロジック》に提示しているのではないのか。

『仙伝抄』以後の花伝書は、季節意識の根拠づけを和歌の類題に仰ぎ、その哲学的意味づけを仏教教典に求めることが多いのであるが、『源氏物語』などを検討したあとでは、中国の世界観を基調にした四季感覚を故意に捨象してしまったような弊《へい》がないでもない。いけばなという行為の原型が平安朝宮廷社会に見出だされる以上は、その平安朝知識人を強く動かしていた陰陽道や五行思想などの中国の存在論《オントロギー》を無視してはなるまい。（その政治的イデオロギーの側面については、いまは触れずにおく。）四季の分立や配列やその推移を、人間の（もちろん、宮廷人としての人間の）〝生〟の問題と不可離に結びつけて思考したところに、王朝文化の開花が果たされたのである。

そこで、もういちど原文を見て頂きたいと思う。「さまざまに、御方《おんかた》〳〵《がた》の御願ひの心ばへを、造らせ給へり」(造園造庭のアイディアは、四人の女性それぞれの希望する意匠に従い、各人各様のお望みどおりの風趣をおつくらせになられました)と記されてある個処は、いったい、何を意味するものであろうか。——

余白がないので要点だけを述べるとすると、この短いセンテンスは、第一に、京都の中に孤立した生活を繰り返す王朝貴族の現実生活から割り出した美学および陰陽五行思想を基底とした〝自然観〟の所在を証《あか》している。六条の院に取り入れられた自然の風致の中に、貴族たちは、心の安息を見出だすことが出来たのであった。心と環境との調和を発見した、と言ってもよいであろう。そして、この短いセンテンスは、第二に、王朝文化の中心的担《にな》い手が男性から女性へと移ったことを証《あか》している。摂関制政治社会の到来とともに、女性的文化が男性的文化を圧倒したのであった。『竹取物語』や『宇津保物語』の時代であると、ひとりの美姫《びき》を中心として、これを囲繞《いによう》する多くの男性が登場したものだったが、『源氏物語』になると、ひとりの貴公子を中心として多くの女性が登場するようになる。光源氏はなるほど壮大なロマンの主人公には相違ないけれども、その全五十四巻を通読するときに、源氏は多くの女性を活躍させるための〝狂言廻し《きようげんまわ》〟にすぎないことが判ってくる。柏木の巻に、光源氏が実子ならぬ薫大将の生まれたことに煩悶して、これが女児だったら疎略に扱いがたいが、男児だから等閑《なおざり》に取り扱っても一向構わない、けっきょく男の子が生まれたのは幸いだったと諦めた、と見える。女子の社会的地位は、かほどに向上したのであった。(もちろん、支配階級レベルでの話である。)「やまとだましい」「やまとごころ」は、このような摂関社会で向上した女性の「心ばへ」を意味した。文学はいわずもがなのこと、絵画でも彫刻でも書道でも、王朝文化は、すべて〝女ごころ〟の開花であったと言える。

女性が、〝生〟の問題を、おのが意志(必然)に即して考えようとする「願ひの心ばへ」にこそ、王朝時代諸芸術の一つの源泉がある。

つぎの例文は、「胡蝶巻《こちょうのまき》」**第二段から採った。

今日は、中宮の御読経《みどきやう》のはじめなりけり。やがて、まかで給はで、休み所とりつゝ、日の御よそひにかへ給ふ人〳〵《ひとびと》も多かり。さはりあるは、まかでなどもし給ふ。午《むま》の時ばかりに、みな、あなたに参り給ふ。おとゞの君をはじめたてまつりて、みな、着き渡り給ふ。殿上人なども、残るなくまゐる。おほくは、おとゞの御いきほひにもてなされ給ひて、やむごとなくいつくしき御有様なり。春の上《うへ》の御心ざしに、仏に花たてまつらせ給ふ。鳥・蝶に装束《さうぞ》きわけたる童《わらは》べ八人、かたちなど殊に調《ととの》へさせ給ひて、鳥には、銀《しろがね》の花瓶《はながめ》に桜をさし、てふは、金《こがね》の瓶《かめ》に款冬《やまぶき》を。おなじき、花の房《ふさ》もいかめしう、世になき匂ひを、つくさせ給へり。南の御前《おまへ》の山ぎはより漕ぎ出（で）て、お前に出づるほど、風吹きて、瓶の桜、すこし、うち散りまがふ。いとうらゝかに晴れて、霞《かすみ》の間より立ち出（で）たるは、いとあはれに、なまめきてみゆ。わざと、平張《ひらばり》なども、うつされず、お前にわたれる廊《らう》を、楽屋《がくや》のさまにして、かりに、あぐらどもを召したり。童べども、御階《みはし》のもとに寄りて、花どもたてまつる。行香《ぎやうかう》の人〳〵、とりつぎて、あかにくはへさせ給ふ。御せうそこ、殿の中将の君して、きこえ給へり。

　花園の胡蝶をさへや下草に秋まつ虫はうとく見るらん

宮、「かの、紅葉の御返りなりけり」と、ほほゑみて御覧《ごらん》ず。

（「日本古典文学大系」本に拠る）

さきに観察を加えたように、六条の院こそは地上極楽の現出であった。その宇宙構造論《コスモロジー》を照らすがごとく東南の春の町には光源氏と紫の上とが住み、東北の夏の町には花散里が、西南の秋の町には梅壺女御が、西北の冬の町には明石の君が、それぞれ住んだ。それで、もし新しく迎えられるヒロイン玉鬘《たまかずら》の登場がなかったとしたら、このユートピア図像は永遠に固定して動かないはずであった。

わが『源氏物語』は、つぎの玉鬘《たまかずら》の巻以下真木柱《まきばしら》の巻にいたる〝玉鬘十帖《じゆうじよう》〟の世界に入ってゆく。『とし月へだゝりぬれど、あかざりし夕顔を、つゆわすれ給はず、心々なる人の有様どもを、見たまひ重ぬるにつけても、『あらましかば』と、あはれに、口惜《くちを》しうのみ思《おぼ》しいづ」と書き起こされる玉鬘の巻は、夕顔頓死以後十八年余り経《へ》て筑紫《つくし》から上京してきたその遺児を引き取って、六条の院の夏の町の西対《にしのたい》に住まわせる経緯《けいい》を描く。しかし、光源氏は、この女性（世間からは親子の間柄にあると信じられていた）に接するうちに、しだいに、おのが情念の揺らぎに苦しめられてゆくことになる。玉鬘十帖は、このあと、初音《はつね》・胡蝶《こちよう》・螢・常夏《とこなつ》・篝火《かがりび》・野分《のわき》・行幸《みゆき》と追っていって、光源氏三十六歳の一年を、さながら月次屛風絵《つきなみびようぶえ》の一面《いちめん》ずつを見するがごとくに披露するのである。そして、胡蝶の巻は、源氏一世一代の栄華を顕現する六条の院の春を描いてみせている。

胡蝶の巻の巻頭には「三月《やよひ》の二十日《はつか》あまりの頃ほひ、春の御前の有様、つねより殊につくしてにほふ花の色・鳥の声、ほかのさとには『まだ古りぬにや』と、珍らしう、見え聞ゆ」とあり、紫の上の御殿の春の栄華は、ほかの方々《かたがた》が、「晩春だというのに、あそこだけは盛りが過ぎないのかしら」と訝《いぶか》しく思うくらいだと記《しる》す。巻頭の一節は、つづいて、「唐《から》めいたる舟、つくらせ給ひける、いそぎさうぞかせ給ひて、おろし始めさせ給ふ日は、雅楽寮《うたづかさ》の人召して、舟の楽《がく》せらる。親王達《みこたち》・上達部《かむだちめ》など、あまた参り給へり」と叙述されて、かねて建造ちゅうの中国風の舟の進水式を予定より早めて当日行ない、舟の中で音楽を演奏したことになっている。舟の楽については、『紫式部日記』寛弘五年十月十六日の項に、一条帝の行幸をお迎えする藤原道長邸の様子を描写して、「その日、あたらしく造られる船ども、さし寄せさせて御覧ず。竜頭鷁首《りようとうげきしゆ》の生けるかたち思ひやられて、あざやかにうるはし」「御輿むかへ奉る。船楽いとおもしろし」とある。雅楽寮《うたづかさ》というのは、本来は宮中の御遊や儀式に際して音楽を奏する役人であるが、今こうして六条の院に特別に召されているのも、光源氏の栄華が絶頂にあることのしるしであろう。また、親王たち、上達部といった身分高い人々が多数集まって来るというのも、光源氏の威光のしるしであろう。

夢のような、絵のような舟の楽《がく》のあった翌日、物語の舞台は、蓬萊山《ほうらいさん》にまがう紫の上の御殿から、中宮の御殿へと移される。今日しも御読経《みどきょう》の始まる中宮の御殿もまた、ユートピアに他ならない。前日は紫の上のために力を尽くした光源氏は、今日は中宮のために尽くそうとしている。源氏の君あるかぎり、六条の院は栄華と安泰とに彩《いろど》られるのである。

じつは、前年の秋、中宮は、紅葉の美しい中宮の庭の便りを紫の上に差し上げて「心から春待つ園はわが宿の紅葉を風のつてにだに見よ」（乙女の巻）という歌を示したことがある。これを、紫の上は、中宮からの挑戦と受け取った。しかし、そのときには、季節が季節であったから、紫の上はじっと堪《こら》え、春の来るのを待つほかなかった。秋好《あきこのむ》中宮（梅壺）は、源氏一族の中では、身分的には一番高く、お住まいも六条の院ちゅうでは一番おもだった所にある。しかし、今や紫の上の地位は強く、中宮の挑戦を受けて立てるほどである。折もよし、季節は晩春三月二十日あまり、中宮もお里下がりで六条の院においでになる。あいにく、中宮の御殿と紫の上の御殿とは小さな築山で隔てられているが、舟を用いれば往来するに支障はない。そこで、今日から始まる中宮方の御読経に、舞の童女に花瓶を持たせ、先ごろの歌に対する返事をもしようというのである。

紫の上が挑戦に応じたといっても、これを恋の鞘当てと解するのは下賤《げせん》の勘ぐりでしかない。紫の上と中宮とは、春秋の優劣を競うほどに仲が良いのである。

例によって、現代語訳を付す。――

さて、今日は、秋好《あきこのむ》中宮の御読経《みどきょう》の第一日目です。親王たちや殿上人《てんじょうびと》らは、そのまま退出なさらずに、六条の院の中で休息所をおとりになり、日の装束《しょうぞく》である束帯《そくたい》にお召し替えになる方々《かたがた》も多いのです。この日、用事があって差し支えおありなさる方々は、退出なさいます。正午ごろに、みなみな、中宮の御殿のほうにおいでになります。源氏の君をはじめとして、一同ずらりと並んで御着座なさいます。前日来の人々のほかに、殿上人なども揃って参上になります。それというのも、大部分は源氏の君の御威勢に助けられなさっているからで、なんにしろ堂々として尊厳なる御《ご》法会《ほうえ》のありさまでございます。

（ここで註を加えておくと、中宮主催のこの「季の読経」は、もともと、『延喜《えんぎ》式《しき》』に「二八月、択二吉日一請二百僧於大極殿一、三箇日修レ之」と見える、本来は帝の執り行なう儀式で、のちに式場は紫宸殿に変わり、三日間にわたって『大般若経』を講じた。帝の儀式に模した秋好中宮のこの御読経は、一月遅れて、三月下旬に行なわれるが、これまた六条の院の栄華を証《あか》すための処置だったと考えられる。）

春の上（紫の上）よりの供養のおこころざしとして、仏に花を差し上げなされます。鳥の姿と蝶の姿とに装束をさせて区別した舞の童女八人（おのおの四人ずつ）、これらは器量のよい者を特別にお揃えなさったのですが、鳥の童女には、銀の花瓶《はながめ》に桜を挿させ、蝶の童女には、金の花瓶に山吹を挿させ、それぞれ、手に持たせたのでございました。同じ桜や、山吹の花であっても、これは、房も立派で、またとないような色艶《いろつや》のものばかりをお選びになっているのです。南の（紫方の）御《お》前《まえ》の築山の向こうぎわから舟を漕いで出て、中宮の御前の庭に出るあいだに、風が吹いてきて、瓶の桜がすこしはらはらと散ります。空はまことにうららかに晴れておりまして、霞の隙間《すきま》から舞童の姿があらわれたさまは大変に風情があり、優雅であります。中宮方は、殊更に平張《ひらばり》（天井を平らに張ったテント小屋）なども紫方のを移動して持ってくるようなことをなさらずに、御自分のほうのお住まいのお庭にまで続いている渡り廊を楽屋（舞楽を奏する場所）の様子にいたしまして、臨時に胡床《あぐら》（折り畳み式の皮張り椅子）を幾つかお並べになっていました。

舞の童女たちは、南面すなわち正面の階段のそばに近づいて行って、おのおの花を差し上げます。行香《ぎょうこう》（台に香炉と香とを載せて、僧の間を廻って配る役）の人々が、この花どもを受け取って、閼伽《あか》の器具のところにお加え置きになられました。紫の上はまた、お手紙をば、源氏の君のお子さまの中将夕霧の君に託して、中宮にお差し上げになりました。

　花ぞののこてふをさへや下草に秋まつ虫はうとく見るらん

とありましたので、中宮は「これは、去年の秋に『心から春待つ園は』と詠んで紫の上にお贈りしたわたくしの歌に対するお返事でございますのね」と仰言《おっしゃ》って、ほほ笑んで御覧になられました。

――こうして、中宮は、素晴しい花瓶を頂戴して、春の御方の勝利を認めてしまう。まさしく、六条の院の晩春こそ、この世のユートピアの現出以外の何物でもないと、読者は安心する。

そこで、問題になるのは、「鳥には、銀の花瓶に桜をさし、てふは、金の瓶に款冬を」とある個所と、「風吹きて、瓶の桜、すこし、うち散りまがふ」とある個所と、この二個所の〝花＋《プラス》瓶〟をどのように解釈し享受したらよいかという点である。これまでの花道史研究家のなかには殊更にこの胡蝶巻の「花瓶」および「瓶の桜」に言及した人はないのであるが、鈴虫巻《すずむしのまき》の「夜の御帳《ちょう》の帷子《かたびら》を四面《よおもて》ながらあげて、後《うしろ》の方に法華《ほっけ》の曼陀羅《まんだら》をかけ奉りて、銀《しろがね》の花瓶《はながめ》に高くこと〴〵しき花の色を調《ととの》へ奉れり。名香《みやうがう》には、唐の百歩の香をたき給へり」に触れて、貴族の生活の中に、浄土信仰とともに供花《くげ》の風《ふう》が盛んになったことを指摘する論者は多い。花道史家のなかには、この叙述を以て、寝殿の一部が仏間として使用されるようになり、そこに花瓶が供えられた証拠になると論じている者さえある。しかし、該《がい》叙述の前後関係《コンテキスト》を検討すると、「御念誦堂《ねんずだう》の具《ぐ》ども、こまかに調《ととの》へさせたまへる」とか「堂飾りはてて、講師《こうじ》まうのぼり」とか見えて、六条の院の内にお堂が建てられたと考えるほうが自然である。これは、柏木と密通して子を産んだあと出家した女三の宮の持仏開眼供養の催されたときの叙述であって、すでに出家後（もちろん、純然たる出家とは言えないのだが）の宮のために講師まで来ており、女人成仏の可能性を説く法華経が読まれるのであるから、「銀の花瓶」と言っても、鈴虫の巻のほうは全くの法具であったと見做して差し支えない。

ところが、胡蝶の巻のほうの「花瓶」となると、単純に法具と同一視しきれない要素を含んでいる。すなわち、通説のごとくに、仏教の普及とともにその儀式の構成要素であった供花が貴族の（そして、そのつぎに庶民の）生活の内部に滲透した、という図式を鵜呑みにばかりし得ない要素を含んでいる。むしろ、仏教のがわが、その得意の習合《サンクレ》思考《ティスム》 syncrétisme を実行に移した好箇の一例と見るべきではないのか。つまり、王朝貴族のがわで供花や花瓶《けびょう》の儀式を自分たちの生活プログラムの内に組み入れたのではなしに、かえって、自分たちのほうの習俗である「花さし」「さし花」（容器でいえば「花がめ」「花瓶《かびん》」である）を仏教儀式のほうに組み入れさせた、と見るべきではないのか。もっと砕いて言うならば、いけ花をいける行為は、仏教行事からのヒントを得て開始されたのではなくして、かえって、自分たちが民族宗教のシステムのなかで疑わず伝承してきた〝永遠思慕〟の造形化の手続の落ち着く場所（到着点と呼ぶことさえできる）を仏前供華の裡《うち》に発見した、と見るべきではないのか。王朝文学と浄土思想との結びつきは、もちろん、一般論としては無視し得ないのだけれども、おのおのの原文を読解鑑賞する場合に、なんでもかんでも浄土思想に結びつけなければならぬと考えるのは、かえって妥当性を欠く。各個の文もしくはセンテンスに対する享受法の要点は、文そのものが包蔵している〝主題〟を適確に摑むことに尽きる。

もういちど、胡蝶の巻の前掲例文を読んでいただきたい。この段落の主題はといえば、あくまで、春の御方（紫の上）と秋好中宮との間にたたかわされた〝春秋優劣〟のアゴーン ἀγών（手合わせ）である。そして、勝者たる紫の上の華々《はなばな》しさと、それを認めた中宮の安けき微笑とが描かれているのである。この主題を構成する要素としてのみ、舟の楽や、舞の童女や、金銀の花瓶や、殿上人の参列や、行香の僧や、閼伽の棚などが、生命あるリアリティを付与されるのである。一つの生命有機体を成すこの段落の中から、「花瓶」や「瓶の桜」という単語を毟《むし》り取って来て、それらには本来的に具わっている筈のない意味づけを押し付けるのは、絶対に正しくない。

もちろん、文中に「春の上の御心ざしに、仏に花たてまつらせ給ふ」とあるのだから、紫の上が、折しも御読経《みどきょう》の行事をプロモートした中宮方の前に花をたてまつったという事柄を否認することはできない。しかし、それならば、「花瓶」および「瓶の桜」は供養の花（すなわち供花）としての目的しか持っていなかったと解してしまってよいか、と問う段になると、答えは遽《にわ》かに決しがたい。むしろ、この段落の中では、「銀《しろがね》の花瓶に桜をさし」たり「金《こがね》の瓶に款冬を」さしたりした行為の重点は、春の秋に対する勝利のしるしを相手に突き付けるところにあったと考えるべきである。すなわち、花瓶を差しだす目的は、春の生命に対する謳歌が主《しゅ》であって、供花としての機能のほうは従《じゅう》になっている。段落の締め括《くく》りに用いられた「花園の胡蝶をさへや」という和歌の内容を見れば、そのことは疑念の余地も無い。

極論すれば、桜花や山吹を瓶にさす行為そのものに包蔵される呪術的＝宗教的意味（永遠の生命に対する謳歌と願《がん》求《ぐ》）の大いさは、仏前にささげられる供花の仏教儀式的意味（それは、最初から、たかだか荘厳《しょうごん》でしかなかった）を遙かに圧倒し去っている。少なくとも、作者紫式部の内面世界の次元においては然《しか》くあったと考えられる。「風吹きて、瓶の桜、すこし、うち散りまがふ」に表現された完璧な（あわや壊《こわ》れんばかりに、すべてが完全なのだ）ユートピア風景こそ、作者の内面構造を照射するものではないか。

けっきょく、王朝時代の「花瓶」は、地上のユートピア（現世極楽）を現実化するに足る、強力な媒体であった。「花をさす」行為に、生身《なまみ》の人間が内奥に抱かずにはおられぬ願望の全重量が傾注されてあった。だが、やがて時代が移って、現世極楽よりも他界浄土を願うような末法観的風潮が流布されるに至ったとき、「花瓶」の包蔵する原始的エネルギーは急激に衰弱してゆき、ついに荘厳（装飾）の機能のみを剰《あま》すこととなった。

『栄花物語』――極楽浄土《ユートピア》の現実化＝世俗化

『栄花物語』は、宇多天皇から堀河天皇に至る十五代二百年間に及ぶ宮廷貴族の歴史を、特に藤原道長の栄花を中心にして編年体でしるした、史書としては初めての仮名書きによる書物である。作者については、古くから赤染衛門が擬せられていたが、契沖の研究以来、三十巻（正篇）までを赤染衛門の作とし、それ以後四十巻（続篇）までを後人（出羽弁とする説あるも、逸名女房とするほうが穏当である）の書き継ぎと見るをもって定説とする。もっとも、最近になって、山中裕『歴史物語成立序説』は、巻十四を区切りとし、前半が男性の筆、後半が女性の筆に成るものと見て、大江匡衡および赤染衛門が作者ではないかとの仮説を提出している。しかし、赤染衛門説とても確定したのではなく、なお今後の研究成果に委《ゆだ》ねられるのが至当であろう。『栄花物語』の特質は、史書として、官撰国史であるる六国史の延長線上に位置し、漢文から仮名文へ、また官撰から私撰へと変わったばかりでなく、同じ編年体といっても独自な記述を展開しているところに求められねばならぬ。それと同時に、文学書として、『源氏物語』において頂点を極めた〝作り物語〟から派生して、物語の文体を用い、和歌を混える物語の形態をととのえ、会話をふんだんに駆使して物語的場面を形象化していることにも、この作品の特色が求められなければならぬ。簡約すれば、『栄花物語』は、編年体形式を採用することにより、史書と文学作品とを一つの〝生きもの〟に統合し得たのであり、ここにこそ、まさしくこの作品の独創性が認められるのである。わたくしたちは、この作品のなかに、摂関社会の時代精神と歴史意識とを見いださなければならない。

（日本文学史のうえでは、『栄花物語』は、「歴史物語」というジャンルに属する。「歴史物語」には、『栄花物語』のほかに、『大鏡』『今鏡』『水鏡』『増鏡』などいわゆる四鏡を代表格にして、他に『平家物語』などの軍記物、『愚管抄』『神皇正統記』『梅松論』などの史論をも含めて考える余地が残されている。その場合に、主要作品が平安末期を上限とし、南北朝を下限として成立することを思い合わせると、何やら、院政成立による摂関制政治体制への批判と、武士勃興という社会変動に対する反動的感覚とが、「歴史物語」をつくりあげた最強力の歴史意識だったのではないか、という気もしてくる。ここで、わたくし個人は、批判という形式を藉りて却って摂関制に対する限りない愛着を表現しようとしたものが「歴史物語」の本質である、とする仮説を用意しているのだが、本稿では詳述を避けておく。）

編年体形式の採用と、物語文学の方法の踏襲とが、この『栄花物語』の独創性を形成するとは言ったけれど、本当は、すでに『源氏物語』そのものが四代（桐壺帝・朱雀帝・冷泉帝・今上帝）七十余年にわたる編年体史のシステムを構想していたのであった。少なくとも編年体史の要素を持っていたことだけは確実である。だが、この要素は『源氏物語』においては裏がわに存在する背景的な骨格であるにとどまっていた。しかるに、「栄花物語にあってはこのような要素的なものが物語そのものであり、御譲位、御即位、後宮の事情、政治的要路者の宮位移動等を主要な記事として編年体式に記すことが主であり、そうしたところに両者の相違を見る。そしてこの事が栄花物語から言えば独自の創造ともなっているのである」（松村博司『歴史物語』、一 歴史物語）。

正篇は、皇室と藤原氏との系譜的な関係を経糸《たていと》として、宮廷生活の断片や挿話や人物論や年中行事や儀式を緯糸《よこいと》に織り成している。特に、正篇の前半には、道長が競争者を駆逐して権力を掌中にし栄花を極めるまでのプロセスが、克明に描かれている。「結局、藤原氏の北家の皇室と結びついての発展を一応の史観を以て書いて行ったと思われる。即ち北家の発展の歴史を国史編纂方法になぞらえて編纂して行ったもの」（山中裕『歴史物語成立序説』、栄花物語の成立事情と性格）こそが、わが『栄花物語』の本質だということになる。別の見方からすれば、編年体宮廷社会史のなかに〝藤原道長物語〟を嵌め込んだものということになる。そこで、ライヴァルとの角逐場裡《かくちくじょうり》に絶えず優勝劣敗を反復せざるを得ない、また病身でもあり（芸術家気質の躁鬱症から腰病などに悩まされることが多かった）、信心家でもある（どんな宗教でも簡単に信仰してしまったのは時代思潮に拠る以外に、『藤原道長』の著者北山茂夫が言う「道長の拠ってたつ信仰の雑駁性」を証《あか》していると考えられる）物語主役《ヒーロー》の、心身両面に亙る起伏や明暗が、いやでも、『栄花物語』正篇のモティーフ（意匠）を綯綴《とうてつ》することになる。けだし、明暗二相の交替と対応とをはっきりさせ、そのうえで明暗二相による交響作用《オーケストレーション》を奏であげたところに、この作品の文学的価値が充足されているのであろう。「をかしくめでたき世の有様」を彩《いろど》った部分が明相であり、「いみじうあはれにかなしき事ども」を染めあげた部分が暗相であり、両者は渾然一体となって美しい王朝物語を形成しているのである。

それゆえ、よく説かれているように、浄土観や無常感の側面（すなわち暗相）ばかりに作者の思想を捜り当てようとするのは、必ずしも適切でないように思われる。なるほど正篇後半は道長出家に多くの筆が費やされてはいるが、「この極楽往生こそ、今の道長の望む唯一の物と言ってよかった。そうしてその望みの達せられた事を記すのが物語の主眼となる。道長の往生を語る、これが大鏡には見えぬ、彼の栄花讃嘆の方法であった。これは現世の栄花でなくして後世の栄花である」（佐藤謙三『平安時代文学の研究』、栄花物語考）とまで言い切ってしまってよいものかどうか、やはり跡惑《とまど》いをおぼえる。

そこで、いよいよ、『栄花物語』の本文に立ち入ってみる段どりとなった。——

日頃は、さてもおはします御方の儀式有様、はかなき御調度よりはじめ、例ざまにもてなし聞えさせ給へれば、さてのみありつるを、今日よりはおはしましし所を、御念仏の仏おはしまさせ、僧などの慣れ姿もいみじう忝《かたじけ》なう、よろづに悲し。念仏の声の、日の暮るる程、後夜《ごや》などのいみじうあはれに、さまぐ\悲しき事多くて過ぐさせ給ふに、御前の撫子《なでしこ》を、人の折りて持《も》て参りたるを、宮の御前彰子の御硯瓶《すずりがめ》に挿させ給へるを、東宮敦成取り散らさせ給へば、宮の御前彰子、

見るままに露ぞこぼるるおくれにし心も知らぬ撫子の花

月のいみじう明《あか》きに、おはしまし所の、けざやかに見ゆれば、宮の御前彰子、

かげだにもとまらざりける雲の上を玉の台《うてな》と誰か言ひけん

はかなう御忌《いみ》も過ぎて、御法事一条院にてせさせ給ふ。その程の御有様、さらなる事なれば書き続けず。宮々の御有様いみじうあはれなり。御忌はてて、宮彰子には枇杷殿へ渡らせ給ふ折、藤式部、

ありし世は夢に見なして涙さへとまらぬ宿ぞ悲しかりける

一品の宮脩子は三条院に渡らせ給ひぬ。一の宮敦康は別納《べちなふ》におはします。中宮彰子より宮々に、おぼつかなからず訪れ聞えさせ給ふ。

（『日本古典全書』本に拠る）

例文に掲げた条《くだり》は、『栄花物語』巻八岩蔭のなかの、一条天皇崩御後の一条院の寂寥と中宮彰子のありさまを叙した部分である。撫子を硯瓶（すずりに水を注ぐための容器）に挿したという叙述個処に注意を惹かれて、取り上げてみた。じつは、『栄花物語』には散華・花籠《けこ》・供華・花水の具・挿し花・折り花などについて叙述した個処が頻繁に現われ、わたくしが調査した範囲内でも十数個処ほどある。一つの古典のなかで、これほどに多くの〃原《ウル》・いけばな〃の所在を証した事例は、他にないように思う。所詮は、宮廷社会という、地方豪族や多数の民衆をシャット・アウトした、選ばれた人間世界を描出した文学作品でしかないのだから、そこにおのずから限界があることも認めねばならないが、兎も角、御堂関白の時代には「さし花」や「そなえ花」の行為がかなり広くおこなわれていたと見て差し支えないのである。

ふつう、花道史家は、浄土信仰の発達に伴って供花が個人生活のなかに取り入れられるようになった、というふうに説明している。そして、この説明に誤りはないのであるが、それならば、〝原《ウル》・いけばな〟の普及化が念仏法会《ほうえ》との関連だけで説明しきれるかというと、そうとも言い切れない。前章において『源氏物語』の四季感覚と花瓶とを対象にして考察してきた理由も、源氏というと、なんでもかんでも仏教的無常感や浄土信仰に結びつけて解釈したがることの多い、国文学者や思想史家に向かって、反対意見を提出したいためであった。

例に由り、例文に現代語訳を付す。――

一条院が崩御なさって荼毘所《だびしょ》からお帰りあそばしましたあと、この幾日かはそのままに手付かずにしてお置きになられた御座所のたたずまいやら調度やらは、平常と変わらぬようにして置かれたせいもあって、御在世中と全く変わらないように感じられもしましたが、さて今日という日からは、日ごろお座《すわ》りになっていたその場所に、代わって御念仏のための仏像が安置されまして、そこに僧たちが慣れ慣れしく出入りしたりするありさまなど眼前に展開することになり、中宮は、もう何から何まで悲しい気持ちになられるのでありました。昼間の念仏称号の声が終わり、日が暮れて、さらに後夜《ごや》（夜半から暁にかけての勤行《ごんぎょう》）の念仏をつづけられるのでありましたが、あれやこれや悲しいことばかり心に多くお思いになって時をお過ごしになるのでした。そのようにして時をお過ごしになっておられました或る折、御庭前に咲いております撫子の花をば人が折り取ってお部屋に持ってきましたので、中宮は、その花を、ご自分の硯瓶《すずりがめ》にお挿しになられました。ところが、幼《いとけ》ない東宮敦成親王（この彰子の生んだ二の宮が、定子皇后の遺児である一の宮敦康親王を斥《しりぞ》けて東宮に立てられた経緯は、岩蔭の巻冒頭に叙述されている）は、その撫子の花を毟《むし》り散らしておしまいになりました。それをごらんになって、中宮はお歌いになりました。

見るままに露ぞこぼるるおくれにし心も知らぬ撫子の花

（院におくれ奉ったわたしの心を知らず撫子の花を取り散らす若君を見るにつけても、涙がこぼれますことよ）

また、ある夜、月光の美しい夜にお部屋が鮮やかに見えた折、歌われました。

かげだにもとまらざりける雲の上を玉の台《うてな》と誰か言ひけん

（院のお姿さえもとどまることのない宮中を、いったい、だれが玉のごとく美しい御殿などと名付けたりしたのでしょうか）

心細いまま、あっという間《ま》に四十九日の御法要も過ぎましたが、すべての御法事は一条院でとりおこなわれたのでございます。その時の模様は、今さら記すまでもないことゆえ、書き続けはいたしませんが、宮さまたちのお悲しみの御様子と申しましたらそれはそれは大変なものでございました。四十九日の法要が終わり、中宮は枇杷殿のほうにお移りになりましたが、その折に紫式部が和歌を詠じました。

ありし世は夢に見なして涙さへとまらぬ宿ぞ悲しかりける

（一条院御在世時代のことは今は夢と見做して、涙もとまらぬばかりか、この御殿からも引き移ってしまわれるとは、なんという悲しいことでしょう）

中宮は、今は離ればなれになった若い宮々のお身の上をお気の毒に思われて、たびたび御訪問になられました。一品《いっぽん》の宮（敦康親王の姉脩子）は三条院にお移りになり、一の宮は離れ家のほうにお移りになられました。

——わたくしの現代語訳はいかにも拙《つたな》いが、道長の娘で一条院の中宮となり今は次の東宮の母であって、本来ならば明相に輝くべきはずの彰子が、一条院崩御後の悲嘆に暮れ沈む暗相のさまを、幾分かは再現し得ているであろうか。中宮彰子は、だれかが庭前から折り取ってきた撫子（当時は極めて貴重な花とされていた）の花を、ふと眼に入った自分用の水入れに挿したのである。何でもないようなこの行為は、何を意味しているのだろうか。また、『栄花物語』の作者は、この行為をつうじて、何を象徴しようとしたのであろうか。

まず、はっきりしていることは、この可愛らしい「さし花」の行為が、それ自身、浄土信仰とは直接的には何の繋がりもない、という点である。（間接的には、もちろん、念仏行事に明け暮れる中宮彰子の日常とは繋がりを有するし、さらには時代思潮全体が浄土教的思考方式を執っていたことをも認めざるを得ないが、すくなくとも、ここの文脈《コンテキスト》に関するかぎりは、浄土信仰と切り離して考えたほうが自然である。）

「御前の撫子を……御硯瓶に挿させ給へる」という原文の真意を捉《とら》えるためには、わたくしたちは、このセンテンスを含む全体の文の〝構造〟を把握する必要がある。この条《くだり》は、一条院に先立たれて極端に心細い思いをしている中宮彰子の〝魂《エタ》の状態《ダーム》〟を描出することに、作者の〝主題〟が置かれてある。そして、この主題のもとに〝構想〟が練られ〝叙述〟が進められているのである。僧たちの念仏の声も、中宮が「さし花」をした撫子を幼い東宮が毟り散らしたことも、四十九日の法事のことも、その法事のあと中宮・一品の宮・一の宮が散りぢりに分かれて暮らさねばならなくなったことも、そして、中宮が若い宮々を訪ねてやさしく面倒をみたことも、これらすべては、一つ主題を叙述するためのものである。

そうなると、「撫子を……硯瓶に挿す」という叙述が、中宮彰子の精神状況もしくは心理状態を説明しようとする作者の〝主題〟を離れては単独に意味を持たないことは、今や明白である。

本稿これまでの記述は、「さし花」の原初的形態が長寿不老を祈願する宗教＝呪術的儀礼《マジコ・レリジアス・ライト》の実修に求められることを再三説いてきたし、また「花瓶」が有する呪具としての機能にも触れてきた。そして、この『栄花物語』巻八岩蔭の当該叙述に関しても、同じ指摘をなすことができる。特に「硯瓶《すずりがめ》」という名称については、瓶《かめ》の発音に亀《かめ》の発音を重ね合わせ、蓬萊《ほうらい》の島に住む長寿の亀を連想した容器であったろうことを推測することができる。もしかすると、中宮彰子所持のこの水入れは、蓬萊思想の本貫《ほんかん》たる中国からの輸入品で、実際に亀のデザインを施してあったかとさえ想像される。なんにしても、撫子を「かめ」に挿した行為は、たんなる室内装飾の意図以上のものであった。

しかし、その〝永遠《ヴィタ》の生命《エテルナ》〟を欣求《ごんぐ》するはずの「花がめ」に挿した「さし花」を、次の東宮敦成親王は手草《たぐさ》にし、もみくちゃに毟り散らしてしまう。それならば、それによって東宮の将来に関する不吉な前兆が予見されたのかというと、今度だけはそういうことにならない。かえって、東宮の生みの母である彰子は、若宮を見るにつけても涙がこぼれます、という切々《せつせつ》たる和歌を詠じてみせるのである。これは、宗教儀礼とか呪術とかいう〃おおやけ〃の要素を抑えて、ひとりの妻であり母であるところの感情や情念を掻き立てる〃わたくし〃の要素が勝利を占めたことを意味する。

『栄花物語』の作者が、斯かる〃わたくし〃を許容し認知したのは、この条《くだり》の主人公が中宮彰子だったればこそであろう。そして、かえりみれば、平安王朝社会のなかで最初に〃わたくし〃を発見したのは、女房文学の作者たちであった。そこから逆に類推してゆくと、『栄花物語』の作者は、どうしても、女性でなければならないことになる。

＊＊＊

つぎに掲げる例文は、『栄花物語』巻十八「玉《たま》の台《うてな》」の巻所収の、法成寺《ほうじようじ》阿弥陀堂参観記のなかの有名な条《くだり》である。しばらく、声を出してお読みいただきたい。

東《ひんがし》の庇の中《なか》の間《ま》ぞ、殿の御前道長の御念誦《ねんず》の所にはせさせ給へる。三尺ばかりの御障子《さうじ》を一重に貼らせ給ひて、北南東《ひんがし》の方《かた》にたてさせ給ひて、上《うへ》にも同じ様《さま》にて覆はせ給へり。一所おはしますばかりの広さにて、内の御座の高さ四寸ばかりあがりたり。蒔絵の花机二つ三つ造りつづけさせ給ひて、上《うへ》に一尺ばかりの観音たたせ給へり。銀《しろがね》の多宝の塔おはします。それは仏舎利におはしますべし。黄金《こがね》の仏器並《な》め据ゑさせ給うて、瑠璃の壺に唐撫子・桔梗などを挿させ給へり。匂いろ〳〵に見えてめでたし。火舎《ほや》に黒方《くろばう》をたかせ給へり。花水《はなみつ》の具などあり。これは供養法の折の御座なるべし。それより北の方に、半帖敷きて、上《うへ》に御円座《わらうだ》重ねて、けしきある御脇息《けふそく》置かせ給へり。御持経なべてならぬ様《さま》にせさせ給へり。これただの御行ひの御座なるべし。母屋《もや》の中《なか》の柱のもとに、時知る具ども置かせ給へり。少し引入りて母屋に仏おはします。中の間《ま》の左右に高座あり。中に礼盤《らいばん》たてたり。仏の御前に螺鈿の花机に、高坏一つに仏器一つを据ゑて、廻《めぐ》りて奉らせ給へり。各々仏の御前に一鉢奉らせ給へり。さま〴〵の名香《みやうがう》を奉らせ給へれば、いみじう香《かうば》し。色々の花の枝ながら折りて奉らせ給へり。

（「日本古典全書」本に拠る）

この条《くだり》は、花道史研究家にとってはお誂《あつら》え向きの「瑠璃の壺に唐撫子・桔梗などを挿させ給へり」とか「花水の具などあり」とか「仏の御前に螺鈿の花机」とか「色々の花の枝ながら折りて奉らせ給へり」とかの記事が、短い段落のうちに含まれており、まさに根本史料と呼ぶに相応《ふさわ》しい。さらに、玉《たま》の台《うてな》の巻には、もう少し先へ行った条に「花籠に花あれば、道長『例の尼君のか』と仰せられて、散らさせ給ふ。この花をご覧じて、殿ばら『あはれなる尼なり。三時の花の宮仕を仕うまつる、いかに功徳得らん』と宣はすれば、殿の御前も『いみじき尼なり』と宣はす」とある叙述や、「例の花の尼、露かかりながら、花もて参りたり」「御前なる阿闍梨、花籠《はなこ》ながらとりて、承仕《しようじ》召してとらする折に、言ふともなくて、この尼、／朝まだき急ぎ折りつる花なれど我よりさきに露ぞおきける／といへば」とある叙述を見ることが出来、誇張していえば、玉《たま》の台《うてな》の巻全体が、花をもて荘厳《しようごん》せられているような感じさえする。

いったい、この『栄花物語』のうち、巻十七音楽《おんがく》、巻十八玉《たま》の台《うてな》の二巻は、全三十巻に対する一種の挿入楽章の体裁をとっている。前者は、後一条天皇の治安二年（一〇二二）七月十四日の法成寺金堂供養の盛儀（後一条をはじめ東宮、太皇太后彰子、皇太后妍子、中宮威子の行幸啓があった）を写したもので、その前日の十三日、翌日の十五日の三日間にわたって、金堂や参会貴顕のありさまや見物に集まった民衆の姿が克明に描かれている。後者は、同年八月の法成寺諸堂（阿弥陀堂、三昧堂、金堂、五大堂、西北院その他）巡廻記というかたちをとり、その末尾に治安三年正月から三月までの簡単な記事が付け加えられている。これら二巻は、特に後者すなわち玉《たま》の台《うてな》は、その記述内容ならびに筆致に関して、他の巻と全く趣向を異にする。そのことに最初に注意したのは「日本古典全集」の編纂者たる与謝野晶子であった。与謝野女史は、『栄花物語』作者を赤染衛門と見る前提に立って、「此史筆を執るに際して多くの資料を他人の記録に求めた事は、現に『紫式部日記』の文章を『初花』の巻に採用してゐるのでも推定される。その他人の記録は概ね宮廷及び貴族に仕へた女房達の日記類であらうが、中には男子の筆に成つた日記類も有つたであらう。例へば『玉の台』の巻の如きは何れかの僧尼の随筆を採り入れたらしく想はれる」(『同書上巻解題』)と指摘している。早く、和田英松『栄華物語詳解』にはこの二巻の叙述が、恵心僧都《えしんそうず》(源信)の『六時讃』に出典を仰いでいる、という指摘がなされていた。けっきょく、音楽および玉の台の巻は、仏教教典に詳しい学識ある尼僧の筆になる見聞記をそのまま用いているところに特色がある。むしろ、『栄花物語』作者の手の及びかねた次元で、この二巻は花さいたと見るべきである。

叙上《じよじよう》の経緯については、家永三郎によるつぎの要約がいちばん正しい的《まと》を射ている。

栄花物語上篇は仏典からの引文が多いと云はれるけれども、実はそれら引文の大部分は法成寺関係の記事中から見出されるのであつて、他の諸巻にあつては左程多くない。一つには叙述の対象の性質にもよるであらうが、又典拠となつた古記筆者の相違をも示すものであらう。かう云ふ訳で仏典の博引を栄花物語編者の博識に帰することは当らないと思はれる。(『上代仏教思想史研究』、第三部　平安仏教の研究)

かくのごとくして、音楽、玉の台の両巻が、もともとは尼僧か誰かの見聞記であったものを挿入したことは、いまや明瞭である。しかも、この見聞記は、「御前達の御物語の事どもは、え承らねば書き続けず。をかしき事どもあるべけれども、たやすく承らぬこそ口惜しけれ」(音楽)とあるように、あくまで写実の限界を守ろうとしている。また「ある所を見れば、湯槽の湯わかして、僧二三十人浴みののしる」(玉の台)とあるように、あくまで事実の観察にもとづいた記録をおこなおうとしている。この点で、『栄花物語』ちゅうのこの二巻に限っては、法成寺創建の根本史料たる価値を有すると見て差し支えない。すなわち、『御堂関白記』『左経記』『小右記』『無量寿院供養記』『法成寺金堂供養記』などと同列の、少なくとも『古事談』『扶桑略記』『日本紀略』『朝野群載』『舞楽要録』所載の該当記事よりは価値高い史料的位置に立つと断じてよいのである。

さらにもう一つ、尼僧か誰かによって書かれたこの見聞記に関して見落としてならないことは、その文脈中に、じつに夥しい仏典からの引用が認められる点である。『観無量寿経』『華厳経』『往生要集』『六時讃』からの引用は随処に認められるところで、このほか『和漢朗詠集』の漢詩や『拾遺和歌集』の和歌も引かれてあり、当時としては大変なインテリ尼さんの筆に成ったものであることがわかる。なかんずく、注意すべきは、前述のとおり、特に『往生要集』『六時讃』からのパロディの多い点で、これにより、法成寺芸術の思想的背景を推定することも可能である。

ここで、玉《たま》の台《うてな》の巻と『六時讃』との影響関係を洗っておくのも無駄ではない。

「仏を見奉れば、丈六の弥陀如来、光明最勝にして第一無比なり。烏瑟の御頭緑の色深く、眉間の白毫は右に廻りて、宛転せること五の須弥の如し。青蓮の御眼は四大海を湛へ、御唇は頻婆果の如し。体相威儀いつくしく、紫磨金の尊容は、秋の月の曇りなく、無数の光明あらたにて、国界遍くあきらけし、微妙浄法の身にいろ〳〵の相好を具足し給へり。光の中の化物無数億にして、光明互に照しかはせり。これ即ち無漏の万徳の成就し給へるなり。」

この一段は、じつは例文として掲げた一段のすぐあとに直続するもので、例文の部分で阿弥陀堂の仏前の情景を描写したあと、さて「仏を見奉れば」と、頭《こうべ》を須弥壇の上のほうに向けたのである。傍線を付した箇処は、明らかに『六時讃』を踏まえた表現である。左に掲げる『六時讃』原文と見較べて頂きたい。

「まづは教主世尊の、御前に参りて候へば、始めて定より起ち給ひ、体相威儀いつくしく、紫磨金の尊容は、秋の月の曇りなく、無数の光明新たにて、国界あまねく明けし、宮殿楼閣よろづの色、互に照らしかがやけり。」

（『六時讃』、晨朝補接）

「眉のあひだの白毫は、五つの須弥を集めたり、眼のうちの青蓮は、四大海をたたへたり。頭を旋れる円光は、百億三千界の程、無数の化仏菩薩衆、光のなかにみち満てり。」（同、日没補接）

「烏瑟みどり濃かに、空界遙かに連なれり。白毫ひかりまどかにて、月輪高く懸かりたり。眼睛青蓮あざやかに、面門頻婆麗はしく」（同、中夜補接）

「知るべし八万四千の、大千世界の日輪を、集めたるが如くして、無漏の万徳荘厳す。」（同）

かほどに緊密な度合において、玉《たま》の台《うてな》の巻が『六時讃』に典拠を仰いでいるとするならば、この巻に集中的に多くの表現修辞の見られる〝供花〟と浄土信仰との関係は、否定しようにも否定し得ない。治安年間（一〇二一～四）の道長法成寺創建時代には、仏前供花の行為が完全に定式化していたことは明らかである。

それならば、『栄花物語』当該記事を以て、「いけばなの起源イークォール仏前供花」とする通説の根拠と仰いでよいのか。しかし、その通説は疑わしい。「いけばな」は藤原道長中心の摂関時代に突如「供花」として現われたのではない。先史以来農耕集団のなかに伝承されてきた幾つかの呪術=宗教的要素《マジコ・レリジャス・エリメンツ》が、古代律令体制および摂関社会のなかの人文化（中国文物の日本化と呼んで差し支えないが）の発達過程を経て、最後に「供花」として定式化するに至ったのである。そのプロセスを、わたくしは、これまでの古典探究をつうじて検《たしか》めてきた。

しかるに、いま、視点を変えてみるとき、いけばなは浄土信仰の普及から生まれたと従来説かれているその「浄土教信仰」そのものが、じつは、わが「いけばな」の人文化の過程と全く同様に、上代に残存する民族宗教的要素を次第に発展させ定式化して行くプロセスを辿って、王朝末期文化として花さいたことを知らされる。

そのような観点から浄土信仰の本質に迫ろうとした業績として、井上光貞『日本浄土教成立史の研究』、堀一郎『我が国民間信仰史の研究㈡宗教史篇』の二著が輝いている。井上光貞の精緻な考証は、飛鳥奈良朝に造られた阿弥陀仏像および阿弥陀浄土変相のうち造立の時期や目的のはっきりしている十九例中、じつに十八例までが〝死者追善儀礼〟に結びついていた、ということを明らかにした。堀一郎の犀利な論証は、ヒジリ（聖）なる呼称が、呪験行者、起塔造像写経などの修善行者、社会事業などの菩薩行者、念仏行者などに与えられたものであり、このような俗聖的性格（わたくし流に翻訳すれば〝反律令仏教的〟もしくは〝反体制的〟性格ということになる）が、やがて平安時代の阿弥陀聖の民間的台頭へと継承された推移を、詳細に照らしだした。いずれにしても、浄土教を以て単純に中国仏教の輸入とばかり解し切れない（もちろん、中国仏教からのインパクトがなかったら浄土教は誕生しようもないが）事情が、これら二つの好著によって明らかにされた。日本浄土教の源流は、死者弔葬の宗教儀礼や呪医・投薬・建築・土木などに必要な呪術＝宗教的儀礼《マジコ・レリジャス・ライト》の形を取って古くから実修されていた民族宗教にまで遡って求められなければならない。

周知のごとく、日本浄土教は、十世紀の後半に至って、空也《こうや》および源信の出現によって、画期的な新段階を迎えた。平安中期以降の浄土教は、大別して、空也系統の口称念仏と、源信系統の観相念仏とに分けることができる。しかし、両者は必ずしも対立するものではなく、現実の場において互いに融合し合う要素を持っていた。十一世紀ごろの時代思潮が現実的にそのことを可能にした。

げんに、『栄花物語』巻廿五嶺の月の、小一条院女御寛子（道長の女）の葬礼を描いた条に、「御先に僧ばかり先だてて、阿弥陀の聖《ひじり》の、『南無阿弥陀仏』と、くもくさう遙に声うちあげたれば、さばかり悲しき事の催しなり。おはしましやらず、涙に御身どもすすがせ給ふ。さらぬ折だに、この聖《ひじり》の声は、いみじう心細うあはれなるに、まして思ひやるにいみじう」と見える。藤原道長が帰依した浄土教は、源信系統の観相念仏のほうだが、出家して最後の病床に臥した道長は、〝聞く〟念仏もしくは〝見る〟念仏によって齎《もたら》されるはずの極楽浄土に満足し切れなくなり、みずから唱名念仏して〝唱える〟念仏に転じている。〝聞く〟念仏と〝唱える〟念仏とは、ほんの隣り合わせだった。

そして、源信に先だって浄土教を説いた市聖の空也の指導する〝唱える〟念仏こそは、「初期民間のヒジリ達の持つ、未分化的、呪術宗教的共通形態であり、共通機能であつたと言へるであらう。空也はかく我国の民間信仰荷担者の一貫せる性格を、その歴史的乃至伝説的性格として持つてゐたのである」（堀一郎前掲書、第六編第二章 空也光勝と口称市井の念仏」）。「空也の宗教の諸相を統一的にとらえるためにはあまりにも史料が乏しい。しかし、修験的なものや行基的なものが未分化に結合し、その念仏にも律令時代の死者追善や閻魔思想などが離れがたくとけあっていたことが知られ、これらさまざまの奈良朝以来の民間仏教的諸要素を雑然とうけついでいる」（井上光貞『日本古代の国家と宗教』、中篇 第一章天台浄土教と王朝貴族社会）。

藤原道長の信心は、晩年の観相念仏に一元化してしまうにしては、あまりにも雑然たる混淆物であり過ぎる。寛弘四年、金峰山本殿前の灯籠の下に、みずからの書写した法華経・観普賢経・阿弥陀経・般若心経ほかの十五巻を、銅篋《どうきよう》に納めて埋蔵した時の銘文に触れて、北山茂夫が「道長の拠ってたつ信仰の雑駁性――わたくしは雑信仰というのだが――をあからさまに呈示している。そもそも修験道の一大根源であった金峰山に参詣したことが雑信仰そのものを現わしてあまりある」（『藤原道長』、第三章 寛弘時代の道長）と記しているのは、まことに適切である。この〝雑信仰〟こそ、道長の道心もしくは宗教心理の成果であった。殊にも、修験道の行者（これは「ヒジリ」の先行形態と考え得る）たちを経由して、御堂関白が早くから民族宗教の功験利益に対する期待を抱いていたろうことは、他のいくつかの史料によって確実に推定し得る。晩年『往生要集』を書写したほどの浄土教帰依にしても、けっして、他の貴族なみの観相念仏に満足していたのではなかった。

さて、例文に掲げた巻十八玉《たま》の台《うてな》に見える「黄金の仏器並め据ゑさせ給うて、瑠璃の壺に唐撫子・桔梗などを挿させ給へり。」「花水の具などあり。これは供養法の折の御座なるべし。」「色々の花の枝ながら折りて奉らせ給へり」などの表現を省察するのに、わたくしたちは、通説どおりに、極楽浄土の美的情緒的な自己投影が中心をなす観相念仏の感覚的享受にほかならぬ貴族層浄土信仰の一つのパターンとして解しておけばよいのだろうか。貴族たちは、阿弥陀堂に象徴される地上の荘厳や、容姿音声ともに秀れる美しい僧尼がさながら極楽の聖衆のごとく囲繞《いにょう》する現世の浄土を、ただ〝観る〟だけだった、というふうに解しておけばよいのだろうか。

造花ならざる生花を「折りて奉らせ給」い、また壺に「挿させ給へ」る行為は、固《もと》より道長個人の独創だったとは言い切れるはずもないが、すくなくとも〝雑信仰〟の持ちぬしである摂関家の内部において大切に管理され授受された呪術《マジコ》=宗教的儀礼《レリジャス・ライト》の一つを、宮廷内外に信者の数を増しつつある阿弥陀信仰のために転用したものだった、とは解せないだろうか。民間信仰が、謂わば〝平行移動〟式に、観相念仏のなかに流入した、とは解し得ないだろうか。道長の内面には知識人《インテリ》としての合理主義的側面と、どろどろした原始的心性の所有者としての非合理的側面とが、つねにとぐろを巻いていた。

これは、もちろん、藤原道長個人の具体存在《ダーザイン》にかかわることではあるけれど、視点を変えていえば、わたくしたちが平生《へいぜい》〝日本的なるもの〟として概念している一つの文化の形成過程に関しても、同じようなことは言えるのではないだろうか。律令的な中国一辺倒の文化が、すこしずつ変質=変容を果たしつつあったのである。

＊＊＊

つぎには、『栄花物語』第二十九巻に当たる「玉《たま》の飾《かざり》」の前半部分に見える、百体釈迦仏像をば新造の釈迦堂に遷座したてまつる次第を叙した条《くだり》を掲げてみよう。

殿の御方は、五大堂の辰巳の隅の方《かた》に、御簾かけておはします。女院彰子・殿の上倫子は薬師堂の北の廂に西かけておはします。関白殿頼通をはじめ、この殿ばらは、薬師堂の東の勾欄のしもの土に、円座《わらふだ》敷きて次第に並《な》みゐさせ給へり。皆淡鈍《うすにび》の御直衣・指貫にておはします。右馬の入道の御服《おんぷく》と見えたり。仏おはします程に、殿の御前道長おりさせ給ひて、拝み奉らせ給へば、殿ばらみな同じごとまゐりよりて拝み奉らせ給ふ。かくて、仏中の間《ま》の高きに中台はおはします。その御側《そば》に十弟子並《な》んだり。二王など立ち給へり。そばの短き廊どもには、九十九体皆かさなり並ばせ給へり。皆百体の御前に仏具《ぶぐ》据ゑて、花たてまつり、十弟子のさま〲の心地どもも、その折思ひやられて、笑ましくも尊くもあり。迦葉《かせふ》の口の中《うち》に笑みを含める程こそをかしけれ。舎利弗は、猶名にたがはず痩せ給へり。富楼那《ふるな》こそ若く清げに見え給ふめれ。堂荘厳《しやうごん》、例のいとめでたし。

（「日本古典全書」本に拠る）

ここに叙述された万寿四年（一〇二七）六月の出来事を、『日本紀略』に拠って検《たしか》めてみるのに、「廿一日庚寅、入道前太政大臣造立釈迦如来百躰、奉渡新堂也、自幼齢時被造立」とある。広い法成寺の庭内にある池の水面に、手輿《たごし》に乗せられて運ばれる百体の仏像の影が動きながら写るさまは、想像するだに美しい。『栄花物語』の作者は、そのさまを「御堂の池の上に仏の影どもうつりて、又顕れ給へる仏と見え給へり。限りなく尊し」（池の面にお写りなさる仏像の影は、現実の仏の上にさらにまた顕現したもう仏の姿とも思われるほどで、なんとも尊い眺めでありました）と叙述している。そして、そのような叙述のなされたあとに、冒頭に掲げた一段の文章が直続するのである。

はじめに、現代語訳を付しておく。

殿（道長）は、五大尊を安置したお堂の東南隅の御簾の中にいらっしゃいました。女院と殿の上とは、薬師堂の北の廂の間に、その西側にまでわたっておわしました。関白殿をはじめとして、殿の御子息たちは、薬師堂の東の高欄の下の地面に円座を敷いて、順席に随って並んでおられました。どなたも淡鼠色の直衣指貫《のうしさしぬき》を御着用になっていますが、これは、右馬の入道（道長の子、顕信）のための喪服と見えました。仏像が渡られるさいには、入道殿は御堂をお降りになって礼拝なさいましたので、他の殿ばらも同じように近く寄って礼拝なさいました。こうして、中の間の一段高い処に中尊を安置申しあげました。そして、その御傍《おんかたわら》に十大弟子を並べたてまつりました。寺門の両脇には仁王像も立ちたまい、おそばの短い廊には九十九体の仏像がすべて重なり合うようにしてお並びになりました。百体の仏像の御前には、それぞれ、仏具《ぶぐ》を据え申しあげて、花を供《そな》えたてまつりました。十大弟子が各自お持ちになっていらっしゃる才能にふさわしいお気持ちを表わしておられるのも、その当時の世が思い偲ばれるようで、微笑ましくも尊いことでありました。迦葉《かしよう》尊者の拈華微笑《ねんげみしよう》のさまも面白く、舎利弗《しやりほつ》はやはりその名に違《たが》わず骨のように痩せていらっしゃいました。富楼那《ふるな》こそは、そのつくりざまの若やかに美しく見奉《みたてまつ》られるのでありました。新しき釈迦堂の内部なる荘厳《しようごん》の御有様は、例のごとく、たいそうめでたいものでありました。

——拙《つたな》いわたくしの現代語訳によっても、百体仏の遷座のさまは幾分か伝えられ得たかと思う。こんな短い条《くだり》からも、法成寺なる現世のユートピア図絵が『栄花物語』作者の胸裏に醸《かも》しだしている恍惚もしくは法悦の度合を、十分に秤《はか》り得るではないか。

そして、このような美的恍惚もしくは感覚的法悦こそ、摂関時代貴族が帰依した浄土教の信仰内容（宗教心理形態）の特質を示すものであった。

このような美的＝感覚的な心理的傾向は、じつは、日本人の仏教受容の当初から既に顕著にあらわれていた。『日本書紀』によると、欽明天皇十三年（五三八）冬十月に百済の聖明王が「釈迦仏金《シヤカノホトケノカ》銅像一軀《ネノミカタヒトハシラ》。幡蓋《ハタキヌカサ》若干経論若《ソコ》干巻《ラノマキ》」を献じたとき、天皇は「歓喜《ヨロコビ》踊躍《ホトハシリシメ》」たもうて、「朕従㆑昔来《アレムカシヨリコノカタ》未㆔曾得㆓聞如㆑是微妙《クハシキ》之法㆒。然朕不㆓自決《ミツカラエサダムマジ》㆒。乃歴㆓問《トナメトヒテ》群臣㆒曰。西蕃《ニシノクニノ》献仏相貌端厳《カホキラギラシ》。全《モハラ》未㆓曽看㆒。可㆑礼以不《イヤスベキヤイナヤ》」と諮《はか》られたとある。この「相貌端厳《カホキラキラシ》」という表現は、孝徳天皇大化二年の改新之詔のなかにも「凡采女者。貢《タテマツレ》㆓郡少領《ノスケノミヤツコ》以上姉妹及子女形容端正《ムスメノカホキラキラシキ》者㆒」と見える。そうしてみると、日本人と仏教との出会《ランコントル》は、最初から「相貌端厳《カホキラキラシ》」き仏像の美的享受というかたちで受け止められた、ということが明白である。かくして、本来は現世否定的な超越的宗教であるはずの仏教も、日本人には、極めて感覚的に受容され、またそのかぎり極めて現世的（現実世界中心的）性格を帯びていたことが証明される。その点から見れば、平安浄土教の信仰方式は極めて〃日本的〃であったと性格づけられるのが正しい。

さきに説明を加えたごとく、平安中期以降に盛行を見た浄土教には、空也念仏と称される〃唱える念仏〃と、恵心僧都源信によって代表せられる〃聞く念仏〃と、この二系統があった。前者は、日本固有の民族宗教的因子を濃厚に残した信仰で、在家一般庶民に対する救済をめざす念仏であった。後者は、教団の世俗化・門閥化に批判的な天台僧(千観などがその代表)と文人貴族(慶滋《よししげの》保胤《やすたね》などがその代表)とを中心にして発達してきた、美的・観相的な極楽浄土への自己投入を志向する知識階級《インテリ》向きの念仏であった。藤原道長が晩年に帰依した浄土教は、もちろん、後者すなわち源信系統の〃観相〃を主とする念仏(〃聞く念仏〃)のほうであるが、しからば、〃唱名〃なぞ見向きもしなかったのかというと、そうではない。「玉の飾」に続く「鶴の林」の巻は、道長の臨終を『往生要集』の文によって構文化していて、道長の宗教心理を窺うに足る。その「鶴の林」の巻頭を見ると、関白殿(頼通)が祈禱・修法《すほう》などを指図しているのを斥《しりぞ》け、「更に〳〵。己《おのれ》をあはれと思はん人は、この度の心地に祈りせんはなかなか恨みんとす。己をば悪道におちよとこそはあらめ。ただ念仏をのみぞ聞くべき。この君達、更に〳〵な寄りいませそ」(わたしを哀れと思うならば、わたしは却って祈禱・修法など行なうのを恨みに思うと知ってほしい。そんな行ないこそ、わたしを地獄・餓鬼・畜生の三悪道に陥れることになるのだ。わたしは、ただただ念仏の声ばかりを聞いていたいのだ。されば、お前さんたちも、決してわたしのそばには近寄らないでほしい)と言い、〃聞く念仏〃に救いを求めたことが知られる。ところが、同じ道長が、臨終(万寿四年十二月四日)の数日前になると、見舞いに来た女院彰子や中宮威子とほんの少時間対面しただけで「『はやかへらせ給ひね〳〵』と申させ給ふ。/すべて、臨終念仏おぼしつづけさせ給ふ」といったありさまで、唱名念仏(〃唱える念仏〃)に専念している。前々日の十二月二日には「今に猶弱げにおはしませど、ただこの御念仏の怠らせ給はぬにのみ、おはします定《ちやう》にてあるなり」(念仏のお声の怠りなさらぬことによってのみ、まだ御存命でいらっしゃることがわかるのです)という容態であったというし、息を引き取った四日巳の時（午前十時）には「猶御口動かせ給ふは、御念仏せさせ給ふと見えたり」という状態であった。この『栄花物語』に拠るかぎり、道長みずからが〝唱える念仏〟を行なったことは確かである。かくして、藤原道長の浄土教信仰は、〝聞く念仏〟と〝唱える念仏〟との融合を示すものであった。二系統あるとは言っても、明確に区別し得るはずもない。特に、道長は、若年のころから〝雑信仰〟の持ちぬしであり、自分の実人生に多少とも役立つものならば思想であれ宗教であれどしどし受け入れてゆく逞しい〝現実主義者《リアリスト》〟であったから、ちっぽけな教理上の差異なんぞに拘泥する必要はなかった。現世的願望を充足せしめる場所にこそ浄土は在った、と見てよいのである。

それはそのとおりであるけれど、大政治家であり同時に秀れた教養人でもある藤原道長が、寛弘八年（一〇一一）三月二十七日に等身阿弥陀や経を供養して「是為後生也」（『御堂関白記』）と観じた四十六歳ごろから、かなり本気になって浄土信仰への関心を示した、ということだけは、やはり否定し得ない。寛仁三年（一〇一九）三月には、病気が機縁となって出家をしている。そして、それ以後、法成寺建立を思い立ち、浄土教芸術の集約化というかたちで、現世浄土を実現した。前年（寛仁二年）十月、威子立后の儀のあと、祝宴の席上で「この世をばわが世とぞおもふ望《もち》月《づき》の欠けたる事もなしとおもへば」と詠じたはずの道長が、五十四歳以降、現世浄土とはいいながら兎も角も浄土信仰に深く没入していったのには、必ず何かの理由がなければならない。寛弘二年十二月宿痾の胸病のほかに眼病が始まると、同じ月の十七日に二十歳で夭折した一条天皇の第一皇子敦康親王の亡霊が道長を脅やかしたと、そう記録には伝えられている。つぎつぎに政敵を屠《はふ》っていった強引なマキャベリストも、体力が弱ると、時には罪業《ざいごう》の意識に囚われたこともあり得る。しかも、明敏な知識人としての道長は、群盗の放火事件、刀伊《とい》の来寇、地方農民のデモ運動、受領層を足場とする武士階級の進出などをとおして、眼前の栄華が永続すべくもないことを洞見していたはずである。また、時代的不安は、南都北嶺が伝統的に守ろうとする王法（古代国家）イークォール仏法の理念を空無としていた。ここにおいて、道長が、もっぱら個人の救済を説く浄土教にのめり込んでいったのも、極めて自然な心理的傾斜であった。殊に、最晩年の万寿二年、四年には中宮嬉子、妍子が相次いで死し、道長個人の不幸は深まる一方であった。

けっきょく、栄華の絶頂を味わった道長は、その栄華とすぐ隣合わせに存在する衰運もしくは崩壊の運命を確実に予感するや、その予感をさえ他人の掌中に委ねておくことが出来なくなり、ついで法成寺造築という手段によって浄土をひとり占めにしようとした、と言い得るのではないか。北山茂夫の「かれにおいては、浄土への欣求の意が働いても、現世は『穢土』ではありえなかった。よし世間は、酸鼻のきわみであったにしても、法成寺の構築された小世界は、まっすぐに西方浄土に通ずるものと道長は考えたであろう。」「胸病の発作さえおこらなければ、道長は後世を想うよりも現世の営みに、晩年の日々を十分に享楽できる常人を絶した境涯にあった」（『藤原道長』、終章 無量寿院の大殿）という意見も、叙上のごとく〝浄土のひとり占め〟と解する立場に立てば、容易に承認することができる。

このような自我主義者《エゴイスト》（自己愛の塊《かたまり》とでも呼ぼうか）は、現代においても芸術家および芸術家気質の人物のなかに実例を見る。藤原道長も、芸術家の素質を十分に稟けた巨大なエゴイストだった。

わたくしたちは、「玉の飾」の巻に表出された百体仏遷座の情景を理解するために、平安浄土教の特質と、藤原道長の個人的資質とに眼を向けざるを得なかった。これまでの花道史研究の通常の記述によると、「供花」というものは、仏教渡来とともに行なわれ、天平勝宝四年（七五二）四月九日の東大寺建立に際して催された開眼供養の儀式には本尊毘盧舎那仏《びるしゃなぶつ》に花盤に蓮の花を盛ったことなどがその代表的実例だと、そう説明されている。そして、平安浄土信仰が盛んとなるに伴って、従来仏教行事における荘厳《しょうごん》として飾られた供花が、ついに個人の生活に取り入れられるようになり、『栄花物語』法成寺造営の数条にその代表的実例が見られると、そうも説明されている。この通説にはほぼ誤りはないのだが、しかし、造花荘厳から生花荘厳にと転化したプロセスについては、なんらの解明もなされおらぬ憾《うら》みが残る。そこで、藤原道長という個人の信仰内容および芸術的資質に注意を向けることによって、さらに一歩をすすめ、「供花」の精神的要素を明らかにし得るのだと提言したい。
なぜならば、平安時代における「供花」に関する初出文献は、すべて藤原道長に関係を有するからである。さきに取扱った『源氏物語』の「供花」もまた道長が実現してみせた現世浄土をモデルにして描かれた場面のなかで初めて現われる。他に際立《きわだ》って反対根拠を提示する文献が発見されていない以上は、「供花」と道長とを結び付けて考えるほうが却って客観的＝科学的態度なのではないだろうか。もとより道長個人の発明にかかるなどという断定は不可能だが、少なくとも道長個人の宗教心理および審美的趣味と切り離し得ないところに、平安時代の「供花」の本質が在るのではないか。摂関社会の内包する民族宗教的＝土俗的ファクターが、却って、当時既に死骸化した仏前供華に新生命を与えたのである。だが、また一方、道長個人に生得《しょうとく》の巨大な自我主義的所有欲が、造花を生花に変形させて、おのがユートピアの一部を飾らずには済まさなかったのである。

それにしても、例文として掲げた「玉の飾」の百体仏の遷座行列のさまは、なんとも美的恍惚を誘《いざな》うではないか。道長は、ついに堪《たま》らなくなって、五大堂から駆け降りて行って跪いた。すでにして、一場の舞台の主人公は、釈迦牟尼でもなければ、九十九体仏でもない。浄土の中心点は藤原道長その人の美的恍惚でなければならない。道長は、あくまで芸術の世界として仏教行事や法会を享受したのである。同じ『栄花物語』の「音楽」に叙述された法成寺の光景に関して、家永三郎は「いはば法会は極楽を偲ばしめんが為の演劇であつたわけで、当時の人々が法会に参列した美々しき僧侶の群を指して『いみじき見物なり』と云つてゐる点から見るも、法会に観覧物的性質を見出すことが現代人の恣意でないことを証明し得ると思ふ」（『日本思想史における否定の論理の発達』、四）と述べている。法会によって極楽を眼前に彷彿することは当時一般の習慣であったが、道長の場合には、この法会という演劇《シアター》の主人公《ヒーロー》を演じた（政治的地位においても精神的状況においても）ところが他の貴族の場合と違うのである。受身の美的法悦にとどまらず、みずから能動的に芸術的法悦をつくりだした。

そこで、文例中の「皆百体の御前に仏具据ゑて、花たてまつり」とある箇処にもいちど目を転ずるのに、これは、もはや単なる荘厳（仏前装飾）を描写した叙述より以上のものである。地上最大の栄華を極めた人物の精神世界を形成する芸術的秩序のなかでのみ鮮明な意味とシンボルとを持つ、と謂うべきである。

現代のいけばなは既にして庶民階級に属しているが、花をいける主体の内面に何等かの輝くような精神的燃焼が用意されてこそはじめて鮮明な意味とシンボルとを持つという原理的な点では、道長の時代と異なるところがあってはならない。花をいけている時の人間は、深い次元では、世界創造のドラマの中心人物になっているのである。

『大鏡』――〝風流者《ふりゅうざ》〟の美学的模索

はじめに、『大鏡』についての概略的知識を得ておこう。『大鏡』は、『栄花物語』と同じように、法成寺入道関白道長の栄花を中心に、文徳天皇から一条天皇の万寿二年に至る十四代百七十六年間の宮廷内外の歴史と仮名文を用いて物語風に叙述した歴史物語である。その構成は、序・本紀（帝王物語）・列伝（摂関物語）・藤氏物語・昔物語の五部から成っているが、これは明らかに中国の正史の紀伝体を学んだものである。もっとも、『史記』が本紀・表・書・世家・列伝というふうにきちんと編成されているのに較べると、此方《こちら》はかなり雑然としており、特に本紀（帝記）中心の叙述と見なすことは無理である。「大鏡においては、天皇の御次第は副物の観があり、皇室と、藤原氏の姻戚関係を説明するところに主眼が置かれており、中国の正史における本紀のような位置と内容を持つものではない」（松村博司『歴史物語』、三 大鏡）。『大鏡』のもう一つの構成的特色は、全篇を戯曲的構成によって一貫させている点である。すなわち、万寿二年（一〇二五）五月、紫野の雲林院の菩提講に参詣し、その法会の席上で当年百九十歳という大宅世継と、百八十歳という夏山繁樹およびその老妻と、三十歳ばかりのインテリの若侍と、この四人が落ち合い、説法開始前の退屈凌ぎに、これらシテ役、ツレ役、トモ役、ワキ役の間に交《か》わされる見聞譚をば、作者が筆記したという形式になっている。つまり、嘘話《うそばなし》をつうじて真実を語ろうとするため、そこにおのずからなる〝歴史解釈〟や〝人物評価〟が介入せざるを得ないということになり、一種の〝史論〟の成立を見ることとなった。そこで、不明の作者について、古来、さまざまの説がなされた。古くは藤原為業《ためなり》説（『尊卑分脈』以下）が有力であったが、明治以後では藤原能信説（萩野由之）、源道方説（井上通泰）、源経信《つねのぶ》説（関根正直）、源俊明《としあき》説（山岸徳平）、源俊房説（宮島弘）、中院雅定《なかのいんまさざだ》説（平田俊春）、藤原資国《すけくに》説（梅原隆章）、源顕房《あきふさ》説、（川口久雄）、源乗方説（野村一三）などの仮説が提出された。いずれとも決着しがたいが、「ともかく大鏡の作者は藤原氏と源氏と、その両方に密接な関係のある人であることは疑いないが、それも道長からあまり遠く距った人であるとは考え難い。また道長のことを直接伝聞したり、歴史的な材料を入手し易い人でなければならない。そして話好きで、話題の豊富な、ともすれば主題から離れて従題に走り勝ちな、洒落な性格で文筆の才のある人、そして生存の時代は、源氏がまだ政治勢力として、独立しなかった頃の人が適格者だと考えられる」（松村博司前掲書）。そうなると、松本新八郎の「源氏の青侍」説（岩波講座日本文学史所収「歴史物語と史論」）に主張されているような、宮廷や私廷の下積み生活者が素朴で野卑なリアリズム精神を現実生活に向けたものだという見解に共感しながらも、やはり上層貴族のなかに的《まと》を絞《しぼ》らなければならないことになる。荒っぽいコントを輯《あつ》めた『今昔物語集』の作者が上層貴族であろうと比定し得られる以上は、『大鏡』の作者が摂関社会に近い人物だとしてもなんら不合理ではないからである。

言い落としたが、『大鏡』の制作年代は、本紀後一条の段に「今年は万寿二年乙丑の歳」とあるによって、従前は同年成立説が有力だったが、現在では万寿二年は仮托に過ぎないだろうという見方が支配的である。万寿二年より八、九十年後の鳥羽天皇の時代ごろに成ったと見ておけばよいであろう。『栄花物語』を読んで慊《あきたらな》く感じた人物が、その栄花の由来を究明したことはほぼ確実だし、『今昔物語集』の母胎として散佚した「宇治大納言物語」に眼を通したという蓋然性の強いことから考えて、われわれとしては、おおまかに『栄花』よりは少しあとで『今昔』とはほぼ同時代の作品である、というふうに理解しておけば十分である。

『大鏡』の著作目的に関してはいろいろの解釈があるが、やはり「ただ今の入道殿下」（藤原道長）が「よにすぐれておはします」人物で、その人物が最大の栄花を極めるまでにどのような経過を辿って行ったかということを、一定の批評なり問題意識なりから把えようとした処に在ったと考えられる。道長に対する非難攻撃の変容と見る説や、院政期に天皇親政を正当化＝強調化する意図から書かれたと見る説も、けっして無根拠とは言い得ないが、しかし、道長を引きずり降ろそうとする目的で書かれたとまで推量することは、やや行き過ぎであろう。

わたくしたちにとって必要なのは、摂関社会の宮廷生活の諸様相を少しでも正確詳細に知ることであり、特にその〝美意識〟が形成される過程を浮き彫りにすることである。当面、花山院にポイントを当てて、道長以前の摂関社会にどのような〝美的変革〟もしくは〝美の世界の拡大〟の先駆があったかをさぐり当てることである。さいわいにも『大鏡』は、その話し手が庶民（あるいは下層貴族）に仮託されてあって、こういう連中が無遠慮に同時代（少なくとも、遠くない過去）の摂関社会のすっぱ抜きをやる仕組みになっているので、かなり客観的な材料を掬《く》むに足ると考えられる。そのために、『源氏物語』や『枕草子』や『栄花物語』より後代に書かれてはいるが、道長以前に形成された〝摂関美学〟をさぐり当てることも可能になってくるのではないかと思う。もちろん、制限付きでそのことを言うのではあるが……。

そこで、『大鏡』の本文に当たってみることにしよう。――

さて又花山院の、ひととせ、祭のかへさ御覧ぜし御有様は、誰も見奉りたまうけむな。前の日、事いださせたまへりし日のことぞかし。さる事あらむまたの日はなほ、御ありきなどなくてもあるべきに、いみじき一《いち》のものども、高帽の頼勢《らいせい》をはじめとして、御車のしりに、多くうちむれ参りし気色《きそく》ども、いへばおろかなり。何よりも御数珠《ずず》のいと興ありしなり。小《ちひ》さき柑子《かうじ》を、大方の玉に貫《つらぬ》かせたまひて、達磨《だつま》には大柑子をしたる御数珠、いと長く、御指貫《さしぬき》に具《ぐ》して出ださせたまへりしは、さる見物《みもの》やはさぶらひしな。紫野《むらさいの》にて、人々御車に目をつけ奉りたるに、検非違使《けびゐし》まゐりて、昨日事いだしたりしわらはべ捕ふべし、といふ事出できにけるものか。……

さすがに遊ばしたる和歌は、いづれも人の口にのらぬなく、優《いう》にこそうけたまはれな。

こころみにほかの月をも見てしがな我が宿がらのあはれなるかと

などは、この御有様に思《おぼ》し召しよりける事ともおぼえず、心苦しうこそさぶらへ。さて又、冷泉院にたかむな奉らせたまへるをりは、

世の中にふるかひもなき竹の子はわがへむとしをたてまつるなり

御かへし、

年へぬる竹のよはひはかへしてもこの世をながくなさむとぞ思ふ

かたじけなく仰せられたりと、御集《ごしふ》にはべるこそあはれにさぶらへ。まことにさる御心にも、いはひ申さむと思し召しける、悲しさよ。

（「日本古典全書」本に拠る）

ここに掲げたのは、『大鏡』第三巻、大臣物語（列伝）に当たる太政大臣伊尹《これただ》（一条殿）の条に挿話《エピソード》として記されてある花山院の行状譚の一部である。摂関時代にほぼ規準《キャノン》が定着したと考えられる〃花の美学〃の所在を確かめようとする場合に、花そのものの美しさを観賞する慣習が、その花が不可知の諸部分で実効をしるしつづけている呪術《マジコ・レリ》＝宗教的機能《ジャス・ファンクション》とは別に、どんどんとひとり歩きを始めている過程《プロセス》を照射してくれる好箇の典拠として、この花山院の行状譚は、見過ぐしがたき史料であると判断されたからである。現代人は、生きとし生ける者たれかは花鳥を愛《め》でざるというふうに考えがちであるけれども、斯かる当たり前に過ぎる行動様式もじつは歴史的過程のなかでつくりだされた所産でしかない。こんにち、環境破壊や公害の問題が取り上げられて、〃日本人の伝統的自然愛〃の回復ということが要求されているが、われらの祖先といえども最初から自然鑑賞の名人だったのではなかった。もしかりに日本人に自然酷愛の習癖があるとしても、それは、単純に〃国民性〃と言い切れるような先天的な資質なのではない。なぜかといえば、「自然についての、最初の諸体系の中心は、個人ではない。それは社会である」（デュルケム＝モース『人類

と論理』）からである。自然観というものも、必ずや社会的産物でなければならない。日本人の〝花の美学〟も、社会構造の弁証法的発展のプロセスのなかでのみ形成されたのである。そのプロセスの一齣《ひとこま》（あるいは一挿話）として、花山院という個の天才が、帝王でありながら摂関体制のアウトサイダー（あるいは、むしろ、マージナル・マン）たることを強いられたために、かえって、新しき美の創造者となることができた、歴史の面白さを、これから見てゆこうとするのである。

さしあたり、わたくしたちの論題は、花山院における〝芸術家の精神〟の正体を追究する作業にのみ絞っておくことにしたい。

花山院については、「本紀」のほうに略伝が記されてあるから、それによって知識を得ておこう。この天皇は、冷泉院の第一皇子で、御母は藤原伊尹第一女。安和元年、二歳で東宮に立ち、天元五年、十五歳で御元服。永観二年、十七歳で御即位。在位二年にして十九歳の年に出家入道、出家後二十二年の寛弘五年に四十一歳で崩御された、と見える。御退位の夜、出家するために花山寺に向かう折、出家をためらっておられたのを、藤原道兼がそら泣きをしてみせて、無理にそそのかしたことや、寺に着いて剃髪してからはじめて兼家夫人に騙されたのを知って泣かれたこと、兼家は道兼が義理に迫られて出家するのではないかと警戒して源氏の武者を護衛させたこと、などなどが書き添えられてある。摂関家の陰謀によって退位させられた事情が、これによって簡潔に描きだされている。

「列伝」のほうの花山院は、出家後の院が熊野で仏道の修行に励んでおられるうちに、祈禱の効験がついて、法師たちとの験《げん》くらべに勝ったこと、父冷泉院の御所に火災のあった夜に駈けつけて行って父院の車の前にうやうやしく跪《ひざまず》かれたこと、などなどの御行状を記載している。そして、そのあと、前掲引用の一段「さて又花山院の、ひととせ、祭のかへさ御覧ぜし御有様は、誰も見奉りたまうけむな」以下の叙述がつづくのである。

前日、すなわち賀茂祭の当日にあの事件（花山院の従者数十人が、藤原公任・斉信が同車して道長邸から帰るのに乱暴を働いた事件をさし、このことは『小右記』長徳三年四月十六日条に見える）をしでかされた折のことです。そういうことのあった際なのだから御遠慮なさればよろしかろうのに、花山院は、すばらしい第一の近臣高帽の頼勢をはじめとして、院の御車のあとにたくさん随い群れて、その面面《めんめん》の面魂の凄《すさま》じさといったら申し尽くせないほどでした。しかし、何よりもまず、院の御数珠《おんじゅず》がじつに面白うございました。それは、小さい蜜柑を普通の玉として紐にお通しになり、大きい蜜柑を留玉《とめだま》にした御数珠を非常に長くして、御指貫《さしぬき》とともに車の外へお出しになっておられたのですが、こんな見ものなんて滅多にあるものではありません。さて斎院御所所在地の紫野で、民衆が院の御車に目を注ぎ申しあげておりましたところ、検非違使が参りまして、きのう乱暴をしでかした童たちを追捕するということになったではありませんか——と、このように叙されてある。

花山院は精神異常だなど申しますが、およみになった和歌は、いずれも人口に膾炙《かいしゃ》しないものはなく、まことに優美に拝察いたされます。

こころみにほかの月をも見てしがな我が宿がらのあはれなるかと

（こうして月を眺めていると、あわれが身に滲みてならないが、これはわが住居のせいなのか、それとも月そのもののせいなのか、ためしに、ひとつ住居を変えてみて、よその月をも見たいものだなあ）

このお歌などは秀作で、精神異常者のお感じになることとは思われません。このようなお歌をお作りになるほどのお心ざまで、どうしてあのような御行状をしでかされるのか、まことにお気の毒に存ぜられます。さてまた、父君の冷泉院に筍を差し上げなさいました折には、

世の中にふるかひもなき竹の子はわがへむとしをたてまつるなり

というお歌をお作りになりましたが、本当にああいう異常な精神状態ではいらっしゃっても、父院さまの御長寿をお祝い申そうと思し召されたとは、おいたわしいことじゃ——と、このようにも叙されてある。

ここで注目すべきは、「小《ちひ》さき柑子《かうじ》を、大方の玉に貫《つらぬ》かせたまひて、達磨《だつま》には大柑子をしたる御数珠、いと長く、御指貫に具して出ださせたまへりし」とある叙述個所である。抹香《まつこう》臭い木欒子《もくれんじ》の水晶や珊瑚《さんご》の数珠をやめて、果汁《ジュース》のいっぱい入った瑞瑞《みずみず》しい蜜柑を紐にとおした特製の数珠を、この院は特別に用いた、というのである。ここには、摂関時代宮廷の新しい〝美の発見〟があるのではないかと思う。少なくとも、無機物の布や紙でこしらえた供花を見苦しいものに思って、いきいきした生花《せいか》を瓶に活けるように転換させたと同じような、〝美の回生〟が認められるのではないか。摂関社会は、こしらえものの文化には、いずれは満足していられなくなっていた。なにしろ、現実の摂関社会は、食うか食われるかの格闘場裡に展開する人間関係の総量だったのである。それは、意外なほどに〝野性〟の横溢する社会だったのである。また、そうでなくては、『源氏物語』以下のあのように素晴らしい文学作品の創造される活力源は無かったはずだと思う。

わたくしは、一見なんの関係も無さそうな花山院の「蜜柑のロザリオ」のなかにこそ、新しい〝自然観〟の発見があったのだ、という見方をとる。そして、このように、荒っぽい生命奔出の行為がひとびとによって新しい〝美〟として受け容れられた基盤こそが、やがて供花＝《イークオール》さし花を創造するに至るエネルギー源になったのだ、という見方をとる。一つの〝自然観〟とは、必ず一つの社会構造の反映であらねばならない。

しかも、その新しい自然観の発見をやってのけた人物が、皇位を奪われた、世間から〝キじるし〟扱いをされていた花山院だったというところが、なんとも面白いのである。世界史的レベルで考えても、およそ文化創造をやってのけたような人物は、たいてい“marginal man”だったのではないか。帝王が〝マージナル・マン〟であるという、歴史状況の特殊性がまた滅法《めっぽう》面白いのである。

この花山院という天皇は、なにしろ、言うこと為すことがいちいち芸術家気質である。『大鏡』作者が別の個所で言っている「そのみかどをば『内おとりの外めでた』とぞ、よの人申し」という記述は、ふつうの解釈によると「内密の私生活は出鱈目でしたが、表向きは賢臣の輔佐を得て頗る評判がよろしかった」と解されているのであるが、そして然《しか》く解釈してどこにも誤りはないのであるが、わたくし一個の感じでは、「内おとりの外めでた」こそ芸術家の正体を言い当てたものではないかと思う。芸術家という人種は、個人的＝私生活的には迚《とて》も付き合い切れる人間ではない。およそ関わりを持った周囲の善人は、芸術家のために傷つけられ迷惑を掛けられて、くたくたにさせられてしまうものである。一将功成ッテ万骨枯ル、という故事格言が眼前に具体的に展開されるのである。もちろん、本人にはその自覚は全くないし、かえって、自分のような斯んなに素晴らしい人間と親しく付き合うことが出来るなんて、みんなはなんて幸福なんだろう、ぐらいに思って、たいへん涼しい顔をしている。本質的には、罪がないのである。それに、芸術家というのは外の評判をたいへん気にする。花山院の所業については、史書に記された以外にも随分と法外な出鱈目が隠されてもいるであろうが、しかし、少なくとも『大鏡』に列挙されたような卓抜した〝美意識〟の所有者（すなわち芸術家）がやってのける悪事もしくは不品行など、多寡《たか》の知れた程度だったと思う。抜け目無い優等生型の帝王がその影の部分で犯すところの残忍や無慈悲に較べれば、むしろ、児戯に類する程度だったと思う。

⁂

つぎに掲げるのは、前節で取り扱った『大鏡』第三巻（列伝）太政大臣伊尹《これただ》の段の、花山院行状記のなかの「大柑子をしたる御数珠」「和歌はいづれも人の口にのらぬなく」に直続する、二つの条《くだり》である。

この花山院は、風流者《ふりうざ》にさへおはしましけるこそ。御所造らせたまへりしさまなどよ。寝殿《しんでん》、対《たい》、渡殿《わたどの》などは、造りあひ、檜皮《ひはだ》ふきあはすることも、この院のし出でさせたまへるなり。昔は別々《べちべち》にて、あはひに樋《ひ》かけてぞはべりし。内裏《だいり》は今にさてこそははべるめれ。御車やどりには、板敷を奥には高く、端《はし》はさがりて、大きなる妻戸《つまど》をせさせたまへる故は、御車の装束《さうぞく》を、さながら立てさせたまひて、おのづからとみの事の折に、とりあへず戸おしひらかば、からからと、人も手もふれぬさきに、さしいださむが料《れう》と、おもしろくおぼしめしよりたる事ぞかし。御調度《みてうど》どもなどのけうらさこそ、えもいはずはべりけれ。六ノ宮清仁の絶えいりたまへりし御誦経《みずきやう》にせられたりし御硯の筥《はこ》見たまへき。海賦《かいぶ》に蓬萊山《ほうらいせん》、手長《てなが》・足長《あしなが》など、こがねして蒔《ま》かせたまへりし、かばかりの筥の漆《うるし》つき、蒔絵《まきゑ》のさま、くちおかれたりしやうなどの、いとめでたかりしなり。

又、木だち造らせたまひしをりは、『桜の花は優《いう》なるに、枝ざしのこはごはしくて、幹《みき》のやうなどもにくし。梢《こずゑ》ばかりを見るなむをかしき。』とて、中門より外《と》に植ゑさせたまへる、何よりもいみじくおぼしよりたりと、人は感じ申しき。又なでしこの種《たね》を築地《ついぢ》の上にまかせたまへりければ、思ひかけぬ、四方《よも》に、いろいろの、唐錦《からにしき》をひきかけたるやうに、咲きたりしなどを見たまへしは、いかにめでたくはべりしかは。

（「日本古典全書」本に拠る）

花山院が「内《うち》おとりの外《そと》めでた」と世評され、また精神異常者と見做されていたことについては既述のとおりである。しかし、わたくしは、花山院に非常識な奇行が多く、また一旦《いったん》は出家しながらさんざん出鱈目《でたらめ》な好き事に耽ったりした行動の軌跡の中にこそ、不羈奔放なるひとりの芸術家の〝自由な魂〟のうねりを看取すべきであると、そう考えざるを得ない。冷たい感触しか与えぬ木欒子《もくれんじ》や水晶や珊瑚の数珠《じゅず》に替えて、新鮮な果汁《ジュース》をたっぷりふふむ「オレンジの念珠」を創意した花山院の美学が、活《い》ける花もて供花《くげ》しようとする道長時代の新しき美学の先駆的思考の役割を果たす要素となったのではないか、との推臆をも提示せざるを得ないのである。

摂関時代の宮廷社会は、普通に考えられるような〝絵巻物〟式の美しさばかりに彩《いろど》られているのではない。摂関政治の当事者にしてみれば、文字どおり、食うか食われるかの決戦場裡に置かれているのであって、奇麗事ばかりでは一日とて生きてはいかれないのである。花山院に即していえば、花山院の御乱行を怒って、伊周《これちか》の弟の隆家《たかいえ》が物かげから花山院に矢を射かけさせた事件がきっかけとなって、中関白家《なかのかんぱく》は没落の憂き目に遭い、代わって道長一門が台頭することになる。花山院は、まざまざと、摂関社会の凄《すさま》じい角逐のさまを見せつけられたのであるが、その院御自身すらが、みずからの出家=退位は道楽仲間の道兼の謀略に一杯食わされた苦《にが》い結果にほかならぬことを、夙《つと》に十年も以前に体験していた。こうなれば、権力闘争の外に出て好き勝手をたのしむ以外に〝自由な魂〟の生き方は無いに決まっている。みずから精神異常者を佯《よそお》ったことも、大いにあり得るのではないだろうか。

花山院の性情は、『栄花物語』巻第二「花山たづぬる中納言」の叙述によると、女御《にようご》姫子《きし》を愛するのにも極端なやり方を見せ、「みかどさまあしく時めかしきこえ給ふ」（帝はみっともないほどに御寵愛なさる）かと思えば、何か月か経つと「同じ内《うち》におはします人のやうにもあらずなりはてぬ」るように激変し、「その後『さる事やありし』といふ事ゆめになし」というふうな結末を辿《たど》ったといわれる。女性に関しては万事こんなありさまで、最もお気に入りの女御忯子《しし》が懐妊されると、もう近くにずっとくっつききりで五か月の身重になって里帰りされた女御を無理に参内させると「あはれに嬉《うれ》しうおぼしめして、夜昼やがて、御膳《おもの》にもつかせ給はで入り臥させ給へり。『あさましう物狂《ものぐるほ》し』とまで内わたりには申しあへり」（帝はしみじみ嬉しく思し召して、夜も昼もそのまま御食膳にもおつきにならずに女御のお部屋に入っておやすみになられたので、「なんぼなんでも常軌を逸しておられますよね」という評判が宮廷じゅうに立ちました）といった態《てい》たらくであったという。疲労しきった忯子女御は妊娠八か月で亡《な》くなられたが、こんどは、花山院は「垂れ籠めておはしまして、御声《みこゑ》も惜しませ給はず、いとさま悪しきまで泣かせ給ふ」たという。いかにも芸術家にありそうな、自己愛の発現《はつげん》ではないか。そして、それから頻りに出家入道のことを考えておられる様子であったが、或る日、突如として〝蒸発〟してしまい、宮廷じゅうが大騒ぎして捜索したところ、この十九歳の帝は花山寺に入って出家されたあとだったという事情が判明したという。

『大鏡』では、この花山院出家事件は、東宮懐仁《かねひと》親王を擁立する右大臣兼家の指令によって、兼家の二男の道兼が花山院を「すかしおろし奉」った陰謀の結果であることが明らかにされている。しかし、『栄花物語』では、この事件は「あさましう悲しうあはれにゆゆしくなん見奉りける」という感傷的結末で終わっている。『大鏡』では、どうしても男性について多くを語るから、女性についてはおろそかになる。そのほうは『栄花物語』にいっさいを譲ったわけなのである」（佐藤謙三『王朝文学前後』、大鏡と宮廷女流）と評されるだけの差異が両者の間には存する。

『大鏡』作者が大宅世継翁《おおやけのよつぎ》に語らせている花山天皇観は「これならず、ひたぶるに色にはいたくも見えず、ただ御《ご》本性《ほんじやう》のけしからぬさまに見えさせたまへば、いと大事にぞ」（これにかぎらず、総じて、この花山帝の異常な御性格というのは、むやみに表面にあらわれるような場面はそれほどはなくて、ただ精神の奥深い所にその病原が潜んでおるように見えなされたので、ひどく危険であったのじゃ）との評言に尽きている。源民部卿（俊賢）が「冷泉院のくるひよりは、花山院のくるひはずちなきものなれ」（父君の冷泉院の精神異常の度合より、花山帝の精神異常のほうが始末悪いですなあ）と言ったところ、入道殿（道長）は「ひどいことを言うね」と笑ったとも書き添えられている。花山院が没したのは四十一歳、寛弘五年（一〇〇八）二月八日である。寛弘五年は、道長が法性寺《ほっしょうじ》五大堂を建立した年の翌々年に当り、また金峯《きんぶ》山《せん》で法華経などを書写して山に埋めた年の翌年に当たる。四年前の五月には、花山院は道長の邸第に行って競馬《くらべうま》を見てもいる。花山院の「くるひ」の正体がいかなる性質のものであったかということは、同じく芸術家気質を存分に稟《う》けている道長のほうでは、ちゃんと見抜いていたに違いない。しかし、『大鏡』の作者の眼からは、花山院はやはりただの気ちがいに過ぎなかったのであろう。

時代は少し遅れるが、摂関家出身の天台座主《ざす》慈円が書いた身《み》贔屓《びいき》だらけの史論『愚管抄』の巻第三別帖花山の段を見ると、「花山院ハ十九ニテ為光ノムスメ最愛ニオボシメシケル后ニヲクレサセ給テ、カギリナク道心ヲオコサセ給テ、ヨニモアラジトオボシメシテ、ウチナガメツ、オハシケルニ……」「『世ノアヂキナク出家シテ仏道ニ入《いり》ナント思フ』トノミ仰《おほせ》ラレケル……」「又青道心《あをだうしん》トテ、ソノ比《ころ》ヨリコノ比マデモ、人ノ心バヘハ只オナジコトニヤ。ソレモカカルオリフシ侍《はべる》ベシ。コノ比ハムゲニアラヌ事也」などとあり、花山院が道兼の誘いにのって俄か道心を起こして剃髪された事情を説明したあとで、綜合的結論として「花山法皇ハノチニハサマアシク思《おもひ》カヘリテオハシマシケレド、又ハジメモノチ〳〵モメデタクヲコナハセオハシマスオリ〳〵アリケレバ、サダメテ仏道ニハイラセ給ニケンカシ」との論評を加えている。牽強附会は、この大僧正のお家芸である。

はたして、花山院は、本当に精神異常者であったのだろうか。摂関社会の人々の評価がどうあろうと、現代のわたくしたちの眼からすれば、もはや〝芸術家〟もしくは〝芸術家気質〟を稟けた一個の正常な人格であるとしか他に映《えい》じようがない。そして、そこにこそ〝美〟を創造する一個の主体存在の確立を見ることができる。

もっとも、本稿冒頭の文例に示してあるごとく、『大鏡』の作者は、一方では、「この花山院は、風流者《ふりうざ》にさへおはしましけるこそ」と述べて、花山院が〝芸術家〟の才賦を稟《う》けていることの指摘を、忘れずにおこなってはいる。

そこで、つぎに論題になるのは「風流者《ふりゆうざ》」とは何ぞやという問いである。「風流《ふうりゆう》」そのものの問いになると、その淵源は日本古代から中国古代の学芸思潮まで遡って探《さぐ》らねばならぬ。既に奈良時代に「風流侍従」(武智麻呂伝)と呼ばれる人々が宮廷に仕え、『万葉集』巻六には「風流意気の士」が登場している。しかし、ここでは、平安朝の「風流」に関してだけ局限して考える。平安時代の「風流」は、はじめ漢詩文の領域で用いられ、詩文の雅趣と、自然の風致と、この二つの概念に用いられた。これが次第に和歌や物語文学の領域に敷衍《ふえん》されるようになったが、花合《はなあわせ》・草合など物合《ものあわせ》の場合には特に意匠を凝らしたの義に用いられることが多かった。そして、平安朝末期に及んでは、工芸品や服飾などにも適用されていった。そうなると、いきおい華美奢侈に流れやすく、『中右記』嘉保二年八月廿八日の記事に「依レ仰止ニ風流一」と見えるような風流禁止令さえ出された。『御堂関白記』に五個所ほど出てくる「風流」も、意匠を凝《こ》らして細工する義に使われている。『大鏡』第三巻の同じ伊尹《これただ》の段の、藤原行成の逸事を述べた条に「さま〴〵こがね・しろがねなどこゝろをつくして、いかなることをがなと風流《ふりう》をしいでゝ、もてまいりあひたるに、このとの(行成)は、こまつぶりにむらごのをつけて、たてまつりたまへり」とあり、人々が金銀を用いた風流な玩具を幼い後一条帝に献じたなかで、行成は独楽《こま》を差し上げたことが記されている。

けっきょく、平安時代の「風流」とは、意匠を凝らすこと、それも華美珍奇な趣向を施すことを意義したと見てよいであろう。したがって、ある場合には「過差《くわさ》」の要素を包含していると考えられるが、その点では、中世の「ばさら」の原型を成していたと見ることも可能である。

それならば、花山院に関して評言されている「風流者《ふりゆうざ》」は、どう解釈すればよいか。岡崎義恵は「この花山院の御風流は建築・調度（硯箱）・庭園・服飾・絵画などに亙つて、様々の独創的な御意匠を凝らされたことを指してゐるのであり、これを『風流者』と称してゐるのである。これは美的生活者とか芸術愛好者とかいふやうな意味のものであらう。その御意匠といふは多く美的目的を持つもののやうであるが、建築などは特殊の実用的目的を含んでゐるやうであるし、又あて絵（戯画か）の如きは写実的な点が中心になつてゐるやうである」（『日本芸術思潮・第二巻の上』、平安時代の風流）と述べている。

そこで、『大鏡』の記述を克明に追っていくと、花山院は当代に随一の建築デザイナーであり、工芸意匠家であり、造園プロデューサーであったことが、疑い得ぬくらいに明白になってくる。

すなわち、花山院は、従来別棟に造られていた寝殿・対・渡殿などを統一して、同じ檜皮《ひはだ》の屋根のもとに〝構造的美〟を創造することを、最初に思い付いた技術者であった。車庫を設営するに際しては、奥のほうを高く出口のほうを低くし、いつでもすぐ乗れるように車を整えたまま立てておいて、何か突発事が起こった時にも戸さえ開ければ自然に車がからからと外に出るように考案した〝機能的美〟の発見者であった。また、硯箱を作らせるに際しては、まず全体に海景を図案化した模様をかかせ、それに蓬萊山・手長足長などのユートピア図像を金蒔絵《きんまきえ》にしてかかせ、しかも、それらいちいちの漆のつき方や縁金《ふちきん》などが絵柄《モティーフ》とぴったりするように〝有機的美〟を計算した、最初のアーティストであった。庭の木立を配置させる折には、桜というやつは、花こそ美しいが枝や幹は見苦しいものだ、とする植物美学の見解に立って、その木を中門より外に植えさせ、梢花《こずえばな》ばかりが室内から望み見られるようにと、〝省略の美〟をあらかじめ具案することが出来た、最初の造園ディレクターであった。さらに、撫子《なでしこ》の種子を思い設けぬ諸所の築地塀《ついじべい》の上に播かせておいて、九月の花季《はなどき》にあちこち唐錦《からにしき》が彩《いろど》られるように〝計画的美〟をあらかじめ設計することの出来た、最初の都市計画プロモーターであった。

こう見てくると、花山院の「風流者《ふりゅうざ》」ぶりとは、既にまさしく〝新しき美学〟の発見に関わるほどの、豊かなる独創性に満ちていたことを、わたくしたちは認めてもよいのではなかろうか。さきに触れたごとき、本来は無機物にすぎなかった数珠の材質《マチエル》に「生きもの」の大柑子を使用してのけた、あの奇抜なアイディアと言い、ここで取り扱った檜皮《ひはだ》の葺き合わせ、車庫づくり、桜の植樹法、撫子の都市計画的意匠に見られる斬新なプロジェクトと言い、すべて、同時代人の〝美的趣尚〟を一挙に変革するだけの大きな衝撃を与え得たものと推測される。

わたくしは、さきに、造花荘厳《ぞうかしょうごん》から生花《せいか》荘厳に転化させるモメントが藤原道長の宗教心理の中に見いだされることを指摘した。本稿今回の叙述は、その道長に必ずやヒントを与えたに違いない花山院発見にかかる〝新しき美学〟について触れた。より正しくは、道長個人および花山院個人を含めて、王朝時代末期に広く起こった新たなる〝時代精神〟が、生花による新しき美の誕生を待望していたのだと、そう見るべきであろう。旧《ふる》いパラダイムを破って、新たなるパラダイムの発見に向かう模索が開始されていたのである。

『歌合集』――〝中国起源〟の遊戯的要素

本稿は、さきに『西宮記』を扱い、平安宮廷貴族たちの〝故実〟という思考の中心に、漢籍（中国の原典）尊重主義の要因が強く働いている事情を明らかにした。『西宮記』に限らず、王朝儀式の書物のなかに散見する、あの菊の立花（もちろん、中世以降の「立花」とは式法も理念も違うが）のシンボライズする深い意味を把捉するためには、漢詩文および経学《けいがく》思想を尋ねなければならないのである。一般に日本人に固有の情緒を表現する詩形であるとして疑われることのない和歌すらが、突き詰めていくと、どうも日本民族（人種学的には、日本民族などという民族は存在しないことを想起すべきである）だけに独得の抒情形式とは断定しにくいのではないか、というふうに考えられてならない。ここに、『歌合集《うたあわせしゅう》』を取り上げたゆえんである。

まず、作品をごらんいただきたい。――

天徳四年三月三十日内裏歌合

廿番　左　忠見

こひすてふわがなはまだきたちにけり人しれずこそ思《おもひ》そめしか

右勝　兼盛

しのぶれどいろにいでにけりわがこひはものやおもふと人のとふまで

少臣奏《シテ》云《ハク》、「左右ノ歌伴《ニ》以《テ》優也。不《ト》レ能《ハ》レ定《メ》二申《スコト》勝《リ》劣《リヲ》一」、勅《シテ》云《ハク》、「各尤《ダ》可《シ》二歎美《ス》一。但猶可《シ》レ定《メ》二申《ス》之《ヲ》一」、小臣譲二

大納言源朝臣ニ、敬屈シテ不レ答ヘ。此ノ間相互ニ詠ミ揚グルコト、各似タリレ請フニ二我方之勝ヲ一。少臣頻リニ候フニ二天気ヲ一、未レ給ハ二判勅ヲ一、令ム三密カニ詠ゼ二右方歌ヲ一。源朝臣密カニ語ッテ云、「天気若シクハ在レ右歟」者《イヘレバ》、因レ之遂以レ右為レ勝。有レ所レ思、暫持疑也。但左歌甚ダシ好矣。

御記

天徳四年三月卅日己巳、此ノ日、有リ二女房歌合事一。去年秋八月、殿上侍臣闘ハセリレ詩。爾ソノ時、典侍命婦等相語ツテ曰ハク、「男已ニ闘ハセリ二文章ヲ一、女宜シクレ合ハスベシト二和歌ヲ一」。及ビ二今年二月ニ一、定ム二左右方人《カタウド》ヲ一。就レ中以二更衣藤原修子・同有序等一為ス二左右頭《トウ》ト一、各令ム二挑ミ読マ一。蓋シ此レ為メレ惜シマムガ二風騒之道徒ラニ以テ廃絶スルヲ一也。後代之不レ知ラ意ヲ者、恐ラクハ成サム下好ミ二浮華ヲ一専ラニスル二内寵ヲ一之謗リヲ上。仍ハチ具サニ記レ之。其ノ儀、暫ク撤ラク二却清涼後涼両殿ノ中ノ渡殿ノ北ノ蔀ヲ一、設ケレ公卿ノ座ヲ於二同ジキ渡殿之内ニ一、鋪ク左右方人ノ座ヲ於二後涼殿東縁ニ一。左ハ南ニ在リ、右ハ北ニ在リ 女房又相分カレテ候フ二清涼殿西ノ庇ノ簾ノ中ニ一。同庇第五間ニ立ツ二倚子《イシ》ヲ一。便ハチ女房侍ノ倚子ヲ用ウ。此ノ間簾ヲ上グ 申刻、就ク二倚子ニ一。良久、右方入ル二自リ二北ノ方一、献ズ二和歌ノ洲浜ヲ一。沈ノ押物ノ花足、浅香ノ下机、花柳鳥ヲ繍ヒタル花文綾ノ覆ヒ、縹ノ綺ノ地敷。頭ノ更衣之童女四人、之ヲ舁キ進ラセテ御前ノ渡殿ニ立ツ。算刺ノ洲浜ハ、北ノ小庭ノ算刺ノ小舎人ノ円座ノ前ニ置ク 暫クシテ、左方経テ二侍所前ヲ一自リ二南方一献ズ二和歌洲浜ヲ一。紫檀ノ押物ノ花足、蘇芳ノ下机、葦手ヲ繍ヒタル花文綾ノ覆ヒ、紫ノ綺ノ地敷。更衣之童女六人、舁キ出ダスコト右ノ如シ。算刺ノ洲浜ハ、又、南ノ小庭ノ小舎人ノ円座ノ前ニ置ク。始メ童女、机ノ下ニ置キ、後改メ置ク 仰セテ令ムレ召サ下在ル二殿上ニ一公卿ヲ上。

（「日本古典文学大系」本に拠る）

ふつう、「歌合《うたあわせ》」には、左右二方に分かれた歌人たちが、詩歌を一首ずつ出して合わせ、幾番かの組み合わせをつくって番ごとに判者を決めて批評し、かつ優劣を決める遊戯である、という定義づけが加えられている。「歌合」は、最初、物合《ものあわせ》から派生し、やがて独自の発展を遂げていったと考えられている。『古事類苑・遊戯部』の定義では、「物合とは、汎く事物につきて左右を対比し、優劣を判じ、輸贏《ゆえい》を決するを云ふ。故に其事物は一ならず。動物には闘鶏虫合の如きあり、植物には闘草前栽合根合の如きあり、器物には扇合貝合の如きあり、文書には物語合の如きあり。多くは上流の娯楽に供するに過ぎず。其盛なるものには、左右に各々頭《とう》あり、念人《ねんにん》あり、籌刺《かずさし》あり、奏楽あることと相撲の節等に同じく、又歌を詠じて之を其物に加ふるあり」とある。しかし、この定義には、「歌合」に創造的主体性を認めようとする国文学者のほうから、不平不満の声の出るのは当然であろう。和歌史研究者のなかで最初に物合と「歌合」とを相関関係のもとに把らえたのは久曽神昇の「歌合全史概観」(『伝宗尊親王筆歌合巻研究』所収)である。久曽神は、広義における物合のうち、「歌合」と直接的な関係を有するものを類別してみせたが、その最終的決定案は次のようなかたちをとって示されている。「イ、歌合成立に影響し、しかもそれ自身には歌合の無いもの……多くの物合。／ロ、物合が主であり、歌が附随的に使用せられてゐるもの……草合・菊合・小箱合。／ハ、歌合が主となり、なほ物合の遺存するもの……扇合・女郎花合・撫子合・菖蒲合。／ニ、歌合のみのもの……前栽合・歌合。／ホ、歌合より派生し、歌合と共に物合の存するもの……物語合・絵合・草子合。／ヘ、歌合より派生し、物合のみで歌合の無いもの……艶書合・謎々合」(至文堂版『日本文学史・中古』、第三章和歌と歌謡)と。さらに、この類別の上に立って、「歌合」そのものの形成過程を次のように跡づけてみせる。「即ち歌合は、物合から発展し、最初は菊合などの如く、物合が主で歌は随属的にそへる程度であり、ついで女郎花合などの如く、物合と歌合とが共に存することとなり、遂には前栽合などの如く、歌合のみで物合は名のみとなり、最後に純粋な歌合となつたのである。因に、その歌合より物語合・絵合・草子合などの如き物合となり、更に進んだものとしては、謎々合・艶書合の如く、歌の優劣を直接批判しないものに到つたのであらう」(同)と。

尤《もっと》も、物合から転化して「歌合」が生じたとする叙上の見解に反対する学者もある。萩谷朴は「やはり歌合は本質的には競技《わざくらべ》の系列に立つもので、もし発生の系列を先蹤行事に求めるならば、相撲・賭射・競馬等に転化の起源を認めるべきであり、有形具象の物合と無形抽象の競技とが互いに興趣を補足し合う意味において、歌合と物合とは複合しやすい関係にあったと考えられる」(日本古典文学大系『歌合集』、解説)と述べている。萩谷には続刊中の『平安朝歌合大成』十一巻があり、その提言は信頼に値する。

そうなると、物合《ものあわせ》から転化したか、競技《わざくらべ》から発展したか、二つの議論に分かれてしまうが、なにも必ずしも一元的に解決しなくてもよいであろう。峯岸義秋は「歌合が形成されるまでには、それ以前の種々の行事や競演が様々な形式で和歌に結びつき、和歌の優劣を判定させて楽しむ機会を作つたことであらう。例へば万葉集の春秋の比較や梅花の宴などまで遡及できる風雅な遊宴や、相撲、競馬、賭射、闘鶏、闘草、神楽、論義、詩賦などの対他的、競技的な行事や、法華八講のやうな仏教的行事などが、和歌の優劣を判定させる遊楽の機会を誘導して、つひに歌合といふ類似した文学的遊戯を形成させたのであらう。さうして、それらの勝負競演のをりや集会儀礼の場合に行はれた酒宴、奏楽、纏頭、拝舞などもまた、さながら歌合に受け継がれて、社交的遊楽としての歌合の行事を一層賑かに引き立たせたであらう」（日本古典全書『新訂歌合集』、解説）として、その起源ならびに行事様式の成因を複雑多元なものと見て把握しようとする。他に、神楽起源説（山岸徳平は「神座に向ひ左側の席を本座、右側の席を末座とする。本座が歌つて後に末座が歌ふ。若しこの儀式の如き様式を以て、神楽歌以外の一般の歌を本座・末席即ち左右の両席で、一番づつを歌へば、其処に歌合と称せらるべき現象を生ずる」と主張している）などの仮説もあるが、山岸が典拠とする『袋草子《ふくろぞうし》』が保元一年（一一五六）成立の歌学書だということを考え合わすと、やや薄弱な立論であるとせざるを得ない。われわれとしては、成因多元説に加担するのが最も妥当であろう。峯岸義秋『歌合の研究』は、「天徳四年内裏歌合の行事様式をもつとも典型的な行事様式として、当時の他の行事様式と比較してみると意外に共通した構成が目を驚かす。まづこの歌合の粉本となつたのは前年の天徳三年八月十六日闘詩行事略記（九五九）であるが、この詩合と翌年の歌合との記録を、当時なほしばしばおこなはれて年中行事となつてゐた踏歌・賭射・相撲・競馬その他の行事記録と比較すると、非常に共通点を見出だし得る」（第一編、第二章　歌合の行事的様式）と述べ、特に「新儀式第四のしるす賭弓《のりゆみ》と童相撲《わらはずまふ》との行事様式は、完成期歌合の行事様式と対照して興味もあり、また対照のかひがある」（同）

として、童相撲の人的構成が「歌合」にそっくりで、踏歌後宴の賭射の「負態《まけわざ》」が物合や「歌合」の一つのポイントをなすことを論証してみせる。これは、『古事類苑』の見解を一歩進めたものである。

ただ、峯岸は漠然と共通点を見出だし得るとだけ言って精細な比較を避けているので、ここで、その『天徳三年八月十六日闘詩行事略記』に目を配ることは無駄ではない。というのは、例文に掲げた「御記」（これは村上天皇三十五歳の宸記である）のなかの「去年秋八月、殿上侍臣闘詩」に見えるその「闘詩」とぴたり一致する文献だからである。余白なきゆえ、必要部分のみ記すとすると——

当日儀。

清涼殿孫廂立二御倚子一。中二尅許。宸儀出御。王公卿士候二簀子敷一。如二臨時祭一也。（人名略）同三尅許。左右方立二文台一。行事衆一人。取二土敷一鋪二額間一。南庭中二人。舁二文台一立二其上一。但匣及台造二蘇芳折立台一。敷物用二紫地錦一。土敷用二竹豹皮一。総角紫付濃紺。匣中納二十枚詩一。即書二唐綵色紙一。右五位侍臣一人。取二土敷一鋪二額間一。北庭中二人。舁二文台一立二其上一。但匣及台造二蘇芳施螺鈿匣一。打立台敷物用二東京錦一。土敷用二紫地錦一。総角蘇芳付濃紺。匣中納二十枚詩一。同書二唐綵色紙一。以二金銀泥一。毎レ枚絵伴二詩題之意一。詩書二其上一。左方詩人念人。列二坐玉階北砌一。右方詩人念人。列二座玉階南砌一。同四尅許。左右出座。指籌小舎人。自レ是以前敷之。左右以二円坐一枚一為レ座。頃之。左右方人取二納レ詩匣一昇レ殿。膝行二御前一。

（「群書類従」本に拠る）

この『闘詩行事略記』当日儀と、例文の『天徳四年三月三十日内裏歌合』御記とを読み較べて頂けば、両者が全く同じ宮廷儀式（より正確には、宮廷遊戯と呼ぶべきであろう）のパターンであることを看破し得ると思う。『内裏歌合』には、御記につづいて「殿上日記」（当直の蔵人が書いたもの）が同じく漢文で記載されているが、こちらのほうは、いっそう『闘詩行事略記』に酷似している。

もう一つ、『内裏式《だいりしき》』巻中の「七月七日相撲式」の必要箇処を引いておこう。『内裏式』は、弘仁十二年（八二一）藤原冬嗣・良岑安世が撰した朝儀基本書である。

各当幕前北面而立即立三仗旗訖左司先奏厭舞訖大夫等着座次右司奏厭舞訖着座即 立合等各立幕北頭差西進也右司亦相対 先出

占手用四尺以下小童前一日於内裏量長短或有過四尺者当日不更令相撲以為負奏名者各坐幕南奏籌者各二人坐其後占手勝則奏乱声不奏舞最手勝則奏乱声及舞自斯之後左右互奏舞此日相撲人総二十番近衛兵衛合十七人白丁二人童一人日暮上下群臣於先拝退次乗輿還宮

（「新訂増補故実叢書」本に拠る）

こう見てくると、「歌合」の起源や発展過程はけっして単に文学上の要請によってもたらされたものではない、ということが、いまや明白である。「歌合」は、けっして単一に物合《ものあわせ》から転化したのでもなく、また、片歌の唱和→問答歌という和歌史的〝公理〟のレールを履《ふ》んだのでもないとすれば、当然、多元複雑な形成作用を経過したことが予想されねばならない。しかし、いっぽう、叙上の物合・競技（殊に相撲行事に象徴される）に共通して内在する何らかの普遍的成素《エリメント》を見いだすことは不可能かどうか。

結論のみ示すとすると、物合も競技《わざくらべ》も、すべて直輸入の中国文化であった。律令官僚機構や漢詩文だけが唐文化の影響を受け、爾余の生活システムは日本固有の伝承文化を遵守した、と見るのが従来の通念であるが、少なくとも宮廷年中行事というものは百パーセント唐風模倣に終始していたことを改めて見直さなければならない。これまで、日本文学史のうえでは、平安中期に〝国風運動〟が起こって唐風文化の影響力を顕著に弱めたと説かれてきたが、簡単にそう言い切ることは出来ないのではあるまいか。「断章取義」といって、所詮は矮小化《わいしょうか》＝歪曲化《わいきょくか》を伴う漢詩文の理解しか可能でなかった平安初期官僚知識人ではあったけれど、そういう不自然な形での受容＝再生産を続行しているうちに、かれらなりに徐々に中国的思考や大陸の文化構造に対する学習を進めて行ったことを、どうして見落としてよいものか。和歌もまた大陸的政教主義を離れては成立し得なかったことは、紀貫之の『新撰和歌集』序に「厚二人倫一成二孝敬一。上以レ風化レ下。下以レ諷刺レ上」と明記されている一事からも推察し得る。

されば、「歌合」も、一般に承認されているがごとく、私生活の中に完全に閉じこめられた和歌をば公の席上における文学に引き戻すに効果を発揮した、とみる見方よりも、ずばり、和歌そのものの性質を最大限に発揮すればいやでもこういう形をとる、とみる見方をとるほうが正しいのではないだろうか。少なくとも、宮廷文化圏の外にほっぽりだされていた律令農民の耳目には、和歌のもつ韻律や、「歌合」の席で演ぜられる舞楽（これも左方右方に分かれていた）や、その席の道具立てや装飾、などといったものは、甚だ〝バタ臭い〟文化として感受されていたはずである。すなわち、「歌合」は大陸直輸入のハイカラ文化だった、というのが、私見の骨子である。

わたくしの知るかぎり、「歌合」が中国文化の影響下に成立したことを明言した先蹤には、わずかに幸田露伴の小論「歌合」（改造社版「短歌講座・特殊研究篇」所収、昭和七年六月刊）があるのみである。露伴はつぎのように言う。

我邦の古にあつては支那の風俗好尚を学び移したことが多いので、三月三日の鶏合、五月五日の草合など、明らかに彼邦の風を学んで行はせられたことは、載籍に散見して居り、源順の和名抄にも見え、必ずしも偶合で無いことが想ひやられる。花合は明らかに闘花のまねであらう。根合は菖蒲の根を合はすのであるが、これも闘草のまねびであらう。菊合、前栽合、なでしこ合、女郎花《をみなへし》合、虫合など、寛平、康保あたり、平安朝の盛時に行はれた此等のものあはせの遊興は、一々必らずしも支那の俗を承けたのではないが、彼に本づいて此に新意を出し、太平無事の日の雅賞にかかることが行はれたのであらう。

露伴が花道前史をどう把えていたかということは詳《つまび》らかにし得ないが、その口吻から察知できることは、王朝時代の宮廷儀式＝遊芸の出自《しゅつじ》を中国文化に求めていたという点である。

長らく後世の範となったとされる前掲『天徳四年三月三十日内裏歌合』御記および殿上日記には「和歌洲浜」という室内オブジェのことが頻繁に登場する。洲浜《すはま》とは、島台、蓬萊かざりなどと同じく、宮廷儀式には欠くことの出来ない装飾の盤で、たいてい洲浜の景観を模しているのでこの名が付けられた。現存の「歌合」のなかで二番目に古い『寛平御時歌合』仮名記に検するに、「左方占手《うらて》の菊は、殿上人小立君を女につくりて、花に面を隠させて持たせたり。いま九本は、洲浜を作りて植ゑたり。その洲浜のさまは、思ひやるべし。おもしろき所々、名をつげつつ、菊には短冊《たざく》にてゆひつけたり」とあり、既にこの時期にあってさえ、「歌合」と連結した洲浜がいけばなの兄貴分として独立するには、あとほんの一歩の距離しかないという感じがする。明経論議《みょうぎょうろんぎ》（『九条年中行事』八月の条）や法華《ほっけ》八講《はっこう》が「歌合」と堅く連結する過程裡でも、わがいけばなは一本立ちを急いでいる。同時に、いわゆる〝日本的自然観〟も一本立ちを急いでいるのである。

『新撰朗詠集』の遊宴世界

『和漢朗詠集』を読んだことのある人でも、よほど特殊な事情がないかぎり、『新撰朗詠集』にまでは目を通していないと思う。日本文学辞典でも日本史辞典でも、学生用の一冊本のものは、「新撰朗詠集」の項目を収めてはいない。しかし、『新撰朗詠集』は、『和漢朗詠集』とともに、平安文学の一つの重要な側面を代表している点で軽視できないし、特に〝対句《ついく》〟として朗詠された漢詩文が戦記物などに引用され且つ再生産された点で高い価値をもっている。春夏秋冬雑の五つの部立《ぶだて》や、品題の配列や、佳句麗章抄《エクストラクション》（一章を七言二句十四字宛としている）という性格などから見ると、先蹤《せんしょう》に大江維時《これとき》（八九七〜九六三）撰『千載佳句』を仰ぎ、これに範式を見いだしていることは確実であるが、しかも、二つの朗詠集ともに漢詩・和歌を併載している点で極めて顕著に摂関時代的思考を代表したものと見ることができ、その意味からも重要な作品である。

それならば、なぜ朗詠などというものが摂関時代の絶頂期に盛んになったのであるか。これについて、ざっと知っておく必要がある。川口久雄は、「朗詠成立の地盤として、(1)摘句ということ、すなわち四六対偶の一聯を長篇の詩賦文章の中からとり出したり、律詩もしくは長篇の排律の中から佳什の一聯をぬき出す風がおこってきたこと、(2)朗詠ということ、すなわちそれらの詩句を音読もしくは訓読し、これを単に口すさみ、あるいは楽曲の伴奏のもとにふしにのせてうたう風がおこってきたこと、(3)倭漢ということ、すなわち漢詩にならべて和歌をとりあげる風がおこってきたこと、などが考えられる」（日本古典文学大系73『和漢朗詠集・梁塵秘抄』解説）と述べている。そして、(1)については『『章句を抽く』ことは、はやく中国におこり、わが国で受け伝え、漢詩文の入門学習にことに利用され、時代が下るにつれて盛行したのである。行成詩稿にも宗忠の類聚近代作文の残巻かと思われる王朝無名漢詩集にも佳聯に合点を施し、もしくは佳聯だけを律詩の中から摘出している」(同)と説明している。(2)については「朗詠の演奏について、最初は音読が多かったのが、次第に訓読に推移したのではないかと思われる形跡がある。……朗詠は儒家における『博士詩を講ずる時のせう頌の声』(文几談三)がもとだといわれるが、作文会における講師・読師の制は、仏家の講師・法師、儒家の講師・都講などと、必ずや何らかのかかわりがあろう。したがってその誦法に慈覚大師円仁以来の讃唄《さんばい》の吟調が何らか投影しているように思われる。」「がんらい朗詠とは、文選の孫綽の天台山に遊ぶ賦に『思ひを幽巌に凝《こら》し、朗《ほが》らかに長川に詠《うた》ふ』とあり、その注に、朗は清徹の義とあるように、単にさやかな声で長嘯する一般的な意味であったのが、唐代社会における唱導の流行につれて、唱導の講師が法座にのぼって説教のあいまに吟調にのせて韻文を朗誦することを朗詠というに至った」(同)と説明している。(3)については、「『倭漢』ということは、和様化の進行という天暦期社会におけるきわだった現象がうみ出した注目すべきことがらである。それまでわが宮廷の歳時の節会はもっぱら中国模倣によるものであったが、春の梅花宴、桜花宴、夏の藤花宴、ことに残菊宴などの詩宴が、曲水や重陽の節のほかに新たにおこってくる。日本列島の風土に応じた繊細な季節感覚といわば和歌的な自然観照の視覚とが日本漢文学の世界にはっきり姿をあらわしてくる。このことはまた詩題の和習化と詩歌並列の傾向をよびおこしてくる。」「漢詩だけでは、また和歌だけでは、何かさびしくものたりない、こうして漢詩における自己充足感の減退と、和歌における未成熟の意識と、こういう両方のすきま、空虚をみたすものとして、和漢をならべたてるという傾向が生れてくる。……これはすでに菅家万葉にきざしかけるが、源順のごときは道真をうけてそれをこえるところの和漢ふたつの世界に二肢かける文人の典型、彼自ら九七二(天禄三)年の詩序に『心倭漢に通ずる者』と称するに至る。このような傾向をうけついだ公任が、和漢の典型たる和漢朗詠集を編纂するのもまた自然の勢というべきであろう」（同）と説明している。さらに、川口は、家永三郎『上代倭絵全史』が提起した「和漢抄屏風」の問題を受けて、「朗詠集には当年の屏風絵の色紙形のために勘出した詩句三五首・和歌二七首が明らかに数えられること。一方朗詠集は唐人詩文二三四首・本朝詩文三五四首、計五八八首、和歌二一六首であって、二百帖和漢抄屏風のための詩歌数のスケールにほぼちかづいてくること。朗詠集の中に坤元録屏風詩を含んでいて、古今著聞集の記事を裏づけていること。時代が朗詠の成立と合うこと。二百帖屏風の色紙形は公任が書いたとあること。朗詠集の表記形式、題や作者の分注様式も色紙形の表記として考えるとなっとくできること。分類も上半部が四季月令屏風、下半部が雑部の体式であること。和漢朗詠集が倭漢抄ともよばれて題されることもあること。以上を考え合わせてゆくと、朗詠集は和漢の屏風絵の色紙形の詩歌のみに着目して集めたものという見方を次第に強めるのではなかろうか」（同）との画期的推論をおこなっている。

目のさめるような川口久雄の報告《リポート》によって、わたくしたちの朗詠ないし『和漢朗詠集』に関する知識は一段と深められた。川口は、また、朗詠の文学史的評価としては、つぎのごとく言う。「朗詠文学の性格について考えると、すでに中国社会において否定せられようとしつつあった四六駢儷の古典的な華麗文体への郷愁に貫かれ、また中国文壇においてすでに超剋せられつつあった宮廷応制への讃歌であった。すなわち古文のもつ簡潔蒼古の力強さへの意欲もなく、平明なことばの中に社会・時代を冷く見すえようという批判意識、諷諭精神もすくない。摘句という断章取義的な方法によって、漢賦のもつ長篇的骨格を崩し去り、矮小な短詩型文学への道をひらき、時のため、民のためという社会意識のかわりに麗句のもつシムメトリカルなリズム感に陶酔するという傾斜に向った。これは日本漢文学が、すでに栄光の頂点を過ぎて、頽廃期にさしかかったことを反映する。同時に律令の体系を守ろうとしながら、摂関体制を謳歌してそれをつきくずして行った藤原時代の社会を反映する。こうした性格を内包しながら、根本的に漢文学的世界と和歌的世界とを一つの地平におき、異質的なものを同化のみちにもちこんできたこと、貴族階級の独占にゆだねられていた漢文学的教養をひろく社会の各層に浸透せしめて行ったことを認めざるをえない。」「それはそれまでの極東大陸と日本列島における古典文学遺産をうけつぎ、集成しながら、自ら自身が新しい古典となった。それ以後のわが国の文学は、多かれ少かれこの和漢朗詠の詩想と詩藻とを一つのよりどころとし古典的典故とするにいたる。十二世紀王朝文化のかがやかしい精華をここにみる」（同）と。まことに公平妥当な位置づけであると思う。

摂関時代の朗詠文学（朗詠芸術と呼ぶべきかもしれない）の本質的性格について、わたくしたちは、すでに十分な把握ができた。そこで、『和漢朗詠集』に次《つ》いで編纂された『新撰朗詠集』を見てゆくことにしよう。

まず順序として、『新撰朗詠集』の撰者たる藤原基俊《ふじわらのもととし》の略伝を知っておく必要がある。

天喜四年（一〇五六）に大宮右大臣俊家の子として生まれたこの歌人は、名門に血を稟《う》け（俊家の父頼宗は御堂関白道長の二男だから、したがって基俊は道長の曽孫に当たる）ながら、従五位下右衛門佐の微官にとどまった。その原因は、才学を衒《てら》って驕慢な言動が多く、また人を容れない性格だったためという。元永一年（一一一八）の「内大臣家歌合」では源俊頼と共判し、また保安二年（一一二一）の「関白内大臣家歌合」のあとでは屢々単独で判者になっている。基俊の歌風は、保守的傾向に立ち、当時の革新派の首領である俊頼とは鋭く対立した（げんに『金葉集』は、白河法皇の院宣によって俊頼が選歌したものだが、気の毒に、そのライバルとなった基俊の作品は僅か三首しか採られていない）。基俊は、才能の質としては、豊かな創作活動に向いているというよりは、むしろ批評活動に適していた。保延四年（一一三八）八月十五日、藤原俊成に〝古今伝授〟を授けた記録があるから、後代の〝古今伝授〟の端緒を開いた点で注目される。また、歌合の判定にさいして「余情」「妖艶」「幽玄」「たけ高し」「たをやか」などの用語を使っている点で、中世歌学の先達をなしていたことも見落とされてはならない。俊頼の進歩主義が「心をさきとして」いたのに対して、この基俊の保守主義は「詞をえりて先花後実」を旨《むね》としていた。実際に、古歌を重んじ、特に藤原公任を思慕してもいた。「物毎に改まれども恋しさはまだふる年にかはらざりけり」「夏の夜の月の月ほどの手すさみに岩もる清水いくむすびしつ」「昔見し人は夢路に入りはてて月とわれとになりにけるかな」「わが宿の池の氷を鏡とて見ればあはれに老いにけるかな」などの代表歌には、残念ながら、独創性や感性の豊かさなどは全く見られず、本歌を踏まえることのみに心を奪われた（前掲の「物毎に改まれども」は、家集の劈頭に掲げた自信作だが、これは、古今の「百千鳥囀る春は物毎に改まれどもわれぞふりゆく」を本歌取りにしたものであった）形式主義＝尚古主義の弊が強く刻印されている。基俊・俊頼の両雄雙《なら》び立たなかった状況に関しては、藤岡作太郎に左のごとき名文がある。

猿は木から落ち、川だちは川で果つ、基俊は学に傲りて、屢〻学に敗れたりといへども、かれの立つるところは、もとよりその学問にあり、作家よりもむしろ学者たるにあり。かれは広く漢文学にも通じ、これを以て歌学に応用せんとしたり。俊頼はこれに反して、批評よりも創作をよくするもの、基俊これを罵つて曰く、俊頼和歌をよくすれども学問なし、才藻の枯渇するなきを得んやと。俊頼これを聞いて曰く、文時、朝綱は才学博洽、されど秀歌なし、躬恒貫之は詩名なし、されど和歌無雙なり、基俊の言は誣ひたりと。俊頼は平穏寛容の大人、基俊は褊狭傲慢の学究、されどその和歌は却つてこれに反し、俊頼は才気を弄して奇僻に趨り、基俊は古歌を尚んで雅正を主とす。その性質を問はずして、歌風の類似より比較するに、俊頼を曽丹に似たりとせば、基俊は公任を学べるなり。公任に三十六人撰、和漢朗詠集あれば、基俊に新三十六人歌仙、新撰朗詠集あり。歌学を興したるは公任にして、更にこれを盛ならしめたるは基俊なり。

（『国文学全史・平安朝篇』、第四期平安末期）

まさしく、歌学の興隆者であり〝古今伝授〟の創始者であるところが、わが藤原基俊の真面目《しんめんぼく》なのであった。されば、和歌実作が多少劣っていても仕方ないと言わねばなるまい。ところが、基俊のこのフォルマリスム的志向や尚古主義的姿勢が、一方で、歌書『新三十六人歌仙』『悦目抄』および当面の考察対象である『新撰朗詠集』を産みだすこととなった。

　明らかに、『新撰朗詠集』は、藤原公任撰『和漢朗詠集』の〝増補新版《ニュー・エディション》〟を意図したものであるが、それならば、『新撰』は『和漢』の〝二番煎じ〟もしくは〝落穂拾い〟に終始するに過ぎなかったかといえば、必ずしもそうとばかりは言い切れない。両者を比較すれば、もちろん、『和漢』のほうが佳品に富むのを当然とせねばならないが、そうかといって、『新撰』も残滓《ざんし》余瀝《よれき》ばかりを集めたのではなく、公任が目こぼししていたか、或いは惜しみながらも割愛せざるを得なかったか、兎も角も捨つるべからざる秀逸作品のうちの珠玉に値するものが、基俊の尽力によって千古に保存されることとなったのを看過し得ない。現存の朗詠譜本『朗詠要抄』（大原来迎院蔵）、『朗詠要集』（法隆寺旧蔵）、『朗詠九十首抄』（綾小路家本）所収の朗詠のなかで、『和漢朗詠集』に見えないものの大部分が、ちゃんと『新撰朗詠集』のほうに収められているのである。かならずや、『新撰』の句も、同時代の人々に愛誦され諷詠されていたにちがいない。

　その基俊が傾倒してやまなかった藤原公任（九六六～一〇四一）は、さきにも触れたとおり、『和漢朗詠集』の撰者である。藤原道長の従兄弟で、しかも同年齢の公卿歌人である。祖父に小野宮太政大臣実頼をもち、三条太政大臣頼忠を父とし、代明親王の女を母として生まれ、権大納言・正二位に陞進した。晩年、愛女を失って、憂患やむ能わず、意を決して致仕し、北山長谷の山荘に隠棲、長久二年に七十六歳で死没。別称四条大納言。学識豊かな才人であり、また多芸であった。歌論に『新撰髄脳』『和歌九品』があり、家集に『前大納言公任集』（陪侍の輯集と考えられる）があり、有職の書に『北山抄』『深窓秘抄』があり、編著に『三十六人撰』があり、書家としても名高かった。

　それならば、朗詠とは何であったか。詳述する余白はないが、それは、平安中期以降、貴族の宴会用歌謡として成立した、漢詩文の秀句を訓読して朗吟（もちろん、旋律《メロディ》やリズムを伴う）する芸能の一つである、と言ってよろしいかと思う。

平安時代の初期に神楽歌《かぐらうた》・催馬楽《さいばら》・風俗歌《ふうぞくうた》・東遊《あずまあそび》などの地方民謡が「大歌《おおうた》」として宮廷歌謡に取り入れられた、というのが定説である。そして、叙上の四歌謡とも、もともとは民間娯楽であった民謡が、律令貴族の趣尚に適《かな》うように姿を変えさせられ、また異国の音楽（朝鮮・中国・印度）に近づくように編曲されたが、なおその貴族化の過程において民衆的要素（古拙的匂い）をとどめることができた、とするのが定説である。尤《もっと》も、高野辰之の如く、その多くが外来楽曲の輸入に過ぎなかったとする厳しい見方もある。催馬楽に関して言っていることだが、高野の「曲風は全く唐楽式で、艶麗高雅は却つて唐楽をも凌ぐ程だと称せられた。一向峻厳味や崇高味は有してゐない。しかしこれが当代貴族の心情をよく示すもので、随て当代前期の声楽を代表するものと目すべきである」（『日本歌謡史』、第三編内外楽融和時代　第三章遊宴歌謡）という説は、傾聴に値する。催馬楽に限らず、平安貴族たちが楽しんだ歌謡は、外来の曲節を用いて歌詞をこれに合わせたという場合《ケース》が多いのではなかろうか。したがって、わたくしなどは、中古歌謡を以て、地方民謡の直接的な吸い上げと見る、従来の通説には疑念を抱かざるを得ない。いちどだって民衆の幸福を考えたこともない平安貴族たちが、どうして地方民謡の裡に〃生価値〃を認めたり出来ようか。王朝貴族の眼からすれば、農民などは人間扱いするに足りない存在だったのではなかったか。

催馬楽より少し遅れて、中期以降、平安貴族たちの間で、盛行を見たのが、朗詠という謡芸能なのであった。古く『万葉集』の時代に自作短歌の吟唱が行なわれていたし、平安時代に入ってからも、『土左日記』には「からうた」を声高く詠吟したという記事が見え、『宇津保物語』祭の使の巻には藤英が自作の詩文を高麗鈴をふりたてるように朗誦したという記事が見えるから、個人的には早くから好まれていた即興芸能だったと言ってよい。しかし、このような「詩之詠声」（綾小路敦有撰『郢曲相承次第《えいきょくそうじょうしだい》』）に対して、一定の楽曲に合わせてうたう一種の〃謡物《うたいもの》〃としての位置を確立せしめ、声楽曲の曲譜をさえ定めたのは、一条左大臣源雅信《まさざね》であったといわれる。雅信を元祖とする源家《げんけ》は、藤家《とうけ》とならんで、朗詠の二流と仰がれた。この二流は、朗詠の詩文について定められた曲節を〃学家〃として伝え、のちに、実際にうたわれた曲を集録した書として前述『朗詠九十首抄』などを成立させた。そして、作詩パートのほうの役割を担当したのが『和漢朗詠集』『新撰朗詠集』であった。

さて、高吟の語義をもつこの朗詠の曲風は、『郢曲抄《えいきよくしよう》』によると、「其のふり強からぬやうにして、声のかすりなく、甲乙正しく唱ふもの也。六調子の内に雙調急音に取り唱ふこと、催馬楽のふりの声にて、郢曲は強きもの也。ただゆる〳〵として長閑に、節円く、律に合ひて、篳篥の音あるとも聞えず、笛笙もそれと聞えぬやうに、合をよろしく目出度し、声を長々と使ひて、風のゆう〳〵と聞るは悪く、唯一息に声の助なく、さら〳〵と常の詞をいふ如く謡ふべし」とある。現存の朗詠は、明治になってから再興されたものだから、原形は全くとどめられていない。況《ま》してや、宮中歌会始の短歌朗詠や、巷間の詩吟塾で教える漢詩朗詠などとは全く異なるものである。本物の（即ち平安時代中・末期の）朗詠には、琵琶・笙・篳篥・笛が用いられたことは、前記『郢曲抄』によって知られるが、伴奏器一切に邪魔をさせぬようにしつつ「さら〳〵と常の詞をいふ如く謡ふ」歌唱法には、やはり相当の技術《スキル》が必要だったろうと考えられる。なんにしても、それは、富と閑暇とにふんだんに恵まれた摂関社会貴族のみが専有する芸能であった。

そこで、『新撰朗詠集』の作例に即して考える段どりに入らなければならない。——

仏　名

道場夜半ニシテ香花冷《スサマジ》。　猶ホ在リテ二灯前ノ一ニ礼《ライ》ス二仏名ニ一。白

懺《サン》二抛《ハウ》シテ業障《ゴフシヤウ》ヲ一　氷ノ消ル地。　破二却シテ無明ヲ一日ノ上ル天。良春道。

年のうちにつもれるつみはかきくらしふる白雪と共にきえなん。貫之。

ゆきつもるおのが年をば知らずして春をばあすときくぞうれしき。重之。

山　寺

石橋路上千峰月。山殿雲中半夜灯。周元範

禅定水清寒谷月。閼伽《アカ》花《バナ》老《イタリ》故園《ノ》霜。遊ニ法性寺一。四条大納言。

まてといはばいともかしこし花の山にしばしとなかん鳥のねもがな。法皇幸ニ花山一還御献歌。僧正遍昭。

仏　事

誕生七歩。花承《ケテ》ニ輻輪之跌《アナウラヲ》一。苦行六年。鳥栖《スム》ニ烏《ウ》瑟《シツ》之髻《モトドリニ》一。策文。淳茂。

雪尽氷解之日。伴ニ渓鳥《ニ》一而伝《ヘ》ニ法音《ヲ》一。月残露結《ブ》之朝。折《リテ》ニ籬花《ヲ》一而供《クウズ》ニ仏界《ニ》一。自筆法華経願文中書王

海風之吹ニ沈香一。自供《クウシ》ニ芬芳《ヲ》一。河水之汰ニ砕金一。暗《ソラニ》添ニ厳餝《ゲンショクヲ》一。聚沙為ニ仏塔一。保胤。

くらきよりくらき道にぞ入りぬべき遙かに照らせ山の端の月。従レ入ニ於冥一。泉式部。

ころもなる玉ともかけてしらざりきゑひさめてこそうれしかりけれ。赤染衛門。

ここでは、論点を〃いけばな前史〃の探究に絞り直して、考えなければならない。

作例として掲げた第一首目「道場夜半香花冷」は、白楽天の作で、除夜に仏名経を誦して礼拝しているとき、須弥壇に供えられてある香花が凍《い》てついて凄《すさま》じいくらいだったよ、の意。この香花《こうげ》は、普通に用いられているように、仏前に供える香および花と解釈しておいてよいであろう。白楽天が平安朝漢文学に与えた影響の大いさについては、改めて特記するまでもない。漢詩を創作する場合に古人の名句を参考にするための辞典ないし索引として『白氏六帖』が流布し、これが和歌に影響すると『古今和歌六帖』が産みだされるようになる。白楽天詩の享受は、平安宮廷人にとって、じつに〃美的範疇〃の開発につながっていた。

なお、ついでに付言しておきたいが、白楽天が平安王朝文学に与えた影響のほかに、とくに平安王朝の音楽＝宴遊に与えた影響の大いさにも注意しておく必要がある。金子彦二郎『平安時代文学と白氏文集 ―道真の文学研究篇第一冊―』は、「我が平安時代の宴遊に、文学作品中に、いとも頻繁に、此の琴及び詩酒の類が常用されるに至つた原因

としては、固より楽器としての琴そのものが珍奇であり、且つそれが、当時の我が国民性乃至は上流社会の屋内的生活などに相応はしきものがあつた為でもあらうが、又かの陶淵明や、殊に此の白楽天が愛好して措かなかつた楽器であり、その数多い白詩文中に、殆ど眼を蔽ふ暇もないまでに夥しく頻出してゐたことなども、あのやうな流行を促進せしめた一動因となつてゐたのではあるまいか」（第一章 白楽天評伝）と述べている。このとおりだとすると、平安貴族たちの音楽好きや酒好きは、白楽天をモデルにしたものか、白楽天をだしにしたものか、いずれにしても中国文化模倣の現象形態の一つであったということになる。そのことが、『和漢』『新撰』の両朗詠集に白楽天詩が圧倒的比率でおさめられた理由になっているのかもしれない。

さて、第六首目「閼伽花老故園霜」は、四条大納言すなわち藤原公任の作品。法性寺《ほっしょうじ》は藤原忠平の建立にかかるから、御堂関白の従兄弟である公任が、この寺を「故園」と観じたのは当然である。「閼伽花」というのは、閼伽水、閼伽棚などと同じく仏事に関係ある花の意で、仏前の供花を言ったもので、もちろん和製漢語である。該一首について、柿村重松は「法性寺の月さえた寒谷には水が清く澄み、霜おける故園には花が已に老い去つて居るとの意。故園はありし日設けられた庭園を言つたものである。此の句などは全然たる時代の産物である」（『倭漢新撰朗詠集要解』）との評解をくだしている。こういう大意の摑み方で十分なのだが、わたくしは、道長時代の供華がもはや完全に〃生花〃（いけばな）になっている証拠の一つを、この詩句のなかに認めたいと思う。「故園霜」とあるからといって、必ずしも屋外の庭土に閼伽花が活けてあったと解する必要はないであろう。法性寺の堂内に活けられた供花が老い萎《しな》えていると解してよい。肝腎なのは、「閼伽花老《イタリ》」とある表現が〃生花〃に関わるという点である。もし、この花が造花だったら、「老」いるという事象は生起しようもないからである。かくて、いけばなは、摂関社会には既に完全に一般化されていたと見て誤りないであろう。

第九首目「折《リテ》籬花《ヲ》而供《クウズ》仏界《ニ》」の作者である中書王は、『本朝文粋』巻十三所収の同じ詩の作者兼明親王をさす。

中書王には前中書王・後中書王の二者があって、後中書王は具平《ともひら》親王をいう。具平親王は、浄土教の推進者慶滋保《よししげのやす》胤《たね》を文学上の師と仰いだプリンスであるから、この詩の作者であってくれると、論を進めるうえにはまことに好都合なのだが、事実は、この作者は前中書王のほうである。この対句《ついく》は、法隆寺に伝わる朗詠であるところの、「訓伽陀」という四句から成る一偈《いちげ》の謡物《うたいもの》二首のうちの一首であり（他の一首は、『梁塵秘抄』に極楽歌として載せられた六首のうち「極楽浄土ノ東門ハ難波ノ海ニゾムカヘタル転法輪ノ西門ニ念仏スル人マヰレトテ」である）、王朝時代の仏《ぶっ》会《え》歌謡の標本となっている点でも、極めて貴重である。さて、〝いけばな前史研究〟の視点から問題になるのは、「籬花」を折って供花したという表現である。籬花は、この場合、何の花と考えるのが妥当であろうか。何の花であれ、垣根の花を手折《たお》って仏前に供花する宗教儀礼的行為の意味が浄土教と結びついて探索されるようになった一つの証拠を、この詩句のなかに見いだし得るだろう。

宮廷貴族の悠暢な文事のなかにも、いまや抑えがたい勢いで、民族信仰の因子が滲透しつつあるプロセスを、ここに見ることができる。そのこと自体に誤りはないけれど、どこやらに、漢詩文学習に倦《う》み果て飽《あ》き果てた王朝貴族たちの〝日本回帰〟の志向がうかがえるのは、なんとしたことだろう。かつてのような、なにがなんでも先進国文化を吸収して自己の血肉たらしめようとする情熱と真面目さとが、そこには、もはや殆ど認めがたくなっているのである。

そのことと深く関わっている事がらであるに相違ないと思われるが、この時代以降、王朝の知識人たちは、自己の作品のなかに白居易とか元稹とかの唐詩人の詩句を融かし込もうとする努力をおこなわないようになっている、前掲の高野辰之『日本歌謡史』は、「和漢・新撰二朗詠集の句で、朗詠された証文のあるものは、まことに稀である」として、源英明詩など九章が『枕草子』に記載され、慶滋保胤の文章など十五章が「御遊抄・玉葉・明月記・大鏡・古今著聞集・続世継・続古事談等によつて、朗詠されたことを認め得る」という事実を明かしたあと、つぎのごとき注目すべき見解を述べている。「此の他源平盛衰記・増鏡等になほ数章を出してあるが、合せても五十首には上りさうもない。さうして其の多くが七言の詩句ではなくて、邦人の作つた文章の一節で、それが対句であつたことに注意しなければならぬ。蓋し詩句よりも解し易く、且つ邦人の作だけに、其の折にしつくりと合ふ文句が多かつたのである。戦記物以下後代文学に対句の多いのは、直に典籍より得たものとばかり解せず、其の中間に朗詠が介在したことを忘れてならぬ」（第三編　内外楽融和時代、第三章　遊宴歌謡）と。わざわざ苦労して中国原典を学習するよりも、「解し易く」「其の折にしつくりと合ふ」邦人の文句（対句になっている漢文の文章）を引用するほうがうけるので、平安末期の知識人たちはこの「和漢・新撰二朗詠集」をばその目的のために使った、というのである。そうだとすると、わたくしたちは、ここにあらわれた〝日本化〟の徴候を、単純に〝民族的自覚〟などと呼んで賞めてばかりはいられないことになる。とことん追跡の航海を押し進めたはての目的港《デスティネーション》がそこに見いだされた、というのであれば、問題はない。事実は、そうではなくして、学習努力の放棄がそこに向かわせたに過ぎなかったのである。

雑草、雑木、そして雑芸

1　雑草とは何か

「雑草のように逞しい人間」という言葉がある。暑熱や寒気などはものともしない、風水害や旱魃《かんばつ》をこうむっても容易には死なぬ、栄養不良や不時の災難ぐらいはじっと黙って堪えられる、雑草のもつ生命力を彷彿《ほうふつ》せしめる或る人物の形容として屢々用いられる。しかし、たんに激しい生命力を呼び起こすだけに用いられるかというと、それは違う。旧貴族階級の御曹子だとか大金持のお嬢さんだとかが、かりに激しい生命力を賦与されているとしても、そのようなエリートに関しては、けっして「雑草のように」という形容を用いることはないのである。貧富に分ければ貧のほうの、支配・被支配に分ければ被支配のほうの、体制・反体制に分ければ反体制のほうの、人物に関してのみ用うるのである。

雑草という概念は、たとえば『広辞苑・第二版』に拠ると、「ざつ―そう《ウ・サ》【雑草】①いろいろの草。②農耕地で目的の栽培植物以外に生える草本」とある。①の定義は、たくさんの種類の草、とるに足らぬつまらぬ草、食用にも観賞用にもならぬ草、なんの役にも立たない草、というふうに砕いて説明することが可能である。②の定義は、植物学の術語を簡潔に言いあらわしくは人間社会に害を与える草、と言い替えることさえ可能である。時には、人生もしたもの。この定義をば、さらに、「植物学でいう雑草とは人間がつくり出した新しい環境に適応し、ここで繁殖する植物の一群をいう。人間がつくり出した環境のうち第一にあげられるのは田畑である。田畑は掘りおこされ、除草される。この環境に抗して生育しつづけるもののみが、周囲の自然界から入って来て、雑草として残り、農耕が始まって以来、農耕者と戦っているわけである」（東京堂版『植物の事典』）というふうに敷衍《ふえん》すれば、より適切な理解が得られるであろう。さらに、雑草は、農耕地に生える栽培植物以外の草本であるという枠をひろげていけば、道路・堤防・鉄道線路・グラウンド・飛行場・庭園などにはびこって嫌われる植物をも含む。ようするに、人間社会に伴って繁殖するのが雑草の性質である、ということになる。

ヒナゲシ（*Papaver rhoeas* L.）は、一名グビジンソウ（虞美人草）と呼ばれ、中国では、楚王項羽が自刃した跡を追って死んだ美人の虞妃の墓にいつか生えて花をひらいたのがこの草だという伝説と結びつき、古くから観賞植物として珍重された。麗春花・舞草・美人草・錦被花・賽牡丹・虞蓬蓮などの異名もある。しかるに、このヒナゲシの原産地は、ヨーロッパの中央部の原野であり、殊に麦畑のなかの雑草をさして言ったのである。属名のパパヴェルは、ラテン語でケシの意。種名のロエアスも、ラテン語で野のケシの意。その証拠に、英語辞典をひくと、"corn-poppy" "field-poppy" という見出し語が出てくる。それで、英和辞典を見ると、"corn-poppy" は、"corn-cockle"（ムギナデシコ）などとともに、わざわざ「穀物畑に生える雑草」という注釈が付記されているのに出くわす。"field-poppy" とあるのは、麦など穀物の畑のほかに、ジャガイモ畑、ビート畑などにも、やたらに生えるからである。つまり、中国では美人の形容のように取り扱われ、また、その花弁を乾したものを咳止めの薬に用いたりして珍重したヒナゲシも、ヨーロッパでは、農耕地に生えて栽培植物の邪魔をする雑草としか扱われることはなかったのである。

この実例ひとつを取って見ても、簡単にわかることだが、或る植物が雑草であるか雑草でないかを決めるのは、まったく、人間社会の尺度に照らしてそうするのである。より正確にいえば、特定の状況＝条件にある特定の人間集団が、これとこれは有用植物に属し、あれとあれは雑草に入る、というふうに決定しただけの処置である。生活個体としての植物そのものが善悪・有用有害・美醜などの価値範疇に関わるなど、はじめからあり得ることではない。そういった価値範疇は、身勝手な人間のがわから、人間以外の生物を見たときに設定した観念であるに過ぎぬ。

名著と謳《うた》われている三好学『人生植物学』の第二篇第十一章に、「有用植物概説」という記述がある。有用植物として、①食用植物（穀類・豆類・薯類・野菜類・食用隠花植物・食用菌類・食用果実および食用種子）②嗜好品料植物（砂糖・茶・珈琲・カカオ・煙草・薬味植物・アルコール性飲料・乳酸菌）③薬用植物（阿片・キニーネ・コカイン・ヂキタリス・朝鮮人参など）④脂肪植物（日本産の菜種油・椿油・胡麻油・地中海産のオリーヴ油・熱帯産のコヤシ油その他）⑤澱粉植物（葛粉・蕨粉・マニオク・サゴヤシなど）⑥樹膠植物（ゴム・グッタペルカ）⑦樹膠性樹脂植物（漆）⑧樹脂植物（松・杉・樅・唐檜など主に針葉樹から採るやに）⑨香竄性樹脂植物（樟脳・竜脳など）⑩香料植物（香水および香油の原料になる植物）⑪繊維植物（糸・紐・縄・織物の原料となる靭皮繊維および木質繊維）⑫製紙原料（靭皮繊維で作られる和紙系統と、木質繊維を化学的に処理して製するパルプ系統とに大別される）⑬綿（種子毛から紡績用材料を採る）⑭木材（建築用または器具製造用材料となる）⑮竹材⑯コルク⑰染料植物（植物性色素）⑱単寧（麩子《ふし》の粉）⑲雑用植物（ボタンにする象牙椰子、鳥黐を作るモチノキ、防水用に供されるコンニャクの地下茎マナン、夏帽子の材質に用いられるパナマソウ、籐《とう》細工に使うヤシ、畳表にする藺《いぐさ》などなど）⑳牧草緑肥（家畜・牧畜の飼料）㉑観賞植物（花や葉や樹容が美しいために庭園に植えられるものすべてを言う）㉒芝生㉓並木㉔盆栽、等々《とうとう》を列記している。けっきょく、人生（人間社会）に利用できるものが「有用植物」の資格にぴたり適合し、そうでないものが不適格の処遇を受けているのである。

ところが、かつては有用植物の仲間に数えられたものでも、最近の石油化学工業の発達により、従前の地位を奪われる傾向がげんに現出してしまった。建材にしても薬品にしても接着剤にしても、繊維にしても染料にしても香料にしても、以前のごとく植物のみに頼る時代は去ってしまった。そうなると、有用植物たちまち無用植物に転落す、という事態さえ起こりかねない。

このように、雑草という概念も、有用植物の概念も、人生（人間社会）のがわの視点に立って勝手に取り決めた価値規準の、ひとつのヴァリエーションに過ぎないことは、いまや明白である。およそ、正しかるべき認識の行為は、認識主体と認識対象とが一対をなす〈関係〉の把握を欠如してはならない。原子物理学の認識理論は、実験体系の部分をなす、という正しい真理のうえにうち立てられた。むずかしいことに深入りする必要はないが、古い学問体系に関して、どうしても避け得られぬ〈相対性〉を見抜くだけの鋭敏な歴史感覚はわれわれも持たなければならないと思う。当面の課題に引き付けていえば、少なくとも、雑草とか有用植物とかの概念が極めて〃相対的〃な規定に過ぎなかったことを見抜くべきである。

早い話が、いまは悪魔のように嫌われるブタクサでも、もしあの草本から〃不老長寿〃の特効薬が採れるということにでもなったとしたら、それこそ先ごろ大流行を極めた紅茶キノコよろしく、どこの家庭でも栽培を始めるのではあるまいか。もちろん、これはあくまで仮定としての話であり、げんにブタクサの人畜に与える毒性については医学的にも立証されているのであるから、ブタクサ・ブームなど起こり得ようもない。ただ、ブタクサが雑草であり有毒植物であるという決定の仕方は、それ自身、相対的なものに過ぎない、ということのみは銘記しておきたい。地球上の全生物ちゅう最もエゴイストである人類こそ、全生物のがわより見れば、最大に有害であり無用の動物であるはずだ、ということも銘記しておきたい。

2 「雑」という考え方

雑草の概念を追尋していくうちに、それが〈相対的〉な取り決めに従っているということに気付かされた。〈絶対的〉な雑草などというものは、論理的にいっても事実関係からみても、絶対にあり得ない。人間社会との関係で、或る特別な植物が、この概念のなかに叩き込まれたに過ぎない。

つぎに、「雑」という漢字と結合してできている熟語の幾つかを調べてみよう。――

○雑木

ぞう―き：ザフ【雑木】良材とならぬ種々の樹木。薪材などにする木。ぞうぼく。「―林」

（『広辞苑・第二版』）

ざつ―ぼく【雑木】名もないつまらぬ木。ぞうき。

【雑木】195 ザツボク ザフキ 種々入りまじつた木。取りまぜて薪とするやうな木。諸木。〔礼、喪服大記〕士雑木槨。〔後漢書、楊震伝〕以㆓雑木㆒為㆑棺。〔宋史、李昭遘伝〕桂林之下無㆓雑木㆒、非㆓虚言㆒也。

（『諸橋・大漢和辞典』）

『広辞苑』の定義で十分だとは思うが、反対語とされている「良材」を引くと、「①よい建築材料。②よい人材。すぐれた人物」とあるから、「ぞうき」とよむ場合、建築材料にならぬやくざな樹木の意が強いのであろうか。「ざつぼく」とよむ場合には、反対語は「名木」となり、その項目を引くと、「①由緒などがあって名高い木。すぐれた木。②非常にすぐれた香木。伽羅(きゃら)の異称」とある。つまり、由緒もない無名の樹木、また、伽羅以外の凡庸な香木が「ざつぼく」の仲間に入れられることになる。

『諸橋大漢和』のほうは、漢字の音よみ訓よみの区別なしに、いろんな種類の混ざった木、どうせ薪材にするしか用途のない木、という意味を与えている。ここで、特に注意すべきは、『礼記』『後漢書』の引例で、ともに、王侯貴族ならざる士の身分の者の槨（そとがん）棺（かん）には名木を使ってはならない、という葬礼上の禁令を明かしている。

そうなると、「雑木」という概念もまた、ある特定の木に対する〈相対的〉な取り決めにもとづいていることが、明白である。

○雑穀

ざっ―こく【雑穀】①米・麦以外の穀類。②豆・蕎麦（そば）・胡麻などの特称。ざこく。

【雑穀】70 ザッコク諸種の穀物。〔和漢三才図会、庖厨具・鑵子〕炊二米及雑穀一名レ釜。

○雑文

ざつ―ぶん【雑文】専門的でない、かるい文章。多く卑しめていう。

【雑文】191 ザツブン諸種の文体の文章。〔唐書、選挙志〕進士試二雑文二篇一通二文律一者、然後試レ策。

○雑史

【雑史】89 ザツシ史書の一体。正史・編年・紀事本末の諸体に属しない通史、又は一家の私記。国語・国策の如く、大抵一事の始末を具し、一代の全篇にあらず、或は僅に一時の見聞を述べ、一家の私記たるものをいふ。〔隋書、経国志〕自三秦撥二去古文一、篇籍遺散、漢初得二戦国策一、蓋戦国遊士記二其策謀一、其後陸賈作……

○雑舞

【雑舞】188 ザツブ舞曲の名。宴会に用ひるもの。〔楽府詩集〕自レ漢以後、楽舞寖盛、有二雅舞一、有二雑舞一、雅舞用二之郊廟朝饗一、雑舞用二之宴会一。雑舞者、公莫・巴渝・槃舞・鞞舞・鐸舞・払舞・白紵之類是也。始皆出レ自二方俗一、後寖陳二於殿庭一、蓋自レ周有二縵楽・散楽一、秦漢因レ之増広、宴会所レ奏、率非二雅舞一、漢・魏已後、竝以二鞞・鐸・巾・払四舞一用二之宴饗一、宋明帝時又有二西傖羌胡雑舞一。

○雑伎・雑技

ざつ―ぎ【雑伎・雑技】①雑多な伎芸。②民間で行われる伎芸。③中国で、奇術・軽業の類を演ずるもの。曲技。

【雑伎】28 ザツギいろいろなげい。〔福恵全書、典礼部、迎春〕宜下盛設二雑伎一使中庶民歓楽上。

【雑技】29 ザツギ①さまざまのわざ。各種の遊戯の技術。〔晋書、成帝紀〕咸康七年冬、除二楽府雑技一。〔唐書、穆宗紀〕長慶元年二月、観二神策諸軍雑技一。〔唐書、百官志〕開元二年、京都置二左右教坊一、掌二俳優雑技一。②つまらぬ技芸。
○雑芸
ざつ—げい【雑芸】①雑多の芸能。②雑体の歌謡。③↓ぞうげい。
ぞう—げい：【雑《ザフ》芸】平安末期に新たに起り、鎌倉期まで流行した種々の歌謡の総称。民間から出たもので、古典的・貴族的な在来の音楽・歌舞に対してこう呼ばれた。神歌（かみうた）・法文歌（ほうもんうた）・裟羅林（しゃらりん）・今様・古柳（こやなぎ）など。広義には、猿楽・曲芸の類を含むというが、一般には、演芸的要素を除き、今様を中心とした歌謡群だけをさす。「梁塵秘抄」などに集録。ざつげい。
【雑芸】56《ザツゲイ》①いろいろのわざ。〔南史、張興泰伝〕興泰負レ弩射レ雉、恣情閑放、声伎雑芸頗多ニ開解一。〔乾淳歳時記〕趙忠恵守レ呉日、嘗命製ニ春雨堂五大閒一、左為ニ汀京御楼一、右為ニ武林燈市一、歌舞雑芸、纖悉曲尽。〔蘇軾、弔ニ李台卿一詩〕縦横通ニ雑芸一、甚博且知レ要。②顔氏家訓の篇名。

「雑穀」は、米麦という第一の穀物に較べて見劣りするまずい主食のこと。「雑文」は、専門的でない安っぽい文章のこと。「雑史」は、正史に属さない通史のこと。「雑舞」は、雅舞に非ざる方俗の舞のこと。「雑伎」「雑技」は、庶民娯楽の諸形態。「雑芸」も、同じく、貴族的・古典的ならざる音楽歌舞の諸形態。

けっきょく、「雑」なになにという熟語は、正統とか、高貴とか、中央（都）とかに真っ向うから対立する要素から成り立っている。もっとはっきり言えば、専制的官僚支配者の眼より見て、支配者と異なる要素、支配者から遠い要素、支配者にとって快からざる要素でできている。そうでない場合には、支配者の勢力範囲に新たに混入してきた無力な異分子（異民族）という要素を含んでいる。

もともと、「雑」という形声文字は、衣と集との合字で、『説文』が「雑、五菜相合也。从レ衣集声」と説いているとおり、本義は五采（各種の色）の相合したる衣服。ここから転じて、およそ物の相まじわる義が生じた。『諸橋大漢和』の字義をみると、「①まじる。まじはる。②まじへる。まぜる。③あふ。あはせる。④あつめる。あつまる。⑤とも。ともに。⑥みな。⑦めぐる。めぐり。⑧にはか。⑨おほい。もろもろ。⑩あらい。⑪いやしい。ひくい。⑫あまる。むだ。⑬わき。かたはら。⑭うがつ。⑮もっとも。⑯こものに扮する役者。⑰詩の一体」などが列記されてある。もちろん、これらの字義は、ひとつひとつ歴史的時間の経過のなかで成立したものであるから、尊重するのが正しい。しかし、他方、現在のわたくしたちがこの字を見て感じ取る〝感じ方〟を大切にする態度も、同じように正しい。わたくしたちには、「雑」の一字、あるいは「雑」なになにという熟語が、誰か強大な権力の持ちぬしの無辜無名の弱者に対する一方的な蔑視感＝差別観を表象しているように思えてならないのである。

いったい、言語の諸事実は、通時的 diachronique な連系と、共時的 synchronique な連系と、この二つの基軸の交わりとして把らえることができる。通時性とは、時間を経過していきながら変化したり変化しなかったりする現象を言い、多くの場合、音声学的法則に従って起こる事実と考えられる。共時性とは、時点ごとに形成されていく言語が同時的に組織している一つの状態を言い、この場合、規定された一つの言語に対応している特別の系が必ず存在する。言語的諸事実は、したがって、共時的なものと通時的なものとへ集約されるはずである。そして、共時的現象は、通時的現象によって条件づけられているが、ただし通時的現象から創出されるのではなく、たかだか部分的に一結果を示すにすぎない。かえって、共時的現象は、それ自体、完璧に独立した一つの系に属している。わかり易く言い直せば、言語の諸記号は、先行しているもののなかではなしに、共存しているもののなかでこそ、それらに決定的な価値をもつ。すなわち、共時的法則（どのような言語学的単位も一つの関係を表現しており、諸単位を画定するのは音に非ずして思考である、という法則）が、共時的分域において、厳然と存在する。たしかに、語源だとか、言語の発生状態だとかは必要な研究分野であるけれど、われわれが言葉を使うとき、そのような知識をいちいち踏まえて話したり書いたりしているのではない。「共時的分域においては、表意的物象のたぐいしか存在することができないのである。存在するものとは、感知されるものである。感知されないものは、文法学者のあるつくりごとにすぎない」（山内貴美夫訳『ソシュール言語学序説』、第十章共時的分域における分割）。

わたくしたちは、いまこそ現実感覚を研ぎ澄まし、「雑」という考え方のなかに、深い問題点が潜んでいたことを見抜くべきである。

3　いけばなは「雑芸」として出発した

視点を、いけばなに移して考えてみる。

さきほど「雑芸」についての知識を得ておいたが、しからば、いけばなは、強者・権力者・支配者から見て、「雑芸」に属していたのか、それとも、非雑芸＝雅芸に属していたのか、どちらであったのだろう。また、現代のわたくしたちは、そのどちらであったと考えることによって、いけばなの未来に多くの可能性を付与し得るのだろう。この問いは、じつは重大である。

前掲『広辞苑・第二版』が明確に示すごとく、「雑芸」というとき、広義狭義二様の定義がある。狭義は歌謡史の専門家が用いる術語であって、平安時代末期の今様《いまよう》を中心とする新興歌謡群をさす。『拾芥抄《しゅうがいしょう》』上の風俗《ふぞく》部第三十三在二雑芸一をみると、「東遊《アヅマアソビ》　朗詠《ラウエイ》　今様《イマヤウ》　古柳《コヤナギ》　田歌《タウタ》　沙羅林《サラリン》　早歌《ハヤウタ》　片下《カタオロシ》　物様《モノヤウ》」が挙げられている。院政期に都で流行した雑多な歌謡であったろうが、これらが遊女《あそびめ》・傀儡《くぐつ》を通じて地方に伝播された。後白河法皇が撰した『梁塵秘抄』は、そのころ既に廃《すた》れかかっていた雑芸の歌詞を記録した点で、文化史的に大きな功績を残したと言える。これに先行して「雑芸集」なるアンソロジーのあったことが、右『梁塵秘抄』の口伝集にも、『源平盛衰記』巻十七にも記載されているが、現存しない。ようするに、狭義での雑芸とは、平安朝末期（正しくは中期以後）に貴族間および民衆レベルにおいて親しまれたモダーンな（当時としては）謡《うた》いものの総称と考えてよい。

広義における「雑芸」は、平安末期におこなわれた民間芸能の全部をさし、催馬楽・朗詠を含む郢曲《えいきょく》などの音楽、散楽《さんがく》とよばれるアクロバット、奇術、さらには諸種のダンスなどをひっくるめての総称と考えてよい。『歌舞品目』に「古くは、散楽百戯の事をも雑芸と称せしことあり」と見えるごとく、順序からいうと、元来は、この広義に用いられている諸種のスペクタクルやミュージカルの呼称こそ「雑芸」だったものが、のちに、歌謡上の術語のみに局限されて用いられるに至り、狭義の「雑芸」の用法が固定したのである。ふつう、広義と狭義との二つがあると、広義のほうは、たいてい後代になって意義＝概念を拡大敷衍したものと相場は決まっているが、「雑芸」に限ってはこの順序は逆である。すなわち、元来は中国大陸から伝来した雑伎《ざつぎ》（雑技《ざつぎ》・雑戯《ざつぎ》）にほかならぬ雑芸《ぞうげい》が、しだいに日本化され、民間芸能化されていく過程において、歌謡のジャンルのみに特殊化＝分化が成立し、民間歌謡に関してのみに「雑芸」の名が用いられるようになった。

では、「郢曲」とは何であったか。郢は、中国の春秋時代の楚の都。郢曲は、淫靡な土地でうたわれる歌曲の義である。この語が、そのまま、日本で用いられたのは、律令国家成立期に輸入された中国の「雅楽」にわざわざ対立させて、民間歌謡・俗謡という意味を持たせたからである。「散楽」も、中国から伝来された軽業・曲芸の類で、同じく雅楽に対立する余興的演芸として扱われた。種目として唐術《とうしつ》・透撞《とうてき》・走索《そうさく》・品玉《しなたま》・刀玉・輪鼓《りゅうこ》・独楽・一足・高足などがあり、これらは田楽法師や放下師の演ずる主要レパートリーであった。こういうアクロバットが、やがて、中世の能楽・能狂言を導きだすところに、日本人の芸術的才能の素晴しさが証される。

さて、これら雑芸の担い手は、政治支配の網の目の外に生存したアウトサイダーたちであった。謂うならば、「雑《ぞう》なるひとびと」であった。室町時代に入って、「雑《ぞう》なるひとびと」は、王朝文化および中国文物に激しい憧憬を抱く足利将軍に迎えられて、同朋衆《どうぼうしゅう》の名のもとに、やっとライトを浴びはじめる。そして、同朋衆のレパートリーの一つとして「たてばな」の技術が独り歩きを開始するのである。そして、それを追っ駆けて「立花《りっか》」が疾走を開始する。

そうなると、いけばなは、あくまで「雑芸」の系統を引くとしか他に考えようがない。茶道にしても、能にしても、「雑芸」の範疇に入るものとして生まれ、時代のなかで発達を遂げた。和歌のように、貴族階級知識人がもっぱら独占して秘伝化＝神秘化し、爾余の大多数者の眼に触れさせないようにした芸術形式と比較すれば、おのずから差異は明らかであろう。

「雑芸」の特質は、もと中国起源の芸能であること、それ自身が極めて可視的明晰性を持っていること、だれもが感覚をとおしてたのしみ得ること、あくまでも解放的であること、政治権力の及ばぬ自由の天地に遊び得ること、つねに時代＝社会と密接な関係を保ちながら発展しつづけること、などなどに収約できよう。とりわけ大切なことは、支配者のがわから見て「雑芸」であったものも、被支配者のほうから見れば非雑芸＝雅芸にほかならなかった点である。

天文時代・桃山時代になると、「雑」なる階級が、物質レベルでも精神レベルでも、急激な台頭をみせた。むしろ「雑」なる人間であることに誇りを持ったひとびとの手によって、歴史は動かされたのである。いけばなは、「雑」の弁証法を実践するかぎり、今後も、洋々たる未来をもつはずである。なぜならば、そこには没落（貴族階級、ついで武士階級が味わわされたような、あの没落）は無いからである。

『今昔物語集』に見る〝日本化の過程〟

『今昔物語集』(ふつう『今昔物語』と呼び慣らわされているが、もちろん誤用=俗用の名称である)は、三十一巻(但し第八・第十一・第廿一の三巻は散佚して今に伝わらない)から成る説話集である。巻第一から第五までが天竺《てんじく》(印度)の部、巻第六から第十までが震旦《しんたん》(中国)の部、巻第十一以下が本朝(日本)の部というように地域的に三大別され、さらに、本朝の部は〝仏法篇〟と〝世俗雑事篇〟とに分類され、各巻がおおむね同類の説話を以て編成されるように類聚的工夫が加えられてある。今日《こんにち》のわれわれが読んで面白いのは、巻第廿二からあとの説話群で、藤氏列伝・強力譚・芸能諸道譚・合戦武勇譚・宿報譚・霊鬼譚・滑稽譚・悪行盗賊譚・人情譚・雑事雑報譚の十巻がつづく。芥川龍之介が「三面記事のヤウダ」と言ったというあの有名な批評は、まことに適切である。王朝文化の最盛期には決して表面にあらわれることのなかった荒っぽい社会現実が、新しい時代を語るにふさわしい男性的でぽきぽきした文体によって、写実的に描かれている。

『今昔物語集』の編者および成立年代については未決定である。『今昔物語集』と姉妹関係にある鎌倉期の説話集『宇治拾遺物語』の序文に伝える伝説に基づいて、古来、源隆国の存在がクローズ・アップされており、名だけが伝わって内容の明らかでない〝まぼろし〟の説話集「宇治大納言物語」を種本《たねほん》にして誰か後人が増補したものであろうとする説をとるのが一般的である。その他、隆国の子鳥羽僧正覚猷《かくゆう》、忠尋僧正、源俊頼とする説や、院政期に台頭した藤原氏の一派とする説や、大寺に所属する無名の書記僧とする説も有力である。源隆国がなんらかの関係をもつとする見解は容易に崩れそうもないが、それでもなお「宇治大納言物語」を即《そく》『宇治拾遺物語』とする説もあって、いざとなると決め手がなかなか摑み難い。目下のところは、和漢の学に造詣を持ち仏教にも深い学識を有する貴族もしくは僧侶の手に成る、という漠然たる考え方を採るのが最も客観的であり、成立年代も十一世紀後半から十二世紀初頭というくらいに大雑把《おおざっぱ》に比定しておくのが最も妥当であろう。

なにしろ面白さから言って抜群の文学作品であり、素材や内容の面から見てもあらゆる階層の生活現実や思考や民俗を網羅しているので、本気になって突っ込んでゆけば、いわゆる〃問題点〃は無尽蔵に掘り出されることになる。『今昔物語集』を産みだした政治文化的土壌は、藤原氏の摂関政治体制に取って替わって、白河上皇が院庁《いんのちょう》を設けて独裁政治《デスポティズム》を開始した「院政《いんせい》」体制の時代に入っているが、しかし、武士階級を積極的に登用したという差があるだけで依然として貴族政権がつづいていた、というに過ぎなかった。だが、経済的土台をみると、この院政期には武士および農民が成長し、国家権力との矛盾がいよいよ激しくなっていた。既にして武士（豪族）および富農は、封建領主階級ないし農奴主《のうどしゅ》階級へとのし上がりつつあった。平安時代をつうじて生産技術の進歩はめざましく、奈良時代に絶頂を極めた奴隷制生産方法は、古代国家（律令体制）の崩壊とともに、いまや封建制生産方法に席をゆずらざるを得なくなっていた。そこで、農民たちは、もはや奴隷のように逃亡しなくなった代わりに、農奴すなわち「下人《げにん》」として、豪族の手もとにひきとめられて労働地代をおさめる、新たなる〃生産関係〃に入ったのである。芥川龍之介がリライトしたことで有名になった「芋粥」の原作である『今昔物語集』巻第廿六「利仁ノ将軍若カリシ時京ヨリ敦賀ヘ五位ヲ将《ヰ》テ行キシ語第十七」を見ると、五位を敦賀なる舅有仁の邸にひっぱって行って芋粥を鱈腹食わせようとした藤原利仁の悪ふざけの計画を叙した条《くだり》に、「男ノ叫テ云様《イフヤウ》、『此辺《コノホトリ》ノ下人《ゲニン》承ハレ。明旦《アクルアシタ》ノ卯ノ時ニ、切口三寸。長サ五尺ノ薯蕷《ヤマノイモ》、各一筋ヅツ持参《モチマキ》レ』ト云也《イフナリ》ケリ。『奇異《アサマシ》クモ云哉《イフカナ》』ト聞テ、寝入ヌ。未ダ暁《アケヌ》ニ聞《キケ》バ、庭ニ莚敷ク音ス。『何態為《ナニワザスル》ニカ有《アラ》ム』ト聞《キク》ニ、夜明テ蔀《シトミ》上タルニ見レバ、長莚ヲゾ四五枚敷《シキ》タル。『何ノ料《レウ》ニカ有《アラ》ム』ト思フ程ニ、下衆《ゲスノ》男ノ、木ノ様《ヤウ》ナル物ヲ一筋打置《ウチオキ》テ去《サリ》ヌ。其後《ソノノチ》、打次《ウチツヅ》キ持来《モチキタリ》ツツ置《オク》ヲ見レバ、実《マコト》ニ口三四寸許ノ薯蕷《ヤマノイモ》ノ、長サ五六尺許《バカリ》ナルヲ持来テ置《オク》。巳時《ミノトキ》マデ置《オキ》ケレバ、居タル屋許《バカリ》ニ置積《オキツミ》ツ。夜前叫ビシハ、早フ、其辺《ソノホトリ》ニ有《アル》下人《ゲニン》ノ限リニ、物云ヒ聞《キカ》スル人呼《ヒトヨビ》ノ岳《ヲカ》トテ有墓《アルツカ》ノ上ニシテ、云也《イフナリ》ケリ。只、其音《ソノコエ》ノ及ブ限《カギリ》ノ下人共《ゲニンドモ》ノ持来《モチキタ》ルダニ、然許《サバカリ》多カリ。何況《イカニイハ》ムヤ、去タル従者共《トモノモノドモ》ノ多サ可思遣《オモヒヤルベシ》」とあり、これから推すと、豪族の館の周辺には「其音《ソノコエ》ノ及ブ限《カギリ》ノ下人共《ゲニンドモ》」が小屋住まいして耕作労働に従事していたのではなかったかと考えられる。このように、『今昔物語集』を史料に仰ぐとき、封建社会初期の領主（地主）による農民への搾取の状況が、かなりの程度まで明らかにされる。そして、事実の問題として、地方の武士や名主《みょうしゅ》（名田《みょうでん》の所有者）や下人《げにん》の生活があからさまに描かれている箇処が、この作品の最も精彩ある部分にもなっている。

　けっきょく、わが『今昔物語集』の面白さは、大きな時代的転換に直面して逞しく生《い》き畢《おお》せた人間の群像が発射する〝野性的〟なエネルギーに触れることに在る、ということになろうか。

　ただ、そうなると、『今昔物語集』は、〝説話文学〟の範疇の外で把らえられるのが穏当ではないかと考えられてくる。狭義の〝説話〟は、伝説において時代・人物が限定されないのに対し、時代・人物を固有名詞で語るところに特徴《メルクマール》を示す。被支配層レベルの個人が、ようやく自己存在を他者に認めさせることのできる時代に来たことを証《あか》すのである。『今昔物語集』は、千篇余にのぼる各説話の冒頭がすべて「今ハ昔」で始まり、その末尾がすべて「トナム語リ伝ヘタルトヤ」で終わっており、この点では明らかに昔話や説話文学に固有の Pattern《パターン》 を踏襲していると見ることができる。それにもかかわらず、わたくしたちは、『今昔物語集』を読んで、いささかも伝承的世界の物懐《ものなつか》しさや郷愁《ハイムヴェー》を感ずることがない。これは、一体、どういう理由に拠るのであろうか。

　げんに、『今昔物語集』を以て〝説話文学〟扱いしない論者も多数ある。たとえば、長野嘗一は「この今昔物語集に限つて、たんに『説話文学』とのみは言ひ切れない複雑な性格をもつてゐる。むしろ端的に『短篇小説』と呼んだ方がよいと思はれる傑作があまた存在する」（至文堂版『日本文学史・中古』、後期第四章説話文学）と述べている。長野は、また、『今昔物語集』が作者の個人的才能や創作力に負う処が大きかったという見方をとり、「説話文学がその背後に民間伝承を背負つてゐるといふことは、著しい社会現象として歴史の上には特記すべきことがらであるが、それだけで文学的に傑れてゐる、とはいひかねる。地蔵信仰や往生思想は、当時の民衆に相当広く深い共感を得、その実例を具体的につたへる説話には、民衆の広く強い協力があつたにかかはらず、地蔵菩薩霊験記や日本往生極楽記、今昔物語集巻十五に載せる往生譚の大部分は、文学的に傑出してゐるとはいひがたい」（同）とも述べている。これをもって代表せられるように、一般に、『今昔物語集』の「本朝付仏法」は〝仏教説話〟（多くは他書からの抜き書き的な翻訳である）なるがゆえに文学的につまらなく、反対に「本朝付世俗」は、作者の才能によって駆使せられた〝現実直視〟もしくは〝リアリズム〟の技倆の冴えあるが故に面白く且つ永遠に新しい文学たり得ている、とする評価がとおり相場になっている。

しかし、それならば、「付仏法」すなわち〝仏教説話〟のほうは全く無価値なのかといえば、そんなことは決してない。

細かい論証のための余白の無いのを遺憾とするが、結論的なことを示すとすれば、〝仏教説話〟が『今昔物語集』の大半を占めるがゆえに（数量的に母体を成すがゆえに）、そこから脱《ぬ》けださずにはいられなかった〝世俗説話〟はみずからの体内に激烈なエネルギーを帯びねばならなかったのであり、そのエネルギーが今日の読者の魂をとらえて離さないのである。もしかりに〝仏教説話〟の部分が書かれてなかったとしたら、『今昔物語集』の作者は、みずから進んで〝世俗説話〟を書き継ぐ情熱を抱いたかどうか、はなはだ疑問に思われる。その意味では、〝仏教説話〟は「反面教師」の役割を担《にな》ったとさえ断じてよいのではないか。ばかばかしい霊験ものがたりを、作者は、飽きもせずこれでもかこれでもかというふうに克明に翻案しつづけ、時代的趣尚に合《がつ》するようにリアルな筆致で翻訳しつづけているうちに、突如、あるとき、みずからの創造的行為に展開をもたらすべき活路を発見したのではなかったか。

おそらく、『今昔物語集』の作者は、みずからの創作活動を開始した当初の段階では〝仏教説話〟を書くのに情熱を注いだと想像される。すでに「付仏法」の諸説話において、『今昔物語集』作者の文学的美質は可成りの程度まで発揮されているのである。具体的に、巻第十五第五十一話に就いて考えてみよう。

伊勢ノ国ノ飯高ノ郡ノ老《イタル》媼、往生語《セルコト》 第五十一

今ハ昔、伊勢ノ国、飯高《イヒダカ》ノ郡、□ノ郷《サト》ニ一人ノ老《オイ》タル媼有《オウナアリ》ケリ。道心有《アリ》テ、月ノ上《カミノ》十五日ニハ仏事ヲ修《シユ》シテ、下《シモノ》十五日ニハ世路《セロ》ヲ営ミケリ。其ノ仏事ヲ勤《ツトメ》ケル様《ヤウ》ニ、常に香《カウ》ヲ買《カヒ》キ、其ノ郡ノ内ノ諸《モロモロ》ノ寺ニ持参《モチマヰリ》テ、仏ニ供《ク》養《ヤウ》シ奉《タテマツリ》ケリ。亦、春秋ニ随《シタガヒ》テ、野ニ出デ山ニ行《ユキ》テ、時ノ花ヲ折《ヲリ》テ、其ノ香《カウ》ニ加ヘテ、仏ニ供養シ奉ケリ。亦、米《ヨネ》・塩、及ビ菓子《コノミ》・雑菜《クサグサノクサビラ》等ヲ調《トトノ》ヘテ、其ノ郡ノ内ノ諸ノ僧ニ供養シケリ。

此如《カクノゴト》キ三宝ヲ供養スル事、常ノ事トシテ、懃《ネムゴロ》ニ極楽ニ往生《ワウジヤウ》セムト願《ネガヒ》テ、数《アマタ》ノ年ヲ経《ヘタ》ル間、此ノ媼《オウナ》、忽ニ身ニ病ヲ受《ウケ》テ、日来《ヒゴロ》、悩ミ煩ヒケル間、子孫ヲ初メトシテ家ノ従《トモ》等、皆、此ヲ歎キ、飲食《オンジキ》ヲ勧メ病ヲ扶《タス》ケムト為《ス》ルニ、媼、俄ニ起居《オキヰ》ヌ、本《モト》、着タリツル所ノ衣ハ自然《オノヅカ》ラ脱落《トケオチ》ヌ。看病ノ者、此レヲ怪《アヤシ》ムデ見レバ、媼、右ノ手ニ一《イチ》葉《エフ》ノ蓮花《レングエ》ヲ持タリ。葩《ハナヒラ》ノ広サ、七八寸許《バカリ》ニシテ、光リ鮮《アザ》ヤカニ、色微妙《メデタ》クシテ香《カ》馥《カウ》バシキ事无限《カギリナ》シ、更ニ此ノ世ノ花ト不見《ミ》エヌ。看病ノ輩《トモガラ》、此レヲ見テ、「奇異也」ト思《オモヒ》テ、病者《ヤメル》ニ問《トヒ》テ云《イハ》ク、「其ノ持《モチ》給ヘル花ハ何《イド》コニ有《アリ》ツル花ゾ、亦、諸人ノ持来テ与ヘタルゾ」ト。病者《ヤメル》答《コタヘ》テ云《イハ》ク、「此ノ花ハ、輙《タヤス》ク、人持来《モチキタリ》テ得サスル花ニモ非ズ、只、我レヲ迎フル人ノ持来《モチキタリ》テ与ヘタル也」ト。此レヲ聞ク看病ノ輩、「奇異也」ト思《オモヒ》テ貴ブ間、病者、居乍《キナガ》ラ失《ウセ》ニケリ。此レヲ見聞ク人、「疑ヒ无キ、極楽ノ迎ヘヲ得タル人也」ト云テ、悲ビ貴ビケリ。

此レヲ思フニ、本《モト》、着タリケル衣ノ自然《オノヅカ》ラ脱落《トケオチ》ケム、心《ココロ》不得《エ》ヌ事也。「主《アルジ》ノ極楽ニ往生スルニ依《ヨリ》テ、汙穢《ワエ》ノ衣ナレバ、脱落《トケオツ》ルナリ」トゾ人疑ヒケル。亦、「自然ニ、蓮花出来《レングエイデキタリ》テ、手ニ取ル事ハ、媼ヲ迎フル極楽ノ聖衆ノ持

来テ与ヘ給《タマヒ》ケル也」ト空《ソラ》ニ人知《シリ》ヌ。其レヲ、凡夫ノ肉眼《ニクゲン》ニハ不見《ミエ》ザル也。嫗ハ可往生《ワウジャウスベ》キ時至《イタリ》テ、肉眼《ニクゲン》ニ非《アラ》ズシテ、慥《タシカ》ニ見テ告《ツゲ》ケル也。

其ノ花、其ノ後《ノチ》、何《イカ》ガ有《アリ》ケム、有无《アリナシ》ヲ不知《シラズ》、定《サダメ》テ失《ウセ》ニケムトナム語リ伝《ツタヘ》タルトヤ。

（『日本古典文学大系』本に拠る）

ここに掲げたのは『今昔物語集』巻第十五本朝付仏法のうちの第五十一話の全文である。花道成立前史の史料として重要なのは、第一段に見える「春秋ニ随テ、野ニ出デ山ニ行テ、時ノ花ヲ折テ、其ノ香ニ加ヘテ、仏ニ供養シ奉ケリ」とある箇所である。

さて、この説話は、じつは『今昔物語集』作者の独創ではない。先蹤《せんしょう》の仏教説話集『日本往生極楽記』の巻末から二つ目にある話をねたにして、翻訳翻案した再話である。『日本往生極楽記』は、慶滋保胤《よししげのやすたね》が、理論によってではなしに現実事例によって極楽往生の念仏信仰を鼓吹伝道しようと図った著述で、この書に倣《なら》って『本朝往生伝』以下の往生伝が相次いであらわれた。『今昔物語集』の作者は、ひろく『法苑珠林』『大唐西域記』から『地蔵菩薩霊験記』に至る内外の文献を渉猟していたから、当然、この浄土教布教パンフレットにも眼を通していた。しかし、素材蒐集および翻訳翻案のプロセスで、『今昔物語集』の作者は、既に十二分に自分の個性を生かすとともに、説話をさらに、説話らしくするための努力をおこなっており、そこに早くも一定のオリジナリティを実現してみせている。

以下に『日本往生極楽記』（『群書類従』巻第六十六所載）の当該説話の全文を掲げるから、比較して頂きたい。

「伊勢国飯高一老婦。白月十五日。偏修二仏事一。黒月十五日。又営二世事一。其所レ勤者。常買レ香奉二供郡中仏寺一。毎レ至二春秋一。折レ華相加。兼亦以二塩米草菜等一。分二施諸僧一。以為二恒事一。常願二極楽一。已経二数年一。此女得レ病数日。子孫為勧二水漿一。扶二起病者一。身本所レ着衣服。自然脱落。見二其左手一。持二蓮華一茎一。葩広七八寸。不レ似二自界華一。光色鮮妍。香気発越。看病人問二此華由縁一。答曰迎レ我之人。本持二此華一。即時入滅。衆人莫レ不レ随二喜之一。」

——両者を突き合わせてみれば判ると思うが、『今昔物語集』のほうの第二段は、原作が素気《そっけ》なく描いているストーリーの内容に〝尾鰭〟をふんだんに付け加えて、人物や状況に〝事実らしさ〟を持たせようと苦心している。これは、嘘八百を並べ立てるというのではなしに、或る一つの事実性を強調するために、手段的に虚構を増大させているのである。説話の性質上、事実を事実だとして知らせるためには、あり得る「事実らしさ」をつぎつぎに繰り出して、見て来たような嘘をこき混ぜて相手に納得を与えてやらねばならない。『今昔物語集』の作者は、伊勢国飯高郡老嫗往生語を再創造するに当たって、さながらその臨終その奇蹟その往生の現場に居合わせた目撃者が他ならぬ自分であるかのごとくに、もっともらしい描写をおこない、さらに第三段に入っては「感に堪えた」ように舌を巻いてみせ、第四段に入って、だが肝腎のその蓮花の花は今はどこかに失せちまったらしい、などと言い添え、リアリティの増幅に努めている。

これならば、聞き手である浄土教信者は、誰ひとりとして、もはや嘘っぱちのお話とは思うまい。まさしく、説話文学の真骨頂《しんこっちょう》がこの一篇のうちに見事に実現された、と見るべきではあるまいか。

ふたたび、第一段に見える、供花に関する『今昔物語集』の「春秋ニ随テ、野ニ出デ山ニ行テ、時ノ花ヲ折テ、其ノ香ニ加ヘテ、仏ニ供養シ奉ケリ」のリアリティと、『日本往生極楽記』の「毎レ至二春秋一。折レ華相加」のリアリティとを較べてみよう。院政期の作物である『今昔物語集』のほうでは、わざわざ野山にまで出掛けて行って花を捜し回り、春秋両季のその時節時節に適《かな》った生ける花（生命ある花）を折り取ってきて持ち帰り、それを香に加える配慮までしたうえ、仏に対する供養を実修している。約百年前の『日本往生極楽記』に見るように「折レ華相加」などとあっさり済ますことがもうできなくなっている。手近なそこらへんに咲いている庭草花《にわくさはな》では到底《とうてい》間に合わすことのできぬ、野性の香りの強《きつ》い生命の花をみずから折って供えるのでなくては最早《もはや》満足し切れぬ、行動的で即物感覚的な「供花《くげ》」の行為を描写する。

『今昔物語集』の作者は、事実性の強化のための手段として、わざわざ、野山に出て時の花を折り取って持ち帰る描写を付け加えねばならなかったのである。しかし、そのような描写は、原作を尊重する立場から眺めれば誇張であり修飾であり、だいいち嘘でもある。にもかかわらず、院政時代の人々からすれば、「供花」の事実は最早《もはや》それ以外の行為とは考えられなかったにちがいない。都市であると農村であるとを問わず、この新しき時代の浄土教念仏衆は、みずから野山に出掛けて行って「生命の花」を折り取り持ち帰らないことには、自分で自分が承知できなかったものと思われる。奇麗事オンリーの夢まぼろしを追う王朝風《ふう》の「造花荘厳」による「供花」の方式は、すでに過去のものとなりつつあった。

＊＊＊

もう一例を挙げて、検討してみることにしよう。——

加賀ノ国□郡ノ女、往生語《セルコト》第五十二

今ハ昔、加賀ノ国、□ノ郡、□ノ郷《サト》ニ一人《ヒトリ》ノ女有《アリ》ケリ。年来《トシゴロ》、人ノ妻《メ》トシテ世路《セロ》ヲ営《イトナミ》テ有《アリ》ケルニ、家、大キニ富《トミ》テ、財《タカラ》豊也《ナリ》ケリ。而《シカ》ル間、其ノ夫死ニケリ。其ノ後《ノチ》、妻《メ》、寡《ヤモメ》ニシテ道心ヲ発《オコ》シテ家ニ独リ居《ヰ》タリ。

而ルニ、其ノ家ニ小サキ池有リ。其ノ池ノ中ニ蓮花生《レングエオヒ》タリ。女、此ノ蓮花《レングエ》ヲ見テ、常ニ願《ネガヒ》ケル様《ヤウ》、「此ノ蓮花《レングエ》ノ盛《サカリ》ニ開ケム時ニ当《アタリ》テ、我レ、極楽《ゴクラク》ニ往生《ワウジヤウ》セム便《タヨリ》トシテ、此ノ蓮花《レングエ》ヲ以テ贄《ニヘ》トシテ、弥陀仏《ミダブツ》ヲ供養《クヤウ》シ奉ラム」ト。蓮花《レングエ》ヲ見ル時毎ニ思《オモヒ》テ、蓮花《レングエ》ノ開《ヒラク》ル時ニ成《ナリ》ヌレバ、其レヲ取《トリ》テ、其ノ郡ノ内ノ諸《モロモロ》ノ寺ニ持参《モチマヰ》リテ、仏ニ供養シ奉《タテマツリ》ケリ。

而《シカ》ル間、漸ク年積《ツモリ》テ、此ノ女、老《オイ》ニ臨《ノゾミ》テ、時ニ身ニ病ヲ受《ウケ》タリ。此ノ時、此ノ蓮花《レングエ》ノ盛《サカリ》ニ開ケタル時ニ当レリ。然レバ、女、病ヲ受《ウケ》タル事ヲ喜《ヨロコビ》テ云《イハ》ク、「我レ、年来《トシゴロ》ノ願《ネガヒ》ノ如ク、此ノ蓮花《レングエ》ノ盛《サカリ》ナル時ニ、身ニ病ヲ受《ウケ》タリ。此レヲ以テ思フニ、必ズ、極楽《ゴクラク》ニ可往生《ワウジヤウスベ》キ機縁有《アリ》ケリ」ト云《イヒ》テ、忽ニ親キ族《ヤカラ》・隣ノ人ナドヲ家ニ呼ビ集メテ、飲食《オンジキ》ヲ与ヘ、酒ヲ勧メテ告《ツゲ》テ云《イハ》ク、「我レ、今日、此ノ界《サカヒ》ヲ去《サリ》ナムトス。年来《トシゴロ》ノ睦《ムツ》ビ難忘《ワスレガタ》シ。対面セム事、今日許《バカリ》也」ト。親キ族《ヤカラ》・隣ノ人等、此レヲ聞《キキ》テ、哀レニ貴ク思フ事无限《カギリナ》シ。而ル間、女、遂ニ終リ貴クシテ失《ウセ》ニケリ。其ノ夜、其ノ小サキ池ノ蓮花《レングエ》、皆 悉《コトゴト》ク、西ニ靡《ナビキ》テゾ有《アリ》ケル。此レヲ見ル人、「此ノ女ノ往生《ワウジヤウ》スル相《サウ》也」ト知《シリ》テ、皆、涙ヲ流シテゾ貴ビケル。此レヲ聞キ継《ツギテ》モ、傍ノ人多ク来《キタリ》テ見テ、礼拝《ライハイ》シテゾ返《カヘリ》ケル。

「此レ、希有《ケウ》ノ事」トテ、語リ伝フルヲ聞キ継ギ、此《カ》ク語リ伝ヘタルトヤ。

（『日本古典文学大系』本に拠る）

ここに掲げたのは『今昔物語集』巻第十五本朝付仏法の、第五十二話の全文である。さきに取り扱った「伊勢ノ国ノ飯高ノ郡老嫗《イタル》、往生語《セルコト》第五十一」に直ぐに続く仏教説話で、同じく、慶滋《よししげのやすたね》 保胤著『日本往生極楽記』に出典を仰いでいる。

そこで、はじめに『日本往生極楽記』所収の原話を紹介し、それと『今昔物語集』における再話との比較を試みることによって、探索の手がかりを得たいと思う。

「加賀国有二一婦女一。其夫富人也。良人亡後者。志在二柏舟一。数年寡居。宅中有二小池一。池中有二蓮華一。常願曰。此華盛開之時。我正往二生西方一。便以レ此為レ贄。供二養弥陀仏一。毎レ遇二華時一。以二家池華一。分供二郡中寺一。寡婦長老之後。当二于華時一有レ恙。自喜曰。我及二華時一得レ病。往二生極楽一必矣。即招二集家族隣人一。別具二盃盤一相勧曰。今日是我去二閻浮一之日也。言訖即レ世。今夜池中蓮華。西向靡矣。」

これが『日本往生極楽記』最末尾（第四十二話）を占める説話である。全文百三十八字の短いコントであり、文章も易しいから、一字一句声を出して読んでいただきたい。

ここまで来たら、『日本往生極楽記』序文によって、著者である慶滋保胤の撰述目的を知っておく必要があるだろう。同序文によると、自分は、幼少の時から日々に阿弥陀仏を念じておったが、四十歳以降その志がいよいよ劇しくなり、口に名号を唱え心に相好を観ずるようになった。そして、その後は、堂舎塔廟に阿弥陀像や浄土図があると聞けば必ず詣《まい》って礼敬し、道俗男女の極楽に志しまた往生を願うものがあると聞けば必ず結縁しないではいられなくなった。経論疏記のたぐいを読んで、因縁を説いている箇処があれば、必ず披閲しないではいられなくなった。そのなかで、唐の弘法寺の迦才の撰した『浄土論』には二十人の往生者の伝が記され、少康らの『往生西方浄土瑞応刪伝』には三十余人の往生伝がかかげられてあり、牛殺しのような人間でさえ往生できることを知った。もうこうなれば、浄土往生の偽りならざることは明らかで、自分はいよいよ志を固めた。それで、さらに、国史や諸人別伝などを調べてみたところ、異相往生者たる人物がちゃんと存在することが判《わか》ったし、また、故老を都鄙に訪ねてみたところ、その方面からも確証を摑むことができた。その数、四十余人。自分は、すっかり感歎伏膺し、これら往生者のすぐれた行為を記述し、名づけて〝日本往生極楽記〟と呼ぶことにした。後世の此の伝記を披見する人々は、ゆめ疑惑を抱くようなことはしないで欲しいと思う。どうかどうか、この自分も一切衆生もともどもに相携えて、安楽国に往生したいものだ、と願っている。——

そして、この『日本往生極楽記』は、聖徳太子・行基菩薩・伝燈大師善謝・伝燈大師円仁・律師澄海など、高徳の沙門から記していって、末尾には女仏子伴氏・女弟子小野氏・女弟子藤原氏・近江国坂田郡女人・伊勢国飯高郡一老婦・加賀国一婦女などの往生譚を収めている。（この末尾六話は、『今昔物語集』巻第十五付仏法の終りの部分にそっくり採用され、そのさい、若干の、ただし根本的な潤色が加えられることになる。）

つまり、慶滋保胤は、厭離穢土《おんりえど》をめざして観相念仏に励んだ報いとして本当に〝往生極楽〟することを得た証人＝証拠を、衆生の前に提出するために、この四十二人の伝記をしるしたのであった。保胤の書いた「知識文」「池亭記」（ともに『本朝文粋』に収められている）を読むと、権門勢家が競って造寺造塔している空《むな》しさを嘆き、近代人世の世相が身分や財力を追い求めることに終始している醜さを憤り、かかる世の中になった以上は、自分は弥陀を念じ法華を読む生活に没入するしかないと、それを願望している。早く康保元年（九六四）に、保胤が中心となって、大学寮北堂の学生と比叡山の学僧との間に勧学会《かんがくえ》という念仏結社が結成されていた。もちろん、これらの念仏運動の動きは、多分に、当時の社会的条件から生みだされた面が大きい。井上光貞は「十世紀末葉には官界の上層部が藤原氏によって独占されるとともに、中下層の貴族は特定の職能を家業とすることによって自家の保存を図ろうとした。文人貴族でも菅原・大江二氏が文章道を独占する動きがたかまり、他氏族は疎外されていった。そこに権勢に対する批判と、世俗を厭土と実感する欣求浄土の情熱がこの人々の間に昂揚する有力な素因をみることができる」（『日本古代の国家と仏教』、中篇第一章天台浄土教と王朝貴族社会）と述べている。また、千観（天台僧で、橘氏の出自。世俗を厭い、遁世の生活に入り、はじめて日本語の和讃を作った）および保胤によって代表される十世紀後半の浄土教について、「この二人を通じて、われわれは教団の世俗化・貴族社会の門閥化に対するはげしい批判的精神をみることができる。厭離穢土を説く浄土教は、かかる歴史の転換期に、このように強く大乗仏教の精神に支えられ、名利の外に魂の自由と一切衆生の救済を求める精神運動として、その興隆期を迎えたのである。そして、そのピークがおそらく、源信とその往生要集であろう」（同）と述べている。以《もっ》て、『日本往生極楽記』を産みださずにはおかなかった社会的思潮を推し測ることが可能であろう。保胤と源信との関係については、井上は、別の著書において「『往生要集』には『慶氏日本往生記』を念仏入門のための一書として重視している。これは、保胤の往生極楽記が要集に影響している証拠であるが、この書は、永観元年と、翌々寛和元年（「要集」述作の年）の間になったものである。永観元年という上限は、この書に同年死の千観の伝をひいているからであるが、もししからば『要集』執筆当時の源信は、まだ勧学会を指導していたころの保胤と親交をもち、その影響をうけていたといわねばならぬ」（『日本浄土教成立史の研究』、第二章　摂関政治の成熟と天台浄土教の興起）と解き明かしてくれている。

けっきょく、保胤としては、門閥出身者ならざるがゆえに疎外された憂悶の遣《や》り場《ば》を念仏に求むるほかなかったし、そういう動機で念仏に深入りしてゆくうちに、名利を追い求める世俗的行為の空しさがいよいよはっきりし、欣求浄土の念願のなかにこそ魂の自由と救済とが存在するのを知らされた、という精神的プロセスを深めていったことになる。その意味で、『日本往生極楽記』は、有り難や式の御利益《ごりやく》ものがたりの範疇を超えた、荒々しき現実に於ける〝生の探究〟の書であった、と言ってよい。文人貴族が草《そう》した漢文にしては、いかにも骨太で、簡潔雄勁で、湿《しめ》っぽさや女々《めめ》しさの要素の少ないのも、その所為《せい》である。

さて、これだけの予備知識を得た処で、『日本往生極楽記』第四十二話と『今昔物語集』巻第十五第五十二とを比較して頂きたい。全文の比較が済んだならば、こんどは、いけ花（供花）に関係のある箇処を詳細に読み較べて頂きたい。——

A常願曰。此華盛開之時。我正往ニ生西方一。便以レ此為レ贄。供ニ養弥陀仏一。毎レ遇ニ華時一。以ニ家池華一。分供ニ郡中寺一。

（『日本往生極楽記』）

B常ニ願ケル様、「此ノ蓮花ノ盛ニ開ケム時ニ当テ、我レ、極楽ニ往生セム便トシテ、此ノ蓮花ヲ以テ贄トシテ、弥陀仏ヲ供養シ奉ラム」ト。蓮花ヲ見ル時毎ニ思テ、蓮花ノ開ル時ニ成ヌレバ、其レヲ取テ、其ノ郡ノ内ノ諸ノ寺ニ持参リテ、仏ニ供養シ奉ケリ。

（『今昔物語集』）

Bが、Aをねたとし、Aの読みくだし文に若干の尾鰭《おひれ》を付け加えて説話の内容とし、何よりも〝本当らしく〟また〝事実らしく〟見せようとしている、ということは一目瞭然である。Aにおいて「此ノ華ノ盛ニ開カン時、我レ正《マサ》ニ西方ニ往生セムトス。便《スナハ》チ、此レヲ以テ贄ト為シ、弥陀仏ニ供養セム」とあった原史料を用いて、Bは、「此ノ蓮花ノ盛ニ開ケム時ニ当テ、我レ、極楽ニ往生セム便《タヨリ》トシテ、此ノ蓮花ヲ以テ贄トシテ、弥陀仏ヲ供養シ奉ラム」と言い《パラフ》替《レーズ》えしている。Aの「便《スナハ》チ」が、Bにおいては「往生セム便《タヨリ》トシテ」というふうに変化していることに、よくよく注意して欲しい。元来はたかだか老女の個人的宗教心理の中で暗合《あんごう》されてあったにとどまる〝蓮花と往生西方との〟(現世と他界との)関係式《シークエンス》が、ここでは、〝供花イークォール往生の方便〟とする集団的楽観主義的他界観の等式《イークオリティ》にまで変化してゆくのである。十世紀後半の観相念仏(理観念仏)のシステムの中の「供花」が、十二世紀前半の専修称名念仏もしくは選択《せんじゃく》本願念仏のシステムの中の「供花」へと変化してゆく。都会の貴族層のなかでおこなわれることの多かった美的観賞本位の「供花」が、地方に台頭した在地武士層(および上層農民層)が主としておこなう現実的利益《りやく》本位の「供花」へと変化してゆく。造寺造塔などの功徳を積もうにも積むことのできない地方の下層民の間でこそ、この手近な「供花」の方便がやがて急速に滲透するに至ったことは、これまた、時の勢いとして当然の帰趨であった。そして、一方、このような推移の間《かん》に、ヒジリ(聖)とか上人《しょうにん》とか呼ぶ宗教的社会層が既成教団の統制圏の外に発生し、遊行者・隠棲者・説教者・苦行者として雑信仰的布教を全国に広めて行った。――それゆえ、摂関末期・院政期初頭における社会変化や浄土信仰そのものの変質過程を捨象してしまったのでは、AからBへの表現学的変化過程を正しく把握することは出来ない。『今昔物語集』の作者が、原本の「便チ《スナハ》」をば、わざわざ「便ニ《タヨリ》」と訓み替えて、それによってリアリティの増幅を図ったのには、それだけの宗教的理由と社会的根拠とが存したからである。

一言を以て要約すれば、供花は、もはや、十世紀後半のように〝宗教的シンボル〟の段階にとどまっていることが出来ず、いまや、院政期初期社会を生き抜いてゆくのに必要不可欠な〝物質的力《マテリアル・フォーシス》〟の所在を示すこととなった。特に地方民間の下層社会に生きる人々は、この供花をこそ〝方便〟として自己救済を図らねばならなかった。巻頭に掲げた「加賀ノ国□郡ノ女」の説話は、蓮花による供花さえおこなえば往生極楽できるんだぞ、と唱導しているだけの内容だが、作者としては、これを読みまた聞かされる庶民層の人々にこれ以上の方便を何ら求めてはいないように思う。なんと簡潔な、なんと直截《ちょくせつ》な、なんと効力に満ちた民衆済度《さいど》のプログラムであることか。ついに、民衆も救われる時代がやって来たのである。

そこで、ふたたび、『日本往生極楽記』第四十二話と、『今昔物語集』巻第十五第五十二と、それぞれの後半部分を読み較べていただきたい。前者の「寡婦長老之後」以下、後者の「而《シカ》ル間、漸ク年積《ツモリ》テ、此ノ女、老《オイ》ニ臨《ノゾミ》テ」以下である。読み較べてみると、前者では僅か六十六字で完結した内容が、後者では三百十九字に膨《ふく》れ上がってしまっている。仮名《か》交《まじ》り文の表記に変わったことを条件に入れてみても、五倍の字数に拡大されたという事実を軽く見ることは出来ない。実際に、前半部分に比べて、この後半部分における尾鰭《おひれ》の付け方は少し過剰なのである。『今昔物語集』のほうには、『日本往生極楽記』の原話には無かった「『年来ノ睦ビ難忘シ。対面セム事、今日許也』ト。親キ族・隣ノ人等、此レヲ聞テ、哀レニ貴ク思フ事无限《カギリナ》シ」とか、「此レヲ見ル人、『此ノ女ノ往生《ワウジヤウ》スル相《サウ》也』ト知《シリ》テ、皆、涙ヲ流シテゾ貴ビケル。此レヲ聞キ継《ツギ》テ、傍ノ人多ク来《キタリ》テ見テ、礼拝《ライハイ》シテゾ返《カヘリ》ケル」とか、いかにも話者が行って見て来たような語《かた》り口《くち》の数文を挿入して、内容に〝事実らしさ〟を殊更に付与しようとしている。

なぜ、このような嘘っぱちを挿入付加する必要があったのか。『今昔物語集』の場合に限っていえば、王朝貴族階級が「歌語《うたがた》り」から発展させた「物語《ものがたり》」の持っている宮廷人固有の感覚や思考（一と口に〝和歌的抒情〟と言ってもよい）ではもはや包摂し切れなくなった、新しき時代精神のエネルギーをば、適確に表現する方法があらためて模索された結果、結局、旧《もと》から庶民の間に語り継がれた〝説話の世界〟に立ち帰って行き、そこに、説話独特の散文的思考の展開や行動描写などが姿を替えて蘇ることとなった、と見てよいであろう。この種の説話は、本質的に〝反貴族的思考〟の展開と解される。（一方に、漢籍に典拠を仰ぐ〝翻訳説話〟が依然として貴族の手に握られていたのだが。）

しからば、〝説話的思考〟とは何か。——

池田亀鑑は、「説話文学は、ゴシップの文学である」（『平安時代文学概説』、説話文学の特性）とする明確な概念規定の上に立った、「説話の本質、即ち説話を他の文学の諸形態から独立させる特性は、やはり事実性にあると云はなければならない。説話の面白さは、それが現実的に実在したものであるといふ前提の上に生れて来る。」「その時の人物の言語・動作・服装等が精細に手にとるやうに叙述される。あたかも見てきたやうにこまかに叙述されるのである。かやうな叙述は、単にその説話を詳しく語るといふことだけではなく、詳しい描写によつて、その説話が如何にも真実らしいといふ信頼感を相手に与へるために、重要な役割を果すものであることを注意しなければならない。従つて、さやうな技巧は如何にして内容を現実的に見せかけ、合理的に擬装するかといふ点を主眼としてなされる」(同)と述べている。

説話文学における「事実性」ないしリアリティの組み立て方が斯かるものであるとすれば、わが『今昔物語集』に輯められた千篇余の説話は、「付仏法」であれ「付世俗」であれ、本質的にはそれほど大差がなかった、と見るべきである。

況《ま》してや、説話文学は、宮廷和歌や物語文学に圧倒されているあいだ、例外的に唱導説話(仏教団が唱導教化の目的に利用すべく書きとめておいた資料)の形式をとって可成りの数のものが記録保存されていたのである。『日本往生極楽記』もその一つであった。それに先行する唱導説話には『日本霊異記』『日本感霊録』があり、後続するものに『地蔵菩薩霊験記』『大日本国法華経験記』『続本朝往生伝』『拾遺往生伝』『打聞集《うちぎきしゅう》』『古本説話集・下巻』『三外往生記』『本朝新修往生伝』などがある。これら仏教説話の伝統が無かったとしたら、『今昔物語集』は生まれようもなかったであろう。

しかし、『今昔物語集』の編者といえども、おそらくは、最初のうちは唱導説話の編集しか目指してはいなかったのであろう。それが、仕事の進められるうちに、芸術家個人の才能が自己運動を開始し、ついに仏教説話から本朝世俗への道が開かれた。蓮花供花が〝物質的力〟として現実的に説かれる「加賀国□郡」の説話にしても、同時代の人々からは、よもや、本朝世俗よりつまらないなどという場違いな評価は受けなかったはずである。

＊＊＊

わたくしたちは、これまでの叙述において、『今昔物語集』巻第十五本朝付仏法に収められた二つの説話（第五十一、第五十二）を、それらの原話である『日本往生極楽記』所収の二篇と比較し、その操作をつうじて、摂関時代末期から院政体制にさしかかった十一世紀ごろの時代精神や〝自然観〟の一半《いっぱん》を照らしだすことができた。

同じ浄土信仰を説くにしても、百年ばかり以前の平安王朝時代においては「毎レ至二春秋一。折レ華相加」とあった簡潔かつ断定的な漢文的思考が、いまや「春秋ニ随テ、野ニ出デ山ニ行テ、時ノ花ヲ折テ、其香ニ加ヘテ、仏ニ供養シ奉ケリ」という和漢混淆的思考に変わり、同じ題材＝内容が具体的かつ感覚的に語られ、尾鰭をたくさんくっつけた本当らしさが強調されるように変化している。「常願曰。此華盛開之時。我正往二生西方一。便以レ之為レ贄。供二養弥陀仏一」の漢文表現が、「常ニ願ケル様、『此ノ蓮花ノ盛ニ開ケム時ニ当テ、我レ、極楽ニ往生セム便トシテ、此ノ蓮花ヲ以テ贄トシテ、弥陀仏ヲ供養シ奉ラム』ト」という和漢混合的表現に変わり、「便《スナハ》チ」を「便《タヨリ》トシテ」というふうに大胆な訓《よ》み替えをおこなっていることでもわかるとおり、主体的でもあり、能動的でもある、逞しい〝行動主義の哲学〟を提示している。同じ浄土信仰が、一世紀ほどのあいだに、こんなにまで目立った差異をあらわすように変わってきているのである。

しかし、両者の差異は、それぞれの言語表現が置かれている〝シンボルの体系〟のなかで、それらが果たす共時的《シンクロニック》な機能を正しく摑んだうえでなければ、軽々に論ずることはできない。より根本的な命題を引き据えていえば、まさに、カッシラーが「人間文化の特殊の性格並びにその知的及び道徳的価値は、それを構成している材料に由来せず、その形式すなわち、その建築的構造に由来する。そして、この形式は、どんな感覚的材料によって表現されてもよい。」「人間は、そのシンボルの世界を、極めて貧弱で僅かな材料からも構成することができる。極度に重要なものは、個々の煉瓦や石ではなく、建築の形式としての、その一般的な機能である。言葉の領域において、材料としてのサインを活用し、『これらを語らしめる』のは、その一般的なシンボル機能である」（宮城音弥訳『人間』、第三章動物的反応から人間の反応へ）と述べる地点にまで遡って、言語論を扱わなければならない。だが、ここではそのための余白もないし、また、わたくしにはその能力もない。ただ、当面の論題に即してだけ言うとすれば、平安王朝貴族の〝漢文的思考〟といえども、人間的言語であり、〝シンボルのシステム〟である以上は、けっして物理的な「物」でのみあったはずがなく、それ自身が〝過程〟であった、と見るのが正当である。だからこそ、一世紀のうちに、こんどは武士＝農民層の〝シンボルの体系〟が前者の体系に取って代わるようになりはじめると、当然、新たに片仮名交り双記体を生みだす〝和漢混淆的思考〟が指導権を握ることになるのである。そして、それは、歴史の担い手の交替によってもたらされた思考＝感覚の〝日本化〟のプロセスをも照らしだしているのである。

このように述べると、いわゆる〝日本化〟の過程は歴史的必然の法則にのっとってすんなり一本みちをすすんでいったように受けとられるかもしれないが、新たに歴史の担い手となった武士・農民層ともどもに、必要以上の労苦を背負って歩かなければならなかった。平安初期・中期に犂の改良などが見られ、開発や灌漑が国家単位であった段階も終わり、いまや農業技術の主体が地方の上層農民に移行していったればこそ、かつて中国から輸入した先進的な生産諸技術を一手《いって》に占有＝掌握してそれらを物質的基礎に踏まえ専制支配の猛威をふるった律令国家体制の、あの収奪システムから漸《やっ》と脱出する機会に恵まれたのであった。農民層のみずから培《つちか》った実力が、歴史を変えていったのである。そのことに間違いはないが、ひとたび視点を東アジア国際社会に転ずると、日本農民は、しなくてもいい労苦を背負わされ、しかもその不必要な労苦を堪え凌《しの》いでついに歴史変革の担い手となった、という二重の功業を果たしたことが明らかになってくる。中国においては、唐末・五代・宋初にかけて画期的な農業技術の変革がおこなわれ、それを基礎にしてめざましい経済発展が達成された。殊にも揚子江デルタ地帯を中心に農業生産力は飛躍的に高まり、

「蘇湖熟すれば天下足る」との俚言が生まれたほどだった。そして、米穀商人の活動にともなって各種の商工業が盛りとなり、南宋の首都臨安（杭州）や蘇州は人口百万以上を数える巨大都市《メガロシティ》に成長していった。この場合、この高度に発達した中国の水稲農業技術が日本に輸入され、また新しい水稲品種が日本の水田に栽培されたならば、わが日本列島にも一挙に経済発展がもたらされたのではなかったか。すくなくとも、そのような想像的設問をしてみることは許されるはずである。永原慶二『日本の中世社会』は、この問いに答えて言う。「それにもかかわらず、日本の王朝時代の支配階級たちが、それら大陸の先進的技術を、かつて彼等の祖先たちが、貪欲に摂取したように、学びとろうとした形跡は、ほとんどない。たとえば、水稲品種の面では、耐旱性と早熟性をそなえた長粒種の占城 Champa 米が、中国では宋の真宗の手によって、一〇一二年占城方面から大量輸入され、江南・淮南・両浙地方に栽培せしめられ、その収穫の安定性が歓迎されて、急速に普及し、従来の中・晩稲種と組合せた二毛作さえ可能となった。それにもかかわらず、日本でこの占城米が栽培されはじめるのは、かなりおそく、十四世紀末ころから『太唐』『赤米』『とうほし（唐法師）』などの名称で史料上に出現するが、それ以前には見あたらないのである。品種導入は、他の農業技術の導入とくらべて、もっとも容易であるにもかかわらず、両国間にこのような大幅なズレがみられる理由は、日本側の中国農業にたいする関心の低さによると考えるほかはないであろう」（I序説、二 中世社会の歴史的諸前提）と。この時期の貴族支配層は、中国渡来の典籍類の入手には強い欲求をもち、じっさいに厖大なコレクションを所有していたにもかかわらず、唐宋変革期の農書（たとえば、江南の集約的水稲農法を説いた陳旉《ちんふ》の『農書』三巻など）は輸入されずに終わった。このことは何を意味するか。ふたたび、永原慶二の記述を借りると、「それはこの時期においても、日本の支配者たちは、地方豪族や一般民衆に先んじて大陸の先進文明を摂取・掌握することによって、その権力の基盤を固め、再編強化する客観的可能性があったにもかかわらず、そのような道をとらなかったことを物語るものである。それは別な面からいえば、古代から中世への移行過程においては、かつての古代国家の形成期とはちがって、すくなくとも経済面では、ほとんど内発的な発展にのみ依拠する形をとらざるをえなかったということである」（同）。このように、古代から中世へと移りかわる日本社会の「独自のコース」が「中国の発展を積極的に受容するという形態をとらなかったことは事実であり、これはやはり大局的に見て、日本の中世社会成立を規定する条件としてはきわめて重要な側面であると考えられるのである」（同）。

そうすると、どういうことになるか。古代末期から中世初めにかけて日本社会全体にあらわれはじめる〝日本化〟の傾向は、律令制や中央集権的官僚体制を物質レベルで支えていた古代中国そのままの生産手段（製鉄・土木技術・農法）が釘付けにされ、それが支配層から放置されるがままに任《まか》されていた劣悪極まる条件のなかで、孤立無援の被支配層（武士・農民層）が、自力で開拓し取得した新しい〝価値の体系〟である、と見るべきではないのか。平《ひら》たくいえば、かつて段違いに進歩していた古代中国農業技術を直輸入することにより中国式の権力集中機構を掌中にした日本律令貴族層は、その掌中にある支配機構の維持だけを中国式で守りとおし、そののち飛躍的に改良された中世中国農業技術の導入をおこなわなかったので、貴族支配層みずからも経済発展の光に浴さなかったかわりに、被支配層のほうも、いつまでも経済的貧窮状態に縛り付けられたままでいるうち、しだいにみずからの努力により生産力を向上させていった被支配層の一部（武士と上層農民とである）が、自力で旧《ふる》い社会関係を切り崩しはじめた。――これが〝日本化〟というものの形成過程であった。内発性と呼べば聞こえはいいが、事実は、国際性＝人類普遍性の欠如から生まれた跛行的な停滞性が〝日本化〟なるものの正体である。中世日本社会の社会構造や生産関係における〝日本化〟がそうであるように、思想や宗教や芸術の次元における〝日本化〟も、国際的孤立化から生まれた特殊適応に過ぎなかった。いわゆる日本的折衷主義も、よりどり見どりの豊富なる外来文化を比較選択し積極的に取捨したうえでミックスしたものではけっしてなく、現実的には〝切り落とし〟かつ〝なしで済ませる〟式の、まさに貧困ゆえの遣り繰りの作業に過ぎなかった。こんな見窄《みすぼ》らしい特技をば、国民性の名のもとに、自他に誇ってばかりいてよいのだろうか。

歴史的事実に対して、もしもあのとき(If at that time...)などという仮想を向けることは、許されようもないけれど、もしも平安中期ごろの貴族支配層が正しい〃ロゴス〃に目覚め国民全体の幸福を考えていたとしたら、ちょうど唐宋変革期に当たっていた大陸の農業技術の導入が必らずや果たされていたはずである。さきに引用した永原慶二の文章に見える「宋の真宗」というのは、年表的にいうと咸平元年（九九八）から乾興元年（一〇二二）まで在位しているから、日本史の年表に当てはめてみると、藤原伊周を追い落とした藤原道長が栄花の絶頂に向かってのぼりつめていく時期とぴたり重なる。文学作品でいえば『枕草子』『源氏物語』『和泉式部日記』『和漢朗詠集』などが生みだされた時期である。「耐旱性と早熟性をそなえた長粒種の占城米 Champa 米が、中国では宋の真宗の手によって、一〇一二年占城方面から大量輸入され、江南・淮南・両浙地方に栽培せしめられ、その収穫の安定性が歓迎されて、急速に普及し、従来の中・晩稲種と組合せた二毛作さえ可能となった」にもかかわらず、日本の農政指導者は、その新品種の輸入に手を貸そうとしないのである。まして や、水利土木の新技術の導入など、考えてみようともしなかった。もっとも、中国にあっても、真宗の時代には、いまだ水利技術の開発に見るべきものはなかった。「中央の農政の一概念として、農田水利——特に水利事項が明確な形となつたのは、仁宗の慶暦前後である。その前の真宗時代には、農民負担の均衡乃至は軽減と云ふ事が、最も重要な農政事項となつてゐる。そして、此の時代には農田水利を整理して大いに農業生産力を増大すると云ふ様な概念は、未だ農政の中に現れて居らぬ。仁宗時代にも、真宗時代の農民負担の軽減乃至均衡と云ふ強い要求のある事は勿論である。……之は仁宗即位後未改元の時に、所謂限田之詔を下してゐるに徴しても最も明かであらう。此の詔に於いては、真宗時代の農政の中心が前述の如き均衡乃至軽減に在つた事を率直に認め、次に来る可き仁宗時代の農政の中心も亦此処に在る可き事を反復述べてゐる。然し又此の時代に在つては、かかる傾向の外に、大いに水利を興脩して農業生産力を増すと云ふ所の農田水利の概念が、農政の上に現れる事となつた。此の意味に於いて、仁宗時代の農政は一の新味を加へたのである」（岡崎文夫・池田静夫『江南文化開発史―その地理的基礎研究―』、第二編別説 第四章熙寧の農政―特に農田水利―と二郟の水学）。仁宗の治世は天聖元年（一〇二三）から嘉祐八年（一〇六三）までであるから、日本では、藤原頼通が長期にわたって摂政・関白の座にすわっていた時期に当たる。宇治平等院に鳳凰堂が建てられ、『栄花物語』『堤中納言物語』『更級日記』などの作品が書かれた時期である。前九年の役（一〇五六〜六四）が起こり、これを契機にして、「武勇の者」がみずから武門の棟梁の位置に立つべき時代を迎えようとしていた。しかし、摂関制為政者は、古代的デスポティズムの門閥的変形という支配形態の上にどっかと胡座を掻いたまま、農業政策といえばただ苛斂《かれん》な収奪を繰り返せばよいとする考え方を一向に革《あらた》めることが出来ずにいた。この間《かん》、ほそぼそとではあるが、中国商船の来航はつづいており、書物も農産物も輸入されていたのであるから、もしもあのとき（If at that time...）江南を飛躍的に富裕にさせた新しき農業技術を導入する努力がなされていたら、古代末期ごろの日本の農業生産力はめざましい成長を遂げ得たことだろうし、当然の趨移として〃商品経済〃への近道が設けられ、国民総所得力も向上したであろうと、じつに残念に思われる。

ひょっとすると、摂関時代（さらには、院政時代をも含めて）の為政者のなかには、なにもかもを承知のうえで、なまじっか新しい農業技術など入ってこようものなら、それによって成長するのは一般民衆のほうだから、そんな新技術はお断わりだ、古代このかたおこなわれてきた先例どおりに百姓を土地に縛り付けておくのが〃政権安定〃の最良策なのだ、との見通しのもとに、故意に、中国事情に眼をつむる者もいたのかもしれない。そうまで臆測を逞しうせずとも、遣唐使廃止の前後から、日本の支配者たちが、中国の先進文化を吸収しようとの熱意を冷却させていたことだけは確かである。田中健夫『中世対外関係史』は、遣唐使廃止の原因として従来からおこなわれた説（唐の内乱、日本文化の独立、などなど）をあげたあと、「しかし、私は、このほかに遣唐使廃止の真の原因として、日本の支配階層が自分たちの立場を強化するために一段すぐれたものとしての中国の制度・文物を必要とする意識がこの時代すでに消失していた事実を指摘しておきたい。このことは、具体的な史料によって実証することが困難なのであるが、後年新興武士の首領である平清盛が宋の文物輸入の熱心な推進者であったこと、武士としてはじめて国内支配を完成した足利義満が明の冊封をよろこんでうけたことなどを勘案すれば首肯されるであろう。奈良朝以後急速に外来の制度・文物を輸入して、国家の組織や制度を完備し、一応支配階層の地位の安泰を確保した状況下においては、対外的な関心が退潮していったことはむしろ当然のことであったと考えてよいのではないだろうか」（第一章　十四世紀以前における東アジア諸国との関係）と述べているが、正しい見解だと思う。古代律令国家の出発当初から日本の官僚知識階級が中国文化の摂受＝学習に熱心であったのは、自分たちの支配体制を守り抜くための謂わば〃必要手段〃の強化という目的あってのことだった。だから、自分たちの立場が当分揺るぎないものだとわかれば、なにも、わざわざ苦労してまで新知識を導入＝咀嚼する必要はないと思うのも、当たり前と言えば言える。しかも、かれら支配層知識人たちは、一と時代も二た時代も過去のものとなったはずの旧《ふる》い〃漢学パラダイム〃を墨守しつづけ、それを以《もっ》て、無知蒙昧の民衆を抑えつけることが出来ると考えていた。もしも（またしても、If at that time...であるが）かれらが本当に自分たち階層の地位の安泰を願うならば、すすんで、中国の新知識を導入すべきであったし、同時に、農民大衆にも一定の富や幸福を分かち与えたほうが結局は自分たち支配者のプラスに帰することになるのではないかとの新しき歴史的展望を持つべきであった。だが、かれらは、新しい中国の社会経済的動向には聊かの関心も抱かなかったし、日本の農民大衆の仕合わせなどいちどだって考えたこともなかったのである。けっきょく、平安王朝支配階級は、自分から破滅の道を選んだことになる。かれらの〃漢詩文的教養〃は、唐以前の貧弱な農業生産と劣悪な農業技術とが罷《まか》り通っていた社会発展段階の上部構造をそっくりそのまま学ぼうとするものであったから、このパラダイムを捨てないかぎりは、新しい社会変革に対応できるはずもなかった。にもかかわらず、王朝知識階級の〃真名文思考〃は、古代儒教的政治理念を永遠不動のものと考え、それを再生産することばかりに努めた。御本尊《ごほんぞん》の中国がどんなにか〝新世界〟に向かって変貌しつつあったかという、正しい国際感覚に根ざした〝中国観〟など、そこには全く見られなかった。

そして、〝日本的自然観〟というものも、もともとは古代中国から直輸入したパラダイムをいつまでも温存＝固定したままにしておいて、中世中国に入って逸早《いちはや》く開発されたニュー・パラダイムには故意に目を塞《ふた》ぎ（したがって、進んで輸入しようという熱意も努力もせず）、現実に使い物にならなくなっている事実が暴露されているオールド・パラダイムに部分的な修正＝改删が加えられていくのを待つ、といったプロセスを辿ったに過ぎなかった。しなくてもいい労苦を背負わされ、その悪条件のなかで、部分的に遣り繰り帳簿を合わせる作業をつづけていった被支配層の努力の総量に対しては最大の敬意を払わなければならないが、さればといって、いや、さればこそ、これさえあれば自然の見方は百点満点だといった体《てい》の評価はすべきではない。『今昔物語集』以後、中世日本の自然観は、古代律令的パラダイムにむかって大幅の修正を要求し、じっさいに独自の美学を掘り当てるに至るが、この中世的美学規範をもって、日本人にとって絶対のものと見做してよいかどうか、ほんとうは疑問である。

偏頗で断片的な中国文化の輸入が細々とつづけられたあと、室町時代半ばから、社会＝文化の局面は俄かに世界的な国際環境のなかで照明《ライト》を浴びはじめる。中世末期から近世初期にさしかかる一世紀ほどの間《かん》、自然観をも含めた宇宙認識に関して、大きな変革が日本人全体の生きかた＝考えかたのうえに訪れそうになったが、それも、幕藩体制確立期に無理やり鎮圧されてしまった。そして、再度、遣り繰りの作業に着手されるようになるのである。この遣り繰りの作業の見窄《みすぼ》らしさに気付くためには、幕末近く、蘭学・洋学が成熟してくるのを待たなければならなかった。

巻末私記

斎藤正二

本著作選集第一巻はすなわち『日本的自然観の研究・上巻』（一九七八年九月、八坂書房刊）の復刻＝再刊本である。上巻があるからには、下巻があるのは当然で、本著作選集第二巻には当該下巻をそっくり其儘《そのまま》収載してある。斯く余りにも当たり前の事柄《ことがら》を茲《ここ》に態々《わざわざ》特記するのには、それなりの理由が存する。本著作選集第一巻から第四巻までの外題《タイトル》を打ち揃《そろ》え打ち眺め入るに、それは『日本的自然観の研究Ⅰ―形成と定着』から始まって同Ⅱ―展開の諸相、同Ⅲ―変化の過程、同Ⅳ―変容と終焉、に到る一定方向のVektor《ヴェクトル》を形成するシナリオを提示するがごとく眼に映じられるけれど、裹《つつ》み隠さず申すと、当方には必ずしも最初から《日本的自然観》解明のための枠組《システム》とか計《スケ》画表《デュール》とかが出来上がっていたわけではなかった。行き当たりばったりの部分＝要素など決してありはしなかったが、一九七〇年代前半ごろ、当時世界有数の公害大国の地位にあった日本列島所在日本株式会社に向かい異議申し立て《コンテステーション》の紙礫《かみつぶて》を撃《う》ちまくっているうち、それの分量がたくさん貯《た》まり、そこへ友人八坂安守からの慫慂《しょうよう》を得て漸《ようや》く書冊に纏め上げる考えを抱きはじめたに過ぎなかった。構想力など殆ど持ち合わせていなかったのである。

だが、書物を編《あ》み上げる仕事が始まってみると、こんどは仕事それ自身が勝手に動きだし、内容的にも数量的にもどんどん膨れ上がってゆくのを抑《おさ》え難《がた》くなった。而《しか》も、そういう時に限って、外部から時宜剴切《じぎがいせつ》なる連載執筆の依頼があり、此方《こちら》は益々勢いに乗って探索を拡げていく。短時日裡に収録可能の文章が二倍以上に殖え、これらをも進行中の書冊に押し込むべく欲望が蠢《うごめ》いた。結句《けっく》、版元の好意に縋《すが》って上下二巻にして頂くことになった。じじつ、初版本『日本的自然観の研究・上巻』巻末おぼえ書きに明記されてある。「本書は、当初、全一冊六百ページぐらいの分量を収めることをめどに編集を進めていたのであるが、中途から、あれも入れたいこれも入れたいという我が儘が湧き、編集を終わった段階で、九百ページを超えることがはっきりしてきた。これでは、どうしても上・下二巻に分冊するほかない。ところが、その場合に、機械的に真二《まふた》つに仕切ったのでは、一巻ごとに体裁を損《そこな》うことに気付いた。二分冊になるにしても、上巻には上巻なりに一つの〝システム〟を成していなければならない。そこで、版元八坂書房が示してくれる寛容をよいことに、いったん収載を見合わせておいた旧稿をひっぱりだして加筆をほどこすなどの処置を採り、制作進行の担当者を困らせた。」と。

——斯くあけすけなる自己開示をおこなうと、意地悪き読者の中には、なぁんだ、お前の仕事は初めから無原理＝無思想でしかなく、従って一顧の値打ちすらありゃしなかったのだと言って、却《かえ》って無慈悲の断罪を以て迫《はく》脅《きょう》せんとする者もあるに違いない。しかし、這般《しゃはん》の論者に対《むか》っては、当方は敢て答える。当方立論の唯一《ゆいいつ》の取柄《とりえ》はその原理無き思想無き立場に立ちて、事物・言論を只管《ひたすら》経験Erfahrungとして受容し尚且《なおか》つ軈《やが》て自分自身の内部から取り出したところの悟性Verstandの能力がこれに付け加わって一つの合成物の出来上がるのを期す、その認識論的手法の正しさに尽きているのですよ、と。短兵急に主張すれば、経験論＝科学的実証主義からカント的批判主義合理論への帰還通路の探索手段として偶々《たまたま》与えられた「花々の象徴記号《シンボリズム》」や「諸『花伝書』の美学指南書」を百パーセント活用したまでですよ、と。しかし、一九七〇年代当時にあっては、自分が何をしているかということさえ左程《さほど》理解できていなかった。二十年三十年の時過《テンプス・フュジト》ぎて、今、すべてが見え始めたのである。ウメの植物学的形質・環境生態的特性・文化社会的象徴を個別《パティキュラリー》的に亦た土地固有《ヴァナキュラリー》的に描出記述してゆく思考こそが、また、いけ花伝書の一齣一齣《ひとこまひとこま》に集積回路風《ふう》に伝達された〝ことば〟を解読再現してゆく思考こそが、将来にむかって公正かつ豊饒なる「日本的自然観の研究」の主体者《サブジェクト》たる位置に立ち得るであろうことに、今、漸《ようや》く気付かされたのである。

偉そうな口吻《くちぶり》を弄《ろう》しているとしたら只管《しかん》お詫びするほかないが、如上所説《じょじょうしょせつ》が本著作選集全巻の刊行意義でもある。

斎藤正二著作選集　1　《第二回配本》
日本的自然観の研究Ⅰ
形成と定着

二〇〇一年一〇月三〇日　初版第一刷発行

著　者　斎藤正二
発行者　八坂安守
印刷所　信毎書籍印刷(株)
製本所　(有)高地製本所
発行所　(株)八坂書房
東京都千代田区猿楽町一―五―三
TEL　〇三―三二九三―七九七五
FAX　〇三―三二九三―七九七七

落丁・乱丁はお取り替えいたします

ISBN 4-89694-781-9